灿烂人生

郑子毅 著

（上册）

哈尔滨工业大学出版社
HARBIN INSTITUTE OF TECHNOLOGY PRESS

内 容 简 介

这部30集的小说化的电视文学剧本,以中国北方的大山林场、国防工业大学,以及航天基地院所为故事环境,以东风系列导弹、长征系列运载火箭、大型地面跟踪雷达,以及后来的脉冲多普勒机载雷达研发历程的关键理论节点为技术载体,通过历史的使命与历史的无奈这一时代特征的矛盾冲突,融个人实践与国家命运为一体,讲述了新中国成立后的五十年间,三代平民航天英雄及其家人,在历尽沧桑的燃情岁月中,甘于奉献、勇于牺牲的历史担当所成就的灿烂人生。

图书在版编目(CIP)数据

灿烂人生:30集电视剧文学剧本/郑子毅著. —哈尔滨:哈尔滨工业大学出版社,2015.8
ISBN 978-7-5603-5534-4

Ⅰ.①灿… Ⅱ.①郑… Ⅲ.①电视文学剧本—中国—当代 Ⅳ.①I235.2

中国版本图书馆 CIP 数据核字(2015)第 166414 号

责任编辑　杨明蕾　李子江　宋晓翠
出版发行　哈尔滨工业大学出版社
社　　址　哈尔滨市南岗区复华四道街10号　邮编150006
传　　真　0451-86414749
网　　址　http://hitpress.hit.edu.cn
印　　刷　哈尔滨市石桥印务有限公司
开　　本　787mm×960mm　1/16　印张39　字数660千字
版　　次　2015年8月第1版　2015年8月第1次印刷
书　　号　ISBN 978-7-5603-5534-4
定　　价　98.00元(上、下册)

(如因印装质量问题影响阅读,我社负责调换)

作者自序

还清楚记得,那是一个平常的下午,微风吹动半遮的百叶窗,书房里清爽宜人。键盘上,寻常的轻轻的两下回车,屏幕上跳出"全剧终"三个字。我沉浸一下,起身拉起百叶窗,透出窗外的蓝天白云。不远处的池塘湿地,枫绿翻涌,芦苇起伏,熠熠闪光的微澜水面,波动如心,一群隐隐约约的蜻蜓回旋在水面的光影里,应该就是夕照下曼舞的那群红蜻蜓吧。

回身桌前,还是寻常的轻轻的两下回车,屏幕上跳出一段心念触动的结束语:"2014 年 8 月 5 日,16 点 25 分,加拿大,蒙特利尔,郑子毅——一个漂泊海外的随遇而安的普通中国人值得纪念的日子。谢谢朋友们的支持与鼓励!"

那天,妻子书菊知道会发生什么,提前下班去了中餐小馆喜胜人家,带回一只道口烧鸡、两样凉拌小菜。那晚,法国红酒、北美啤酒,都没有佐餐,平日当做料酒的红星二锅头,还剩一两多,倒成小半杯——不错,写完中国的红色故事,要喝中国的烈性白酒。那年,我们一家三口移居加拿大,已经有 15 个年头,女儿郑拓已经 24 岁。

剧本在朋友圈里流传开来,大学校友王滨以记者般的口吻,通过微信惊讶问道:"老同学,是什么力量驱使你这个工科男,能够在身居海外的封闭环境里,倾注两年的心血,写出这样一部至真至纯的《灿烂人生》?"我随心答道:"文化自觉!是中国文化的自觉能力,触动我暂时搁置构思就绪的海外移民生活题材剧《上善若水》,写就这样一部演绎中国平民航天英雄及其家人饱含家国情怀的《灿烂人生》。"

近 20 年来,东方的沸腾生活,与西方的沉寂日子,逐渐形成了鲜明对照。如同世界各地的众多中国移民消遣于中国电视剧,以寄托与时俱进的思乡之情一样,平淡生活里,我在关注中国经济腾飞与社会变革的过程中,也搜寻一些中国影视的代表作品,试图在一定程度上,从生动直观的历史文化层面,来审视当今中国的经济奇迹与社会心态,以至于萌发了一种文化比较的写作冲动,就是希望透过信仰尊重与文化融合这个更为广阔的世界视角,以小说化的电视剧本形式,谱写一程中国移民心灵之旅的文化传奇。

但是,在构思《上善若水》这部海外移民剧的过程中,思绪却越来越强烈地触及中华民族的独立精神与主流意识这两个最深层面的文化渊源问题。近20年来,以技术移民为主体的中国大陆移民融入当地主流社会的规模、质量与速度,在世界移民史上,堪称前所未有的奇迹,他们为当地社会所作的贡献,以及由此产生的积极影响,都是真正意义上的中国文化制造。只有民族的,才是世界的。历史总是潜移默化地照进现实——红色中国的文化体系与价值观念为世界带来了什么?我们应该如何挖掘与弘扬那些历尽沧桑的燃情岁月留给中华民族的精神财富?

两年前,白秋晨同学于万里之外的问候电话是偶然打过来的。今天看来,电话内容深入探讨的关于影视作品的高远立意话题,却是海内外中国人文化自觉的一种必然。这位同样工科出身的书法家,基于对中国社会信仰与道德拯救的紧迫使命感,更建议我先写一部工科大学生活题材的电视剧。我们不约而同地想到了母校哈尔滨工业大学,想到了历史上的哈尔滨军事工程学院、北京航空学院等国防院校,由此联想到了国防工业大学的时代缩影这样一个主体故事环境,更由此联想到了中国航天的辉煌成就。

的确,从上世纪60年代初唯一有图可仿的东风一号导弹,到今天自主创新的中国载人航天,以至于嫦娥奔月工程,还没有哪一种其他历史题材,能够对中国梦的精神源泉,诠释得如此全面,如此深刻,如此震撼!中华民族的独立精神与主流意识,在中国航天科教工作者融个人实践与国家命运为一体的灿烂人生中,得以发扬光大,得以震撼升华。

笔触就这样转移到了《灿烂人生》剧本的写作。虽然我从小就生长在哈尔滨工业大学这个与国防及航天密切关联的特殊环境里,经常目睹父辈们匆匆赶往火车站,奔赴基地院所的背影;虽然我长大后顺从父亲的意愿,就在这所大学完成工科学业,但是在查阅大量历史文献和访谈相关人士的剧本故事构思过程中,我还是在更深的层面上,再次被中国航天科教工作者那贯穿科学精神的爱国主义壮美创举,以及他们那无怨无悔的牺牲精神极大地震撼了,并为之深深感动。

中国的导弹与航天事业从起步伊始,就是倾国家之物力、集人才之精华向前推进的,其道路之艰辛,系统之严密,层面之丰富,技术之独特,规模之宏大,成果之辉煌,在世界高技术领域的发展史上,堪称举世无双!以生活化的影视艺术形式来演绎这样一种深远厚重的贯穿科学精神的历史题材,既不能设计故弄玄虚的情节矛盾,也无须制造牵强附会的人物冲突,而是要在苍茫深广的时代空间里,构建出历史文化本身的内在关联的戏剧张力,彰显出近年来中国影视非常匮乏的平中见奇的卓越感。

细节是历史的表情。集思广益的剧本构思探讨中,朋友们更愿意体验时代生活的沧桑真意,更愿意看到不同层面的鲜活人物群像,而不是所谓符合一般戏剧规律的单调主线的空泛刻意表达;联想丰富的剧本写作感怀中,我常常为了一句话、一件事、一段情,去翻阅万言历史文化,去沉思百般人文关怀。历史是沉重的,不可以轻松背负;历史是凝重的,却可以用心审视。沿着中国航天的发展脉络,追寻中国社会的时代变迁,不写史而为史,袒露的是燃情岁月的赤诚之心,诠释的是友善、诚信、敬业、爱国,以及民族文化的慈悲心与包容性。

这部30集的小说化的电视剧本,以中国北方的大山林场、国防工业大学,以及航天基地院所为故事环境,以东风系列导弹、长征系列运载火箭、大型地面跟踪雷达,以及后来的脉冲多普勒机载雷达研发历程的关键理论节点为技术载体,通过历史的使命与历史的无奈这一时代特征的矛盾冲突,融个人实践与国家命运为一体,讲述了新中国成立后的五十年间,三代平民航天英雄及其家人,在历尽沧桑的燃情岁月中,甘于奉献、勇于牺牲的历史担当所成就的灿烂人生。

剧本修改过程中,朋友们就题材情境与故事强弱提出了针对市场选择的中肯意见,甚至表现出一定程度的担心。有朋友感慨指出,这样一部秉持辩证史观与饱含人文关怀的心灵之作,没有一句无关痛痒的废话,没有一幕市井闹剧的无聊,以历史的使命与历史的无奈这种特殊的矛盾形式推进故事,在现今的中国影视文学作品中并不多见,大众阅读兴趣的风险是显而易见的;也有朋友坦诚提示,故事还原的是历史的本来面目,没有刻意市井化冲突的人物关系,没有刻意戏剧化颠覆的人物命运,没有眼花缭乱的危机情节,平淡故事中的七种别样死亡,一种意外残疾,挥发出的更多是人性淡而又淡的名贵,这种由特殊英雄群像造就的深沉内敛的戏剧张力,同样寄望于大众读者的阅读耐心。

以上两个方面,在一定程度上,都相对弱化了流行于影视文学故事里的习惯看点。全民娱乐的沸腾生活中,那些真实的历史,那些真实的情感,那些真实的逻辑,那些真实的细节,会引起大众读者思想感情上的强烈共鸣吗?我相信,中国大陆的文化自觉,已经渐汇成流;中华民族的核心价值观念,正在中国社会重新构建;根别于影视文学雷剧的市场反向心理,正在形成向往真善美的主流民意。中国读者与观众的价值取向与审美情趣,不应被一再低估。作为一个心静如水的海外独立创作人,我深知剧本故事的一些薄弱环节和情境留白,有待于行家里手的二次创作提升,但是,就作品整体的独特情境与艺术风格而言,我依然相信,不是我选择了市场,而是市场选择了《灿烂人生》。

　　两年多的剧本创作中,我几乎放弃了经济萧条下的酒吧生意,那么多的海内外亲朋好友给予了我无私的帮助和真诚的鼓励。妻子书菊承担了家庭生活的重担,女儿郑拓坚持在周末打工;妹妹子英、子杰不仅是剧本知音,而且在经济上给予我很大帮助;原哈尔滨工业大学党委书记李生老师,不仅深入细致地审读了剧本,而且提出了很多尊重历史真实的建设性意见,并一再鼓励我好好创作;王滨、周宁、林磊明、王春红、邵晓鸿、孙立、王甦、方向、马萍、王静东、刘彤敏、李秀琴、王友薇、刘松霞、徐娟、徐彤、和丽华、胡桂珍、卢君,以及张华、张敏、孟毅男、付宝文、董明春、邱祥辉、阎景宏、周遐余、蔡世贺、孙柏春、吴晓宁、刁正龙等同学和朋友,从不同层面给出了剧本研读意见,悉心关注剧本的创作与提升;置身于中国航天前沿领域的张华同学,有感于第三代、第四代中国航天人的家国情怀,不仅要为剧本的影视运作沟通协调,而且希望将来会看到展现中国航天全面腾飞壮美画卷的《灿烂人生》续集;每次回国奔波访谈,孙立、杨桦、李爱兰、汪利贤、孟毅男、李锦成、牛健、白秋晨、蔡世贺、薛青、付宝文、张岩、于洪建等同学和朋友,总是悉心周到地安排我的食宿等事宜;黑龙江省出版界资深专家刁小菊老师,在完成剧本审读意见后,希望能与作者当面深入交流,紧张的日程安排中,我们在市立医院的挂号窗口见面,就坐在旁边的长椅上,畅谈剧本感想近两个小时,刁老师因此错过了当天上午的牙科预约,她的那些饱含历史感怀的真知灼见,都在后来的剧本修改中得到切实体现;萍水尚未相逢的一位网易博客知名博主,深深感动于剧本故事,在自己的博客里发表"我看《灿烂人生》"的读后随笔,经我诚恳请教才知道,这位作家前辈的名字叫黄天睿,她是剧本故事里那些燃烧岁月的历史见证人;近一年来,我们一家没有包过饺子,却每周都能吃上风味别致的饺子或包子,旅居蒙特利尔的天津大姐刘玉琴,做得一手中国好面食,她说剧本是块试金石,可以据此交下我这个终生朋友;剧本筹划出版过程中,出版社很快就申报国家奖项的重点图书目标达成共识,陈守权社长、张雅茹社长、黄菊英总编辑打开一路绿灯,尹继荣、刘培杰、杨桦、于洪建、李艳文、杨明蕾等老师做了务实周到的多项工作,排版员张梅梅总是密切配合反复多变的校样修改。太多的朋友需要感谢,恕我不能逐一恭敬,子毅在此抱拳了!

剧本印刷在即,平静思绪中,自然就想起我的父亲郑玉祥。即使我把剧本中新中国的雷达专家塑造成一位女性形象,还是有知近的朋友跟我一起感怀当年父亲所在的哈尔滨工业大学雷达教研室。剧中演绎的教学与科研辩证逻辑的思维方法,多是源于父亲潜移默化的深沉教诲。父亲不幸于2003年车祸去世,剧本创作过程中,母亲常常念叨:"要是你爸活着该多好,肯定能帮你不少忙。"

手边闪过微信留言,因为最近与出版社联系密切,我就随手翻看一下屏幕,点开李艳文分享的一段视频,画面呈现出习近平总书记的即席感言:"廖昌永谈到弘扬传统文化,这个是我现在一直强调的,中国五千年的文明是一个在文化的河流中,唯一没有干涸、没有断流的这样一个文明。我们现在建立中国特色的社会主义文化,树立我们的核心价值观,我们要从弘扬传统文化中,去找我们的精气神。文化的软实力,它是一个国家强盛的外在标志。"

在《灿烂人生》这部剧的开篇,我借用了苏联经典电影《驯火记》的片头语作为开场白,这部电影演绎的是苏联宇航之父谢尔盖·科罗廖夫的传奇人生。在《灿烂人生》的作者自序中,我依然借用这段深沉的俄语画外音作为结束语:"影片中的情节也许并不完全符合历史,也不是实况记录,但所表达的感情、思想与行为,以及那些已经成为历史的事件,都是真实的。"

2015年6月7日晨
加拿大,蒙特利尔
郑子毅写于家中

目　　录

第一集 1
第二集 20
第三集 40
第四集 59
第五集 78
第六集 95
第七集 113
第八集 130
第九集 149
第十集 169
第十一集 189
第十二集 209
第十三集 229
第十四集 249
第十五集 268

第一集

电影开场铃声响彻滨江工业大学礼堂。

座无虚席,全场肃穆。

灯光略暗,灯光再暗,灯光全熄。

电影大屏幕上,莫斯科电影制片厂标志影像,苏联拜克努尔航天火箭发射场俯瞰,视野广袤,塔架高耸……

【影片俄语深沉画外音配上中文字幕:影片中的情节也许并不完全符合历史,也不是实况记录,但所表达的感情、思想与行为,以及那些已经成为历史的事件,都是真实的。】

序曲骤响,旋律激昂,苏联电影《驯火记》片头,20世纪60年代的苏联航天火箭耸立巨大发射塔台,专业人员操作,冷凝雾气升腾……

序曲尾音激越,光束明暗起伏映照下,礼堂前面几排座位上,徐徐映现庄重面容——80岁,70岁,60岁,50岁,40岁,30岁……

时光倒流——

1941年初秋,东方破晓,中国北方山区,日本人统治的北安林场,山坳里散落着百十户伐木人家。

山坳平缓地带,林家木屋,东西两间,栅栏院落,白桦掩映。

东屋里,六岁的林峰睡在炕上,一抹初现的晨光映在他的脸庞。林峰似醒非醒,习惯地伸手摸摸身边的妈妈,被窝是空的,转头看看妈妈身边的爸爸,被窝也是空的,林峰预感到了什么,一骨碌爬起来,光着脚跑进西屋。

西屋里,爷爷奶奶盘腿坐在炕头,看上去一宿没睡,爷爷的烟袋锅在幽暗的屋子里发出忽明忽暗的闪光。见林峰赤条条进来,奶奶惊讶道:"石头儿,怎么不睡了?别着凉,快到奶奶这儿来。"

林峰上炕偎到奶奶怀里,不安道:"奶奶,我爸我妈呢?昨天晚上我妈老亲我,都把我亲醒了。"

奶奶搂紧棉被,失神喃喃道:"都走啦,走了好哇,走了能活出人样儿来。"

林峰瞪大了眼睛,困惑道:"他们上哪儿去了?怎么不带我?"

爷爷掐灭了烟袋锅,嘱咐道:"石头儿,你爸你妈去做大人的事儿,跟谁都别说,日本人问你,就摇头装哑巴。"

林峰快要哭出来了,挺身急道:"那他们啥时候回来呀?"

奶奶回过神来,安慰道:"日子好过的时候就回来了。"

下午时分,北安林场火车站,站台上,两个日本老兵持枪站岗,林峰扒在站台外的栏杆空隙,扭头凝视远方——

苍茫的山弯终于转来一列货车,须臾,长鸣迫人,大地颤动,嘶嘶作响的升腾雾气中,火车头带着轮轨摩擦的金属刺音,缓缓停在站台,连着火车头的是一节客运车厢和一节封闭货厢。

两个带短枪的日本兵跳下火车头扶梯。客运车厢先下来一群咿咿呀呀的日本兵,随后下来四个穿短衣长裙的女人,两个姑娘,两个少妇。站台上的日本老兵马上近前调笑,两个姑娘惊慌不安,躲躲闪闪。日本兵拉开货厢门,林峰目不转睛,紧盯货厢里出来的人。日本兵大声呵斥,三十几个人有序列队站台,清一色的青壮男人。

没有爸爸妈妈,林峰失望地站在原地,奶奶从背后悄悄绕过来,轻轻拉一拉林峰,小声道:"石头儿,咱回吧。"

林峰关切道:"奶奶,他们都是干啥的呀?"

奶奶无奈道:"这男人哪,都是中国劳工,给日本人的火车装木头;这女人呢,都是会说日本话的朝鲜姑娘,给日本兵做饭,还铺火炕。"

林峰再问:"奶奶,火车啥时候再来呀?"

奶奶再答:"一个礼拜吧,林场这个季节开始忙啦。"

林峰回头不舍,奶奶摸了摸林峰的头,嘱咐道:"听话石头儿,别再来了,你爸你妈不会坐日本人的火车回来。"

一周过去,林峰扒着栏杆,目送最后一个人离开站台。

再一周过去,林峰看着空无一人的站台,久久不愿离去,奶奶说得对,爸爸妈妈不会坐日本人的火车回来。

林峰已不抱希望,但他还是再一次来到站台。火车刚刚进站,一个日本老兵对眼前这个执着的孩子有些好奇,就打开站台护栏,招手让林峰进来,咿哩哇啦说了一通,觉出林峰听不懂,就冲刚刚停稳的火车头大喊:钱——钱——

火车头上跳下个瘦高男人,快步跑过来,男人看上去有三十左右岁模样,一脸煤黑。听完日本老兵的训话,这男人蹲下,扶住林峰的臂膀,和蔼道:"别怕,孩子,叫我钱先生,日本人让我领你上火车头看看。"

钱先生按着林峰的头算是给日本老兵鞠个躬,然后抱起林峰上了火车头。林峰站在机器包围的空间里,看这摸那,充满好奇,仰头道:"钱先生,火车头怎么拉的车呀?"

钱先生一脚踩开锅炉挡板,里面余火尚红,林峰探身观看,钱先生指点道:"看见没有,这火一烧起来,上面那个大闷锅里的水就生汽,水一生汽,就把火车轮子推跑了。"

林峰打量锅炉,惊讶道:"水能生这么大的气?"

钱先生点点头,爱抚道:"没想到吧?等你长大念书就知道了,孩子,你叫什么名字?"

林峰懂事道:"我叫林峰,双木林,山峰的峰,小名叫石头儿。"

钱先生赞许道:"林峰,好名字,石头儿,你认识不少字吧?"

林峰仰头憨笑道:"不认识几个,名字是我妈教的,我会写。"

两人正说着,站台上传来女人惊恐的尖叫声,四个短衣长裙的女人刚从火车上下来,两个中年,两个少妇。招呼林峰进站的那个日本老兵,正把手伸进一个少妇的怀里调笑,少妇两手护住明显隆起的肚子,尖叫着退到火车头旁。一群日本兵看着笨手笨脚的老家伙,指手画脚,哈哈大笑。

钱先生跳下车,挺身拦在日本老兵面前,两手举在半空,操日语提示道:"先生,她是个孕妇。"

日本老兵面露困惑,立目吼道:"混蛋!你说什么?"

钱先生直视日本老兵,沉稳道:"先生,她是个孕妇。"

躲在钱先生身后的孕妇哆哆嗦嗦护着肚子,转身跑向同伴。站台上响起一片夹杂日语的嘲笑声,日本老兵转头看看指手画脚笑成一片的同伴,不觉恼羞成怒,操日语朝钱先生大喝:"立正——向后转!"

钱先生举着手服从命令,日本老兵后退一步,抄起三八枪,一个标准跨步,一声狠嚎,刺刀就没进了钱先生的右腿根部股沟一侧,枪身随即猛然搅动,钱先生啊了一声跪跄在地,抽搐几下,撑身怒目,依然操日语艰难道:"先生,她是个孕妇。"

　　看热闹的日本兵静下来,拄枪面面相觑,日本老兵愣了一下,先自怯了一分,索性一不做二不休的架势,熟练地将步枪略向上抛,顺势张开两手的虎口接住,垫步近前,倒举步枪,就要垂刺。

　　日军小队长冈田见状,大喝一声:"住手!混蛋!归队!"

　　日本老兵急速收手,持枪立正,嗨了一声归队。中国劳工呼啦一下涌上来,一个娃娃脸冲在最前面。冈田拔枪在手,日本兵哗啦一片拉开枪栓。钱先生撑住身体,急忙制止工友,忍痛冷静道:"别过来!"

　　前排中间的劳工头儿放慢脚步,平臂示意,停住队伍,命令道:"都别动!你们俩,跟着我。"

　　娃娃脸和另一个伙计跟着劳工头儿,三人双手举在半空,走出队伍,两个伙计帮着劳工头儿把钱先生背上肩,又在两边护住,三人快步走出站台。劳工队伍跟在后面,日本兵快速分作两队,从两边胁持住劳工队伍。三人把钱先生放倒在一棵大树下,娃娃脸急忙脱下背心,劳工头儿咬破撕开,结成布条,勒在钱先生的伤腿根部。

　　林峰触目惊心,忘了害怕,也跟着跑过来。劳工头儿嘱咐道:"孩子,赶快回家,拉车救人,就说老铁说的。"

　　林峰起身后退,惊悸地看看,转身就跑。娃娃脸泪流满面,跪地搂住钱先生,无奈被刺刀划破臀部逼起,钱先生摆手道:"好好活着,去吧。"

　　这队中国劳工在日本兵的贴身刺刀威逼下,几步一回头,匆匆进山……

　　林峰跑回家,上气不接下气,急呼道:"奶奶,快去救人!"

　　奶奶忙问:"救什么人?在哪儿?"

　　林峰急答:"是钱先生,开火车的,就在火车站,叫日本鬼子拿刀给捅了!"

　　奶奶急问:"谁叫你回来的?"

　　林峰快答:"老铁说赶快拉车救人!"

　　奶奶叫上邻家十岁的顺子,三人拉着板车赶到大树下。血迹染红了草地,钱先生竭力撑住,林峰勉强把持住板车,顺子和奶奶抬扶钱先生躺上去,奶奶换位在前面拉车,顺子和林峰在后面推。

　　顺子妈早已等在林家门口,几个人把钱先生抬扶到炕上。灶上小半锅水已经滚沸,顺子妈兑好小半盆温水,奶奶撒一把大粒盐搅匀,两人细心清洗伤口。

鲜血慢慢滴到炕上,顺子妈返身递上一碗草木灰,奶奶抓两把按在伤口上捂住,等一会儿,看看血液浸痕,再抓两把捂住。林峰铺展浸血布条,奶奶接过来,缠住伤口,勒紧绑好。

看看出血缓住,奶奶抬头期盼道:"家里还有鸡吗?"

顺子妈叹口气,无奈道:"唉,有几年没听林场鸡叫了,早叫鬼子吃光了。"

看看钱先生神志还清醒,顺子妈松口气,轻声道:"人是挺住了,我俩先回去,有事儿叫我。"

钱先生拱手道:"多谢救命之恩!"

顺子妈摆摆手,嘴里念叨着作孽呀,领着顺子出门走了。

林峰递上一碗温水,钱先生一通喝下,轻缓几口气。奶奶赶紧熬了一锅底苞米面糊糊,撒上葱花和盐。钱先生脸色惨白,勉强撑着上身侧卧在炕沿儿,林峰拿着木勺,站在地上喂他……

天黑下工,爷爷进门就问:"人在咱家吧?"

灶台前的奶奶抬头应道:"炕上躺着呢。"

爷爷进屋,钱先生挣扎着要起身,爷爷一把按住,关切道:"别动,我看看。"

查完伤口,见血已完全止住,爷爷解下布条,吩咐道:"石头儿,弄小半盆盐水来,要温的。"

林峰跳下炕,回身端进来小半盆盐水。爷爷细心洗净伤口,轻轻擦干,随手从怀里掏出个小瓷瓶,就着里面的小木片,慢慢在伤口上刮敷草药。林峰递上奶奶早已准备好的新布条,爷爷缠住伤部系好。

见爷爷忙完,奶奶端着高粱米干饭和炖豆腐来到炕头。林峰进灶间,拿着咸菜和筷子返回来。钱先生起身侧靠在被垛上,接过饭碗,连说谢谢。林峰上炕替钱先生端着豆腐和咸菜,钱先生摸摸林峰的头,感动道:"多谢小恩人。"

林峰催促道:"你快吃吧,要不饭该硬了。"

钱先生微笑点头,饭刚到嘴边,竟抬眼愣在那里……

冈田直挺挺立在炕前,身边的两个日本兵胁持住爷爷。冈田操日语大喝:"起立!"

钱先生放下饭碗,操日语回答:"刚试过,右腿动不了。"

钱先生跟冈田对视片刻,冈田拔枪在手,后退一步,枪口对准钱先生的眉心。奶奶急步近前搂过炕上的林峰,顺势一把蒙住林峰的眼睛,豆腐和咸菜撒了一炕。

钱先生依然直视冈田,操日语沉稳道:"天皇仁慈,别在这儿开枪。"又用眼神示意日本兵,命令道:"两位先生,扶我出去。"

冈田愣了一下,近前躬身,举枪柄猛砸下去,钱先生的右小腿旋即一块青紫,整条右腿却毫无反应。冈田见状迟疑了片刻,低头收起枪,命令道:"活着吧,教他们说日语!"

两个日本兵松开爷爷,跟随冈田,持枪倒退离去。

奶奶慢慢收拾炕上打翻的饭菜,林峰帮着拿到灶间。看着受惊的一家老小,钱先生的感恩中带着深深歉意,拱手道:"再谢恩人!我缓一缓就走。"

爷爷坐在炕头,拧上一锅烟,林峰忙去灶间拿根碳化的柴火,给爷爷点上。爷爷抽了几口,火头通红,打量道:"你走得了吗? 养养看吧。"

奶奶又端上一碗高粱米干饭,饭上一撮咸菜丝,看看为难道:"先凑合吃几口,叫石头儿去顺子家借豆腐了。"

钱先生连忙接过饭碗,感激道:"这样就好,不能再添麻烦了。"

奶奶催促道:"快吃吧,看你撑不住了。"

钱先生抬碗敬一下,吃得风卷残云一般,奶奶递过一碗温水,钱先生也是一口气喝干。

林峰空手进屋,失望道:"奶奶,顺子家没豆腐了,剩那两块儿都给你了。"

奶奶无奈地叹口气,钱先生催促道:"别为我忙了,你们也快吃吧。"

奶奶去灶间盛饭,爷爷又拧上一锅烟,吸得火头通红,关心道:"你是哪儿人哪? 家里还有什么人吗?"

钱先生表情凝重,沉吟道:"我是南京人,在日本留过学,抗战一爆发,我就回来当兵……"

【闪回画面加钱先生画外音:南京保卫战,我带着一个排的弟兄拼死抵抗,最后弹尽粮绝,只剩下一个娃娃兵跟着我。日本鬼子把我俩堵在巷子尽头,眼看着一排刺刀挺上来,娃娃兵抱住我尿了裤子,说想他娘,不能死。我心一横,就用日语大喊:"天皇仁慈,不杀俘虏!"鬼子军官摆手,娃娃兵看出活命希望,照葫芦画瓢,学着喊出来。鬼子军官见我懂日语,问我下围棋吗? 我说是南京三甲,他把军刀架在我脖子上,说是让先,我当仁不让,落子天元,他收了刀,把我单独拉出来,要跟我晚上下棋。我决意抱住娃娃兄弟,结果我俩侥幸活下来,先做伙夫,后来做了日本鬼子的铁路劳工,至于钱家巷的家里人,现在想都不敢想。那以后,江南的大米,抚顺的露天原煤,本溪的焦炭、钢锭,还有长白山的原木,我们都运过,码头上,眼睁睁看着日本大船满载离去,昼夜不停。】

爷爷喷出一口烟,沉郁道:"杀我们的人,抢我们的东西,天理不容啊,有朝一日,非灭了这倭寇!"

林峰听出意思,好奇道:"爷爷,倭寇是什么呀?"

爷爷愤然道:"倭寇就是地狱里的恶鬼。"

林峰愤恨道:"倭寇就是日本鬼子吧?"

爷爷点点头,林峰小声兴奋道:"那我爸我妈是去杀倭寇了吧?"

奶奶忙打住话头,嘱咐道:"石头儿,大人的事儿不能说,不然要掉脑袋的,咱们得活下去。钱先生,家里人到底怎么样啊?那可都是老百姓啊!"

钱先生神色黯然,摇头道:"唉,在南京还能怎么样,但愿能活几个。"

夜深人静,东屋炕上,钱先生失血过多,深沉昏睡过去,黑暗中,林峰怕钱先生死过去,就守在身边,不时用手试试呼吸。

西屋炕上,爷爷翻身道:"老铁说,钱先生是个新派文化人,通晓什么数学物理,还熟知什么世界历史。"

奶奶敬佩道:"是条汉子,不管他会啥,咱都好好照顾他。"

钱先生活下来,右腿股沟根部,搅刀伤着神经,落下终生残疾。爷爷给钱先生做了一副拐杖,钱先生试着撑拐走路。林峰喜欢无所不知的钱先生,缠着他问这问那——

先生,你看山坡那边,老鹰翅膀一动也不动,怎么还能往上飞呀……

先生,太阳快下山的时候,为什么老是变成红色的呀……

先生,白天总是有太阳,啥时候都是圆的,顶多是躲在云彩里,可是到了晚上,不是天天都有月亮,就是有,今天是圆的,过些天就变成弯的,这都是为什么呀……

早饭的时候,爷爷摆好炕桌,奶奶端上一小盆苞米面糊糊,林峰来回端上苞米饼子和咸菜,钱先生请爷爷奶奶在炕头坐好,又用微笑鼓励林峰。

林峰站在地中央,垂臂挺胸,朗朗上口:弟子规,圣人训,首孝悌,次谨信,泛爱众,而亲仁,有余力,则学文……

爷爷奶奶脸上露出久违的笑容。

深秋的晚上,全家人围坐在炕上剥松子,林峰又是面露期待,钱先生爱抚一下林峰的头顶,会心笑笑,讲起了盘古开天辟地的故事——

不知道是什么时候,没有天没有地,没有山没水,没有树没有草,没有鸟兽鱼虫,没有……

林峰插言道:"就是什么都没有的时候吧?"

钱先生点头道:"说的对,就是那个时候,没有边儿的黑暗中,不知怎么就飘着一个像大鸡蛋一样的东西,里面住着一个叫盘古的小孩儿,盘古每天都长个儿,过了一万八千年,盘古长成了巨人。他想从这个大鸡蛋里出来,就抢着一把大斧头,不停地砍呀砍呀,不知砍到什么时候,这鸡蛋清儿就升到了头顶,变成了天,这鸡蛋黄儿就踩在了脚下,变成了地,盘古成了顶天立地的巨人。他两手举着天,两脚踩着地,不停地长个儿,每天长一丈,天也高一丈,地也厚一丈,就这样长呀长呀,又长了一万八千年,天高高在上,地厚厚在下,盘古累了,倒在地上睡着了,再也没醒过来。"

林峰紧张道:"盘古是不是累死了?"

钱先生点点头,感叹道:"他的左眼变成了太阳,他的右眼变成了月亮,他的手臂和腿脚变成了高山,他的……"

林峰推开屋门,站到院子当中,环顾群山,仰望星空,惊讶得说不出话来。

【钱先生画外音:他的头发和眉毛变成了星星,他的呼吸变成了风云,他的声音变成了雷电,他的肌肉变成了土壤,他的骨头变成了金石,他的汗水变成了雨露,他的汗毛变成了花草树木,他的血液变成了江河湖海……】

爷爷看着痴迷的孙儿,对钱先生欠身敬道:"遇到先生,那是孩子的造化,一日为师,终身为父,你就别惦着走了。"

钱先生探身感激道:"我一个废人,到哪儿都是麻烦,也没地方可去,承蒙二老收留,理当教育石头儿,我还能编筐窝篓,补贴家用。"

奶奶笑道:"我们可不是二老,这才四十五呀。"

冬天的晚上,全家人围坐在火炉旁烤着山核桃取暖闲话,钱先生平和道:"石头儿,烧大半壶水。"

林峰提壶去水缸前用瓢灌了大半壶,回来把水壶放到炭火炉上,钱先生微笑道:"坐下看着水壶,看到什么,听到什么,水开了以后告诉我。"

林峰两手托腮坐在炉前,一会儿水就开了,钱先生提问道:"说说烧水是怎么回事儿。"

林峰随口道:"水热了,水壶呼呼响,水开了,壶盖儿噗噗响,壶嘴儿也响,跟吹哨似的。"

钱先生微笑道:"说的好,那壶盖儿为什么会响呢?"

林峰手心冲上一抬,联想道:"热汽儿顶的。"

钱先生追问道:"哪儿来的热汽儿呢?"

林峰紧跟道:"水开了就变成热汽儿。"

钱先生点点头,鼓励道:"那水为什么会开呢?"

林峰来了兴致,思索道:"火烧的呗——我知道咋回事儿了,烧着的木头里有热劲儿,热劲儿到了水里,水就变成热汽儿,热汽儿里的热劲儿把壶盖儿给顶起来了。"

爷爷奶奶听得入神,钱先生笑待下文,林峰一下子想起了什么,思量道:"对了,火车也是这么回事儿,可是火车的热汽儿咋能有那么大的热劲儿呢?"

钱先生频频点头,满意道:"石头儿,该说的不该说的,你都说了,孺子可教!我再给你讲个故事吧。"

林峰兴奋得满脸通红,挪过板凳坐在钱先生跟前,仰头期待,爷爷奶奶对视了一下,表情欣慰。

钱先生略欠身,疼爱地抚了抚林峰的头顶,沉吟道:"二百多年前,有一个英国人,就是外国人,他叫瓦特,像你这么大的时候,他在厨房里看奶奶做饭,铁壶的水烧开了,他发现壶盖儿跳个不停,就问奶奶这是为什么,奶奶说这有什么好问的,大家也笑他满脑子没用的事儿,他却把这件事儿记在心里。长大以后,瓦特成了机器修理工,有一天,他发现……"

【旁白加画面:一炉蒸汽就能推动庞然大物的原理令人叹为观止,少年林峰萌发了探求事物道理的好奇心……

年复一年,爸爸妈妈没有回来,他们的朋友进山来过几次,带来钱先生要的

书和读书用品,一家人在苦难中盼来光复,盼来解放,终于盼回儿子和父亲。】

正是初春时节,山色青黄不接。北安林场火车站,铁路值班房的红砖外墙上刷着醒目的石灰大标语——抗美援朝,保家卫国。

站台上清冷空旷,身着林场工作服的林峰伴着爷爷奶奶,旁边站着林场老场长和干事小付。

远方的山弯转来一辆火车头,须臾,长鸣迫人,雾气升腾,火车头带着轮轨摩擦的金属刺音,缓缓停在站台。

扶梯上跳下两男一女,男的都是一身军装,一个三十六七岁模样,一个二十五六岁模样;女的城市打扮,只有十八九岁,天生美白,面带笑意。

尽管十年未见,林峰一眼就认出哪一个是父亲林凤祥,奶奶紧跑几步扑倒在迎上来的林凤祥怀里,颤声道:"祥子,你可回来了!"

林凤祥激动道:"妈!"

林凤祥又跟爷爷抱在一起,动情道:"总算回家了!爸,妈,石头儿,你们受苦了。"

爷爷拍着林凤祥的肩膀,感触道:"活着回来就好哇。"

林凤祥转身抱住林峰,摇着肩膀打量道:"石头儿!好家伙,长这么高,都认不出来了。"

林峰直视林凤祥,激动道:"爸……你还好吧?"

林凤祥歉疚道:"还好,这些年爸爸妈妈没有尽到责任,对不起你呀。"

林峰关切道:"我妈有消息吗?"

林凤祥摇头道:"还没有,回家慢慢说。"

这边新老场长双手握在一起,老场长高兴道:"我是老郭,欢迎路场长,这是林场干事付贵才。"

路场长习惯地抬手一个军礼,爽快道:"你们好!我是路大安,这是我媳妇利贤。"

利贤马上羞红了脸,低眉道:"你们好,我俩还没结婚呢。"

路大安领着利贤,跟爷爷奶奶和林峰相互寒暄,迎着林峰直视的目光,利贤又羞红了脸,林凤祥热情地跟老场长和付贵才握手问好。

北安林场生活区,钱先生拄着双拐等候在院门口,一岁多的小黄狗兴奋地扑向回来的一家人,林凤祥快步赶过来,双手紧紧握住钱先生腾出的左手,亲切道:"您好,钱先生,终于见面了!"

钱先生感慨道:"十年磨一剑,凤祥老弟,一家老小可把你给盼回来了。"

林凤祥感恩道:"辛苦您了,钱先生,您为新中国培养了一个有用之才,谢谢!"

钱先生谦虚道:"老弟言重了,我一个废人,命中注定有这福分。林峰这孩子,悲天悯人,天赋极好,走出深山,必堪大用。"

一家人谦让着钱先生进院进屋。

奶奶在灶间忙完,林峰摆好炕桌,端上饭菜,一盆松蘑狍子肉,几盘北方过冬菜,一盆苞米碴子干饭,金灿灿,热腾腾。一家人落座等待,爷爷拿过一瓶酒,吩咐道:"石头儿,别愣着,倒酒,给你妈也倒上。"

林峰满酒,大家静默片刻,林凤祥低头沉郁道:"这些年没告诉家里晓云的下落,是不想断了家里的念想,也不想断了我自己的念想……"

【闪回:我和晓云离家后参加了东北抗日联军,在滨江做联络员,晓云负责收集药品和急需物资,我负责运出滨江。一年后战事趋紧,日军十倍于我加大围剿,抗联损失惨重,各自为战,开始分批撤入苏联远东地区,我和晓云留守到最后一批撤离。当时战况惨烈,药品缺口太大,没办法,晓云冒险从日本医院的药贩子手里拿药,日本宪兵盯上药贩子,对晓云起了疑心。我送完药品回家,老远就看见窗外的暗号,知道晓云出事了,抗联有纪律,我还要继续完成任务,不能进去救她。我躲在暗处等机会,半夜看到日本宪兵换岗,出来进去几十个,一直蹲坑抓我。那以后没人再见过晓云,解放后,组织上在滨江市的日本宪兵司令部旧址地库里找到残留档案,没有发现晓云的记录。】

全家沉痛无语,爷爷打破静默,沉郁道:"其实你不说,我们也早料到晓云出事儿了。"

奶奶抹干眼泪,宽慰道:"托晓云的福,咱们现在过上了主人的日子,虽说眼下也难,可有盼头,咱们就替晓云好好活着吧。"

钱先生凄然道:"唉,既然都是伤心事儿,那就大家一起祭奠一回吧,南京的下关区政府刚给我回信答复,长江边有名的钱家巷,无论男女老少,全都横尸江中,无一幸免。"

全家静默,林凤祥拿过晓云的酒盅,沉痛道:"为了屈死的冤魂。"

一盅酒洒在地上,林峰跟着把酒洒在地上,钱先生探过身子,也是一盅酒入土,桌上的酒盅空了一遍,林峰又给大家满上酒,钱先生举杯,朗声道:"为了今天的新生活!"

众人把酒盅在桌上顿了一下,一饮而尽。

奶奶招呼吃肉,众人默默动筷吃了几口,爷爷打破沉闷,指点道:"春天的狍子皮包骨,秋天的狍子才叫香,下回秋天来家吧。"

钱先生给林凤祥夹过一块好肉,关心道:"好不容易回来一趟,能多呆些日子吧?"

林凤祥一脸歉意,无奈道:"只有三天假,还是首长特批的。咱们的实战空军组建还不到半年,战友中数我年龄大,大家刚刚试飞新式战机,我的空中训练时间有三十个小时,算长的,那些二十几岁的小伙子,空中训练时间只有十几二十个小时,家里天塌了也回不去。咱们面对的是美国鬼子,那些经过二战的老牌儿飞行员,有的都飞了上千个小时。"

众人细听,表情关注,林凤祥给大家满酒,沉吟片刻,平静道:"我是第一批赴朝参战的飞行员,名单都下来了。"

所有人都停下筷子,奶奶的眼泪又涌上来,慢慢抬手抹干,难受道:"咱中国人也不爱打仗啊,怎么这仗就打个没完了呢?"

钱先生肃然道:"树欲静而风不止,这一百年来,中国就没平安过,列强不是叫你山呼一声万岁就行了,而是要把咱们中国彻底瓜分掉,这回要是把美国鬼子打服了,中国的事情就好办多了。"

林凤祥回手从包里拿出一个飞机模型,摆在桌上。林峰和爷爷奶奶第一次见到飞机,林峰拿起模型端详,递给爷爷奶奶,林凤祥解释道:"这是苏联最先进的米格15喷气式战斗机,林峰,你已经长成大人了,一定要好好学习,盼着你们这一代人,能早日造出中国的战斗机。"

县城镇上,便民照相馆,爷爷奶奶坐在前排,林峰和父亲站在身后,林峰轻轻推了推父亲,自己又往边上挪了挪,父亲会意,两人中间就为母亲留了空位。

摄影师招手示意道:"后排往中间靠。"

林凤祥随声道:"这样好,照吧。"

摄影师不解地摇摇头,唱着看镜头按下快门。

一家人来到镇上县高中,收发室齐大爷看到一身军装的林凤祥,连忙探出头来招呼道:"您找谁呀,解放军同志?"

林凤祥和蔼道:"我们找王校长。"

齐大爷伸手一指,热情道:"看见没有?左边第二个门,有校长室挂牌儿。"

林凤祥敲门,里面应了一声请进,一家人有序进门。王校长看上去二十七八岁,起身热情招呼道:"是林凤祥同志吧?"

林凤祥笑道:"我是林凤祥,王校长好!"

大家握手问好,有序落座。

王校长简略看了一遍钱先生的推荐信,又大概翻阅了一下有利贤和路大安签字认可的答卷,频频点头,感叹道:"革命家庭出了这么好的人才,难能可贵,我刚接到上级指示,让学校好好办理,那就尽快入学吧。"

全家人高兴异常,林峰给王校长深深鞠了一躬,王校长连忙扶起道:"不敢当,真不敢当。对了,林峰同学,你们林场的利贤老师,过两天也来报到,你们就一起来吧。"

中午时分,北安林场小食堂,大圆桌上,十盘野味山珍围住一盆杀猪菜,圆桌旁,依次围坐钱先生、奶奶、林凤祥、爷爷、老场长、路大安、付贵才、顺子、林峰、利贤、顺子妈。

林凤祥起身恭敬,一碗酒朝天:"各位父老乡亲,这一家老少就托付给你们了,我无以回报,唯有奋勇杀敌!"

路大安豪情万丈,也是一碗酒朝天:"军人要的正是这个!"

众人叫一声好,举杯跟进,爷爷慨然道:"前脚赶走了东洋鬼子,后脚跟来了西洋鬼子,这些个畜生,还以为咱新中国是八国联军那会儿的软柿子呢,我儿子为国分忧,命里该着再有这一份光荣,凤祥,家里甭惦记,只管奋勇杀敌!"

林凤祥给爷爷奶奶倒酒,林峰起身接过酒瓶,围桌满酒,奶奶担忧道:"祥子,战场上枪林弹雨的,那子弹、炮弹可没长眼睛,千万留神着点儿,别让它摸着你呀。"

林凤祥给奶奶夹过一块红烧肉,宽慰道:"放心吧,妈,老兵知道深浅,朝鲜那边儿,阎王爷正给美国鬼子打勾儿呢,我还得回来孝敬你们。"

钱先生环顾众人,怅然起酒:"君子于役,不知其期。凤祥君,但使龙城飞将在,不叫胡马度阴山,我敬一个!"

正是初春时节,山色青黄不接,站台上冷冷清清,三代人依依不舍,奶奶泪眼模糊,赶紧抬手抹干,嘱咐道:"祥子,小心着点儿,开飞机开累了,就停下歇会儿。"

众人无语,林凤祥含泪微笑,宽慰道:"记住了,妈!"

夕阳西下,暮霭苍红,两个军人互敬军礼。

一个车下:"天佑军魂!"

一个车上:"愿为中国服务!"

车轮铿锵,长鸣远人,火车头消失在山弯,带走了全家的祝福和希望……

北安林场生活区,初春的晨光照进院落,雄鸡的报晓此伏彼起,房前屋后飘散着淡淡炊烟。

林峰一家围坐在炕头吃早饭,钱先生放下筷子,拿过林峰的新书包,在手上掂了掂,欣慰之情溢于言表:"都说吉人自有天相,听路场长说,这利贤老师是清华大学物理系的高材生,只可惜中途退学,她出的数理考题有真功夫,越琢磨越经典,佩服!"

林峰深有感触道:"利贤老师设计的问题看起来并不难,但是处处体现充分必要,而且相互关联,有些地方好像随手就答对了,过后一想不全面。"

爷爷诧异道:"先生都这么说,那就是山外有山。林峰,学校不比家里,凡事更要周到,好好敬师勤学。"

正说着,几声狗叫,利贤走进院子,奶奶连忙开门迎出去。利贤进屋问好,美白的脸庞透着兴奋的红润,把书包放在炕头,拿出两本厚厚的《世界史纲》,递给钱先生,忽然一口南京话:"先生,您要的书。"

钱先生又惊又喜,欠身接过,也是一口南京话:"欣逢乡音,如获至宝,多谢利贤老师。"

利贤连忙还礼:"先生,您才是老师。"

奶奶拿过一个肩挎布袋,嘱咐道:"石头儿,带上肉干儿饼子,一个礼拜才回来,跟老师一块儿吃。"

利贤客气道:"奶奶,学校有食堂。"

奶奶认真道："不多余,吃肉壮脑筋,带上。"

看看不早了,利贤和林峰准备动身。林峰把两人的包都背挎在身。钱先生坚持拄着双拐,跟着爷爷奶奶送出院门。爷爷嘱咐道："二十多里山路,多加小心,老师累了就歇歇。"

林峰领着利贤上了山路,蓝天白云,山势起伏,湿润的山风拂在脸上,撩人心绪。林中鸟儿唧唧,岩下残雪融融,利贤第一次走进北方的山野,心情跟着山势开朗起来,走到平缓路段时,竟孩子一般蹦蹦跳跳,偶尔回头看看,显出不好意思,林峰快步赶上来,两人并肩而行。

利贤亲切道："林峰,你多大了?"

林峰兴奋道："十七岁过五个月。"

利贤认真道："是周岁吗?"

林峰脸红道："不是,是虚岁儿,老师你呢?"

利贤嫣然笑道："过了清明,我就十九周岁了,我大你两岁半,这样吧,以后别叫我老师,叫我姐姐吧,你们一家人多好啊,我也想算上一个。"

林峰高兴道："是两个,还有路大哥呢,那……我现在叫啦——姐。"

两人相视一笑,林峰关心道："姐,你家兄弟姐妹几个?"

利贤平和道："就一个弟弟。"

林峰羡慕道："一个弟弟也是伴儿呀。"

利贤会心道："所以呀,你要有个姐。"

林峰忍不住好奇,探询道："姐,听路大哥说,你是清华大学物理系的高材生,可惜没念完就退学了。"

利贤迟疑了一下,笑意一闪而过,感怀道："路大哥这么夸我,是因为他喜欢我,他说的对,我在清华大学读完三个学期,就不得不退学,当时要不是路大哥相救,我就成了现行反革命。"

林峰惊讶得放慢了脚步,利贤的表情变得沉静,喃喃道："肯定吓到你了,没见过我这样的反革命吧,想听吗?"

林峰点点头,两人转过山弯,山势豁然开朗,水声清越相闻,林峰抬手指道："就那儿歇会儿吧。"

利贤拿出路大安的军用水壶,倒掉剩水,凑涧溪接满,让一下,林峰笑笑,利贤先喝,凉得中间停歇,林峰笑看,接过水壶喝一通。

两人在朝阳的一面大青石上坐下来，林峰面露期待，利贤思量片刻，沉静道："我爸是南京城的资本家，贷款开了三个大工厂，给国民党军队生产军需品。南京解放前夕，我在清华大学物理系正读二年级，当时北平已经解放，我跟家里失去了联系……"

【闪回画面加利贤旁白：期中考试的时候，两个带枪的解放军战士把我从考场带走，我吓坏了，同班一个出身不好的女同学紧张得无法答卷。原来我爸的一个工厂文件上有我的签字，是上高中时签的，我不知道干什么用，这个签字证明，工厂的股份有我一半……

路大安负责处理这个反革命案件，他先审问了我，告诉我反革命爸妈带着弟弟逃往台湾，他又到学校和南京调查，最后让我写了申诉材料，连同他的审查结论报给上级。上级看了无罪结论，很不满意，强调我签字的文件是铁证。他又找到上级的上级，把我保下来，他的前途也就完了。

我问他为什么救我，他说一是不能昧良心害人，二是后来他越来越喜欢我。老首长知道他的为人，加上他又是战斗英雄，就把他安排到北安林场，我背着黑锅，不能再上学，就跟他一起来了。】

林峰尚未走出深山，就从利贤身上体验到了世事艰难。利贤看着陷入沉思的林峰，有些后悔道："现在不想要我这个姐姐了吧？"

林峰抬头直视利贤，真诚道："路大哥让我想起了钱先生，小时候的很多事儿都忘了，长大遇到难事儿，总能想起钱先生舍己救人那一幕，姐，路大哥是个好男人，他喜欢你，那你喜欢他吗？"

利贤心生感动，喃喃自语道："我喜欢他的善良果敢。"

林峰目光如炬，动情道："姐，那你就给他生个儿子吧。"

林峰起身，缓步上路，利贤愣在那里，脸上泛起红潮……

【画面：两人走进山野，山色由淡变绿，芳草萋萋，溪水潺潺，春花漫山遍野，百鸟鸣唱林间，两人注目山间随热气流翱翔的山鹰……

利贤喜欢山花，但从不折花，遇到路边喜爱的山花，她就跑过去看看闻闻，林峰回身等待，默默注目……

山色由绿变红，映衬五彩斑斓，利贤喜欢红叶，遇到路边喜爱的红树，她就跑到树下挑挑拣拣，林峰情不自禁，目不转睛，沉醉于利贤的身影，青春的心怦

然跳动。】

　　镇上县高中课堂,黑板上展示着数学推导方程式和复杂的几何图形,利贤手拿粉笔站台讲解。课堂座无虚席,后排坐着地区教育局长和王校长,还有五六位老师,利贤面向学生,微笑提问道:"哪位同学还有更好的解法?"

　　林峰举手站起来,走上讲台,拿起粉笔,在几何图形中画出几条辅助虚线,勾勒出新图形,标出方位角关系,写出一系列推导,回身给大家讲解,老师们纷纷点头。

　　下课铃声响起,学生们外出嬉戏,教育局长跟老师们议论了一下,大家围拢到利贤身旁,局长建议道:"利贤同志来咱们地区任教整整一年了,她的教学水平得到了广大师生的公认,就让利贤同志给咱们办一个地区高中数理师资班,大家说好不好?"

　　众人齐声说好,鼓掌响应,利贤有点儿羞红了脸,不安道:"谢谢同志们鼓励,那我试试吧。"

　　下班时分,利贤随着师生人群走向校门,收发室的齐大爷探出头喊道:"利贤老师,您的邮包。"

　　利贤抱着邮包快步回到宿舍,急忙打开,一封简信映入眼帘:"利贤嫂子安好!情况有变,全国高校正在开展院系调整运动,清华大学物理系的主要教师已经合并到北京大学物理系,我又找到北大后勤部的战友帮忙,弄到北大物理系二、三年级教材,现附两包果脯一并寄去,不知是否妥善,查收回复为盼。向老连长敬礼!石玉柱敬上。"

　　拿开果脯,祈盼已久的散淡墨香沁入心脾,利贤抱起邮包贴在胸口,动情自语道:"大安,我真要给你生个儿子。"

　　傍晚时分,林峰在食堂打了两份饭菜端到利贤的宿舍,两人边吃边聊。林峰拿起桌上的新书饶有兴趣地翻看,利贤提示道:"这是北大物理系二年级教材,我得加油了,要不再过半年你就成了我的老师。"

　　林峰不以为然道:"姐,你又开玩笑了。"

　　利贤启发道:"钱先生在学习上给了你一样最重要的东西,知道是什么吗?"

　　林峰若有所思,试答道:"思维的方法。"

利贤鼓励道："不错,加上你的勤奋和天赋,所以你用一年时间就融会贯通了高中数学和物理,成为地区数理竞赛冠军,林峰,无论你将来做什么,你的天赋和才能都在数理方面。"

林峰心悦诚服,感激道："姐,这都是钱先生和你教出来的。"

利贤笑道："那我就接着教,今晚我们开始学习高等数学和大学物理。"

林峰兴奋道："真的?那我快吃。"

暑假来临,学生们走出教室,纷纷挥手道："老师再见!"

利贤挥手嘱咐道："别忘了暑假答疑日,多帮家里干点儿活儿。"

校门口,利贤和王校长热情地迎出来,同前来参加地区高中数理师资班的老师们握手致意。

教室里,林峰已布置停当,窗明几净,色调明快,书桌上摆放好铅笔和笔记本,在王校长的引导下,老师们纷纷落座。

教室门口,利贤和林峰挥手作别,利贤嘱咐道："回去先帮帮路大哥,昨天又到了几台新设备,他急着给北京的学校加工飞机航模。"

林峰调皮地以军礼回应,转身跑去,利贤静静目送林峰远去……

北安林场后山崖,林场大大小小的孩子围观他们平生第一次见到的飞机。飞机由薄而实的白桦木片和轻质软木连接粘贴而成,机翼截面呈上拱下平的鱼侧形,机身是中空的雪茄形软木,中空内壁粘牢一层锡纸,中空机身填满火药,火药中轴是中空的进气纸管。飞机卧在略微上翘的平滑长木板上,前机身两个小木轮,机尾一个小木轮,机头翘指崖下大湖方向。

孩子们后退,林峰点火,飞机向前冲了一下,旋即侧翻,一声爆响,炸成碎片。孩子们喊着过年喽,哄笑着散去,林峰喊道："下礼拜再来。"

一周过去,孩子们后退掩耳,林峰点火,飞机忽地冲出导板,升空后瞬间解体,机身翻滚着继续冲向天空,火药燃尽后拖着一缕长长的孤烟坠入大湖。孩子们惊叹不已,林峰鼓励道："下礼拜再来。"

又一周过去,孩子们趴在崖边,林峰点火,飞机滑出导板冲向天空,划出一条长长的淡淡青烟……

火药燃尽,飞机下倾,拖着淡淡青烟,随风滑行……

水面临近,波光粼粼……

【俯瞰画面:波光耀眼,飞机依然拖着淡淡青烟,随风滑行……飞机由白桦木白渐变金属银灰,现出米格15战斗机身形……】

第二集

　　秋高气爽,山色怡人,北安林场生活区,下午的阳光洒满院落,奶奶忙着晾晒山货,钱先生坐着编筐窝篓,林峰赤裸上身,挥汗劈柴。

　　奶奶看着林峰,心疼道:"石头儿,上了一个礼拜学,早晚还要念书,歇歇吧。"

　　林峰边干边答:"不累,奶奶,出出汗,痛快。"

　　钱先生关心道:"林峰,上大学的事儿怎么考虑的,跟利贤老师商量过吗?"

　　林峰停下来,擦汗道:"还没有,她说我是学工程的料,按学制,我还有一年才能毕业。"

　　钱先生感慨道:"旧中国没少讲工业救国,但是收效甚微,根本原因在于国运不济,如今沧海桑田,工业兴国是大趋势呀。"

　　林峰兴奋道:"王校长也这么说,先生,我想当工程师。"

　　钱先生赞许道:"识时务者为俊杰,当工程师,好志向!"

　　正说着,小黄狗兴奋地跑进院子,爷爷肩搭一只狍子出现在院门口。林峰连忙上前接过。爷爷端起奶奶递过的一瓢水,喝了一通,剩下的喂狗。奶奶劈手夺过水瓢,数落道:"路场长刚讲完爱国卫生运动,你就改改吧。"

　　爷爷憨笑道:"现在可倒好,遇事儿就拿路场长压我,行啊,以后注意就是。石头啊,一会儿给顺子家切块儿好肉,狍皮也带上,再叫路场长跟利贤老师他们过来。"

　　奶奶附和道:"可不是嘛,俩人都忙,吃饭净瞎对付。"

　　温暖的秋阳下,院当中摆着矮饭桌,爷爷和钱先生陪着路大安,三人围坐在桌旁喝茶说话。

　　奶奶和利贤忙在灶前,林峰在旁边凑趣,不时闻闻尝尝。奶奶翻拨收汁的松蘑狍子肉,挂念道:"利贤,大安都二十六七了,这要孩子的事儿,可不能再拖了。"

　　利贤淋干山野菜,解释道:"这两年我俩都忙,大安说了,等林峰上了大学,我们就要孩子,不算晚。"

林峰逗趣道:"那我明天就上大学,既当舅舅又当叔叔,我也盼着呢。"

利贤拍了一下林峰伸到碗边的手,亲昵道:"吃也堵不住嘴。"

都忙齐了,院当中一桌山珍野菜,全家落座,林峰给男人满上酒,爷爷举杯刚要说话,林场干事付贵才匆匆跑进院子,喘息道:"场长,县武装部来人找你。"

路大安忙问:"什么事儿?"

付贵才快答:"没说,看样子挺紧张。"

路大安起身,思量道:"没打仗紧张什么?拿个鸡毛当令箭,可能是民兵连的事儿,你们先吃,我去去就来。"

爷爷嘱咐道:"县上大老远来的,把人带来一块儿吃,等你们。"

路大安跟随小付,一路小跑离去。

看着两人远去的背影,林峰的手下意识地抖了一下,酒盅倒在桌上,酒水顺着桌面流到桌边,流滴土中,直到残滴挂住桌缘,闪烁阳光,风中抖动……

蓦然,林峰的心头震颤了一下,仿佛飞机俯冲的失重感强烈袭来……

【俯瞰画面:波光粼粼,白桦模型飞机拖着淡淡青烟,随风滑行……

飞机由白桦木白渐变金属银灰,现出米格15战斗机身形……

机炮骤响,弹曳穿空,俯仰呼啸,烈焰飞腾,云空中,米格15战斗机依然披烟滑行……

飞机由金属银灰渐变白桦木白,水面临近,波光粼粼……

波光耀眼,阒然无声,水天一色,不知西东,林峰的白桦模型飞机,融入炫目的冥冥之中……】

夕阳西下,暮霭苍红,秋虫四起,阵阵松风。

林峰家西屋,墙上挂着全家福,全家福下摆着一张小桌,桌上一碗松蘑狍子肉,一盘新鲜山野菜,一盘橙红山果,一盘炒松子,一壶高粱酒,两盏酒盅,还有一架米格15战斗机模型,全家福中的林凤祥看着大家,面带笑意。

奶奶靠在炕头,两眼直瞪瞪驻在墙上,已经没有了眼泪,利贤坐在炕沿,一手扶住奶奶的肩膀,一手轻轻揉搓奶奶的胸口。

奶奶终于颤巍巍呼出一口气,喃喃道:"祥子,去吧,多大的罪,一眨眼就遭完了,一大家子人,不差你一个,这么多年了,晓云也该有个伴儿,你就放心去吧。"

利贤的眼泪直扑下来。

爷爷坐在炕头,半眯着眼,兀自吸着烟袋锅,烟叶燃尽,早已没了火头,林峰站立炕边,看上去像爷爷一样平静如常,结实的胸脯伴着沉重的呼吸,深深起伏。

【旁白:每一种创伤,都会造就一种成熟,父亲在林峰的世界中定格于耀眼的瞬间,挺拔伟岸的血肉之躯在烈焰飞腾的瞬间顿成记忆,只是那耀眼的一瞬让林峰痛彻肺腑。】

路大安整理好风纪扣,向着墙上的全家福庄严敬礼,礼毕,摘下军帽,整理好帽形,恭恭敬敬,双手捧放在米格15战斗机模型旁。

钱先生端坐木椅,似已禅定,喃喃道:"人来人往,六道众生,凤凰涅槃,浴火重生,其神更髓,其羽更丰,凤祥君,国之大器呀!"

秋末时节,又一个星期天,林峰家,生活如常,早饭摆在炕桌上。钱先生胃疼,只喝了几口粥,就放下碗筷,吩咐林峰道:"一会儿请利贤老师和路场长他们过来,商量你上大学的事儿。"

林峰赶紧吃完,匆匆离去。

钱先生从手边的书包里拿出写好的一叠信纸,斟酌起来,奶奶捡下碗筷,擦净饭桌,钱先生抬头道:"一会儿二老也听听,全家都拿个主意。"

爷爷憨声道:"这事儿全凭先生和利贤老师做主。"

钱先生提笔修改,平和道:"大家一块儿商议,最后还要林峰自己做主。"

奶奶收拾停当,烧水沏茶。院子里狗叫了两声,利贤、路大安、林峰三人进来。利贤关切道:"奶奶,心口儿疼好点儿了吗?"

奶奶宽慰道:"好多了,就是成宿睡不着。"

利贤安慰道:"我那儿有安眠药,过后让林峰来拿。"

利贤又走到钱先生身边,拿出一个小药瓶,体贴道:"林峰说先生胃疼,我拿点儿酵母片试试。"

钱先生欠身接过,诚谢道:"利贤周到,阖家之福。"

大家落座，钱先生沉吟片刻，打破痛失亲人的沉郁，沉稳道："这两天我也睡不着，心里总惦着林峰上大学的事儿。英雄死得其所，我们也要活得其所，新中国一面是生死鏖战，一面是百废待兴，林峰早一天上大学，上合适的大学，这既是家事，也是国事。"

　　路大安一拍炕桌，大声道："先生说的好！凭咱林峰的本事，上它个清华北大，将来建功立业，为父报仇雪恨，也替我家利贤争口气。"

　　利贤客观冷静道："国家建设迫切需要各类工程师，我的意见是学工程，至于上哪所大学，还要看明年的专业选择和高考情况，不过，既然先生现在叫我们来，想必先生另有安排。"

　　钱先生拿起炕桌上的信纸，沉吟道："学工程毋庸置疑，只是我的想法又进了一步，我草拟了一份报告，写给县地省三级政府，申请尽快保送林峰试读滨江工业大学。"

　　路大安眼前一亮，思量道："对呀，保送烈士遗孤上大学，国家有政策呀。"

　　利贤忙问："为什么选择滨江工业大学？"

　　林峰脸上充满紧张的期待。

　　钱先生环顾众人，分析道："二战的胜利直接证明了苏联的一个重要成果，那就是重工业。中国抗美援朝用的是苏联武器，战果辉煌，你们带回的报纸，发出了一个重要信号，中苏蜜月指日可待，在重工业上，中国即将全面学习苏联，东北局的重工业，是新中国百废待兴的重中之重，松江省的滨江工业大学，延续了俄式办学体制，可谓近水楼台，尽占天时地利，国家的重视和投入，理应是大学中的重中之重。"

　　众人凝神聆听，钱先生呷了口茶，继续道："苏联的国防工业在卫国战争期间得到了全面提升，中国也不应当成为例外，假以时日，或许滨江工业大学会成为新中国首屈一指的国防工业大学。"

　　路大安按捺不住，拍案而起："先生说得太好了，那就拿下！要我做什么，尽管说！"

　　钱先生欣慰道："这上下斡旋的事儿，非你莫属。"

　　钱先生直视林峰，沉稳道："往者不可追，来者犹可惜，林峰，自己拿个主意吧。"

　　大家充满期待，默默注视林峰，林峰肃然起敬，起身后退，深鞠一躬。

　　奶奶迟疑着问："这又是说走就走？"

林峰安慰道:"奶奶,不一定的事儿。"

爷爷开导道:"是去上学,不是去打仗。"

奶奶喃喃念叨:"只要不是打仗,去干啥都行。"

一列客运列车奔驰在冰天雪地的北国原野。

车厢里座无虚席。林峰靠窗而坐,默默注视窗外一闪而过的村落,身边的利贤从包里拿出两张烙饼和两个咸鸡蛋。对面的小男孩儿眼巴巴看着,手指含在嘴里。利贤剥好一个咸鸡蛋,故意闻了闻,眼神跟孩子映在一起,俩人会心一笑,利贤把鸡蛋递到孩子手上,孩子抓过鸡蛋,张嘴就咬。

孩子妈反应过来,急忙拉住道:"就知道吃!"

利贤笑道:"吃吧吃吧,别咸着,还有饼。"

孩子一口饼,一口鸡蛋,把露出的鸡蛋黄凑到妈妈鼻子下,兴奋道:"妈,可香了,你闻闻。"

周围的人笑起来,孩子妈不好意思道:"还不快谢谢阿姨!"

孩子一手举着鸡蛋,一手举着饼,凑到利贤跟前,在利贤脸上使劲儿亲了一口,甜笑道:"谢谢阿姨。"

孩子妈对林峰夸赞道:"你媳妇看着就面善,好人好福报。"

孩子马上插嘴道:"一准儿生儿子。"

众人又笑,身边的老太太逗趣道:"人小心可不小,你怎么知道一准儿生儿子?"

孩子随口道:"我妈回回都这么说。"

众人笑得更厉害,老太太赞许道:"你们小两口儿一看就是文化人,这是去滨江吧?"

利贤笑道:"送我弟弟去滨江上大学。"

老太太跟孩子妈对视一眼,两人表情羡慕,老太太抱歉道:"真是对不起,咱这都啥眼神儿呀。"

孩子妈笑道:"可不是怎地,看着挺有夫妻相儿的,哎,反正都是一家人,去奔城里好前程。"

林峰笑看利贤,逗趣道:"先生说相由心生,路大哥的心思全家也都知道,姐,你肯定生儿子。"

利贤一改往日的羞涩,惊讶道:"像你这样的?"

众人哄笑,利贤关心道:"你们这是去哪儿呀?"

老太太高兴道:"我儿子刚从沈阳调到滨江电机厂,小两口儿忙得天天吃食堂,过几天还要去苏联学习,我去做饭带孙子,听说现在的滨江,满大街都是老毛子。"

孩子妈连忙纠正道:"可不能这么说,现在都叫苏联老大哥。我家那口子刚留在上海,屁股还没生冻疮,这不,又调到滨江,愁啥……什么呗……滨江锅罗儿,成天跟个苏联马达姆泡在一块堆儿,一搞就是大半宿,把我给烦的。"

老太太纠正道:"瞧你这记性,滨江锅罗儿?还滨江罗锅儿呢,那是筹备——滨江锅炉厂,连广播里都说啦。"

孩子妈拍额附和道:"对对对,就是苏联老大哥搞的这玩意儿,差点儿叫我给弄成罗锅儿,没文化就是不行。"

众人大笑,利贤对林峰感叹道:"钱先生真是有先见之明啊。"

林峰接过烙饼和剥好的鸡蛋,钦佩道:"先生常说,世间洞明皆学问,他要是能云游四海,离仙人也就不远了。"

利贤若有所思,望向窗外,赞叹道:"先生是以信仰和文化感悟人生,从中获得做人的力量。"

滨江市容,江畔雪柳,中央大街两旁,欧式建筑鳞次栉比,行人穿着厚厚的冬衣往来穿梭,偶尔看到头戴俄式皮帽的高大苏联人出现在行人中。

滨江工业大学校园,早课时间,冬天的红日映在凝脂的天空,人行道上,熙熙攘攘,身着冬衣的师生快步涌向俄式教学楼。

校长办公室,亮黄的晨光照进俄式高窗,暖意融融,看上去年近不惑的校长兼党委书记李国荣快速签好文件,递给等在办公桌旁的总务部于部长,嘱咐道:"于部长,新宿舍三月底动工,现在就要抓紧协调各方关系,尤其是承建单位,必须保证建材供应;还有,苏联专家楼的扩建改造,一定要注重俄罗斯文化内涵,方案出来后我要过目。"

于部长答应着马上照办,起身离去,等在门外的校办秘书小秦连忙进来,提示道:"李校长,昨天约好的四位学生都到了,您看是在这儿,还是在会议室?"

李校长整理文件,微笑道:"请他们都过来吧。"

小秦出门来到临近的校办会议室,里面坐着四个年轻学生,三男一女。见小秦进门，四人连忙起身，小秦热情道："各位同学，李校长请你们到他的办公室，跟我来吧。"

四人谦让一下，有序出门，前两位学生挪着拘谨的碎步走进校长办公室，后两位略错开两步距离，也跟进来。李校长热情地迎上来，先跟前两位学生握手，亲切道："欢迎新同学，一路辛苦了。"

李校长又握住第三位学生的手，赞赏道："小荷才露尖尖角，何文芳同学，俄语越讲越地道了，最近苏联专家可没少夸你呀，都喜欢聪明漂亮的喀秋莎，怎么样，外事办盯上你了吧？"

何文芳笑着点点头，高兴道："谢谢校长夸奖，跟着苏联专家去食堂，吃的都是白面馒头。"

年轻人听了，羡慕地轻笑出来，李校长用力握住最后一位学生的手，赞赏道："春风得意马蹄疾，马立尧同学，学校录取的全优生屈指可数，你入学后还是一如既往的优秀，不简单哪！"

马立尧谦虚道："谢谢校长鼓励，我还差得远呢。"

李校长玩笑道："你是说，还要跟同学们差得更远？"

马立尧脸红道："对不起，逻辑不严密，是离目标差得远。"

众人都笑，气氛轻松起来，李校长真诚道："上课前请你们来，就是让你们新老同学认识一下，今后互帮互学，共同进步，大家请坐吧，做个自我介绍。"

四位同学互相谦让落座，第一位同学刚要站起来说话，李校长摆手示意道："都是同学，面对面坐着说吧。"

第一位同学稍顿一下，沉稳道："谢谢李校长，我叫刘百衡，来自上海的江南广播器材厂，做过产品技术员和设备科副科长，去年党中央发出振兴东北工业基地的号召，我就向组织上提出保送申请，争取作为调干生进入滨江工业大学无线电工程系试读，希望学成后参加东北的社会主义工业建设，结果如愿以偿。我家在吉林农村，父母都是贫农，在父老乡亲的帮助下，全家省吃俭用供我上学，也只能读完初中，国家招工，我就到了上海，工作中我自学了高中课程，去年底，我通过了滨江工业大学的试读测试，说实话，应该是勉强通过，所以我非常感谢李校长今天这样的安排。"

李校长感慨道："过去，我是从大学走向社会，成了革命调干生；今天，你是从社会走向大学，成了带薪调干生。新旧中国两重天，珍惜来之不易的人生机会，好好学习吧。"

第二集

李校长伸手示意，第二位同学环顾一下，沉稳道："我叫林峰，来自松江省抚平县的北安林场，在林场做过两年维修工，在抚平县高中读过一年半。父亲在朝鲜战场牺牲后，我的恩师钱先生根据我的学习情况，建议我享受烈属政策，申请保送试读滨江工业大学工程力学系，利贤老师和路大安场长为我做了大量的沟通工作，我也像刘百衡同学一样如愿以偿。感谢党和政府对我的照顾，感谢学校提供的帮助。"

李校长动情道："我看了你的申请材料，你父亲在朝鲜战场击落了两架敌机，其中还有二战中的王牌儿飞行员，你是名副其实的地区数理冠军，我相信，你不仅会成为一名优秀的大学生，将来还会实现你父亲的遗愿。"

秘书小秦和三位同学向林峰投来敬佩的目光。

第三位同学笑看众人，爽快道："我叫何文芳，家在青岛，现在是无线电工程系一年级学生，系里指派我帮助刘百衡同学过俄语试读关，我会尽力的，感谢组织对我的信任。"

刘百衡连忙伸出友谊之手，何文芳大方握住，嫣然一笑，刘百衡怦然心动，笑意感动。

第四位同学更是简捷明了，平和道："马立尧，青海西宁人，工程力学系一年级，幸会各位同学，希望共同进步。"

马立尧与林峰同时伸出友谊之手，两人会心一笑。

刘百衡情绪受到感染，主动伸手垫底，四位同学的手搭握在一起。

李校长看在眼里，欣慰道："新中国百废待兴，急需各类工程技术人才，近来中苏关系快速升温，滨江工业大学迎来了难得的历史发展机遇。党和国家的政策是不拘一格降人才，见到你们两位特殊学生，我也开了眼界，今后还会有带着故事的保送生插班试读，希望你们两位带个好头，把握住来之不易的人生机遇，半年后我还想在校园里见到你们。"

李校长起身，众人起立，同李校长一一握手，李校长挥手示意墙上的一段《为人民服务》，建议道："同学们，我们一起来读一读这段时代经典。"

众人注目墙上的一幅工整行楷，李校长带头，众人朗朗上口：我们都是来自五湖四海，为了一个共同的革命目标，走到一起来了。我们的干部要关心每一个战士，一切革命队伍的人都要互相关心，互相爱护，互相帮助。

李校长送四人出门，众人摆手再见。走廊里，气氛略显轻松，刘百衡摇头轻声说一句什么，何文芳忍不住笑出声来，马立尧连忙提示安静，俄语大教室近在眼前……

【旁白:这四个年轻人谁也不会想到,他们在滨江工业大学的校长室里相识,在惊心动魄的未来岁月中相知,结下了终其一生的不解之缘。】

【半年以后。】

滨江工业大学校园,风和日丽,绿树成荫。树荫下,草地上,大学生三三两两聚在一起看书讨论。

教学楼内,一间小教室门外,何文芳、马立尧、林峰忐忑不安地等在走廊里,何文芳贴近门口听听,轻步回来报信,担心道:"叶尼娅老师的语速有点快,听不太清,百衡好像是给问住了,我看够呛。"

门终于开了,刘百衡闪身出来,轻轻关好门,沉吟一下,抿嘴摇头走过来,何文芳的心提到嗓子眼儿,紧张道:"2分?"

刘百衡顿住,叹口气道:"再加1分。"

何文芳眼神一亮,一把抓住刘百衡的手,惊喜道:"真的?"

刘百衡闭目调息,手指摩挲,一副陶然享受的样子。何文芳反应过来,抽回手,推一把,气恼道:"吓死我了,刘坏水儿!"

旁边的马立尧和林峰开心地笑出声来,刘百衡扬眉吐气,开心道:"知足吧,您哪,林峰的鸟语也不过3分儿,何仙姑,我没给您丢脸吧?"

何文芳释重开心,马立尧感慨道:"真都不错,一年的俄语半年就达标,换了我,不一定能过关。"

刘百衡感触道:"唉,一个农民的儿子,我第一次这么佩服我自己。"

何文芳瞥了马立尧一眼,揶揄道:"人家是变着法吹牛,你倒好,跟着瞎谦虚。"

林峰如释重负,后怕道:"百衡没吹牛,真不知道我这3分儿是怎么拿的,现在心里都没底,总觉着有劲儿使不上。"

刘百衡瞄了一眼何文芳,又看看林峰,附和道:"要说这俄语,马老师三天不睡,兴许跟何老师有一拼,咱俩就是把吃奶的劲儿都使出来,也到不了用俄语叫娘的份儿。"

何文芳显出惋惜的样子,教训道:"我说刘坏水儿,你这心眼儿要是用在俄语上,说不定今天能拿个4分儿。"

下课铃声骤响,走廊里渐渐涌出人流,马立尧赶紧提示道:"别贫了,快走吧,今天食堂有二米饭。"

刘百衡笑眯眯地看着何文芳,怂恿道:"刘坏水儿今天有大米饭。"

何文芳眼神又是一亮,兴奋道:"利群饭店,真的?"

林峰连忙拦住道:"二米饭挺好,百衡,别破费了。"

马立尧看着一脸期待的何文芳,有些于心不忍,折中道:"百衡,要不这样,你带文芳去吧。"

刘百衡不以为然道:"怎么,要我做那不义之人,娶了媳妇忘了弟兄?"

何文芳挥拳上来,刘百衡闪身躲过,拔腿就跑,何文芳追在后面。

滨江工业大学生活区,唯一的国营利群饭店,刘百衡一行四人找一张清亮桌位坐下来。临近的桌旁坐着一个出差模样的男人,桌上摆着一只手提公文包。女服务员乔姐端上一碗大米饭,男人接过,顺手拿起桌上的免费酱油浇在上面,吃得津津有味。

刘百衡起身,哼着小曲儿到收款台点菜交款,乔姐近前热情招呼道:"来啦,百衡,又是您四位?"

刘百衡笑道:"乔姐,四位雅客,同舟共济,今天犒劳两位老师。"

乔姐笑道:"看样子考得不错呀。"

林峰谦虚道:"还可以,主要是两位老师教得好。"

何文芳高兴道:"乔姐,老规矩,先来四瓶汽水,庆祝考试过关。"

刘百衡落座得意一下,乔姐麻利拎上四瓶汽水。刘百衡摸出零钱,若无其事地塞到乔姐手里。乔姐本能地左右看看,领情道:"谢谢百衡惦记。"

刘百衡小声嘱咐道:"乔姐,两毛是你的,三毛给陈师傅,叫他把钱给女儿,孩子自己会买铅笔,上回倒好,孩子啥也没得着,他那儿半斤小烧儿下了肚。"

乔姐笑道:"放心吧,交给我了,您看这红烧肉是怎么个肥瘦?"

刘百衡端起下巴示意问何文芳,何文芳正有点儿愣神儿地看着马立尧。刘百衡瞄住何文芳,何文芳缓过神来,脸上泛红道:"有什么好看的!"

刘百衡打量何文芳,逗趣道:"这话由我问才对呀,乔姐,看清没有,瘦而不柴,肥而不腻,就照这五花肉来。"

乔姐摇头笑着进了后厨。林峰逗趣道:"百衡,你这是点菜呢,还是夸人呢?"

马立尧跟着凑热闹,夸赞道:"确实夸得好,当年的杨贵妃也不过如此。"

何文芳喝口汽水,开心道:"好吃好喝供着,我为什么要生气?刘坏水儿,今天过了试读关,随便你怎么疯,明天就让你把吃奶的劲儿都使出来,不单用俄语叫娘,还要用俄语啃高等数学和大学物理,这两块大骨头,筋头巴脑儿的,香着呢。"

刘百衡收敛起笑容,端坐,欠身,谦虚道:"对不起呀,今天确实有点儿过了,我这人一高兴就抛玉引砖,免不了让何老师拍一顿。说正事儿吧,今年风调雨顺,家里有房有地,弟弟妹妹也都大了,暑假我打算留在学校预习功课,这样可以集中精力,又方便答疑,你们暑假怎么打算?"

林峰接话道:"百衡,我家里也挺好,暑假咱俩做个伴儿吧。"

刘百衡兴奋地操起汽水瓶,期待道:"还有报名的吗?"

何文芳一脸失望,无奈道:"外事办给我安排了接待任务,我是想回也回不去,吃不着海鲜不说,爸妈又要空欢喜一场。"

刘百衡拍案兴奋道:"锦上添荷花,我这个农民运动,好得很!"

三人齐看马立尧,马立尧平和道:"我也回不去,一是交通不便,二是家里不让我回去。解放前,我父亲是青海数得着的皮货商人,解放后,落得在青海农场接受改造。父母让我远离家乡,争取进步,没有李校长的担保,我连校门都进不了。"

气氛沉静下来,乔姐端上来一盘海米木耳炒青菜,一盘大葱炒鸡蛋,一盘辣椒炒豆干儿,又在每人面前摆上一碗大米饭。

众人惊叹菜码,刘百衡若无其事,低手竖一下大拇指。何文芳高兴道:"乔姐,谢谢啊,红烧肉不用太烂,关键是收汁儿。"

乔姐会意说声好,转身回后厨,刘百衡起筷招呼道:"来来来,男女平等,预备——齐!"

一阵风卷残云,饭菜去了一半。

何文芳吃得高兴,忽然想起了什么,领悟道:"哎,立尧,刚才说到你家,我才明白,你给我的羊皮垫儿,是你家的皮货吧?真暖和。"

刘百衡诧异道:"文芳,待遇不错嘛。"

马立尧脸红道:"没什么,就是我铺的那张羊皮垫子。"

林峰感慨道:"立尧,待遇确实不错,我的老师利贤,家境跟你差不多,却不得不走出大学校门。我的恩师钱先生说,新旧社会交替是硬配合,不破不立,所以我们四个都是幸运的。"

何文芳感触道："我从来没想过家庭出身这么重要,我爸一跟我妈拌嘴,就说我妈小市民,现在看来,我还得感谢小市民呢,下次回家夸夸我妈。"

刘百衡操起汽水瓶,感慨道："来,为了兄弟姐妹的应运而生,咱们就以水代酒,拜个天地吧。"

何文芳责怪道："说正经的,你又来了。"

刘百衡回嘴道："你怎么总惦着拜堂啊?咱这是拜兄弟姐妹。"

乔姐端上红烧肉,逗趣道："呵,真看出你们前世有缘,这都拜上了。上好的红烧五花肉,趁热吃吧。"

肉香弥漫,刘百衡给何文芳夹了一块好肉,林峰见状也给马立尧夹了一块,刘百衡感恩道："芳老师请。"

林峰戴德道："马师傅请。"

又是风卷残云,饭菜吃得干干净净,刘百衡笑道："怎么样,还说不来,饭店都不用刷盘子了。"

四人互相看看,笑着起身出门。乔姐追上来,递给何文芳一包油炸面点。何文芳满心欢喜,小声道："又是给我的?"

乔姐小声羡慕道："多好的百衡,有福吧,您哪。"

【画面加旁白:催人奋进的学习生活中,林峰很快看到了另一个利贤,先进的数学工具结合清晰的物理概念,常常让马立尧的思路出现拓展式的跳跃,林峰那独辟蹊径的解决方案,也常常引起马立尧英雄所见略同的共鸣;而刘百衡看到的则是女神,男人的知识空白和虚心周到触动了女人的同情心,每次辅导,何文芳的耐心讲解深入浅出,刘百衡的用心理解举一反三,女人的智慧让男人的聪明发挥得恰到好处。】

【两年以后。】

夏日山色,北安林场生活区。

砂石路上,路大安满面春风,招呼迎面而过的林场家属,不时看看利贤怀中的满月新生儿。爷爷奶奶家近在眼前,大黄狗迎在院门口,兴奋扑搭利贤的手臂,闻闻襁褓,放行叫人。奶奶开门迎出来,高兴道："快进屋,叫他们看看大孙子变成啥样了。"

东屋里,爷爷蹲在炕上西墙边,细心固定加长加高的新书架,钱先生靠在炕上东墙边,有条不紊整理书堆。利贤抱着孩子先进来,爷爷和钱先生喜得嘴里哎哟着放下手里的活儿。利贤先把孩子抱给爷爷,爷爷往衣襟上抹抹手,小心接过孩子,端详片刻,高兴道:"虎头虎脑的,有股子结实劲儿,像大安!"

钱先生接过孩子,左手揽在怀里,右手轻轻摩挲孩子的脸蛋儿。孩子恬静安逸,眼神跟钱先生映在一起。钱先生夸赞道:"天庭饱满,地阁方圆,端端的一个好男儿!"

路大安高兴得合不拢嘴,兴奋道:"先生给起个名儿吧。"

钱先生谦虚道:"利贤老师在上,还轮不到我。"

利贤笑道:"先生说过,知识不等于文化,这文化的事儿,非先生莫属。"

钱先生看着安静的孩子,沉吟道:"我们历尽了坎坷,他们是有福的一代,就叫见平吧。"

路大安一拍胸脯,豪爽道:"路见不平,拔刀相助,是我儿子!"

利贤笑道:"跑题啦,大安,先生说的不是这个意思。"

钱先生笑道:"仁者见仁,智者见智,都有了。"

大伙正念叨品味着路见平的意思,院儿里的大黄狗一阵连叫,奶奶说着来生人了,开门迎出去。院当中站着男女两位老师和五位高中生,男老师近前一步,谦恭道:"老人家,您好啊,不认识我了?"

奶奶眯眼端详,一下子想起来,高兴道:"哎哟,是王校长啊,瞧我这眼神儿,大伙儿快请屋里坐。"

一行人提着礼品进到东屋,利贤抱着孩子,喜出望外,兴奋道:"哎呀,是你们哪,怎么找到这儿来了?"

女老师兴奋道:"还说呢,到你家扑个空,你家邻居付干事领我们来的。"

路大安兴奋地与大家握手问好,又给钱先生介绍。王校长快步走到炕头与钱先生握手,敬佩道:"钱先生,久仰久仰,林峰是我们县高中的骄傲。"

钱先生欠身致意,诚恳道:"王校长,幸会幸会,希望有更多的林峰从县高中走进大学,谢谢大家关心。"

众人逗着孩子说笑一会儿,奶奶接过孩子,利贤拉住女老师的手,不解道:"这么远的山路,怎么不事先给场部打个电话?"

女老师兴奋道:"对了,你不知道,县里加挂了两节周末车厢,今天免费试车,我们就跟过来了。"

王校长话里有话，笑眯眯道："利贤老师，这下你可方便啦。"

学生们向利贤投来期待的目光，一位男高中生大方道："利贤老师，您什么时候能回学校上课呀？我们好几个班都盼着呢。"

利贤抱歉道："真是对不起大家，这段时间身体不太好，前些天发烧，奶水都没了，要不是奶奶帮我，这一个月都不知道怎么熬过来，等孩子过了百天儿，看看能不能送镇上的托儿所。"

学生们一片失望表情，一位女生不甘道："啊？还得等两个月呀。"

路大安抱歉道："两个月都不一定，主要是孩子太小，对不起，让大家失望了。"

王校长理解道："孩子小，离家远，不容易呀，我们有耐心等，就让利贤老师养好身体再说吧。"

爷爷奶奶对视了一下，奶奶接话道："看来这事儿呀，都赶到一块堆儿了，要不是利贤身体不好，又断了奶水，我现在也不会话赶话，把这事儿揽过来。这样吧，要是利贤跟大安都放心，孩子就交给我带，林场有的是羊奶、牛奶，都是新鲜的，现在条件好了，讲究个食品卫生，晚上给孩子加点儿奶粉就行了。"

师生脸上露出兴奋的期待表情，爷爷补充道："真这样，我就把烟戒了，家里还要像路场长说的那样，开展爱国卫生运动。"

王校长带头鼓起掌来，利贤看看路大安，打住道："这怎么行？爷爷奶奶都这么大岁数了，还要照顾先生，太辛苦了。"

路大安附和道："我们是二百个放心，就是老人太辛苦了，不行不行。"

奶奶笑道："我们这才小六十呀，别的不行，论干活儿熬夜，还得数我俩。"

钱先生插言道："我看这样挺好，爷爷奶奶是把小见平当成林峰了，我就是一茶一饭，生活还能自理。"

爷爷抽出随身的烟袋锅，掂一掂，咔嚓一声折成两节，爽快道："就这么定了，利贤安心上课，大安抓紧烧砖，林场老小可都盼着明年住上红砖青瓦房儿呢。"

路大安心头一热，眼巴巴地看着利贤，利贤看着钱先生，犹疑道："先生，您一向喜欢清静，孩子闹人哪。"

钱先生摆手道："人初之乐，求之不得，我还要给见平开蒙呢。"

话入肺腑，利贤和路大安感动得眼眶湿润，王校长深躬施礼道："我代表学校谢谢老人家，谢谢钱先生。"

师生惊喜,纷纷鞠躬谢过,奶奶热情留饭。

滨江工业大学校办会议室,窗外郁郁葱葱,室内清清亮亮,一张长方形会议桌,两旁围坐着各系主任和科研部长,李校长坐在上首主持会议,教务部长坐在下首汇报工作。

教务部长放下手中的材料,补充道:"我再简要介绍一下苏联专家的情况,目前在校的26名苏联专家,全部工作在教学第一线,下学期他们计划开设三个研究生班,分别是机械制造、焊接技术、工程力学,专家组组长列文斯基等八名教授同志还担任了教学顾问,课上现场指导教学,师生反响非常好。目前,各专业不仅基本达到了学校教学发展规划的初级目标,而且按照苏联高校模式,规划课程设计,安排生产实习。特别值得一提的是,苏联教材的翻译工作都在超前进行。我的汇报就到这里,请大家批评指正。"

工程力学系韩主任接话道:"目前的教学情况是鼓舞人心的,我建议苏联援助的实验设备要有专人管理,一是责任重大,二是要求很高,希望学校在专业实验员安排上给予考虑。"

李校长点头道:"这个建议很好,只是满足我们要求的专业实验员目前无处可求,还得靠我们自己先培养出来。"

大家颇有同感,轻声议论起来。李校长继续道:"我建议各专业培养青年教师兼任实验员,一是可以理论联系实际,二是可以解决有米无炊,不知道在工作量和课时安排上是否可行。"

教务部长承诺道:"没问题,实验课原则上安排在白天,可能有些理论课要调整到晚上。"

众人纷纷赞同。

李校长话入主题,沉稳道:"大家的工作都很到位,我再强调几句,学校的根本任务是培养新中国急需的工程师和高校教师,我们通过学习苏联经验,刚刚搭建起培养新型人才的基础框架,希望各专业认真开展教学法研究,全面消化苏联教材,翻译是基础,编译是提高,大家要注重这个编字;科研部还要加强厂校结合,争取更多的实践项目,让我们的学生在课程设计和毕业设计环节得到切实的锻炼。"

科研部长按捺不住,举手插言道:"我们科研部刚刚拟定好厂校结合计划书,今天就不耽误大家了,李校长,咱们单独再约吧。"

李校长点头说好,稍顿片刻,语重心长道:"既然滨江工业大学要成为新中国的工程师摇篮,我们自己就不能总是躺在摇篮里,东西再好,毕竟是苏联老大哥的,我还是那三个字——国产化!请大家切记,散会。"

众人纷纷起身出门,李校长快步走向校长室,热情招呼走廊里迎面而过的办事人员。校长室的门虚掩着,里面的蔡鹤临坐靠在待客位置的皮椅上,埋头看报纸,面前的茶几上,一杯茶,一叠俄文科技文献。听到门口的寒暄声,蔡鹤临潇洒起身,一位仪表堂堂、仁者风范的而立男人出现在李校长面前。

李校长大喜过望,脱口喊道:"鹤临!不是定好了两周以后到吗?"

两人握手拥抱,蔡鹤临高兴道:"情况有变,苏联军方临时取消了火箭试验场的参观安排,我就提前回来了。"

李校长关切道:"安娜和孩子都好吧?"

蔡鹤临兴奋道:"都好,我刚读上副博士研究生,安娜就退出演出一线,在芭蕾舞团做了行政秘书,娜塔莎很好奇自己是半个中国人,会写蔡明慧三个字,还拿给幼儿园的小朋友看,结果不少孩子要我给写中文名,有个家长还当作护身符戴在孩子身上。"

李校长兴致盎然,思量道:"有意思,相同意识形态下的文化融合,这可是两个民族的大课题呀,不得了,二十年后把它做出来。"

两人笑着落座,蔡鹤临关切道:"魏大姐怎么样?建邦该上初中了吧?"

李校长笑道:"魏大医生比我忙,治病救人,天天都有成就感,前几天又到食堂搞什么营养配餐,建邦跟爷爷奶奶留在北京,明年上初中,老人怕孙子跟着我俩吃苦,北京学习条件又好,说什么也舍不得,好在我常跑北京。"

李校长边说边拿起电话拨号,平和道:"喂,您好,校医院候诊室吗?我是李国荣……"

【啊,李校长啊,我是小丁,什么事儿?】

李校长亲切道:"小丁啊,请转告魏医生,就说蔡鹤临提前回来了,今晚到家里吃饭,谢谢。"

【我这就转告,不用谢。】

蔡鹤临客气道:"都这么忙,就不麻烦了吧。"

李校长不以为然道:"鹤临,你要真客气,她还真生气,不说这些了,定向选派留学生的事儿怎么样了?"

蔡鹤临沉稳道:"不顺利,但有收获,莫斯科航空学院原则上只接受苏中两国政府的人员交流安排,我在申请报告中着重强调了滨江工业大学的苏俄历史文化和现行教学体制,引起苏联教育部的关注。因为我们申请的是涉及国防领域的敏感专业,结果审来批去,只给了一个名额,定在我读副博士研究生的火箭设计专业,毕业后可以有两年的科研工作锻炼,不过这要根据毕业成绩和表现来定。我的导师罗曼诺夫教授起了关键作用,莫斯科航空学院要求我们,从滨江工业大学的工程力学系选拔优秀学生。"

李校长意味深长道:"火箭设计,好!这个名额以一当十,鹤临,奇功一件,辛苦你了。"

蔡鹤临务实道:"只能说开了个好头,而且事不宜迟,选拔的参考依据分为三个部分:各学期成绩,权重是65%;加试工程数学和工程力学,权重是25%;此外,我还要用俄语面试,权重是10%。"

李校长欣慰道:"马上就办,这个名额来之不易,我给你介绍几个优秀学生的素质情况,学以致用的能力至关重要⋯⋯"

滨江工业大学校医院,诊疗室,诊床上坐着患病学生,年近不惑的女医生魏如莲用听诊器检查完学生的前胸后背,又让学生躺下,按压学生的胸腹,然后回到座位。学生跟过来,魏医生低头开单,问询道:"以前得过胸膜炎吗?"

学生惊讶道:"大夫,您怎么知道的?"

魏医生抬头道:"症状很典型,你马上去做个胸透。"

学生谢过,拿单离去。

刘百衡随即坐到魏医生面前,青春气息的女护士丁国兰赶紧进来,插言道:"这么忙啊,魏医生,李校长来电话说,蔡鹤临提前回来了,让你在家准备晚饭。还是老规矩,下班咱俩一块儿去门市部买菜,晚饭你打下手,我上灶。"

魏医生高兴道:"这个鹤临,又提前回来了,你又上灶,那好啊,谢谢小丁厨师。"

丁国兰说声不用谢,不觉瞄了刘百衡一眼,刘百衡默契赞赏,笑眼跟瞄,丁国兰转身出门,魏医生轻敲桌面,刘百衡连忙回身,不好意思地笑笑。魏医生关切道:"还是不管用?"

刘百衡沮丧道:"我是谨遵医嘱,加强锻炼,可还是睡不好,您就给我开点儿安眠药吧。"

魏医生分析道:"学习越紧张,神经就越松不下来。不过,吃药容易停药难,其实我也经常头疼,针灸、按摩效果不错,要不,咱们做一个周期针灸、按摩试试?"

刘百衡又抱希望,信任道:"魏医生,您是专家,我听您的,那就试试。"

魏医生边开单边夸赞道:"小伙子真是开朗豁达,这不是什么病,就是累的,去康复室找丁国兰护士,就是刚进来给我传话的姑娘,她跟滨江的名医夏大夫学的针灸、按摩,手把不错,常给我针,李校长腰疼还请她捏拿过几次,别看年轻,心灵手巧,还做得一手好菜。"

刘百衡马上提神起身,高兴道:"谢谢魏医生,那我现在就去。"

刘百衡快步来到康复室,门半开着,丁国兰伏案整理病例。刘百衡礼貌地敲敲门边,丁国兰抬头,两人的眼神映在一起,丁国兰笑道:"这么有礼貌啊,请进吧。"

刘百衡笑着进来,轻轻搭坐在桌旁椅子上,细心地把手上的单子倒转一百八十度,呈便于阅读的正方向,欠身递给丁国兰。丁国兰注意到这个周到的细节,微笑着回了刘百衡一眼,然后看着魏医生的天书,迟疑着念道:"刘百……街?"

刘百衡无声地笑出来,颠颤一下,索性顺水推舟,感慨道:"见怪不怪,家里穷,我是吃百街饭长大上学的。"

丁国兰扑哧一声笑出来,打量道:"你……你真叫刘百街?"

刘百衡表情严肃,达观道:"名糙理不糙,受人帮助,就要铭记恩德,学校忆苦思甜大会上,我还发言了呢。"

丁国兰将信将疑,追问道:"你是说……你一边要饭,一边上学?"

刘百衡艰难点头,沉重道:"确切地说,解放前,我是一边上学,一边要饭。"

丁国兰肃然起敬,心慌无措道:"对不起呀,刘百街,刚才我不是故意的。"

刘百衡深表理解,体谅道:"这怪不得你,医生的草书确实不好认,前几天女同学杨芮来打针,排了两轮都没打上……"

丁国兰连忙打住话头,认真道:"不可能吧?医院有严格的候诊规定,她是不是晕针呢?"

刘百衡不苟言笑,摇头道:"应该不是,第一轮排到了,护士喊,杨内——杨芮没反应过来,结果错过去了;第二轮又排到了,护士又喊,杨丙——排队的人都笑了,杨芮不好意思,结果又错过去了;第三轮杨芮急了,说什么也得答应,再不打上课就来不及了,护士再喊,杨肉——"

丁国兰已是笑得上气不接下气,颠颠顿足道:"哎呀妈呀,笑死我啦,杨肉是你瞎编的吧?"

刘百衡附和笑道:"炒菜,总要放点油吧。"

好一会儿,丁国兰才缓过神来,忍住笑道:"说说你的症状吧。"

刘百衡一副惹人同情的模样,摊手无奈道:"晚上翻来覆去一个小时才睡着,早上三四点钟就醒,精神得很,上房揭瓦都行,上午八点又困了,俄语正好催眠,你说挺好个人,没犯错误,怎么就颠倒黑白了呢?"

丁国兰笑得无可奈何,打量道:"你不是侯宝林先生的学生吧?"

刘百衡诧异道:"我的老师叫布哈林,侯宝林是谁,苏联专家吗?"

丁国兰笑弯了腰,喘息道:"哎呀妈呀,你是从苏联回来的吧?"

两人勉强平静下来,丁国兰回到职业状态,认真道:"不开玩笑了,上床平趴着,我先给你按按,哪儿疼告诉我。"

刘百衡连忙照办,丁国兰按着按着走了神,又忍不住笑出声来,喃喃道:"你这人真有意思,都能给大夫看病了,这个星期天我回家,星期一我给你带一瓶我爸的泡酒,舒缓神经,解乏催眠……"

刘百衡下意识地动了一下,丁国兰按住道:"别动,睡前十五分钟喝一小杯清水,十分钟后喝一小盅泡酒,最好吃两块饼干,这样一觉睡到早上六点应该没问题,先试一个星期,我把泡酒的方子也给你,不过呢,有些药材挺贵的,不知道你……"

刘百衡一骨碌爬起来,兴奋道:"多谢丁医生,我是带薪调干生,钱不是问题,你可一定把方子带给我。"

丁国兰怦然心动,脸红道:"吓我一跳,瞧你这一惊一乍的,还没见效果,就提拔我当了医生。"

刘百衡一拍大腿,心急道:"这这这……马上就要期末考试了,我这没觉儿,不行啊!"

丁国兰按下刘百衡归位,开导道:"男人遇事儿不能急,我爸常说,天塌下来,酒壶顶着,还轮不到我。你这不就是睡一觉嘛,多大个事儿呀,把心放宽,听我安排。"

刘百衡如释重负,努力回头道:"谢谢丁姑娘。"

丁国兰脸庞泛红,顺势揉搓捏拿刘百衡脖颈,轻柔道:"说了半天,才露出点儿男人相,这还差不多……"

第三集

　　夏日时节,夜晚时分,滨江工业大学校园,教学楼灯火通明,一间阶梯大教室内,座无虚席,黑板中上部用粗条粉笔写着俄文大标题《创造的冲动——物理史话的几个公式》,标题下用醒目的黄色粉笔写着几行俄文、中文对照的物理学术语:狭义相对论,广义相对论,时空弯曲,惯性系,曲率扰动,引力波……黑板上列出麦克斯韦方程组和爱因斯坦相对论公式,公式旁散落着讲解程式和俄文提示。

　　苏联专家列文斯基教授站在讲台上,兴致勃勃,意犹未尽,朗声道:"在结束讲座前,我还想说几句话,明天我就要离开中国,今天,我非常高兴能为你们举办这个讲座,即使在科学氛围非常浓厚的苏联,这样的物理学前沿讲座,也常常空着一半座位。你们的热情让我感动,我知道,你们就要参加期末考试,时间宝贵,可以肯定,这些颠覆传统的讲座内容,不会增加你们的考试分数,甚至会扰乱你们的惯性逻辑。"

　　众学生悄然议论。

　　列文斯基停顿下来,把手中的粉笔放回盒里,合上讲稿,环顾全场,舒缓深沉道:"科学前沿的意义在于未来,我只想带领你们走进一个开放的、多维的、变化的思维空间,因为这里终将产生基于科学精神的创造冲动。"

　　全场响起热烈掌声,列文斯基含笑摆手,亲切道:"感谢学生会为这次讲座付出的努力,感谢喀秋莎同学对关键语句的翻译讲解,再次感谢同学们的热情参与,祝你们进步!"

　　全场响起经久不息的热烈掌声。

　　同学们议论纷纷,面带困惑走出教室。刘百衡随着人流往外走,看到何文芳、马立尧、林峰还留在座位上比划着讨论,就返身折回。

　　蔡鹤临坐在阶梯教室的最高一排,静静注视着这一切。

　　何文芳毫不掩饰自己的惊异,思量道:"以前只听说过相对论,真的是很有趣儿,爱因斯坦把狭义相对论用于电动力学,电场和磁场居然不再是两个独立的矢量,而是一个统一的反对称四维张量的不同分量,这个张量对于不同的惯性系,居然表现出不同的效应。"

刘百衡迟疑问道:"你是说,电磁场划分为电场和磁场,只具有相对意义?"

何文芳点头道:"没错,麦克斯韦方程组符合相对性原理,电磁场竟然与观察者所在的惯性系有关,太不可思议了!"

刘百衡挠挠后脑勺,敬畏道:"我是听得云山雾罩,怎么觉着爱因斯坦更像一位哲学家。"

马立尧一拍桌子,指点道:"一语中的! 今天才知道时间和空间不能独立存在,一切物理现象和过程都存在于统一的四维连续区域,时空跟物质运动是完全相关的,时空的特性也是相对的。"

何文芳思绪如风,补充道:"就是说,时空间隔的量度是随着物质运动状态的变化而变化的。"

林峰启发道:"所以,爱因斯坦同样把狭义相对论用于力学,动量守恒和能量守恒这两条定律,实质上可以统一成一条定律。"

马立尧应和道:"对呀,质量与能量竟然是等效关系,牛顿力学竟然是低速运动的特例。"

马立尧看看何文芳,叹服道:"说的都有道理,的确是太不可思议了!"

一个沉稳的探询声从阶梯高处传来:"现在的讨论同样不可思议,你们对光可以沿曲线传播怎么看?"

大家抬头望去,蔡鹤临微笑着走下来,亲切道:"很高兴认识大家,我叫蔡鹤临,可以参加你们的讨论吗?"

四人纷纷问蔡老师好,蔡鹤临笑道:"今天都是学生,听了你们的讨论,我可能还是小学生呢。"

刘百衡笑道:"那就从小学生开始,哲学上讲,世界是物质的,物质是运动的,运动的物质是相互作用的,爱因斯坦假设中的光线和大天体都是物质,再小的光子也有运动质量,小光子与大天体擦身而过,万有引力吸引光线弯曲很好理解,不过,我的理解可能至多是中学生水平。"

蔡鹤临频频点头,赞赏道:"不简单哪,哲学家。"

林峰分析道:"光线如何传播,要看介质是否均匀,还要看万有引力的作用。以前我也只是听说过相对论,今天有幸开了眼界,广义相对论表明,万有引力效应是时空弯曲的一种表现,时空的弯曲结构,取决于物质的能量密度和动量密度在时空中的分布,进而决定时空中物体的运动轨迹。"

看看大家点头表示理解,林峰继续道:"我是这样理解的,物体存在于周围时空,会导致周围时空发生弯曲,就好像平面上放物体,物体重力使平面弯曲,光线经过大质量天体会弯曲,其本质在于,大质量天体造成周围时空弯曲,周围时空弯曲引起光线路径弯曲,所以时空弯曲出现引力。"

蔡鹤临惊讶不已,追问道:"光线真的弯曲了吗?"

林峰沉吟片刻,研判道:"大科学家也许会怀疑爱因斯坦关于光线在大天体前发生弯曲的假设,中学生则不会,他们的差异在于,前者怀疑的是光线的事实弯曲,本质在于相对的四维时空弯曲;后者肯定的是光线的直觉弯曲,表象在于绝对的三维万有引力,我认为宇宙中不存在绝对沿直线传播的光。"

林峰随手拿过刘百衡手中还剩半瓶水的玻璃瓶,把手中的铅笔斜插到瓶底,铅笔在水面呈错位折线弯曲。

蔡鹤临深明其意,不由得感叹道:"举手之劳,泾渭分明,典型的天才式回答。要知道,创造的冲动打破了经典,科学的禅语不仅精妙,而且透彻,一个讲座就能有如此的顿悟,你们的境界不低呀!"

刘百衡双手合十,睁一只眼闭一只眼,口中念念有词:嗡嘛呢呗咪吽,嗡嘛呢呗咪吽……

众人哑然失笑,何文芳一脸天真,不解道:"蔡老师,我就知道阿弥陀佛,哪有那么高的境界?"

蔡鹤临深意笑道:"爱因斯坦的相对论,就是释迦牟尼的阿弥陀佛。"

傍晚时分,薄霞满天,滨江工业大学校园运动场,工程力学系全体师生有序坐在篮球场地上,群情振奋,议论纷纷。

韩主任和蔡鹤临站在篮板下,蔡鹤临微笑抬手,示意大家安静下来,韩主任清一下嗓子,总结道:"这个学期,我们工程力学系的发展建设,可以用四个字来概括——卓有成效。在学校的大力扶持下,我们的教研室保质保量地完成了翻译苏联教材的艰巨任务,有些正式出版的教材,已经在全国推广试用。这里,我要特别对马立尧和林峰两位同学提出表扬,他们积极协助专业老师翻译资料,自己也得到了很好的锻炼。更值得自豪的是,在全系师生的共同努力下,我们创建国内一流实验室的目标基本实现……"

前排的副主任带头鼓掌,人群响起掌声。

韩主任摆摆手,继续道:"但是,我们不能因此而自满,实验室相应的配套管理工作,才刚刚起步,还要不断完善操作规范,使用中的翻译图书也有细节纰漏反馈回来,需要我们认真对待,总结经验……"

师生议论纷纷,一位青年教师举手道:"韩主任,无错不成书,我们的翻译速度,比学生去食堂抢大米饭还要快,这么多书,平均错误率是多少啊？我们没给学校丢脸吧？"

蔡鹤临笑看韩主任,理解道:"真是难为年轻人了。"

韩主任指认笑道:"又是你个小刺儿头,还好,出版社说,只有一本书的错误率略微超标,可以原谅,我看了一下,就是你参与的那本,回头找你算账……"

师生哄笑,小刺儿头不甘道:"要是我那部分超标,甘愿受罚一个月大米饭票,全系可以作证。"

有人起哄道:"别吹牛了,真那样,你老婆还不得把你当成大米饭舔了。"

众人笑得更厉害,韩主任又清一下嗓子,前排的副主任起身站到韩主任身边,体谅道:"韩主任,嗓子不行,讲的差不多了,剩下的我来吧。老师们,同学们,磨刀不误砍柴工,我们在取得这些成绩的同时,还热情饱满地开展了丰富多彩的课外活动,俄语之家,大大提高了全系师生的口语交流能力；劳动竞赛,为我们的校园增添了赏心悦目的大片绿地；卫生评比,消除了男生宿舍的臭鞋烂袜……"

女同学指认男同学,众人笑做一团。

副主任摆摆手,大声道:"在期末考试的冲刺阶段,我代表系领导提议,开展一次学习竞赛、考试竞赛,让这次留学生选拔活动,成为我们全系师生迈向更高目标的前进动力。"

一位老教师挥拳喊道:"这么好的机会,我都想年轻20岁,此时不搏,更待何时,同学们,冲啊！"

一位女同学尖着嗓子先跟着喊起来:"冲啊！"

又是全场哄笑:"冲啊！"

韩主任双手下压,示意大家安静下来,郑重介绍道:"下面请莫斯科航空学院火箭设计专业在读副博士研究生蔡鹤临老师做最后动员。"

掌声响起,蔡鹤临笑着摆摆手,沉稳道:"同学们,留学名额只有一个,确实来之不易。李校长说,这个名额以一当十,因为这个幸运儿的命运,将会同伟大祖国的国防事业结下不解之缘,希望每个同学都能焕发爱国热情,拿出真才实学,像系领导建议的那样,把这次留学选拔当成一次难得的锻炼机会,好好把握,祝你们成功!"

全场响起热烈掌声。

星期一下午,刘百衡身背书包,一路哼着小调,如约来到校医院康复室。门虚掩着,丁国兰坐在桌前,两手托腮想心事。

刘百衡敲敲门边,开门探头。丁国兰回过神来,脸上露出笑意,亲切道:"挺准时呀,刘百街,一看你就想笑,这个周末睡得怎么样,好点儿了吗?"

刘百衡高兴道:"昨天一觉睡到早上五点,今天上课精神多了,看来针灸按摩有作用,谢谢丁医生,请允许我这么说,这三天的医学实践证明,您的确是个妙手回春的好医生。"

丁国兰会心一笑,翻开椅背上的挎包,拿出一瓶泡酒摆在桌上,鼓励道:"配合治疗得这么好,也要谢谢你呀,刘百街,你这人两句话就能说到大夫心坎上,可以来校医院做个心理辅导员了,看你今天状态不错,那咱们就……接着治疗?"

刘百衡感动得连连称是,丁国兰笑眼体贴道:"今天晚上再喝上药酒,保你一觉儿睡到上课迟到。"

话到心窝,刘百衡笑得孩子一般,连忙从书包里拿出一条漂亮纱巾。丁国兰眼神一亮,惊喜道:"给我的?"

刘百衡会心一笑,鼓励道:"戴上试试?"

丁国兰笑成一朵花,纱巾贴脸,快手系上,转身从抽屉里拿出镜子,左照右照,兴奋道:"好看吗?"

诊床那边,刘百衡正脱衬衫,头蒙在背心里,连忙赞道:"好看!"

丁国兰见状笑道:"没看就说好看,阿谀奉承。你先停停,今天换针法,不扎上身,穿上吧。"

刘百衡乖乖穿上,将信将疑,确认道:"刚起作用就换地方?"

丁国兰不容置疑,微笑道:"配套的,扎头顶。"

刘百衡乖乖趴在按摩床上,丁国兰拍打道:"你倒挺会舒服,今天坐着就行。"

刘百衡乖乖爬起来,穿鞋笑道:"不好意思,叫人这么摆弄,有点儿像地主少爷。"

丁国兰拍拍刘百衡的肋间,表情不以为然,调笑道:"就你这两扇搓衣板儿,我看不像,顶多算个短工,还得是富农家的。"

刘百衡乖乖伸直脖子,讪笑道:"也是,要饭长大的,贫农本色变不了。"

丁国兰按住刘百衡的头颈,摩挲道:"今天贫农可以翻身了,来,好好享受一下,放松,对,颈部别梗着,闭目养神。"

刘百衡乖乖照办,丁国兰开始重手捏拿,刘百衡哎哟了一会儿,头顶赫然长出三根颤巍巍的特大号银针。丁国兰返身拿过镜子,刘百衡端着镜子照照,银针不颤自颤,刘百衡加颤一下,不由得佩服道:"扎得真好,鬼都觉不出来。"

丁国兰莞尔一笑,抬手看表,估量道:"现在是——下午一点,晚上八点起针,你回去抓紧复习吧。"

刘百衡没反应过来,诧异道:"晚上几点起针?这么长的针,你……你是说……让我……现在回去?"

丁国兰拍拍刘百衡放在手边的书包,夸赞道:"呵,还带着家伙呢,想得真周到,那就在这儿复习吧。"

正说着,进来两个女同学,看着头顶三针发愣的刘百衡,两人强忍住笑,把单子交给丁国兰,再回头看看,还是笑出声来。

丁国兰不苟言笑,感慨道:"同学们,新旧社会两重天,不比不知道,一比吓一跳,看见了吧,如今三毛儿都出息成大学生了,还是带工资的。"

刘百衡恍然大悟,晃晃脑袋,自己先笑出声来。两个女同学对视了一下,看着摇头颤针的刘百衡,跟着爆笑。丁国兰拍拍刘百衡,礼貌道:"刘百街同学,请您回避一下,我要给女同学做敏感部位的康复检查。"

刘百衡悻悻出门,走廊里又是笑声一片。

风和日丽,上午时分,滨江工业大学教学楼,一间小教室内,师生正在进行专业基础课口试。何文芳耐心等在走廊窗口,表情轻松。不经意间,刘百衡闪身出来,轻轻关好门,半举着双手,做出踩钢丝的平衡状,一路摇晃过来。何文芳打趣道:"你这是投降啊,还是尿憋的?"

刘百衡把岔开的五指举在何文芳眼前,得意道:"一个巴掌,怎么样?"

何文芳惊喜一闪,马上怀疑道:"你也5分儿?"

刘百衡变脸道:"什么叫你也5分儿,又门缝里看人了不是?"

何文芳反应过来,一脸歉意道:"对不起呀,百衡,我一高兴就走嘴,都多少回了,你也不是不知道,再说了,你本来就是从大学门缝挤进来的,要不是我拉扯一把,脚后跟还卡在门外呢。"

刘百衡心悦诚服道:"啧,哪壶不开提哪壶,得,谢谢何老师帮我把这脚后跟拔进来,可就是你这一走嘴,每次都要走进我那四菜一汤里。"

何文芳逗乐道:"这可是你说的,利群饭店,不会吧?"

刘百衡得意道:"这学期拿个5分儿就请客,那我这点儿工资今天就见底儿喽,今天轮不到我,或立尧,或林峰,好事儿近在眼前。哎,我说,你希望他俩谁请客?"

何文芳不上当,机智道:"我希望他俩都请客。"

刘百衡漫不经心道:"那是不可能的,名额只有一个,好像立尧的面试出了什么问题,蔡老师给的4分儿。"

何文芳急上眉梢,颤音道:"真的,怎么回事?"

刘百衡笑道:"小心思露出来了吧?逗你玩呢。"

何文芳一把揪住刘百衡的耳朵,教训道:"好你个刘坏水儿,这种事也能瞎说?"

刘百衡求饶道:"哎哟芳子,疼死我了,其实我也希望立尧请客。"

何文芳松开手,无奈道:"又来劲了你!"

刘百衡直视何文芳,动情道:"立尧是远走高飞,我是朝夕相处,远亲不如近邻,真这样,我的好事儿也就来了。"

何文芳脸庞泛红,避开刘百衡的灼人目光,柔声道:"又跑调了百衡,去工程力学系吧,看看出了成绩没有。"

刘百衡摇头笑笑,理解道:"不难为你了文芳,去看看吧。"

工程力学系办公室门外,公告栏前人头攒动,一群学生品头论足,公告板上醒目列出留学苏联考察前五名学生的名字和加权平均成绩,马立尧以全优的5分赫然列在第一位,林峰紧随其后,以4.75分列在第二位。

何文芳站在榜前,屏息注目,不觉深深吸入鼻息,仿佛闻到马立尧那空灵的气质。刘百衡醋意渐浓,打趣道:"还真是爱屋及乌,这5分儿也能闻到?"

正说着,人群一阵骚动,马立尧和林峰出现在榜前。马立尧脸色微红,林峰心绪平静。大家纷纷向马立尧祝贺,林峰紧紧握住马立尧的手,心悦诚服道:"众望所归,立尧,祝贺你,中国未来的火箭专家!"

刘百衡摩拳擦掌，两手握住一手，摇晃道："立尧，你可要一鼓作气，再接再厉，一定把苏联的喀秋莎娶回家！"

众人欢笑。

何文芳想到就要分别的远行人，不觉心潮起伏，眼里涌上泪水，连忙低头走出人群。三人跟过来，目光关切。何文芳脸颊绯红，抹去泪水，很快平复，沉醉道："没什么，就是太激动了，百衡、立尧、林峰，你们让我感到自豪，也感到幸福，真的。"

刘百衡动容道："不知道的，还以为文芳去留学呢。立尧，今天你可要破戒，咱们一醉方休。"

何文芳真诚道："今天我请大家。"

马立尧一摆手，动情道："能有这个结果，都是大家的成全，理应我请。"

林峰折中道："都别争了，这样吧，我和立尧请。"

刘百衡释然道："我可没争啊，轮谁也轮不到我。今天我要多点几个好菜，还要带个朋友来。"

何文芳心情大好，打量道："谁呀，不会是——女朋友吧？"

刘百衡瞄着何文芳，一语双关道："我哪能有两个女朋友啊，是校医院的护士，人特好，咱们的私人医生，有个头疼脑热的，可以登门打针送药。"

林峰逗趣道："又是护士，又是医生，还可以私人登门，逻辑上已经乱了，百衡有点儿魂不守舍呀。"

刘百衡急忙辩解道："不是不是不是，这个这个这个……"

四人说笑着走到教学楼门口，刘百衡跟收发室的值班员套近乎借电话……

九月滨江，校园景象，热烈欢迎新同学的横幅标语遍布门面，分外醒目。学生宿舍门前，人流进出，师生忙碌，背包提盆的新同学东张西望，在老同学的指引下归入各专业报到队伍。何文芳忙着登记造册，刘百衡一副老大哥的热情模样，扛起一个瘦小新同学的大包，招呼其他新同学提好行李跟上，领队迈进宿舍楼。

楼梯上，马立尧和林峰扇着衣襟正往下走，刘百衡扛着大包迎面上来，招呼道："好像校办秦秘书找你俩，挺急，快去吧。"

两人拍一下刘百衡，互看一眼，加快脚步下楼出门。

秦秘书正站在工程力学系报到处张望，见两人出现，忙招手示意过来，如释重负道:"可找到你们了,李校长找你们谈话,他下午的火车去北京开会,快跟我走吧,再晚就来不及了。"

两人又对视一下,像是预感到了什么,马立尧紧跟道:"李校长找我们什么事?"

秦秘书回头道:"刚接到上级电话,是留学苏联的事儿,具体情况我不清楚。"

林峰迟疑道:"秦老师,您确认让我也来?"

秦秘书肯定道:"李校长亲口嘱咐我的快走吧。"

校长室,门开着,李校长双手按腰,凝望窗外。秦秘书轻声招呼道:"李校长,人到了。"

李校长转过身,马上迎上来热情握手,体谅道:"秋后一伏,这两天迎新热坏了吧?辛苦你们了,快坐下歇歇。"

马立尧和林峰应和着坐下来,面露期待。小秦摆好三杯凉茶,李校长抬手示意道:"喝杯茶,解解渴。"

林峰一口气喝光,马立尧只喝了一口。李校长拿过桌上的红头文件,沉吟片刻,平和道:"这次留学生选拔工作顺利结束,学校按照上级的要求,申报了加权平均成绩前五名的同学,主管部门对这五名同学进行了全面评估,包括政治审查。"

马立尧脸色微红,李校长注意到这个细节,舒缓道:"立尧,喝茶,小秦,给林峰倒茶。"

李校长呷了口茶,沉稳道:"论成绩,立尧是无可争辩的第一,按表现,立尧也不输于其他同学。"

听者凝神屏住呼吸,李校长的表情渐趋凝重,惋惜道:"问题出在政审方面,立尧的家庭情况,学校非常清楚,入学的时候已有结论,所以今天上午接到政审结果后,我专门给主管部门打了电话,说明情况,希望慎重对待这个问题,不要出现误判。下午主管领导打回电话,指出留学专业密切相关国防事业,政审标准非常高,没有回旋余地,所以,立尧,非常非常遗憾。"

马立尧的脸上一片茫然,林峰的脸上充满困惑,李校长静静等待年轻人的反应,难耐的沉寂……

马立尧的脸色由微红变到微白,声音有些局促,努力平和道:"李校长,我没有办法理解上级的决定,我只能服从领导的安排,这次政审没通过,我有心理准备。人贵有自知之明,我能进入滨江工业大学,已经是个特例,我母亲每次来信,都嘱咐我感谢李校长,留学选拔的事,我没有告诉父母,没有希望也就没有失望。"

李校长表情复杂,林峰欲言又止,小秦续上茶水。

马立尧呷口茶,渐渐平静下来,坦诚道:"这两年,我和林峰朝夕相处,他的进步速度和学习质量有目共睹,我甚至觉得,他的专业潜力比我大。留学的机遇触动了我们的理想,不久前,我和林峰确立了共同的人生约定,那就是,争当新中国的火箭专家。这是我不得不接受现实的最大安慰。对国家来说,林峰是不二人选,在专业发展上,他应该比我走得远。唉,自己从榜首掉下来,说不难受是假的,我好像习惯了这种待遇,不会影响学习的,谢谢李校长,谢谢蔡老师。"

李校长感动拉手,林峰依然沉浸在困惑中,不解道:"李校长,就是说,这个名额落到我头上?"

李校长点点头,肯定道:"是的。"

林峰有些一厢情愿,义气道:"那我宁愿放弃这个机会来争取上级领导改变决定。"

李校长表情严肃,不容置疑道:"林峰,原则问题没有回旋余地,你就是放弃也无济于事。军令如山,我们执行吧。"

马立尧摆手示意林峰别再争辩,秦秘书轻轻摇头。李校长表情沉重,慢慢起身,一手拉住马立尧,一手拉住林峰,意味深长道:"新中国要走很长的路来消灭各种差别,既然无法改变组织决定,我们就要殊途同归,因为新中国的知识分子——是爱国的。"

短暂的沉默,办公桌上,国旗、党旗依然鲜红,对面墙上,《为人民服务》的时代经典依然醒目。

【旁白:林峰的震惊不亚于童年时的蒸汽推动火车,历史的无奈之中,有的父母为孩子铺平了人生的道路,有的父母为孩子关上了人生的大门,林峰又一次深深体验到了科学之外的强大力量。】

秋山夕照,北安林场火车站,嘶嘶作响的升腾雾气中,火车头带着轮轨摩擦的金属刺音,缓缓停在站台。中年司机跳下扶梯,招呼道:"呵,正副场长都来啦,一个接人,一个接货吧?"

略微错过火车头的路大安和付贵才返身招手迎上来,路大安笑道:"明天孩子过百天儿,利贤买了不少东西,咱得接到家呀。"

付贵才热情招呼道:"辛苦了,张师傅,咱林场下周开山,路场长要的东西都备齐了吧?"

张师傅抬手指道:"一样不少,都在车尾了。路场长,按你吩咐的,大米就留了两袋儿,大都换成了白面,一斤大米换一斤一两白面,我老婆给张罗的,还有啊,北京寄来一箱猪肉罐头,你的好兵石玉柱干的。"

路大安握手拍肩道:"那就替我们谢谢嫂子,山货都给她备齐了。贵才,你去车尾接一下货,卡车马上就到,那箱猪肉罐头留给场里,进山带上,下汤锅,别忘了给爷爷奶奶留两盒。"

火车头下来个小伙子,张师傅摆手道:"宝泉,去验货,带上单子。"

宝泉应着好嘞,掏出货单,快步赶上付贵才。车尾方向,利贤提着军用旅行包过来,付贵才小跑上去,接包说笑。

张师傅摆手上火车头,路大安赶步迎向利贤,付贵才逗一句,众人笑出来。利贤惦记道:"见平怎么样?我跟学校借了照相机,百天儿多照几张。"

路大安得意道:"你儿子好着呢,这两天开始,夜里就醒一回,奶奶刚能睡个好觉。"

利贤感念道:"全家的福,都落在见平身上,孩子长大可得好好孝敬老人家。哎,林峰来信了,天大的好事儿。"

路大安笑问道:"啥事儿,找到像你一样的好对象啦?"

利贤笑道:"我哪有苏联姑娘漂亮啊。"

路大安惊讶道:"苏联姑娘,不会是留学苏联吧?"

利贤羡慕道:"就是留学苏联,莫斯科航空学院,政审、体检都通过了,下周三出发……"

夜晚时分,爷爷奶奶家,东屋里,炕桌上一壶茶,五只杯,一封信。奶奶手心贴着照片,远近端详,又凑给爷爷看看,担心道:"这留学讲究可真不少,西服开这么大个领儿,冬天哪能受得了啊。"

爷爷明白道:"那是苏联大城市,课堂里有暖气,冻不着你孙子,是吧,先

第三集

生？"

钱先生笑道："没错儿，上学不是访问，应该可以穿中国衣服，报纸上有留学生照片，都穿着棉袄棉裤呢。"

路大安喝茶笑道："奶奶要是不放心，就给林峰带一条狐狸围脖。"

众人笑出来。利贤挑帘进屋，路大安惬意道："睡啦？"

利贤轻声道："刚睡，半瓶奶都吃了。奶奶，林峰这照片，你一个晚上都没离手，以后多的是，够你看的。"

奶奶挂念道："光火车就得坐五六天，这得多老远哪，明天咱们多照几张相片，石头儿想家就看看，不知道镇上那照相馆能不能赶出来。"

路大安宽慰道："放心吧，奶奶，明晚我跟利贤回镇上，照相馆好说，星期一下午就能洗出来，利贤赶晚上的火车，来得及。"

奶奶高兴道："那就好，利贤哪，你再想想，还有啥给石头带的？"

钱先生笑道："信里说，不光是服装，国家连旅行包和箱子都发，带不了多少自家的东西。"

爷爷看看提示道："就是嘛，咱能想到的，国家早预备好了。你俩忙了一个礼拜，不早了，歇了吧。"

利贤抬手道："大安，把夹被递给我，晚上凉。"

奶奶拦住道："孩子睡了，别折腾，今晚还跟我。"

路大安连忙道："那怎么行？奶奶，你这都累一星期了，我们还是抱回去。"

利贤附和道："就是呀，奶奶，给我吧。"

爷爷一摆手，不容置疑道："别争了，快回去睡觉，这小子精神着呢，明天够你们抱的。"

利贤跟路大安相视一笑，两人赶紧去西屋看看熟睡的小见平，奶奶跟在一旁……

傍晚时分，滨江火车站出发站台。客运列车缓缓启动，利贤、马立尧、何文芳、刘百衡、丁国兰跟车随行，火车加速，众人摆手，利贤跟跑，林峰探身出窗，动情喊道："姐——"

利贤涌出泪水——

【闪回：20世纪40年代末，冬日的南京火车站出发站台上，客运列车缓缓启动,十六岁的姐姐利贤探身出窗,挥手喊出泪水:"利德——"

十三岁的弟弟利德随车奔跑,不时抹去泪水:"姐——姐——"】

秋中时节,莫斯科河畔,水阔桥平,车水马龙。

莫斯科红场,阳光普照,游人如织,列宁墓庄严肃穆,圣瓦西里升天大教堂巍峨壮丽,克里姆林宫金碧辉煌。

莫斯科航空学院家属区,蔡鹤临家,安娜在厨房里忙碌,三岁半的女儿娜塔莎(蔡明慧)专注地站在椅子旁,认真搓洗盆里的黄瓜和西红柿,上衣前襟和挽起的衣袖打湿了水。

安娜疼爱地看着女儿,嘱咐道:"娜塔莎,轻点儿,衣服都湿了。"

娜塔莎仰脸看看妈妈,认真道:"不能轻点儿,上面有泥。"

安娜看着上唇一抹黑渍的女儿,开心笑道:"小馋猫,又偷吃鱼子酱了吧?"

娜塔莎下意识地伸出舌头舔了一圈儿,感觉到美味,咯咯咯咯笑出声来。

晚宴备齐了,厚重的欧式餐桌上,冷黑的冰镇鱼子酱,暖红的俄罗斯红菜汤,金黄的奶油烤鱼,斑斓的伏尔加色拉,罐焖牛肉,盐渍鳟鱼,酸黄瓜,风干肠,黑列巴,小甜饼,一瓶红酒,一瓶伏特加,配上银具红烛,色香味俱全,尽显安娜的艺术品位。

娜塔莎好奇道:"妈妈,为什么要用红蜡烛呀?"

安娜开心道:"因为中国人高兴的时候喜欢红色呀。"

娜塔莎追问道:"今天要来的叔叔,是像爸爸一样的中国人吗?"

安娜思量道:"是呀,算是爸爸的弟弟吧。"

娜塔莎开心道:"那我喜欢。"

安娜笑好奇道:"你喜欢他们什么呀?"

娜塔莎一副新发现的样子,神秘道:"因为他们身上没有毛,胡子不扎人。"

安娜扑哧一声笑出来,搂过娜塔莎亲了一口。

两人正闹着,门铃响了,安娜忙整理好娜塔莎的衣裙,嘱咐道:"小公主,客人到了,记住用中国话问好。"

安娜开门,蔡鹤临容光焕发,后面跟着提包的林峰。娜塔莎扑到爸爸怀里,安娜主动上前拥抱林峰,贴脸问候道:"林先生,欢迎您,一路辛苦了。"

林峰有些拘谨地绷着脖颈贴面还礼道:"打扰您了,谢谢。"

娜塔莎好奇地看着林峰,用中文问候道:"你好!"

林峰又惊又喜,连忙蹲下拥抱还礼,夸赞道:"你好,小天使,真漂亮,像妈妈一样。"

娜塔莎调皮地学着林峰的样子,脖梗后挺行贴面礼,逗得安娜和蔡鹤临笑出来,安娜逗趣道:"这孩子跟您一样,有幽默感。"

蔡鹤临满意地看着桌上的晚宴,欣慰道:"这么丰盛啊,谢谢亲爱的。"

安娜行了一个芭蕾谢幕礼,操中文笑道:"不客气。"

蔡鹤临抱住安娜,在额头上轻轻吻了一下。

娜塔莎牵着林峰到卫生间洗手。安娜关心道:"阿廖沙,一路顺利吗?"

蔡鹤临放松道:"还不错,火车晚点一小时,我们先到学生宿舍,一切安排就绪。"

林峰洗完手出来,打开旅行包,先拿出一个木制玩具小鸡吃米,巧手调好机关,轻轻晃动手柄,木盘下的木球牵扯引线,木盘上的几只小鸡开始争先恐后地点头吃米,娜塔莎一下子笑出来,拿过手柄玩儿起来。

安娜客气道:"远道而来还买礼物,多麻烦。"

林峰微笑道:"不麻烦,我做的。"

安娜惊讶道:"你自己做的?"

蔡鹤临笑道:"林峰是大学里有名的能工巧匠。"

林峰又拿出一个精致的不倒翁茶叶筒摆在桌上,中国式的不倒翁开怀摇晃,逗得安娜和娜塔莎开怀大笑,安娜赞赏道:"也是你做的?"

林峰微笑点头。

宾主落座,安娜点上红烛,蔡鹤临倒上红酒,娜塔莎抢先举起手中的汽水杯,转头看着妈妈,安娜心领神会,跟着端起酒杯,娜塔莎小声提示道:"预备——齐!"

母女俩用眼神相互鼓励着,嘴形认真夸张,变调的柔和中文一字一顿:"有朋自远方来,不亦乐乎。"

林峰深受感动,用俄罗斯谚语举杯致谢道:"赠人玫瑰,手有余香。"

蔡鹤临情不自禁鼓起掌来,用眼神夸赞母女俩,大家碰杯,喜笑颜开。安娜招呼林峰吃菜,林峰拿起刀叉,看着各色配菜和调料,不知所措。娜塔莎看出来,拿过林峰的盘子,放上一片黑列巴,铺上一叶生菜,用贝壳勺把黑鱼子酱摊平在生菜上,加上少许配料,端起盘子递给林峰,林峰看着小大人儿的得意模样,连说谢谢。

美味入口,从未尝过西餐的林峰第一次就品味到俄罗斯饮食文化的极品醇香。安娜看着林峰开心开胃的陶然吃相,轻轻碰一下蔡鹤临,满意道:"阿廖沙,叫他维佳吧,看看,跟你一样,入乡随俗,第一天就成了半个俄罗斯男人。"

莫斯科航空学院,秋深夜静,灯少人稀,蔡鹤临和林峰行进在教研大楼的走廊里,蔡鹤临关心道:"这两周感觉怎么样?"

林峰心急道:"俄语相当吃力,这里的语言环境跟国内完全不同,语速快,语量大,连音多,加上很多习惯省略语,一堂课下来,也就听懂60%。"

蔡鹤临追问道:"课后理解怎么样?"

林峰略显轻松道:"好在国内的课程设置跟这里的一脉相承,课程内容基本上可以衔接,但是明显感觉到这里的课程相关性好,参考阅读量大,工程实例也多。"

蔡鹤临在一间研究室门前停下来,拿出钥匙开门,宽慰道:"能听懂60%已经很不错了,当年我只能听懂30%,而且课程不连贯,但是一年以后,我基本适应了留学生活。你的情况比我好得多,我想半年就会适应,要有信心。"

两人灯亮入室,室内宽敞明亮,宽大的黑板上残留着火箭箭体结构图形和演算公式,角落里摆放着幻灯设备,配有制图板的工作台简明实用,排放有序,林峰饶有兴趣地看着黑板上的图形。

蔡鹤临让林峰在自己的位置上坐下来,自己搬过一把椅子也坐下。林峰翻看工作台上的工程手册,拿起精致的计算尺,羡慕道:"蔡老师,苏联的工作条件真是太好了。"

蔡鹤临感慨道:"一个国家的基础条件和科技水平,体现在科教领域的各个方面,苏联的基础研究体系是世界一流的,而且规模庞大,值得我们好好学习。"

林峰默默点头,蔡鹤临拿起桌上的几本书,推荐道:"这是最新的俄汉技术辞典,这是我用过的几本专业基础教材,内容变动不大,上面有很多专业词汇的汉语标注,对你快速阅读会有帮助。"

林峰接过书翻看了几下,高兴道:"都用得上,这下方便多了,我一定争取尽快过关,谢谢蔡老师。"

蔡鹤临分享留学体会,提示道:"不要过于苛求语言水平,俄语毕竟不是我们的母语,我们只能从技术语言的角度讲过关,这意味着,要用技术俄语理解技术俄语。"

林峰若有所思,点头赞同。

蔡鹤临感触道:"留学生活回过头来一想,其实也没什么。留学的第一阶段就像牛羊吃草,尤其是第一年,要全力以赴口语能力和阅读速度,不要纠缠于细枝末节,你会觉得书本由薄变厚;建立这个基础后,第二阶段就像牛羊反刍,不断温故知新,总结归纳,你反而会觉得书本由厚变薄;第三阶段就像牛羊繁衍,不断举一反三,触类旁通,你又会觉得书本由薄变厚。"

林峰用心体会蔡鹤临的教诲,赞叹道:"蔡老师,您应该把这个观点写成教学法,下次回国讲给全校老师听。"

蔡鹤临笑道:"你还年轻,这个任务留给你了。"

【旁白加画面:陌生的环境和巨大的压力骤然改变了林峰的生活,林峰每天封闭循环在教室和宿舍之间,周末也不例外。蔡鹤临尽可能抽出时间对林峰进行面对面的口语训练,解答阅读障碍造成的理解难题。安娜在生活上给予林峰很多关照,帮助林峰磨炼生活化的俄语。半年以后,林峰不仅融入了留学生活,而且在蔡鹤临的建议下扬己所长,增选了两门工程数学,还通过学校的严格审批,旁听计算机课程。】

莫斯科航空学院校园,林峰一身运动服,中速奔跑在清晨的林荫道上。意识到速度稍快,林峰放慢脚步,后面的两个苏联男女同学跟上来,男同学气喘吁吁,竖了一下大拇指,女同学步伐轻盈,笑着眨了一下眼,三人跑向林荫深处。

莫斯科大剧院,台上演出柴可夫斯基的舞剧《天鹅湖》,安娜一家和林峰坐在台下中前排,林峰沉浸在撼人心魄的主旋律中,旁若无人,陶然忘机。

莫斯科红场,列宁墓前,蔡鹤临一家和林峰静默瞩目;国家博物馆内,安娜打着手势给林峰讲解,林峰面露敬慕,不时点头。

莫斯科航空学院教学楼,一间小教室内,林峰坐在主考老师面前,手画附图,侃侃而谈,老师注目附图,查看试卷,面露惊讶,点头称赞。

滨江景象,江畔中秋。

东方月上,江风拂凉,波澜碎月,柳岸苍茫。

俄式江畔餐厅入水而立,江面飘荡着《伏尔加河纤夫曲》。榭台护栏一角,餐桌上摆着两样熏鱼,一样红肠,一样色拉,两瓶格瓦斯,刘百衡临风而坐,思绪沉浸在音乐中。

何文芳出现在榭台口,张望一下,慢步过来,打量着坐到刘百衡对面,惊讶道:"我说三毛儿,你还真是一根筋,我又没答应你,你就坐这儿傻等?"

刘百衡微笑道:"知人知心,答不答应,你都得来。"

何文芳无奈道:"那我要是真不来呢?"

刘百衡自信道:"那就不是你了。"

刘百衡给何文芳切好一块熏鱼,话里有话道:"这鱼比不得青岛海鲜,不过像我一样,别有一番滋味,来,尝尝。"

何文芳叉鱼入口,细细品味,点头赞道:"唔……味道真不错。"

刘百衡感叹道:"知我者,文芳也。"

何文芳笑道:"你就是一条咸鱼呀。"

刘百衡正色道:"这条咸鱼愿意伴您下饭终身,说不定还有翻身的日子。"

何文芳心情复杂,感动地握住刘百衡伸过来的手。

刘百衡的爱情表白朴实无华:"文芳,我从稻田走进工厂,又从工厂走进大学,遇到你,有一种水到渠成的默契感,学习上,你是渠我是水;生活上,我是渠你是水,你说咱俩是不是命中注定的水到渠成?"

何文芳的爱情回答感动贴心:"百衡,其实一开始我就知道你喜欢我,我也喜欢你,你能把一件小事做到人心里。"

刘百衡轻轻爱抚何文芳的手,满怀希望道:"芳子,那你还等什么?"

何文芳抽回手,直视刘百衡,真诚道:"百衡,女人的生活里除了喜欢还有欣赏,有人因为喜欢有爱情,有人因为欣赏有爱情,我的爱情在欣赏里。"

刘百衡脱口而出:"你是说立尧吧。"

何文芳点点头:"其实大家都心照不宣。"

两人默默对视,何文芳鼻子一酸,涌出泪水,抹了一下,先笑出来,刘百衡摇摇头,跟着苦笑出来……

滨江工业大学女生宿舍,星期天上午,何文芳的室友们嬉笑打扮,准备出门,大姐催促道:"文芳,还磨蹭什么?就等你了。"

何文芳推脱道:"今天有点儿累,你们去吧,给我带一条纱巾。"

第三集

大姐认真道:"什么花色?"

何文芳心不在焉道:"你们看着合适就行,回来请你们吃冰棍儿。"

室友们开心说笑离去。

何文芳来到楼下收发室窗口,礼貌道:"阿姨,我能打个校内电话吗?"

织毛衣的阿姨探头一看,殷勤道:"哟,是喀秋莎姑娘啊,打吧。"

何文芳拿过电话拨号:"喂,您好,一宿舍吗?请找106的马立尧同学。"

【106马立尧,您等会儿……喂,我是马立尧,您是哪位?】

何文芳脸上露出笑意,柔声道:"立尧,我是文芳,能不能现在到我宿舍来一趟?我有东西要搬。"

【东西多吗?用不用叫上百衡?】

何文芳脸上紧了一下,赶紧道:"不多,你一个人就行了。"

【那好,我马上就到。】

何文芳长出一口气,兴奋道:"谢谢阿姨。"

阿姨收回电话,亲切道:"不用谢,喀秋莎姑娘,麻烦您一下,赶明儿我把我家小五儿带来,您看能不能帮他纠正纠正俄语发音?一会儿就行,同学老笑话他发言不准。"

何文芳甜甜一笑,高兴道:"没问题,让他早晨六点来,阿姨再见!"

何文芳快步回到宿舍,整理床位,照镜梳理……

马立尧叩门三响,何文芳开门一笑,马立尧进门四顾,茫然道:"东西在哪儿?"

何文芳关门锁好,回身大方直白地看着马立尧,马立尧预感到了什么,脸色微红,拘谨道:"文芳……东西呢?"

何文芳笑而不答,用手指着自己,马立尧不知所措,一时愣在那里。

何文芳近前贴身,轻轻拉过马立尧的手,抚在自己胸前,目光灼人,渴望道:"立尧,咱俩好吧。"

马立尧避开灼人的目光,试着抽回拉住的手,声音有些沉郁道:"文芳,你是阳光下的宠儿,前途光明;我是树影里的看客,前途未卜。谁都看得出来,百衡是个好男人,他会用心照顾你。"

何文芳又拉起马立尧的手,贴在自己脸上,目光撩人,动情道:"立尧,我会用爱照顾你。"

马立尧悲欣交集,慢慢抽出被拉住的手,无奈道:"文芳,这是一个政治第一的年代,时代曲率造成了人格错位,你看看周围,人人都讲爱党爱国爱阶级兄弟,你爱错了对象。"

何文芳倒在马立尧怀里,搂得紧紧的,一往情深道:"不管生活有多么错位,我就爱你!"

马立尧怦然心动,一把抱住何文芳,沉浸良久,慢慢回到沉静如水的常态。何文芳依然陶醉,马立尧试着松开何文芳的拥抱,拉着何文芳坐到床边,自己坐到椅子上。

两人深情对视,马立尧贴心道:"文芳,还有不到一年就毕业了,你注定要进入国防通讯技术领域,苏联专家也为你做了特别推荐,而我现在就不能接触保密资料,将来很可能回到青海建桥铺路,我不想让你为我付出命运的代价,也不想失去百衡这样的朋友。"

何文芳不堪困惑,难受道:"立尧,我一直感觉你也很爱我,爱一个人有那么复杂吗?"

马立尧直视何文芳,清醒道:"时代让爱情变得复杂,爱的方式也会变化,我真心希望你能过上平静的生活。"

何文芳热泪盈眶,脱口问道:"那谁来爱你?"

马立尧表情复杂,深沉道:"你们都很爱我,我非常珍惜这份平衡。"

何文芳茫然无措,马立尧起身告别,匆匆消失在楼道尽头,没有回头……

【旁白:何文芳怅然若失,深深感受到了文弱衣衫包裹着的赤诚之心和铮铮铁骨,萌发爱情的欣赏中平添了几分坚定爱情的敬佩之情。】

第四集

　　深秋时节,上午时分,莫斯科航空学院校园,林峰挎着书包快步踏上教研大楼入口台阶,几个苏联男女同学站在入口平台说笑,见林峰上来,谢廖沙忙从书缝里拿出一封信,冲林峰扬手道:"嘿,维佳,你的信。"

　　林峰紧赶几步上来接信,礼貌道:"嘿,你们好!谢谢你,谢廖沙。"

　　一位女同学羡慕道:"你好维佳,每个月初都能看到你的来信,每封信都是一样的中国字,我都记住了,写信的人是你未婚妻吧?"

　　林峰微笑道:"是我姐姐。"

　　谢廖沙惊叹道:"这么体贴关心的姐姐,真羡慕你呀。"

　　另一位女同学好奇道:"听说中国家庭人口很多,姐姐要为家里做很多事吧?"

　　林峰感触道:"是的,很多时候,姐姐就是母亲。"

　　众人惊叹,林峰告别进楼。

　　教研大楼走廊里,林峰边走边拆开信封,居然有两张照片。全家福中,钱先生端坐前排,膝上搂坐着一岁多的小见平,背景是一栋新砖瓦房,全家人开心地笑出来,只有小见平拇指含在嘴里,愣愣地看着镜头。林峰差点笑出声来,不由得放慢脚步,停在楼梯拐角处翻看照片。林峰的目光停留在三人全家福上,小见平坐在路大安和利贤搭成的大腿平台上,两手向前探着,笑得一塌糊涂,路大安志得意满,畅然开怀,利贤安逸恬适,母性荡漾。

　　【闪回画面加利贤画外音:林峰,这个月还好吗?上次来信说,就要开始结构动力学课程设计了,想必现在已经沉浸其中了吧?要保重身体,劳逸结合。家里一切安好,小见平已经说话成句,认识很多东西,这都是爷爷奶奶和先生的心血,他们真的把小见平当成了你。随信寄来的枫红围巾我很喜欢,是苏联的流行款式吧?林场变化很大,原木产量翻了一番,家家住上了新房,红砖青瓦,特别好看。托爷爷奶奶和先生的福,今年县高中的高考成绩是解放以来最好的,我跟你提到过的那个林场贫困女孩儿钱冬梅,考上了清华大学工程物理系,路大哥比我还高兴,他发动北京的战友成立了一个帮扶小组,自任组长……】

蔡鹤临伴着一位五十岁模样的苏联男教授从楼上下来,看到林峰旁若无人的天真笑样,蔡鹤临抬手介绍道:"教授,这就是我跟您说的那位中国留学生维佳。"

教授兴致颇高,停在林峰面前,亲切道:"嘿,年轻人,什么照片呀,这么专注,想家了吧?"

林峰抬头一愣,随即礼貌笑道:"您好,老师,是我家的照片,蔡老师好!"

蔡鹤临关心道:"怎么样,家里都好吧?"

林峰高兴道:"都好,谢谢蔡老师。"

蔡鹤临介绍道:"林峰,认识一下,这位是火箭设计专业的罗曼诺夫教授,世界著名的火箭专家。"

罗曼诺夫心情很好,向林峰伸出手,打量道:"你好,维佳。"

林峰兴奋地两手握住,恭敬道:"您好,罗曼诺夫教授,非常荣幸见到您,我刚刚拜读完您的著作《火箭结构动力学振动耦合问题研究》。"

罗曼诺夫看看蔡鹤临,不解道:"他不是本科生吗?怎么会读研究生的参考书?有什么故事吗?"

蔡鹤临解释道:"林峰在工程力学方面很有天赋,善于使用数学工具量化问题,是我让他试读的,结果他跟我讨论了不少问题,有两个前沿问题考虑得比较深入,我正要向您请教。"

罗曼诺夫惊讶道:"噢?把你都难住了,那我倒要见识见识,下次火箭结构设计方案例会带他来。"

林峰兴奋地看了蔡鹤临一眼,欣喜之情溢于言表:"谢谢教授,谢谢蔡老师,我一定珍惜这个机会。"

教研大楼,夜静灯稀,实验室内,打印设备终端顺下一条长长的数据纸带。林峰卸下最后一片载荷,擦净双手,轻轻取下打印纸带,回到工作台,熟练地拉缩计算尺处理数据⋯⋯

楼门外人行道上,蔡鹤临和罗曼诺夫交谈着问题匆匆经过,罗曼诺夫无意间看到全楼唯一亮着的灯,不禁问道:"这么晚了,还有人在实验室?"

蔡鹤临肯定道:"一定是维佳。"

罗曼诺夫兴致突发,好奇道:"例会上他的见解很有意思,我正想见他,走,上去看看。"

两人来到实验室,门虚掩着,林峰伏案抱头,物我两忘,完全沉浸在一组公式中。两人悄悄来到实验设备前,罗曼诺夫拿起两块载荷比较,载荷发出金属碰撞的声音,林峰如梦初醒,连忙起身致歉道:"对不起,老师,没注意你们进来。"

蔡鹤临摆手示意无所谓,罗曼诺夫旁若无人,继续查看林峰的实验装置,毫不掩饰诧异的表情。

两人对视一下,各有所思,来到工作台前,林峰摊开案上涂画结构和数据的草纸,解释道:"是这样,结构动力学课程设计指导书规定,在已知系统模型和输入的条件下,建立实验方案,求解系统输出。我设计了一个反向实验系统,就是渐变加载不同的已知载荷,测得系统不同的振动响应输出,求建系统的数学模型,目的是找出影响系统振动过程的关键因素。"

罗曼诺夫跟蔡鹤临又对视了一下,点头默契,关注道:"闻所未闻,请继续。"

林峰的手指定在一组方程式,迅速用红笔圈上 a、b、c 三个参数,指点道:"这是通过近似线性反推得出的系统参数,但是数据计算量太大,只能粗略估算,不能保证充分体现影响实验系统的关键因素,如果通过计算机编程处理数据,就会得到相对准确的模型。"

罗曼诺夫沉吟良久,耸了耸肩,抿嘴道:"我们做你的助手吧。"

林峰愣住不动,蔡鹤临会心笑道:"行家一出手,便知有没有,教授好开玩笑,他同意你做我的科研助手。"

林峰喜出望外,兴奋道:"谢谢教授,谢谢蔡老师。"

初春时节,滨江工业大学校园,无线电工程系教研室,桌上摆着几份铅字印刷论文《脉冲多普勒雷达概念探讨》,何文芳和几位专业骨干教师围着苏联专家达维登科讨论问题。

李校长匆匆进来,大家纷纷起身,握手问好。李校长接过一份论文,看看大家,抱歉道:"对不起,我迟到了吧?"

达维登科抬手看表,认真道:"没有,提前两分钟,校长同志。"

众人安静下来,陈主任开门见山道:"今天的教研室特别会议是由达维登科同志提议召开的,内容只有一个,就是讨论何文芳同学刚刚完成的论文《脉冲多普勒雷达概念探讨》，因为论文阐述的是雷达前沿理论，有可能对我们的国防雷达研制有所启发，所以教研室党支部决定，特别邀请校长兼党委书记李国荣同志参加，希望学校向军委推荐这篇论文，下面请达维登科同志发言。"

达维登科拿起桌上的论文，冲何文芳会心地笑了笑，沉稳道："事情是这样的，八个月前，我回到苏联休假，参加了一个雷达学术会议，大家议论的焦点是脉冲多普勒雷达体制。苏联情报部门向与会者提供了公开信息，美国已经于1955年研制出脉冲多普勒雷达，这将对战机空战、火箭制导、武器火控、太空跟踪等多个领域产生重大影响，甚至会打破空中力量的平衡，所以苏联政府迫切要求有关部门开展研制工作。我收集了几本苏联出版的雷达专业书籍，把会议散发的情报资料也带回教研室，希望大家参与探讨，共同对付美帝国主义。"

达维登科边说边挥了挥拳，大家会心地笑起来。达维登科感慨道："虽然我们还没有设立雷达专业，但是几位年轻教师和喀秋莎同学，对此表现出浓厚的兴趣，令人惊喜的是，喀秋莎同学还表现出卓越的理论探索能力，而且经过半年的努力，形成了比较系统的理论阐述。不过，鉴于我们的研究条件所限，这篇论文没有实验基础，只能依据基本原理，推算径向速度和目标距离，着重讨论脉冲条件下滤波谱线目标的分辨问题，坦率地说，我自己对此的了解不比喀秋莎同学多，下面请大家提问。"

李校长谦虚道："雷达我是外行，知道一点皮毛，能不能简要介绍一下，脉冲多普勒雷达的根本特点在哪里？"

何文芳沉稳道："多普勒雷达原理表明，目标和干扰物相对于雷达的径向速度不同，脉冲探测条件下，回波信号也有不同的脉冲多普勒频率，理论上讲，可以用频域过滤的方法选出目标的脉冲多普勒频率谱线，滤除干扰杂波的谱线，这样就可以从强杂波中分离并检测出目标信号。"

张老师接过话题："原理不难理解，关键是如何实现这一目标，必须有可靠可行的实验方法。"

众人共鸣议论。

何文芳自信道："一方面，发射脉冲信号必须有稳定的相干性能，建议采用主振功放式发射机；另一方面，在接收机的信号处理中，建议把每一脉冲重复周期分成若干个距离门，每个门对应的时间与发射脉冲宽度相等，再用脉冲多普勒频率范围内的窄带滤波器组，对信号和杂波进行过滤。"

王老师接话道："这对雷达系统设备的要求很高，目前我们国家不可能做到这一点。"

达维登科理解道:"确实差得很远,就是我们苏联,也要有一个专业器件的研发过程。"

何文芳冷静道:"目前,我们的确没有条件进行实验,就理论推算而言,窄带滤波器序列,一定能对回波脉冲序列进行相干积累,最终选出目标的脉冲多普勒谱线,让雷达在强杂波干扰中抓住目标。"

达维登科鼓动道:"新中国的同志们,美国人做到的,我们一定能做到。"

陈主任顺水推舟,半认真道:"美国人做不到的,我们在苏联专家的指导下,也能做到。"

李校长笑道:"这就是说,别了,司徒雷登。"

众人会心地笑出来,继续热烈讨论。

校长办公室,李校长伏案批阅文件,秘书小秦拿着一封机要信进来,轻声道:"李校长,军委回信了。"

李校长忙接过信拆开,略看了一遍,满意道:"军委很重视我们的推荐,特意找了雷达专家审读论文,评价很高,通知何文芳,下周一随军代表去苏联援建的东风雷达厂调研实习。"

小秦应声离去。

夜晚时分,大学生纷纷走出教学楼,何文芳等在门侧的平台上,马立尧挎着书包匆匆出门,何文芳叫着立尧跟上去,马立尧关心道:"文芳,这么用功啊。"

何文芳会心道:"你不也一样吗?"

马立尧一下子想起了什么,高兴道:"林峰来信了,说是正式成为蔡老师的科研助手,参与苏联运载火箭基础理论项目研究,毕业设计的题目都定下来了。"

何文芳不禁伤感道:"你要是去苏联也不会差,立尧,咱俩的家庭出身换换就好了,想想就心酸,真是难为你了。"

马立尧一副释然的样子,达观道:"净说傻话,咱俩真换换,你的雷达又搞不成了。其实没什么,林师傅回来,我跟着好好学就是了。对了,这两天没见百衡啊,忙什么呢?"

何文芳笑道:"正想跟你说呢,三毛儿让丁姑娘给缠住了,待遇比校长都好,小药酒儿供着,又是按摩,又是针灸,一路追到宿舍里。"

马立尧会心笑道:"百街就是个人见人爱,国兰是个好姑娘。"

何文芳由衷赞同道:"说的是啊,能蹲在你的心坎儿上,跟你说贴心话,百衡有这个本事。"

马立尧感触道:"本事不一定恰当,我觉着是心思,百衡是个遇水搭桥的好男人,国兰好眼力。"

马立尧跟着何文芳,没有注意回宿舍的路线,抬头看到周围尽是树木,没人经过,马立尧诧异道:"文芳,走错了,你这是去哪儿呀?"

何文芳慢回身,目光灼人,一把抱住马立尧,渴望道:"立尧,下周一我就要走了,亲亲我吧。"

马立尧的呼吸急促起来,颤声道:"去哪?"

何文芳有气无力道:"我病了,亲亲我吧。"

马立尧一把抱紧,急切道:"什么病?要紧吗?"

何文芳闭目等待,喃喃道:"疑难杂症,病得不轻。"

马立尧细看何文芳,何文芳顺势堵住马立尧的嘴,两人吻在一起。

马立尧先平静下来,不安道:"到底什么病?非要离开滨江吗?"

何文芳嫣然一笑,陶醉道:"心病,现在好一些了。"

马立尧低头无语,何文芳惬意道:"下周一我要随军代表去东风雷达厂调研实习,军委安排的。"

马立尧冷静下来,规劝道:"文芳,我们俩的人生道路真的是南辕北辙,阳关道上不应该出现独木桥。"

何文芳心满意足,调皮道:"过去知道你的本事,今天知道你的心思,反正我觉着越来越幸福。"

马立尧快步走上大道,回身招呼道:"文芳,太晚了,我送你回去吧。"

何文芳跑过来,看看没人,依偎并行,马立尧连忙挫步四顾,何文芳反而靠得更紧……

初夏时节,傍晚时分,莫斯科航空学院,科研大楼,研究室内,林峰和蔡鹤临伏案工作。蔡鹤临放下手中的图表,抬手看表,提示道:"林峰,今天就到这吧,安娜特意嘱咐早点回去,这些天看你累坏了,她说要做干菜红烧肉。"

林峰埋头应道:"再核对几个数据,两分钟。"

第 四 集

两人收拾好工作台上的所有文件,各自放到专用袋子里封好,保密室就设在出口,两人递上保密袋,保密员笑道:"两位今天这么早啊,好好休息吧。"

两人笑应关心,办完记录、签字手续,谢过出门。

初夏的校园,草木青翠,繁花似锦,蔡鹤临和林峰难得轻松漫步在人行道上。蔡鹤临欣慰道:"林峰啊,你可真是好记性,整理方案多亏你了。中国的火箭技术去年刚刚起步,我想过几年会用得上这些理论积累的,要知道,中国从苏联购买的高端技术资料,等价于相同重量的黄金,就是白天忙完了,还要跟我熬夜,辛苦你了。"

林峰凝神于远处燃烧在夕阳中的飞机模型,沉静道:"愿为中国服务。"

蔡鹤临肃然起敬,感慨道:"你越来越像个军人。"

林峰的目光转向西天的云霞,感念道:"是我父亲留给家人的最后一句话。"

蔡鹤临的目光跟着转向破霞而落的夕阳,两人默默前行。

两个手持文件袋的苏联同事从后面匆匆赶上来,打着招呼擦身而过。林峰应和着回到常态,不禁问道:"蔡老师,其实研究室的保密规定形同虚设,只对你我起作用,我们能不能也像他们那样,借阅一些数据资料?"

蔡鹤临深得处事要领,提示道:"我们不能触及保密底线,否则会引起不必要的防范,要知道,科学没有国界,科学家是有国界的,我们只能在火箭基础理论项目中有限地参与方法论证。不要小看修修补补的有限参与,这对我们来说也是意义重大。罗曼诺夫研究所是科罗廖夫火箭设计局的合作伙伴,承担了苏联运载火箭的部分基础理论项目,所以我们要特别注意工作规定和同事关系,确保我们能学到真东西。"

林峰点头领悟,若有所思。

家门近在眼前,两人走上门口台阶。听到门铃响,娜塔莎跑过来开门,林峰悠起扑上来的娜塔莎,顺势转了一圈,蔡鹤临接过来,又转了一圈。娜塔莎银铃般的笑声感染了迎出来的安娜,安娜一副被舞伴托举的样子,在门口的台阶上自转了两圈,幸福的笑声引得路边的长毛大狗停下来,安详地看着一家人,牵狗的老太太摆手示意,微笑等待。

夜阑人静,安娜在厨房准备好夜宵,悄悄端到餐桌上,轻声提醒道:"歇会儿吧。"

蔡鹤临和林峰放下纸笔,起身舒展一下筋骨,安娜悄然来到女儿的房间,两人也跟过来。

房间不大,整洁有序,墙上亮着一盏粉红色的心形微光小灯,床头墙面挂着娜塔莎的生活照,床头守着夸张的玩具长毛大狗。粉红色的微光中,熟睡的娜塔莎身体微曲,手臂舒展,舞蹈一般,安娜轻轻为女儿盖好被子。

林峰情不自禁,轻声赞道:"天生一个舞蹈家,真漂亮。"

安娜幸福地靠在蔡鹤临的肩膀,看了看墙上的小灯,会心道:"娜塔莎天性敏感,害怕黑暗,阿廖沙特意做了这盏小灯。"

林峰赞许地看了看蔡鹤临,跟安娜会心一笑。三人悄悄退出来,蔡鹤临轻轻关好门。客厅里响起了柴可夫斯基的《天鹅湖》,于静夜中轻扣心弦,安娜摆上三杯加冰伏特加,三人轻轻碰了一下。

【画面加旁白:林峰已经习惯了安娜的即时咖啡和俄式夜宵,偶尔还有醉人的伏特加。午夜宁静,心绪致远,幽暗的灯光下,安娜的慈爱微笑沉浸在利贤的母性光环里,林峰心中充满了感恩的柔情,航天报国的使命感愈发沉重。】

1957年夏,滨江工业大学校园,无线电工程系办公室,系务会议。系主任扫视众人,沉稳道:"毋庸置疑,毕业生留校工作的前提是品学兼优,显然,大家对何文芳这样的优秀毕业生留校工作,没有任何异议,但是,像刘百衡这样的同学,大家是不是也应当给予关注呢?作为一个工农调干生,他的平平成绩相对于他的平平基础,实属难能可贵,更令人期待的是,他的后期成绩大幅提高,这是良好的变加速提升,很有说服力,至于特长方面,他的组织协调能力非常突出,在我们的专业建设中是必不可少的,所以我还是坚持留人的意见,也请大家慎重考虑。"

开始有人点头赞同,大家议论起来……

校长办公室,李校长手握电话,语调沉稳有力,坚定道:"韩主任,校长办公会对马立尧的留校问题做了专门讨论,他不仅是工程力学系品学兼优的第一,也是全校屈指可数的全优生……"

【李校长,过去的家庭历史问题先不说,现在的问题是,苏联专家莫洛托夫

教授对他改进实验设备的提案很有意见,教研室的一些老师也认为这是哗众取宠,甚至有人说,这是右派行为。】

李校长质疑道:"第一,他的家庭历史问题已经有明确结论,不能再说;第二,哗众取宠的小儿科不可能成为全系无可争辩的第一。你们认真研究过他的革新提案吗?"

【莫洛托夫教授开口就是不可思议,完全否定了他的提案,我们考虑到中苏关系的复杂性,没有组织教研室讨论。】

李校长的语气缓和下来,开导道:"专家不是神仙,学术问题是可以讨论的,提案是否正确与提案是否可行不是一个问题,我们要保护年轻人技术创新的热情,不要乱扣帽子。这件事与马立尧留校工作没有必然联系,你们系领导要从学校发展的大局出发,做好各方面的疏通协调工作……"

夏日江畔,风和日丽。
刘百衡穿着游泳裤推船下水,马立尧划船,丁国兰坐在船头,何文芳坐在船尾,何文芳提醒道:"百衡,注意深浅。"
话音未落,刘百衡晃了一下手臂,一个后仰下沉,吓得何文芳忽地站起来,本能地伸手去抓,船也随之摇晃,马立尧连忙停桨平衡,丁国兰悠闲地吃着冰棍儿,没事儿一样。
何文芳又好气又好笑,撩水教训道:"刘坏水儿,没准儿哪一天狼真来了,看谁救你!"
刘百衡并不躲闪,拍拍船帮,得意道:"何救生员的反应灵敏度不错,我对测试结果很满意。"
马立尧笑道:"满意那就上来吧,国兰灵敏度差点儿,你也给调调。"
刘百衡身体前倾用力,小船滑向深水,刘百衡顺势跟上,大呼道:"一会儿也饶不了她,我先给你们保驾护航!"
何文芳挪到船头,小声道:"国兰,你俩好到一定程度了吧?"
丁国兰真诚道:"我也说不好,他好像还是忘不了你。"
何文芳不以为然道:"他就那样,这些年我一直帮他学习,你得理解他。"
丁国兰解释道:"他喜欢你,我不生气,这说明他有良心,知道感恩,就是我的文化低,他可能看不上我。"

何文芳宽慰道:"这么跟你说吧,要是再早几年你也一直帮他,随便做什么,他也同样会喜欢你,百衡心最软了。"

何文芳凑到丁国兰跟前咬耳朵,坏笑道:"我有办法让他想着你,你看立尧过去老躲着我,我就……"

丁国兰羞红了脸,瞄一眼马立尧,惊讶道:"真的?那我也试试。"

两人推搡着笑起来,马立尧隐约听到两人的悄悄话,感叹笑道:"都说男人不坏,女人不爱,今天才知道,反之亦然。"

正说着,一片水花扬上来,刘百衡奋力游到船边,仰头道:"船都画圈儿了,说什么呢,你们?"

何文芳打趣道:"我们围着你转呢,都说刘坏水儿其实是个好同志。"

丁国兰心疼道:"百衡,上来吧,水凉啊。"

刘百衡仍是一脸兴奋,仰泳道:"没事儿,一会儿到你家多喝两盅儿就行了。"

丁国兰抬手看表,轻松道:"再划一小时吧,我爸一大早就到上游去了,他说要用那儿的江心水和开网鱼,给你们做江水炖江鱼,这会儿呀,我妈正忙活东北菜呢。"

马立尧礼貌道:"国兰,那咱们去帮忙吧。"

丁国兰笑道:"去了也是帮倒忙,别客气了,好好划船吧。"

江畔居民老区,一片低矮平房,丁家小院儿,丁国兰在前,刘百衡提着礼品随后,一行人左顾右盼走进院子。院当中,十五岁的男孩儿正在劈柈子,十三岁的女孩儿坐在门口剥大葱,丁国兰抬手指道:"我弟弟国强,我妹妹国英。"

国强停手起身,腼腆地看着来人,憨笑道:"姐……大哥,大姐,都来啦。"

国英返身进灶间,兴奋道:"妈,姐夫到了,一共三个!"

屋里传来丁师傅的声音,教训道:"你姐又不是武则天,哪儿来的三个姐夫?这书叫你念的。"

丁师母挑帘催促道:"别贫了,老头子,快出来吧。"

院当中,自来熟刘百衡已经跟国强换位,国强拎着礼品,刘百衡有模有样地劈起柈子来。丁师母出门招呼道:"孩子们,都来啦,哎哟,还干什么活儿呀,快进屋。"

何文芳和马立尧欠身问候伯父、伯母好,刘百衡给老两口深深鞠了一躬,真诚道:"感谢大爷救命之恩。"

　　丁师傅吓一跳,打量道:"救命?"

　　刘百衡认真道:"失眠不算病,瞪眼真要命。"

　　丁师母喜不自禁,端详道:"你就是百衡吧?"

　　丁师傅笑逐颜开,夸赞道:"这孩子,真有意思。"

　　何文芳跟丁国兰会心一笑,大家谦让着进门。

　　宾主落座,江水鱼,东北菜,丁师傅容光焕发,搓手憨厚道:"几位老师能来,我们全家特别高兴。老丁家没出过秀才,对念书人总是多敬几分,国英爱念书,老师们啥时候得空,帮着瞅瞅,这丫头是不是念书这块料……"

　　何文芳亲热地搂了一下身边的国英,国英兴奋地涨红了脸,丁师母看在眼里,笑在脸上。丁师傅指点桌上的铁锅,亲切道:"今天的吃法有个讲究,先尝鲜,后喝酒,国兰,给老师们说说。"

　　丁国兰满面春风,瞄过大家,眼神罩住刘百衡,开心道:"那我就借花献佛啦,老丁家的鱼,讲究和生美味,出锅即尝,嘴里不能五味杂陈。这是灶台鱼,里面有鳌花、鳊花、鲫花、雅罗、江鲤、胖头、草根,配上青红调味料,取江心水,坐清,用柴火滚沸,余炭慢炖而成。还有这些,这是酱焖嘎牙子,这是干煎葫芦子,这是鲶鱼炖茄子,有句老话……"

　　丁国兰停下来,笑盈盈地看着父亲,丁师傅接过话头,爽快道:"鲶鱼炖茄子,撑死老爷子。"

　　三位客人笑出来,何文芳和马立尧第一次领略东北风情,惊奇得面面相觑,刘百衡叹服道:"虽说我是东北人,今天也是大开眼界,文化呀!"

　　丁师母热情招呼道:"啥文化武化的,话不当菜,来来来,趁热吃,大伙儿自己动筷儿……"

　　夏夜沉寂,教工宿舍楼散亮灯窗,伏尔加轿车缓缓停在楼前,李校长下车摆手,提着文件包匆匆进楼门,收发室顾大爷探身致意道:"校长辛苦。"

　　李校长随口一句您也辛苦啊,摆手微笑而过,快步上楼。

　　家门虚掩着,李校长进门,魏如莲接过文件包,李校长关心道:"这么晚了还没睡?"

　　魏如莲挂好文件包,轻声道:"躺着睡不着,车灯一晃,我就起来了,什么会呀,开到这么晚,吃点儿什么?"

李校长靠在沙发上,尽显疲惫,沉郁道:"会上吃过了,几个月前担心的事,还是发生了,省里下达了右派指标。"

魏如莲递过一杯热水,诧异道:"右派指标,怎么听着像验血?"

李校长喝一口热水,意味深长道:"中国社会就是在验血,我担心这是阶级重新划分的开始,不是一个好兆头。会议重提了形势分析,居然量化出在不同的领域,右派分子分别占全体党外知识分子的百分之一、百分之三、百分之五,甚至百分之十。文化界和高等院校是重灾区,我压了半天,拿到个百分之三,还是高校里最低的。"

魏如莲皱眉道:"你说咱们一个工科大学,大家整天埋头工程技术,哪有闲工夫当右派呀,这不是胡闹嘛!"

李校长现出少有的情绪化表情,沉重道:"是啊,我无法想象右派师生站在我面前的表情,你说我这个校长兼党委书记还怎么当?"

魏如莲顺水推舟,规劝道:"说句心里话,这样下去,不如图个清静,你要是舍得大家,那就辞了吧。"

李校长平静下来,矛盾道:"你知道我舍不得,真是两难哪。"

魏如莲宽慰道:"既然这样,国荣啊,这么说吧,人身上有病毒、细菌,并不等于人就有病,右派帽子也跟这病毒、细菌一样,大家需要你控制事态,不让右派帽子压死人,所以你要看开,作为校长兼党委书记,你已经成为知识分子的代言人,你还要成为知识分子的保护者,即使作用有限,即使引起误解。"

李校长叹服道:"我看这个党委书记你来做吧。"

魏如莲笑道:"你以为我不能啊,明天我就申请入党。"

李校长开朗道:"还是留在民盟吧,你的作用无人替代,有什么吃的吗?听君一席话,还真饿了。"

秋凉入夜,灯光微稀,工程力学实验室,马立尧专注地用精密卡尺测量散落在工作台上的设备部件,随即在部件草图清单上标注相应尺寸。

韩主任急匆匆进来,抱怨道:"我说立尧,你可真行啊,转了一大圈儿,居然在这儿找到你。"

马立尧连忙停手,不安道:"什么事儿,主任?"

韩主任近前看看散落的部件,点头赞许道:"立尧啊,自打你留校兼管实验室,师生普遍反映,设备状况上了一个大台阶,干得不错,不过要戒骄戒躁,再接再厉。"

马立尧受到鼓励,松口气,露出难得一见的兴奋表情,马上指着工作台上的散落部件,认真道:"主任你看,这是美国实验设备的关键机构……"

韩主任连忙打住话头,惊讶道:"慢着慢着,你是说新加坡爱国校友赠送的那台美国应力设备吗?"

马立尧笑道:"是啊,咱们实验室就这么一台美国设备。"

韩主任变色道:"这台设备虽然不怎么用,更多的是具有象征意义,可你也不能随便拆呀。"

马立尧没听出画外音,认真道:"不是不怎么用,根本就是没人敢用,但这台设备的实验精度是所有应力设备中最高的。"

韩主任不以为然道:"那又怎么样?"

马立尧指着工作台上的散件,兴奋道:"差别就在这个机构,我已经弄清了里面的巧妙构造,只要对苏联设备做适当的改进,就可以达到相同的精度。"

韩主任一声长叹,摇头沮丧道:"打住吧你呀,你要真这么做,那可是罪加一等啊!"

马立尧不明就里,愣在那里,韩主任从兜里掏出两张纸,摇头道:"阴差阳错,简直就是不可思议,看看吧,立尧,你还是闯大祸了。"

马立尧接过纸张快速翻看,嘴里不觉念道:"自不量力……别有用心……摇尾乞怜美帝……技术革新是假,破坏中苏友好是真,要不是个别校领导包庇纵容,学生时期就应该划为右派……一个保家卫国的无产阶级革命战士。"

马立尧困惑道:"这分明是一封颠倒黑白的匿名信嘛!"

韩主任摇摇头,开导道:"你说它是颠倒黑白,可现在有些人跟上了发条似的,你说美国设备比苏联设备好用是真吧?你要改进苏联设备是真吧?苏联专家莫洛托夫一口否定你的技改方案也是真吧?"

马立尧书生意气,较真道:"那我们可以进行科学鉴定嘛。"

韩主任一脸不屑,教训道:"幼稚!莫洛托夫都搞不明白,谁还敢上来送死?今天省里右派专案组给我看群众检举信,我插空抄下主要内容,教研室有人绕过学校给省里写信,省里怕学校阻挠调查,就一竿子插到我这来了。看出潜台词了吧——学生时期为什么没有划为右派?今天下午专案组问我,听说李校长很欣赏马立尧,听见没有,这下把李校长也捎带上了。"

马立尧紧张道:"那你怎么说?"

韩主任一脸无奈,气恼道:"我还能怎么说,只能说你自己一意孤行,系里坚决反对,跟李校长更没关系。"

马立尧松了口气,服软道:"主任,其实……我也不是非要革新苏联设备,只是大家都用苏联设备,高精度的美国设备就这么闲着,我才动了心思。"

韩主任摆手打住话头,无奈道:"现在说什么都晚了,每个系都下达了右派指标,所以这工程力学系的第一个右派,非你莫属。"

马立尧脸色苍白,呼吸沉重,不甘道:"我要找莫洛托夫教授解释。"

韩主任摇摇头,提示道:"看现在这形势,你这样做,只会越抹越黑,莫洛托夫是经历过苏联政治运动的人,你想他会出尔反尔吗?弄不好真的是罪加一等。"

马立尧呆立无语。

韩主任无可奈何:"你不是右派,我就是右派。"

马立尧依然不为所动。

韩主任知人知心:"事情要是闹大了,你不是右派,李校长就是右派。"

马立尧沉吟良久,终于一声长叹:"你有老婆孩子,我也不想给李校长添麻烦,两害相权取其轻,我认了。"

韩主任如释重负,拿过草图和清单翻看一下,掏出火柴看着马立尧,无奈道:"留下就是证据,不知道有心人又要做出什么文章来。"

难耐的静默,马立尧神色凝重,开始收拾整理工作台上的散落部件,韩主任神色黯然,点燃草图……

马立尧走出实验楼,步履沉重,幽暗的人行道旁,传来女童怯生生的叫卖声:"香瓜,香瓜,三分一个。"

马立尧停下,躬身探询道:"小姑娘,这么晚了,怎么一个人卖呀?"

女孩儿十来岁,期待道:"叔叔,我跟爷爷来城里送菜,晚上才到,爷爷的马车在大学门市部下货呢,叔叔你看,就剩这五个香瓜了,你都买了吧,给一毛钱就行,明天我要买作业本。"

马立尧蹲下看看女孩儿,摸出五毛钱,怜爱道:"我都买了,五毛钱,不用找,拿去买作业本吧。"

女孩儿接过钱愣住,马立尧摘下书包装香瓜,抬头道:"这么晚了,我送你去找爷爷吧。"

女孩儿回过神来,兴奋道:"谢谢叔叔,不用了,明天我可以买个文具盒啦!"

马立尧看着女孩儿跑入夜色,怅然若失。四个女大学生经过身边,有人诧异道:"马老师,怎么蹲在这儿呀,您这——不会是卖香瓜吧?"

其余女生跟着笑出来,马立尧递上香瓜,微笑道:"一人一个,最大的,带给何老师,我这就算卖完了。"

四个女生谢过,嬉笑离去,马立尧起身,漫步惆怅,不知不觉间,竟来到女生宿舍楼前,茫然一下,停在树影里,抬头凝望那扇熟悉的灯窗……

楼门口,何文芳拿着香瓜跑出来,张望一下,径直奔到树影下,惊喜中透出一丝不安,打量道:"立尧,这么晚了,就为送我一个香瓜?"

马立尧端详一下,微笑道:"想看看你,走走吧,说说话。"

何文芳贴上来,挽臂撒娇道:"这么想我呀,那我要是不出来呢?"

马立尧仰头看看夜空,何文芳看着口型,跟着一起喃喃道:"那就不是你了,怎么跟百衡一个德性……"

深秋时节,莫斯科航空学院,教学大楼入口前厅人头攒动,电视里正在播放人类第一颗人造地球卫星成功发射的壮美画面,人群爆发出阵阵欢呼声,苏联学生纷纷拥抱庆祝,强烈的民族自豪感直上云霄,林峰拥挤在沸腾的人群中,目不转睛,心潮澎湃……

科研大楼,计算机专用区,林峰在入口登记处办理手续,登记员仔细检查了文件,指着落款处,露出迟疑的表情,观察道:"我想确认一下,这是罗曼诺夫教授的签字吗?"

林峰礼貌道:"是的。"

登记员起身道:"对不起,请稍等一下。"

正说着,程序员妮娜从机房里探出头,招呼道:"嗨,维佳,今天这么早啊。"

林峰回身招呼道:"嗨,妮娜,今天能早点上机吗?罗曼诺夫教授急着要结果。"

妮娜招手道:"没问题,快点吧。"

登记员见状递给林峰一套机房专用服,抱歉道:"对不起,我刚来三天,需要熟悉情况,您请进。"

林峰接过机房专用服,微笑道:"没关系,谢谢。"

仲春时节,傍晚时分,蔡鹤临家,一家三口轻松地坐在一起吃晚饭,安娜关切道:"看你忙了几个月,毕业论文还顺利吧?"

蔡鹤临欣然道:"又增加了一些新内容,人类的第一颗地球卫星上天了,苏联政府信心倍增,加大了基础研究投入。院长要求方案组加快工作进度,说这也是关乎苏联国际地位的政治任务,最近我们在方案论证方面有所突破,我的论文内容自然是水涨船高。"

安娜切好烤羊腿肉,分放到女儿和丈夫的盘子里,幸福感溢于言表,自豪道:"阿廖沙,我看你是水,罗曼诺夫教授是船吧?"

蔡鹤临谦虚道:"方法是我提出来的,但是大家都清楚,维佳的计算机工具功不可没,罗曼诺夫教授意识到了这一点,已经要求组里的年轻人选修计算机编程课程。"

安娜关心道:"维佳真是了不起呀,但是作为优秀毕业生,他为什么不读副博士研究生呢?"

蔡鹤临可惜道:"这是留学计划安排好的,我也为他争取过,不过罗曼诺夫教授不想改变现状,他倒是热心安排维佳旁听研究生课程,前提是不能耽误科研助手工作,现在维佳成了组里的万金油⋯⋯"

正说着,窗外传来一群童声:"娜塔莎!娜塔莎!"

娜塔莎赶紧抓起羊肉塞进嘴里,起身就跑,安娜嘱咐道:"慢点儿跑,娜塔莎,路上小心汽车!"

蔡鹤临起身来到窗前,看着一群喧闹的孩子抱着皮球消失在街角。

安娜从背后轻轻抱住蔡鹤临,温柔道:"亲爱的,我很满足现在的生活,我们一家人在一起多好啊,我看你就接着读博士吧,这样又能稳定好几年,我想要一个小小的阿廖沙。"

蔡鹤临心头一热,心情复杂,感触道:"要是真能这样,娜塔莎应该最高兴了。不过,能不能继续博士学业,首先要看中国政府的安排,还要看罗曼诺夫教授的态度。"

安娜自信道:"中国不是正在全面学习苏联吗?你是最好的学生,没有理由让你半途而废呀,罗曼诺夫教授最会用人了,他怎么可能舍得你?"

第 四 集

蔡鹤临回身，轻轻爱抚道："傻姑娘，这不是一个纯粹的科学问题。"

安娜释然道："其实我对你读博士没看得那么重，留在大学当老师也挺好，我们全家还能多在一起。"

安娜仰脸搂住丈夫，轻挪脚步，旋即转成舞步，两人吻在一起，转过客厅，转进卧室……

秋中时节，校园景象，无线电工程系教研室，陈主任一身工装，两手油泥，埋头翻看桌上的高校通讯和一叠报纸。刘百衡兴冲冲地拿着讲义进来，手上沾满白色粉笔末，陈主任抬头问道："怎么样，出版社的事儿有眉目了吗？"

刘百衡兴奋道："国家级出版社就是不一样，胡编辑很认真，《电磁场原理》两节课从头听到尾，课间、课后还采访了听课学生和委培教师，反映非常好，我着重介绍了咱们的苏联教学模式，强调编译工作重在编字，他答应把咱们的《电磁场原理》列入明年春季出版计划。"

陈主任露出满意的表情，夸赞道："百衡啊，难怪系主任说服大家把你留下，果然是工作细致，待人周到，你这次为上海江南广播器材厂改进设计的系列产品，在上海获了大奖，教研室党支部在征询了群众意见以后，昨天研究决定，让你兼任教学秘书，你看怎么样？"

刘百衡毫不掩饰心中的喜悦，兴奋道："感谢组织信任，谢谢主任栽培，我一定好好干。"

陈主任满意道："好样的，大家都信得过你，最近看报纸杂志了吗？"

刘百衡拿起桌上的高校通讯，翻看道："哪有工夫呀，高校大跃进一来，课堂、工厂两头儿跑，晚上还要开夜车赶教材。"

陈主任摆摆沾满油泥的手，点化道："要知足啊，刘秘书，大跃进热潮下，李校长因势利导，厂校结合办得恰到好处，一百多项实实在在的技术革新成果，全国高校绝无仅有，尤其是坚持借用钢厂高炉消化学校的炼钢指标，没出一炉废铁，不容易呀。"

刘百衡点头理解，快速翻看标题，迟疑着念道："全国高校争放卫星，推陈出新多快好省……好家伙，清华大学十天出一本教材……武汉大学物理系攻关小组破除牛顿、爱因斯坦旧体系，开创武大特色物理学新纪元……"

陈主任不动声色，刘百衡挤眉弄眼，半讽半嘲道："陈主任，这这这……人家这是火箭卫星，咱们可是老牛破车呀。"

陈主任指点道："你小子话里有话，谁都听得出来，千万给我记住，非常时期，不要妄加议论，我们还是要按部就班地完成编译工作。"

陈主任拿起一份报纸，指点道："你再看看这个。"

刘百衡接过报纸，机械地念道："忽如雨后春笋来，千校万校大学开……"

刘百衡噗哧一声笑出来，惊讶道："高中变专科，专科变本科，本科变综合，卧槽，还能高中变本科？"

陈主任反问道："少见多怪，不可以吗？"

刘百衡一副后悔相，自嘲道："早知今日，我何必当初舍近求远，直接上我家田头儿大学算了。"

陈主任敲敲桌面，提示道："你是不是想为李校长分忧，凑上去年那个人人自危的百分之三呢？"

刘百衡回过神来，心悸道："多谢主任提醒，我这玩笑开大了。"

陈主任切入正题，教训道："看你最近不拘小节，怕你栽跟头，承上启下的教学秘书，还是要有点儿门道的，第一要思考问题，第二要说话慎重，你身边的跃进标志样样不少，可你照样上课、写书，当然了，要比过去累得多，想想这是为什么？"

刘百衡恍然感悟道："你是说——李校长一直掌控着一种平衡，大家在思想上还守着科学观念？"

陈主任点头赞同道："大学的思想政治工作还是要体现科学精神的，过去几年打下的基础不错。"

刘百衡担心道："不过现在学生开始动起来了，一堂课下来，总要打断几次，形势逼人，纸哪能包住火呀。"

陈主任表情舒朗，欣慰道："正是因为纸包不住火，这两天我才掂量出滨江工业大学在国家战略安排中的分量，都知道一周前邓小平副总理一行中央领导来视察吧？"

刘百衡一拍胸脯，自豪道："一位中央领导还听了我十分钟电磁场原理课呢，弄得我一头汗，怎么，这里面有名堂？"

陈主任笑道："你这个教学秘书上任的第一件事就是，给大家派定心丸，通知教研室全体教职员工，明天早晨六点半到学校操场参加全校大会，传达中央领导的指示精神。"

刘百衡急问道："中央领导怎么说？"

陈主任拍了一下桌子,扬眉吐气道:"这么说吧,世界形势好比一盘棋,新中国正在下一个新布局,滨江工业大学要搞国防和航天尖端科技,用三到五年的时间,实现专业建设民转军的战略目标。"

刘百衡拔腿就走,陈主任笑道:"又沉不住气了。"

刘百衡意气风发,兴奋道:"我得先告诉咱们系的宝贝,催她叫醒那匹卧槽的千里马。"

第五集

深秋时节,上午时分,滨江工业大学校医院,一辆装满托运木箱的三轮车缓缓驶向门口平台。货主一老一少,都是身着工作服,看起来像师徒。两人跟在三轮车两边护住木箱,车夫停车,三人下货,师傅付款谢过,车夫离去,徒弟看货,师傅进门。

门卫老万从收发室迎出来,看见师傅的工作服上印有江南广播器材厂字样,老万热情招呼道:"师傅,您是从上海来的吧?"

师傅一口地道的上海普通话,高兴道:"对的嘞,我姓白,是刘百衡老师的师傅,我们找丁国兰。"

老万殷勤道:"丁国兰就在里面,来吧,咱们先把货搬到收发室。"

三人倒手搬完货箱,老万搬过两把椅子,递过一大茶缸白开水,体谅道:"你们坐下歇歇,我去叫国兰。"

师徒俩连忙谢过。白师傅端详手上的大茶缸,喝几口,递给徒弟,徒弟看看,指指茶垢,笑一下,也喝几口。白师傅理解道:"东北人热情好客,生活习惯跟我们不一样。"

老万来到康复室,门虚掩着,丁国兰正给一个手臂拆完石膏的女学生做伸展测试,老万敲门提示道:"国兰,货到了,厂家来了两个人。"

丁国兰照忙不误,随口道:"谢谢万师傅,你先替我招呼着,再给刘百衡打个电话,叫他马上过来。"

万师傅答应着离去。

丁国兰试试女学生的臂膀,嘱咐道:"再怎么跃进,女人的身体也不能跃进,否则就是破坏大跃进。记住啊,不能再跟男同学较劲抬重物了,女孩子应该干巧活儿,用巧劲儿。比方说,你把劳动号子喊齐了,让他们踩上点儿,抖出男人的精气神儿,不仅效果事半功倍,还会招人喜欢。"

女学生心服口服,知趣点头。

中午时分,校园生活区,国营利群饭店门口,刘百衡和丁国兰礼让着师徒俩进门,师弟看着门侧的一副大字对联,停住念道:"主观能动无畏胆,巧妇要做无米炊。"

白师傅跟着看了看,理解道:"主观还要无畏,全国都是一样的嘞。"

店内冷冷清清,四人在刘百衡的老地方坐下,刘百衡、丁国兰分坐师傅、师弟两边,乔姐端着茶壶过来,热情道:"哎哟,刘老师,你们可是有日子没来啦。"

刘百衡冲着空无一人的桌位一摊手,调侃道:"乔姐,大跃进时代,你是说还有什么人来吃闲饭吗?"

乔姐凑趣道:"还是刘老师有水平,一句话问出政治觉悟来了,大跃进都忙着上进,哪有闲工夫吃饭哪。两位师傅是从上海来的吧?"

丁国兰惊奇道:"乔姐真是好眼力,这位是百衡的师傅,这位是百衡的师弟,给咱们校医院送广播设备来了,是百衡设计的,在上海获的大奖。"

白师傅微笑道:"我姓白,您好。"

乔姐倒上茶水,羡慕道:"两位师傅辛苦了,白师傅,瞧您这位好徒弟,过去一直在老丁家得小奖,这回跑到大上海领大奖,真成了跃进能手。"

白师傅笑道:"百衡获大奖,我们一点都不奇怪,他进厂没有多久,就成了技术革新能手,要不是来上大学,现在该当上技术副厂长的嘞。"

乔姐附和道:"你们大上海不光是出人才,生产的东西也好啊,我家还留着一块上海花布呢,摸着舒坦,看着像画儿一样,一直没舍得用。"

白师傅笑道:"那你就留着当画儿看吧,现在的大上海,到处都是蓝布工作服,花布就那么几样,单调得很嘞。"

乔姐叹口气,点头理解,又看看刘百衡,殷勤道:"今天吃点儿什么?备料不多,我尽量想办法。"

刘百衡左右看看,指着墙上的大跃进菜谱,小声道:"跟陈师傅说,别按菜谱来,要地道的东北菜,尽管拣好的上,就说我师傅、师弟从上海来看我。"

乔姐习惯地顺过刘百衡手心里的五毛钱,丁国兰从包里抓出一把上海水果糖,乔姐接过来笑道:"谢谢啊,这下我儿子又高兴了。百衡,店里存了几瓶高粱酒头,就是度数高,要不要来点儿?"

刘百衡笑道:"师傅、师弟,今天你们也试试咱东北小高炉的热度,品品钢铁是怎样炼成的,乔姐,来一瓶。"

正说着,何文芳和马立尧走进来,两人都是一身工作服,脸上明显晒黑了一些,刘百衡惊奇道:"我说立尧,这艳福口福,你是福福帖帖,怎么说回就回来了?"

马立尧看看店里冷清,小声兴奋道:"今天一大早学校就派车去公社,我们这帮带帽儿的右派收了几天草料,就算完成下放任务了。"

刘百衡起身介绍,大家握手问好,何文芳坐在刘百衡和马立尧中间。乔姐一手拎上两瓶汽水,一手端上一盘金灿灿的烤饼,殷勤道:"大伙儿都饿了吧?陈师傅说了,一定尽他的手艺款待师傅,来,请上海师傅尝尝东北师傅的跃进成果,豆面玉米高炉烤饼。"

豆香入口,师徒俩连说好吃,大家跟着吃起来。乔姐麻利摆上几碟小凉菜,刘百衡礼让道:"师傅,先吃点儿小菜儿,开开胃。"

白师傅回让道:"都来,都来,大家一起吃。"

众人喝茶开胃,谈笑间吃过一回。

乔姐很快端上来三个大盘,介绍道:"锅包肉,溜肥肠,芹菜粉儿。"

师徒俩看看实惠的大盘菜,惊叹不已。刘百衡满酒起杯道:"我师傅师德高,手艺好,这次师傅、师弟千里迢迢来学校,为校医院送来了广播设备,而且是厂里赠送的,我和国兰深受感动,来吧,咱们敬师傅、师弟一杯。"

四个男人拈起酒盅,一饮而尽。白师傅脖颈前挺,眼珠向外凸了一下,脸上潮红,一口气喷出来,惊悸道:"哇——火辣辣的嘞,国兰同志哎,这是你们校医院的酒精吧?"

丁国兰惬意点头玩笑,刘百衡连忙夹过一块肥肠,忍不住笑道:"师傅吃口菜,压压酒精。"

旁边的师弟已是连喝几口茶水,众人笑起来,也是连忙吃菜压酒。

大家趁热吃过一回,白师傅缓口气道:"我们这次来,是代表厂里感谢百衡的,前年他利用课余时间,为厂里搞了广播网新设计,产品体积小,重量轻,简单耐用,用户反响好,在上海工业局获了大奖。这两年产品销售赶上了好时候,运动一来,贯彻指示不过夜,推广经验不过宿,产品一直供不应求的嘞。"

刘百衡跟何文芳会心一笑,跟丁国兰挤一下眼,谦虚道:"都是何老师指导的好,当然了,开夜车搞设计的时候,国兰也给我不少关怀和启发,立尧还帮我修改了外形设计,在此一并谢过。"

何文芳会心地笑出声来,丁国兰气恼地指点刘百衡。师弟满酒,白师傅起杯道:"一个好汉三个帮,谢谢你们。百衡啊,厂长说,你是工人阶级的优秀代表,更是江南广播器材厂的骄傲,我代表全厂职工敬你一杯。"

刘百衡连忙回敬道:"徒弟不敢当,全凭师傅教诲,师傅沾一下,我们都干了。"

众人一饮而尽,白师傅的眼球又凸了一下。

乔姐端上来一盆炖菜,抱歉道:"饭店没客,没法备料,我现去街口打个转儿,赶上一盆活鱼,让我给包圆儿了,大伙尝尝鲫鱼炖豆腐吧。"

刘百衡探头嘘一嘘,点头赞道:"下饭的好东西,那就上大米饭吧。"

何文芳难耐分离之苦,一双笑眼长在马立尧脸上,看得马立尧闷头喝汤,两情相悦,情不自禁,两只手在桌底下悄悄摩挲起来,何文芳若无其事,马立尧面色微红。刘百衡看出门道,轻轻踩了何文芳一脚。

丁国兰看看三个冤家,冲何文芳挤一下眼,笑眯眯道:"文芳,我家三毛儿又不老实了吧?"

何文芳首肯微笑,刘百衡冤枉道:"天地良心,人家那叫十指连心,我这儿连个皮毛都没挨着,穿着鞋呢。"

师徒面面相觑,四人收不住笑。

夜深人静,滨江工业大学校医院,候诊室里,地上堆放着小巧的方形扩音终端和成卷的电线。刘百衡站在梯子上施工,仰头专注,丁国兰双手扶住梯子,仰视心中的白马书生,呆立出神,竟然没有察觉施工落下的棚灰。刘百衡向下伸手,随口道:"胶布……"

丁国兰右手揉搓眼睛,左手上递胶布,刘百衡没摸到,低头一看,连忙下梯拦住道:"别乱揉,我看看。"

丁国兰挺胸仰脸,睫毛微颤,任由刘百衡摆布,呼吸慢慢深沉起来,自然而然中,女人的巅峰轻轻揉贴男人的臂肘,刘百衡体贴片刻,说声别动,再体贴片刻,男人的呼吸伴着女人的巅峰默契起伏……

丁国兰试着眨眨眼,命中注定的那个冤家,说不出来就不出来,刘百衡手指微颤,再一次碰翻睫毛,试着用嘴唇贴住眼睛……不知不觉间,又贴住额头,贴住脸颊,终于贴住嘴唇……

【旁白加画面:刘百衡从丁国兰那个大而圆的纯净晶体中看到了夸张的自己,他不知道是生活曲解了自己的本色,还是自己曲解了生活的本色。静谧的灯光下,刘百衡沉醉于丁国兰的母性气息,忽然觉出记忆中的稻米香,那是家的

味道,他甚至想到了母亲和妹妹。自尊心里的何文芳依然遥远可人,近在咫尺的丁国兰惘然触手可及,活个踏实吧。】

江畔深秋,水阔岸平,马立尧伴着何文芳,两人漫步在柳堤人行道上。江风吹皱水面,柳枝如缕翻飞,马立尧缓步解开衣扣,心疼道:"冷吧,文芳,看你脸都白了,披上外衣。"

何文芳回身拉住,和衣系扣,抚摸一下马立尧胸前,顺势挽臂,贴身牵行,会心道:"我冷你也冷,抱团儿取暖才是解决方案。"

马立尧左右看看,拘谨道:"你这方案有信号溢出问题,周围就咱俩特殊,别让巡逻民警看见。"

何文芳贴紧道:"你这可是第一次不怕别人看见,有进步,中国的土地上,苏联人可以当众拥抱接吻,咱俩手挽手就能心连心,说明心有灵犀一点通,根本不过分,是吧,民警同志?"

马立尧连忙跟着何文芳回头,身后不远,一对儿挽臂的俄罗斯中年男女报以微笑,马立尧点头笑应,放松道:"看你这样幽默,我就想起百衡。"

何文芳知心道:"想也白想,我知道你要说什么,国兰跟我交底了,说百衡比普希金还有诗意,她自己又是火上浇油,俩人现在就差做夫妻了。我说立尧,你一个姓马的,怎么着也不该跑在后面吧?"

马立尧笑出来,感叹道:"说的是呀,精诚所至,金石为开,何况是真情呢,这几年,难为国兰了,真为他俩高兴。"

何文芳带一下臂弯,不满道:"你怎么老是留半句话呀?还有咱俩呢,好事多磨,别总是那么压抑,不就是个右派嘛,有我这个左派,咱俩好好成个家,生活就平衡了。"

两人走下江堤,坐在水边柳枝下,马立尧释然道:"这缘分哪,真就是天遂人愿,他俩关系定下来,咱俩心里都踏实了。"

何文芳鼓励道:"立尧,既然在我面前,你不再有自卑感,那就让我看看好男人究竟什么样,我只在乎你爱不爱我,其他的都不重要。"

两人深情对视,拉手摩挲。江面上,风笛长鸣,货轮驶过……

深秋时节,苏联拜科努尔运载火箭试验基地,空旷的原野上散落着高大的厂房和宽阔的试验平台,一身戎装的苏联将军伴着西服礼帽的罗曼诺夫教授,

第五集

两人缓缓走出箭体调试厂房,漫步在通往试验平台的大道上。

将军满意道:"教授,当初科罗廖夫同志把您推荐给军方是有先见之明的,一直以来,最高级别的保密待遇和充足的经费支持,足以表达军方对您的信任,您都看到了吧,试验场正在严格按照苏联政府的要求,全力以赴试验大推力航天火箭。"

罗曼诺夫赞许道:"从现场的试验水平和组织协调看得出来,科罗廖夫同志是个科学上的完美主义者,他为苏联带来了世界第一的火箭技术。"

将军感叹道:"是啊,每逢重大试车,科罗廖夫同志都要到场,他这个总设计师和我这个总指挥都不好当啊,他有他的难处,我有我的苦衷,我是两头忙啊,军方不能忽视既定的目标,军队迫切需要改进导弹系统,我们最关心的依然是载弹量和射程,当然了,离不开可靠性这个基本保证。"

罗曼诺夫附和道:"将军,您的简单指标其实就是问题的本质,这一点我们早有共识。我们有很好的中远程火箭技术,但是偏于保守的设计思想,过于依赖火箭的理论推力,这就使得火箭的主要参数没有达到最佳匹配,您问得好,为什么要选择一个胖子参加跳高比赛呢?"

将军停下来,鼓励道:"教授,毫无疑问,科罗廖夫设计局拥有强大的技术力量,但是,您的研究所也有不可替代的优势,尤其是在火箭理论方面,这几年,你们与军方的合作卓有成效,军方对你们的改进设计充满期待。"

罗曼诺夫沉稳道:"谢谢将军信任,我希望能做得更好一些。"

将军用力握手,期待道:"我代表军方向您表达合作诚意,请您的研究所尽可能为我们的火箭消肿,军方愿意为此提供更多的便利条件。"

罗曼诺夫豪情勃发,加力握手,严肃道:"请放心,将军同志,这是最高优先级的工作,我们会全力以赴。"

初春时节,夜晚时分,莫斯科航空学院,科研大楼,研究室内,幻灯片定格在火箭壳体封头结构图上,罗曼诺夫及其核心小组的八名苏联火箭技术精英,姿态各异,凝神无语。

站在幻灯片前讲解的设计者环顾众人,耸了耸肩,无奈道:"我自己对这个封头方案也不满意,遗憾的是,这是目前我能拿出的最好方案,还是请大家带我走出这个迷宫吧。"

罗曼诺夫微笑道:"我的好伙计,这么一个胖家伙躺在你身边,不是不满意,而是不能容忍。"

众人无奈地笑起来,罗曼诺夫示意关掉幻灯,有人随即开灯。

罗曼诺夫环顾众人,总结道:"在我的印象里,这是我们第一次对箭体质量如此斤斤计较,我甚至担心大家会出现另一种厚此薄彼的激进心态,所以我时时提醒大家,请保持你的均衡感。"

有人赞同道:"教授,您的改进原则让我们时刻保持清醒,大家在工作交流中经常谈到这个问题。"

罗曼诺夫点头微笑,欣慰道:"谢谢大家的合作,到目前为止,我们已经取得了阶段性改进成果,但是,我们面临的难题同样是显而易见的,不攻克这些难题,就无法实现新的平衡,所以,我依然坚持火箭改进设计的整体原则,继续寻求火箭壳体封头设计的优化方案。"

众人相互议论,点头赞许,副组长附和道:"教授,我们同意您的观点。"

罗曼诺夫笑道:"很好,我夫人也会同意,但是没有实际意义,问题在于,这是个点球差事,你们谁来凑这个热闹?"

众人面面相觑,副组长提示道:"教授,这不是经验游戏,火箭壳体封头是个非常特殊的部分,如果您的要求更高,就应该找一位工程数学家来试试,至于这位工程数学家如何协调火箭的整体动特性,我们只能碰运气了,如果不考虑时间成本,情况可能会好一些。"

罗曼诺夫点头赞许,若有所思。

莫斯科航空学院校园,咖啡厅内,罗曼诺夫安坐一隅,一边品着咖啡,一边翻阅技术资料。蔡鹤临和林峰匆匆进来,看到罗曼诺夫已等在那里,两人快步近前,蔡鹤临抱歉道:"对不起,教授,让您久等了。"

罗曼诺夫起身,握手致意,轻松道:"你们很守时,是我提前到了。"

侍者悄悄近前,殷勤道:"两位先生,喝点什么?"

蔡鹤临随口道:"一杯咖啡,少加奶,不放糖。"

林峰微笑道:"一杯红茶,不加奶,不放糖。"

罗曼诺夫笑道:"我们的火箭要是像你们这样就好喽,没法胖。"

两人跟着笑起来,罗曼诺夫沉吟一下,亲切道:"最近你们的理论研究辅助工作完成得不错,苏联同事们都很满意。我们的攻关团队是一个和谐的大家庭,分工细致,合作密切,这些大量的基础工作,很好地体现了你们的专业素养,我认为,你们可以胜任更高一级的理论研究工作,目前,我们的火箭上还有一块形状特别的赘肉需要剔除,给你们三周时间,想不想试一试?"

林峰神色兴奋,蔡鹤临不动声色,微笑道:"教授,愿闻其详。"

罗曼诺夫递过手中的资料,鼓励道:"你们的工程数学特长非常适合火箭壳体封头的技术特点,希望你们能尽快拿出封头设计的优化方案。"

蔡鹤临和林峰简要翻看一下资料,林峰思量片刻,抬头关切道:"教授,您的优化目标是什么?"

罗曼诺夫沉吟道:"一个完美的火箭壳体封头,这意味着要在高内压强的条件下,封头兼有尽可能小的结构质量和尽可能大的结构容积。"

蔡鹤临冷静道:"教授,我们需要火箭结构动力学设计的相关资料。"

罗曼诺夫欣然应道:"我会尽快安排,但是有一个要求,所有技术档案只能通过我来借阅并归还,而且仅限于研究室内,不能留下你们的保密记录。"

两人默契对视一下,罗曼诺夫看看蔡鹤临,表情和蔼,意味深长道:"阿廖沙,还有一件事希望你能理解,你的副博士研究生论文正在专家审读评议中,按规定,需要七位专家通过评审,本来半年前就应该结束这些流程,但是卫星上天,载人飞船跃跃欲试,大家实在是太忙了。安娜一周前约我见面,特别关心这件事,我又催了催剩下的三位专家,一个月后可以拿到评审意见。"

蔡鹤临微笑道:"首先,我要感谢安娜为家庭的未来所做的努力,其次,安娜知道我的性格,所以她没有告诉我她要来找您,您能给我一个确切的时间安排,我想她会高兴的。教授,谢谢您的周全安排。"

科研大楼,研究室内,罗曼诺夫伏案签署文件,副组长送来厚厚的技术档案,提示道:"教授,这是您要的设计文件,请您签字。"

罗曼诺夫挥笔签好,副组长犹疑道:"教授,我不得不提醒您,这样做可是破了您的规矩。"

罗曼诺夫表情复杂,无奈道:"伙计,不是我的规矩,是我们的规矩,不破不立,看看火箭改进设计的军方时间表,我们这也是不得已而为之,我是经过慎重考虑才出此下策的,责任是我的,你就好好配合吧,在组内要尽量淡化。"

副组长释然道:"教授,谢谢您这样考虑问题,两位中国同事谦虚谨慎,有很好的合作精神,安娜的中国菜,组内同志也很享受,既然大家都心照不宣,您又承担责任,我会好好配合您的。"

夜阑人静，蔡鹤临家门口，林峰和蔡鹤临略显疲惫，踏上台阶，门灯一闪而亮，安娜开门，两人入内。餐桌上已摆好夜宵，蔡鹤临拈起一片牛肉入口，安娜拍一下蔡鹤临的后背，责怪道："手上都是铅笔末，洗洗再吃。"

这边林峰已经三两下洗完手，稍作礼让，便上桌狼吞虎咽。安娜诧异道："怎么了这是，没吃晚饭？"

蔡鹤临洗完手，解释道："就是没吃晚饭，保密室值班员夜里要去医院护理病人，不能陪我们熬夜，我们就一口气工作到十点。罗曼诺夫教授这些天一直陪着我们，今天的问题，我们都钻了牛角尖儿，他也没吃晚饭。"

安娜关心道："看你们这三周忙得没日没夜，别累坏了，哪能一下子消化那么多东西呀，你们又不是罗曼诺夫圈子里的人，不行就算了。"

林峰喝口汤，兴奋道："我们已经消化了不少好东西，这两天正在进行几种方案的优化比较……"

两人很快吃完，安娜麻利地收拾餐桌，林峰擦净桌面，蔡鹤临哗地摆上一摊草纸，安娜命令道："最多半小时，不然我真生气了。"

蔡鹤临和林峰默契笑笑，开始工作。

半小时过去，两人仍是泥塑一般。安娜过来收拾桌面，林峰忽然抬头，表情迷惘，出神道："安娜，能给我一杯伏特加吗？"

安娜愣一下，蔡鹤临会心一笑，小声道："维佳脑子里的火箭要点火了。"

安娜会意，从容递上一杯加冰伏特加。林峰接过酒杯，表情旁若无人。安娜端详陷入沉思的林峰，不知怎么就动了恻隐之心，悄然回身，轻轻打开唱机，换上唱片，客厅里轻轻叩响了思美塔纳的交响诗《伏尔塔瓦河》……

林峰伫立窗前，午夜的凉风拂身而入，桌上的草纸跃跃欲掀，蔡鹤临端坐凝神，安娜背靠沙发，两人默默注视着把酒临风的思想者……

伏尔塔瓦河，流入心田的伏尔塔瓦河，源流汩汩，渐入浩荡……

林峰转身回到桌前，轻轻放下酒杯，目光清亮，语调沉稳："这三周的所有方案都成了最好的铺垫，问题的出口就在反向思维的逆行线上，我们有切实可行的方法进行一种全新的尝试。"

林峰一把抓过桌上的草纸，拿起笔连画了三个粗大的红圈儿，分析道："你看，我们完全可以把封头母线函数系数作为最优化变量，把封头单位容积质量作为目标函数，再把应力和几何条件这些壳体要素作为约束，建立一种全新的火箭壳体封头设计优化模型……"

【画外音：灵感萌动的瞬间，林峰感觉到利贤和马立尧就伏在自己的耳边喃喃细语，异常清晰的复杂思绪豁然迸发出绚丽多彩的思想火花。】

蔡鹤临豁然开朗，紧紧拥抱林峰……

安娜看了看林峰留在桌上的酒杯，居然滴酒未动，不禁端起来闻了闻，自己呷了一口，耸肩道："神奇的伏特加。"

下班时间，科研大楼，罗曼诺夫同走廊里的人打着招呼，轻松下楼，走出大门，身后传来一个熟悉的声音："罗曼诺夫教授，等我一下。"

罗曼诺夫侧回身，微笑着等待，一位年龄相仿的官员跟上来。罗曼诺夫打趣道："现在听汇报吗，瓦西里同志？"

瓦西里自嘲道："你是说对牛弹琴吗？教授跟军代表定期汇报，虽然是个例行程序，可你我老朋友之间随时都能交流，不必拘泥这个程序。最近你的研究室一股子汗臭味儿，告诉伙计们，别总这么绷着，怎么样，顺路喝一杯？"

罗曼诺夫笑道："你这是全天候监控，当然不必走过场，有你这个行家监工在身边，伙计们更是不敢怠慢哪。那就喝一杯吧，有什么新闻吗……"

两人走进街角酒吧，在一处安静桌位坐下来。瓦西里打个手势，吧妹摆上一碟红鱼子酱，一盘水果沙拉，倒上两杯加冰伏特加。瓦西里拍了拍吧妹丰腴的腰身，吩咐道："去吧，奥菲利娅，剩下的我们自己来。"

吧妹放下酒瓶，接过小费，含笑而退。

罗曼诺夫用贝壳勺撮起几粒红鱼子，入口品出滋味，思量道："味道不错，你也尝尝。情况比预想的要复杂得多，整体改进设计的理论准备基本就绪，但是有几个理论难点需要攻克，所以，目前还不能确认交付方案细节的时间表。"

瓦西里品味鱼子酱，理解道："别紧张，老伙计，实际上你们的进展非常快，已经超出军方的预期。我要提醒的是，可靠性至关重要，不能操之过急呀，将军保证，军方会妥善安排后续的加工试验。"

罗曼诺夫欣慰道："有你这样承上启下，研究工作就好协调。压力确实不能太大，这个周末带伙计们放松一下。"

瓦西里又起一块水果,停在嘴边,轻松道:"这个建议听起来不错,是去享受安娜的中国美食吧?听说组里的两位中国同事很能干哪,有趣儿。"

罗曼诺夫不动声色,微笑道:"听说以后再确认,最后加以控制,这是你的职业,老朋友,有什么话就直说吧,我知道利害关系。"

瓦西里不紧不慢地吃下水果,宽慰道:"八小时以外,我不是军代表,今天的谈话是出于私人友情。这两年,苏中两党在领袖评价和发展道路上的分歧越来越大,出现了分道扬镳的迹象,中国政府以主权问题为由,谢绝了苏联军方在中国的一系列军事合作项目,这对苏联政府的触动很大。"

罗曼诺夫表情肃然,请教道:"是这样?多少明白一些,您有什么具体建议?"

瓦西里拿起酒杯,两人碰了一下,呷一口,瓦西里沉吟道:"两党的分歧就是两国的分离,如果这种趋势发展下去,后果不堪设想,我的建议很简单,就是将中国人员适度剥离核心方案。"

罗曼诺夫沉吟片刻,果断道:"瓦西里同志,请您放心,我会处理好这个敏感问题,谢谢老朋友提醒。"

两人会心一笑,瓦西里目光扫过吧妹,调笑道:"老伙计,没看出来吧?那个奥菲利娅,喜欢你的陈年风雅,周末去中国家庭聚会,把她也带上,给伙计们助兴提神……"

罗曼诺夫漫步回家,孙子、孙女正在院子里玩耍,见爷爷进来,两个孩子欢叫着跑上来。听到老少的嬉笑声,夫人薇拉和儿子、儿媳迎出来。薇拉闻到罗曼诺夫身上的酒味,不满道:"教授还不守信用,说好了孩子们来看你,我们忙了一桌子菜,你怎么又在外面喝酒啊?"

罗曼诺夫抱歉道:"对不起,回来跟瓦西里同路,顺便汇报一下工作,就一杯。"

薇拉招呼道:"一杯也是酒,来吧,孩子们,洗手吃饭……"

晚饭后,儿子一家告别离去,罗曼诺夫靠在客厅的沙发上闭目养神,薇拉收拾完厨房,端来一杯咖啡,探询道:"看你心事重重的样子,瓦西里是个城府很深的人,他又给你出难题了吧?"

罗曼诺夫呷了一口咖啡,沉吟道:"这次不是他给我出难题,是我给他添麻烦,他的政治嗅觉还是相当敏锐的,苏中关系要变天哪。"

薇拉笑道:"听着像人民委员的口气,你这心操得没谱了吧?"

罗曼诺夫解释道:"组里那两位中国同事参与了火箭改进基础理论研究,我准备采用他们的理论方法,但是瓦西里建议我,将他们剥离核心方案。"

薇拉的语气沉下来,认真道:"我可提醒你,这不是建议,是命令。作为一名苏联科学家,政治生命是第一位的,没有这个大前提,其他都是空谈,你跟科罗廖夫相比,如何?"

罗曼诺夫佩服道:"十个罗曼诺夫,也抵不上一个科罗廖夫。"

薇拉更进一步,提醒道:"你是科罗廖夫迫害案的少有知情者,过去斯大林的死囚犯,现在赫鲁晓夫的座上宾,谁知道将来会怎么样?你可不要坐上政治火箭,那可是有去无回呀!"

罗曼诺夫若有所思,喃喃道:"说的对,这不是建议,是命令。"

下班时间,娜塔莎蹦跳在人行道上,安娜拎着食品袋跟在后面。家门临近,娜塔莎从安娜的挎包里掏出钥匙,抢先打开家门,探身进去,又马上扇着鼻子退出来,兴奋嚷道:"妈妈,爸爸回来了,一股臭鞋味儿。"

安娜跟着娜塔莎悄悄走进卧室,蔡鹤临和林峰一人一张单人床,合衣酣睡。娜塔莎用手中的钥匙饰物毛边儿来回摩擦爸爸的鼻子,鼻子随之颤动起来,娜塔莎咯咯咯笑出声来。安娜连忙拉着女儿出来,随手轻轻关好门,然后打开窗户透气。

娜塔莎抱起皮球兴奋等待,安娜歉意道:"对不起,娜塔莎,妈妈刚答应你就改主意了,晚上妈妈要多做几个菜,现在不能陪你玩儿了,你去找小朋友吧。"

娜塔莎反应过来,马上放下皮球,跟着妈妈走进厨房,懂事道:"妈妈,我不想出去玩儿了,我帮你洗菜吧,上次我做的色拉,爸爸和维佳叔叔全吃光啦。"

蔡鹤临和林峰一觉醒来,已是万家灯火。餐桌上摆着几样冷盘,厨房里温着烩牛肉和炖鳕鱼,娜塔莎头枕在妈妈腿上,身体曲卷着睡在沙发上,安娜臂肘挂着沙发扶手,手上一本托尔斯泰的《复活》,另一只手护住女儿的头颈,手指轻轻绕弄女儿微曲的秀发。

两人开门出来,一副释然的样子。安娜于恬适中抬头,默契微笑道:"完成了?"

林峰笑握一下拳，蔡鹤临饱含爱恋，深情道："托您的福。"

安娜会心一笑，吩咐道："你们先洗个澡，我去热菜。"

蔡鹤临手指嘘了一下，过来蹲在母女身边，一手拉住安娜的手，一手疼爱地摩挲女儿果冻一样的粉嫩脸蛋儿……

莫斯科繁华大街，夜晚来临，华灯绽放，人流稀少。

高档酒吧内，灯光柔美，音乐如诉。客人不多，罗曼诺夫随意坐在吧台，手边一杯红酒，轻声细语，吧妹殷勤在旁，也是一杯红酒，不时仰面轻笑出来。

蔡鹤临和林峰进门，迟疑着确认是不是找对了地方。罗曼诺夫招手，两人过来，吧妹柔声问好，罗曼诺夫起身握手，热情道："晚上好，伙计们，看样子是第一次来这里吧？"

蔡鹤临微笑道："晚上好，教授，我们还以为找错了地方。"

罗曼诺夫调侃道："酒吧是个不同寻常的地方，总会发生意想不到的故事，我和我太太就是在酒吧认识的，结果成全了我一生的灵感与难题。"

蔡鹤临和林峰跟着罗曼诺夫来到安静一隅的预订座位，吧妹随即摆上精致的黑鱼子酱和水果奶酪，又打开一瓶高档伏特加，每人加冰倒上。罗曼诺夫微笑谢一句，吧妹放下酒瓶，含笑而退。罗曼诺夫举杯道："来，为了大家的健康，也为了我们的合作精神。"

三人互敬一下，都抿了一口，蔡鹤临和林峰点头称赞好酒，罗曼诺夫殷勤道："都请尝尝，上好的 Beluga 鱼子酱。"

蔡鹤临和林峰撮了几粒黑鱼子酱入口，互看一眼，抿嘴点头，蔡鹤临赞道："极品！下次带安娜来尝尝。"

罗曼诺夫亲切道："好啊，那就等你副博士研究生毕业的时候，带家人和朋友们一起来吧，还是我请大家。"

三人又品了一回酒，尝了几口小菜，罗曼诺夫切入正题，沉稳道："大家在一起，总免不了说到项目的方方面面，今天单独约你们出来，就是想聊聊关于项目前提的一些特殊问题。"

两人放下酒杯，静静聆听。

罗曼诺夫沉吟片刻，肃然道："我们这个研究小组中，每个成员的专业能力固然非常重要，但是，决定项目成败的，往往是项目过程的组织协调，这就是说，必须让每个成员真正发挥出自己的聪明才智。为此，作为项目负责人，我不得不付出政治风险的代价,根据保密规定,当局不能接受他国人员介入核心理论研究,当然包括你们,更不能容忍由此产生的任何风险。"

看到两人点头理解,罗曼诺夫顺水推舟,诱导道:"所以,就像我对待你们的参与,不得不采取实质性的变通一样,你们对待科学成果的归属,也要采取形式上的变通,这两个变通是因果关系,否则我们就会前功尽弃。"

蔡鹤临心明眼亮,豁达道:"教授,我们完全理解当局的规定和您的苦心变通,您的科学精神促成了一项科学成果,我们对此深表敬意,变通的目的在于问题的解决,不在于成果的归属。"

林峰心有灵犀,默契道:"教授,不仅如此,您的变通会使下一步的现场实验成为可能,这是每个人都期待的场面。"

罗曼诺夫顺风满帆,建议道:"谢谢你们的合作,新成果脱离了传统的参照系,我希望通过同行在权威论坛的公开论证来充实完善,尽可能减少理论风险,进而减轻风险实验产生的各方压力。"

蔡鹤临和林峰对视一下,点头默契,蔡鹤临佩服道:"教授,您的前提逻辑总是简捷明了,我们都清楚,火箭结构十分复杂,新建理论模型不可能一蹴而就,必须经过反复实验进行修正,这样才能获取物理参数识别,以您的名义登上权威论坛,不仅能够充实理论模型,还可以促成风险实验。"

罗曼诺夫翻开底牌,露骨道:"这意味着,一个要减轻副博士的含金量,一个要放弃年轻人的荣誉感。"

蔡鹤临淡然一笑,意味深长道:"谢谢教授体谅,科学家是有国界的,科学精神是没有国界的。"

【一个月以后。】

傍晚时分,罗曼诺夫和夫人闲坐饭厅,品酒聊天,客厅里响起电话铃声,夫人起身接电话,礼貌道:"喂,您好。"

【喂,您好,是薇拉夫人吧?我是加里宁啊……】

薇拉热情道:"是加里宁教授啊,好久不见了,身体还好吧?"

【还是老样子,你们都好吧?】

罗曼诺夫笑着接过电话，高兴道："你好啊，老伙计，我们也是老样子，刚听说你升了院长，祝贺你呀。"

【谢谢老伙计，其实还是像你这样做教授来得踏实，我在航天杂志上看到你的文章，老树新花，了不起呀，我的两个博士生对你的新建理论模型颇有心得，他们想当面向你请教，你看能不能在近期安排个时间见面？】

罗曼诺夫谦虚道："没问题，就定在下个星期一上午九点吧。请教谈不上，我不过是搭个框架而已，这些天收到了不少改进意见，现在是后生可畏呀，我的学生进一步充实完善了理论模型，到时候让他们年轻人多多交流……"

罗曼诺夫放下电话，泰然自若，薇拉夫人调侃道："越来越看不出，罗曼诺夫教授是个铁路工人的儿子。"

罗曼诺夫一脸无奈，苦笑道："科学的天平加上了政治的砝码，居然在中国学生那里找到了平衡，他们的平和、淡定令人敬佩，我倒成了形式逻辑的典范。"

薇拉夫人不安道："真不知道怎样面对安娜，求神宽恕吧。"

罗曼诺夫呷口酒，感叹道："安娜说得不错，你了解了他们，你就了解了中国文化的兼容性，你理解了中国文化的兼容性，你就会喜欢他们。"

秋中时节，上午时分，滨江工业大学家属楼。魏如莲拎着菜兜走进楼门，收发室顾大爷坐在收发窗口整理信件，见有人进来，顾大爷扶下眼镜，探头确认，脸上露出笑容，招呼道："魏医生，买这么多菜呀，有李校长的信，刚到的，正要给您送上去呢。"

魏如莲走近窗口，高兴道："老李就星期天才有可能在家待一会儿，这些天他在外面都是半饥半饱的，瘦了一圈儿，我做几个家常菜给他补补。"

顾大爷翻出信，体谅道："校长是该歇歇了，放着专家小楼不住，非挤到职工宿舍来，一大早就出门，摊大黑才回来，天天这样，身体吃不消啊。"

魏如莲平和道："学校条件有限，我俩那几间屋子，早就成了教授流动站，这不，又从北京请来一位知名教授，老李想让他跟苏联专家多接触。"

顾大爷深有感触道："您说得也是，大局为重，总是与民同乐，这是李校长的一贯作风。"

魏如莲接过信看一眼，惊喜道："哎哟，老李正盼着这封信呢，回见啊。"

楼上公用水房，李校长跟几个青年男女教师洗衣聊天。男教师抱怨道："李校长，最近教工食堂的菜可是油少汤多呀，不少单身教工都开始盘算着自己开伙了。"

女教师补充道："学生食堂也见不到什么油水儿，连女同学都跟我抱怨了。"

李校长停手，耐心解释道："今年农业大面积歉收，全国都在过苦日子，适应困难要有一个艰苦过程，过去几个月是靠食堂存下的油底子，现在是每人每月二两油，四两肉，食堂每顿饭的用油量都有专人监督，粮油是国家统购分配，学校能做的就是把菜价降一些，大家对后续的困难要有心理准备。"

正说着，魏如莲进来招呼道："呵，这么热闹啊，老李呀，我来洗，鹤临回信了。"

李校长连忙擦干手，跟大家摆摆手，快步回家，魏如莲热情招呼众人……

苏联来信摆在茶几上，李校长拿起信，坐在沙发上拆开。信中附着两张黑白照片，一张是蔡鹤临全家在公园里的生活照，一张是蔡鹤临和林峰在公园里的合影，李校长拿起照片，远近试探，端详片刻，脸上露出笑容，然后读信。

魏如莲端着洗衣盆进来，边晾衣边关切道："鹤临怎么说？"

李校长感叹道："鹤临的副博士研究生答辩拖了八个月，总算毕业了。"

魏如莲追问道："毕业后怎么办，还能留下吗？"

李校长释然道："组织上让鹤临继续留在苏联，安娜特别高兴，但是罗曼诺夫教授婉言谢绝了鹤临的博士申请，理由是优先考虑苏联学生，名额已满，不过还算勉强，罗曼诺夫教授安排鹤临以讲师身份留在研究室，从事教学、科研辅助工作。"

魏如莲诧异道："这不是可惜了吗？我看不如回来做专业工作。"

李校长宽慰道："国家当然急需鹤临这样的人才，但是，风物长宜放眼量，国防科委接受了我的建议，鹤临留在苏联，对我们的国防与航天学科建设意义重大，将来我们会培养出一百个鹤临，一千个林峰。特别难得的是，鹤临的大局观非常好，职业感相当敏锐，他对滨江工业大学的战略转型评价很高，莫斯科航空学院就是苏联的成功典范。"

魏如莲赞同道:"鹤临是个全才,总觉着有点儿可惜。"

看到茶几上的照片,魏如莲三两下抹干手,注意力完全转移过来,远看近看,爱不释手,感叹道:"混血儿就是好看,跟油画里的天使没两样。林峰可是壮了不少。"

李校长欣慰道:"是啊,林峰已经学业期满,最近就要回国。鹤临说,林峰的专业才能在他之上,国防科委首长答应我,林峰留校工作,创建火箭设计专业,将来鹤临也要回到学校,主持科研大局。"

魏如莲欣慰道:"还是尚方宝剑威力大呀,中央领导的民转军尖端科技发展战略,真是太及时了!"

李校长感慨道:"小平同志不仅有打天下的韬略,还有坐江山的战略,国家这么折腾,他总是头脑清醒,处变不惊。"

第六集

　　秋中时节,下午时分,滨江火车站,北京至滨江的直快列车缓缓停在站台。刘百衡和马立尧循着车厢号在人群中翘首寻人,林峰提着旅行包出现在车梯口,车上车下几乎同时招手呼应,四年惜别,瞬间重逢,兄弟三人乐得撞个满怀。

　　刘百衡挥拳嚷道:"好家伙,长成一头北极熊啦!"

　　马立尧使劲握住林峰的手,两人眼中默契一闪,手上同时加力,马立尧先软下来,甩手笑道:"这吃牛肉的跟吃二米饭的就是不一样!"

　　林峰兴奋道:"做梦都闻到食堂的二米饭!"

　　三人兴冲冲提包出站,林峰关切道:"怎么样,国兰、文芳都好吧?"

　　刘百衡一脸自豪,得意道:"国兰一直干得不错,今年春天升了护士长。"

　　马立尧羡慕道:"军委把文芳的研究成果通报给国防科委,年初她带着一组学生去雷达基地做实验,收获不小,现在脉冲多普勒雷达研究还谈不上,地面跟踪雷达倒是确定为研究方向。"

　　林峰高兴道:"真都不错,为她们高兴,说说你俩的情况吧。"

　　马立尧无奈道:"我一个右派还能怎么样,大事隔离,小事溜边儿,好在有中央领导民转军的指示罩着,李校长顶住压力,右派陆续回到了教学岗位。百衡是又红又专,堂堂一个教研室副主任。"

　　刘百衡自嘲道:"没什么大不了的,就是个跑腿学舌的。"

　　林峰安慰道:"立尧,我随车托运了两箱好东西,够你消化两年的。蔡老师希望咱俩能成为高校领域运载火箭理论探索的先行者,尽快带出一支队伍来,莫斯科航空学院有很多这方面的成功经验。"

　　马立尧兴奋道:"太好了!我原来以为,你不过就是回学校转一圈儿,汇报一下留学经验,然后一身军装,远走高飞,昨天宿舍管理员把你调整到我的房间,说是秦秘书关照的,我才明白,事情没那么简单。"

　　林峰附和道:"是啊,立尧,李校长连吃住都让咱俩在一块儿,怎么可能是为了叙旧?"

　　刘百衡注意到服务标牌,抬手引路,插言道:"林峰,随车托运这么重要的东西,安全吗?"

林峰一竖大拇指,佩服道:"胆大心细!我看你越来越像蔡老师了,托运是国防科委安排的。"

刘百衡高兴道:"就是嘛,专业建设民转军的战略目标可不是一句空话,我看蔡老师早晚也得回学校工作。就这儿,行李提取处,你俩提货,我去找三轮车。"

滨江工业大学校园,教工宿舍楼,马立尧宿舍。何文芳配合丁国兰给一床新棉被套上新被罩,何文芳拍拍松软均匀的被子,羡慕道:"国兰,一到动手过日子,我就觉着你特了不起。"

丁国兰缝好开口的最后几针,打结咬线,麻利道:"这干活呀,就是心到手到,你平时一门心思研究雷达,看到一团棉花三下五除二就能变成一床被,当然觉着新鲜,反过来,我看你的雷达,比登天还难。"

何文芳触动心念,央求道:"哎,国兰,明年新宿舍交工,你就活动活动,咱们两家做邻居呗。"

丁国兰笑道:"想得美,等着我给你布置洞房啊?"

何文芳谦虚道:"拜师学艺总可以吧?"

丁国兰一脸坏笑,调侃道:"行啊,到时候天天晚上听你唱歌。"

何文芳脸上泛红,嘴上不饶人,辩解道:"就那么一回拥抱,偏偏让你给撞上了,吓得立尧再也不敢到我宿舍来了。你别嘴硬,真做了邻居,咱俩肯定是女生二重唱。"

两人你推我搡,笑做一团。何文芳告饶道:"对了,国兰,《苦菜花》看完了吧?我那边儿可都排着队呢。"

丁国兰兴奋道:"看是看完了,有些地方看了好几遍,还想看,哎,你说娟子这朵苦菜花怒放了是什么意思?"

何文芳点了一下丁国兰的额头,撩人道:"你呀你,就是你心里盼着的那个意思……"

正闹着,楼梯上传来负重的脚步声,两人连忙开门出来,一行三人肩扛手提到了门口,林峰兴奋招呼道:"文芳!国兰!"

两人惊喜叫出林峰,笑着闪身让路,每人拍了林峰一下。林峰放下行李,起身微笑,扬起手臂。

第六集

何文芳有点愣神地端详林峰,林峰近前,一把抱住何文芳,闭目沉浸了一会儿,又转身抱住一脸惊讶的丁国兰,久久不愿松开。刘百衡拍拍林峰的肩膀,不甘道:"哎哎哎,差不多就行了,这不是苏联啊。"

马立尧感触笑道:"百衡是哪个也舍不得。"

午饭时分,人流熙熙攘攘,奔向学生食堂,一些学生衣裤粗厚,显得不合时节。刘百衡、林峰、马立尧、何文芳、丁国兰行进其中,五人在学生食堂的拐角处离开人群,折向利群饭店方向。

刘百衡和林峰走在前面,林峰禁不住回头看看涌向食堂的学生,刘百衡无奈道:"现在二米饭改成了二米稀饭,不少学生加了衣服,就为保持体温。"

林峰表情沉重,困惑道:"最近一段时间,苏联报刊对中国这两年发展经济的做法多持负面评价,但是莫斯科民众并不关心这些,他们还是一如既往地享受物美价廉的中国农副产品。家里来信提到国内受灾,说是粮油定量,购物凭票,可怎么也想不到会是这个样子。"

刘百衡前后左右看看,小声提示道:"我说苏联老大哥,这种话给我就此打住,别忘了,这是在家门口,出去四年,你算是躲过了不止一劫,千万记住啊,多听少说,回头我再给你补课。"

后面一步的马立尧听到两人的谈话,不紧不慢道:"林峰,你还嫌我一个右派不够啊,百衡说的没错,千万给我打住,我还指望你这顶红帽子找活儿干呢。"

丁国兰一门心思的女人话题,好奇道:"哎,文芳,你没问问林峰对象的事儿?看他抱人那架势,八成是找了个喀秋莎。"

何文芳打趣道:"有你家百街在,还用我问吗?怎么,人家抱了一下,你就想跨过这条街,爬上那座峰啊?"

丁国兰赶步追掐,何文芳挨掐告饶,丁国兰磕牙吸气道:"你个何仙姑,跟三毛儿学不出什么好!"

一行人来到利群饭店门口,门脸还是老样子,不同的是门侧,两句顺口溜盖上了一年前大跃进的大字对联,上溜是——一斤高粱五斤饭,下溜是——水泡锅蒸是关键。

林峰看看顺口溜,摇头轻叹,跟着众人进门。

店内散坐着三桌客人，一桌是两个出差干部，桌上一小盘盐白菜，手提包旁摆着一瓶自带的红油辣椒，两人各自一碗辣椒拌高粱米饭捧在手里，吃得细汗津津；一桌是一对儿小两口，女的显出孕妇腰身，桌上一小盘海米熘豆腐，一小盘醋熘白菜粉儿，男的干噎，女的催让；角落里，一位老者依杖而坐，桌上两个小空盘，孙子、孙女旁若无人，小半碗菜汤泡饭吃得津津有味。

一行人在当年的桌位坐下来，乔姐端着茶壶，笑容满面迎过来，惊讶道："哎哟，这不是林峰吗？啥时候回来的？"

林峰起身亲热道："下午到的，乔姐，四年没见，你还是这么年轻漂亮，牛哥、孩子都好吧？"

乔姐近前小声道："一年一个形势，哪敢不好呀，你这几年可是错过了好时候，听你张口就是苏联的夸人习惯，怎么样，没带个苏联马达姆回来？"

林峰笑着摆摆手，刘百衡手指轻叩桌面，挤一下眼，故意道："乔姐，林峰四年回趟家，在苏联牛肉吃多了，今天兄弟姐妹为他接风洗尘，你就拣清淡的家常菜上吧。"

林峰没反应过来，拦住道："你们下一次饭店也不容易，还是来荤的吧。这几年，蔡老师一家让我省了不少钱，既然咱们早拜了兄弟姐妹，就没那么多讲究，今天我请大家。"

刘百衡讲究道："慢着，素菜薄酒也是接风，今天我们请你，等将来饭店备齐了鸡鸭鱼肉，你再回请。"

众人笑起来，乔姐逗趣道："林峰，你忘啦？刘老师的话，你得反着听，现在是荤食儿凭票，上级说的那个议价肉，还没见影儿，豆腐就算当家菜了，饭店规定，一人半块。"

林峰点头理解，认真道："都别争了，还是我请大家，乔姐，那就按人头把豆腐指标用足，对了，还有干豆腐什么的吧？只要是蛋白质多的，全都上。"

乔姐应声回身，端上来一小盘炒黄豆，一小盘干豆腐丝，一大盘黄瓜拉皮，刘百衡习惯地往乔姐手心贴过五毛钱，小声道："上次的咸鱼还有吧？"

乔姐瞄了一眼何文芳，小声会意道："还有几条。"

刘百衡看看饭菜见底的三桌客人，小声惬意道："咸鱼贴饼子，上一份，包三份，反正是林大财主请客。"

刘百衡摆上一瓶高粱酒，林峰摆上一瓶伏特加，刘百衡拿起伏特加端详一番，打开闻了闻，好奇道："嗯，闻着怪怪的，应该是别有风味儿，先来这个，今天咱们也做一回苏联专家。"

乔姐旋即摆上酒盅,刘百衡每人斟满,遗憾道:"林峰到家,偏偏赶上国家经济困难,大河无水小河干,所以呢,今天是菜不到酒到,酒不到心到,来,大家碰一个。"

男人一饮而尽,女人蜻蜓点水,相视一笑,欢迎归来。

林峰起筷点缀了一下,众人跟进,转眼间三个空盘。缓过饥饿感,何文芳笑道:"我说林峰,刚才你这一抱可不要紧,国兰一路都没缓过神来,苏联姑娘你可是没少抱吧?"

林峰笑道:"是啊,拥抱才算完成一半儿动作,还要加上贴脸儿。"

丁国兰顾不得脸红,兴奋道:"林峰,你有苏联女朋友了吧?哎,经你这么一抱,她们受得了吗?"

林峰逗趣道:"苏联女朋友倒是有几个,不过她们跟谁都来荤的,无论我怎么抱,她们都受得了,倒是我们这些吃素的抱了人家,自己反倒受不了。"

丁国兰握拳可惜道:"我说文芳,啥时候咱俩也能去苏联看看,体验一下异国风情,这家门口吧,让立尧、百衡干点活儿,太费劲。"

众人笑出来,刘百衡委屈道:"当家的,说话得凭良心啊,这俩人的工作量,都叫我一人儿完成了,立尧水平是挺高,可他表面上袖手旁观哪,净使暗劲儿。"

林峰笑道:"国兰、百衡没变,你可变了不少。"

马立尧罕有地主动给大家满上酒,兴致勃发,感触道:"一本《苦菜花》就把你们熏成这样,将来都要为情所累呀。林峰,这两年,我带着个右派帽子走投无路,今天你回来,我忽然就有了绝处逢生的感觉,生活就是这样,关上一道门,打开一扇窗,来,林师傅,徒弟敬你一杯。"

林峰怅然起酒,感慨道:"马师傅,徒弟回敬一杯!"

两人碰一下,一饮而尽。刘百衡给两人又满上,感慨道:"我说立尧,生活为你打开的可不止一扇窗啊,就为这,咱哥俩喝一个吧。"

有情人碰杯,一饮而尽,马立尧给刘百衡和自己满上,沉吟道:"百衡,国兰是你前世修来的福,文芳是我来生欠下的债。"

众人一时无语。

马立尧目光如水:"文芳,这些年承蒙厚爱,你这是逼我提前还债呀。"

何文芳含情脉脉:"立尧,这辈子我欠你的,下辈子你欠我的,咱俩就这么欠下去吧。"

林峰叹一声好，何文芳和马立尧一饮而尽。

马立尧醉意盎然："酒不醉人人自醉。"

刘百衡触景生情："心不融情情自融。"

林峰满酒，马立尧和刘百衡抬手，两盅酒碰一下，苍然朝天。

林峰慨然起杯："期待你们的何——马史诗！"

丁国兰拿过酒瓶，面露腼腆，羡慕道："你们老师就是不一样，说起话来头头都是道道儿，我文化低，说不出个子丑寅卯，就是觉着有情人慢慢都会终成眷属，这样吧，好事成双，我喝两个。"

丁国兰抬手一盅，又给自己满上，刘百衡一把按住，心疼道："当家的，这个我来。"

丁国兰刚反应过来，刘百衡已经笑着把空杯展示给大家。

马立尧直视丁国兰，真诚道："国兰，我觉得知识属技能，文化属心性，有知识还要有文化，你作为医者的慈悲心，你作为恋人的包容性，都是中国最好的文化。再说了，隔行如隔山，几十号人的校医院，护士长就你一个，你的技能也是出类拔萃的呀。"

何文芳心悦诚服，感念道："知道吗？林峰，你的宿舍是国兰重新收拾的，新棉被也是国兰昨天晚上赶出来的。还有啊，你没尝过老丁家的灶台鱼吧？我们吃过好几回，那才叫文化！所以呀，国兰，你是既有知识又有文化。"

林峰两手拈起酒盅，感动道："国兰，谢谢你这个文化人给我一个温暖的家。"

话毕，一饮而尽。

丁国兰感动得呼吸有些局促，兴奋道："下次回家告诉我爸我妈，老师们说了，你们都是文化人，我爸没准儿半夜下网，请你们吃灶台鱼。"

刘百衡轻叩桌面，环顾众人，感动中带着几分得意，得意中透着几分醉意，享受道："我说诸位，知道什么叫体贴入微吗？"

马立尧笑道："说来听听。"

众人少见刘百衡的憨态，都来了兴致。刘百衡起身，拍拍裆下，认真道："都穿过短裤，是吧？"

众人笑出声来，刘百衡也觉着话不妥，摇头笑着摆手坐下，解释道："短裤我是没少穿……"

众人笑得更厉害,刘百衡砸了咂嘴,又觉着不对劲儿,摸摸脸,感触道:"但是,在认识国兰之前,我就没穿过这么体贴入微的短裤……"

众人收笑,默契等待。丁国兰桌下伸手掐一把,刘百衡受住,感念道:"林峰,这让我想起四年前留学动身的头天晚上,你给立尧做的那四个书签儿,上面各有一句佛语,都还记得吧——不悲过去,非贪未来,心系当下,由此安详。"

众人共鸣感叹,刘百衡动情道:"国兰让我明白了这个道理,人,应该实实在在活在当下。"

乔姐上菜笑出来,羡慕道:"你们读书人真会绕着弯儿摆学问,原来眼巴前儿抓得住的就是当下。时势造英雄,当下出人才,回头我也给我家牛哥做两条体贴入微的牛腿短裤,换着穿,叫他也像刘老师那样,活在当下。"

乔姐边说边夸张地瞄了刘百衡裆下一眼,众人笑得前仰后合。

饭桌上,一大盘海米熘豆腐,每人面前一小碗高粱米干饭,众人互让一下,转眼间饭菜去了大半。

看看其他客人都走了,乔姐又端上一大盘咸鱼贴玉米饼,引来众人惊喜。何文芳会心地瞄了刘百衡一眼,刘百衡两手做出下抑状,提示道:"还是那句老话,男女平等,预备——齐!"

一阵风卷残云,饭菜见底,酒瓶落空……

【画外音:久别重逢的喜悦冲淡了潜伏心头的压抑,时代的茫然惆怅竟然一时化解于醉态嬉笑之中。摧残梦想的精神困惑尚未过去,消磨意志的物质匮乏接踵而来,林峰的心头隐隐作痛,无形的阶级鸿沟会继续成为航天梦想的隔离带吗?历史的迷惘之中,林峰那航天报国的使命感平添了一份生活的沉重。】

第二天,早晨六点半,校园清静,一辆伏尔加轿车缓缓停在家属楼门前,李校长匆匆走出楼门上车,随口道:"先去学校菜窖,总务部的同志已经上班了。"

轿车缓缓停在学校菜窖入口旁的空地上。不远处,总务部于部长领着几个部内干事和施工人员查看工地,不时比划手上的图纸。李校长快步近前,大家见状一起迎过来,李校长热情招呼道:"这么早啊,老于,大家辛苦了。"

众人摆手招呼校长好,于部长递上手中的图纸,介绍道:"不敢怠慢哪,李校长,兵马未动,粮草先行,全校都看着呢,菜窖扩建明天动工,十天左右可以封顶。"

李校长看看图纸,提醒道:"菜窖容积不仅要满足需求,还要考虑适当余量,通风应该没问题吧?"

于部长自信道:"图纸是工民建的两个优秀学生设计的,这些基本条件都有充分考虑,电机实验室还要为菜窖通风做两台风扇。"

李校长环顾众人,满意道:"总务部的工作细致周到,很好,谢谢大家。"

一位干事插言道:"李校长,去年还好好的,怎么今年一下子就这么困难了?老这么半饥半饱可不行啊,上级有什么解决办法吗?"

李校长回避敏感问题,解释道:"有些问题不是我们能讨论的,农业歉收,国家的经济困难已成定局,粮食短缺的局面至少要持续一年,现在是上级需要下级拿出办法,克服困难,眼下秋菜的采购、储备工作是学校的头等大事,关系到学校每人每户的切身利益。"

众人默默点头,李校长抬手看表,微笑道:"要有信心,面包会有的。那就不耽误大家时间了,各就各位吧。"

众人握手告别,于部长送李校长上车,李校长小声嘱咐道:"郊区农民缺钱,采购交易互通有无,采购重点是土豆,有多少要多少,昨天校长办公会落实了采购资金,你马上跟财务部联系。"

于部长心领神会,握手告别,李校长上车离去。

校园秋色,李校长快步行进在晨光斑斓的林荫道上,不时同擦身而过的早课师生热情地打招呼。

时间尚早,校部机关办公区,走廊里静悄悄的,前方十几米出现了一个快步前行的壮实背影。李校长看着背影,注意到年轻人手中厚实的苏联皮包,脱口问道:"是林峰吗?"

林峰顿住,脱口回应道:"李校长!"

林峰旋即转身,四目相对。李校长面带微笑,快步前行,伸手示意,林峰疾步近前,皮包脱手而落,两人握手拥抱。李校长用力拍拍林峰结实的臂膀,上下打量,满意道:"德智体全面发展,好样的!"

林峰挺了挺身体,兴奋道:"校长好!愿为中国服务!"

两人正说着,秘书小秦已悄然拿起地上的皮包,向林峰伸出手来,微笑道:"林峰,真是了不起,四年就磨成一剑,大家到底把你给盼回来了。食宿都安排好了吧?"

林峰连忙握手,感激道:"安排得非常周到,谢谢秦老师。"

秦秘书掏出钥匙开门,三人走进校长办公室。四年过去,风格依旧,墙上那段《为人民服务》的时代经典依然醒目,办公桌上的国旗、党旗依然鲜红,不同的是,待客的旧皮椅换成了新沙发。

林峰注意到宽大写字台上摊开的一座高大建筑效果图,觉得眼熟,便近前观看,不觉循图指道:"机械楼,电机楼……中间是待建的主楼吧?"

李校长自豪道:"没错,这是在设计师的原则指导下,咱们的应届毕业班自主设计的主楼,历时八个月,几经修改,刚刚通过工程设计审核。"

秦秘书补充道:"主楼一周前破土动工,五年后我们会看到滨江工业大学的标志性建筑,也应该是滨江的重要一景。"

林峰仔细观赏主楼效果图,点头赞许道:"三楼贯通,浑然一体,视觉效果不错,有别于传统的俄罗斯建筑,很像莫斯科大学,属于典型的苏联风格。"

李校长跟秦秘书对视一下,高兴道:"噢,这么说,咱们还赶上了苏联的新潮流?原来只以为像莫斯科大学而已。"

林峰解释道:"50年代以来,苏联出现了一些气势恢宏的新式建筑,被誉为苏联风格,最具代表性的是1953年建成的莫斯科大学主楼。但是,咱们的主楼看起来更加简约实用,既保持了庄严均衡的苏联风格,又不失中华民族宽大厚重的殿堂风范。"

秦秘书惊讶道:"林峰,这才留学四年,学火箭的居然把建筑说得头头是道,你不是要成精了吧?"

林峰谦虚道:"您过奖了,秦老师,这几年,蔡老师一家带我走遍了苏联几大城市的博物馆,见过不少经典欧式建筑。安娜是位舞蹈家,离开舞台后爱上了文学历史,喜欢品酒聊天,免不了谈到历史遗迹,我充其量就是个聆听者。"

李校长关切道:"鹤临对安娜怀有深深的歉疚,安娜过早地离开舞台,就是为了避开晚上的演出,能够安心照顾女儿,她把家庭的稳定寄托在鹤临的副博士学业上。现在鹤临可以继续留在苏联稳定一段时间,但终究是要回来的,安娜总是对鹤临长期留在苏联表现出谨慎乐观,这是我一直担心的问题。"

林峰附和道:"安娜从最近的苏联报刊中感到了不安,她还向我打听中国学校的教育体制,特别嘱咐我了解滨江市苏联儿童的学校生活。"

李校长若有所思,嘱咐道:"看来安娜有了定居中国的心理准备,这是鹤临一家最现实的选择。小秦哪，林峰不熟悉情况，这件事你来办吧。"

秦秘书爽快应道："没问题，明天我去省教育厅办事，顺便了解一下政策，再到中苏友谊小学找校长咨询一下。"

林峰感慨道："谢谢秦老师，这几年我成了蔡老师的家庭成员，蔡老师和安娜的感情非常深，安娜热情周到，蔡老师宽容体贴，他们俩都把民族文化最好的东西给了对方。"

李校长赞赏道："水火相济，难能可贵。"

秦秘书递过两杯热水，李校长喝一口，嘱咐道："林峰啊，你刚回来，有些事情还是要提醒你，留学这四年，国内外都发生了很大变化，在特殊的历史时期，一些敏感问题不在我们科教工作者的交流范围，所以不要向周围的人介绍苏联广播报刊的舆论情况，注意力要放在专业发展上。你的英雄父亲，你的爷爷奶奶，你的恩师，还有你周围的同事好友，都有一个愿望，不管你身边发生什么，你都要成为一名好教师，一个探索者，一位带头人。"

林峰深得要领，从容不迫道："蔡老师也这样嘱咐我，请校长放心，我会脚踏实地的。"

李校长满意道："脚踏实地就好，现在是万里长征刚离开出发地。"

秦秘书期待道："林峰，你这一回来，咱们火箭设计专业的创建指日可待，大家早都盼着呢。"

林峰感动道："谢谢大家信任，我会全力以赴的。"

林峰打开皮包，拿出一本厚厚的中文资料，介绍道："李校长，这份《关于莫斯科航空学院教研体制和学科建设的调研报告》，是蔡老师最近才完成的，里面有很多专业建设的实质内容，有些内容是根据学者访谈和内部资料整理出来的，安娜做了不少斡旋工作。"

李校长接过来掂了掂，翻看一下目录，高兴道："真是太好了！林峰，你也没少费心血吧？"

林峰谦虚道："我主要是整理材料，结论性的陈述都是蔡老师概括的。我还带回一些火箭设计的重要参考文献和专业书籍，马立尧当天晚上就睡不着了，裹在被窝里就着手电筒看了大半宿。"

李校长点头赞许，心情复杂道："可爱的年轻人，真是难为你们了。"

林峰继续道："蔡老师特别强调，专业思想和专业书籍是工程思维的根本，所谓尖端，就是集专业发展与融合之大成，所以他会扩大信号采集范围。"

第六集

李校长手抚报告,由衷钦佩道:"高屋建瓴,大才鹤临!"

下午时分,校园秋色,温暖的秋阳透过枝叶,闪烁出黄绿斑斓的柔和光彩。

何文芳和丁国兰在一丛秋菊旁蹲下来,怡然一对儿姐妹花。马立尧端着崭新的苏联照相机,摆手指点站位,唱着一二三按下快门,两人笑着站起来,摆出姿势,互相建议指点。

刘百衡正跟林峰说着话,见状连忙三两步猴蹿到两人中间,一边挽住一个。两人闪身抱怨,表情夸张,无奈被刘百衡拽得紧紧的。耀眼的秋阳下,一个笑得开怀,两个笑得无奈,马立尧及时抓拍……

电机楼前,两个背着书包的男女大学生边走边看照相的人,男生高大魁梧,女生苗条清秀,渐渐地,女生落在后面,目不转睛之中,女生不知不觉停下来。刘百衡端着相机招呼道:"哎,这位同学,过来试试?给我们五位合个影。"

女生喜出望外,连忙近前接过相机,刘百衡指点道:"这样调焦,这是快门,构图的时候,天头地脚要有余量,数到三按快门。"

男生凑过来,饶有兴趣地看着女同学试相机。一丝浮云遮住阳光,镜头前的五人不觉睁大了眼睛,女生连忙抬头看天,喊了一声看镜头——及时按下快门。浮云转瞬即逝,刘百衡注意到这个细节,冲女生竖了一下大拇指。

男生面露羡慕,期待道:"老师,我能看看照相机吗?"

丁国兰开心道:"看吧,同学,要是喜欢,就争取留学苏联。"

众人都笑,男生说了声谢谢老师,接过相机,示意女同学站开一点,然后单腿跪地,把五六米外的女同学框在镜头里,慢慢调整焦距,手指离开快门,模拟着按了一下。刘百衡不动声色,等在一旁,男生爱不释手的样子还过相机,羡慕道:"苏联造,好相机!谢谢老师。"

刘百衡查看了一下相机片数,遗憾道:"就剩一张了,怎么样,你们想来一张吗?"

男女同学对视点头,男生谦让道:"凌云,你照吧。"

凌云笑道:"徐进,还是你照吧,入学的时候我照过了。"

刘百衡逗趣道:"我说的可是合影啊,同学一场,有困难吗?"

两人都红了脸,凌云腼腆道:"徐进,那就照一张吧。"

两人有点儿拘谨地站好,刘百衡调好相机,抬头看天,一丝浮云眼看着遮住阳光,刘百衡喊道:"注意啦,爹妈都蹲在镜头里看着你们呢!"

两人不觉一起看镜头,会心地笑出来,刘百衡及时按下快门。

林峰关心道:"你们是哪个系的?"

凌云应道:"工程力学系。"

林峰看了马立尧一眼,刘百衡半认真道:"不合格呀,马老师,自己的学生都不认识。"

马立尧苦笑道:"你是站着说话不腰疼啊,我能蹲在实验室就不错了,现在抛头露面的事儿轮不到我。"

马立尧和蔼道:"两位同学,我叫马立尧,下星期三晚上八点到工程力学实验室取照片,每人两张。"

两人连忙应道:"谢谢马老师,我们一定准时到,老师再见。"

众人摆手告别,刘百衡把相机递给马立尧,感叹道:"好相机呀,两卷儿照完了,两位当家的,应该差不多了吧?"

丁国兰满意道:"照了有六七十张吧?从小到大加在一起,也没照过这么多相,哎,百衡,咱们那台跟这台一样吧?"

何文芳笑道:"看把你喜欢的,你还怕不一样啊?这是苏联流行的新款照相机,林峰可是花了大价钱。"

刘百衡提示道:"我看今天收了吧,林峰还得赶火车呢。"

林峰看表轻松道:"时间还早,不急。"

马立尧建议道:"这样,你们都回去吧,我送林峰。"

刘百衡关切道:"林峰,给家里发电报了吗?"

林峰感触道:"没有,奶奶要是接了电报,两宿别想睡觉。"

北方山峦,大气磅礴,十月的山林到了红叶季节,茫茫苍苍,漫山红透,一辆大客车缓缓行驶在简易的砂石路面盘山公路上。

车厢里散坐着大包小裹的山民,林峰坐在过道一侧的座位,座下勉强塞挤着旅行包。邻座的大姐靠窗而坐,搂着一个三岁模样的小男孩儿,娘俩昏昏欲睡,小男孩儿伸手摸索母亲的胸怀,母亲解开衣扣,小男孩儿伸手入怀,身体贴紧母亲……

离家不远了,林峰心潮澎湃,探身凭眺窗外熟悉的景色。大姐见状不好意思地拿开孩子的手,系上衣扣,孩子不情愿地搂住妈妈,委屈着要哭出来。林峰投来关切的目光,大姐无奈道:"瞧他这点儿出息,都三岁半了,还断不了这奶。"

　　林峰理解道："当妈的不想断,那就断不了,我妈让我吃到五岁。我看孩子是饿了。"

　　大姐叹口气道："说的是啊,一路上这点儿奶水早吃光了。"

　　林峰俯身拉开旅行包,拿出两块桃酥,油脂的香气弥漫开来,孩子忽地打挺起来,看着桃酥哭出来,林峰递过桃酥,疼爱道："吃吧。"

　　孩子眼泪挂在脸上,抓过桃酥就咬,大姐搂住孩子欠了一下身,感激道："谢谢大兄弟！"

　　林峰觉着有人拽衣角,马上转过头来,颠颤中,过道里挤着三个眼巴巴的孩子,女孩儿三岁模样,两个男孩儿五岁模样。林峰俯身拿出纸包,每个孩子分了两块,剩下的放回去。女孩儿学着大人,甜笑道："谢谢大兄弟。"

　　周围的乘客笑出来,孩子家长纷纷谢过。

　　车速渐缓,路边的青石岩壁上,四个红漆苍劲刻字映入眼帘——跃进林场。林峰认出字迹,回身注目,客车滑行一段,在路边开阔处缓缓停下来。年轻女乘务员喊道："跃进林场到了,下车的旅客拿好行李。"

　　有人确认道："就是过去的北安林场吧？"

　　乘务员回应道："就是北安林场,大跃进改的名,还有下车的吗？"

　　林峰提包下车,大客车缓缓启动,朴实的山民纷纷摆手向好心人致谢,大姐探出头来,冲渐行渐远的林峰喊道："大兄弟,好人好福报！"

　　夕阳红亮,山色苍茫,林峰兴奋地奔走在拓宽的砂石路上。深秋的晚风拂在脸上,久违的炊烟异香扑面而来。地势渐入开阔,解放初的散落木屋已不见踪影,映入眼帘的是一大片错落有致的红砖青瓦房。

　　路边站着两个放羊的孩子,六七岁模样,愣愣地看着衣着整洁的外来人。林峰停下,从包里拿出四块桃酥,笑递给孩子。两个孩子一把抓过桃酥,紧盯着林峰,怯生生地往后退,林峰笑道："别怕,以前我也是林场的,你们谁知道林爷爷家怎么走啊？"

　　两个孩子互看笑起来,一个抢答道："我们都叫太爷爷。"

　　林峰反应过来,微笑道："啊对,是太爷爷。"

　　另一个连忙补充道："你是问路见平家吧？"

　　林峰高兴道："都一样,就是路见平家。"

牧童抬手指道："前面那排,七号。"

林峰谢过,快步前行。

林峰循着院门牌号到家,院门开着,院子里晾着几排成串的蘑菇,木架上摊晒一张狍皮、两张兔皮。林峰踏进院门,离家时三岁的大黄狗试探着跑过来绕了几圈儿,忽地跃起搭在林峰胸前兴奋一番,跑回门口叫人。

门里跑出个小男孩儿,四岁半模样,两颊山红,小男孩儿顿步缓一下,径直上前,仰视片刻,拉住林峰的旅行包,一边往屋里拽一边大喊:"苏联人回来啦!太奶奶,先生,苏联人回来啦!"

奶奶愣在热气升腾的灶前,钱先生撑在东屋炕上。

林峰赫然出现在屋门口,半明半暗的夕阳余晖中,硕壮的身躯剪影一般。奶奶震颤得说不出话来,林峰近前几步,扔下旅行包,一把将奶奶拥在怀里:"奶奶!"

奶奶半梦半醒,泪水蒙住双眼,赶紧抬手抹干,伸手摸摸林峰的脸颊,不觉喊道:"先生,不是做梦啊!真是石头儿!"

东屋传来器皿打翻的声音,钱先生挂拐依框立在门口,林峰脱口喊道:"先生!"

四目相对,触动心灵,林峰旋即立正,深深一躬,钱先生颔首还礼,微笑道:"天马行空,独往独来,吓着奶奶了吧?"

钱先生试图向前挪动拐杖,身体不觉颤了一下,又靠在门框上。林峰急忙近前搀住,震惊道:"怎么了,先生?"

小男孩儿正蹲在地上翻腾旅行包,见状忙把桃酥叼在嘴里,挺着身板儿把木椅挪到钱先生身边。林峰搀扶钱先生坐下,钱先生摩挲小男孩的脸蛋儿,疼爱道:"没事儿,这些年总在炕上坐着,腰腿有时候吃不住劲儿。"

小男孩儿拿过叼着的桃酥,塞进钱先生嘴里,钱先生咬了一小口,夸张道:"真香,好吃!"

小男孩儿不依不饶,紧盯道:"先生张嘴,都吃了!"

钱先生知道拗不过,只好张口咬在嘴里。

林峰蹲下,搂过小男孩儿,夸赞道:"好孩子,真懂事,你叫路见平吧?"

小男孩儿点点头,林峰笑道:"你太爷爷呢?"

小见平拔出林峰上衣兜里的钢笔把玩,随口道:"太爷爷进山打猎去了,天黑才回来。"

奶奶叹口气道:"唉,日本鬼子那会儿就没剩几棵大树,这几年原木产量翻了好几番儿,近处的林子都伐光了,野兽跑进了深山老林,这不,爷爷一大早就带着几个伙计进山了,碰到黑瞎子,一个人不行啊。"

林峰脸上露出疑虑,钱先生解释道:"林场的活儿,现在那点儿粮哪够吃呀,家家都用山货换粮,可榛子、蘑菇换不了几斤苞米面儿,爷爷就把大伙儿组织起来,每天带几个伙计进山,打些飞禽走兽,有时候还能撂倒一头熊。"

林峰面色凝重,沉吟片刻,抬头看着小见平,脸上露出笑容,期盼道:"怎么没见你爸你妈呀?"

小见平来了兴致,认真道:"我妈在县上当老师,年年都是优秀老师,礼拜六晚上才回来,回回都给我带好吃的,我爸在那儿。"

林峰循指望去,西屋正面墙上,并列两张大照片。

小见平伏身又从旅行包里掏出四块桃酥,递给太奶奶一块,紧盯道:"太奶奶你吃。"

太奶奶接过来,敷衍着假装咬了一口。

小见平一手拿着桃酥,一手拉着林峰,走进西屋,一指墙上的照片,明白道:"这个是我爸,那个是你爸。"

照片下面摆张小桌,小桌上面一碟松子,两盏烈酒。

小见平把两块桃酥摆到松子碟上,剩下的一块咬在嘴里。

【画外音:生活有多种沉默,唯有生命的沉默永恒……】

院子里几声狗叫,奶奶让大家都活过来,轻声道:"爷爷回来了。"

屋门咣当一响,爷爷踏步进来,挺身愣在门口。奶奶接过爷爷手中的猎枪和一串山鸡,林峰喊了声爷爷迎上去。爷爷一把抱住林峰,拔地而起,蹾了蹾放下,使劲捏捏林峰结实的臂膀,欣喜道:"好小子,一身硬骨头!"

林峰搂拍爷爷,欣慰道:"爷爷,你的骨头比我还硬!"

小见平举着一块桃酥蹦跳到太爷爷跟前,兴奋道:"太爷爷你吃,可香啦!"

太爷爷蹲下,闻闻桃酥,摸摸小见平的脸蛋儿,微笑道:"真香!"

小见平不依不饶,把桃酥塞到太爷爷嘴边,认真道:"太爷爷你吃吧,一人一块,爸爸和爷爷都吃了。"

太爷爷慢慢起身,看见西屋照片下的两块桃酥,低头沉吟了一下,抬头道:

"老伴儿呀,炖鸡,备酒!"

【闪回:爆竹声声,童声喧闹,秋山背景的北安林场,场部大院儿,院子里摆满木桌木椅,男女老少端着自家的盆装菜肴,有说有笑地走进院子。几个中年妇女忙着把各家的大盆菜分盘上桌,林场副场长付贵才笑容满面,引导大家入座。利贤抱着一岁多的小见平跟奶奶坐在一起,不时有姑娘、媳妇、大妈过来逗趣,另一桌的钱先生身边围着一群孩子,钱先生绘声绘色地讲着孙悟空三打白骨精,孩子们听得如痴如醉。

路大安和爷爷一桌围坐着林场的精壮汉子和几位老者,看看差不多了,付贵才站在醒目的位置,招呼道:"父老乡亲们,今天是北安林场双喜临门的大日子,这第一喜呀,是北安林场的最后一户,咱们的路场长一家也搬进了新房。一年前,路场长说过,只要还有一家没住上新房,我就不放炮,不办酒,他这一说可不要紧,家家都跟着学,老少爷们馋这顿酒啊,就这么一直馋到了今天……"

全场哄笑,感叹四起。

付贵才摆摆手,继续道:"所以呢,今天是每家一盆菜,一瓶酒,大家欢聚一堂,来共同庆祝咱们的乔迁之喜……"

全场鼓掌,哄然叫好。

付贵才提高了嗓门,鼓动道:"这第二喜呢,是咱们林场盼望多年的盘山公路,今天破土动工啦!"

全场鼓掌,大呼小叫。

付贵才语气稍缓,煽情道:"为了这条路,咱们的路场长报告打了十几个,汇报跑了几十趟,说尽了好话跑断了腿,大家伙儿说说,这第一碗庆功酒,该不该敬咱们的路场长啊?"

群情沸腾,各桌纷纷满酒起碗。

路大安起身笑道:"我说付铁嘴儿,这好话赖话都让你一人儿说了,就剩咱们的好日子了。逢山开路,遇水搭桥,这是造福子孙的大事,报告是钱先生写的,我的腿也没跑断,石头再圆,也焐不出小鸡儿来,咱们是赶上了党和政府的好政策。来吧,乡亲们,为了林场的社会主义建设大发展,为了咱们的好日子,干一个!"

全场欢呼,酒碗朝天……

第六集

深秋时节，原始森林，木把头的喊山号子此伏彼起，回荡群山："顺山倒喽——迎山倒喽——横山倒喽——"

颤巍巍的大树在荡气回肠的喊山余音中轰然倒下，残枝横飞，落叶飘舞。

路大安和顺子身边，几个男女高中生伴着轰然的震颤欢呼尖叫起来。路大安放下手中的油锯，拿起军用水壶喝了几口，随手递给顺子。顺子挎着开山斧，接过水壶灌了一通。几个高中生抄起手工弯锯，兴奋地奔上前去，绕着放倒的树身，笨手笨脚地开锯旁枝。

付贵才领着一群小伙子出现在半山腰，老远就喊："场长——县武装部又给咱们派了十个民兵，你看怎么分配？"

顺子嘟囔道："又是帮生瓜蛋子。"

路大安回身喊道："都交给我家老爷子，今天风大，注意安全！"

顺子不满道："自打县长让咱们改叫了跃进林场，这生产指标三天五日大跃进，可咱这伐木工人一个也没跃进，还得看着这帮到处乱跑的生瓜蛋子。"

路大安抄起油锯，耐住心烦道："哪儿那么多废话！大跃进是全民运动，有人总比没人强，干活吧。"

顺子体谅道："行啦，场长，知道你烦，你给的那瓶红星二锅头，我还留着呢，晚上陪你喝两盅。"

两人选开阔处换了场地，路大安目测一下树头的高度，顺子拍拍树身，敬畏道："今天赶上个树王。"

路大安看了看远处原地打转的几个手工弯锯学生，放心道："远着呢，天黑前学生能锯完那棵树就不错了，开斧吧。"

顺子摸摸差不多有两人合抱粗的大树，弯腰开斧叫山，看看树根并无糟糠腐朽，顺子挺身岔步，平心提气，虔诚道："山神，今晚饶我一梦，县长请你下山。"

路大安默视静待，顺子抡起开山斧，树身钝响，木屑迸溅，树根现出一条下锯导豁，路大安提锯近前，蹲步起锯，顿时高频骤响，林鸟惊散……

锯口发出咔咔的扭裂声，树身慢慢抖动……

侧风骤紧，树伞侧翻，路大安看看微微侧翘的锯口，摇摇头，本能地张望一下林子两侧，顺子拍拍随风微转的树身，皱眉嘟囔道："今天斜了门儿了，明明是顺山倒……"

两人且看且退,顺子一声唱喝:"横——山——倒——喽——"
　　中气十足,喊山回荡……
　　树身左侧,七八米远的小树丛动了一下,两人知道,这不是狍子不是野猪不是山狸不是野兔不是松鼠不是山猫不是灰狼更不是黑熊什么的,总之什么都不是!
　　果然露出一张仰头兴奋的高中女生的脸……
　　路大安豁然起身,奔向女生:"快闪开! 横山倒!"
　　女生大惊,仰视扑面而来的山神,反应迅捷,转身就跑……
　　路大安明白,山神让她跑,让她跑直线。
　　直线的奔跑中,山神摸到女孩儿的那一瞬,路大安借着奔跑的神速,把女孩儿推向了折线……】

第七集

　　夕阳西下,暮霭苍红。

　　长鸣迫人,雾气升腾,一列货车带着轮轨摩擦的金属刺音,缓缓停在跃进林场火车站。手握信号旗的值班老者见车已停稳,便摆旗放行,站台上的人流开始涌向车尾。小见平骑着林峰的脖颈,抬手指向远方:"我妈在那儿!"

　　林峰循指望去,货车尾部居然增挂了两节客运车厢,转眼间,车尾出现了肩扛背负的涌动人群,林峰随着接站的人流赶向车尾。

　　暮色苍茫中,那个魂牵梦绕的熟悉身影快步脱离人群,灰色风衣上的一抹枫红围巾分外醒目。林峰跟在人流后面,小见平挺身拔高,舞动双臂。

　　母子连心,只一瞬,母亲就扬起了手臂。

　　心有灵犀,只一瞬,女人的手臂就悬在半空。

　　利贤放慢脚步,慢慢放下手臂,不觉停在那里……

　　人流漫过利贤,漫过林峰……

　　路基旁,秋草依依,小路坎坎,小见平身体前倾,张开双臂:"妈——妈——"

　　利贤半梦半醒,举臂开怀,苍白的脸上露出笑容——

　　那是亲人的永恒微笑,这一刻让林峰终生难忘……

　　上午时分,跃进林场后山墓地,革命烈士林凤祥之墓肃然而立,一块无字碑并肩而立,稍后是革命烈士路大安之墓,墓前摆着大块烤肉,橙红山果,三只酒盅,一瓶伏特加。

　　深秋的山风吹落红叶,飒飒的凉意逼入心脾,林峰礼毕起身,利贤拉着小见平静默一旁,爷爷奶奶站在稍后的草地上。

　　小见平来到墓前,拿起碑前的伏特加,转到墓侧,两手倒灌,一瓶伏特加咚咚咚咚洒在两堆黄冢上……

　　利贤的眼泪直扑下来……

　　林峰转身,爷爷抬手扔过子弹上膛的猎枪,利贤和奶奶搂过小见平,林峰手上咔嚓一响,举枪问天——

厚重的闷响铺天盖地,惊散林鸟,回荡群山……

爷爷奶奶家,晚饭后,全家人围坐在东屋炕上。炕上西墙下是通栏的三层木架,木隔间摆满了书,东墙上挂着一个白桦镜框,里面贴满小见平的大头照和全家福,以及林峰的苏联生活照,东墙角固定着一个小炕柜,炕桌上一壶茶,五只杯。林峰守着一撮炒榛子,慢慢用木夹破壳,小见平依偎在利贤怀里,张嘴等着林峰递过榛子仁儿。

爷爷呷了口茶,语重心长道:"利贤哪,你跟林峰这个事儿呀,我们老人不怕多嘴,乍听起来是打个愣儿,可仔细想想,都在情理当中。咱们一家人在一起生活这么多年了,林峰在你心里有多重,你在林峰心里有多重,我们老人这心里头呀,真真亮亮的。过去是长嫂为母,眼下大安不在了,林峰就该撑起这个家。"

奶奶附和道:"是啊,利贤,一家人说不出两家话,爷爷说的句句都在咱们的心坎儿上。你还年轻,不能就这么守着,见平也要有个爸爸。林峰这儿我们也问过了,出门在外这些年,也没个对象,我看他这心里头啊,十有八九是奔着你的模样来找的,结果找来找去,唉,这老天爷是闭一只眼睁一只眼哪,还是找回了家里。"

利贤的脸色由白泛红,动情道:"爷爷奶奶,你们的心思我都明白。自打进了这个家门,我和林峰好得就像亲姐弟,大安还跟我惋惜过,说我要是有个妹妹嫁给林峰,这个家就圆满了。"

奶奶的眼泪涌出来,抬手慢慢抹干,难过道:"唉,连大安都有这个心思,这就是命啊!"

利贤的心绪游移到心结,迷惘道:"有时候,我就想,要是大安没遇到我,今天在北京还活得好好的……"

爷爷连忙打住话头,正色道:"孩子,可不能这么想啊,人死不能复生,大安这辈子,跟林峰他爸一样,轰轰烈烈一场,男人活成这样,值了!"

利贤的脸色由红泛白,心绪平静下来,为难道:"结婚这个事儿,我心里一点儿准备也没有。一家人都想想,林峰学成归来,成了国家的栋梁,将来很多工作是要保密的,我出身不好,在他身边,会影响他的前途,就像我毁了大安一样。再说了,我又比林峰大三岁,还带着个孩子……"

一直沉默的林峰抬起头来,直视利贤,动容道:"姐,刚才爷爷奶奶说的这些,我有心理准备,就是没想到,他们这么快当着全家说出来。路大哥走了,不管咱俩能不能结婚,我都要把你和孩子带在身边,替他照顾好你们。说到结婚,我的工作和你的年龄都不是障碍,我将来主要是从事教学工作,同时兼顾理论研究,即使涉及保密工作,组织上也会理解,况且你是烈士遗属。说到孩子,我只有感谢路大哥留给咱们这么宝贵的命根子。"

利贤搂紧小见平,热泪盈眶,低头无语。

钱先生环顾众人,悲欣交集:"人各有命,命各有缘,缘在劫内,往往就不见了天日,一念迷即彼缘,一念觉即此缘。利贤哪,这两段善缘,惊天地鬼神,泣世间情理,你就成全了吧。"

小见平抬手抹去妈妈的泪水,紧张道:"妈妈,咱们是不是要跟林叔叔结婚哪?"

利贤微笑着宽慰道:"妈妈还没想好。"

小见平看着钱先生,认真道:"先生,人能有两个爸爸吗?"

钱先生微笑道:"当然可以,一个在心里,像你爸爸,一个在眼前,像林叔叔。"

小见平若有所思,转头问道:"林叔叔,你愿意当……在我和妈妈眼前的爸爸吗?"

林峰拉过小见平的手,会心微笑道:"我愿意。"

小见平忽然想起了什么,不安道:"先生,林叔叔也当爸爸,那我爸爸会不会生气呀?"

钱先生认真道:"你爸爸不但不会生气,还会特别高兴,你爸爸一直到走,都没合上眼睛,就是放心不下你和妈妈,有了林爸爸,你爸爸就放心了。"

小见平搂住利贤,宽慰道:"妈妈,我想让爸爸放心,要是你也高兴,那咱们就跟林叔叔结婚吧!"

利贤的脸上重现青春的桃红,含泪微笑,亲了一下小见平,家人互相看看,都轻轻缓出一口气……

深秋时节,夜晚时分,莫斯科繁华大街,行人稀少,华灯绽放。高档酒吧内,舞灯悠旋,舞曲轻曼,吧台前的一方紧凑空场上,几对儿中年舞伴依偎缠绵,醉步悠然。

安娜安坐一隅，手边一杯咖啡。柳芭一副常客的样子进门，冲吧妹招招手，迈着富有舞蹈感的弹性颠步冲安娜扭来，两人表情兴奋，轻声嬉笑拥抱。

柳芭上下打量安娜，惊讶道："我说老同学，几年不跳舞了，怎么每次见面，就不见你胖呢？是不是改吃中国饭了？"

安娜笑道："跟你比，我还不胖啊？是不是想吃中国饭了？下次到我家，我给你做几样中国菜，叫你吃了上顿想下顿。"

两人落座，柳芭开心道："你我的生活完全不同，哪能比呀，我是芭蕾换成探戈，一周还能玩儿两次，你是天天围着丈夫、女儿跳圆舞曲，成了中国式的贤妻良母。哎，你的话我可当真啊，下次我带个院士到你家，他特别喜欢中国菜。"

安娜续上话题，热情道："那好啊，我看就这个周末吧，你那儿定下来就提前给我打电话，我好准备一下，中国菜色香味俱全，讲究调和之美，有些东西我还要去专门的商店才能买到。"

柳芭感叹道："生活就是一场戏，台下的真不知道，好戏的下一幕是什么，过去那个充满幻想的安娜，再也找不回来喽。"

安娜笑道："天鹅飞在空中向往的是安身之地，落地以后，我们都很满意现实的生活，柳芭，你的下一幕还是充满诗情画意。"

柳芭忽然来了兴致，好奇道："我那只是表面的，安娜，中国文化真有这么大的魔力？哎，有没有合适的中国男人，给我也介绍一个？我倒要见识见识。"

安娜玩笑道："我家里的那个最合适，不过已经成了娜塔莎的爸爸。哎，我说莫斯科大学的舞会皇后，现在到底有多少名流学者浇灌你这朵交际花呀，自己都数不过来了吧？"

柳芭笑道："听着可不像夸我呀，不过，有这么多正人君子围着你转，你会发现人性非常有趣的另一面，怎么样，你也出来转转？"

安娜兴致颇高，附和道："正好阿廖沙现在轻轻松松当讲师，我想带他一起出来转转。"

柳芭坏笑道："你不怕他转到我怀里？"

安娜咬着下唇拍了一下柳芭的手背，半认真道："我知道你有这个本事，你就饶了他吧，我想让他结交一些名流学者，看看有没有更好的发展机会。我得保证娜塔莎的爸爸长期留在苏联，他也想多了解一些专业发展情况，万一不能留在苏联，也好回中国大学任教。"

柳芭紧张道："万一他回去,那你怎么办?"

安娜无奈道："真到了那一步,我和娜塔莎也只能跟着他去中国呗。"

柳芭惊讶道："我的天哪,异国他乡的,中国又那么落后,你的胆子也太大了!"

安娜一脸无奈,摇头道："没办法,这是一个家呀。"

柳芭一脸同情,盘算道："别担心,我帮你们找机会,对了,这个周末我组织了一个小范围的鸡尾酒舞会,正好基辅工学院来了一个学术交流团,团长是我的老相识。哎,阿廖沙舞跳得怎么样?舞会上他要是把我的裙子踩掉了,舞会后他就得跟我走了。"

安娜入迷道："我俩在一起快八年了,这点儿自信我还是有的,他搂着你旋转的时候,你会觉得又温柔,又有劲儿,他那双眼睛离不开你的时候,你可能会感觉有点儿晕,到时候你别把他的鞋踩掉就行了。"

柳芭眼神一挑,坏笑道："你说的可不是舞蹈术语呀,又温柔,又有劲儿,还有点儿晕,他那是跳舞吗?"

安娜反应过来,不觉容光焕发,两人会心地笑出来。

礼貌在旁的吧妹跟着笑出来,随即近前一步,殷勤道："两位要点儿什么?"

安娜扬脸示意道："问专家吧。"

柳芭习惯道："Beluga 鱼子酱,西伯利亚山羊奶酪,巴西坚果,南果色拉。"

吧妹微笑道："酒水呢?"

柳芭随口道："顶级伏特加。"

莫斯科大学,周末小型鸡尾酒舞会,《春之声圆舞曲》华丽开场,非同寻常的伴舞旋律引得众人纷纷驻足观望。柳芭一亮相就引起全场瞩目,一是她的美妙,二是她的舞伴,一个是风情万种,一个是玉树临风……

安娜低调暖场,悄然玉立,悠然把酒,仪态万方,惹得几位中年男学者围拢过来,大家品酒谈笑。

《春之声圆舞曲》的主旋律稍纵即逝,《蓝色多瑙河》的舒缓韵律让场下的品酒者纷纷登场,几位中年男学者谦让着一位老教授,老教授抚胸谢过,向安娜行了一个传统的邀舞礼。安娜婀娜地行了一个带有芭蕾风韵的舞蹈礼,引得众人赞叹。老教授容光焕发,安娜雍容华贵,两人悠然滑入舞池……

柳芭眼观六路,于滑步中悄然退场,把蔡鹤临留在了一位待场的中年女教授跟前。蔡鹤临躬身邀舞,女教授露出惊讶的表情,起步稍缓,蔡鹤临微笑默契,女教授含笑会意,两人飘然滑入舞池……

　　初冬时节,晨光清冷,校园景象。
　　林峰和利贤领着小见平匆匆走在人行道上,小见平左顾右盼,安静好奇。三人来到校医院,小见平看到医院大门口的牌子,放慢脚步,拉住妈妈,抬头紧张道:"妈妈,我不打针。"
　　利贤笑道:"没病打什么针呢?"
　　小见平指着牌子明白道:"这是医院,我认得。"
　　林峰反应过来,宽慰笑道:"见平,咱不打针,是妈妈没说明白,咱们是到学校医院找丁阿姨,就是给你大白兔奶糖的漂亮阿姨。"

　　注射室里,当班的护士小汪、小齐一起忙碌地整理器械,丁国兰随手填完备品记录本,嘱咐道:"从今天起,上午用过的重复使用器械,要在下午两点以前完成消毒归位,最近教职员工的抵抗力普遍下降,加上换季,感冒高峰还没见顶。"
　　小齐满口答应道:"放心吧,护士长。"
　　小汪接过备品记录本,复查一下,指点笑道:"护士长,你看这个数字,好像又串糖葫芦了。"
　　丁国兰探头看一眼,自嘲道:"啧,我这怎么又多写个零,自罚两毛钱杂拌儿糖。不过啊,打针还得跟我好好学,今天病人再把屁股绷成个肉疙瘩,你们每人罚两毛钱瓜子儿。"
　　小汪笑脸变苦脸,沮丧道:"护士长,你这算术不是挺好的嘛,转眼就赚了我们两毛钱。"

　　走廊里,丁国兰看到走向候诊室的三口人,连忙招手。小见平看着笑容满面迎过来的白大褂,本能地贴紧妈妈。利贤笑道:"快问丁阿姨好。"
　　小见平瞄着白大褂,仰头小心道:"丁阿姨好。"
　　丁国兰微笑着蹲下,摸摸小见平的额头,诧异道:"不发烧啊,昨天在火车站活蹦乱跳的,今天这是怎么啦?"
　　林峰笑道:"怕打针。"

丁国兰拍拍小见平的屁股,挤眼道:"没病打什么针呢,对吧?"

小见平放心地笑出来,小声道:"跟我妈说的一样。"

一行人说着话来到候诊室,临近诊室的魏如莲闻声过来,热情招呼道:"这么热闹啊,哎哟,是利贤老师吧?"

丁国兰介绍道:"利贤姐,这是魏医生,李校长的爱人,我的直接领导,咱们校医院的全能专家。"

利贤连忙握手问好,林峰随后握手拥抱。小见平盯住魏医生手上的糕点纸包,利贤轻轻拉了一下小见平的手臂,提示道:"问魏奶奶好。"

小见平目光不离纸包,仰头乖道:"喂,奶奶好。"

大家笑起来,魏医生拉过小见平的手,疼爱道:"好孩子,真有礼貌,吃吧,都是你的。"

小见平马上扒开纸包,拿出一对儿粘着砂糖粒儿的长白糕,闻了闻,张嘴连咬两口,品出滋味,马上把大半截长白糕举到利贤嘴边,兴奋道:"妈妈你吃,可甜可香了!"

利贤掰下一小块儿放进嘴里,连说好吃,小见平举着手转圈儿,大人笑看欣慰,每人掰下一小块儿尝了一口,连魏医生也尝了一口。

魏医生注意到小见平指甲上的白斑,就蹲下来搂过小见平查看一下,夸赞道:"真是个男子汉!从小看大,三岁知老,让奶奶看看眼睛。"

小见平乖乖不动,魏医生翻看眼睑,随即起身道:"国兰哪,一会儿给孩子查查肠道,可能有虫。利贤、林峰,不早了,你们快去吧。"

利贤蹲在小见平面前,嘱咐道:"听魏奶奶和丁阿姨的话,妈妈跟林叔叔到学校办事儿,中午以前回来接你。"

小见平边吃边点头,两人谢过离去。

魏医生抬手看表,嘱咐道:"快到点儿了,看吧,今天又得忙一天。对了,差点儿忘了大事,明天是星期天,学生处已经通知一宿舍的学生,早饭后返回宿舍,你和小齐、小汪备好用品,明天上午八点,咱们到一宿舍检查学生的浮肿情况,你还要做表记录。"

丁国兰随手拿起挂在墙上的话筒叫人:"喂,小齐、小汪请注意,忙完了到候诊室来一下。"

魏医生感慨道:"现在校医院传达起来太方便了,就是大医院也做不到啊,你家百衡真是个贴心人,准备什么时候结婚哪?"

丁国兰一脸幸福，撒娇抱怨道："刘大芝麻官儿一天到晚见不着影，说是正忙着雷达专业筹备工作。我说魏大医生，你就代表李校长帮我催催呗。"

魏医生安慰道："老李也是没个影儿，好几个新专业排队等着论证呢。不用急，明年新宿舍一交工，你们三对儿肯定入洞房，赶都赶不出来。"

丁国兰兴奋道："那我们能不能分上新房啊？"

魏医生感触道："学校发展太快，基础设施有些拖后，别说新房，要是新婚年轻教工都能住上旧房，老李就松口气喽。怎么，不想跟我做邻居呀？"

丁国兰笑道："谁不想近水楼台先得月呀，李校长不住专家楼，让给新来的教授住，来看病的老师可没少议论。邻居我是做定了，弄好了，还能拉上文芳和利贤，到时候请李校长给我们证婚啊。"

校部机关办公区，利贤跟着林峰来到校长办公室门口。林峰敲门，室内一声请进，两人推门进去，前面的利贤领首问候道："李校长好！"

李校长高兴地起身，近前握手，亲切道："欢迎你呀，利贤老师，一路辛苦了！"

利贤礼貌道："李校长辛苦，谢谢。"

林峰问候校长好，李校长笑看林峰，当胸一拳，林峰受住，以苏联方式热情拥抱了李校长。

礼让过后，两人落座沙发。李校长倒上两杯白开水，坐到对面的沙发上，开门见山道："单位和两级政府的推荐报告我都看了，林场的情况介绍也非常感人，学校教务部的意见是，安排到工程力学实验室比较合适。当然了，要满足两个前提，一要通过专业考核，二要通过校务例会。学校会充分考虑你们的恋爱关系，尽可能予以照顾。"

利贤感动道："从我见到林峰，到我今天坐在这里，还不到三周时间，我衷心感谢各级组织对我的照顾，特别是李校长的精心安排，不管结果如何，我都会心怀感恩，好好学习，好好生活。"

林峰动容道："不论结果如何，我同样会心怀感恩，照顾好你和孩子。"

李校长轻拍沙发扶手，深情地看着两人，沉吟道："天行健，君子以自强不息，地势坤，君子以厚德载物。利贤老师，你我算是清华物理系的同门师兄妹，都是因为中国革命没有完成学业。建立一个新中国，需要付出方方面面的代价，建设一个新中国，需要爱国知识分子的共同参与。"

第七集

　　林峰和利贤感慨点头，肃然起敬，利贤的脸上现出激动的红润，惊讶中透着由衷的钦佩。

　　李校长语气一转，嘱咐道："学校会尽快安排考核，林峰啊，马上找立尧，给利贤老师介绍情况，还有，食宿是怎么安排的？"

　　林峰感激道："国兰把宿舍床位让出来，还留了食堂饭票，她自己回家跟弟弟妹妹挤在一间小屋，文芳、立尧、百衡把手头的粮票都给了我们。"

　　李校长连连点头，欣慰不已，感念道："好啊，好啊！利贤老师，这让我想起差不多七年前他们相识的那一幕。我还记得是你送林峰来的，当时林峰只说是姐姐，后来才知道，你们林场这个大家庭不简单哪。现在，学校这个新的大家庭也不简单哪，我代表魏医生衷心祝福你们！"

　　两人百感交集，连声感谢，李校长起身，再次握手，嘱咐道："既然情况都清楚明了，你们现在就要抓紧时间，立尧那里，告诉他举贤不避亲，辅导上细致一些，不要大意，考核成绩好，我这边就主动一些。"

　　中午时分，利贤和林峰匆匆赶回校医院。走廊里，还没进候诊室，就听到小见平跟几个孩子的嬉笑声。走廊尽头，丁国兰端着两个垫着毛巾的硕大铝制热饭盒快步过来，林峰见状忙赶上去接手饭盒。三人走进职工休息室，丁国兰关切道："谈得怎么样？"

　　利贤高兴道："要过专业和政审两关，顺利的话，可能会安排到工程力学实验室做实验员。上午马老师领我参观了实验室，又给我大概讲解了两本实验指导书提要，挺好懂的，我回去再好好学一遍。"

　　丁国兰笑道："我就说嘛，林峰老师的老师，学校肯定会重视的。"

　　利贤微红了脸，下意识地看了看林峰。林峰接住利贤的眼神，灼人的目光直烧得利贤两颊桃红，低头无措。

　　丁国兰疼爱道："利贤姐，女人都一样，这心里头热，脸上就发烧，别管着自己这颗心了，我从来没见过林峰这样看女人，就差张嘴咬人了。"

　　林峰笑领美意，利贤红着脸岔开话题："哎，国兰，李校长真是有大家风范，没想到，我们还是清华同门校友，都是物理系的。"

　　丁国兰高兴道："有这么好的校友照顾你，那就更应该留在林峰身边啦，而且还要全心全意。"

　　利贤感动地笑了笑，转身出门道："我去叫见平。"

小见平进门,闻到饭菜香,马上乖乖坐到饭桌旁。利贤招呼道:"林峰,咱们去食堂吧。"

丁国兰拦住道:"去什么食堂?我妈特意准备了四个人的饭菜,你们看看我带了什么好东西。"

丁国兰打开饭盒,露出半盒咸鱼块儿。小见平闻一闻,眼巴巴地看着。利贤鼻子一酸,感动道:"国兰,你把饭票都留给了我们,自己又回家吃爹妈弟妹的口粮,还连吃带拿,这怎么行啊?"

丁国兰从包里掏出两碗八筷一勺,宽慰道:"你靠山,我吃水,松花江里有好东西。来,小伙子,吃饭!"

丁国兰边说边给小见平拨了半碗苞米楂子干饭,添上一撮土豆白菜,加上几块咸鱼,又随手掏出一块酒精棉,拉过两只小手擦了一遍,嘱咐道:"小伙子,自己会吃鱼吧?可要注意鱼刺儿啊。"

小见平仰脸笑道:"我都是自己吃鱼,会挑鱼刺儿,谢谢丁阿姨。"

还没等丁国兰反应,小见平一张小脸已经埋进大碗。利贤见状,只好把饭菜分成三份,两大一小,自己端起小份。丁国兰强扭着把自己的饭菜又拨给利贤一些,林峰拨出一半饭菜摊在饭盒盖儿上,轻松笑道:"我在苏联打了四年底子,扛几个月没问题。"

到底剩了半份饭,丁国兰收好,放进利贤包里,感触道:"当爹的舍不得吃,那就留给儿子吧。"

利贤顺势搂住丁国兰,含泪道:"国兰,真舍不得你们,我一定好好准备考试过关。"

丁国兰拍拍利贤,动情道:"这还差不多,我们都给你加油!"

小见平抬头看着妈妈和丁阿姨,林峰抚了抚小见平的头顶,期盼道:"等咱们有了新家,就把太爷爷太奶奶,还有先生,都接过来。"

小见平着急道:"那咱们现在就结婚吧。"

丁国兰扑哧一声笑出来,打量道:"呵,没看出来呀,家里还有一个管事儿的主儿。"

利贤给小见平整理好衣帽,小见平仰头道:"丁阿姨再见。"

林峰感激道:"国兰,大恩不言谢,都领了!"

丁国兰从桌上拿起纸包交给利贤,嘱咐道:"多大点儿事儿呀,言重了。这是两瓶钙片和一包驱虫塔糖,还有十斤粮票,孩子缺钙,肠道有蛔虫,服药后千万藏好塔糖,粮票是魏医生的心意。"

利贤刚要张口,丁国兰快人快语道:"药开在林峰名下,粮票也别推了,你们快回去吧。林峰,这两天多陪陪孩子,让利贤姐好好复习,千万别大意,我去换班了。"

林峰认真道:"明白,你快去吧。"

林峰和利贤领着小见平来到魏医生的诊室门口,见室内围聚着七八个面露紧张的男女学生,就礼貌地等在外面。诊床上躺着一个面色苍白的高大男生,魏医生端着一碗红糖水,示意床边的男生,吩咐道:"你们俩,扶高明起来坐好。"

众人让开,两个男生连忙照办,魏医生把红糖水凑到高明嘴边,提示道:"慢点喝,别呛着。"

高明迫不及待,自己捧住碗,咚咚咚咚一口气喝光,表情满足。魏医生见状,回身拉开医务用品柜门,拿出一个大号铝制饭盒,打开盒盖,里面排着差不多一满盒泛黄的薄饼。学生们盯住饭盒,魏医生拿出两块薄饼递给高明,高明接过谢一下,转眼间就吞下一块,魏医生见状又加了一块,然后合上饭盒,准备放回去。

一时间,诊室里静得出奇,只听得诊床上发出的咀嚼声,魏医生顿了顿,打开饭盒,每个学生分了一块。

马上有人吃出了惊喜:黄豆饼!魏医生笑道:"没错,苞米面掺了豆腐渣,捏成饼子,贴在锅上,余火烙出来的。"

众人连说好吃。魏医生无奈道:"都说好吃,眼下这成了医院最好的药。"

看到门外的三口人,魏医生连忙迎出来,关切道:"怎么样,顺利吗?"

利贤满意道:"魏医生,很顺利,要是能过关,可能安排到工程力学实验室。"

魏医生宽慰道:"老李是个求贤若渴的校长,你就放心准备吧。"

利贤拿出粮票,还没张口,魏医生就随手按回去,理解道:"你和孩子现在还没有着落,仨人一份口粮,拿着吧。"

上午时分,校办会议室,校务工作例会,人事部长手抚桌上的两份档案,看一下众人,沉稳道:"经过严格的理论考试和实验考核,人事部确定了两名备选实验员,一个是焊接实验室的黄金宝,20岁,男性,城市赤贫出身,中专毕业,专业基本对口,考试成绩是理论3分,实验3分,加试0分,达到录用最低标准;另一个是工程力学实验室的利贤,27岁,女性,高中毕业,清华大学物理系二年级肄业,革命烈士遗属,大资本家出身,父亲是镇压级的反革命,解放前夕带着老婆、儿子逃往台湾,利贤的考试成绩是理论5分,实验5分,加试5分。还有一个情况需要说明,工程力学系的林峰老师刚从苏联学成归来,同利贤是恋爱关系。考虑到利贤的复杂背景和优异成绩,还有学校民转军的政审要求,人事部的态度是慎重对待,所以还是请大家讨论,决定取舍。"

反右扩大化的阴影笼罩在每个人的心头,与会者面面相觑,无人发言,会场气氛沉闷压抑。

李校长扫视全场,态度宽厚,语气和缓:"沉默也是一种意见,面对一个大资本家的女儿,一个革命烈士遗属,作为党委书记,我理解大家的沉默;面对一个半途而废的优秀学生,一个成绩优异的专业人才,作为校长,我同样理解大家的沉默。在座的都是共产党员,我想以一个普通党员的身份说几句话。"

李校长沉吟片刻,表情肃然:"共产党人讲政治,也讲包容,如果共产党人盲目怀疑一切,而不是结成广泛的统一战线,怎么可能建立今天的新中国?如果科教工作者凡事都怕莫须有,而不是坚持科学精神,怎么可能建设明天的社会主义大学?既然大家选择沉默,我们就以普通共产党员的身份举手表决,同意录用利贤同志的请举手。"

李校长目光正视,从容举起了手,与会者表情凝重……

女教工宿舍楼,丁国兰房间,小见平跪在椅子上,身体伏在桌面,右手一支铅笔,嘟着嘴,认真地在一张信纸上给太爷爷、太奶奶、钱先生写信,林峰坐在一旁,看一会儿,指点道:"这个好字的笔画写得挺好看,就是左边的女和右边的子离得有点儿远。"

小见平噢了一声,掉过笔,用橡皮头蹭去子,又掉过笔,靠近女字旁重新写上子,端详一下,忽然想起了什么,笑指道:"呵呵,先生说,这个女是我妈,这个子是我。"

林峰夸赞道:"先生说得真好,将来这个子长大了,变成男人,就会遇到像你妈妈那样的女人,两个人在一起,还是一个好。"

小见平开心道:"就像你和我妈妈吧?"

林峰心动道:"是啊,也像你爸爸和你妈妈。"

门口响起了轻轻的叩门声,小见平脱口而出:"是妈妈!"

话音未落,小见平一骨碌下地跑去开门。利贤静立门外,随手解下枫红的围巾,美白的脸上露出笑容。

小见平仰起笑脸,伸手接过围巾,知心道:"妈妈,你笑得真好看,是不是又得了一个5分儿呀?"

利贤摸摸小见平的脸蛋儿,点头笑出来,小见平转身兴奋喊道:"林叔叔,咱们可以结婚啦!"

利贤抬起头,向后拂了一下微汗润湿的头发,目光沉静如水。

姐弟俩第一次久久对视……

小见平觉着妈妈累了,就把妈妈拉过来,轻轻关好门。

林峰近前扶住利贤……

【画外音:心动而萌情,情到深处,就是爱,爱到极致,竟是情!魂牵梦绕的姐弟俩第一次久久对视,兴奋与疲惫交织,渴望与爱意交融,利贤重生在林峰的怀抱。】

冬去春来,夏初晨光,校园里,微风杨柳,生机盎然。

小见平跑跳在人行道上,后面快步跟着利贤。红太阳幼儿园近在眼前,小见平跑进大门,回身摆手喊道:"妈妈,你去上班吧。"

利贤放慢脚步,身后赶上来中年女园长,见状热情招呼道:"今天又这么早啊,利贤老师。"

利贤高兴道:"园长您也早啊,见平这孩子,迷上幼儿园了。"

园长夸赞道:"开园这么多年,头回见着这么拿幼儿园当家的孩子,又聪明又懂事,老师们都喜欢,尤其是身上那股子善良劲儿和正义感,这才半年过去,就成了中班的孩子头儿。"

利贤跟小见平摆摆手,开心道:"还是老师们教得好,山里的孩子,没见过这么多小朋友,感觉就亲,看啥也都新鲜,让老师们费心了。"

园长感叹道:"利贤老师,家长、孩子都像你们这样通情达理,我这个园长就好当喽。看样子,你跟孩子一样,也是第一个去单位报到,以后临时有事不能及时接孩子,就给幼儿园打个电话,老师们都能照顾。"

利贤感激道："谢谢老师们这么喜欢见平，下周幼儿园的运动会，林峰让学生凌云来给大家照相，以后要是搞活动用照相机，嘱咐见平带来就行，这孩子心里装事儿。"

园长开心谢过，两人再见。利贤神清气爽，漫步在人行道上，晨风拂面，翠鸟闪鸣……

工程力学实验室，窗明桌净，整洁有序。利贤一杆拖布在手，表情欣然。马立尧提包进门，惊讶道："天天这么早啊，利贤。"

利贤开心道："见平这孩子，跟钱先生一个习惯，从来不睡懒觉，自打上了幼儿园，天天惦着那些连环画，一大早去幼儿园，没人跟他抢啊，我也乐得清静，早晨正好学俄语。"

马立尧佩服道："这才半年多，你就借着俄汉字典翻译技术资料，文芳当年也做不到啊。"

利贤谦虚道："不是这样的，我们县高中有一个避难的白俄贵族老头，开了俄语课，我每周都住校，早晚没事儿，就跟着学了一点儿。"

马立尧笑道："你学的可不是一点儿呀，是因为林峰吧？"

利贤脸红道："瞧你说的，全民学习苏联，都因为林峰啊？"

两人笑起来，利贤关切道："哎，林峰呢？他头两节不是没课吗？"

马立尧兴奋道："你不知道？今天上午校长办公扩大会讨论火箭设计专业创建规划，国防科委首长都来了。"

利贤思量道："不是说下周吗？"

马立尧解释道："林峰说，好像是首长视察基地后没停北京，直接过来的。"

利贤翻面拖布拖完最后几下，起身轻出一口气，欣慰道："这下好了，你们终于有了用武之地。"

马立尧谦虚道："对林峰来说，是用武之地，对我来说，是用人之处，况且用不用我，还是个未知数，这几年撂荒了，我得抓紧跟林师傅好好学呀。"

马立尧从包里拿出一本手稿放在桌上，那边利贤已经收拾停当，回来看见手稿，连忙脱下套袖擦干手，坐到马立尧对面翻看，不觉兴奋道："这么快就写完了，开夜车了吧？"

马立尧感触道："不开不行啊，新专业这两天就要成立，林峰带回的技术文献很有借鉴价值，配套教材的编译纲要都定下来了，我兼管实践课，趁着空当儿,先把力所能及的事做好。是这样,我把《课程设计指导书》的改编重点放在实验方案设计要求上,力求体现工程思维。"

利贤翻查一下书稿内容,指看目录中的小标题,思量道:"下面这些新要求,是从苏联文献中借鉴来的吧? 有一定难度啊。"

马立尧肯定道:"是的,有些内容超出了教学大纲要求,实验难度肯定大了一些。利贤,这半年你做了不少实验室改进工作,实验流程和设备管理井然有序,所以还要辛苦你审读一下,多提修改意见。"

利贤谦虚道:"你树都种了,我还怕尝果子呀,就是我这个学生水平低,经验少,不一定能帮上老师的忙。"

马立尧鼓励道:"别谦虚了,利贤,早年你自学了清华课程,加上现在旁听的专业基础课,别说一本《课程设计指导书》,就是主讲大课,也完全可以胜任,你再看看这个……"

马立尧起身来到一台苏联实验设备前,指着设备侧面的俄语标牌,分析道:"我和林峰怎么也没有想到,我们的实验设备同苏联一流大学的相比,竟然没有差别,但是很可惜,我们并没有建立起充分发挥设备功能的实验方法,我们的课程设计,追求千篇一律的精准结果,反而流于表面程式,缺乏综合性和创造性的实验内容。"

利贤敬佩道:"你和林峰在专业精神上太像了,林峰也总是念念不忘蔡老师的教诲,专业思想和专业书籍的确是工程思维的根本,往后的教材编译够你忙的,你就好好写吧。"

马立尧感悟道:"专业精神说到底,是骨子里的东西,带有文化属性,没人要求你做什么,面对那些科学的、社会的原因,你自然而然会演绎结果。"

利贤感慨道:"钱先生说,这是自性作为,不昧因果。立尧,文芳跟我讲了你的经历,咱俩的家庭背景很相似,所以你让我看设备标牌的时候,我就有一种本能的条件反射,脑子里一闪,你这又是破旧立新,说不定什么人又要找你的麻烦。"

马立尧含笑静默,利贤感叹道:"一个人随遇而安,随安而乐,有所作为,难怪文芳为你动心动容。"

话音未落,门外响起了鼓掌声,刘百衡臂弯儿里挎着手提包,学着国家领导人的鼓掌姿态,大模大样,坦步入场,后面的何文芳笑道:"刘大芝麻官儿亲临指导,还不快动心动容欢迎啊!"

马立尧起身，开心道："今天刮的什么风，怎么一大早都来了？"

利贤热情地迎上去，逗趣道："文芳，是不是马老师藏了什么好吃的，一大早就惦记上了？"

马立尧笑道："那是刘百街的看家本事，我这儿嘛，肩上两袖清风，裆下半截短裤，还是体贴入微的。"

何文芳大笑，利贤不解，刘百衡一副失落的夸张模样，感叹道："要说这做男人嘛，立尧可比我坏多了，是吧，文芳？"

何文芳不上当，提醒道："立尧，三毛儿的话你就不能接，不管你说什么，最后都归到我这儿，行了，百衡，说正事儿吧。"

刘百衡抬手看表，正经道："才七点，来得及，情况有变，国防科委首长提前到校视察，新专业规划汇报整个提前一周，火箭设计排第一，今天上午八点开始；雷达技术排第二，上午十点开始。本来我和文芳约好了，早晨到我宿舍试讲一下，她这儿刚到，秦秘书就给宿舍打来电话，让立尧参加汇报，说是苏联专家莫洛托夫教授临时提出来的。怎么样，立尧，好饭不怕晚吧？"

马立尧神色一震，脸色微红，追问道："你是说莫洛托夫教授？他最近主动找过我，重提我的实验设备技改方案，要复查一下。当年那份草图早让韩主任给烧了，我又重新画了一张，两年过去，反而有潜移默化的新改进。对了，这次他说没说要准备什么内容？"

刘百衡不平道："还用他说吗？这几年你成了教师中的工程师，明摆着要你介绍工程实践这一块。你想啊，国防科委首长从基地直接杀到学校，他们可不是纸上谈兵的主儿。"

何文芳补充道："百衡说到点子上了，以我的经验，首长更关心的是你的论文能变出什么真东西。立尧，你应该带上书稿，这是体现专业思想和工程思维的最好论据。"

利贤把书稿递给马立尧，鼓励道："文芳说得有道理，种瓜得瓜，种豆得豆，你在实验课方面的创新有目共睹。林峰这些天重点准备的，就是教材编译大纲构成的教学基础框架。立尧，快去吧，工程实践这一脚踩实了，咱们可能争取到更多的实验设备，这方面，林峰可能想得不够细。"

马立尧竖一下大拇指，说一句相辅相成，马上快步出门。刘百衡看着马立尧的背影，嗟叹道："我这两个兄弟，中间有利贤姐这么一导电，专业配合上已经不是一般的默契，够得上是神交知己。"

何文芳感触道:"是啊,他俩之间应该有电磁作用,看利贤姐的精神状态,就能体会出强大的磁场效应。哎,百衡,你这一说默契配合我倒想起来了,结婚用房的事儿怎么样了?咱们能不能凑个三家巷啊?"

利贤马上露出期待的表情,刘百衡得意道:"有国兰在,你们就放心吧,岂止是三家巷,连李校长都成了咱们的好邻居。国兰跟于部长说,李校长家里有医生,隔壁有护士长,再隔壁有左膀右臂的业务骨干,对学校工作有利,对家庭生活有益。结果于部长答应亲自安排,咱们就等着李校长证婚吧。"

何文芳拉了利贤一下,利贤看了两人一眼,低头笑出来。

第八集

1960年夏末,中午时分,滨江工业大学校园,草木繁茂,风和日丽。

教工宿舍楼,大门两侧贴着大红囍字,不远处的树荫下,人声喧闹,气氛喜庆,三对儿新人含笑站成一排,青年教师陈田手持照相机试镜,招手喊道:"百衡再往前,一点点就好,脸上还是有点花。"

刘百衡挽着丁国兰向前探一点,眯起眼睛喊道:"阳光太强,脸上不花眼睛花,喊一二三,好睁眼!"

有人喊道:"百衡,睁也白睁,眼睛不花心里花。"

众人都笑,陈田及时抓拍,转身喊道:"雷达的,都上来。"

一群青年教师呼啦一下涌上来,很快前面蹲一排,后面站一排。

刘百衡紧凑地拉了拉左边的何文芳和右边的丁国兰,小声调皮道:"我这是一星管二。"

丁国兰使劲捏了刘百衡一把,刘百衡哎哟了一声,何文芳摸摸刘百衡胸前的小红花,可惜道:"结婚证上改名了没?"

刘百衡不解道:"改什么名?"

何文芳打趣道:"刘百花呀。"

陈田喊道:"嘀咕什么呢,百衡?看镜头!注意了,一二三……下一个,校医院。"

一群女护士唧唧喳喳围上来,刘百衡夸张出头疼状,刚要出列,女护士们纷纷喊道:"百衡哥,不能走!"

丁国兰一瞪眼,笑道:"白疼你们了,今天还不改口!"

女护士们又嬉笑喊道:"姐夫,留下吧!"

众人哄笑,刘百衡急道:"这这这……什么称呼,怎么听着像特务?"

众人又笑,陈田及时抓拍……

宿舍楼内,三间相邻房间的门上贴着大红囍字,门虚掩着,七八位中老年教师围站在走廊里说着专业话题,孩子们兴奋地翘首排队,陈主任笑容满面,捧着大红盒子发喜糖。一个排到跟前的小男孩儿低头伸出手,陈主任看着眼熟,一巴掌打在男孩手心,瞪眼道:"小坏蛋,刚领过,又来骗我!"

小男孩儿仰脸急道:"陈爷爷,我爸有八十岁老母,你就再给我几块吧。"

众人转头笑看,陈主任轻拍了一下小男孩儿的后脑勺,递过四块喜糖,嘱咐道:"别都自己吃了,给你奶奶留两块。"

临近新房的三家共用厨房里,三眼灶位炭火青蓝。丁师傅守着炭火,手里平晃着自制的铁丝网夹,网夹里的咸鱼片冒出嘶嘶油泡,丁师母守着平底锅,快手翻贴金黄的薄玉米饼。魏如莲把切好的一把葱花撒进大锅骨头汤,汤里翻滚着土豆块、胡萝卜块、青萝卜块。十八岁的国强扒开麻袋口,抓出木炭放到簸箕里,起身给三个灶眼加炭。十六岁的国英守着拼在一起的两张桌子,手边一托盘烤鱼片和红肠片,一托盘黄中带焦的薄玉米饼。国英手上麻利地两饼夹红肠片,放进浅褐色的食品纸袋,又两饼夹咸鱼片,叠放在红肠饼上,桌上整齐地排列起一个个小纸袋。

魏如莲看了一圈,回到桌旁继续切红肠片,不禁赞道:"真香啊!丁师傅,以前没发现鱼肉还能出油。"

丁师傅笑道:"魏医生,以后你也发现不了,是鱼肉上抹了鱼油。"

丁师母解释道:"魏医生,是这样的,现在能吃的都成了好东西,我把鱼肚子里的白油烤出来,抹在咸鱼上,既好吃,又防腐。"

国英笑道:"魏阿姨,我妈现在连鱼鳞都舍不得扔,用粗盐炒干了当瓜子儿,我哥没少吃。"

国强看着魏如莲憨笑了一下,魏如莲夸赞道:"姑娘啊,你妈妈的学问大了,那可是天然钙片呀!"

宿舍楼外,伏尔加轿车缓缓停在照相人群不远处,后座的李校长打开车门,对副驾驶位上的秦秘书嘱咐道:"鹤临的那箱资料很有价值,一定要保管好,下周召集编译骨干,在校办会议室开个碰头会,让林峰主持一下,教学、科研两大部门的领导都参加,具体时间通知我。"

秦秘书领会道:"放心吧,校长,资料我锁在文件柜里,碰头会我明天就安排。小张,去校办。"

李校长下车,摆摆手,小车离去。

众人冲李校长招手,新郎、新娘兴奋地迎上来。李校长笑容满面,伸出双手,一手握向刘百衡,一手握向丁国兰:"三阳开泰!"

李校长又一手握向林峰,一手握向利贤:"九九同心!"

马立尧两手紧紧握住李校长的手,何文芳也是两手紧握,李校长饱含深情,欣慰道:"夫妻同心,其利断金,夫妻同德,不屈百折,恭喜你们哪!"

马立尧激动不已,习惯性地谦虚道:"谢谢校长,我们做得还不够。"

何文芳笑道:"又瞎谦虚。"

刘百衡附和道:"校长批评得好,我们做的,不是还不够,是没个够。"

众人哄笑,陈田举着照相机喊道:"大家后退站好,跟李校长来一张。"

厨房里,魏如莲看看差不多完工了,就随手拿起一袋儿饼,出门道:"我去叫新郎新娘,顺便给收发室顾大爷带一份儿。"

丁师母目送魏如莲的背影,赞叹道:"国兰身边有这么个长辈领导,得福哇!"

走廊里弥漫着烤鱼烟香,魏如莲笑道:"老陈哪,还是三句话不离本行啊,大家洗手吧,开饭了。"

陈主任笑道:"其实大家早就走神儿啦,太香了。"

众人谢着辛苦了,纷纷走向水房,魏如莲下楼来到收发窗口,顾大爷探头笑道:"谁的好手艺呀?烤出鱼鲜味儿了。"

魏如莲递上纸袋,微笑道:"是丁师傅烤的,您尝尝。"

顾大爷连忙起身接过,闻一下,高兴道:"哎哟,这可是好东西,谢谢!"

午后的骄阳有些炫目,魏如莲手遮额头,呼喊道:"新郎新娘,开饭啦!"

丁国兰闻声跑过来,拉住魏如莲兴奋道:"魏医生,就差你了,照几张,就一会儿。"

魏如莲看到笑吟吟迎上来的李校长,一下来了兴致,不觉加快了脚步,兴奋道:"好好好,那就快点儿。"

一丝浮云遮住太阳,光线清亮,众人的围观嬉笑中,李校长夫妇笑意安然,陈田拍拍自己头顶,示意看镜头,旋即按下快门……

三对儿新人围上来,一边三个,人群中有女护士欢叫道:"百衡姐夫,笑一个!"

刘百衡做了一个投降动作,众人欢笑,陈田及时抓拍……

第八集

夜幕降临,教工宿舍楼散亮着昏黄的白炽灯,楼道里静悄悄的,两个七八岁的男孩儿、女孩儿蹲在墙边,每人手里一本书,嘀嘀咕咕,交换糖纸,女孩儿的妈妈站在旁边,指着手腕轻声责怪道:"燕子,这都九点了,再不睡,肚子里又没食儿了,半夜喊饿我可不管啊。"

女孩儿央求道:"妈,就一会儿,我这套米老鼠就差他手里那张了。"

男孩儿坚决道:"两张大白兔加三张熊猫就给你。"

两个孩子正讨价还价,近旁的屋门轻轻一响,魏如莲闪身出来,见状诧异道:"这么晚了还不睡,嘀咕什么呢?"

女孩儿的妈妈无奈道:"都是喜糖闹的,又出了几样新糖纸,这不,俩人换不换的,较上劲了。"

魏如莲解围道:"燕子,云飞,婚礼上我留了不少新糖纸,你们要是听话睡觉,明天晚上到我家来拿。"

两个孩子马上啊了一声,女孩儿的妈妈手指封嘴嘘道:"小声点儿,新郎新娘都睡了。"

两个孩子一个吐舌头,一个做鬼脸,乖乖回家。

女孩儿的妈妈小声道:"谢谢啊,魏医生,还是您有办法,这么晚了出门,又是夜班?"

魏如莲习惯道:"我这儿没负担,今晚临时替个班儿。哎,今天闹洞房散得可挺早啊。"

女孩儿的妈妈笑道:"本来闹得挺欢实,大家看李校长好不容易在家休息半天,早早散了。"

魏如莲看了看新房方向,会心笑道:"正好成全他们,你也休息吧,明儿见。"

女孩儿的妈妈侧耳听了听,笑笑摆手,回家关门,魏如莲快步下楼。

新房里,一床一桌一柜,加上两只箱子和一些小用品,简单得叫人想起招待所。马立尧两手端着大半盆水走到门前,腾出左手开暗锁,床前的何文芳柔声道:"立尧,明天倒吧。"

马立尧顿住,随手锁好门,把水盆放到门侧一角的盆架上,人在墙角,静一下,不知怎么,忽然就平添了几分两情相悦的安逸感,久违的轻松意气油然而生,记忆深处蓦然涌出青海之家的自由气息……

【闪回画面：青海大草原，几个中学生制服的年轻人策马奔腾，马立尧一马当先，两侧牧民策马追赶……】

马立尧不由得深深呼吸，慢慢转过身来……

何文芳旁若无人，慢慢剥离束缚，直到一丝不挂，没有丝毫的羞涩……

女人的自由注定要激发男人的奔放，马立尧坦然剥离束缚，爱人相拥，如入无人之境……

往昔所有的爱抚都成了今夜的铺垫，肌肤之亲潮水般抚平了心灵深处的坎坷，肺腑之合浮云般淡漠了世道沧桑的不公，伤害似乎变得无足轻重。

何文芳如痴如醉："两个人的结合妙不可言。"

马立尧浴火重生："两个人的世界足够强大。"

一样的房间，一样的陈设，只是多了一台缝纫机陪嫁。丁国兰端过小半盆水放到床边，起身拿过暖水瓶，边兑热水边试水温。刘百衡乖乖把脚泡进水里，丁国兰沉浸在满足的笑意里，细细揉搓，慢慢捏拿，刘百衡静静享受了一会儿，忍不住托起妻子的脸，丁国兰笑得柔声慢语："舒服吧。"

刘百衡用手背轻轻摩挲丁国兰的脸颊，语调舒缓柔顺："家的感觉真是好啊，小时候，为念书，冬天常给东家铡草喂牛，晚上回到家，妹妹就给我烫脚，一宿身上都是热乎的。"

丁国兰心头一热，动情道："那我就做你妹妹吧。"

刘百衡湿着脚起身，丁国兰忙把拖鞋套在刘百衡脚上，体贴道："怎么不洗了，水不热？"

刘百衡扶起丁国兰，顺手撩起裙子，把愣模愣样的丁国兰按在自己的位置上坐好，又拿过暖水瓶加热水，然后蹲在床边，脱下丁国兰的凉鞋，把脚抬进水里，倒是自己享受一般，细细揉搓，慢慢捏拿……

丁国兰忍不住把脚搭在盆边，呼吸有些局促，喘声道："有点儿热。"

刘百衡顺手挠挠脚心，抬头坏笑道："是痒吧？"

丁国兰呻吟了一声，把脸凑过来，两人的额头抵在一起，刘百衡开始向上揉搓小腿，丁国兰渐渐把持不住，开始扭动身躯，颤声道："百衡，真热，关灯吧，我想脱衣服……"

第八集

　　还是一样的房间,还是一样的陈设,只是大床对面多了一张隔帘小木床。小见平兴奋了一个晚上,终于沉沉睡去。利贤拿开小见平手边的火车头玩具,林峰递过一条小夹被,利贤盖好起身,轻轻拉上布帘,两人相拥而视。

　　人在旅途,不懈向往,男人的气息又一次扑面而来,唤醒了潜移默化的深沉爱意。利贤于羞涩中主动抱住林峰,林峰于渴望中解开利贤的衣扣,两情浸润,不能自已。利贤亲了林峰一下,羞涩道:"别回头,我去洗一下……"

　　昨夜曲中朦胧,林峰陶然安娜的错觉;今宵灯下幽暗,林峰陶然利贤的裸体。

　　无尽的爱抚下,利贤羞涩难当,伸手关掉床头微光小灯,林峰默默拉开,再关掉,再拉开……

　　蚀骨的销魂中,裸体不会羞涩,母性荡漾,沁人心脾……

　　夜色静谧,楼影深沉,愈发映衬出扑射人性光辉的那扇孤窗。

　　晨光初照,楼廊渐明,浮云微风,小鸟林鸣。

　　李校长家,窗帘遮掩,光线微暗。电话铃声骤响,李校长侧卧床上,抬手接电话:"喂,您好,我是李国荣……"

　　片刻,李校长神色一震,马上起身,静静聆听,谨慎道:"我重复一下国防科委的指示要求,就是尽一切可能尽快抢救技术档案,避免引发政治事件……"

　　李校长随手拨通电话:"喂,小秦吗?我是李国荣,立即通知全体校级领导,马上到校办会议室待命,传达国防科委紧急指示,15分钟内必须到场,切记,不要惊动苏联专家。"

　　李校长又随手拨通楼下收发室电话:"喂,顾师傅吗?我是李国荣,你马上拨通其他教工宿舍楼收发室电话,要求值班员不得离开电话机,从现在起,电话不得占线。"

　　李校长匆匆下楼,顾大爷刚好放下电话,一副探寻的模样,汇报道:"校长,电话都打通了,值班员保证电话畅通。"

　　李校长摆手一句:"很好,叫刘百衡起来等电话。"

　　话音未落,人已出了楼门,顾大爷跟到门外,看着匆匆远去的背影,自言自语道:"车都来不及叫,事儿不小啊,我得快点。"

　　顾大爷不敢怠慢,快步上楼,来到刘百衡家门口,听了听,轻轻敲门,没反应,立即加重,里面刘百衡回应道:"谁呀,这么早,敲错门了吧?"

顾大爷贴近门缝道:"对不起呀,新郎官,学校出大事啦,李校长让你楼下等电话。"

屋里扑通一声光脚跳下地的动静,刘百衡旋即开门,小跑下楼。

校部机关办公区,李校长和秦秘书前后脚出现在走廊里。秦秘书紧跑几步开门,李校长直奔办公桌,拿起电话拨号,沉稳道:"喂,国防科委吗?我是滨江工业大学校长兼党委书记李国荣,十分钟前我接到国防科委电话指示,因为事关重大,我必须再次确认指示内容,请转接张爱萍副主任⋯⋯"

会议室那边,秦秘书已开门开窗,校领导陆续匆匆进来。李校长跟大家摆手落座,秦秘书坐在旁边,备好会议记录纸笔,众人投来严峻的关切目光⋯⋯

教工宿舍收发室,电话铃声骤响,刘百衡赶紧拿起电话,表情一震,边听电话边记下一串人名,然后拿起笔道:"大爷,我念人名,你说房间号。"

顾大爷连忙说好,刘百衡念道:"陈守康⋯⋯"

顾大爷随口应道:"205⋯⋯"

刘百衡继续道:"白新民⋯⋯"

顾大爷紧跟道:"306⋯⋯"

顾大爷守在电话机旁,刘百衡穿行在楼道里按号叫人,伴着咚咚的敲门声,楼道里的人渐渐多起来,大家面面相觑,小声议论,不知道发生了什么⋯⋯

学校礼堂,一班校领导静候台上,人流纷纷入场落座,台下中间前五六排渐渐坐满了人。李校长侧看示意,校领导班子成员点头默契,李校长扶案起身,表情严峻,语调沉稳:"同志们,今天早晨五点,我接到国防科委电话通报和指示,苏联政府已经照会中国政府,单方面宣布,立即撤走在中国的全部苏联专家。昨天夜里,滨江工业大学的苏联专家已经接到苏联政府的撤离通知,今天上午就要开始撤离准备。"

会场哄然纷乱。

李校长静候,副校长摆手,台下很快安静。李校长加重语气道:"这是一个复杂事件,中苏两国政府还在进一步的沟通协调之中,事件性质有待中国政府确认,大家不要议论,不要传播,国防科委要求我们,尽一切可能,尽快抢救由苏联专家主导的教学和科研技术档案,包括苏联仪器设备技术档案。"

台下小声议论。

副校长又摆手,会场静下来,李校长肃然道:"同志们,请牢记,这些技术档案,是中国人民在困难时期付出巨大代价换来的,我们拥有无可争辩的使用权。当然了,我们同苏联方面签署了技术保密协定,我们是讲信誉的,一直严格遵守这个协定,但是,现在苏联政府单方面改变了履行协定的前提,我们将遭受不可估量的重大损失,所以从现在起,我们拥有了复制苏联技术档案的权利。"

台下议论又起。

李校长稍顿,高声道:"从今天上午开始,全校暂时停课,散会以后,请全校所有技术档案管理员立即打开档案柜,让我们的师生尽快复制苏联技术档案。今天上班后会发生同苏联专家的正面交流,请大家拿出诚意和办法,争取苏联专家的理解和帮助,对蓄意抢夺,甚至破坏技术档案的行为要当场予以制止,但不要发生肢体冲突。出了问题由我负责,重复一遍,出了问题由校长负责。"

李校长抬手看表,大声道:"现在是六点十分,离上班时间还有一小时五十分,这一小时五十分对滨江工业大学的未来教研发展意义重大,请大家先行一步,争取在第一时间拿到技术档案。切记,拿到东西才有主动权,这里我要特别提示,在国家利益的原则问题上,一定要抛开情面,抛开敬畏,牢牢把握住技术档案,直到完成复制工作,校领导会尽一切努力为大家争取时间,同志们珍重!散会!"

事件出乎所有人的意料,议论骤起,刘百衡大喊:"等等,请校刊编辑部还有学生工作部拿出全部胶卷原地等待,大家快去拿照相机。"

刘百衡拉着何文芳第一个冲出礼堂,边跑边喊:"你先去拿档案,我回去拿相机,教研室见!"

马立尧紧随刘百衡跑向教工宿舍楼方向,林峰跑向教研室方向,教师们纷纷涌出礼堂,奔向教研室、实验室……

教工宿舍楼,刘百衡和马立尧疾步上楼,马立尧拿出钥匙开门,那边刘百衡已破门而入,丁国兰不在,刘百衡抓起相机、胶卷塞进包里,转身出门。利贤家门一响,丁国兰和利贤闻声出来,刘百衡直接道:"利贤,快把相机、胶卷都给我,学校急用。"

三人进屋,走廊里马立尧身影一闪,摆手道:"我先去了。"

丁国兰紧张道："急成这样,到底出什么事儿了?"

利贤快手找出相机、胶卷,刘百衡连忙接过,塞进包里,急切道："苏联政府突然宣布,马上撤走全部在华专家,原因不明,不许传。国兰,你送见平去幼儿园,利贤,跟我走。"

路上出现快步奔跑的师生,利贤直奔工程力学实验室,刘百衡拎着装满相机、胶卷的书包从校刊编辑部出来,一路飞奔到焊接教研室。陈田正摊开一本大图册准备分拆,旁边的几位青年教师铺好绘图纸,手拿工具跃跃欲试,没容陈田反应,刘百衡就把相机和一包胶卷放到图册上,紧迫道："昨天的相机,拣要紧的拍,数据细节可能模糊,注意补标。"

话音未落,人已出门,几位青年教师惊诧不已,其中一位好奇道："这位是何方神圣?"

陈田抄起相机,佩服道："国宝刘百岁,你不知道?分拆图纸,准备图板,你们几个学生,准备记录数据,快!"

工程力学系火箭设计教研室,青年教师两人一组,抄写、核对技术文档,林峰和几位老教师迅速翻选图纸分拆,学生徐进快速把图纸平整好,用图钉固定在制图板上,摆放到窗前顺光亮处既定位置,马立尧手持相机调焦调距,定格后稳稳拍下,随口提示道："图A35边缘小号数据全部模糊。"

学生凌云迅速摘下拍好的图纸摊在桌面上,招呼桌边的三位同学,机敏道："我们四个按图纸的四围分工,东南西北,其他同学自己分组。"

凌云一组四人迅速在白纸上草勾出各自方位边缘的局部轮廓,标上编号和数据,其他同学马上效仿,又快速形成一组,一位组员静候在马立尧身边,相机又瞄准了另一张订好图纸的制图板……

一样的智慧,一样的场面,无线电工程系雷达技术教研室,一些青年教师伏案疾书,何文芳和陈主任选图分拆,电路图大小适中,女学生快手固定图纸,刘百衡稳拍提示,两组学生迅速分工标注……

有条不紊的紧张忙碌中,女学生的手忽然停下来,目光停留在门口方向,脸上露出敬畏的表情,流水线上的人纷纷停手注目,现场鸦雀无声。苏联专家达维登科愣在门口,无法掩饰心中的震惊。刘百衡第一个反应过来,热情地迎上去,伸手道:"早上好,达维登科老师。"

达维登科浅握了一下刘百衡主动伸出的手,回了一句早上好,脚下不停,不动声色,迅速巡查一番,然后站到醒目位置,略微沉吟了一下,表情和蔼,语气坚定:"亲爱的朋友们,早上好!昨天夜里,我接到苏联政府的通知,命令我们苏联专家组,立即收回苏联援建项目的技术档案,我们专家组要在五日内返回苏联。鉴于目前发生的情况,我不得不重申一下苏中双方的保密协定,未经苏联专家允许,任何人不得复制苏方提供的技术档案,目前的场面令人震惊,令人遗憾,这是你们第一次违反保密规定,我想也是最后一次,请朋友们整理好苏方技术档案,我要马上带走,希望理解,谢谢合作。"

刘百衡近前几步,双手握住达维登科的手,表情和蔼,语气坚定:"亲爱的老师,我们刚刚接到中国政府的通知,命令我们立即保留苏联援建项目的技术档案,这些技术档案是在困难时期,中国人民用牛奶、馒头,甚至生命换来的,请老师理解,请老师合作。"

刘百衡回身抬手一指,众人纷纷闪开,墙边并排放着三把椅子,年轻女教师戴少芬面色灰白,曲卷着侧卧在上面,旁边蹲着一个面黄肌瘦的十几岁小男孩儿,正在喂她酱油水。

刘百衡指着小男孩儿,饱含深情,语气沉重:"达维登科老师,这是戴老师的小弟弟,饿得受不了,从乡下跑来投奔姐姐,姐弟俩吃一份口粮。昨天中午,戴老师没舍得吃婚礼上每人一份的午饭,留给了小弟弟,今天早上,戴老师没来得及喝食堂那碗稀粥,结果就成了这样。您看看,她现在喝的是我们教研室应急备用的酱油水,勾兑比例是10%。达维登科老师,如果我们互换一下身份,您现在会怎样处理问题呢?"

达维登科跟刘百衡对视片刻,疾步来到戴少芬身边,随手摸出几块巧克力,迅速剥开一块放进戴少芬嘴里,余下的塞给小男孩儿,抚慰几下,慢慢起身,沉吟良久,踌躇着转过身来,众人投来期待的目光。

达维登科摇摇头,感叹道:"大家不要紧张,我们谁都没有错,中国人民的确付了好价钱,非常遗憾,只有五天时间,你们尽力而为吧。"

众人欢呼乌拉,达维登科特别拥抱了何文芳,心情复杂道:"多保重,我的天使,替我保管好技术档案,不要留下涂抹痕迹,不然赫鲁晓夫先生是要打屁股的。"

众人一下子笑出来,气氛轻松了许多。达维登科主动近前,查看资料,何文芳跟随请教。众人用眼神敬佩刘百衡，有人竖起大拇指，刘百衡一握拳，威严道："拿下，继续！"

傍晚时分，教工宿舍楼，李校长家，魏如莲站在窗前望一下，看到李校长下车，便出门进厨房，回身端进来一个托盘，上面一菜一汤，一小碟大葱炒鸡蛋，两碗高粱米干饭。李校长进门招呼，夸饭菜，洗过手，两人对坐饭桌。魏如莲拨了一大半大葱炒鸡蛋到丈夫的碗里，关切道："胃不好，趁热吃了，五天没见影儿，总算忙完了吧？"

李校长端起饭碗，如年轻人一般猛吃了几口，缓口气道："都忙完了。其实我们平时也积累了不少技术资料，但是没有做到系统全面。这几年政治气氛谨慎，大家都怕带上泄密的帽子，所以全校师生把这五天当成五年用，好在核心档案掌握在我们手里，凡事主动。"

魏如莲担心道："没惹出什么麻烦来吧？"

李校长欣慰道："个别冲突是有的，苏联专家也不想惹麻烦，后期很多人主动帮助我们，有人出于专业精神，有人怕夜长梦多担责任，今天上午苏联专家全部撤离，气氛相当友好。"

魏如莲悬着的心落下来，长出一口气，轻松道："那就好好睡两天觉。"

李校长喝口汤，认真道："歇不了，接下来马上要稳住教学阵脚，不能降低规格，这是看家本事，还要尽快恢复科研体系，难点在这儿。"

魏如莲把另一小半大葱炒鸡蛋也拨到丈夫的碗里，提醒道："胃不好，慢点儿吃，这两周浮肿人数明显上升，尤其是青年教师和学生，还得想办法呀。"

李校长看看桌上的饭菜，把两人的碗对掉互换，起筷道："我饿坏了，多吃几口饭。"

魏如莲把碗又换回来，再拨给丈夫小半碗饭，命令道："那就吃吧。"

李校长笑着摇摇头，快吃几口，安慰道："办法都落实好了，糖厂一车甜菜渣，豆腐厂一车豆腐渣，用煤换的，豆油厂五十块豆饼，算厂里送的吧。咱们的应届毕业生刚刚完成榨油机革新，出油率提高了百分之五，学校还送了一台辅助设备给厂里。放心吧，甜菜渣和豆腐渣，明天都能拉回来。"

魏如莲吃了一口青菜，高兴道："明天晚上我去食堂教他们贴豆渣饼，学生可以带回宿舍分着吃，甜菜渣不要单独吃，咽不下去，可以熬在苞米面粥里，早饭还能增加点儿糖分。"

第八集

李校长一口气喝完汤,舒缓一下,歉疚道:"我的魏大医生,放着北京大医院主治医不做,大老远跟我跑到这儿来,孩子也不能照顾,难为你了。"

魏如莲也喝口汤,换了话题,感叹道:"是够难的,你说大老远?唉,再远也没鹤临远哪,他才叫难呢,出了这么大的事儿,他那儿也不知道怎么样了。"

李校长无奈道:"历史大潮中的一叶小舟,随波逐流是没有选择的选择,鹤临和安娜,肯定是越来越难哪。"

莫斯科航空学院,蔡鹤临家。正是深秋时节,窗外微霞淡去,街边华灯初上,安娜关好微开的窗户,拉上窗帘。

客厅里,沙发前摆着一只纸箱,沙发上放着几叠图书文件,蔡鹤临先把一叠俄文讲义放进箱底,又把编译成中文的几种专业发展计划书放在上面,最后放上一叠公开出版的俄文技术图书。安娜看看箱子,说声等一下,转身进厨房,手里拿着几包白糖和一袋咖啡出来,蔡鹤临接过来放进箱子,正好填满空隙。

蔡鹤临捆好纸箱起身,安娜从后面抱上来,蔡鹤临轻轻爱抚安娜搂在胸前的手臂,两人静默了一会儿。门铃响了,安娜开门,中国使馆人员陶亦铭闪身进来,礼貌道:"安娜,鹤临,晚上好。"

安娜顺手接过陶亦铭手里的帆布包,近身与陶亦铭贴两下脸,微笑道:"晚上好,亦铭先生,我要的桂皮这次没忘吧?"

陶亦铭笑眼示意道:"打开看看,桂皮、陈皮、花椒、大料,还有北京点心。"

蔡鹤临握手问好,关切道:"最近使馆气氛怎么样?"

陶亦铭下意识地看了安娜一眼,谨慎道:"还不错,中苏双方达成了某种默契,表面上看,专家撤离不过是孤立事件。"

安娜插言道:"最近报纸上说,这几年中国在重工业发展上急于求成,一些做法违背了科学规律,很多苏联专家的正确意见得不到采纳。"

陶亦铭坦诚道:"确实存在漠视苏联专家意见的个别情况,但这不能成为撤离全部专家的理由。"

蔡鹤临冷静道:"我一直关注停刊的《苏中友好》杂志,苏联方面没有复刊的迹象。现在中国留学生的学习表面上没有受到影响,但是中苏科技文献交流已经受到限制,我不知道还有没有下一个纸箱。"

陶亦铭提起纸箱,蔡鹤临嘱咐道:"亦铭,这箱东西非常重要,必须交由回国人员随身携带,不要邮寄。"

陶亦铭会意道："明白，我亲自带回去，你们多保重，我走了。"

安娜诚意留饭，陶亦铭婉言推辞。两人送出门，安娜摆手道："美食家，谢谢你的调料，下次来再教我一个中国菜。"

陶亦铭摆手上路，迎面跑来娜塔莎，手上一只呼呼转动的红纸风轮，陶亦铭亲热招呼道："娜塔莎，慢点跑。"

娜塔莎跑到跟前停下，惊喜道："陶叔叔，晚上好，又带了什么好东西呀？"

陶亦铭笑道："有北京点心，快回去吃吧。"

娜塔莎谢过叔叔，摆手再见，拔腿奔上台阶，陶亦铭又向门口的一家人摆摆手，快步消融在苍茫暮色中……

漫漫秋风吹动长夜，唏嘘一般流鸣于梢头楼间；萧萧落叶抱作一团，群雀一般游移在街角巷边。

等待中，两个行将天涯咫尺的挚爱夫妻，相拥无眠。

蔡鹤临吻在安娜的额头，沉郁道："一个是想留也留不住，一个是想去也去不了，就这么眼睁睁在煎熬中等待分离。唉，怎么也想不到，历史的困惑竟然由一个女人来承担。"

安娜依偎在蔡鹤临的胸怀，沉静道："能以女人的幸福了解中国文化，我很快乐，也很自信。你和维佳身上，都有一种深沉的忧伤和担当的责任，这是中国文化让我着迷的地方。政治是暂时的，文化是永恒的，我知道黑暗就要来临，我已经开始祷告黎明。"

蔡鹤临深情爱抚安娜，感伤道："只是人生苦短，暂时的政治对我们来说，可能意味着长久的离别，这是现实的忧伤。我不知道还能留多久，也许几个月，也许一两年，如果我们遭此不幸，我唯一的安慰就是……你能带着娜塔莎开始新的生活。"

安娜抱紧蔡鹤临，一往情深道："你和孩子是我的生命，国家之间的利益契约可以废除，我们一家的人生约定不会改变。"

风停叶静，雨打窗棂，清冷的街灯笼罩在谜团一般的昏黄晕光中。

两人起身披衣，悄然来到女儿的房间，室内整洁有序，墙上那盏粉红色的心形微光小灯静谧柔润，长毛大狗依然安卧床头，床头墙上挂着女儿的生活照和奖状，黑白照片中的芭蕾仙女呼之欲出，熟睡的娜塔莎身体微曲，手臂舒展，舞蹈一般。

蔡鹤临为女儿掖好被角，沉浸良久，轻声道："安娜，还是满足娜塔莎的心愿吧，跟着你好好学芭蕾。"

安娜从后面抱紧蔡鹤临，动情道："阿廖沙，我会让娜塔莎一直好好学下去，走上大舞台，直到有一天，你重返莫斯科大剧院。"

深秋时节，下班时分，滨江工业大学校园，利贤拎着菜兜回家，小见平手里一只绿色纸扎风轮，跑跳在前。教工宿舍楼前的空地上，几个青年教师匆匆码垛晾晒了一天的秋白菜，旁边的一口菜窖上，陈田正把一藤条筐白菜吊下窖口。

小见平疾步奔来，看见窖口旁散放的外衣，马上欢步跑过去，把头探进窖口观看，利贤急呼道："见平小心！"

陈田把绳头交给小见平，顺势搂住小见平探向窖口。小见平看清窖内，咯咯笑出来，扭头嚷道："妈妈你看，是我爸！"

利贤近前笑道："陈老师，这么早就下窖啊。"

身后马上传来熟悉的赞同声："是啊，我看也是有点儿早。"

利贤忙回头，高兴道："哎哟，李校长啊，苏联专家这一撤，您总算能回专家楼了，还有什么东西要搬吗？"

李校长笑道："都搬利落了，我们那间宿舍正好让给新来的冯老师，听说他爱人刚到，过来看看他们。"

陈田把持住倒手提上筐来的小见平，扭头笑道："冯老师他爱人看了李校长留下的一屋子家具，说这下子可没了退路。冯老师没了后顾之忧，明天就要跟我带学生驻厂试验新焊钢。刚才正好赶上林峰下班，我就赶紧抓个差把菜下了，林峰说菜窖太潮，又帮我钉了几个木托垫上。"

李校长点头赞许道："互相帮助，好！陈田，这两天看你们实验室又亮起了长明灯，怎么样，焊钢偏硒方案有突破吗？"

陈田困惑道："还是百思不得其解，我们一直采用减少偏硒的方法，但高炉冶炼总是不稳定，焊钢含硒量经常高于 0.08，这两天我们重新规划了实验方法，打算再细化减量试试。"

李校长若有所思，启发道："微观上找不到出路，可能要回过头来在前提方法上寻找突破口，既然是偏硒，就要考虑到 0.08 这个指标，只是矛盾的一个方面，能不能上升为主要矛盾，还要看焊钢偏硒的方向和焊钢成坯的条件。"

利贤悄悄拉过小见平，嘘指静待，林峰也从窖底起身，专注聆听。陈田沉吟道:"你是说……不是减少,而是加大偏硒?"

李校长笑道:"不是我说,是你说,很有趣儿,接着说。"

陈田眼神一亮,思量道:"既然是反其道而行之……那干脆就用骤冷的方法强制降温成坯,这很有可能让0.08这个指标成为主要矛盾。"

李校长附和道:"不求全鱼,吃到鱼腹鱼背就好,不妨一试。"

陈田豁然开朗,觉悟道:"大道理!不求全钢达标,只要钢坯主体达到0.08这个偏硒指标,其余不妨回炉再炼,大家怎么就没往这上想呢?我得马上算算。"

陈田话音未落,人已奔向宿舍楼门。李校长看了看陈田的背影,夸赞道:"好一个物我两忘的急先锋!"

几个青年教师围拢过来,其中一个殷勤道:"李校长,我们帮陈老师把菜下完吧。"

李校长摆手微笑道:"谢谢大家,都忙,还是我来吧。"

利贤鼓励道:"见平,咱们帮陈叔叔装一筐菜吧。"

小见平一扭身蹲到筐里,兴奋道:"我先下去看看,上来再装。"

周围的人笑起来,李校长试了试绳结,冲窖口喊道:"林峰,领导要下基层,接好了。"

林峰两手举接道:"欢迎啊,下来吧。"

利贤责怪道:"这孩子,净添乱。"

蹲在筐里的小见平两手握住绳子,利贤赶紧探身扶正小见平,李校长稳稳顺下藤条筐,窖底传来父子俩的嬉笑声。

李校长看看宿舍墙边的菜垛,关心道:"秋菜都不少啊,菜窖恐怕不够用了吧?"

利贤解释道:"今年大家心里更没底,定额以外,又到郊区买了不少,菜窖都扩大了,两三家用一个。"

李校长赞同道:"好办法,就是要注意安全,明天我会通知总务部,派人普查菜窖隐患,给每口菜窖都配上梯子,帮助大家解决困难。"

小见平上来,谢过校长爷爷,意犹未尽,拖筐奔向菜垛,利贤忙跟过去,一边倒手帮小见平装菜,一边劝道:"见平,就这一筐啊,别耽误校长爷爷时间。"

利贤和小见平把菜筐抬到窖口,李校长拍了一下小见平的屁股,逗趣道:"谢谢领导,回家吧,给你爸妈做晚饭。"

众人又笑起来，夸赞几句，小见平撒腿跑向楼门，利贤跟大家摆摆手，快步跟上去。

李校长顺下菜筐，林峰一边快手码菜，一边建议道："校长，刚才我一直琢磨您和陈田的讨论，既然内行、外行都听出了门道，您是不是要给大家讲一讲科研方法论这个大道理呀？"

李校长谦虚道："我可以抛砖引玉，不过要上升到自然辩证法的哲学高度，还需要大家现身说法，我看就从你的留学经历开始吧。不单是科研方法，还有教学方法，明天让教务部拟定具体建议，以书面形式传达到系，请各教研室推荐人选，利用晚上时间，在学校礼堂办系列讲座。"

小见平跑到收发窗口，查看窗内排列待取的信件，手指定在一封信上，兴奋道："顾爷爷，我的信！"

正在调火烧水的顾大爷回到窗口，惊奇道："你的信？那你念念。"

小见平脱口而出："利贤、林峰老师收。"

利贤过来招呼道："顾大爷，有信哪？"

顾大爷递信夸赞道："这才几岁呀，就能念信，今天算是开眼了。"

小见平接过信就要拆开，利贤笑道："就认识眼前那几百字，见平，听话，回家再看，谢谢顾爷爷。"

小见平乖道："谢谢顾爷爷。"

顾大爷笑道："好孩子，不用谢，快上楼吧。"

小见平跑上楼，利贤快步跟上，开门开灯微开窗，小见平拉开抽屉，翻出剪子，剪开信口，展开信纸，轻读出来，表情丰富。利贤故意不看，等了一会儿，关心道："都写的什么呀？他们什么时候能来呀？"

小见平抬头失望道："这回先生没写那么多小孩儿认识的字，先生说家里都好，就是他们现在不想来了。"

利贤忙拿过信快看了一遍，小见平脸上依然期待，利贤疑虑道："先生说让咱们回去过年，过年后再决定来不来。"

小见平赶紧道："妈妈，还有多少天过年哪？"

利贤安慰道："差不多一百天吧。"

小见平祈盼道："这么长啊，我现在就想过年。"

门口响起敲门声，利贤应道："请进。"

丁国兰推门进来,逗趣道:"谁这么馋哪,现在就想过年?"

小见平伤心道:"丁阿姨,太爷爷他们现在不想来了。"

丁国兰关心道:"怎么回事,不是说最近过来吗?"

利贤把信递给丁国兰,伤感道:"这两年先生的身体明显不如以前,又改主意了,我担心先生是不是病了。"

丁国兰大概看了一遍信,安慰道:"不用太担心,钱先生的情况,只要不是脏器问题,即使行动不便,身体衰竭一般也要几年,好的话,十年八年都没事儿。山里空气好,屋子空间大,对心肺有好处。马上入冬了,就算是学校宿舍特批下来,一个习惯热炕上生活的人,恐怕也不一定能适应,再说了,路上可能也折腾不起,我看熬过这个冬天再来比较好。"

利贤附和道:"倒也是,去年先生肾炎高烧不退,坐林场的大卡车去县医院,没想到开过火车的人,竟然晕了一路,一会儿你也跟林峰说说,我怕他着急。"

丁国兰说了声行啊,抬手摸摸小见平的头,换了话题:"饿了吧,见平?今天魏奶奶给了一饭盒豆渣饼,阿姨做了一大锅炖菜,加上高粱米干饭,咱们三家可以饱饱地吃上一顿。"

小见平高兴道:"我想吃豆渣饼,炖菜又是晾秋菜的白菜帮子吧?"

利贤认真道:"见平,现在能吃的就是好东西,不能浪费。国兰,我刚买了两块豆腐,一起炖了吧。"

丁国兰高兴道:"好啊,我还加了半条咸鱼,这下馋猫高兴了。"

小见平来了精神,兴奋道:"啊?还有鱼!呵呵,馋猫是何阿姨吧?"

利贤打住道:"见平,不许瞎说,没礼貌。"

丁国兰接过利贤递上的装豆腐饭盒,冲小见平扭出舞姿,开心道:"小馋猫,去叫大馋猫吃饭吧。"

三人出门,利贤跟丁国兰进厨房,小见平上门叫人,何文芳开门,小见平礼貌道:"何阿姨,丁阿姨叫咱们一块儿吃饭。"

何文芳出来,虚掩上门,四下闻了闻,高兴道:"鱼味儿。"

小见平仰头闻了闻,补充道:"咸鱼味儿,半条。"

何文芳扑哧一声笑出来,回头道:"听见没有,这小馋猫能闻出半条咸鱼来。"

屋里台灯下,马立尧和刘百衡正伏案各自翻查俄文资料,马立尧随口道:

"还有半条哪儿去啦？"

刘百衡逗趣道："是不是让大馋猫偷吃啦？"

小见平笑嘻嘻地看着何文芳，何文芳急道："阿姨真没吃，有好吃的，先要想着小馋猫，你说是不是？"

小见平开心道："何阿姨，这么说你是大馋猫呀？"

何文芳手指点了一下小见平的脑门，笑闹道："一个小坏蛋，两个大坏蛋。"

楼梯口传来脚步声，小见平抬手指道："是我爸，还有校长爷爷。"

果然是林峰和李校长，林峰两手黄泥，头发缝里夹着一抹菜叶。何文芳惊奇道："小馋猫，这你也听得出来？神了你呀。"

小见平呵呵一笑，跑向家门，回身道："他俩上楼都是一步两个台阶，跟别人不一样。"

李校长摆手微笑，何文芳笑看林峰，抬手摘下林峰头发缝里的菜叶，开心道："李校长，还是舍不得我们吧？"

李校长走到邻近的门前轻叩，惋惜道："还真是舍不得，来看看冯老师一家。"

门开了，露出一张江南女子的年轻面容，李校长主动伸出手，热情道："是秀梅同志吧？我是李国荣。"

女子愣了一下，马上措手不及的样子，惊讶道："哎哟，是李校长啊，快请进！"

屋里台灯下，陈田和冯老师正伏案查阅工程手册，冯老师闻声连忙起身招呼道："李校长，快请坐！"

马立尧和刘百衡开门出来，何文芳解释道："李校长过来看看新来的冯老师，刚进去。"

刘百衡冲林峰不解道："下窖了，怎么不叫我们？"

林峰随意道："陈田明天驻厂试验新焊钢，我正好回来，顺便帮一下。怎么样，文献上有收获吧？"

马立尧佩服道："一个好字不足以表达敬佩，蔡老师选的图书和专业资料，已经远远超出教学大纲，对科研大有帮助，尤其是在方法论上。"

刘百衡补充道："苏联人的专业发展计划贯穿实质性构想，叫人不得不佩服，晚上你俩一组，我和文芳一组，再把教研室那几个骨干叫上，好好讨论一下。"

林峰欣然应道:"好啊,那就抓紧吃饭。"

小见平见大人说完,便悄然走到林峰身边,递上家信,林峰连忙抽出信快看,表情有些疑虑,刘百衡关切道:"家里……没什么事儿吧?"

林峰迟疑道:"家里改主意了,让我们回去过年,年后再定来不来,是不是先生身体出问题了?"

何文芳拿过信快看,宽慰道:"没听你们说过钱先生有什么老病啊,我看你是想多了,春暖花开接他们来,这不挺好嘛。"

林峰沉吟道:"先生倒是没什么大病,就是去年得了急性肾炎,身体越来越弱,担心自己可能会瘫痪在炕上,怕给爷爷奶奶添麻烦,我还是想回去看看。"

马立尧感叹道:"两边都不容易呀,新专业刚刚开课,几门关键课程连讲义都是现买现卖,你又是个牵头儿的,唉。"

林峰反应过来,无奈道:"是啊,现在是一班人马,两块牌子,课都排得满满的,确实调不开。"

何文芳补充道:"听利贤说,这新课答疑连老师带学生,也是非你莫属啊。"

厨房那边,利贤擦桌摆碗筷,丁国兰出来招呼道:"进来说吧,吃饭了。"

刘百衡安慰道:"别着急,再写信问问,我觉得钱先生是体谅你俩都忙,怕添麻烦,拖到春天再说,一会儿问问国兰,想办法先买点儿补品寄回去。"

林峰发愣道:"爷爷奶奶不认字,要是先生不想说实话,问也白问,还是得想办法尽快接他们来。"

刘百衡随口道:"这个简单,以组织名义给林场领导写封信,就啥都明白了。国兰,剩那半条咸鱼也加进去吧,一会儿请冯老师他们一块儿吃。"

丁国兰回身应道:"行啊,那我再加点儿白菜。"

何文芳瞄着刘百衡,佩服得无可奈何,摇头道:"我看你叫刘百能吧。"

第九集

隆冬时节,跃进林场,北风呼啸,大雪封山。

爷爷眉须皆白,手提猎枪,背插猎刀,脚踏雪套,在茫茫雪山中艰难跋涉。临近下套儿的山弯背风处,忽然传来厮打低吼声,爷爷举枪靠近,两只灰狼正相互撕咬,争抢一只锁在套扣上的雪兔。忽见又一个争抢者,灰狼停下来,默契地小心向前试探。爷爷看了看周围,瞄准前面一只,一声闷响,前狼侧向激跃,倒地抽搐,后狼惊吓奔逃。

爷爷快速换上子弹,拔出猎刀,近前割断套扣绳索。刚要绑上死狼,山弯不远处传来群狼的躁动,爷爷机警四顾,连忙把雪兔塞进怀里,把死狼拖到岩边,拔刀破肚,奋力抛下雪坡。岩边的殷红一直挥洒到雪坡下面,爷爷闪身卧在山弯逆风的雪窝里,群狼呼啸而至,循着血迹奔下雪坡,争抢撕咬同伴尸体。爷爷怀抱猎枪,悄然翻滚离场,急忙返身下山。

屋门咣当一响,爷爷踏进灶间,奶奶早把葱姜水烧得滚沸,爷爷急问:"先生咋样?"

奶奶轻答:"一直靠着被垛,睡一会儿,醒一会儿。"

爷爷撂枪操刀,蹲在灶前,几下就把雪兔剥皮去脏,起身搁在案板上,一阵剁刀,碎兔肉就进了锅,奶奶蹲着加柴。

东屋炕上,钱先生依被仰靠,微目沉静。奶奶把一大碗碎兔肉端在钱先生面前,钱先生微睁开眼,动了动嘴:"香……"

奶奶劝道:"香就多吃点儿。"

钱先生一缕游丝:"啥也吃不下了。"

爷爷在旁劝道:"先喝口热汤,缓缓就能吃了。"

奶奶试着喂汤,钱先生沾了几口,睁一下眼,迷离道:"眼见一大家子人,追了半天没追上,我爷爷还回头看看……"

钱先生语音渐轻,沉沉睡去。

爷爷奶奶静默了一会儿,奶奶发愁道:"这都十天了,光沾点儿汤水哪行啊,大夫就说营养不良,可这营养不良咋还吃不下东西呢?是不是长了什么病呀?还是叫付场长去镇上给石头儿发个电报吧。"

爷爷起身道:"我这就去。"

钱先生微睁开眼,缓过一口气,轻声道:"都忙,别折腾他们了,利贤这份工作,不容易,我一个废人,还是我去看他们吧。"

奶奶急道:"先生,这么靠下去也不是个事儿呀,老头子,你快去吧。"

爷爷转身要走,钱先生手指轻叩炕面,努力撑住道:"外面雪大,哪儿都别去,今天诸事不宜,歇了吧,恩人……"

听到恩人两个字,爷爷奶奶不寻常地对视了一下,奶奶轻轻握住钱先生修长干涩的手,慢慢摩挲起来……

钱先生又缓过一口气,容光安详,喃喃自语:"哪儿都别去,就在家守着……"

【闪回画面加钱先生画外音:小时候,南京城大雨,一家人守在老屋,几颗南瓜子,一杯菊花茶,听爷爷讲三皇五帝。不知什么时候,进来个云游僧,化缘避雨,奶奶给了两块年糕,和尚受了,分一块给我,一家人都笑。和尚给我摸顶,说这孩子心里有鬼,奶奶不高兴了,和尚冒雨离去。我举个年糕,直追到街口,和尚又受了,分半块给我。我说,给你的,和尚说,给你的。我问,心在哪儿?分半个鬼给你,和尚说,心外无物,真如致空……】

跃进林场后山墓地,大雪封坟,一把粗香插在雪冢上,朔风劲吹,火头疾明,冢前一碗雪兔肉,两张苞米饼。一行人伫立在风雪中,中间的爷爷奶奶深深一躬,身旁的顺子妈、付场长、顺子跟着深躬,两旁的人纷纷鞠躬……

东屋炕上,奶奶跪坐整理钱先生的遗物,拉开炕角的柜门儿,里面塞得满满的,上面的布包滚下来,打开一看,竟是金灿灿的苞米饼子,火炕烙得干干的,饼子间夹着一封信,信封上别着一支钢笔,写着路见平收,旁边画着一个笑脸儿大头娃,一手举笔,一手举饼,酷似小见平。奶奶急忙掏出剩下的三个布包,打开一看,眼前金黄一片,奶奶疼得捂一下心口,不由得泪眼模糊,呆呆跪坐不动。

爷爷一身寒气,抱着一捆烧柴踏进灶间,不见热锅,就把烧柴放在灶边,顺手加柴,又拿起炉条捅火,探头冲西屋关切道:"怎么不起火呀?是不是心口儿又疼上啦？"

不闻回音，爷爷连忙起身到西屋，见没人，又快步到东屋，忽见一炕金灿灿的干饼，一下愣在那里。奶奶抬袖揩干眼泪，递上别着钢笔的信封。爷爷端详着信封上那个笑脸儿大头娃，又看看满炕的金饼，神色凝重，嘴唇微颤，说不出话来，只是颤着手背轻轻摩挲信封……

中午时分，校园冬雪，教工宿舍楼。

三家共用厨房里，案上摆着一小盆细丝酸菜，一大碗过水粉条，一大盘冻豆腐。丁国兰码着一小条窄细的五花肉熟练地切出薄片。何文芳躬身灶前，守着文火干煎咸鱼片，不时把四散的烤烟撩近鼻子。丁国兰嘱咐道："再压点儿火，别走神儿啊，鱼干儿说糊就糊。"

何文芳移开平底煎锅，操起炉钩套上一环炉圈，调皮道："还真有点儿糊，要不，我尝尝？"

丁国兰笑道："你尝尝？我们医院小汪两口子做红烧肉，刚开锅，男的就尝尝，女的跟着也尝尝，没两分钟，四两肉半生不熟下了肚。"

何文芳理解道："都是馋虫勾的，哎，见平说爷爷奶奶肯定带榛子来，那榛子可比花生还香啊。"

丁国兰瞄了一眼煎锅，埋怨道："哎哎哎，快糊了！"

何文芳哎哟一声，连忙起锅装盘。

林峰家，利贤站在屋子中央的椅子上挂好布帘，来回试拉几下，布帘将空间一分为二。小见平在铺好的新双人木床上打滚蹦跳，兴奋道："妈妈，咱家一屋子都是床，我要睡新床。"

利贤下来拉开布帘，随意道："新床、旧床都一样，见平，还是睡吊铺吧，爸爸做的新吊铺多好哇，睡在上面，数你最高。"

小见平一跃蹦到旧床上，明白道："不一样，爸爸做的新床大，一点儿都不晃。"

利贤提醒道："旧床是学校发的，可不能在旧床上这么蹦啊，要爱护公共财产。"

小见平又蹦回新床，缠人道："我就是要跟太爷爷太奶奶睡新床！"

利贤妥协道："那就睡一天，别蹦啦，要不褥子该滚包了，你忘了太奶奶腰疼啊。"

小见平乖乖停下来,忽然觉出不对劲,着急道:"嗯?妈妈,你们犯错误啦,先生不能下地,还少一个大床啊!"

利贤心头一震,恍然自语道:"先生身体不自由,心就自由了,想上哪儿就上哪儿,想睡哪儿就睡哪儿。"

小见平困惑道:"那不跟我爸爸一样了吗?"

正说着,走廊里传来众人的脚步声,小见平忽地蹦到地上,兴奋道:"他们到啦!"

利贤忙弯腰拿鞋,招呼道:"慢点儿,穿鞋。"

小见平拉开门,光着脚跑出去,利贤连忙跟出来。走廊里,林峰和爷爷拥着奶奶在前,马立尧和刘百衡大包小裹随后。

小见平大呼太爷爷太奶奶,一跃扑到太爷爷怀中,使劲儿亲了太爷爷一口,又探过身子,使劲儿亲了太奶奶两口,马上向后探头张望,诧异道:"先生呢?"

林峰敷衍道:"先生累了,见平,快下来。"

小见平忽地挣脱下地,拽住林峰就往外走,急切道:"爸爸你怎么啦?快去把先生背上来!"

林峰神情一震,一把抱起小见平,缓和道:"见平,你忘啦,先生最爱干净了,看你光脚下地,他该不高兴了。"

利贤上来抱住奶奶,动情道:"爷爷奶奶,你们受苦了。"

奶奶拍抚利贤的后背,宽慰道:"活得好好的,不苦。"

何文芳和丁国兰闻声从厨房里出来,两人在围裙上快抹几下手,近前热情招呼爷爷奶奶。

奶奶一手拉住何文芳,一手拉住丁国兰,感激道:"何姑娘,丁姑娘,给你们添麻烦了。"

何文芳一副逗趣的表情看着发愣的小见平,存心打岔道:"小馋猫,你看太奶奶认识大馋猫。"

爷爷憨笑道:"都认识,家里挂着照片呢。"

刘百衡招呼道:"别让爷爷奶奶在走廊站着啦,进屋说吧。"

众人让着爷爷奶奶进屋,小见平又挣脱下地,闷头找鞋。众人面面相觑,利贤缓身蹲下,轻声道:"见平,鞋在妈这儿呢。"

小见平接过鞋,自己几下穿上,起身就往外走。见大人都不动,小见平似乎

第九集

预感到了什么,半张着嘴,愣愣地看着太爷爷太奶奶。太爷爷蹲下搂过小见平,难受道:"孩子,先生不能来了。"

小见平惊讶张口,爷爷起身,拿过桌上的一个旅行包,放到床上拉开,掏出四个小布包,回身蹲扶道:"见平啊,这些都是先生给你的。"

小见平紧张得乖下来,近前打开布包,第一个,金灿灿的,第二个,金灿灿的,第三个,金灿灿的,第四个,金灿灿的,上面露出别着钢笔的信封。小见平一把抓过来,回身举笔,自豪道:"这是先生的钢笔,可好使了,先生答应过,等我上学的时候送给我。"

利贤说了句妈替你收着,接过钢笔,鼻子一酸,连忙扭过脸去。小见平自顾低头,摸着信封上的笑脸儿大头娃,开心念道:"路——见——平——收,呵呵,先生画的还挺像!"

小见平来到桌前,拉开抽屉,翻出剪子,学着大人的模样把信立在桌面上蹾了蹾,嘟着嘴,小心地剪开信口。

众人屏息,小见平展开信纸,一字一顿,直入肺腑——

"见平如面,先生走了。四包干粮,一支钢笔。好好活着,好好学习。孝敬长辈,爱人爱己。钱布恩……什么月什么笔。"

利贤过来看信,含泪指点道:"腊月,就是十二月;绝笔,就是不能再给你写信了;如面,就是好像见面一样。"

小见平抬头愣道:"先生是不是死了?"

奶奶泪眼模糊,慢慢抬手抹干:"死前一直念叨你。"

小见平哇地一声哭出来:"先生……"

利贤的眼泪直扑下来,男人含泪,女人拭泪,林峰不忍再看床上的一片金黄,转身面向窗外,热泪夺眶而出:"先生,对不起,没能孝敬您……"

窗外,风停树静,大雪垂落……

一阵热烈掌声响彻滨江工业大学礼堂,舞台上坐着一班校领导,台下座无虚席,徐进和凌云端坐在后两排的学生代表中,经济困难时期特有的沉郁依然写在每个师生的脸上。

舞台上,李校长略微调整一下话筒,表情平和,语调沉稳:"同志们辛苦了!在座的很多同志应该都还记得,一年前,就在这里,我们开过一次特殊的校长办公扩大会,当时大约是早晨六点,会议只有五分钟,大家会后议论两分钟。我记得散会以后，数雷达专业的刘百衡、何文芳两位老师跑得快，今天两人都来了吧？好，希望在秋季运动会上，看到你们再拿第一。"

台下轻笑，前排座位上，刘百衡欠身摆了一下冲刺撞线动作，全场哄笑，气氛活跃起来。

李校长笑待安静，继续道："这个秋天，依然是我们国家的多事之秋，依然是滨江工业大学的多事之秋，我们的农业连续第三年大面积歉收，情况持续艰难，我们的工业继续受到苏联中断援助的严重影响，尤其是有些在建的重工业项目，已经出现了半途而废的风险。每一个中国人，都深深体验到了经济困难对生活的进一步影响，每一位滨江工业大学师生，都经受住了艰难困苦的严峻考验……"

台下哄然共鸣。

副校长摆手示意，大家很快安静下来。李校长继续道："滨江工业大学是我们国家学习苏联高校的典范，教学、科研处处体现苏联经验。一年前，苏联专家的突然撤离，让我们有些措手不及，但是，我们并没有不知所措，正是因为这一突发事件，广大师生自强自立的创新精神终于全面迸发出来！"

副校长带头鼓掌，全场跟着响起热烈掌声。

李校长环顾全场，表情欣慰："苏联专家撤离以后，我们没停过一门课，没少过一本书，我们的教学依然做到了规格严格、功夫到家。这两年，尤其是近一年来，在学科建设方面，我们根据国家的战略部署，经过大量的自主调研论证，卓有成效地建立了一批新专业，加快调整合并了一批老专业，全面制定出专业发展的长远规划。为此，我们的教研大军在超负荷完成教学任务的情况下，心系国家命运，自觉形成了相近学科的编译突击队，夜以继日，废寝忘食，充分发挥出俄语好的整体优势，以贯穿科学精神的爱国主义热情，出色完成了国防与航天学科建设专业书籍的编译工作。尽管这其中还有很多不完善的地方，但最为重要的是，我们的专业思想有了更多更好的载体，这些成果奠定了滨江工业大学专业教研的基础，其中的三十八种图书已经交由国防工业出版社、机械工业出版社、高等教育出版社正式编辑出版……"

台下响起热烈掌声。

李校长稍顿一下，动容道："不要小看这些案头工作，一本看似普通的编译书籍，往往汇集了几本苏联主流图书的精华，甚至借鉴了一些苏联高校专业前沿的内部资料。这些图书和资料，其实来之不易，正是一位运筹帷幄的幕后英雄,为我们诠释了纸上谈兵的特殊含义。大家知道,我们的国防高端武器系统采用的是苏联体制,而我们的国防高端技术人才中,不熟悉俄语的欧美归国人士,还有国内非俄语人士占了相当比重,所以,我们的国产化工作意义重大,迈向成功的大道是需要铺路石的。"

　　说到这儿,李校长拿起手边的文件,感慨道:"今天上午,校办转给我三封信,借此机会,我很想跟大家分享一下。第一封是国防科委的表彰通报,我们的编译成果和理论探索,正在国防基地和科研院所发挥重要作用,滨江工业大学日渐成为国防教研的重要基地;第二封是中国自主焊钢的鉴定投产,焊条、焊丝是工业的筋腱,过去一直依赖进口,我们的陈田小组运用辩证的科研方法,攻克了焊钢偏硒的重大难关,中国焊钢造就的焊条、焊丝正在逐步取代进口产品,这项成果充分体现了辩证思维的专业思想,值得我们深思探讨;第三封是苏联专家莫洛托夫教授写给校党委的私人信件,1957年,工程力学系优秀学生马立尧设计的苏联应力设备革新方案,四年后在莫斯科大学实验室得到了精确验证,革新后的实验精度甚至超过了同类美国设备,但是非常遗憾,莫洛托夫教授当时轻率地否决了这个方案,作为一名科教工作者,他现在希望澄清一个事实,纠正一个错误,表达一下歉意……"

　　台下哄然议论。

　　李校长肃然道:"我非常痛心,非常难过,非常歉疚,甚至心有余悸。这封偶然来信,固然可以让我们纠正一个冤假错案,但是请大家深入思考一下,建设一个担负国家、民族科教历史重任的国防工业大学,我们是不是更加需要科学的必然?"

　　一时全场静默,何文芳面色潮红,正视前方,慢慢鼓起掌来,全场旋即爆发出热烈掌声,台下议论骤起。李校长寻视林峰的座位周围,诧异道:"怎么没见马立尧啊?"

　　人事科长起身答道:"非常抱歉,让大家失望了,根据国防企事业单位人事条例,鉴于马立尧的家庭历史问题和右派身份,他不能参加今天这样的会议,教研室会向他有限传达会议精神,这是反右以来的惯例。"

　　全场议论又起,副校长双手下压,示意安静,刘百衡不安地看看身边的何文芳,何文芳沉静如常,依然正视前方。

　　李校长坦诚道:"我想大家都能理解条例惯例,但在实际工作中,很多情况下是打破条例惯例的,就像马立尧同志打破常规,大胆提出革新方案一样。我们都是来自五湖四海，为了一个共同的革命目标，走到一起来了。革命领袖的人生实践告诉我们，革命英雄不问出处，在教学和科研第一线，滨江工业大学的八百壮士们，你们的平均年龄只有三十岁，可以负责任地说，在你们无私无畏的艰苦奋斗下，滨江工业大学距离民转军的尖端科技战略目标，只有一步之遥，你们是人民的骄傲！你们是民族的脊梁！"

经久不息的热烈掌声中，李校长鞠躬致意，缓身落座，感触道："大家都知道，这一步之遥却是举步维艰，我们面临的困难，同样不亚于我们取得的成果，一些不利因素，依然制约着学校发展，大家的居住条件，依然亟待改善，我们还没有建立起关联协调的科研体系，苏联专家撤离后，这个矛盾更加突出……"

说到这，李校长突然停了下来，凝神不动，大家不知道发生了什么，面面相觑。李校长略微眯起眼睛，身体前倾，双手扶案，慢慢起身，探望礼堂后排门廊方向。大家循着李校长的目光纷纷转身……

礼堂后排尽头，入口门廊处，蔡鹤临略显疲惫，依墙而立。见李校长起身探望，蔡鹤临露出一丝笑意，微微侧头，抬手轻摆了一个军礼。林峰扭身站起来，震惊片刻，顾不得会场规矩，快速挤出排椅，直奔后排门廊。

众人围上来，一个接一个，紧紧拥抱蔡鹤临，李校长站立过道旁，深情注视，热泪盈眶……

【闪回画面：初秋时节，暮色苍茫，莫斯科火车站，一列客车渐行渐远，蔡鹤临探身车窗外，努力挥手，站台上，安娜拉着娜塔莎随车奔跑，母女俩喊出泪水："阿廖沙——爸爸——"】

滨江工业大学专家小楼，李校长家，厨房里，魏如莲捏着一撮海米撒在炖菜锅里，嘱咐道："利贤，多切白菜，蔡老师一看就是有火。"

利贤快手扒菜，放到盆里搓洗，建议道："那就清炒蒜片儿白菜，要不要加醋？"

魏如莲赞同道："清炒最好，蔡老师胃不好，不加醋。"

客厅里，李校长和林峰关切地看着蔡鹤临。蔡鹤临呷了口茶，平静道："安娜比我想象的要坚强，什么都好说，就是不离婚。娜塔莎以为我要回中国工作几年，闹着要跟回来，又舍不得离开妈妈和那些小伙伴儿，好歹算是劝住了。"

林峰宽慰道："就目前的中苏关系来看，往来探亲总是可以的吧？"

李校长冷静道:"问题并不简单,两国关系中,如果政治因素成为主要障碍,双方就都不容易成行,但愿通信能够畅通无阻。其实两个社会主义大国,如果政治和民生问题处理得好,自身关系和相互矛盾就会缓和。鹤临哪,要有信心,看将来吧。"

魏如莲端着青瓷汤盆摆在餐厅饭桌中央,返身提示道:"老李呀,我可提醒你,就是在家里,后几句也是不说为好,这不该是校长说的话。"

李校长自嘲道:"当然了,更不该是党委书记说的话。"

利贤来回端上几样菜,含笑示意道:"蔡老师,请入座吧。"

大家谦让着落座,餐桌上,中间摆着海米萝卜炖豆腐,四周围着六盘菜——罐头咸牛肉,滨江特色红肠片儿,清炒蒜片儿白菜,醋熘大头菜粉儿,糖拌西红柿,盐渍蒜蓉黄瓜条儿。

魏如莲抱歉道:"现在的条件,只能将就这几样素菜,牛肉还是鹤临带回来的。"

利贤看着蔡鹤临,接话道:"魏医生和李校长把肉票儿、蛋票儿都给了学校的孕妇,红肠儿是魏医生在议价柜台花高价买的。"

李校长真诚道:"熊掌与鱼不要兼得,我工资高,有条件把好待遇让给下一代。利贤哪,这个话题不能说出去,其他校领导拖家带口的,级别都没我高,我和魏医生是个特例。"

利贤微笑理解,蔡鹤临点头赞许,打量道:"利贤,是不是也享受了李校长的好待遇呀?"

利贤看了林峰一眼,脸上泛红,低头害羞道:"快三个月了,林峰希望是个女儿,我去盛饭。"

李校长笑道:"先盛两碗饭吧,我还有一瓶好酒。"

魏如莲起身笑道:"老李这哪是待客呀,光顾说话了,酒还没拿。"

李校长笑道:"这么一瓶茅台酒,都快成了传家宝,我哪儿找得到啊。"

魏如莲走进卧室,很快出来,手上多了一瓶茅台酒,递给李校长,开心道:"这还是周总理提名,毛主席任命李国荣当校长以后,周总理嘱咐工作人员送来的,都存了八年了。"

蔡鹤临客气道:"太珍贵了,还是留着吧。"

李校长手抚茅台酒,意味深长道:"是打开这瓶茅台的时候了。"

魏如莲摆上五个小酒盅,利贤忙说不能喝,魏如莲笑道:"哪能让你喝呀,抿一下,算是喝过周总理的酒。"

酒未倒完,异香就弥漫开来,蔡鹤临和林峰不觉轻入鼻息,林峰惊奇道:"第一次闻茅台,香!"

蔡鹤临陶然道:"茅台的厚度,不是伏特加能比的。"

看酒满上,魏如莲感慨道:"唉,鹤临就这么带着遗憾回来了,好在都挺过来了,老李说两句吧。"

李校长拈一下酒盅,饱含深情,沉吟道:"青青子衿,悠悠我心。但为君故,沉吟至今。来吧,鹤临,我代表滨江工业大学的八百壮士,敬你和安娜一杯!"

男人一饮而尽,女人蜻蜓点水,相视一笑,欢迎归来。

魏如莲给蔡鹤临夹过红肠片儿,李校长跟着夹过炒白菜,蔡鹤临看大家都为自己动筷,就主动端起食碟,利贤夹过咸牛肉,林峰夹过大头菜粉儿,蔡鹤临笑道:"菜都夹齐了,一起吃吧。"

众人吃过一回,魏如莲干脆拿过利贤的食碟,多夹了些牛肉、红肠,利贤刚要推辞,看到众人对着自己微笑,不觉心头一热,脸上泛红,幸福道:"那我吃啦。"

众人相互看看,会心地笑出来。

林峰拿过酒瓶满上,魏如莲给蔡鹤临盛过一小碗海米萝卜炖豆腐,建议道:"我说鹤临,你就别客气了,还是搬到家里住吧,这样既方便,又能给学校解决住房困难。"

蔡鹤临推辞道:"这样我是方便了,可李校长的工作不方便了,我刚回来,要跟大家多请教,还是住单身宿舍吧。"

李校长理解道:"鹤临知道你心疼他,不过鹤临说得有道理,下周校办就要下文件,任命鹤临做校长助理,他是应该多接触大家,了解情况,还是不要跟我太近为好。"

魏如莲不解道:"鹤临做校长助理,你倒是省心了,问题是助理工作能让鹤临发挥特长吗?"

李校长笑道:"不单是你怕鹤临屈才,大家一直期待鹤临回来,早就定好了鹤临做校长助理,这样有助于全面了解教研情况,过渡以后,鹤临真正的重担在科研部,这下满意了吧?"

魏如莲高兴道:"其实我不该问这么多,来来来,大家别停筷儿。"

众人互让,又吃过一回,蔡鹤临话入正题,关切道:"林峰,说说火箭设计专业情况吧。"

林峰沉稳道："国防科委特别强调，要把火箭设计建设成核心专业。工程力学系为此集中了一批青年骨干和优秀学生，这一年多下来，教学框架基本搭起来了，课程设置参照了莫斯科航空学院的做法，起点还是比较高的，科研的理论准备，主要是解读苏联火箭技术文献，专业学生自由参加。我代表专业参加过两次国防科委导弹技术会议，对中国火箭技术的现状有了基本了解，去年11月，中国第一颗短程仿制导弹东风一号试射成功，国防科委迫切要求所属院校，快出人才，出好人才，全面开展基础研究。"

蔡鹤临微微点头，深入道："初级导弹仿制以后，自主创新的理论探索成为走向未来的关键路标，起步会非常艰难，道路会充满艰辛，差之毫厘，谬之千里。林峰，担子不轻啊，算我一个吧。"

李校长深有体会，感触道："现有体制下，高等院校不同于保密院所，我们的科研更加需要自觉性，甚至带有某种程度的自发性。不仅如此，短期内，我们还要克服消磨意志的其他困难……"

众人表情渐趋凝重，李校长沉吟一下，慨然起酒："天将降大任于斯人也，必先苦其心志，劳其筋骨，饿其体肤，空乏其身，行拂乱其所为，所以动心忍性，增益其所不能。来，为了历史的使命！"

三盅全会，一饮而尽。

魏如莲触景生情，自豪感油然而生，感慨道："老李呀，夫妻这么多年，今天我也是百闻不如一见，大家都知道你通晓俄语、英语、德语，其实中国文化修养，才是你的看家本事，所以说，新中国不可多得的知性革命家，名不虚传！"

林峰脱口赞道："说的好！"

众人肃然起敬，李校长摆摆手，谦虚道："跑题了。"

魏如莲环顾众人，认真道："新中国不可多得的知性革命家，这可不是我说的，是周总理对李国荣的评价。"

众人为之动容，利贤给李校长和蔡鹤临满上酒，又跟林峰对调了酒盅，自己满上白开水，一改往日的羞涩，大方道："李校长，魏医生，蔡老师，林峰，我以水代酒，敬你们一杯。"

李校长高兴道："利贤以水代酒，咱们就以水为令，一人一句，鹤临先来。"

蔡鹤临沉吟道："流水不争先。"

林峰看看利贤，会心道："空山鸣响，静水流深。"

魏如莲为难道："上善若水,就会这么一句。"

李校长起酒道："说的好,水善利万物而不争。"

隆冬时节,下午时分,火箭设计教研室,马立尧和林峰埋头批阅期末考试答卷,林峰一边圈红一边评判道："从期末考试成绩看,第一年的专业教学效果并不理想,考试方式和难度不能成为主要理由,看来教学方法问题还是很大,应该好好总结一下。"

马立尧批完一张答卷,停下笔,分析道："新专业一改传统的口试方式,第二学期就开始尝试百分制的闭卷儿笔试,题量大,时间长,学生有充分的思考空间。这样就避免了学生揣摩老师心理准备考试的做法,按理说,应该可以更真实地反映一年来的教学效果。至于考题嘛,说难也不难,你是比照苏联学生的综合能力出的题。"

林峰拿起刚批完的试卷,指着上面稀稀落落的红圈,继续分析道："如果说难,应该难在工程思维的出发点上,我们是把问题作为系统环节摆在学生面前,重点在于系统的相关性,不在于钻牛角尖的复杂运算。我们的学生基本功不错,30%的概念理解题,还有具体步骤的计算,都没怎么丢分,但是很难完整答对一道应用设计题。"

马立尧开始整理试卷,赞同道："这就是问题所在,我们一直缺少有的放矢的实践环节,教师也是边学边教,学生的注意力难免会放在细枝末节上。你的分析很到位,说到底,我们还是要在培养师生的工程思维上下功夫。不过,也有意外收获,你看看这份卷子。"

林峰接过试卷翻看,惊讶道："92分,凌云……嗯?答对了还要提出假设,很用心哪……你再看看我这份卷子。"

马立尧也接过试卷翻看,同样惊讶道："89分,徐进……呵,连实验构想图都画出来了,难得呀!算算平均分儿吧。"

两人各自快速翻看试卷口算,林峰随口道："1205分,18份。"

马立尧随口跟道："1140分,17份。"

林峰脱口而出："2345除以35,平均67分。"

利贤拿着一个沾满油泥的配件进来,轻声道："忙完了吗?"

林峰抬头微笑道："差不多了。"

马立尧低头整理试卷,习惯道："要帮忙吗?"

第九集

　　林峰接过配件查看磨损痕迹，利贤无奈道："想请你们过去看看，都说苏联造儿耐用，可最后一个备件不到半年就又过劳了，幸好徐进在校机床厂加工了一个，正试车呢。"

　　林峰和马立尧同时起身，默契道："又是徐进，去看看。"

　　三人来到实验室，徐进和凌云背对来人站在实验设备前，徐进躬身试车，凌云探身记录，两人全神贯注。三人静静等待，徐进说一声可以了，停机收住，凌云探身记下最后一组数据。徐进两手机油，回过身来，看到三位老师，忙用手背抹了一下冻得有点儿湿润的鼻尖，憨笑道："老师好！"

　　三人看到徐进鼻尖上刚刚沾上去的黑色机油，不觉笑出来，徐进不知所措，又抹了一下，三人笑得更厉害。凌云收笔回过身来，说声老师好，愣了一下，跟着笑出来，连忙掏出手帕，为徐进擦掉机油。

　　马立尧和林峰近前查看更换过的配件，利贤从档案柜里拿出设备手册，翻到配件说明对应处，凌云凑过数据记录本，两人认真核对数据。马立尧拍拍新配件，关心道："钢质怎么样，用得住吗？"

　　徐进返身从工具包里拿出一块钢条，解释道："找不到同质钢，这是经过热处理的替代钢，耐磨度远高于原件，断裂韧度略低于原件，我们对比过两个报废原件，都是过度磨损造成的。"

　　马立尧和林峰会意点头，利贤合上手册，高兴道："测试数据都在手册指标范围内，凌云、徐进，谢谢你们，真是了不起呀！"

　　凌云谦虚道："这是徐进的特长，东西在他手里，颠来倒去，就成了物尽其用的宝贝。"

　　林峰帮徐进收拾工具，关心道："放假了，怎么没回家过年呢？"

　　徐进平和道："家里穷，冬天都是瓜菜度日，不回去，还能给爹妈省个路费、口粮。"

　　凌云插言道："徐进向学校申请了十五斤定额粮票，寄给家里过年。"

　　利贤关心道："你这么一个山东大汉，剩下那点儿定额哪够吃呀？"

　　徐进笑道："我买了十斤土豆，凌云每天都拉我一起去食堂，没少吃她的定额。"

　　凌云有些不好意思，脸红解释道："我饭量小，这样对我俩都好。"

　　利贤疼爱道："既然都不回家，那就到我们三家巷过年吧。"

　　两人正要谢辞："老师，我们……"

教研室那边传来电话铃声,马立尧说声就这么定了,转身跑去接电话。林峰亲切道:"别客气了,一起过年吧,说不定还能抽空儿讨论专业问题呢。"

两人兴奋地对视了一下,凌云礼貌道:"谢谢老师,我们一定去。"

马立尧快步回来,高兴道:"国兰在楼下收发室打的电话,全校每人四两猪肉过年,外加五斤土豆,快走吧,百衡、文芳也在楼下等着呢。"

徐进憨厚道:"老师,我去帮你们拿土豆吧。"

利贤笑道:"一家才十斤土豆,不用了,到时候来过年就行了。你们收拾一下吧,我们先走了。"

林峰快步出门道:"我也收拾一下,你们先下楼吧。"

滨江工业大学职工食堂,饭桌集中堆靠在墙边,墙角堆满土豆。两个师傅两台磅秤,六个清一色的小藤条筐倒换不停,排到的人把筐中的土豆倒进布兜或网兜。打饭窗口前,合二为一的三组饭桌成了临时肉案,肉案上码着三大堆去骨带皮的猪肉,三个师傅三台秤,忙得不亦乐乎,肉案前人声嘈杂,进来的人凑上去看一看,论一论肥瘦。陈田手里掇着小饭盆儿,也近前看看,踌躇着不知排哪一队好,妻子许勤已站在右排,招手让陈田过来。

丁国兰一行人进来,四顾一下,自然排在中间一排。刘百衡上前探查一遍,回身凑到丁国兰耳边,小声道:"左边这排,牛哥操刀。"

丁国兰会意,拉着何文芳和利贤换到左边一排。马立尧和林峰没反应过来,刘百衡先退出来,招手道:"她们排吧,咱们去领土豆。"

三人走向土豆堆,刘百衡跟熟人招呼逗趣。

利贤不解道:"边儿上有什么好,肉更香啊?"

丁国兰调皮道:"边儿上什么都好,一会儿就说咱们三家一起包饺子,肉切成一大块就行了。"

何文芳笑道:"准是刘坏水儿的主意,肯定又有什么新花样。"

丁国兰一脸得意,举手晃身,拖着慢拍,轻轻唱起了歌谣《娃哈哈》:"我们的祖国是花园,花园里的花朵真鲜艳……"

何文芳马上情绪感染,摆出新疆舞姿,会心接唱:"和暖的阳光照耀着我们,每个人脸上都笑开颜……"

何文芳和丁国兰的眼神映在一起,默契合唱:"娃哈哈,娃哈哈,每个人脸上都笑开颜……"

利贤身心愉悦,逗趣道:"四两肉就高兴成娃哈哈,不像你们俩呀。"

丁国兰摸摸利贤显怀的肚子,神秘道:"当然不像我们俩,像我们俩的娃哈哈。"

何文芳开心道:"百衡喜欢儿子,立尧喜欢女儿。"

利贤反应过来,惊喜道:"两个疯丫头,怎么不早告诉我,几个月了?"

丁国兰兴奋道:"今天下午才查出的结果,应该有小仨月了。"

何文芳扭头看看土豆堆方向,得意道:"两个傻子还不知道。"

利贤责怪道:"你俩也不尖哪,小仨月还没有反应?干吗呢国兰,天天守着医院,怎么才查呀?"

丁国兰撒娇敷衍道:"谁说不是呢,这回人可丢大了,等着刘坏水儿开心吧。我俩一直没什么反应,偶尔反胃,你看我,我看你,都以为是酱油水喝多了。文芳到处找吃的,跑到医院来蹭饭,魏医生觉出不对劲儿,马上就查,结果把我俩好一顿数落。"

何文芳无奈道:"这年头儿,停经是家常便饭,谁知道这马后炮憋着刘坏水儿,轰出个十环哪。"

丁国兰笑闹道:"不是说刘坏水儿隔着马后炮,打出个十环吗?"

利贤笑得无可奈何,摇头道:"两个坏丫头,《苦菜花》让你们翻烂了,《三家巷》又看多了吧?"

说笑间,三人排到了肉案前,丁国兰近前一步,笑眯眯地瞄着牛哥,前后戳两下大拇指,夸赞道:"师傅真是好刀功,我们要过一个团结胜利的年,三家一起包饺子,六份儿肉,切成一大块就行了。"

刘百衡、马立尧、林峰三人脚边放着土豆布兜,等在一旁,牛哥张望一下,刘百衡冲牛哥招招手,指点一下林峰和马立尧,牛哥心领神会,不动声色,嘴里嘟囔着四六二十八,一刀下去,一大块肉就上了台秤盘,油亮的中指快速来回拨弄标尺码,刚一勉强平秤,就抬手补上一小块儿肥肉,一声正好,肉就下了台秤盘,眨眼间又拨回标尺码,调到四两位置,笑眯眯唱道:"下一位!"

何文芳和利贤看傻了眼,还没反应过来,丁国兰就包好肉,拉着两人出来。何文芳大开眼界,惊奇道:"看不出来呀,这位师傅也是个神枪手,抬手就是十环。"

丁国兰得意道:"不认识吧?乔姐家的牛哥,抬手十环,什么意思?"

利贤笑道:"他是先打靶,后画圈儿。"

丁国兰哈哈大笑，马上收敛道："下回告诉乔姐，体贴入微的牛腿短裤，真没白穿！"

刘百衡看在眼里，不动声色，接过肉掂了掂，绷脸道："干得还可以，勉强出徒了。"

丁国兰撒娇道："跟刘师傅学不出什么好。"

一行人走向门口，马立尧疑惑道："看得眼花缭乱，捣的什么鬼？"

林峰拍拍马立尧，提示道："牛哥改了九九表，四六二十八。"

丁国兰拍拍林峰，好奇道："你怎么知道？"

林峰笑道："看嘴型嘟囔出来的。"

食堂门口，许勤一脸无奈，看着陈田嘱咐道："陈田，别傻等，不行就回家，瘦肉烤成肉干儿，路上一样带。"

陈田端着盛肉的小饭盆儿，摆手道："要不得，父母牙齿都不行了，你怀孕闻不得食堂味道，赶快回家躺着吧，这里人来人往的，我圆满完成任务，是大概率事件。"

许勤下意识地摸一摸腹部，看看陈田，无奈道："那也别犯呆，这种事勉强不得，我回家了。"

陈田笑看妻子出门，马上掏衣兜，摸出一张告示，展开贴在胸前。刘百衡近前一读，笑出声来："我的瘦肉换你的肥肉。"

刘百衡用手背弹弹陈田的肚子，逗趣道："我说陈夫子，这年头儿哪有肥肉啊，都是瘦肉。"

其他人近前凑热闹，也是边读边笑，何文芳点评道："逻辑严谨，没有异议，还能逗乐。"

陈田眼睛不离出门的人流，认真道："不开玩笑。"

刘百衡来了兴致，逗趣道："我说陈田，肥肉是长肚子的，瘦肉是长心眼儿的。"

陈田不为所动，紧盯人流，告饶道："别闹了，百衡，今晚赶火车回重庆老家过年，瘦肉不好带，只能带荤油。"

刘百衡用眼神探询大家，转头问道："有刀吗？"

陈田马上摸出一把剪子，众人都笑，利贤佩服道："陈田，亏你想得出来，剪切还真是最佳方法。"

众人来到墙边的饭桌旁，刘百衡拿过剪子，一会工夫，大小两堆肉摊在桌上，红白分明。利贤把肥肉装进陈田的小饭盆儿，陈田马上掂了掂，推辞道："太多了，太多了，足有一斤二两。"

众人纷纷让道："拿着吧，拿着吧。"

陈田躬了一下身，拔腿就跑，丁国兰喊住道："还有土豆！"陈田一个趔趄收住，返身跑向土豆堆，众人大笑。

大年三十，午夜时分，教工宿舍楼，楼门上方两侧挂着国庆式的大红灯笼，一副春联妆点门面，上联是——年年困难年年过，下联是——家家坚持家家乐，横批是——春色在前。

三家共用厨房里，徐进和凌云守着大锅煮饺子。

刘百衡准备碗筷："哎，我说，前天看见蔡老师了，他是不是跟李校长一起过年呢？咱们可别失礼呀。"

马立尧调配酱油醋："跟李校长回北京了，昨天才走。"

林峰扒蒜捣蒜："年后要拜访国防部五院专家领导，由蔡老师介绍苏联火箭技术研发体制，希望能找到院所保密与高校介入的理论研究结合点，虽然我们都民转军了，可还是差了一身军装。"

马立尧一顿酱油瓶子，沉吟一下，话里有话道："是啊，戎装在身，一走了之，痛快呀，兄弟！"

林峰理解笑道："说说而已，总得有人培养人才吧，不然基地院所不都唱了空城计？哎，我说立尧，文芳那儿怎么样？有日子没见她出差了。"

马立尧失望道："问刘大芝麻官儿吧。"

刘百衡感叹道："只可惜呀，几年下来，还真应了巧妇难为无米之炊，信号在脑子里转了无数圈儿，眼巴巴等着苏联配套器件，结果专家一撤，援助一停，全搁浅了。这还是纸上谈兵，如果考虑到制造设备与工艺，就是给你高端器件，也不敢保证能做出合格的试验样机，我们的电子工业基础，实在是太差了。"

马立尧附和道："听文芳说，即使国防科委已经把电子技术列为优先发展领域，咱们的机载下视雷达起码也要研发十年，才有可能拿出样机。"

林峰插言道："再说了，即使有了机载下视雷达，咱们的飞机也不行，真想来得快，形成战略威慑，还得靠火箭。"

刘百衡从碗柜高处摸出酒盅，客观道："不过，收获还是实实在在的，课题组在天线和信噪比方面有独到理论，正在改进地面搜索跟踪雷达，随时待命试验。啥时候你们火箭发射，言语一声，我去给文芳打个下手，帮你们看看火箭飞到哪儿了。"

马立尧笑道："不用我们发射，你嘴里就能吐火箭，想怎么看就怎么看。"

林峰佩服道："百衡，你的教学法深入浅出，师生受益面儿最大，年后再给全校师生吐几次火箭吧。"

刘百衡笑道："我的大白话儿早就转成了车轱辘，还是你跟蔡老师讲吧，一唱一和，连科研辩证法都有了。"

两眼灶位前，徐进和凌云注意听着老师们的谈话，对视片刻，会意微笑。凌云端过一碗凉水，关注大锅中翻腾的饺子，不时加水平息翻涌的泡沫，小声紧张道："徐进，你可记好时间啊，我们南方人可没见过这么大的饺子。"

徐进用笊篱轻轻荡开略微鼓起的饺子，小声回应道："我从小到大也没吃过几顿饺子，你还是尝尝稳妥。哎，凌云，想不想当兵啊？"

凌云点点头，小声兴奋道："你也动心啦？"

马立尧家，两张饭桌合二为一，桌上一瓶白酒，一壶茶，一盘炒葵花籽，一盘炒黄豆，一盘水果糖。大家围坐桌边，喝茶说话。小见平伸手拿过一块糖，扒开糖纸，刚要把糖放进嘴里，利贤努嘴儿笑笑，爱怜道："见平，别再吃了，饺子马上就好。"

小见平顺嘴舔了几下糖块儿，顺手拈过一粒炒黄豆，连糖一起包进糖纸，乖乖放回糖盘。

何文芳笑道："挺讲究啊你，还做个亲嘴儿记号。"

奶奶慈祥地摸摸小见平的后脑勺，起身道："我去厨房看看。"

丁国兰笑道："奶奶你坐吧，有什么好看的，几个大男人还斗不过两锅饺子呀，开春儿有你忙的，是吧，利贤姐？"

利贤笑而不答，爷爷笑道："奶奶一辈子闲不住，看吧，你们一个接一个生，够她忙几年的。"

小见平听出意思，好奇道："阿姨，小弟弟、小妹妹什么时候出来呀？"

何文芳摸摸肚子，逗趣道："你过来问问就知道了。"

小见平趴在何文芳肚子上听听，又转到丁国兰肚子上听听，利贤笑道："是小弟弟还是小妹妹呀，都跟你说啥了？"

小见平一指何文芳，认真道："小弟弟睡着了。"

丁国兰忙问:"那我呢?"

小见平笑道:"小妹妹也睡着了。"

何文芳和丁国兰对视不甘,何文芳无奈道:"我的怎么就成了小弟弟?阴差阳错。"

丁国兰失望道:"就是呀,昨天我还梦见了大公鸡,颠倒黑白。"

刘百衡一声过年喽,饺子上桌,碗筷到位,众人谦让着落座。马立尧满上酒,又单在小见平面前满上一盅,礼让道:"年关近在眼前,爷爷说几句吧。"

爷爷起酒道:"要说这苦日子也有两年多了,常言道,事不过三,我说老少爷们,贤妻良母,今天咱们就发个吉兆,饺子就酒,越喝越有,明年大家都能吃饱,来,干一个!"

小见平跪在椅子上,探身举起酒盅,所有酒盅都过来碰了一下,众人一饮而尽。林峰起身,轻轻抱下端着酒盅的小见平,小见平仰头道:"先生住东屋,我和爸爸妈妈也住东屋,爸爸,哪个是东边儿呀?"

林峰站到东墙边,小见平跟过来,一盅酒平摆几回洒在地上,杯口的残酒慢慢滴下,直到最后一滴悬住不动。

窗外响起了鞭炮声,几束烟花破空而灿……

奶奶招呼道:"来来来,都快吃吧,这儿有酱油醋,还有蒜泥。"

众人纷纷调味动筷,都说好吃。利贤端过一大盘饺子,命令道:"徐进,完成任务,不许剩。"

徐进憨笑点头,给爷爷奶奶夹过饺子,凌云看在眼里,也跟着孝敬。奶奶身边,小见平狼吞虎咽,奶奶轻拍小见平的后背,心疼道:"慢着点儿,过年饺子管够儿。"

鞭炮声响成一片,楼门前的空场上,小孩子提着红纸灯笼闹成一团,大孩子凑着香烟燃放单个鞭炮,大人们袖手跺脚,互相寒暄。

刘百衡看看人聚得差不多了,抬手看表,摆手喊道:"大家静一静,都静一静,还有三分钟就到虎年,咱们的火箭教研室,要为全国人民放卫星,大家都许个愿,就让咱们的火箭,把这两年多的晦气,统统还给老天爷吧!"

众人哄然喝彩,林峰、徐进、凌云向后拢退兴奋的孩子们。小见平捧着硬纸火箭,马立尧拎着木制托架,两人来到空场,找一块平地,摆架竖箭,马立尧小心地顺出一段药捻儿,起身借过一支烟,猛吸几口,把烟头吹得红红的,递给小见平,蹲下嘱咐道:"一会儿大家倒着数数儿,听大家数到一,你就点火,点完马上跑回来。"

小见平猛点头,不停地吹烟,众人屏息等待,刘百衡喊道:"大家跟我一起倒计时——10,9,8,7,6,5,4,3,2,1……"

火箭直上夜空,在五六十米高处爆出一团火光,人群爆发出久违的欢呼声,大家恭贺新年,互道珍重……

第十集

1962年3月21日,西北戈壁,额济纳,酒泉导弹发射场。

春寒料峭,晴空万里。

观测兵聚焦支架式高倍望远镜,搜索雷达静待目标。

指挥控制中心,一身军装的指令长表情沉稳,一手秒表,一手话机,果断道:"一分钟准备。"

人员各就各位,仪器运行如常……

发射场上,乳白色的高大火箭耸立简易低平塔台……

发射场外围戈壁滩,一处丘陵高坡上,雷达天线阵列徐徐转动,导弹跟踪单脉冲雷达试验站内,军装在身的雷达操作人员严阵以待,何文芳坐在稍后的位置上,大家目不转睛,雷达屏幕上循环扫描着精准规则的亮线……

指挥控制中心,指令长一声令下:"点火!"

操作兵果断按下发射按钮。

烈焰迸射,烟花四溢,火箭缓缓离地,腾空而起……

报时员报出:"5秒……10秒……15秒……"

火箭快速平稳飞升,引来地面人员鼓掌欢呼。

雷达试验站内,有人惊叹了一声,屏幕上,雷达瞬间抓住目标,导弹跟踪测距程序开始启动……

报时员报出:"20秒……"

箭尾骤然爆出一团烟花,箭体略颤,稍有偏斜,继续快速飞升……

报时员报出:"40秒……45秒……"

箭体偏斜摆动,明显减速,箭首箭尾爆出异常烟雾……

报时员报出:"50秒……"

火箭上升见顶,缓缓横身,调头下坠……

报时员报出:"55秒……60秒……"

箭首触地,轰然爆响。

雷达试验站内,屏幕上,目标骤然消失在一片雪花斑中,何文芳轻轻摇头,其他人依然充满期待……

扫描波形渐渐恢复如初,大家面面相觑,何文芳开始查看数据记录,其他人纷纷围拢过来……

春寒料峭,落日余晖,滨江火车站,一列京滨特快列车缓缓驶出站台,很快消融在苍茫暮色中……

列车疾驰,蔡鹤临和林峰脸上细汗津津,匆匆穿过硬座车厢,进入卧铺车厢服务区,中年女列车员礼貌地迎上来,探询道:"是蔡老师、林老师吧?"

蔡鹤临笑答是的,随即掏出工作证,林峰歉意表示没带工作证,列车员接过工作证瞄了两眼,微笑道:"没关系,一个证件就够了,请跟我来,两个软卧下铺。"

两人跟着列车员进入软卧间,列车员放下两条毛巾、一管牙膏、两支牙刷,倒满两杯热水,摆好暖水瓶,殷勤道:"两位老师还需要什么,尽管说,列车长吩咐,我随叫随到。"

两人谢过,列车员微笑退出。林峰放下小布包,看看环境,放松道:"环境不错,跑了一路,奔个首长待遇。"

蔡鹤临脱下棉衣,拿起毛巾擦汗,感触道:"这么好的环境,晚上可以睡个好觉,很长时间没这么跑了,这一路下来,人都虚了。"

林峰笑道:"蔡老师,这次北京完成任务,就加入我们三家巷的晨练队伍吧。"

两人靠窗对坐,蔡鹤临关切道:"好啊,早晨叫上我就行。你这今天说走就走,也没来得及回家看看,利贤快生了吧?"

林峰安心道:"再有两周吧,一切正常,她总是宽慰我说,有见平开路,再生一个,就像母鸡下个蛋。"

蔡鹤临点点头,深有体会道:"正常就好,你在她身边就更好了,生娜塔莎的时候,安娜一直让我握着她的手。"

林峰会心笑道:"我能体会安娜的心情,但愿我能赶回来,有奶奶和国兰照顾,我心里踏实多了。安娜最近有信吗?"

蔡鹤临蓦然凝神——

【闪回画面:车轮铿锵,长鸣远人,蔡鹤临探身车窗外,努力挥手,初秋的苍

茫暮色中,莫斯科火车站出发站台上,安娜拉着娜塔莎随车奔跑,母女俩喊出泪水:"阿廖沙——爸爸——"】

　　蔡鹤临沉浸片刻,回过神来,叹口气道:"安娜应该来过很多封信,但是都被有关部门截留存档,没办法,这是保密规定,我只能得到口头传达,两个字——很好。"

　　林峰诧异道:"你一直说安娜有信来,去年秋天不是给我看过照片吗?"

　　蔡鹤临伤感道:"那是我们仅有的一次通信,之后我被告知,鉴于我的工作性质和特殊背景,我不能与任何苏联公民和在苏人员发生邮电往来。当天我试寄过一封简信,想打个擦边球,结果信被截留存档,还受到口头警告,我只能请求通过使馆传达口信,也是两个字——很好。"

　　林峰静默忧伤,蔡鹤临打破沉郁,微笑道:"饿了吧?"

　　林峰露出一丝苦笑,无奈道:"还行,蔡老师,真是难为你们了,希望一家人能早日团聚,真想她们。"

　　蔡鹤临沉吟一下,点头笑出来,示意林峰打开铺位上的小布包。林峰随手从小布包里拿出一个大号铝制饭盒,岔开话题,掂量道:"面包会有的,牛奶也会有的。什么好东西?"

　　蔡鹤临笑而不答,林峰打开饭盒盖,里面塞着两个大馒头,挤着一只青皮蛋。林峰拿出青皮蛋,破壳笑道:"呵,咸鸭蛋,哪儿弄的?"

　　蔡鹤临拿起水杯润湿毛巾,留一条,递一条,感念道:"擦擦手,咱俩会合的路上,碰上魏医生给学生送病号饭,我说咱俩临时接到命令赶火车,她就留下布包,又拦住两位老师,把身上的钱和粮票都掏给我,咸鸭蛋还是李校长过年回北京,张爱萍将军送的,看来都成全了浮肿学生。"

　　林峰抿嘴点头,细心剥壳,蔡鹤临默视车窗外,沉沉夜色中,不时有昏黄的灯光一闪而过。林峰两手四指托着剥好的咸鸭蛋,冲车窗外方向谢举了一下,然后在饭盒边沿向下一按,咸鸭蛋就均匀地一分为二。蔡鹤临接过半个咸鸭蛋,拿过一个馒头,两人互敬一下,大口馒头,小口鸭蛋,几口热水,吃得心满意足。

　　林峰续上热水,蔡鹤临收拾一下,话入正题:"无事不登三宝殿,说说今天的紧急召集吧。"

　　林峰喝口水,思量道:"庆功宴就别想了,接到命令直接上车,要赶第一时间,故障分析是免不了的。"

蔡鹤临冷静道:"事故分析的可能性更大,春节期间,我和李校长明显感受到五院上下的乐观情绪,东风二号发动机虽然顺利通过地面试车,但是钱院长对局部的简易试车态度谨慎。东风一号成功以后,国际形势更加严峻,各方出于尽快搞出争气弹的稳妥考虑,东风二号依然没有跳出线性仿制的圈子。"

林峰深得要领,分析道:"惯性思维未见得就能保持住惯性成功,我们的基础理论研究相对单一、薄弱,主要配套试验项目没有跟上,上次开会谈到这个问题,钱院长会后表达了他的忧虑,要求我们尽快开展地面试验环节理论研究。局部模型再漂亮,没有风险实验做依托,也不能保证全箭运行的协调性,这一点我们在苏联深有体会。"

蔡鹤临顿了一下水杯,赞同道:"切中要害,挑战和机遇就在这里……"

正说着,外面轻轻响起叩门声,林峰一声请进,女列车员开门,进来男女两位干部,都是五十多岁模样,大家礼让寒暄,女列车员帮着放好行李,微笑而退。

女干部拍拍上铺床沿儿,心疼道:"啥软卧硬卧的,就是宽点儿窄点儿,价钱差了去了。"

男干部掏出两个罩着隔热套的带盖儿玻璃水瓶,随口应道:"啥馒头窝头的,就是白点儿黑点儿,滋味远了去了。"

蔡鹤临笑道:"举手投足的好对子。"

林峰随手递过暖水瓶,感叹道:"源于温饱,高于生活。"

男干部接过暖水瓶,倒上水,谦虚道:"谢谢小同志,大白话儿经文化人这么一归弄,就雅俗共赏了。会计出身都这样,花钱就得说说理由;农民本色没法变,张嘴总要品品粗细。"

轮到鹤临叹服道:"相由心生,有意思。"

男干部一竖大拇指,夸赞道:"相由心生,妙手横批!"

女干部还是一门心思,不甘道:"花大价钱登高儿睡觉,能不心疼吗？还是硬卧下铺实惠。"

男干部喝口水,平和道:"没办法,车上有人发病,我们就把两个硬卧下铺让出去了,按级别,我们还不够软卧资格。"

蔡鹤临体谅道:"老同志,你们上下不方便,咱们换一下吧。"

男干部高兴道:"谢谢你们,好人好事儿,好事儿好人哪。"

女干部不好意思道:"谢谢啊,那就换一下票吧,我们把差价补给你们。"

林峰笑道:"不用了,我们也不够软卧资格,都是单位安排的,手里没票。"

女干部好奇道:"单位级别不低呀,什么工作?"

男干部连忙用眼神制止,打岔道:"都是革命工作,一看就是国家栋梁,年轻有为呀!"

蔡鹤临笑道:"没什么,给单位应个急。不早了,林峰,上去睡吧,老同志,您也好好休息。"

傍晚时分,工程力学实验室,三组学生围聚在实验设备旁,一边轻声讨论,一边纷纷整理实验报告。利贤站在黑板前,轻轻拍手,同学们纷纷转过头来,利贤微笑道:"同学们,今天的实验完成得非常好,三组不同方案,结果大同小异,我和马老师愿意跟大家一起分析比较一下。不过快到食堂开饭时间了,可能会晚一些,大家自由参加。"

同学们纷纷响应,马立尧出现在实验室门口,抬手示意一下,微笑道:"参加讨论的同学跟我到教研室吧。"

同学们纷纷拿起书包,利贤按腰揉腹直了直身,忽然觉出什么,不由得弯腰前倾,看看淋湿的裤角,抬头惊讶道:"破羊水了?"

马立尧快步赶过来,同学们呼啦一下围上来。马立尧和凌云扶住利贤,利贤不解道:"刚才上课有点儿疼,没想到这么快。"

马立尧紧张道:"那就是快生了,去医大二院吧。"

阵痛袭来,利贤不觉按腰摇头,缓了缓道:"我生得快,可能来不及,就近先去校医院吧。"

徐进跑向门口,回手喊道:"我去借手推车,大门口等你们。"

利贤环顾众人,带着歉意宽慰道:"我没事儿,大家去食堂吧。"

凌云伸手拉过一位高大男生,嘱咐道:"你扶好了,我先去校医院让医生准备。"

男生急应道:"快去吧。"

马立尧急呼道:"一定要找到魏医生!"

凌云应声明白,转身跑出门,众人搀扶利贤下楼。

校医院门口,丁国兰和凌云焦急等待,魏如莲坐在收发室拨打电话:"对,是第二胎经产妇,马上就到校医院,我们的救护车半小时前送一个急诊学生到你那儿……啊?已经到啦,太好了,让司机马上返回校医院,你们做好准备,我们尽快送产妇过去,谢谢王主任。"

魏如莲快步出门,沉稳道:"都安排好了,咱们的救护车半小时左右返回来,看情况,尽可能送医大二院,咱们这边也别大意,也得好好准备。"

丁国兰赶紧道:"那就好,你们等着,我去处置室看一下准备情况。"

暮色苍茫,春寒料峭,校园大道两旁,人流冬衣在身,行色匆匆。大道上,徐进单衣躬身,拉车稳步疾行,身后护着同样单衣的马立尧和几个男同学。利贤坐靠车上,身上披盖棉衣,身下铺垫棉衣,一群男女学生跟在后面。

校医院转弯即到,徐进迎头遇上等不及赶过来的凌云,魏如莲快步迎上来,关切道:"利贤,破羊水了?感觉怎么样?停一下,我看看。"

利贤忍痛道:"跟生见平差不多,就是阵痛太快了。"

魏如莲掀开棉衣,利贤身下浸湿一片,淡红隐现,魏如莲安慰道:"挺正常的,先到处置室检查一下,救护车很快就到,去医大二院。"

校医院处置室,利贤半躺在临时铺设的产床上,阵痛一阵紧似一阵。魏如莲一身洁白,面戴口罩,俯身内检,丁国兰和护士小汪也是同样装束,辅助在旁。

魏如莲起身,诧异道:"已经开到五指了,这么快?利贤,生见平也这样吗?"

利贤顿一下,忍痛道:"这回比生见平还快。"

又是宫缩阵痛,利贤微微屈伸,脸上浸出细汗。魏如莲半举着双手稍作犹疑,果断道:"救护车还得十几分钟,国兰,让O型血的同学留下来,马上采样再确认,随时待命,如果需要,采血量每人200毫升,准备接生。"

丁国兰说声明白,快步出门,魏如莲笑意从容,安慰道:"没事儿,利贤,都是常规程序。"

利贤忍痛微笑道:"我不紧张,见平还是奶奶在家里接生的,奶奶都说我生得快。"

校医院门前,一辆救护车疾驰而至,司机下车直奔大门,两个救护人员携担架匆匆跟上……

处置室门外,马立尧和一群学生紧张等待,见司机和救护人员携担架匆匆过来,马立尧快步迎上去,礼貌道:"是邓师傅吧? 辛苦了,魏医生让你们随时待命,利贤老师就要生了。"

邓师傅在行道:"够快的,一年总得赶上一两个来不及送大医院的,但愿顺产哪。伙计们,出门抽棵烟吧,我在这儿等着……"

人初之啼,怦然于心,女同学激动得带头鼓起掌来,大家都松了口气,邓师傅习以为常道:"这年头儿,孩子都不大,好生。"

气氛轻松起来,一位男同学风趣道:"马老师,再有几个月就轮到你了,今天的生产实习课上得怎么样啊?"

马立尧感慨道:"大家都上了生动的人生一课,为人父母,不容易呀。"

处置室内有人轻轻踢门,马立尧连忙开门,丁国兰半举着两手闪身出来,马立尧随即把门轻轻带上。丁国兰眨眨笑眼道:"大家着急了吧? 顺心顺产,母女平安。"

一位男同学情不自禁道:"生个姑娘啊,像不像利贤老师?"

丁国兰委婉道:"能不像吗? 喜欢利贤老师,是吧?"

男同学红了脸,人群中响起笑声。丁国兰轻松道:"好啦,利贤老师让我谢谢大家,满月的时候请大家吃饺子,刚才验血确认O型的四位同学请留下,其他同学请回吧。"

同学们开着说话男生的玩笑,你推我搡离去。马立尧和徐进、凌云等几位同学留在门口,徐进心疼道:"凌云,你不是O型,回去吃饭吧。"

凌云笑道:"马老师也不是O型,我跟马老师一起走,今天的实验方案还有疑点没问呢。"

丁国兰嘱咐道:"你们四个,千万别走开啊,魏医生说产程过短,需要观察。"

马立尧紧张道:"有危险吗?"

丁国兰在意道:"别吓唬我啊,什么事儿都防个万一,立尧,去收发室给爷爷奶奶报喜吧,叫奶奶把鸡炖上。"

丁国兰示意开门,徐进连忙把门打开,丁国兰进门,护士小汪抱着孩子出来,脚下稍停,展示道:"看看小宝贝儿吧。"

众人凑上来,凌云惊讶道:"这么小啊,真好玩儿。"

马立尧怜爱道:"人小劲儿可不小,三下五除二就出来了,眉眼看着像爸爸。"

马立尧高兴离去，小汪笑道："好啦，我去给她擦洗一下，一会试试喂奶。"

处置室内，利贤头部垫高，平躺在床，尽显疲惫，魏如莲全神贯注，小心处理最后一个环节，嘱咐道："国兰，千万看仔细了，注意残留。"

丁国兰埋头应道："胎盘完好，我再查一遍。"

魏如莲起身，冲利贤安慰道："非常顺利，出血也不多，现在感觉怎么样？"

利贤如释重负，疲倦道："轻松多了，就是浑身没劲儿。"

魏如莲关切道："没吃晚饭吧？国兰，马上挂一瓶葡萄糖。"

丁国兰起身准备，魏如莲半举着手走近门口，招呼道："立尧啊，去我诊室把病号饭拿来，就在桌上的布包里，带一杯热水。"

门外凌云回应道："马老师去打电话了，我去拿。"

血流的涌现是偶然的，利贤感觉到温热，略微动了动下身，伸手摸了一下，欠身道："国兰，好像没干净，帮我拿块纱布。"

丁国兰放下吊瓶备品，拿着纱布返身过来，注意到利贤的脸色，丁国兰急忙掀开被角，汩汩的偶然正在汇成一种必然，衬垫上已经汪不住血，丁国兰大惊失色，急呼道："魏医生！"

魏如莲快步近前，眼神一震，手上不停，镇定道："无菌纱布，快！"

丁国兰快手递过成卷纱布，魏如莲熟练地做填塞处理，吩咐道："马上采血，两个人，快！利贤，别怕……"

丁国兰疾步出门，差点跟凌云和马立尧撞个满怀，急呼道："需要马上采血，两个人，快！"

四个留下的同学几乎同时解开棉衣扣，徐进一把拉过跟自己差不多高大的男生，抢先道："我俩身大血不亏，来吧。"

一位矮小女生刚要争先，凌云拉住道："让他俩先来吧。"

两人跟着丁国兰匆匆进入采血室。

马立尧神色凝重，静静等在门口，邓师傅安慰道："你媳妇年轻，能挺过来，魏医生手把儿高，放宽心。"

小汪抱着孩子轻松回来，凌云快步迎上去，紧迫道："利贤老师需要输血，孩子给我，你快进去吧。"

小汪感觉不妙，递过孩子，急忙进门。

时间仿佛静止,魏如莲眼角浸出细汗,沉稳道:"我摸到了,是子宫创面出血。利贤,不要怕,马上给你按压子宫止血,你要放松配合,打起精神来,一定不要睡。"

利贤脸色更白,虚汗津津,呼吸有些局促,喃喃道:"我不怕,你按吧。"

魏如莲躬身施救,一手下身,一手腹部,手法柔韧,沉稳专注,不断呼唤道:"利贤醒醒,快醒醒……情况越来越好,马上给你输血,已经感觉到宫缩了……快醒醒,女儿一会儿还要吃奶呢。"

利贤努力睁开眼睛,气若游丝,迷离道:"我想看看女儿。"

小汪近前道:"小家伙可乖了,一会儿给你抱过来,还得试试喂奶呢,利贤姐,利贤姐,别睡啊。"

小汪用酒精棉快速擦手,备好输血用品,丁国兰几乎同时进门,小汪麻利上手输血,魏如莲看看措施到位,缓出一口气,眯眼道:"国兰,给我擦擦汗。"

丁国兰拿过消毒布巾给魏如莲擦汗,细心贴一贴眼角,再看看进入轻度休克状态的利贤,小声紧张道:"怎么样?"

魏如莲冷静道:"产程过快,宫缩乏力引起子宫大出血,刚能摸出子宫轮廓,出血量已经开始减少,接下来的半小时最关键,我的手指可能痉挛,你们要随时替我……"

小汪紧张道:"魏医生,我不会按摩,万一失手,这可是人命关天哪。"

丁国兰理解道:"小汪说得有道理,还是我来吧。"

魏如莲提示道:"国兰,你按摩手法好,但一定要控制好力度,还要注意自己身体,毕竟是六个多月的身孕,现在听我说子宫按压要领……"

门外走廊里,凌云抱着一个两岁多的小男孩,两人额头贴在一起顶牛。凌云向后仰头,做出认输的表情,小男孩儿咯咯咯笑出来,旋即一阵咳嗽,小手一指:"阿姨你看,小弟弟吃我妈的奶了,我要下地。"

男孩儿妈擦过乳晕部位,把湿手帕递给凌云,抱着新生儿喂奶,爱怜道:"这可不是小弟弟,是小妹妹,大宝啊,你不是最喜欢小妹妹吗?等你们长大了,你当爸爸,小妹妹当妈妈,多好啊。"

大宝乖道:"那一人吃一个。"

大宝妈夸奖道:"我家大宝多疼人哪,小妹妹一个都吃不了,给你留一个半。"

众人都笑，凌云亲了大宝一口，顶牛道："谢谢小当家的。"

大宝妈笑道："像他爹，心眼儿小，打小儿就是个情种。"

众人又笑，凝重的气氛缓和下来，大门口门轴一响，一片急促的脚步声中，传来刘百衡的招呼声："爷爷奶奶，慢点儿，这边走……"

夜晚时分，一间简易宽大的会议室内，窗帘遮掩，一架小型电影胶片放映机缓缓转动，正前方的小型简易屏幕上，一枚白色导弹腾空而起，几经爆烟失控，直到一分钟后触地爆炸，屏幕上留下一片虚白，屏幕两侧的十几个人姿态各异，凝神思考。

灯亮了，大家纷纷转过身来，会议桌上散放着图纸文件，一些经过讨论勾画的视频截图格外醒目。主持会议的中年导弹设计专家王主任，随手在截图上顿了顿铅笔，提示道："刚才大家又回顾了试射失败的全过程，反复翻看了过程疑点，下面还是请蔡鹤临同志继续就这些疑点展开分析。"

蔡鹤临拿起几幅截图，沉稳道："其实大家已经看得非常清楚，我再强调几个关键改变，这是发射20秒的画面，箭尾爆出明显烟雾，未见明显异常火焰，箭体小幅颤动，上升未见明显改变；再看这一张，发射45秒，箭尾爆出大量烟雾，箭首伴有少量烟雾，依然未见明显异常火焰，但是箭体明显大幅偏斜摆动，上升速度明显下降；还有这一张，发射50秒，箭体见顶回落，虽然伴有大量烟雾，但还是未见明显异常火焰，箭体下落过程中，箭尾伴有少量烟雾，直到箭首触地爆炸。"

蔡鹤临放下截图，跟林峰默契对视一下，稍顿片刻，继续道："以前面的设计分析和这些关键改变为依据，我们可以做出一个基本判断，东风二号的液体火箭发动机本身，不是引发导弹坠毁的主要原因，否则极易发生空中爆炸。这一点同发动机地面试车成功相吻合，即使存在发动机推力不足问题，我们经过周密计算，火箭也不会在一分钟左右坠毁。如果这个判断正确，那么问题就必然归结到导弹的结构协调性和整体动特性上，下面请林峰同志做进一步分析。"

林峰拿起手边的技术文件，沉稳自信道："我们全面分析比较了东风一号和东风二号的主要技术参数，在主体结构和尺寸方面，东风二号在相当程度上成为东风一号的线性放大版，现在核心问题出来了——东风一号的物理参数，能不能线性放大到东风二号？这里有一个假设，如果线性放大的东风二号，其弹体是一个刚性体,那么我们极有可能选择了正确的设计原则,现在关键问题出来了——东风二号到底是不是一个刚性体?"

与会者豁然开朗,交头议论。

林峰继续沉稳道:"以前面的理论分析和试射过程为依据,在剔除偶然因素的前提下,我们可以做出另一个基本判断,东风二号不是一个刚性体,而是一个弹性体。总体而言,弹性体的东风二号,不能线性放大东风一号的物理参数,储箱燃料晃动、弹体自激振动等一系列纵向耦合振动因素,一定会严重影响导弹的飞行稳定控制系统。当然了,这里面还有一个临界参数问题,如果非线性放大的物理参数在临界破坏之内,我们就极有可能获得一次侥幸的成功,只是我们并不侥幸,而侥幸的成功不过意味着偶然。"

王主任感慨道:"所以,我们没有必要为这样一次失败感到遗憾……"

张工兴奋插言道:"听君一席话,胜读十年书,看来都是侥幸心理和成败杂念惹的祸,加减乘除可以搞出一个导弹,不可能搞出一系列导弹。"

李工接过话题:"在思考问题的出发点上,我们首先是把线性仿制当成天经地义的保险,不敢轻易越雷池半步,这样既走捷径,又不担责任,结果往往在材料和工艺问题上纠缠不休,反而对一个系统工程的大前提视而不见。"

蔡鹤临理解道:"材料和工艺是个精益求精的永恒课题,我们自力更生搞出的很多新材料、新工艺,已经成为必不可少的铺路石。在缺乏必要的地面试验环节的情况下,没有导弹的实地发射,没有大家的深入讨论,谁也不会轻易得出结论。即使大家一致认为结论正确,接下来,也必须经过系统试验来确认并不断修正,缺乏必要试验过程的捷径,不会是火箭正常运行的轨迹,所以问题的焦点一目了然,建立全面系统的地面试验设施与程序,成为我们的当务之急。"

众人热烈讨论起来。

王主任抬手看表,建议道:"现在是八点半,一鼓作气十二个小时,再干就是捣浆糊了。这样吧,既然打开了思路,今天大家就先回去,各自为战,明天八仙过海,各显其能,怎么样?"

众人说好,纷纷起身,蔡鹤临和林峰随着人流出门。

两人边走边说,身后传来王主任的招呼声:"两位老师请留步。"

两人回身等待,王主任跟上来,亲切道:"钱院长请你们去他家讨论。"

林峰兴奋道:"什么时候?"

王主任拍拍林峰,微笑道:"现在。"

两人投来探询的目光，蔡鹤临脱口问道："现在？"

王主任解释道："是这样，其实钱院长主持的小组昨天晚上就得出了结论，你们是英雄所见略同。导弹掉下来以后，大家心态有些失衡，钱院长倒是心平气和，给大家撂下一句话——导弹不能带着疑点上天。这次他从全国范围调兵遣将，分成多组分析讨论，目的就是畅所欲言，集思广益。我刚才打电话汇报情况，他请你们尽快过去，别担心，今晚他家一屋子人。"

林峰感慨道："系统试验是科学探索的必由之路，其结果无非是成功与失败，所以一声巨响不是什么坏事，把上上下下都震醒了，导弹不能带着疑点上天，这句话现在说出来，格外有分量，大家都深有体会。"

王主任附和道："说的好，苏联火箭专家撤离不久，东风一号就试射成功，大家信心倍增。这以后，迫于国际形势更加严峻，上上下下都把东风二号当成争气弹来搞，是一种必然。钱院长早就意识到导弹的弹性振动问题，但是苦于地面试验设施没有建立起来，只能上天做试验。不过这个代价太大了，不单是技术上的，很多人担心追究责任，好在钱院长都给担下来了。你们不一样，没那么多顾虑，好好珍惜这次机会吧。"

蔡鹤临意味深长道："从国家的长远国防战略高度看，导弹研制拉开的是航天工程的序幕，这一点钱院长看得清清楚楚，所以他的要求非常明确，不单是要找出失败原因，还要建立系统工程的理论框架和实验设施，这是下一步工作的关键。"

路边车灯耀眼，一辆军用吉普车缓缓停下，王主任抬手示意道："上车吧，把这些想法跟钱院长好好汇报，接下来有你们忙的。小彭，注意安全。"

两人上车，车上车下挥挥手，吉普车疾驰而去。

正是一年春好处，五月滨江，中午时分，蔡鹤临和林峰手提军用旅行包，兴冲冲走出滨江火车站，两人来到汽车站排队，上车坐好，蔡鹤临知心道："怎么样，心里打鼓了吧？"

林峰兴奋道："要是按日子生，孩子差不多该三周了，跟我回家吧。"

蔡鹤临高兴道："好啊，看看你儿子……女儿？"

林峰笑道："都喜欢，母子平安就好。"

汽车缓缓启动，街景慢慢掠过，蔡鹤临感触道："时间过得真快呀，闻到丁香味儿了。"

林峰陶醉一下,欣然道:"校园里更香,三家巷的照相机又闲不住了。"

五月初的校园,丁香盛开,芳草嫩绿,垂柳鹅黄。

教工宿舍楼近在眼前,林峰一步两阶踏上门口台阶,蔡鹤临紧随其后。收发室顾大爷听到急促的脚步声,连忙放下手上的浇花小壶,凑到窗口,扶下老花镜躬身探视。来人背影一晃,脚步声已到了二楼,顾大爷摇头道:"谁呀这是,风风火火的。"

三家巷静悄悄的,屋门紧闭,林峰愣了一下,疾步近门,三家逐个敲了一遍,无人应答,又敲敲旁边冯老师家,也是没有回应,三家共用厨房的门开着,厨具整洁,空无一人。

林峰站在走廊里,茫然道:"星期天,不应该呀。"

蔡鹤临提醒道:"开门看看。"

林峰不安道:"家里总有人,我没带钥匙。"

蔡鹤临回到厨房,见角落案台上放着一个小奶瓶,就走过去拿在手里,一瓶奶还是温热的,蔡鹤临端详了一下奶瓶,安下心来,眼前蓦然闪过安娜怀中的娜塔莎,不觉仰头茫然了一下,转身出来,示意道:"林峰,看看你的宝贝。"

林峰眼神一亮,马上接过来,感觉到温热,贴在脸上陶醉片刻,喜悦道:"走,问问顾大爷。"

两人拎包快步下楼,顾大爷探头笑道:"哎哟,原来是你们两位呀,怪不得上楼急成那样儿。三家巷这一大帮人才出门,利群饭店,给你姑娘办满月,东西放我这儿,快去吧。"

林峰如释重负,谢过顾大爷,蔡鹤临拍拍林峰,感触道:"女儿招人疼,当个好爹吧。"

林峰长出一口气,幸福地笑出来。

顾大爷招招手,热情道:"都拿进来吧。"

见两人犹豫了一下,顾大爷打开柜门,一手拿锁,一手递钥匙,宽心道:"别担心,李校长都夸我觉悟高,知道这是国家的好东西,怕你们喝酒弄丢了。"

林峰进来,放包入柜,感激道:"大爷,您费心了。"

顾大爷锁柜返身,催促道:"去吧,去吧,这么大的事儿,够你鞠躬敬酒的。"

两人快步出楼门,奔向利群饭店方向。

春光融融,丁香袭人,利群饭店,门脸依旧,只是门侧少了应景的顺口溜。徐进从店里匆匆出来,一路快跑,直奔教工宿舍楼方向,迎面快步走来林峰和蔡鹤临,徐进愣了一下,兴奋招手喊道:"林老师!"

林峰放缓脚步,连忙应道:"徐进,跑什么呀?"

徐进跑到跟前,看清林峰手中的奶瓶,高兴道:"我正要回去拿奶瓶,奶奶给忘了。"

林峰拍了徐进一下,拔腿跑向饭店,两人跟上。

人初之啼,直入肺腑,林峰缓过几口气,定了定神,轻轻推开店门,女儿的哭声扑面而来,众学生纷纷惊喜道:"林老师!"

林峰惊讶道:"大家好!"

奶奶又惊又喜,抱起怀中的重孙女面向林峰,悠晃道:"妞妞,看看,快看看,爸爸回来啦。"

林峰叫过爷爷奶奶,近前凑上奶嘴。

哭声戛然而止,换了姿态的妞妞感觉到眼前的变化,无序地舞动小手,脖颈努力前探,熟悉的奶嘴儿一口含进嘴里,吸吮的节律引得林峰嘴唇跟着微动几下。

蔡鹤临跟爷爷奶奶相互问过好,林峰关切道:"奶奶,利贤呢?"

奶奶微笑道:"别担心,都挺好,在后厨帮忙呢。"

蔡鹤临抬手轻轻摩挲妞妞的脸蛋儿,感触道:"林峰,这下知道什么叫把吃奶的劲儿都使出来了吧?"

饭店大门一响,魏如莲和小汪进来,蔡鹤临连忙近前握手道:"大姐来啦,李校长好吧?"

魏如莲心疼道:"我们怎么都好,看看你,黑眼圈都熬出来了,累坏了吧?老李没少念叨你们。"

奶奶接过奶瓶,林峰连忙回身握手,兴奋道:"谢谢魏医生和李校长关怀。"

爷爷在旁拉过林峰,感触道:"林峰,谢谢只是开场白,搁在过去,那就得磕三个响头,来,给魏医生和汪护士三鞠躬。"

林峰的一颗心悬起来,知道有大事跟着,马上恭恭敬敬鞠躬。护士小汪拉了魏医生一下,有些不知所措。魏如莲饱含爱怜,刚要扶起林峰,却被爷爷拉住,三鞠躬之后,爷爷又拉过林峰后退站好,抬手道:"林峰,给同学们三鞠躬。"

第十集

　　林峰茫然一下,又是恭恭敬敬鞠躬,同学们纷纷喊道:"不要,不要,林老师,快起身。"

　　前面的几个同学连忙扶起林峰,林峰说着谢谢,眼睛望向后厨门口。

　　后厨门开了,小见平端着一盘水饺露面,马上笑出来,回身招呼道:"妈妈,我爸回来啦!"

　　利贤一手一盘水饺走出来,美白微笑的脸上透出大病初愈的憔悴,后面跟着显怀的丁国兰、何文芳,还有刘百衡和马立尧,每人都是一手一盘水饺,林峰悬着的心揪了一下放下来,快步迎上去,关切道:"利贤……"

　　两人深情对视,林峰刚要接过饺子,利贤轻轻摆头道:"去谢谢国兰,她为了救我,累得直不起腰,孩子差点儿没保住。"

　　林峰心头一颤,站到丁国兰面前,深深一躬,跟着又要第二躬,丁国兰扭身屈膝,哎哟了一声,吓得林峰连忙起身接过盘子,紧张道:"怎么了,国兰?"

　　丁国兰笑道:"拜一个就够了,拜三个我该老了,同学们,快来接一下,趁热吃饺子。"

　　何文芳后抬腿踢了刘百衡一下,气恼道:"吓死我了,你带的好徒弟!"

　　何文芳身后的刘百衡学着丁国兰哎哟一声,委屈道:"我说丁师傅,你别吓着何小姐,这小马驹儿在肚子里边一尥蹶子,他妈就踢我。"

　　众人笑出来,凌云、徐进带头,几个同学上前接过盘子,蔡鹤临过来握手问好,马立尧期待道:"蔡老师,这回咱们有活儿干了吧?"

　　蔡鹤临点点头,看了林峰一眼,笑而不答,林峰打了马立尧一拳,兴奋道:"千里马,你就准备拉车吧!"

　　马立尧回应一拳,凑趣道:"带上我那小马驹儿!"

　　爷爷奶奶招呼大家落座,乔姐手端臂贴水饺盘子晃过来,引来众人喝彩,后面跟着牛哥,端上一大托盘中碗饺子汤,中间立着一瓶高粱酒,林峰抱着妞妞起身敬道:"谢谢乔姐、牛哥,这么多人,让你们受累了。"

　　乔姐满面春风,欢喜道:"林家有千金之喜,国家有栋梁之材,别人想累还累不着呢,是吧,亲爱的牛哥?"

　　牛哥呵呵一笑,众人鼓掌呼叫,奶奶招呼道:"孩子,忙了大半天,都齐了,过来一块儿吃,来来来,大伙儿都动筷儿,要不饺子该凉了。"

　　乔姐笑道:"奶奶,你看看有几个动筷儿的?"

　　大家看看男同学的饭桌,一个个嘴里嚼着,手里拿着,饺子早已去了一半。

利贤笑道："慢点儿吃，林老师省了一个多月口粮，都换成了白面，今天饺子管够儿。"

夜晚时分，教工宿舍楼，林峰家，布帘将空间一分为二，一边是爷爷奶奶，一边是利贤、林峰，两人中间睡着妞妞。小见平高高在上，趴在吊铺里听大人说话。利贤和林峰侧身而卧，林峰微屈的指背虚在妞妞的脸蛋儿，生怕碰颤了果冻一般，良久，利贤拉过林峰的手，林峰跟着爱抚利贤的额头和脸颊，利贤陶然享受，握住林峰的手指轻轻咬了一下。

小见平探头看在眼里，好玩儿一样跟着咬了一下手指，两腿拍打几下。利贤和林峰收回手，抬头看看，利贤脸上透出一丝羞涩，轻声道："见平，睡吧。"

小见平又拍打了几下小腿，轻声道："才八点半，睡不着，我看我爸也不累呀。"

林峰轻声道："我看你也不困，那就下来吧。"

小见平一骨碌顺到梯子，林峰起身抱下来。

奶奶发声道："见平啊，到太奶奶这儿来，别碰着妞妞。"

小见平光着脚刷刷几下拉开布帘，缩身钻进太奶奶的被窝。太奶奶爱抚道："这孩子，你爸坐了一天的火车，也不让他睡个好觉。"

林峰探身坐起来，随手拉开床头小灯，轻声道："这些天都是半夜睡，习惯了。"

利贤随手掖掖妞妞的被头，安逸道："睡不着，那就说会儿话吧，转眼妞妞这都满月了，爷爷让我给孩子起名，我说还是等你回来吧。"

林峰看着爷爷奶奶，孝敬道："小家碧玉就挺好，平平安安的，还是爷爷起吧。"

爷爷披衣坐起来，沉吟道："先生不在了，还是你来吧。"

一家老小心底涌上一样东西，沉甸甸的，屋子里弥漫着思念的静默。

林峰俯身轻轻摩挲妞妞的额头，感念道："是大家救了母女俩，孩子长大要想着知恩图报，就叫林利民吧。"

利贤对视林峰，露出一丝会心的笑意。小见平一骨碌坐起来，明白道："利民利国，我知道，先生教我的，要是妈妈再生个小弟弟，就该叫利国了。"

爷爷看看奶奶，点头道："利民利国，好！"

奶奶抹了一下眼角，感触道："利民又利国，是咱林家人。"

林峰注意到奶奶的情绪,有意岔开话题,看看利贤道:"那就这么叫吧,利贤,窗台上什么东西呀,是奶干儿吧,是不是国兰、文芳忘拿了?"

利贤侧着身慢慢坐起来,打量道:"不会呀,我看着她们出门的,一定是蔡老师又给咱们留了两包,那就再给国兰、文芳吧。"

林峰体贴道:"你快躺下吧,明早我送过去,从内蒙带回来,一路挂在背阴车窗外,挺新鲜的。"

小见平光脚下地跑过来,兴奋道:"他们睡得晚,我现在就送去。"

利贤责怪道:"见平,又不穿鞋。"

小见平拿过两小包奶干儿,嘿嘿笑道:"我爸刚擦完地,不脏。"

林峰教训道:"见平,越来越不听你妈的话了,穿鞋,去吧,告诉她们别舍不得吃,天热放不住。"

小见平穿鞋出门,回身轻轻带上。

利贤披衣笑道:"文芳还能舍不得吃呀,就是魏医生那儿没什么可送的,这么两小包奶干儿,也不成个敬意,你说买点儿什么好呢?"

林峰感慨道:"其实买奶干儿的钱,还是临走前魏医生给的,你送一,她就还二,大恩不言谢,咱们就好好干工作吧。"

奶奶叹息道:"身边这些个好人哪,看着看着就都像了先生。见平秋天就上学了,我和爷爷琢磨着,怎么也要给孩子腾出个地方写作业。托儿所老师说,见平这孩子,现在插班儿读二年级,都能成三好学生。唉,这些日子,也不知怎么了,见平一拿钢笔写字,我就受不了,这孩子像先生,待人心事重。"

爷爷看看绕不开话题,摇头叹道:"这十年哪,就这么一刀一刀剜了奶奶的心头肉,利贤又是大难不死,奶奶这心静不下来呀。"

幽暗中,利贤掩面按住眼睛,难受道:"我出院以后,奶奶带妞妞睡,爷爷睡吊铺,见平跟我睡,头一个星期,见平硬是天天挺到大半夜,怕我再出血,结果是两个老的,看着三个小的,你回来前,一直就这么睡。"

奶奶抹了一下眼角,怅然道:"都说咱老百姓不怕死,其实呀,哪有不怕死的,那是怕也没用。亲人有个三长两短,家里的魂儿就没了,活着的,这心里空落落的,想起来就怕。"

幽暗中,林峰眼前蓦然闪过失血过多昏睡在炕的钱先生,身上一个冷战,惊醒一般凝视利贤,心中一阵后怕,眼中一片酸楚,动情道:"是啊,离别怕的是一时,失去怕的是一世。"

一家人静默感念,爷爷打破沉郁,惦念道:"利贤哪,顺子工作的事,还有房子的事,都咋样了?"

利贤缓过神来,振作道:"这些天净围着我转,正事儿都给忘了。国兰说,先给顺子安排到马车队,以后再找机会,将来孩子上学的事儿包在她身上;房子的事儿,国兰也帮着问过了,咱家属于三代同堂照顾对象,可以增加半间,就是明年秋天才能解决。百衡也给学校打了报告,为咱们三家争取半间书房,隔壁冯老师爱人闹着回南方,要是他们一家走了,房子就能留给咱们三家,到时候,我和林峰带妞妞住那半间,你们带见平住这间,就有下脚的地方了。"

奶奶接过话题:"明年秋天?还得等一年半哪。爷爷求国兰找了一个打更的活儿,给学校主楼工地看货场,我俩去看了,值班房儿比咱家还大,运货的师傅可以在屋里等着装车,歇歇脚,晚上我跟爷爷去睡个觉儿,白天家里带妞妞、做饭什么的,都不耽误,不过不急,等你恢复了元气,我们再去……"

利贤和林峰同时打住话头:"奶奶……"

利贤光脚下地,一步过去抱住奶奶,热泪夺眶而出:"奶奶,我俩不能再不孝顺了,再也不能了……"

奶奶拍拍利贤,安慰道:"伤了元气,不能哭,爷爷奶奶都知道,没能孝敬先生,成了你俩的心病,这都是命,别再往心里去了。"

幽暗中,林峰泪眼模糊,牙关紧咬,说不出话来。

爷爷凛然道:"啥叫孝顺?这要看人咋个活法,钱布恩,林凤祥,路大安,算不算孝顺?李校长,魏医生,蔡老师,算不算孝顺?我斗大个字不识一筐,一个人字立在那儿,我还认得,这是最大的孝顺!"

【画外音:生活有多种沉默,唯有生命的沉默永恒。】

屋门一响,小见平闪身进来,看见妈妈坐在太奶奶身边,觉出气氛不对,小声道:"妈妈,你没穿鞋。"

奶奶赶紧推推利贤,提示道:"快回去躺着,别着凉。"

利贤回身坐到自己床上,小见平随手一把奶干儿撒在枕头上,掀起被给妈妈盖上腿脚,面露担心。利贤搂过儿子,安慰道:"见平,没事儿,太爷爷太奶奶看家里挤,要搬出去住……"

奶奶打住道:"利贤,别吓唬孩子,见平,我俩就是晚上出去睡个觉,还能挣钱给你和妞妞买好吃的,白天都在家,太爷爷再不出去转转,非得憋出毛病来。"

小见平急道:"太奶奶,我不想要好吃的。"

奶奶摆手示意利贤岔开话题,利贤随手摸到枕头上的奶干儿,拿起闻闻,故意数落道:"见平,咱家不是留了吗?怎么送人了又打开吃呀?"

小见平冤枉道:"是何阿姨给的,马叔叔开的门,何阿姨一边看书一边吃奶干儿,我给他们,他们不要,还给我抓了一把,我说是蔡伯伯给的,他们才收下。"

林峰怦然心动,夸赞道:"见平,真是好孩子。"

利贤搂紧儿子,歉意道:"对不起,见平,妈妈错怪你了。"

小见平放松下来,新奇道:"妈妈,我给丁阿姨洗脚了。"

气氛轻松起来,利贤爱怜道:"你给丁阿姨洗脚?不明白。"

小见平来了兴致,认真道:"刘叔叔倒热水要给丁阿姨洗脚,我说我来洗,丁阿姨说没听说过,我说这些天我天天给我妈洗脚,你救了我妈的命,我也想给你洗脚,丁阿姨说行啊,可是刘叔叔不高兴了。"

奶奶笑道:"哎哟,刘叔叔不高兴,这可难办了。"

小见平公平道:"我说,那就一人洗一只吧,丁阿姨可高兴了,说要是生个小妹妹,就给我做媳妇儿。"

全家人笑出来,林峰夸张道:"娶媳妇可不是件容易的事儿,那你以后可得天天给丁阿姨洗脚啊。"

小见平憨笑道:"刘叔叔肯定不让。"

笑声中响起了动人的啼哭声,奶奶起身道:"到点儿了,妞妞该吃奶了,看看尿了吧。"

林峰连忙拦住道:"奶奶,别动,我来。"

众人忙碌,林峰轻手掀开小花被,打开毛巾被,试着动手换尿布,奶奶递过干净尿布,利贤起身冲兑奶粉,小见平乖乖爬上吊铺,回头道:"妈妈,一会儿你也上来吧。"

利贤拿起奶瓶,贴在脸上试试温度,抬头道:"让你爸上去,快睡吧。"

小见平摇头不肯,爷爷笑看小见平……

夏日时节,医大二院,妇产科。

人初之啼,沁人心脾,走廊里,三家巷众人和丁国兰父母欣喜相庆……

教工宿舍楼,三家巷的关爱和谐气氛中,众人前来道贺孩子满月。刘百衡乐得千金刘婷,马立尧喜得男儿马军……

第十一集

秋中时节,天高云淡,松花江畔,岸柳轻扬。

堤坝柳荫下,散坐着三三两两的青年男女。斯大林公园,俄式江畔餐厅入水而立,江面上泛舟逐流,护栏边游人如织,熬过艰难岁月的人们,面露温饱之余的从容安详。

防洪纪念塔广场,三家巷的大人孩子围着一辆双人对坐木制童车,说笑比划。一岁半的妞妞一身浅蓝碎花布拉吉,两只小手举搭在童车边沿,借着身体的前倾努力推车。见平扶住童车把手,一副若无其事的模样,暗中帮妞妞使劲。童车里一岁多的小男孩儿背对妞妞,努力扭身向后看着,一脸不甘。坐在对面的同龄小女孩儿半张着嘴,看得全神贯注。童车前颤一下,妞妞摇晃一步,小男孩儿干哭一声,小女孩儿乐颠一回。

周围的人忍俊不禁,马立尧站位调焦,抓拍童真。何文芳急道:"先别照,马驹儿正哭着呢!"

丁国兰笑道:"看的就是这副委屈样儿,多好玩呀,是吧,婷婷?"

婷婷兴奋地颠拍童车扶托,低头看了一下,愣神道:"妈妈,尿尿。"

刘百衡一把从童车里抱出婷婷,叫唤道:"哎呀妈呀,尿爸爸一身!"

丁国兰连忙掏出一块尿布,嬉笑道:"快垫上,还尿呢!"

看到大人手忙脚乱,轮到马驹儿咯咯咯笑出来。马立尧调转镜头,拍下马驹儿的笑样,然后摆手示意丁国兰贴近刘百衡站好。见平觉着好玩儿,又轻轻颤一下童车,马驹儿跟着一愣,再一颤,再一愣,逗得婷婷又咯咯咯笑出来。马立尧笑着抓拍。

利贤忍住笑,责怪道:"见平,欺负小弟弟,看何阿姨都心疼了。"

见平红了脸,马上从童车里抱出沉甸甸的马驹儿,放到何文芳身边,不好意思道:"何阿姨,我逗他玩儿呢。"

何文芳笑着挠挠见平的头发,凑趣道:"今天才知道,好孩子更会淘气,以后带弟弟妹妹好好玩儿。"

刘百衡一家让位,林峰抱起妞妞,利贤搂住见平,一家人摆好姿势,大家逗着妞妞，马立尧及时按下快门。

两家人换位，林峰接过相机。马立尧抱起马驹儿，何文芳轻轻搂扶一下马立尧的腰，一家人贴近站好。马驹儿懂得照相的规矩，耀眼的阳光下，眉头下沉，眼睛微眯，脸上做出一丝不苟的假笑，一副哭笑不得的模样，林峰忍住笑，连忙按下快门。

刘百衡要过相机，丁国兰把四个孩子顺成一排，刘百衡蹲位调焦，何文芳掏出花手帕盖在刘百衡头上，刘百衡美美地晃了晃头，孩子们笑起来……

一位老者推着铺盖棉垫儿的四轮小木车慢悠悠转过来，身边跟着一个小男孩儿，八岁模样，身材瘦小，凉鞋短裤，吊一件大背心，胸前挎着书包，晒得黑黑的。老者笑眯眯地瞄着三个小家伙，慈祥招呼道："香料白糖冰棍儿——奶油白糖冰棍儿——"

婷婷向前伸出手，急促道："妈妈，拿！拿！"

马驹儿搂扶妈妈大腿，伸手翻妈妈的裤兜，妞妞噔噔噔蹒跚过去，仰头扒住冰棍儿车沿儿。三个母亲掏钱包，利贤先掏出来，拿出两毛钱递给见平，吩咐道："去吧，四根儿奶油的。"

小男孩儿见状，马上掀开棉垫儿，拎出一只保温壶，领着妞妞走过来。妞妞好奇地抓开壶盖儿，小男孩儿顺手接过来。妞妞一张小脸儿贴进壶口，伸手抓出一根冰棍儿。利贤笑道："这孩子，净捣乱，到妈妈这来。"

小男孩儿挨个递上冰棍儿，接过两毛钱，说声正好，把钱塞进书包，抬头笑笑，见平也笑笑。小男孩儿返身放好保温壶，开合车上六个壶盖儿检查一遍，盖上棉垫儿，高兴道："姥爷，奶油的卖完了，香料的还剩一根儿，一会儿我去上货，下午还能卖一车。"

姥爷从车把旁摘下军用水壶，递给外孙，心疼道："还是我去吧，一会儿你找个阴凉地方吃饭、写作业。"

看着祖孙俩笑逐颜开，见平拿开嘴上的冰棍儿，轻拉利贤的衣角，小声道："妈妈，给我三分钱行吗？"

利贤又掏出钱包，拿出一枚五分硬币，见平走过去，递上五分硬币，微笑道："香料的。"

小男孩儿忙把水壶递给姥爷，伸手从书包里摸出一枚硬币，看都没看就递给见平，见平看了一下，果然是二分。

小男孩儿拿出最后一根冰棍儿，看看模糊的冰棍棱角，实在道："就剩最后

第十一集

一根儿,有点儿化了,这样吧,算两分,找你一分钱,你看行吗?"

见平接过冰棍儿,又按住小男孩儿掏钱的手,平和道:"不用找钱,冰棍儿就是软一点儿,又没少。"

小男孩儿憨厚一笑,见平回递冰棍儿,示意道:"你吃吧。"

小男孩儿接过冰棍儿愣住,见平亲热道:"你的给我,我的给你,咱俩一块儿吃。"

小男孩儿不解道:"不一样,差了三分钱。"

众人看在眼里,刘百衡喊道:"兄弟不差三分钱,一块儿吃吧。"

众人纷纷应和,姥爷正身抱一下拳,朗声道:"谢谢各位!立国,吃吧。"

立国把冰棍儿横咬在嘴里,学着姥爷抱一下拳,见平也横咬冰棍儿抱一下拳,立国吃一口,见平吃一口,两人相视一笑。

姥爷嘱咐道:"立国,拿钱,我去上货,别走远啊。"

立国从书包里掏出一个小皮夹交给姥爷,姥爷摆摆手,推车离去。

利贤招手道:"来,给你们兄弟俩照一张。"

见平拉着立国站好,刘百衡站位调焦,摆手道:"肩膀再靠近点儿,腿站直,照全身的。"

何文芳夸赞道:"这孩子真懂事,身上有股子正气。"

丁国兰习惯道:"穷人的孩子早当家,江边平房里多的是。哎,我说,领孩子们下去玩玩儿水吧。"

见平懂事道:"妈妈,你们去吧,我看东西。"

大家把挎包、相机放进童车,丁国兰嘱咐道:"见平,别走远,注意照相机,饿了车里有饼干。"

见平点头应道:"知道了,丁阿姨。"

三个孩子能翻天,三家人比试着拎拎跑跑,一路笑声下了江堤。

立国坐在童车旁,从书包里翻出书本纸笔,借着遮阴写作业。见平看看歪歪扭扭的生字,又看看课文,指点道:"咱俩的家庭作业差不多,你看,这个救字少写了一个点儿。"

立国看看课本,噢了一声,补上一点,随手指道:"大救星,我觉着……大舅不就行了吗,怎么还多个星啊?"

见平愣了一下,指点笑道:"这个救是救人的救,不是舅舅的舅,舅舅的舅这样写……你看,有点儿像老鼠的鼠……救星就是救人的星星。我爸爸说,星星是盘古的头发和眉毛变的,太奶奶说,有的星星看到人间有苦难,就会下来救人。"

立国疑惑道:"盘古是谁呀?"

见平解释道:"盘古是个顶天立地的巨人,太奶奶说,我家先生就是盘古的眉毛,他已经变成了救人的星星。"

立国好奇道:"那先生什么时候下来救人呢?"

见平天真道:"我妈生妞妞的时候,先生下来过,要不我妈就死了。"

立国失望道:"我妈给抓走的时候先生肯定没下来,要不我爸也不敢跟我妈离婚。"

见平关心道:"你妈是右派吗?"

立国点头道:"他们先说我妈是右派,给下放到猪圈去了,后来又说我妈是叛徒,不知给抓到哪儿去了。"

见平安慰道:"以前我妈在北京,也给抓起来过,说是反革命,比现在的右派还厉害,后来没事儿给放了,她现在是大学的实验员,还当上了先进工作者。别担心,说不定哪天你妈突然回家了呢。"

立国满目希望,祈盼道:"那就让先生快点儿下来救人吧!"

见平拿过纸笔,写下姓名、校名、地址,递给立国,指点道:"你也写一下,过几天我把照片寄给你。"

立国念着路——见——平,紧张地抹一下手汗,一笔一画认真写起来,见平念着任立国。

立国笑道:"不念任务的任,我姥爷说,念仁义的仁,也念人民的人。"

见平噢了一声,挠挠后脑勺,高兴道:"还是个多音字,仁义的仁——记住了。"

立国把纸一折一撕,两人各自收好,见平起身,翻出饼干,仗义道:"立国,来,吃饼干!"

江畔低矮平房区,丁国兰父母家,桌上摆着一网兜青皮香瓜,一盒午餐肉罐头,一盒猪肉罐头,一瓶黄桃罐头,一瓶山楂罐头,两包点心,一瓶红星二锅头。

丁师傅陪着爷爷奶奶,三人围坐炕桌喝茶说话,厨房里不时传来轻快的剁刀声。丁师傅随手拿起烟盒,续上一支蝶花牌香烟,感叹道:"要说这苦日子过的也不慢哪,一晃来了有小三年儿了吧?"

第十一集

奶奶附和道:"可不是咋的,一年一回灶台鱼,这都吃了三回了。"

爷爷呷口茶,豁达道:"老百姓过日子,苦甜就是个饥寒温饱,开春儿才勉强吃饱,立秋这好日子说到也就到了。"

门帘一挑,丁师母探头道:"我说丁大人,你这烟就歇歇吧,一会儿孩子们回来,满屋子就你一个大烟筒,你看看大叔,抽了大半辈子,为了孩子们,说戒就戒了,再看看孩子们那三家巷,哪有一个冒烟的,你也不跟着学学。"

丁师傅灭烟笑道:"说的是,一高兴忘了这茬儿了。"

奶奶起身道:"你们唠吧,我去厨房看看。"

丁师母拦住道:"今天简单,您老就歇了吧,孩子们买了不少熟食,国英都切好装盘儿了。"

奶奶笑道:"坐着腰疼,去说说话。"

爷爷挥手道:"站着说话不腰疼,让她去吧。"

四人都笑,院子里有人招呼道:"丁师傅,在屋吗?"

丁师傅连忙下地,回应道:"来啦,烤炉到了。"

丁师傅出门,其他人跟出来。丁师傅笑道:"哎哟,于师傅,怎么还劳烦你亲自跑一趟啊,不是说徒弟送来吗?"

于师傅放下手推车,擦汗笑道:"年轻人吃饱喝得,相亲去了。"

丁师母热情招呼道:"于师傅,你可有日子没来了,快屋里歇歇,喝口茶。"

于师傅实在道:"不了,嫂子,家里一堆活儿呢。"

国英端出一杯凉茶,亲热道:"于叔叔,大热天儿的,谢谢您啊。"

于师傅接过来,一口气喝干,痛快道:"英子,你可是给咱工人阶级放了一颗大卫星啊,好家伙,你这大学上的,一高儿窜到大上海,将来爹妈跟你享福喽。"

丁师傅眉开眼笑,丁师母欢喜道:"还不是托了大家的福。"

众人送出院门,丁师母和国英返身回灶间,奶奶瞧瞧摸摸车上的东西,也跟进去。丁师傅和爷爷把车挪到树荫一侧,卸下烧烤炉槽、炉架和半麻袋木炭,两人儿下架好烤炉。爷爷拍拍扎实的炉槽、炉架,佩服道:"造机器的好手艺呀,东西做得有板有眼。"

丁师傅笑道:"江边儿人家,都好烤鱼这口儿,我就给厂里做了一个,谁家有个大事小情的,用着方便。"

厨房里,案上摆着码盘的肉类熟食,筐里装满待洗的青菜,大盆里满叠着酱料码味的鲜鱼。灶台边,国英快刀肉末,看看油烟泛青,顺刀一把肉末进锅,几下爆炒,兑进一大碗调稀的东北大酱,翻荡几回,酱泡疾扑,香气弥漫开来。奶奶洗菜赞道:"一闻就是你妈下的酱,香得透透的!"

国英起勺装碗,高兴道:"奶奶,我妈知道大伙儿爱吃这口儿,都准备好了,一家一瓶儿。"

丁师母剥葱抱怨道:"学校宿舍也真是的,连个酱缸都不让放。"

奶奶理解道:"学校宿舍跟鸽子窝没两样儿,又闷又热,哪有合适地方啊。"

国英附和道:"再说了,这老师南腔北调儿的,口味也不一样。"

丁师母接话道:"所以呀国英,你将来毕业了,还是回咱们工人阶级队伍,当个又红又专的工程师,工作顺心不说,生活还方便不少,也免得走在这社会上,今天左,明天右的,崴了脚。"

奶奶关心道:"这倒也是,英子,我这记不住,你上的是什么海大学?"

国英兴奋道:"是上海的华东纺织工学院,国家重点大学,百衡姐夫帮我选的,离分数线差几分儿,提心吊胆一星期,还真录取了。"

丁师母摇摇头,矛盾道:"你是高兴了,不知哪个地富反坏右的孩子,一脚踩空了,唉,这都是命啊。"

奶奶无奈道:"都是老百姓,年头儿由不得你,不听天由命咋办?听国兰说,国强在上海干得不错,这下好了,哥俩能有个照应。"

丁师母感慨道:"一个女婿可不止半个儿呀,老丁家几辈的福都落到俺家,没有百衡捏鼻子、拎耳朵,别说高中,国强连初中都毕不了业。这人哪,一步顺步步顺,国强赶上全国招工不说,一进厂就成了百衡的师弟,去年还蒙上个先进生产者,过年回家,嘿,吭哧瘪肚的丁老蔫儿没影儿了,两片嘴儿叭叭的,都能当喇叭吹了,大上海锻炼人哪。"

奶奶感触道:"说的是呀,百衡这孩子,贴心哪。"

丁师母感念道:"再说国英,不是她文芳、利贤姐一直这么教育着,还什么国家重点,能不能上大学都两说……"

外面响起喧闹声,一群人在院子里散开,老的领着小的,追着母鸡撒欢儿。马立尧、林峰、刘百衡顺着长方形烤槽加炭起火,刘百衡拍拍钢架,佩服道:"工人老大哥真够专业的,你看这……"

第十一集

话音未落,腿弯儿处轻轻挨了一脚,刘百衡哎哟一声,差点单腿跪地,丁国兰笑道:"没大没小,这是咱爸做的,到家了也不忘占便宜。"

刘百衡委屈道:"我哪儿知道是你爸……啊咱爸做的,再说了,工人老大哥是尊称,小心眼儿,我这辈子,也就落个嘴头子便宜,想想都冤。"

丁国兰不依不饶,抢白道:"我小心眼儿?回家尊称你爸农民老大哥,愿意吗?"

众人都笑,婷婷蹒跚过来拍打妈妈的大腿,仰脸嘟嘴儿。刘百衡一把抱起女儿,使劲亲一口,一步一颠,肩膀撞得丁国兰满处躲,刘百衡追闹道:"打是亲——骂是爱——不打不骂——不痛快……"

婷婷一颠一笑,忙乱中,丁国兰一脚踩翻了鸡食盆,母鸡四散恼叫,众人大笑。

厨房里忙齐了,丁师母、奶奶、国英三人出来跟着说笑,国英端着一小碗红烧鱼子,挨个孩子嘴上抹了一下,孩子吃得舔唇愣神,何文芳刚问了句什么好东西,嘴上就挨了一下,也是抿嘴舔舌,连说好吃。丁师母招呼道:"百衡、立尧、林峰,屋里桌子抬出来,炕桌也搬出来。"

青烟撩人,炭火初现,见平拿着火钳摆弄木炭,三个小的闹着近前好奇,爷爷和丁师傅护在后面。刘百衡手指抹了一下炭黑,伸手在炭火上烫一下,哎哟着伸给三个小的看,马驹儿吓得往后退,妞妞兴奋地伸手要试,婷婷跟着伸出手。利贤看在眼里,端着盘子招呼道:"马驹儿、婷婷、妞妞,快过来看看,这是什么好吃的呀,真香啊。"

三个小的争先恐后蹒跚过去。

国英端出一大盆码味鲜鱼,林峰迎上去接过来,马立尧拎过凳子放鱼盆,丁国兰拿过一叠铁丝网夹,刘百衡殷勤接过来,每人递上几只。国英打开网夹,放进一条尺把长的雅罗,夹好摆在炉槽上,几个人马上效仿,一会工夫,炉槽上排满鲜鱼,很快炭火嘶嘶,鲜腥扑鼻……

何文芳陶然醉道:"自从吃了老丁家的鱼,爸妈都说我忘本了。"

国英开心道:"文芳姐,今天的烤鱼保你再忘一回本,我跟我爸一大早选了三家鱼,专挑尺把长的,卖鱼的都笑。接到录取通知书那天,我爸喝到半夜,跟我妈念叨醉话,说你和利贤姐,还有百衡姐夫,让咱老丁家成了工人阶级的书香门第。"

刘百衡感触道:"这老爷子,都工人阶级了,还要立个什么书香门第,将来这形势,脚踩两只船可不容易,身在福中要知福啊,是吧,文芳?"

何文芳理解道:"脚踩两只船当然好啦,老丁家出了大学生,那就是锦上添花……嗯?对呀,锦上添花这句成语多好啊,怎么扯到脚踩两只船上了?刘坏水儿,接你话就是别扭。"

刘百衡无奈撇嘴,刚要辩解,就哎哟一声,又是差点单腿跪地。国英扭头责怪道:"姐,你这忒狠了点儿吧?姐夫也没犯规呀。"

丁国兰一笑,故意道:"脚踩两只船,口是心非倒也罢了,他是表里如一,是吧,文芳?"

林峰笑道:"国兰可是越学越坏呀,两口子挤兑一个,怎么,要把咱文芳当鱼烤了不成?"

何文芳跟马立尧默契一笑,瞄一眼刘百衡,无奈道:"我早说过,跟三毛儿学不出什么好,两句话没绕进去,第三句早早等着你。"

马立尧心静如水,感怀道:"我觉着,这人生在世,其实难得喜欢点儿什么,要不怎么说三句话不离本行呢。心里惦记着,自然是有疼有爱,就为这,人也活得有情有义,没什么不好。就说眼前吧,国强、国英好人好事,利贤、林峰姐弟奇缘,国兰、百衡不舍恩爱,当然了,还有文芳、立尧刻骨铭心,说到底,都是情义所累。我刚才就想,要是到了六十岁,咱们这些初恋还能聚在一起烤鱼、逗趣儿,你们说说,那该是什么心情……"

青烟缭绕,鱼香飘逸,刘百衡掂掂网夹,提神道:"哎,翻翻,都翻翻,要不糊了。我说立尧,头回听你矫情,还是打住吧,再说眼泪就出来了。"

树荫下炕桌边,奶奶看住三个小的,利贤过来拿鱼,好奇道:"矫情什么呢你们?"

丁国兰半真半假道:"矫情咱们的初恋,说了半天,林峰排第一,好像是十六岁吧?"

林峰含笑无语,几个人面露期待,利贤脸红道:"净瞎说……国英,哪条鱼刺儿少啊?"

国英拿起烤鱼笑指一遍,风趣道:"利贤姐,你看看,都是刺儿头,就我手里这条还行……"

当天下午,滨江工业大学校部楼,科研部,蔡鹤临伏案书写文稿,手边厚厚一叠论文,干事小谭坐在另一桌,分类整理科研报告。小谭抬手看表,起身倒满两杯温开水,手中握一杯,蔡鹤临案头放一杯,轻声道:"蔡部长,喝杯温水。"

蔡鹤临说声谢谢,收尾停笔,递给小谭刚刚完成的修改意见文稿,随手把论文码在桌边,嘱咐道:"一共十九篇重要论文,论文提要存在三个共性问题,我都写在修改意见里,一是理论背景,二是方法特点,三是技术目标。你仔细看看,要求每个论文导师重点补充这三个方面。提要修改后尽快返给我,我这儿有半天就可以定稿。上报国防科委领导的提要应该单独排印,正文用四号宋体醒目一些。"

小谭翻看几页文稿,盘算道:"明天一早我把修改意见打字油印出来,上午连同论文送到每个导师手里,这样后天上午就可以返回来。如果你有时间定稿,下班前我就能送到印刷厂排印论文,再附上一份校办优先文件,三四天可以见校样。"

蔡鹤临喝口水,高兴道:"很好,跟我忙了两个周末,辛苦你了,今天早点儿休息吧。"

小谭意犹未尽,不解道:"不辛苦,蔡部长,我有个小问题,今年的优秀毕业论文有一百二十三篇,为什么只选十九篇上报国防科委,凑不上二十篇吗?"

蔡鹤临随手拿起最上面的一篇论文,小谭放下文稿,接过论文,脱口读道:"《洲际导弹理论概述与设计构想》……洲际导弹?中国的短程导弹才问世三年,咱这一家伙就打到美国鬼子家门口,这这这……有点儿离谱了吧?"

蔡鹤临微微一笑,深沉道:"不是离谱,简直就是天方夜谭,没有一位老师敢这样想,可是一位女同学不仅想了,而且还有奇思妙想。这篇论文的构想是否可行并不重要,重要的是这会引发基于科学精神的创造冲动,虽然洲际导弹和运载火箭不是一个概念,但是十几二十年后,中国的航天火箭,很可能源于今天这样的天方夜谭。"

小谭翻看论文内容,一脸敬佩。蔡鹤临起身站到窗前,放松一下眼睛,小谭码齐论文,打开文件柜,放进论文锁好,迟疑了一下,拿起文稿往外走,回头道:"蔡部长,我现在就去打字油印,你先回去休息吧。"

蔡鹤临笑道:"小谭,等等,你女朋友在楼前草坪上转圈儿呢,别苦了人家姑娘,还是明天再打吧。"

小谭说着不会吧,快步来到窗口,探头观望,马上兴奋,招手示意上来,草坪上的姑娘高兴地摆摆手,指指窗口,快步走向楼门口,小谭出门道:"她打字快,正好帮我。"

蔡鹤临理解地笑笑，舒展一下筋骨，回身坐下，俯身从侧柜取出一卷图纸，在桌面展开，随手用案头的两块长方纸镇压住，然后拉开抽屉拿出笔尺，抽屉关了一半停住，里面露出一封俄文信角。

蔡鹤临沉静一下，拿出信封，轻轻抽出信纸展开，里面露出两张照片，一幅母女合照，一幅芭蕾天使……

电话铃声响起，蔡鹤临抬手接道："喂，你好……啊，魏大姐呀。"

【鹤临，老李从北京回来了，过来吧，一起吃个晚饭。】

蔡鹤临客气道："校长刚到家，还没好好休息，不麻烦了，大姐。"

【麻烦什么呀，鹤临，跟大姐还客气，快来吧。】

蔡鹤临托词道："大姐，不是客气，手头儿真有活儿，国兰他们江边儿烤鱼，我都没去。"

【你呀，鹤临，非让我把话说出来，老李给你带回一个人，莫斯科使馆的陶亦铭。】

蔡鹤临神情一震，急促道："大姐，我马上过去。"

【喂，鹤临，慢点儿骑车，注意安全。】

校园大街，蔡鹤临骑车疾奔，街边步行的陈田和许勤刚一抬手打招呼，自行车就一闪而过，两人不禁诧异地回头张望，陈田奇怪道："这个蔡三郎，拿自行车当火箭骑……"

专家小楼，李校长家，厨房里，炉上慢火炖着排骨，案上摆着装盘待炒的荤素备料。陶亦铭围裙在身，衣袖挽起，快刀码切土豆丝，提示道："大姐，葱姜、花椒、干辣椒、白醋，都有吗？"

魏如莲抖抖收拾好的鲜鲤鱼，擦手道："我看看……有花椒面儿，干辣椒……没有了，有鲜辣椒，这醋……算是白醋吗？"

陶亦铭抬头看看，手上不停，随意道："都可以用，土豆丝炝还是炒？"

第十一集

魏如莲流水洗葱姜，习惯道："鹤临跟老李一样，胃不好，还是炒吧。"

陶亦铭把切好的土豆丝装盆漂洗一下，用笊篱控干，魏如莲笑道："我说呢，以前炒土豆丝总是粘锅，还得加水，原来淀粉洗掉就行了。不过，就是知道这窍门儿，那几年也舍不得洗。"

陶亦铭慢刀切出姜片、葱段，挪下排骨小锅，上勺调汤炖上鲜鱼，感触道："那三年，我们这些常年在外的，没几个给家里寄钱的，都是托人捎带牛肉罐头，知道有钱也买不到东西。"

魏如莲欣慰道："总算是熬过来了，在苏联这些年，饮食还习惯吧？"

陶亦铭笑道："不管你怎么习惯，连吃两天西餐，总要弄碗炸酱面、小咸菜儿什么的，南方人就更不用说了，酱油萝卜干儿下米饭，再有块辣鱼，俄语都带着江南味儿。就说吃土豆吧，黏黏糊糊的土豆泥还要搅上奶油，想都不用想，咱们的炝土豆丝，苏联人吃一个爱一个，赶上工作餐，有时候他们哪儿都不去，点名要我的炝土豆丝，还以为我兼做厨师呢。"

魏如莲夸赞道："安娜是你带的好徒弟吧？"

陶亦铭自豪道："安娜的炝土豆丝成了家庭聚会的保留节目，客人就是看不明白，天天腻歪的土豆泥，怎么会变成一盘清爽的美味。"

李校长端着一杯清茶进厨房，点化道："文化有厚度，见怪就不怪，亦铭，辛苦你了，喝茶。"

陶亦铭接过茶杯，会意道："没什么，家常便饭，简单。"

魏如莲笑道："对我来说可不简单，大家知道我这两下子，进了我家厨房，都是反客为主，我也就习惯打个下手。亦铭，坐了一天火车，还要自己忙活饭菜，真是辛苦你了。"

陶亦铭喝口茶，摆手道："做菜就是个老百姓的功夫活儿，你看着是受累，我做着是享受，专家有几个锅台转儿的？大姐白大褂一穿，笑一笑，还没动手，患者心病就祛了三分，这才是造福社会的真本事。我家曹梅一直念念不忘大姐的救命之恩，这次要不是去基地做实验，就跟我一起来了，她还说，有问题要向林峰、鹤临请教呢。"

魏如莲顺话提示道："鹤临一会儿就到，亦铭，想好了怎么说吧？别让他太担心安娜和孩子。"

陶亦铭看着李校长，李校长达观道："鹤临是个明白人，实话实说。"

魏如莲轻轻叹口气，感念道："唉，也就是鹤临吧。"

陶亦铭感触道:"鹤临那双眼睛看着你,由不得你拐弯抹角,只能实话实说。"

餐桌上,三素三荤,一瓶伏特加,魏如莲摆放碗筷。门铃响起,李校长开门,半认真道:"蔡三郎,星期天再不休息,我就换人了。"

蔡鹤临笑道:"强将手下无弱兵,换谁都一样。"

魏如莲迎到门口,心疼道:"鹤临,中午又啃干馒头了吧?这样下去,早晚要吃我的病号饭。"

蔡鹤临看看一桌子菜,歉意道:"大姐,今天我一定多吃点儿,补上总可以吧。"

陶亦铭围裙在身,端着青瓷汤盆露面,抬头笑着喊声鹤临,把汤盆摆到餐桌中央。蔡鹤临笑道:"亦铭,两年没见,还是个热大勺,谁家厨房也少不了你。"

两人握手拥抱,宾主落座,魏如莲体贴道:"鹤临,洗手。"

蔡鹤临笑看一手铅灰,起身到卫生间,洗完手,对着镜子轻轻呼出一口气。

蔡鹤临回到座位,短暂的静默,陶亦铭拿起手边的一个信封,捏着边缘轻轻抽出一张照片,端详片刻,抬头感慨道:"鹤临回来两年多了,最近一年半,我们一直没有安娜的消息……没消息,往往就是好消息。回来前,组织上同意我跟安娜见上一面,很短暂。鹤临,恭喜你又做了父亲!"

蔡鹤临凝神屏息,接过照片,眼睛刺痛一般微眯了一下——

熟悉的夏日公园里,安娜和娜塔莎一左一右,中间牵手一岁多的小男孩儿,母与子踏着草坪向前奔跑,小男孩儿笑得阳光灿烂,娜塔莎似乎笑着喊出什么,安娜躬身迈步,侧看小男孩儿,绒起的发缘晕光虚幻,圣母一般……

蔡鹤临含泪翻看照片背面,上面画着三个大大的童体汉字——蔡明轩,汉字下面写着一行数字,1962-5-12……

【闪回:莫斯科街景,隆冬时节,大雪纷飞,安娜略显身怀,领着娜塔莎在人行道上小心前行。莫斯科中国使馆大门口,年轻的苏联警卫迎出来,看看犹疑张望的母女俩,关心道:"你们好,是要问路吗?"

安娜礼貌道:"同志您好,我们想找中国使馆的陶亦铭先生。"

警卫亲切道:"我能问问找他有什么事吗?"

安娜从包中拿出一封信,恳切道:"我想请他转交一封信给我丈夫,我丈夫半年前回中国了。"

第 十 一 集

警卫会心道:"你丈夫是中国人吗?"

安娜微笑道:"是的,这是我们的女儿。"

警卫冲娜塔莎笑笑,追问道:"一定要托人带信吗?为什么不邮寄呢?"

安娜解释道:"我连寄了八封信,都没有回音,我给陶先生打过电话,每次他只说我丈夫情况很好。"

警卫关切道:"情况很好为什么不回信呢?是不方便回信吗?"

安娜不解道:"我也这样问过,陶先生没有正面回答我,所以我和女儿非常担心。"

警卫冲娜塔莎眨了眨眼,宽慰道:"不用担心,这样吧,使馆不能随便出入,我替你们把信转交给中国方面。"

安娜马上递过信,欣喜道:"谢谢,非常感谢!"

娜塔莎行了一个芭蕾谢幕礼,高兴道:"警卫叔叔,谢谢您!"

警卫核对信封上的寄信人信息,指认道:"这是您的姓名、住址吗?"

安娜微笑道:"是的,真是太感谢您了!"

母女俩摆手告别,依偎搀扶,不时回身,渐行渐远。警卫回到岗位,拿起电话,请求道:"喂,您好,请找警卫长法捷耶夫同志,我是值班警卫谢苗诺夫……报告警卫长……"

三天以后。

傍晚时分,娜塔莎牵着路边的长毛大狗跑跳在人行道上,安娜挺着孕妇腰身,身边伴着熟悉的养狗老太太,两人跟在后面,安娜喊道:"娜塔莎,慢点儿跑,我们跟不上了。"

老太太念叨:"多好的一个人哪,不酗酒,不抽烟,又能干,又爱家,硬是不让留下来,你这又是……唉,上帝宽恕他们,怎么还不如斯大林时代了呢?"

安娜感激道:"谢谢您怎么想。"

娜塔莎领着大狗返身跑回来,老太太牵过大狗,母女俩在路口告别,转向家门方向。家门不远处,停着一辆伏尔加轿车,驾驶位上坐着一个中年男人,副驾驶位上坐着一个漂亮姑娘,两人默默注视着接近家门的母女俩,看看母女俩就要走上门口台阶,两人几乎同时开门下车。娜塔莎拿出钥匙开门,安娜回身注意到来人。

男人近前热情道:"是安娜同志吧?我叫伊万诺维奇,莫斯科苏中交流机构的公务员,这位是莎拉波娃,我的同事。事情是这样的,三天前您在中国使馆遇到的那位好心警卫,是莎拉波娃同志的男朋友,他跟我们讲了你们一家的情况,希望我们的到来能对您联系家人有所帮助。"

安娜又惊又喜,连忙握手,兴奋道:"欢迎好心人,快请进。"

莎拉波娃一脸兴奋,轻轻拍拍娜塔莎,柔声赞道:"真漂亮,娜塔莎。"

娜塔莎眼中露出一丝不易察觉的奇怪眼神,礼貌道:"谢谢莎拉波娃姐姐,您也很漂亮。"

客人落座,安娜脱下大衣挂好,热情道:"我去煮咖啡。"

伊万诺维奇起身拦住道:"谢谢,不必客气,我们刚从咖啡馆出来,一起坐吧,下次有好消息再慢慢喝。"

莎拉波娃亲切道:"安娜,工作了一天,身体又不方便,快坐吧。"

安娜坐到两人对面,娜塔莎过来挨着妈妈坐下。

伊万诺维奇开门见山道:"最近两年,苏中关系出现了意想不到的困难,中方撤离了大批在苏人员,一些家庭也像你们一样,不得不忍受分离之苦。苏联政府已经意识到这会带来很多社会问题,我们这个机构就是要想尽一切办法,通过官方的,甚至是民间的交流渠道,为离散家庭找到亲人,甚至促成团聚。安娜,不要悲观,要有信心,说说你丈夫的工作和你们的通信情况吧。"

安娜感动道:"先谢谢你们,我丈夫半年前回到中国后,马上给我寄了一封信,简单介绍了生活情况,详细介绍了工作情况,他在中国北方的滨江工业大学做校长助理,在火箭设计专业做兼职研究员。我也马上给他回了信,但是那以后,他就杳无音信,我接连寄了八封信,都没有回音。"

伊万诺维奇插言道:"有没有信退回来?"

安娜摇头道:"没有,我想一定是出了什么问题,我给中国使馆的陶先生打过多次电话,他经常不在,偶尔接到电话,他只说我丈夫在中国一切都好,无权回答我的其他问题,也不能跟我见面。"

莎拉波娃安慰道:"你丈夫不会有问题的,他一定是还有什么兼职工作没有跟你讲,能把他的来信给伊万诺维奇同志看看吗?我们的中国通熟悉情况,可以帮你分析一下。"

安娜起身来到书架前,随手抽出小说《复活》,从书间翻出一封信,莎拉波娃兴奋地看了伊万诺维奇一眼,娜塔莎盯住莎拉波娃。伊万诺维奇快速看完信,还给安娜,启发道:"安娜,情况都正常,你丈夫肯定还有兼职工作,甚至已经成为主要工作,他很可能不便通信,既然是这样,你就只能通过中国使馆的陶先生,找到你丈夫的兼职工作单位和地点,如果能做到这一点,我们就会通过中国的民间渠道帮你们传递信件。"

安娜为难道:"我只能再试试看,但是希望不大,他们有外事纪律。"

莎拉波娃安抚道:"这些外事纪律都是工作常规,安娜,你的情况不寻常,我们总可以找到办法的。"

伊万诺维奇欠身道:"当然了,陶先生不会轻易违反使馆的工作规定,一定要有充分的理由来打动他。安娜,请原谅我的不礼貌,你丈夫和陶先生,他们现在知道你怀孕吗?"

安娜坦然道:"他们不知道,我丈夫离开苏联一个多月后,我才发现自己怀孕了,丈夫联系不上,陶先生又不能见我,他们一定比我还难,所以我就没跟陶先生提怀孕的事。"

伊万诺维奇鼓励道:"安娜,你应该把情况如实告诉陶先生,我们的好心警卫会帮你把信件直接交给他,人都是有感情的,我相信陶先生会帮助你的。不过,鉴于陶先生的外交身份,请不要告诉他我们可能提供的帮助,现在中方人员在苏联草木皆兵,容易产生不必要的敏感,反而对办事不利。"

安娜若有所思,点点头,莎拉波娃随手拿出一张卡片,和蔼道:"安娜,这是我男朋友谢苗诺夫中士的电话,写好信马上交给他,他是个细心的好男人。"

安娜接过卡片,连说谢谢。伊万诺维奇抬手看表,也拿出一张卡片递给安娜,微笑道:"安娜,这是我的电话,有你丈夫的消息请马上告诉我,今晚我们还有一个家庭约会,比你们还要困难。"

莎拉波娃默契道:"安娜,困难再大,也会有我们的全力帮助,你要充满信心,配合我们的工作,今天冒昧打扰了。娜塔莎,再见。"

两人起身告辞,安娜感激道:"明明是在帮我,怎么是打扰呢?您太客气了,我一定好好配合,谢谢你们。"

母女俩送出门,莎拉波娃跟伊万诺维奇为驾驶位拉扯了一下,两人上车离去。娜塔莎拉着妈妈进门,马上返身锁好,安娜诧异道:"怎么啦,娜塔莎,应该高兴才对呀?"

娜塔莎不安道:"妈妈,莎拉波娃的笑是装出来的,她怎么知道我叫娜塔莎呢?肯定是偷看了咱们给爸爸的信。"

安娜不确定道:"那天在使馆门前,我没叫你娜塔莎吗?"

娜塔莎镇静道:"妈妈,肯定没有。"

安娜搂过女儿,默默注视窗外渐趋浓重的暮色,陷入沉思……

莫斯科街景,车水马龙,华灯初上,伏尔加轿车随着车流行驶在大街上。右前方,一处酒吧招牌伴着心跳节律闪耀,轿车右转灯闪了几下,急速右转停在酒吧门前的停车位上。

驾驶位上的莎拉波娃兴奋道:"老师,我想请您喝一杯。"

副驾驶位上的伊万诺维奇微笑道:"今天的训练课可以做个了结,喝两杯也没问题。"

莎拉波娃依然沉浸在职业状态,不解道:"老师,刚才您为什么不创造条件安排我接触陶先生,反而采取完全回避的做法?"

伊万诺维奇平静道:"因为我们已经破坏了继续走进这个家门的前提。"

莎拉波娃诧异道:"对不起,老师,是不是我犯了什么致命错误?"

伊万诺维奇知心道:"兴奋吗?"

莎拉波娃开心道:"第一次进行实战训练,有一种猫捉老鼠的游戏感。"

伊万诺维奇摇摇头,失望道:"心理训练可以让你失去人性感,技能训练却没能让你找回人性感,一个孩子都能看得出你的矛盾和虚假,所以娜塔莎是猫,你是老鼠。"

莎拉波娃恍然大悟,惭愧道:"对不起,老师,我过于兴奋了,不该直呼其名问候娜塔莎。"

伊万诺维奇摇开一丝车窗透气,继续分析道:"表面上看,政府公务员帮助困难家庭,事先了解基本情况,这很正常,但你直呼其名,娜塔莎眼中透出的是不信任感,这是儿童的直觉判断,基于简单的因果关系——因为你偷看了写给她爸爸的信件,所以知道她的名字……"

莎拉波娃失态插言道:"对不起,老师,有什么补救办法吗?"

伊万诺维奇摇摇头,分析道:"女儿的紧张会传递给母亲,我们只好退而求其次,淡而又淡,静观其变。此外还有随处可见的细节,我今天扮演了一个关爱的男人,你却坐在了驾驶位上,现在你我一对儿男女已经到了酒吧门前,却坐在车里喋喋不休,这都有悖于常理,让我们引人注目。再看看我们的车,右侧轮胎压在了分界线上,旁边就是残疾人停车位,你是想告诉别人我们有特权吗?当细节累积到量变的时候,你的对手自然会产生联想判断,而你,也就定格在瞄准镜的十字架上,因为你——暴露了。"

莎拉波娃摇头沉吟,脸上露出懊悔的表情。伊万诺维奇安慰道:"别难过,我们已经完成了任务,今天播下的种子,需要满足条件才会开花结果,只要陶先生动了恻隐之心,就有可能成为这对夫妻的信使,我们不过是绕过中国大使馆,把安娜的信件直接转交给陶先生,做了个空头人情。人在难处,有时候需要简单提示,夫妻爱,父子情,都有了,安娜只需迈向使馆。"

莎拉波娃深深折服,推断道:"老师,这样一来,几乎可以肯定,不久我们就会在安娜的《复活》里发现第二封信,但是一封简单的家信,除了可能的导弹试验基地方位和工作情况以外,还会有什么特别的情报价值吗?"

伊万诺维奇冷静道:"肯定?那是上帝的专用语,期望会降低人的判断力,不要心存非分之想。十八个月以前,当局对中国的导弹技术和试验基地了如指掌,随着局势的恶化,当局需要重新做出全面评估,尤其是新老基地的建设情况,我们的专家可以通过地面设施的水平和规模,推断出导弹的打击能力和范围。"

莎拉波娃若有所思,敬畏道:"原来如此,不可思议,谢谢老师教导,您认为苏中关系会完全破裂吗?"

伊万诺维奇思量道:"从历史经验看,政治对立有可能导致军事对抗,这不是我们考虑的问题,今天的讨论就到此为止吧……"

伊万诺维奇拉过莎拉波娃的手,慢慢抚摸道:"达莉娅,请原谅老师的直率,你没有从事这个职业的本能,而这个弱点是根本缺欠,所以今天的训练课,我要给你一个必然淘汰的零分。"

达莉娅惊讶道:"老师,您……开玩笑吧?"

伊万诺维奇凝神车窗外,肃然道:"达莉娅,听我一句忠告,远离这个行业,否则危险会如影随形,这是虎穴,不是谁想退出就可以退得出来的,你很幸运,将来你的家庭会把今天当成感恩节来过,下车吧,今晚我为你过第一个……"

当天夜晚,安娜家街区,冬夜沉寂,孤灯映窗……

冬去春来,秋去冬至,冬又去,春又逝,牵狗的老人日复一日……

一年半以后。

夏日傍晚，莫斯科中国使馆，秘书台，两位女秘书整理电讯文件，电话铃声响起，年轻女秘书随手接听："您好，中国大使馆……您是安娜，找陶亦铭先生，请稍等，我查一下。"

中年女秘书默契配合，起身快步走进上级办公室，很快返身回来，做出可以转接的明确手势，年轻女秘书会意道："喂，安娜，对不起，让您久等了，我马上给您接过去。"

陶亦铭办公室，电话铃声响起，陶亦铭随手接听："您好……我是陶亦铭。"

【亦铭，我是安娜，我现在中国使馆附近新开的咖啡馆给你打电话，我想见你一面，请你跟上级恳求一下，就一会儿，不会有麻烦，也许这是我们最后一次见面，你看可以吗？】

陶亦铭惊讶道："安娜，你好吗？我知道那个新咖啡馆，你等一下，别放电话，我马上请示上级。"

陶亦铭快步出门，好一会儿才回来，沉稳道："安娜，我马上过去，等我。"

咖啡馆内，客人不多。安娜安坐一隅，手边一杯咖啡，默默注视着门口，身边的娜塔莎一手饮料，一手甜饼，一岁多的小男孩儿站在地上，依偎安娜，两手捧住一瓶饮料，专注地含住吸管，吸几口，看一下。柜台那边，侍者摆放备品，不时瞄过来几眼。

陶亦铭匆匆进门，目光迅速扫了一下，直奔安娜，注意到安娜身边的小男孩儿，陶亦铭放慢脚步，惊讶欣赏。那是一张东方的灵秀与西方的俊美天作之合的脸，小男孩儿目不转睛，陶亦铭俯身报以微笑，小男孩儿转头看着妈妈，抬手一指：爸爸！

陶亦铭怦然心动，抱起小男孩儿，轻轻亲了一下，转头笑看母女俩，亲切道："娜塔莎，你好吗？越长越漂亮了。"

娜塔莎端坐不动，平静地看着陶亦铭，摇摇头，安娜没有责怪女儿的不礼貌，脸上带着歉意跟陶亦铭贴脸问候，侍者过来，殷勤道："先生要点儿什么？"

安娜随口道："一杯红茶，不加糖。"

两人落座，小男孩儿依偎陶亦铭，安静异常。陶亦铭充满歉疚道："安娜，一年半杳无音信，你受苦了，孩子的事应该告诉我，阿廖沙不在，我却无能为力，真是太对不起了。"

　　侍者奉上一杯红茶，瞄了陶亦铭一眼，含笑而退。安娜沉静道："告诉你们我怀孕了，只会让你们担心，不会有其他结果。我知道，你们也是没办法，我和孩子再难，也总比阿廖沙饿肚子强吧。"

　　安娜从包里拿出两个信封，一个封口，沉甸甸的，一个开口，薄薄的，娜塔莎脸上充满期待。安娜从信封口抽出一张照片，陶亦铭默默接过来，安娜期待道："亦铭，我非常理解你的难处，没有指望这封信能送到阿廖沙手里，我想你还是按规定把信交给上级，任由他们处理，我只希望这张仅仅写着三个汉字的照片，能由你亲手交给阿廖沙。这可能也违反了规定，但我还是恳求你，我把一家人的未来都交付到你手上，我和孩子们随时都有可能远行。"

　　娜塔莎起身行礼，真诚道："感谢上帝！"

　　陶亦铭眼中一阵酸楚，小心放好照片，低头收好两个信封，感动道："照片我一定亲手交给鹤临，他的心思我明白，你更清楚，安娜，中苏关系已经全面破裂，不知何日才能再见，你和孩子要多多保重，别太苦了自己。"

　　安娜含泪微笑道："告诉阿廖沙，也要多多保重，别太苦了自己，我和孩子不会再给你们添麻烦，谢谢你今天能来，也谢谢上级的体谅，请快回去吧。"

　　陶亦铭起身后退，深深一躬，转身离去，身后传来娜塔莎的颤音："陶叔叔，告诉爸爸，我会让弟弟也爱他。"

　　陶亦铭深情回看，抱过娜塔莎抚慰片刻，起身茫然，疾步出门，潸然泪下，不由得坐在咖啡馆外的小桌旁平静一下……

　　对面不远处的中国使馆缓缓驶出一辆伏尔加轿车，咖啡馆背街僻静处随即响起汽车发动声，一辆伏尔加轿车迅速驶出小街，拐上大街，隔着一辆车，跟在中国使馆轿车后面。

　　陶亦铭看在眼里，起身上路，漫不经心地走在人行道上，用余光扫瞄咖啡馆背街僻静处，花丛树墙掩映中，还有三辆轿车静卧在屋檐下，边上一辆的驾驶位上偎着一个打盹的中年男人，陶亦铭渐渐加快脚步，随着人流穿过马路……}

　　对酒当歌，人生几何？

　　一瓶伏特加，一曲《天鹅之死》，这样的缘起缘落，人生不能再有第二次——

　　熟悉的夏日公园里，安娜和娜塔莎一左一右，中间牵手一岁多的小男孩儿，母与子踏着草坪向前奔跑,小男孩儿笑得阳光灿烂,娜塔莎似乎笑着喊出什么,安娜躬身迈步,侧看小男孩儿,绒起的发缘晕光虚幻,圣母一般……

【安娜渐行渐远画外音:"阿——廖——沙——"】

秋日傍晚,滨江火车站出发站台,旅客纷纷排队上车,车厢内外靠窗话别,三十几个大学毕业生戎装在身,意气风发,蹲站两排,徐进、凌云并列其中,马立尧喊了声看镜头,按下快门,丁国兰要过相机,摆手道:"你们都过去。"

利贤、林峰、马立尧、何文芳、刘百衡快步过去,蹲站在学生当中,丁国兰站位调焦,招呼道:"注意了,全身的,三秒钟准备——3,2,1,点火!"

车厢边,信号员摆旗示意,车下话别的旅客纷纷上车,众人依依不舍,握手告别,徐进和凌云在车梯上高低回身,立正军礼,刘百衡随手抓拍下来。

发车铃声响起,送站告别的人纷纷离开车窗口,徐进和凌云靠窗对坐,探出头摆手示意。利贤一下想起了什么,快步赶上去,从包里掏出个布兜交给徐进,嘱咐道:"差点儿忘了,饺子和鸡蛋,奶奶准备的,饺子用热水泡着吃。"

林峰要过相机,快步走到车窗边,把相机交给凌云,后退道:"给我们合一张。"

凌云愣了一下,赶紧瞄人调焦,刘百衡的瞬间创意下,众人跟着伸出V型手指,笑得夕阳灿烂。

火车缓缓启动,凌云稳稳按下快门,随即伸手摇摆相机,急呼道:"林老师,照相机……"

林峰原地不动,火车渐渐加速,林峰微微侧头,轻轻抬手,含笑军礼……

一行人默默伫立,一列车缓缓消融……

夕阳西下,暮霭苍红,长鸣远人,心绪如风。

路大哥与父亲的云霞剪影,凛然浮现在林峰的冥想之中……

【林凤祥画外音:愿为中国服务!】

第十二集

1964年6月29日,西北戈壁,额济纳,酒泉导弹发射场。

微风和煦,晴空万里。

观测兵聚焦支架式高倍望远镜,雷达兵手握转向摇柄静待目标。

指挥控制中心,指令长表情沉稳,手握话机,果断道:"一分钟准备!"

计时器响起嚓嚓的走秒声……

人员各就各位,仪器运行如常……

发射场上,乳白色的高大火箭再一次耸立简易低平塔台……

发射场外围,一处丘陵高坡上,宽大的雷达天线阵列徐徐转动,导弹跟踪单脉冲雷达试验站内,戎装在身的雷达操作人员严阵以待,何文芳身边围坐着几名中年技术人员,大家目不转睛,雷达屏幕上循环扫描着精准规则的亮线……

指挥控制中心,指令长一声令下:"点火!"

操作兵果断按下发射按钮。

烈焰迸射,烟花四溢,火箭缓缓离地,腾空而起……

报时员报出:"5秒……10秒……15秒……"

火箭快速平稳飞升。

雷达试验站内,屏幕上瞬间跳出变化,雷达抓住目标,何文芳默默握了一下拳,众人略有骚动,屏息注目,导弹跟踪测距、测速程序启动运行……

报时员报出:"20秒……"

火箭继续快速飞升。

指挥控制中心,操作人员全神贯注,严密监控仪器仪表……

报时员报出:"40秒……45秒……"

观测兵转镜望远,雷达兵摇动手柄。

丘陵上,雷达天线徐徐转动,雷达试验站内,技术人员紧张监测,何文芳目不转睛雷达屏幕……

报时员报出:"50秒……"

火箭在万里晴空划出一条白线,奔向千里之外的靶场方向……

报时员报出:"55 秒……60 秒……"

人们纷纷涌出掩体,遥望白线刺向远空,凌云和徐进拥立在人群中,紧张得两手拉在一起……

雷达试验站内,测距兵报出:"300 公里……320 公里……"

有人小声兴奋道:"已经 360 公里了!"

何文芳旁若无人,心驰神往……

千里之外山区靶场,一声轰然巨响,硝烟铺天盖地。

指挥控制中心跑出一名操作兵,仰天振臂:"东风二号命中靶区!毛主席万岁!"

人群爆发欢呼,大家鼓掌相庆,忘情拥抱……

夏日时节,下午时分,北京火车站,一位青年女军人伴着何文芳,两人通过军人通道进入出发站台。一列京滨直快列车等客待发。两人走向卧铺车厢,迎面过来一位青年男军人,交给何文芳一张红色小票,解释道:"何老师,这是托运行李票,到站后直接找托运值班主任,出示工作证提取行李,不用排队。"

何文芳贴身收好行李票,三人走近对号卧铺车厢,男军人摘下身上的军用挎包递给何文芳,微笑道:"何老师,喜糖和点心,请老师们尝尝。"

何文芳惊讶道:"你们俩的?上学的时候没看出来呀。"

男军人话里有话,玩笑道:"何老师,看出来的还真没戏,给刘百衡老师带好。"

何文芳上下打量男军人,教训道:"没大没小,连你也学会了开玩笑,看来刘老师还真把你们班给带坏了。"

女军人笑道:"何老师,他这是一枪打俩,我还没有对象,他已经结婚了,喜糖不假,是给咱们雷达教研室庆功的。"

何文芳使劲拍了一下男军人,男军人挺挺地受了一拍,会心地笑出来。

何文芳拉过女军人,小声道:"看见了吧,上学时班里有名的闷茶壶,谁能想象现在变得这么开朗,这就是爱情的力量。对象的事儿一定要往心里去,别不当真。有了男欢女爱,生活的花儿就开了,自己好看,别人闻着也香。"

女军人不好意思地点点头,瞄了一眼男军人,犹疑道:"要不,让你爱人约一下王老师,下个周末去你家看看?"

男军人笑道："就是嘛,要是何老师也跟你一样,非要找个比自己强的同行,我们还能闻到花香吗？"

三人都笑,何文芳握手告别,嘱咐道："工作生活两相宜,都好好的,给其他同学带好。"

正说着,前端车窗口传来招呼声："文芳！"

三人看过去,何文芳惊喜道："林峰！"

车上车下招招手,何文芳上车,转身摆手道："谢谢你们,快回去吧。"

女军人不舍道："何老师,方便的时候带小马驹儿来北京玩儿。"

何文芳笑道："好的,喜欢就自己生一个。"

车下两人笑着摆手离去。

车上空荡荡的,何文芳看票找到下铺,对面竟坐着林峰,何文芳兴奋道："呵,这么巧！"

林峰笑道："说巧也不巧,都是国防科委订的票,怎么样,目标跟住了吧？"

何文芳左手伸出一个 V 字,笑而不答,林峰诧异道："200 公里？"

何文芳右手再伸出一个 V 字,林峰表情欣然,点头赞道："400 公里,够远的,了不起！"

何文芳陶然转个圈儿,兴奋道："哎,见到徐进、凌云了吗？"

林峰遗憾道："没有,他们在现场,我是从学校直接赶到北京的,只参加了技术分析会。发射数据来之不易,立尧的试验设计方法得到了充分验证,只可惜呀,他要是能参加讨论会就更好了。"

何文芳无奈地笑笑,习惯道："能经常跟你和利贤一起讨论,立尧已经很知足了,况且教研室还有一个研究团队,所以更正一下,确切地说,应该是立尧和利贤主持的试验设计方法。对了,这次蔡老师怎么没来呀？"

林峰拿出一个油纸包放到小桌上,微笑着理解道："方法是立尧的,工作是大家的,我们说的都没错。蔡老师也来了,他参加的是战略规划讨论会……"

车厢里响起喧闹声,林峰收住专业话题,打开油纸包,轻松道："文芳,尝尝全聚德烤鸭,学生们送的。"

何文芳凑过来闻闻,笑眯眯道："一闻就知道是明火烤的,那我吃啦。"

林峰俯身拿起暖壶,盯住笑道："慢着,洗手。"

何文芳连忙掏出手帕,林峰倒水浸湿,何文芳擦擦手,递过手帕道："你也擦擦。"

林峰麻利擦完手,打开鸭肉堆上的两个小油纸包,一包黄酱,一包葱丝,然后在油纸上摊开薄饼,摆上红皮鸭肉,随手掰下一片鸭骨,抹黄酱,撒葱丝,妙手一卷,递给何文芳。

何文芳赏心悦目,尝了一口,陶然道:"妙不可言。"

林峰笑着摸出一瓶汽水,咬开瓶盖,何文芳接过来喝一口,惬意道:"怎么着,莫非你要做一回林百衡?"

林峰情愿道:"能为中国大地装上千里眼,别说叫我林百衡,就是林百街也行啊。"

说笑间,两位男女老干部过来对号中铺,男干部一眼认出林峰,惊讶道:"萍水又相逢,你还是捷足先登。"

林峰认出老干部,起身热情握手道:"莫逆再于心,我岂能姗姗来迟?老同志,还是您的下铺。"

男干部感慨道:"奇缘巧对,人生幸会,活雷锋,那就谢谢了。"

身后的女干部凑上来,惊喜道:"哎哟,好人好事,又是你呀,这位是你爱人吧?"

何文芳笑道:"助人为乐,我们都是他爱人,这样吧,好事成双,我的下铺也给您。"

女干部高兴道:"真是太感谢了,要不这一宿还得七上八下的,奔六十了,肾都不好。"

铺位口,两个上铺的小伙子举高放好旅行包,转身打招呼,众人谦让着坐在下铺。烤鸭的香气弥漫开来,何文芳礼让道:"来吧,我借花献佛,大家尝尝全聚德烤鸭。"

两个小伙子马上客气道:"谢谢,不用了,我们刚买了包子。"

男干部凑趣道:"出门在外,讲究个同志义气,有什么吃什么,来,尝尝咱们的北京小吃。"

女干部打开布包,摆上几样东西——脆麻花,肉末烧饼,江米凉糕,六必居酱菜,何文芳惊喜道:"江米糕,我最爱吃了。"

男干部摆上一瓶红星二锅头,招呼道:"都拿杯子,倒上。"

两个小伙子有些不好意思,一位掏出两个超大铝制饭盒,看看没地方,就先摆上一盒,打开盒盖,里面满满装着热腾腾的小笼包,另一位把手伸进旅行包,犹疑了一下,探询道:"都是东北人吧?"

何文芳笑道:"不会是大葱蘸大酱吧?"

小伙子还真拿出一把大葱和一瓶面酱,众人笑起来,男干部随手接过一根葱,高兴道:"出来一个星期,还真想这口儿了,看这大饭盒,你们是滨江三大动力厂的吧?"

小伙子笑道:"是滨江锅炉厂的。"

林峰摊饼卷肉,挨个递过去,热情道:"都是滨江的,就别客气了。"

何文芳拿起一块江米糕,笑着推让大葱,实在道:"烤鸭里有葱,我吃不多。"

女干部顺手接过大葱,感念道:"下饭的好东西呀。"

小伙子憨笑着拿起红星二锅头,咬开瓶盖,凑着大小杯子倒酒。

火车缓缓启动,众人不觉看着窗外,送站的脸庞纷纷掠过,清爽的微风拂窗而入,一时间,车厢里弥漫着回家的沉静快意。

老干部起杯感怀道:"野火烧不尽,春风吹又生,诗到用处方知好啊。年轻人,世界是你们的,也是我们的,但是,归根结底是你们的,接下来这十年,都好好休养生息吧。"

男人酒杯在手,女人以水代酒,众人微笑互慰,默默碰了一下……

车轮的钝响渐入明快,远方的田舍生机盎然,女干部拿起饭盒递过一轮,催促道:"来来来,先趁热吃包子……"

上午时分,滨江工业大学校园,刘百衡伴着雷达教研室陈主任漫步在林荫道上,陈主任嘱咐道:"百衡啊,下学期领导班子调整,本来教研室推荐你做系教学副主任,没想到阴差阳错,校领导抓了我的差。从今天上午起,你这个教研室副主任自然转正,由文芳接你的班。你走到这一步,可以说是众望所归吧。我年龄大了,就此务虚,你们俩不许懈怠,我会全力支持你们的。"

刘百衡惊讶道:"陈主任,推荐我做系教学副主任?您别吓唬我了,幸亏没成,按说凭您的水平、资历,就是做系主任也不为过。至于教研室主任,是不是文芳更好一些?文芳的专业能力有目共睹,我甘愿给她当副手。"

陈主任笑道:"你这个想法,于公于私都能理解,最好是让文芳专心业务。

安排她做副主任,主要是考虑到她的影响力,正副主任的工作你都得担着。破格副教授的材料我看完了,与其说是推荐文芳,不如说是宣传雷达专业的团队合作精神,众星捧着这么个漂亮月亮,相当不错,抓紧报上去吧。"

刘百衡爽快道:"我马上整理材料,下午就报上去。我说主任,于私这个话题就此了结吧,文芳是我的同学加老师,于情于理我都得敬她三分,这一点连我家国兰都十分理解。这都为人父母了,过去那点儿小心思早就埋在地心了。再说了,文芳是雷达专业的一面旗帜,我们当然要好好爱护了。"

陈主任笑道:"地心的引力永恒不变,我知道你小子有情有义,没别的意思,那就好好做你的旗手吧。这次文芳主持的现场试验意义重大,如果成功,也就确定了雷达专业近五年理论研究的主攻方向,火箭的速度是飞机的十几甚至几十倍,没有独到的理论方法,目标精确跟踪是办不到的。"

两人说着话,前方出现了一片树荫草坪,树荫下立着一块小黑板,一位女同学一手论文,一手粉笔,讲解黑板上的流程图,三十几位同学席地而坐,不断有人举手提问着什么,现场气氛热烈……

陈主任停下来,静静观察,刘百衡解释道:"主楼施工噪音大,我就让他们出来讨论,顺便透透气。毕业论文初稿先在同学中试讲,可以开阔思路,发现很多相关性问题。"

陈主任示意返身往回走,赞许道:"主意不错,别打扰他们,在这个平台上自主交流,既避免了教师的先入为主,又消除了学生的紧张情绪,可以更好地整合理论方案。这些天你再加把劲,把一年来的经验积累上升到教研方法的理论高度,学校决定推荐你参加国防科委院校的研讨会。"

刘百衡诚恳道:"这样吧,主任,我写初稿,您和文芳把关……"

下午时分,滨江工业大学校园生活区,兴华小学校区,几排日式平房校舍,一方宽大平整操场,两伙男女混编的小学生各守一边,围着一只足球,你来我往,抢作一团,体育老师跟跑鼓哨……

场边堆放着几十个书包,不远处柳荫下,立国抱膝而坐,脚前放着鼓鼓的书包,不时有苍蝇绕着书包回转飞来。立国心驰神往,身体随着足球摇颤,不时挥手轰扑几下苍蝇。

下课铃声响起,操场上一声哨响,学生们呼啦汇成男女两排,老师喊几句,一挥手,学生们一哄而散,直奔书包。路边小推车旁,及时响起中年妇女的叫卖声:"冰棍儿冰棍儿,三分五分……"

几个有钱人拿起书包跑过去,后面跟着一帮嘴馋起哄的,中年妇女收好钱,拿出几根冰棍儿逐个递过去。有钱人自己先咬一口,陶然一下,男的让哥们儿咬一小口,非哥们儿舔一舌,女的也让姐们儿咬一小口,姐们儿自觉地啃一下。

中年妇女掀开保温被一角,翻开两个小布袋,怂恿道:"看看,都好好看看,特等玻璃球,又大又圆,还有这羊嘎拉哈,又滑又亮,都是新上的货。"

玻璃球哗啦啦响了一通,爱玩儿的都过了手瘾,有钱人拒绝军师,上下翻滚玻璃球,自主挑出几个;嘎拉哈脆生生碰了一阵,贪玩的都露出不舍,有钱人邀请参谋,左挑右捡嘎拉哈,讨教留下两对儿。

立国静坐树下,痴痴注目这一群玩儿家。校门口响起喧闹声,放学的孩子蜂拥而出,立国回过神来,连忙拎包奔过去。见平拥在人群中,说笑着涌出大门,立国站在人群边缘,喊了声路见平,见平扭头看见一年前的大背心,摆手离开人群,惊喜道:"立国,这么老远,你怎么找来的?"

立国微抬手晃晃书包,憨笑道:"走了一个半小时,一路问过来的,这是我今天上午捞的江虾,给你们送来。"

见平接过沉甸甸的书包,惊讶道:"这么多,你今天没上学吧?看你热的,走,我带你喝水去。"

两人来到自来水管前,立国俯身扭头喝了一通,洗了把脸,见平也上来喝了几口。立国环顾一下,羡慕道:"你们学校操场可真大呀,房子也好。"

见平解释道:"操场是大学给修的,老师说,我们兴华小学差不多成了大学子弟校。立国,你没吃中午饭吧?"

立国笑道:"我吃虾了,来,尝尝盐水江虾。"

两人蹲在墙边,打开书包,露出一层网兜,里面几层报纸包衬着鼓鼓一堆粉红熟虾,见平拈起两只尝尝,惊讶道:"这么好吃?"

立国高兴道:"有四五斤呢,够你们三家吃了吧?"

两人正说着,六个喝水的男同学凑过来,领头的高大胖子居高临下道:"路见平,什么好吃的?"

见平抬头道:"是我朋友捞的江虾,盐水煮的,你们尝尝。"

六个同学每人尝了一只,都说好吃,胖子抬脚踢踢鼓鼓的一包虾,不容置疑道:"我们买了,两毛钱。"

立国抬头道:"我不卖。"

胖子打量瘦小的立国,威严道:"不卖也得卖。"

见平起身道:"牛成,你这不是欺负人吗?"

牛成一把推开见平,狡辩道:"怎么是欺负人呢?我这不是花钱买吗?"

立国仰头看看,不见和解,便盖上虾包,侧起身,只一瞬,右脚踩实牛成的左脚面,矮了一头的瘦小身躯向下一顿,嗨了一声,双手猛推出去,牛成猝不及防,身体后仰,左脚却定在原地,立国顺势后弹闪开,牛成一个腚墩摔在地上,几个跟班连忙近前扶起来。

牛成倒吸一口凉气,后退几步,上下打量立国,晃了晃膀子,摘下书包,揉拳道:"小的们,拿着,看我今天怎么废了这瘦猴!"

立国摸摸短裤兜,手上多了一副弹弓,玻璃球在阳光下闪耀了一下,兜在弹肚上,立国从容抬臂,弓拉得满满的,众人愣住不动,立国沉稳道:"再敢迈一步,我就给你的裤裆换上玻璃球。"

牛成大惊失色,本能地两手护住裆口,坚持片刻,终于两腿软夹,哭出咏叹调。弹弓跟着哭声松弛下来,见平笑道:"牛成,你以为都像大学老师的孩子那么好欺负呀,好啦好啦,逗你玩儿呢,交个朋友吧。"

哭声戛然而止,六个人扭捏过来,立国大度道:"虾是给叔叔阿姨带的,下回再来,你们随便吃。"

牛成高兴起来,随手掏出两毛五分钱递给跟班,大方道:"去,三根儿奶油的,五根儿香料的。"

立国随口提示道:"一共三毛钱,还差五分。"

牛成又摸出一毛钱,跟班连忙还过五分硬币,五个跟班撒欢雀跃,直奔马路方向。

见平介绍道:"这是任立国,江边儿新安小学的。这是牛成,我们班的副班长,他爸是大学食堂管理员。"

立国笑道:"怪不得又高又胖,你们这一帮怎么都像食堂管理员呢?"

牛成辩解道:"这不是我们的问题,主要是你太矮太瘦。不过呢,我们大学吃得确实好,我是班里最高的,嘿嘿,学习一般三等,路见平是学习最好的。"

见平担心道:"立国,你今天应该上课呀,不是逃学来的吧?"

第十二集

立国一脚把鞋边的石子踢得老远,愤然道:"上不上课老师也不管我,我在班里最矮,总是坐最后一排,老师从来不提问我,同学也不敢跟我玩儿。"

牛成急道:"那让你爸找校长啊,这不是欺负咱们阶级兄弟吗?"

见平老成道:"没那么简单,就是因为阶级兄弟问题,他们才欺负立国的。"

牛成恍然大悟,沮丧道:"是这样啊,那就没办法了。"

跟班回来,众人按江湖等级,人手一根冰棍儿,吃得津津有味。牛成看着立国空落落的大背心,关心道:"立国,你加入少先队了吗?"

立国默默摇头,牛成松了松胸前的红领巾,摘下套在立国的脖颈上,熟练地适度缩紧,佩服道:"我看你是好样的,够哥们儿意思,红领巾你就戴着吧。"

立国低头摆弄,脸上泛红,从短裤兜里摸出弹弓,诚心道:"牛成,送给你。"

牛成接过来,试拉几下,对着跟班手舞足蹈,兴奋道:"明天放学你们都跟着我,叫二虎他们也开开眼。立国,我这儿还有烟盒,你要不要?"

立国嘴上未置可否,脸上露出期待表情。牛成从书包里掏出一厚叠折成三角形的烟盒纸,大方道:"哥们见面儿,一家一半儿,你挑吧。"

立国接过来翻看,惊讶道:"大生产?还有大中华!江边儿可没人抽得起最好的牌子,这下同学们能跟我玩儿啦。"

见平怦然心动,建议道:"立国,我看你就都拿去吧,你说呢,牛成?"

牛成豪爽道:"没问题,不过见平,明天算术考试你可得帮帮兄弟们,我这帮跟屁虫算术都差,老师说,都是我给带坏的,要是再考不好,我这个副班长就当不成了。"

见平笑道:"你们平时问我算术题,我都可以帮你们,就是考试的时候不行,没法帮。牛成,你要是后悔了,烟盒还是一家一半儿。"

立国为难道:"牛成,我也帮不上你什么忙,要是有打架的事儿,你可以来找我,要是不怕花钱,给我写信也行,见平知道我的地址。"

牛成一拍大腿,兴奋道:"这才是帮我最大的忙呢!烟盒你都留着吧,到时候,我一定给你写信,我还没写过信呢。"

众跟班纷纷嚷道:"拿着吧,拿着吧,我们牛哥家里有的是。"

立国周全道:"见平,烟盒分你一半儿吧。"

见平笑道:"我们三家巷有规定,都以太爷爷为榜样,谁也不许抽烟,所以没有烟盒,我都习惯了,有时候手痒痒,就替牛成玩玩儿,还是你留着吧,我看你也不常玩儿,牛成,兄弟们挨个陪他练练,怎么样?"

众人来了精神,牛成一声呼哨:"走,到操场去!"

操场上人声鼎沸,一串男生人手一套滚铁圈,围着操场边缘躬身疾奔,踢荡的尘土中扬起金属鸣响。女生三五成群,扯住皮筋跳花样。一伙男生、女生围着长方形的分格场地跳格子,一个矮胖男生一鼓作气,单腿连续蹦踢口袋,引来众人喝彩,矮胖蹦得兴起,眼看踢过了头,口袋留在身后,身体失去平衡,晃了又晃,终于收不住,一跤摔在地上,引来众人大笑。

牛成一行人边走边笑,来到场边的柳荫下,一伙弹玻璃球的男生看见来人,连忙收手示好,让出场地。行家一看牛成,知道手里有好货,纷纷前来起哄热闹。牛成圈好场地,头名跟班从贴身的书包里掏出烟盒,迟疑道:"来真的?"

牛成一瞪眼:"当然!拣好烟上。"

立国紧张地搓搓手,挑出一张大生产,对方也跟着挑出一张,两人蹲在阵前,牛成看看双方,双手下按,抓拳上扬:"预备——拍!"

双方一阵狂拍猛赶,地面泛起尘土,一张大生产连翻几个跟头,双方停手,立国脸上泛红,跟班老练地将战利品收入囊中。立国抹了抹汗,脸上花了几道,说了句再来,低头翻找名烟。

跟班正得意,屁股上挨了一脚,回身刚要发作,一双牛眼居高临下瞪过来。跟班知趣,看着立国摆上一张大中华,自己也无奈地抽出一张,众人惊叹,屏息围观。

牛成开场,又是一阵扬尘爆拍,一张大中华翻了一个跟头,接着又翻了一个,众人跟着喊出:"二,三,四,五,六,七,八——"

立国拿过战利品起身,长长呼出一口气,众人大呼小叫……

下班时分,公共汽车站,见平和牛成伴着立国等车。牛成塞过两毛钱,立国推辞不过,接钱催促道:"你们快回家吧,要不虾该有味儿了。"

见平执意道:"不差这一会儿,何阿姨最喜欢臭鱼烂虾了。"

牛成怂恿道:"立国,下次早点儿来,我请你们到利群饭店,吃我妈做的大肉卷饼。"

立国听得入神,不觉咽下口水。人群略有骚动,汽车徐徐停靠,乘客有序挤上车,车门关上,汽车缓缓启动。立国淹没在车厢里的乘客中,一只手高高举起来摆动,捏着两毛钱。

两人挥手跟车走了几步,目送汽车远去,牛成看看依然注目的见平,伸手拉了一下,理解道:"别看了,回家吧。"

见平公平道:"牛成,虾分你一半儿。"

牛成大方道:"不用,你留着吧,晚上我家吃杀猪菜……"

下班时分,校园生活区,红太阳幼儿园门口,人流进出,童声热闹。不远处,花坛上空,一群蜻蜓往复飞舞,两个十来岁的男孩儿人手一杆白纱兜网,来回扑捉蜻蜓。何文芳坐在花坛的水泥坛围上,注意来人方向,身边的妞妞、婷婷、马驹儿吃着点心,兴奋地来回转头,紧盯避险的蜻蜓。

丁国兰匆匆出现在人流中,何文芳招招手,丁国兰快步转过来,高兴道:"啥时候回来的?没听心上人说呀。"

何文芳笑道:"下午到的,碰巧跟林峰对面儿铺。哎,我说,这才几天不见,刘坏水儿就肉麻成了心上人,是有什么好事儿跟着吧?"

婷婷举着点心迎上去,甜甜道:"妈妈你吃,何阿姨给的。"

丁国兰笑着俯身亲一下,尝一口,起身开心道:"心上人今天上午刚升了主任,下午就给你报批破格副教授,怎么样,够上心的吧?"

何文芳递过一块点心,关心道:"百衡升主任,在我意料之中,那陈主任呢?"

丁国兰接过点心,尝一口,察言观色道:"陈主任高升了,系教学副主任,你就不关心百衡那副主任的热被窝儿留给谁了?"

何文芳高兴道:"陈主任早该升了,至于百衡那热被窝儿,留给谁都行,百衡对待同志,总是像被窝儿般温暖。哎,我要是真蒙上个破格副教授,一个月多开二十三块钱呢,你说该怎么谢你家刘大主任呢?"

丁国兰笑道:"这个简单,往远了说,每月多出的二十三块钱,做咱们三家巷的互助基金,往近了说嘛……"

丁国兰看看周围没人,逗趣道:"今晚让婷婷睡你家,我和刘大主任好好研究一下脉冲发射与接收问题。"

何文芳起身拉过妞妞和马驹儿,刮目相看道:"行啊你,都快练成半部雷达了,这么没羞没臊的,那就快走吧。我早跟你说过,女人要是活开了,什么没出息的话都敢说,当时你还笑话我,怎么样,现在没够儿了吧?"

马驹儿听出意思,赶紧把点心塞进嘴里,伸手道:"妈妈,我也没够,还要。"

妞妞和婷婷跟着伸出手,兴奋道:"还要!还要!"

丁国兰大笑,学着孩子伸出手,坏笑道:"这么好吃,哪有个够啊!对了,你以前形容过,好像是句成语,叫什么来着……"

何文芳笑得无可奈何,停下掏出纸袋,三个孩子人手分了一块,剩下的点心渣倒在手心,仰头送进嘴里,理解道:"瞧你兴奋的,真开窍了?我说的成语多了,不会是妙不可言吧?"

丁国兰脸红心热,小声道:"就是妙不可言,你别说,还真有那么个地方,爬上去就下不来了。"

何文芳刚要逗乐,陈田领着儿子陈明从后面赶上来,见状热情招呼道:"国兰,文芳,好久不见,讨论问题还接孩子呀。"

两人听着别扭,皱眉对视,扑哧一声笑出来,丁国兰忍住笑道:"陈老师,你脑子里除了问题没别的吧?我们是接孩子捎带着讨论问题。"

何文芳朗声道:"我就说嘛,刘主任能力特别强,只要给他机会,肯定能找到那个关键问题,国兰,就是要注意电压,千万不能过载,击穿了关键电容,下回可就没法放电了。"

陈田惊讶道:"国兰,你……你的问题都已经到了这般境地?沧海桑田,不可思议,百衡的教学法厉害得很呢,简单灌输是不可能有如此效果的,一定是百般启发式的,我得找他请教请教,叫他给我们教研室理论理论。"

两人愣住,随即爆笑,陈田礼貌地跟着大笑,又觉着不好笑,于是很快收住。两人捂嘴转身,勉强收住笑,陈明眼巴巴地看着三个小伙伴,摇摇陈田的手,委屈道:"爸爸,我也要吃。"

何文芳摸出一块糖,爱怜道:"明明,阿姨没有点心了,大虾酥糖,吃吧。"

三个孩子马上伸手嚷道:"我也要,我也要。"

何文芳摊开两手,教育道:"就一块,没有了,好东西应该小朋友分着吃。"

丁国兰挨个小手拍了一遍,鼓励道:"幼儿园都学雷锋了吧?那就得做好孩子呀,今天不能再吃零食了,晚上咱们三家做好吃的。"

马驹儿关心道:"那有没有排骨呀?"

丁国兰挠挠马驹儿的头发,调笑道:"跟你妈一样,啥好吃想啥。"

第十二集

何文芳看看陈田父子,有些不好意思,拍了丁国兰一下,解释道:"啧,说话注意影响。刚才碰到利贤,说好让我接孩子,她下班去买菜,这个点儿,排骨还真不好说。"

马驹儿认真道:"没有排骨,红烧肉也行。"

妞妞兴奋道:"还有大米饭。"

婷婷摇摇丁国兰的手,撒娇道:"妈妈,大米饭红烧肉,我最爱吃了。"

明明祈盼道:"爸爸,我也要吃大米饭红烧肉。"

陈田宽慰道:"明明,你妈说了,今天晚上给你打个肉菜回来。"

丁国兰不满道:"陈老师,你家怎么还吃食堂啊?今天晚上都过来吃,我得好好说说你家许勤,这样下去,新焊丝没搞出来,一家人先瘦成老焊条了。"

陈田不住点头,愧疚道:"是是是,往后我俩互相监督,一定好好跟你学做饭,不能苦了孩子。"

丁国兰认真道:"都是国家栋梁,苦了谁也不行啊。"

明明告状道:"阿姨,我家的炉子老冒烟,可呛人了。"

妞妞自豪道:"我爸爸最会修炉子了,回家我就让他给你家马上修好。"

一行人说说笑笑上了大街,往来人熙熙攘攘,宿舍楼遥遥在望……

校园生活区菜市场,门市部内,蔬菜、生肉、副食柜台一应俱全,柜台上摆着一天的尾货。客人不多,利贤进门,直奔生肉柜台,看看肉案上的一小堆肉和几根大骨棒,探询道:"师傅,还有排骨吗?"

卖肉的中年壮汉放下茶杯,油亮的大手划个圈,热情道:"都在这儿了,想吃排骨啊,那得一点以前来。你看看,这块五花肉不错,就是看着不大新鲜,要是做红烧肉,酱油一煨,照样满口香。"

利贤犹疑着摇摇头,师傅看看没有其他客人,也犹疑一下,小声建议道:"要不……这样吧,你看这块肉,差不多得用两个票儿,你给一个票儿就行。"

利贤盘算着案上的一堆肉,笑着试探道:"师傅真是厚道人,我有四张票,干脆让我都包圆儿了吧,你也好收摊儿,这肉再放就更不新鲜了。"

过来两个老太太,瞧一瞧,撇撇嘴走了。师傅扫一眼远端熟食柜台,售货员大姐正热情招呼客人,两个老太太也凑过去。

师傅一狠心,一抬手,一堆肉就落到台秤盘上,油亮的中指一抵,标尺码到位,又看看左右没人,小声道:"四斤高高的,五八四十,要不是赶着收摊儿,你得用八个票,几根骨头你也收着吧,算五毛钱,加上四斤的肉钱……两块八,一共是三块三。"

利贤指着几根大骨头笑道:"师傅真是好手艺,这骨头让你剔到跟标本没两样,顶多两毛钱。"

师傅为难道:"都便宜了你们,我怎么交账啊?"

利贤理解道:"说得也是,那我就收着吧。"

师傅赶紧包肉包骨,利贤付钱谢过,高兴离开。

师傅麻利地收摊平账,端着钱票盒子来到远端的熟食柜台,殷勤道:"组长大姐,完活儿,都对上了。"

组长大姐在围裙上抹抹手,嘴唇微动,点票数钱,噼里啪啦几下算盘,抬头笑道:"钱票两清,骨头钱也合理,一点儿没浪费,不错,刘师傅,辛苦了一天,差不多就下班吧。"

刘师傅返回岗位柜台,理顺网兜里的蔬菜,把饭盒也装进去。角落里埋头写作业的小男孩儿收住笔,兴冲冲起身过来,用铅笔指着作业本上的一道题,得意道:"爸爸,算术作业写完了,老师让每人编一道应用题,明天上课给同学们讲,你看我编的对不对。"

刘师傅高兴道:"你编的?行啊儿子,我看看……1斤肉卖7角钱,1张肉票可以买5两肉,如果1张肉票顶2张用,那么4张肉票能买多少斤肉?一共要花多少钱……"

远端柜台的组长大姐好奇道:"念叨什么呢,刘师傅?"

儿子兴奋地抢答道:"阿姨,是我编的算术题!"

组长大姐夸赞道:"呵,文和都能编算术题了,都夸你算术好,过来给阿姨瞧瞧,看我能不能算出来。"

刘师傅倒吸一口凉气,脸色爆红,马上提过网兜,拉住文和,低头躬身,快步走向店门,组长大姐逗趣道:"找什么呢,刘师傅,地上有两块钱哪?"

刘师傅心头又是一惊,随口应急道:"哎哟,不行了,中午吃坏了,要闹肚子。"

组长大姐笑道:"这个没出息的,快去吧。"

其他售货员跟着逗起来,刘师傅不容分说,拽住文和疾步出门,奔到僻静处,长出一口气,一把撕下作业纸,文和大惊失色,急出哭腔道:"你怎么撕我的作业纸擦屁股呀?明天我还要交作业呢!"

刘师傅气急败坏,低声道:"瞎编什么呀你,小祖宗,不怕你爸丢工作呀?"

文和懵懂道:"我怎么瞎编了?你就是这样卖的肉。"

刘师傅心惊肉跳,低声道:"小声点儿,小祖宗,我是按肉票数交给公家卖肉钱,经你这么一编,应该是票少钱多,可是在组长那儿,账都平了,钱没多呀。"

文和认真道:"怎么没多?你看啊,四张票顶八张票用,就多出来四张票的钱,一斤肉卖七毛钱,一两肉卖七分钱,一张票五两肉,能卖三毛五分钱,四张票就能卖一块四毛钱,这不就是多出来的……"

刘师傅蹲在地上,扶住文和的肩膀,急出哭腔道:"别算了,小祖宗,再算真把你爸算进厕所了。"

文和看着一脸无奈的父亲,警惕道:"爸爸,你是不是偷了多出来的钱?"

刘师傅叹口气,难受道:"唉,爸这辈子,就不是做贼的料,三年困难都没动这个心思,今天头一回,就让你给堵个正着。家里缺钱不是一两天了,能借钱的地方,我和你妈都张过几回嘴了。你知道姥姥家的情况,你舅舅这个肺痨,不能下地干活儿不说,还得吃好的,这种病养不好就是无底洞,你舅妈闹着要离婚,你姥姥急得又犯病了,你妈昨天跟我念叨大半宿,想给舅舅寄二十块钱,可咱家只有十五块钱,我也不知怎么了,眼看着要下班儿了,鬼使神差动了这心思。"

文和紧逼道:"那你一共偷了多少钱?"

刘师傅默默无语,从网兜里掏出饭盒,打开盒盖,里面露出皱成一团的纸币,展开一看,一张一元,一张五角,一张两角,文和紧张道:"老师说了,谁要是犯了错误,做了坏事,坦白从宽,抗拒从严。爸爸,你还是把钱还给公家吧。"

刘师傅直视儿子,表情凝重,无奈道:"怎么还?没人相信你只干过这一回,泼出去的水,收不回来了,文和,爸向毛主席保证,这辈子只做这一回贼,丢这一回脸。"

文和胆怯道:"那组长阿姨知道了怎么办?"

刘师傅紧紧盯住文和,绷脸道:"只要你不说,没人能知道,别告诉你妈。"

利贤满面春风,一手菜兜,一手肉兜,从父子身旁匆匆经过,礼貌道:"谢谢啊,师傅,这么多肉,今天能让大人孩子吃个够儿。"

刘师傅摆摆手起身，目送利贤融入人流，叹口气，试探着轻轻拍拍发呆的文和，歉疚道："回家吧，爸再帮你编一道应用题，更难一点儿的……"

三家巷共用厨房，丁国兰低头闻闻一网兜熟虾，刚要倒进清水盆里，何文芳连忙拦住道："等等，不能洗，洗了就不鲜了，你别管了，一会儿我蘸点儿底油炒一下。"

丁国兰翻手把虾倒进水盆里，教训道："报纸包了小半天，你不怕铅中毒啊？要是有下辈子，臭鱼烂虾都饶不了你。"

利贤快步进来，把东西放到案台上，近前打量道："文芳，刚才路上没注意，这一细看，你这出门半个月，反倒胖了。"

何文芳开心道："军队的伙食多实惠呀，就是大锅菜不好吃。"

丁国兰过来翻看菜兜，高兴道："呵，这么多肉，看这货色，给了四个票儿吧？"

利贤佩服道："你怎么一看就知道啊？四斤高高的，今天运气好，碰上个厚道师傅，只要了四个票儿。"

丁国兰笑道："师傅运气也不错呀，这样的生活小窍门，全中国都知道，就你不知道。"

何文芳好奇道："什么小窍门？我也不知道啊。"

丁国兰捡肉入盆，打岔道："还是不知道的好，我看看，能凑几样菜？这肉，得红烧，芹菜粉儿，拍黄瓜，糖拌西红柿，蘸酱菜，盐水虾，不错，赶上过小年儿了。"

利贤过来闻闻虾，拈一只入口，品味道："好吃，哪儿买的？"

何文芳提示道："记不记得去年夏天，江边那个卖冰棍儿的小男孩儿？"

利贤惊讶道："记得呀，叫立国，还跟见平通过两封信呢，怎么，是他送来的？"

丁国兰动情道："逃了一天学，捞了一书包虾，盐水煮了，走了一个半小时，找到见平学校，就为谢谢一根冰棍儿和一张照片。"

利贤感动道："那人呢？留下来吃饭，晚上让林峰送回去。"

何文芳鼻子一酸，难受道："见平没留住，一直送到汽车站，立国怕姥爷着急。刚才见平说，立国的妈妈先是右派，后成特务，现在死活都不知道，爹给吓跑了,立国跟姥爷相依为命……我现在想想都后怕,当年要不是莫洛托夫教授那封来信,立尧的右派帽子不知要戴到什么时候,将来再有个风吹草动,对孩子的影响可就大了。"

利贤心生共鸣,安慰道:"立国姥爷一看就是有骨气的人,爷俩相依为命,也算是不幸当中有万幸。文芳,别总揪心,立尧这不都洗清了嘛。"

丁国兰宽慰道:"你们都该把心放下,好人终归要有好报,下次回我妈那儿,去立国家看看,让我爸那几个徒弟照应他们。对了,利贤,一会儿陈田一家也来,大米要是不够,就掺点儿小米。文芳,把肉也洗了,顺便喊心上人下厨,瘦而不柴,肥而不腻,何氏红烧肉,非刘氏手艺莫属。"

何文芳缓过神来,掐了丁国兰一把,利贤笑道:"这又怎么啦?"

丁国兰逗趣道:"吃饭的时候叫百衡给你讲红烧肉典故,又能当一盘儿荤菜。"

何文芳心情开朗起来,调笑道:"国兰今天开窍了,说是跟百衡找到了一个关键地方,专门研究脉冲发射与接收问题。"

利贤反应过来,数落道:"还弄出个丁氏雷达原理,能听出点儿意思,你俩现在就那么点儿出息。不过话又说回来,人要是温饱了,七情六欲自然也就收不住,不按阶级划分,都一样,你闻闻我,我闻闻你,不管好不好闻,都是人情味儿。"

何文芳笑道:"怎么听着像狗啊?"

丁国兰冲何文芳挤眼笑道:"也像河马。"

三人都笑,手上不停。

马立尧兴冲冲进来,打量道:"呵,都忙着呢,利贤,林峰去校长那儿汇报了,晚饭前应该能赶回来,文芳,你休息吧,我来。"

夫妻俩深情对视,何文芳笑道:"你来?咱俩都来也不顶国兰半个,去把垃圾倒了。"

丁国兰逗趣道:"现在确实不用来,该来的时候再使劲来。"

马立尧笑道:"不能者才要多劳,我现在就该使劲来。"

三个女人一台戏,笑得马立尧摸不着头脑。

马立尧快手收拾一遍案台上的零碎,放进垃圾桶,看到里面的一团湿报纸,拿出来查看一下,转身来到炉前,刚要塞进去,丁国兰笑道:"报纸又湿又腥,烧它干吗?"

马立尧谨慎道:"上面有社论,当垃圾扔了,弄不好是麻烦。"

利贤附和道:"既然有社论,还是烧了好。"

炉子上煮着粉条,何文芳过来端锅,马立尧把湿报纸塞进炉膛,炉膛里随即憋出浓烟,顺着锅沿儿爬上来,马立尧操起炉条捅了几下,烟絮渐少,炉膛里轰然通红……

顾大爷从厨房门外探头道:"立尧,电话,林峰从校长室打过来的,快着点儿。"

马立尧连忙出门下楼,何文芳喊道:"顾大爷,等一下。"

顾大爷停步回身,接过一小碗熟虾,闻一下,享受道:"文芳,咱爷俩可都爱好这口腥味儿,我这岂不成了虎口夺食?"

何文芳笑道:"顾大爷,没那么严重,我顶多是个馋猫。这虾刚才水洗过,有点儿淡,别忘了加盐啊,炉子上再烤烤,晚上来口小酒儿。"

收发室窗口,马立尧接起电话:"喂,林峰,什么事儿?"

【好机会,还记得计算机系去年分配到上海计算所的那两位优秀毕业生吧?他们来看李校长,正好让我给撞上了,他们今晚的火车回上海,我说了箭体模型修正算法运算量太大的情况,他们很明白学校的小型机解决不了问题,答应咱们一起去上海试试大型机,你马上带资料到校长室来,我去机房拿程序纸带,咱们赶晚上七点半的火车,校长派车送咱们去火车站。】

马立尧兴奋道:"真有你的!正好还可以同车请教,我马上过去。"

顾大爷感慨道:"看看咱这宿舍楼,女人前脚刚进来,男人后脚就出去,这么一路往前赶,中国早晚也能走在世界前头。"

马立尧笑道:"那就借您吉言,谢谢大爷。"

马立尧上楼进家门,找出资料,很快收拾好旅行包,出门进厨房,招呼道:"利贤,给林峰找身换洗衣服,我俩马上去上海,赶晚上七点半的火车,课就托付给你们了。"

众人停手,利贤擦手关切道:"代课没问题,什么事儿呀,这么急,去几天?"

马立尧拿起半截黄瓜,咀嚼道:"新数据修正模型,正好有机会上大型机,应该一星期吧,要是排队报批,至少得等三个月。"

何文芳失望道:"东西都收拾好啦?我就那么没用啊?"

丁国兰知心笑道:"人各有用,文芳收拾东西确实没用,收拾人嘛,一个顶俩。立尧,快回家吧,文芳要检查一遍。"

何文芳要掐丁国兰,利贤赶紧道:"别闹了,准备吃的,有窝头,再煎俩鸡蛋。"

丁国兰补充道:"虾也带点儿。"

马立尧拦住道:"不用了,时间紧,上车我们去餐车吃吧。"

利贤提示道:"那就带几块点心。"

马立尧出门摆手道:"那是不可能的,给孩子们留着。"

何文芳紧跟道:"我给你拿钱和粮票。"

丁国兰追着笑道:"马大管家,何小姐找得到吗?"

马立尧回头,不好意思地笑笑。丁国兰会心一笑,摆手示意快回家。

利贤也回家,很快拿着一叠衣服出来。楼梯上一阵响动,走廊里传来三个孩子的笑闹声,刘百衡伴着爷爷奶奶跟在后面,吩咐道:"先各回各家,让大人安静一会儿。"

丁国兰笑看马驹儿拍门,利贤连忙近前拉住,刘百衡反应过来,笑应丁国兰,近门抬手,做出用力拍打状,门开了,何文芳打量道:"我说心上的,不至于吧?"

刘百衡冤枉道:"这这这……不是我干的。"

马立尧笑道:"听声音,是咱儿子干的。"

何文芳满意道:"国兰,头回听立尧说话这么赶劲。"

丁国兰不忍道:"这么个大儿子,至今还没断奶,你们受得了吗?"

爷爷奶奶跟着笑出来,马立尧蹲下搂过儿子,贴脸亲一口,嘱咐道:"马驹儿,听大人话,爸爸跟林叔叔出差去上海,回来给你们带好吃的。"

马驹儿回亲一口,甜笑道:"爸爸,路上注意安全,我们要大白兔奶糖,是吧,婷婷、妞妞?"

婷婷拍手道:"还有桂花糖。"

妞妞兴奋道:"加上蟹壳黄点心……"

暮色苍茫，列车疾驰。

餐车里，马立尧和林峰对坐两位青年男女学生，每个人手上一碗大米饭，餐桌上一盘溜肉段，一盘青椒炒豆干，四人吃得津津有味。

女服务员从身边经过，林峰礼貌道："您好，服务员同志，我们是滨江工业大学的老师，临时出差去上海，没有买到卧铺票，夜里我们想借餐桌这块地方讨论问题，您看可以吗？这是我们的介绍信。"

服务员接过看一下，礼貌道："需要照顾的特殊乘客，夜里可以安排在餐车，应该没问题，不过这要列车长批准，你们慢慢吃，我去问一下。"

四人谢过，马立尧诚恳道："计算机方面，我就知道一些程序皮毛，还是跟林老师学的，你们刚才讲的这些硬件知识，对理解编程方法很有帮助。"

林峰谦虚道："我那点东西，还是在苏联学的，现在已经有些老化了，吃完饭两位老师接着讲。"

女学生笑道："老师我们可不敢当，早听机房的老师讲，你们两位老师编的程序，简洁明了，逻辑严谨。"

马立尧逗趣道："他们没说我俩的笑话？有一次程序纠错，剪接了不少打孔纸带，最后把纸带两端剪接在一起，成了封闭纸环，找不到程序头尾了。"

四人都笑，男学生建议道："我看这样，一会儿咱们结合程序，一边分析，一边讨论，涉及硬件细节，我们就做细致讲解。"

林峰赞同道："好方法，那咱们快吃，来，你俩把溜肉段儿分了……"

第十三集

秋中时节,晚风清凉,宿舍楼前空地上,爷爷奶奶坐着马扎,看住三个小的,等着楼上开饭。马驹儿和婷婷蹲在地上,奔着不远处的土坑滚玻璃球,妞妞站在几个跳皮筋的小女孩儿旁边,绊绊磕磕,羡慕模仿。

高个小女孩儿跳完一段,听到楼口的妈妈招呼,说声吃饭了,跑向楼门,撑皮筋的矮个女孩儿喊道:"妞妞,过来,该你了。"

妞妞高兴地奔过去,乖乖地把皮筋套在身上,矮个女孩儿又把皮筋往上调,勒在妞妞的脖颈上,妞妞认真端架,两手握住皮筋,矮个女孩儿跳起来。

人行道上过来一家三口人,中间的男孩儿十来岁模样,两颊山红,书包在身,布包在手,东张西望;年轻女人面染风霜,步履轻快,臂弯里挎着山货藤条筐;前面的青壮男人身背行李,手提军用旅行包。

一家三口近前,青壮男人亲热招呼道:"爷爷奶奶。"

老两口转回身,马上站起来,奶奶惊喜道:"哎哟,顺子回来啦,杏芬哪,这不是二宝吗?"

爷爷慈祥道:"二宝,这下好了,跟爹妈进城念书,高兴吧?"

二宝憨笑道:"高兴,太爷爷,太奶奶。"

杏芬兴奋道:"爷爷奶奶,还是城里生活好,好几年没见,你们一点儿也没老。"

爷爷拍拍二宝,自嘲道:"仨饱儿一个倒儿,这也算好?二宝,一不留神,都长这么高啦。"

奶奶搂过二宝,疼爱道:"都快成小伙子了,你奶奶跟你姐姐咋样啊?"

二宝憨笑道:"太奶奶,她们挺好的,就是舍不得我们进城。"

顺子放下行李,杏芬搁下挎筐,两人蹲在爷爷奶奶跟前,杏芬高兴道:"妈身体还行,我跟顺子在滨江苦干几年,就把妈和闺女也接过来。"

顺子接话道:"付场长盼着咱们林场多出几个林峰,叫我们放心,好好培养二宝。"

杏芬贴身摸出一叠钱,朴实道:"爷爷奶奶,天热路远,没啥可带的,这五十块钱是大伙儿孝敬你们的。"

奶奶推回道："这钱你们留着安家用，要不利贤还得张罗买这买那。"

杏芬又递过道："哪有这个道理？晚辈的孝心都在这儿了。"

奶奶按回杏芬的手，慈爱道："孩子，拿着吧，大伙儿的心思我跟爷爷收下了。"

顺子为难道："杏芬，要不……就算咱借的，先拿着吧。"

爷爷摆手道："先生说过，你的给我，就是我的，我再给你，不是还给你，那是我给你的。安个新家不容易，好好过日子吧。"

一家人谢过，顺子手抚军用旅行包，感念道："来之前，付场长领着大伙儿到坟上看看，添土上香，祭奠一回。见平的来信是二宝给念的，一个字都不差，真真亮亮的，全家福也给他们看了。"

爷爷奶奶静静听着，面色安详。三个小的凑到跟前，妞妞抬头看着二宝，好奇道："你是谁呀？"

二宝高兴道："我是二宝，学名叫罗佑顺，我在照片上见过你，你叫林利民，你哥哥路见平是我的好朋友。"

妞妞抬手一指，高兴道："二宝你看，我也有好朋友，这是马驹儿，这是婷婷，我们都是红太阳幼儿园的小朋友。"

二宝蹲下打开布包，指点道："看看，我给你们带好吃的了，这是榛子，这是山核桃……"

孩子们兴奋地围住布包，抓弄好吃的。

顺子拉开军用旅行包，贴心道："爷爷，看我给你带了什么好东西。"

爷爷看到了什么，伸手略翻，里面露出一截双筒猎枪枪管，爷爷握住枪管温热了一下，感念道："出山这几年，没了枪声，心都不怎么跳了。"

顺子鼓动道："爷爷，柱子家在玉泉山，以后可以常去他那儿打猎，有野猪和狍子，也就七八十里，两天一趟长途汽车。"

爷爷一时想不起来，思量道："听着耳熟，哪个柱子？"

顺子一拍旅行包，提示道："我们马车队的伙计呀，就是货场马惊了那个。"

【闪回：夏日时节，傍晚时分，滨江工业大学建筑材料储运货场，几个精壮汉子跟着中年发货员办提货手续。发货员嘱咐道："你们三辆马车，拉脚手架短杆儿，在那边。汽车的过来，到三号库房拉水泥，注意标号……"

第十三集

顺子看着提货单,走到不远处的三辆马车旁,蹲在地上的两个伙计站起来,顺子牵过第一辆的缰绳,招呼道:"走吧,柱子,拉短杆儿,那边。"

柱子应一声好咧,轻松的吆喝声中,三辆马车徐徐穿行货场。

一辆满载的解放牌卡车轰鸣着驶过来,顺子加快脚步牵过马车,第二辆马车紧跟过来,卡车临近,司机缓缓减速,第三辆的柱子犹豫了一下,不觉拉拉缰绳,马车犹疑着横在卡车前。

司机不耐烦地挎住车门拍拍,马匹警觉地耿耿转身,柱子连忙冲司机摆摆手,示意别催,司机更不耐烦,连按几下喇叭,马匹嘶叫跃起,柱子猝不及防,缰绳脱手,闪跌在地,马车擦身而过,奔向货场大门口,前面的顺子反应过来,扔下缰绳,拔腿就跑:"快追!"

货场外不远处,爷爷奶奶顺着路边走向货场大门口。前面不远,几个提篮的孩子散跑在路当中,抢着捡拾散落地上的碎木条。

马车冲出大门,扬起尘土,前面的孩子惊叫闪开,后面的一个小女孩儿起身不动,呆立在路当中……

奶奶急呼马惊了,爷爷疾步冲向路当中,奶奶赶步紧跑,奔向惊悸呆立的小女孩儿……

惊马直撞过来,爷爷侧身蹲步,双臂端住,迎立不动,惊马侧跳跃起,爷爷跃步跟上,手疾眼快,抓住缰绳,身体顺势下悠,惊马耐不住勒痛,低头慢下来,爷爷跟步抱住马头,嘴里嘘着驭——,一手勒住缰绳,一手安抚马面,马车缓缓停下来……

路当中,奶奶借步一把搂过小女孩儿,快步扯拽到路旁,大门口这边,一行人大呼小叫跑过来……】

爷爷回想笑道:"这个傻柱子,当时脸儿都白了。"

奶奶高兴道:"顺子,真能去打猎,那可是对上了爷爷的心思。"

顺子期盼道:"爷爷,大学主楼眼看着就要完工了,你还是到马车队来吧,伙计们都愿意跟着你干。大伙儿又在空地上接出两间房,自己烧的砖,我说是给爷爷奶奶预备的,国兰就给通融了一下,学校没说什么。"

杏芬高兴道:"爷爷奶奶,想想咱们林场,干活儿出汗,打猎喝酒,多痛快呀!还是去吧,我们也好替大家伙儿孝敬你们,等妈和闺女来了,你们不也有个说话的。"

二宝期盼道:"太爷爷太奶奶,你们要是去了,见平就能常去跟我玩儿。"

奶奶附和道:"倒也是,隔壁的冯老师一家调回南方了,腾出一间房,半间给我俩,半间给他们三家看书用,现在整个成了看书写作业的地方,晚上从来没闲过,成了什么研究室,我俩要是一回去,他们准得把屋腾出来,那不就耽误了李校长的大事。"

爷爷若有所思,拉上旅行包,思量道:"谢谢伙计们,过两天我和奶奶去马车队看看。"

奶奶起身招呼道:"都上楼吧,今天热闹,大楂子水饭,炖豆角。"

顺子实在道:"奶奶,我们就是回来顺道儿看看你们,带点儿山货,饭就不吃了。国兰给杏芬找了工作,我们也不知道怎么谢她,怕买错东西,想给她二十块钱,你看行不?"

奶奶体谅道:"谢是要谢的,给孩子买两件儿小衣服就行了。国兰的人情头绪多,遇事能为她出出力最好。"

杏芬会心道:"奶奶,那你就帮我们留心着点儿,国兰要是有个大事小情的,我们也好近前照应。"

爷爷招呼道:"二宝,上楼吃饭。"

一行人起身,妞妞拉着二宝赶在前面,兴奋喊道:"叫何阿姨来吃核桃、榛子喽……"

秋夜静谧,楼影深沉,刘百衡家,马驹儿和婷婷东倒西歪睡在双人床上,丁国兰轻轻抱起马驹儿,轻轻放到婷婷的小木床上,盖上小夹被,回身又在双人床一侧放好枕头,轻轻抱过婷婷,盖上毛巾被。

何文芳和刘百衡对坐茶几,茶几上散放着雷达电路理论设计图表。何文芳合上涂画电路、数据的 16 开纸教学笔记本,拍拍俯身凝神的刘百衡头顶,体谅道:"悠着点儿吧,别想破了天,国防科委的报告非你莫属啊,我写东西可不行,只能帮你做技术审定。"

刘百衡回过神来,揉搓一把脸,感慨道:"就是想破了地,我也想不通,这么低端的器件,居然实现了高端功能,何氏这个理论,啧,高屋还要建瓴啊,兄弟我就差五体投地了。"

丁国兰插言道:"你就是六体投地也没人拦着,别从房顶投下去就行,我都听出点儿意思了,文芳这不就是以柔克刚吗?"

第十三集

刘百衡整理文件,佩服道:"何止以柔克刚,她这是软硬兼施,浑然一体。"

丁国兰忽然想起了什么,学着何文芳的口气,拿腔道:"俩月前我就说嘛,何副主任能力特别强,只要给她机会,肯定能找出关键问题,就是要注意电压,千万不能过载,击穿了关键电容,下回可就没法放电了。"

刘百衡惊讶道:"什么乱七八糟的,听着还挺像。"

何文芳和丁国兰强忍住笑,何文芳学着陈田的四川口音,惊讶道:"国兰,你……你的问题都已经到了这般境地?沧海桑田,不可思议,简直就是想不通!百衡的教学法厉害得很呢,简单灌输是不可能有如此效果的,一定是……一定是百般……启发式的……"

话音未落,两个女人已是笑作一团,刘百衡本能地觉出意思,感叹道:"这女人要是坏起来,真就成了无烟儿煤,表面看着没火,其实心里都青了,兄弟我甘拜下风。"

丁国兰调皮道:"这才叫青出于蓝而胜于蓝呢,文芳,不早了,马驹儿这么睡挺好,这些天你和立尧累坏了,回去睡吧。"

刘百衡恢复常态,看看马驹儿,委屈道:"就这么把我女婿撂这儿了?这家伙觉可轻啊,一个翻身就能看住老丈人。"

何文芳两手投降,服软道:"师傅打住,我就这一板斧,还是今天现学的,你们也够累的,马驹儿我还是抱回去吧。"

丁国兰伸手拦住,挤眼道:"不用了,我跟百衡去书房开夜车。"

何文芳会心一笑,两人送出门,透透气,丁国兰随手掐了何文芳腰上一把,刘百衡看在眼里,马上轻轻吸气呲了一声,在自己腰上的相应部位揉揉,丁国兰气恼一下,抬脚踢上去,刘百衡早有准备,顺手接住踢过来的脚,一只拖鞋笑留手里,丁国兰借势撒娇,单脚蹦过去,刘百衡顺势抱起来,一声回见,转身进屋,勾腿把门带上。

何文芳笑看两人进门,转身轻敲书房门,利贤开门,回头看着屋里笑道:"抢亲的堵上门了,咱们也收了吧。"

书房里,四位青年教师起身打招呼,利贤收拾桌上的技术文件,林峰提示道:"明天下午一点半项目组开个会,有关同学也参加,重点讨论参数修正模型数值分析方法。"

青年教师出门再见,马立尧起身道:"睡不了这么早,数据我带回去吧。"

林峰笑道:"还是带你媳妇回去吧,人都堵在门口了。"

何文芳有些不好意思,探头道:"林峰,刚才可是你结束的讨论,我就是过来看看。"

利贤奇怪道:"今天赶的什么日子,怎么都这么兴奋?"

马立尧出门道:"方案有了眉目,人也跟着兴奋,是不早了,都各就各位吧。"

四人都笑,何文芳亲昵地碰碰马立尧,会心道:"画龙点睛,还是你最坏。"

刘百衡家,丁国兰和刘百衡对坐泡脚,脚心脚背,款款互揉,门上轻叩了两声,传来何文芳的轻音:"国兰。"

丁国兰擦脚,起身开门,两人门外耳语。丁国兰回身进屋,翻找抽屉,何文芳显出不好意思,探头打岔道:"百衡,马驹儿我还是抱回去吧,要不你真得睡书房。"

刘百衡体贴道:"真不用抱回去,这两天我都得睡书房,两份报告呢,这个星期都得赶出来。"

丁国兰手里攥着一样东西出门,两个女人笑闹互掐,刘百衡奇怪道:"今天这都怎么啦?大半夜的,还没个正形。"

丁国兰摆手告别,关门回身道:"没什么,立尧把气球都吹光了,文芳过来拿一个。"

刘百衡一拍脑门,赶劲道:"怎么搞的,差点儿忘了,今天是三家巷的气球节呀。"

丁国兰笑成一朵花,默契道:"那咱俩什么时候参加呀?"

刘百衡湿脚起身,激昂道:"一万年太久,只争朝夕。"

丁国兰快手翻抽屉,回头撒娇惋惜道:"咱家没气球了,谁知道你们还比着吹呀,你要是舍不得,我就去要回来。"

刘百衡从后面抱住丁国兰,温柔道:"君子成人之美,他们吹气球,咱俩生儿子。"

两人看看熟睡的孩子,丁国兰挨个掖掖被角,刘百衡拿起技术文件,两人出门,轻轻带上。刘百衡迈向何家门口,丁国兰一把拽回来,在意道:"哪儿都有你,等着,我听听。"

刘百衡掂着钥匙开书房暗锁,丁国兰听得如痴如醉,蹑手蹑脚回来,小声兴奋道:"正吹呢,这房子怎么一点儿不隔音呢。"

刘百衡推开书房门,转身诧异道:"不会吧?那我也去发个脉冲,探个回波?"

丁国兰一把推人进屋,马上关门。里面门插轻轻响了一声,一阵笑闹过后,书房里暗下来……

林峰家门轻轻一响,利贤把林峰推出来,小声道:"去看看书房有没有人。"

林峰笑笑,来到书房门口,看看里面没开灯,就拿起钥匙开暗锁,忽然听到了什么,连忙拔出钥匙,招手让利贤过来。两人听听,互相看看,忍不住笑出来。林峰摇摇头,伸手展开手心,露出一样东西,利贤难为情地伸手一拍,林峰握拳一撤,两人笑着回身进屋……

人初之啼,沁人心脾。

医大二院产房外,众人一身冬衣,来回踱步,听到阵阵啼哭,都松一口气,脸上露出笑容。何文芳动肩碰碰身边愣神的刘百衡,高兴道:"主任,听这哭声,马驹儿同志的媳妇有眉目了。"

刘百衡定一下神,不甘道:"我说何仙姑,不带这么蒙人的,你就不能给我下一道贵子神符?我爹我妈眼巴巴盼着大孙子呢。"

何文芳拉拉刘百衡的小臂,放松道:"看你绷得太紧,逗你玩儿呢。哎,你听听,比婷婷还闹,说不定闹出个男高音呢,我看就叫闹闹吧。"

刘百衡笑道:"龙凤呈祥当然更好,一吨仙姑我也乐得。热热闹闹,好,母子平安就好!"

马立尧笑道:"真来一个何仙姑这样的,还不得把你吃穷了。"

利贤盯住产房大门,不觉握紧林峰的手,担心道:"国兰轻度贫血,产前没少补,指标还是有问题,应该没事儿吧?"

身边的魏如莲宽慰道:"放心吧利贤,国兰一切正常,有些小指标是体质性的,我都让你搞怕了,特意找了王主任,双保险。"

林峰摩挲利贤的手背,安慰道:"肯定没事儿,罪都让你遭完了。"

利贤提示道:"天冷,一会儿出来要喝热粥,我是不是去帮帮奶奶呀?"

魏如莲放松道:"不用了,又不是大鱼大肉,奶奶和小汪没什么可忙的,应该差不多做好了,很快就能到。看你六神无主的,放松点儿。"

大门一响,出来一位老护士,众人连忙迎上去,老护士亲切沉稳道:"恭喜大家,是个漂亮女儿,六斤六两,母女俩顺顺当当的,一会儿就推出来。"

刘百衡满面春风,躬一下身,抚胸道:"谢谢大夫,平安最好。"

众人都说谢谢,老护士摆手笑笑,回身进门。

何文芳笑逐颜开,做出一副领导的样子,高抬臂与刘百衡握手,开心道:"小刘同志,恭喜你锦上添荷花,恭喜我亲上再加亲,还说不紧张,这都一手心儿汗了。"

魏如莲笑道:"这就不错啦,生婷婷那会儿,百衡胃都痉挛了。"

刘百衡瞄着何文芳,天性使然,自嘲道:"心疼女人,男人总得贡献点儿生理反应吧。"

众人照例笑得无可奈何,利贤难得逗趣道:"话到百衡嘴里,总要过一遍油,出来就带荤味儿,一会儿多说两句,国兰的奶水就催下来了。"

众人又笑,马立尧和林峰几乎同时伸出手来,刘百衡一手握一个,三兄弟眼神默契一闪,手上同时加劲,马立尧先败下阵来,林峰跟着松手,刘百衡双拳一握,得意道:"就是神仙,今天也得让我三分。"

夜晚时分,教工宿舍楼。

林峰家,三个小的横躺在双人床上,横盖一条大棉被,在被窝里互掐笑闹,杏芬不停地俯身掖着棉被,吓唬道:"好好盖被,再闹,冻感冒了,看护士长回来给你们挨个打针。"

躺在中间的妞妞看看左右,掀起被头,兴奋道:"不好了,打针的回来啦!"

话音未落,妞妞一头缩进被窝,左右啊了一声,跟着掀被缩进去,闷住的笑闹声中,棉被滚包,此伏彼起……

三家巷书房里,佑顺上铺,见平下铺,两人缩在被窝,人手一本《十万个为什么》,佑顺俯身探头道:"见平,以前从来没注意过,原来雪花的形状这么奇妙,下雪的时候咱们接住几片看看呗。"

见平用手指隔住书页,合书翻身,仰头思量道:"你的想法挺有意思的,雪花一碰就化,我想用一张黑纸接住,再拿放大镜看,你呢佑顺?"

佑顺探头兴奋道:"我想用一块玻璃接住,从下面往天上看。哎,见平,你说咱们要是把《十万个为什么》都弄明白了,那世界在咱们眼里不就变样了吗?"

见平感悟道:"先生说过,每个人都是一个世界,每天都在变,每天看到的外面世界也在变,这就是宇宙。"

第十三集

产妇病房里，丁国兰躺靠在床，刘百衡抱着新生儿坐在床前，众人围站床边。中年女医生王主任进门，热情问候道："呵，这么多人哪，小丁，人缘儿不错嘛。"

众人问着王主任好，让开床前位置，魏如莲握手感动道："辛苦了，王主任，谢谢产科的同志们。"

王主任欣然道："魏医生，跟我还客气，都是分内的事儿。你要是来医大二院工作，不仅谢的是你，连我也甘愿做你的副手。"

魏如莲谦虚道："听着都惭愧，十年没做大手术了，一身的锈。"

刘百衡抱着女儿躬身谢道："王主任，我代表全家鞠一躬。"

王主任看看父女俩，又看看丁国兰，微笑道："你爱人一看就是个活宝，现在感觉怎么样？"

丁国兰起身往上靠，轻松道："一身轻，想靠一会儿，刚量过体温、血压，都正常，王主任，您快休息吧。"

王主任轻轻按住丁国兰的肩头，体贴道："最好躺下，今天晚上需要静养，一会儿先吃点儿流食。"

正说着，护士小汪领着奶奶匆匆进门，奶奶高兴道："这都生啦，饿了吧，兰子？"

刘百衡凑过新生儿，奶奶和小汪欣喜打量，丁国兰惊讶道："奶奶，大老远的，怎么说来就来了？"

小汪把餐具放到床头柜上，解释道："这得谢谢王主任，你这边生，我和奶奶在王主任家给你做饭，几步就到了。来，猪蹄儿路路通，下奶的，看看这，馒头，小米粥，煮鸡蛋，菠菜粉儿，想吃啥？"

众人齐谢，王主任笑道："就是在我家借个火儿，方便，我家书呆子也乐得不用做晚饭。小丁，吃饭吧，今晚我值班，有事儿叫我。"

王主任转身出门，对等在一旁的小护士嘱咐道："先把新生儿抱回去，擦洗一下，等小丁吃完，再抱回来试试喂奶。"

小护士抱过新生儿，奶奶和小汪又跟过来看看。刘百衡笑眯眯体贴道："吃饭吧，要不……我喂你？"

丁国兰撒娇道："百衡，真是对不住，又让你做一回好人。这下好了，三家巷更和睦了，林家马家，一家娶咱一个，不用争了。"

众人都笑，刘百衡安慰道："争不争的，那是人家的事儿，咱家就是守株待兔，等孩子们长大了，你也该有了仨屋一厨，正好需要两个倒插门儿。利贤姐姐和文芳妹妹够意思吧？现在就给你预备好了，一个女婿半个儿，这账还用算吗？来，张嘴，趁热。"

众人哑然失笑，丁国兰吃了一口，见众人看着，有些不好意思，就自己端过碗，开心道："就爱听你分析问题，那我多吃点儿。"

马立尧感叹道："夫妻都是同林鸟。"

林峰应和道："雨打风吹比翼飞。"

刚吃几口，走廊里响起急促的脚步声，丁国兰惊喜道："是我爸我妈！"

众人回头，果然是老两口，丁师傅一手一个大布包，丁师母高兴道："紧赶慢赶，还是差了一步，阿弥陀佛，生了就好，兰子，让妈看看……"

夜晚时分，公共汽车缓缓停靠在滨江工业大学一站，一行人下车，在校园街口告别分散。何文芳和马立尧拥着奶奶回教工宿舍楼，小汪伴着魏如莲走了一段，转向校医院方向，魏如莲快步走向俄式专家小楼生活区。

初冬未雪，夜色清凛，一轮冷月，拂掠薄云。

远远望去，俄式专家小楼掩映树丛，透出一窗斑斓晕辉，魏如莲放慢脚步，仰头凝望深邃苍穹……

李校长家客厅，蔡鹤临和李校长坐靠在沙发上。李校长呷了口热茶，放下茶杯，掂掂手中的1966～1970教研发展规划书，感叹道："鹤临哪，大家都叫你蔡三郎，你回来这四年多，不单是我，连国防科委领导也没有想到，滨江工业大学居然出了这么多一流专业，重点院系更是全面开花。客观地说，这些一流专业已经初步构建了密切相关的教研体系，奠定了纵横拓展的坚实基础，可以预见，照拼命三郎这么一路干下去，下一个五年之内，我们很可能全面超越规划目标。"

蔡鹤临谦虚道："能有今天这样的局面，归功于拼命三郎毫无疑问，但不是蔡鹤临一个，而是八百个，一千个。我们的毕业生有75%深入到国防基地院所，与学校形成了国防科研体制以外的适度交流，这一点至关重要，前瞻性的理论项目需要系统化的实际验证。未来五年，希望学校继续在这方面多做工作，争取国防科委安排有的放矢的理论项目，让我们的教研骨干能有更多的实践机会。"

李校长欣然道:"那就给你吹吹风吧,鹤临哪,卓越的大局观让你成为科研副校长的最佳人选,我汇报工作以后,国防科委领导直接点你的将,明年调整班子会有安排。你刚才说的适度交流,实际上表达的是一种无奈,我非常理解。科研体制的瓶颈问题成因复杂,涉及国际、国内的政治环境,在实际工作中,作为组织协调者,我们不得不一再强调,高等院校的科研工作,更加需要自觉性,甚至带有某种程度的自发性。事物总是一分为二的,自觉的使命感,加上更多的科学上的自由度,会让我们的科研探索自由奔放,何乐而不为呢?"

蔡鹤临理解道:"是啊,火箭研发我们是最有体会的,中央专委刚刚批准了八年四弹规划,从中近程到洲际导弹,都有详细安排。国家的中短期战略意图也很明确,武器第一,运载第二。但是我们的师生对此并不知情,他们对三级运载火箭的热情一如既往,固体火箭发动机的模式研究甚至基本成型,讨论中不乏异想天开的思想火花。海阔凭鱼跃,天高任鸟飞,这反倒成就了我们的想象力。"

李校长感慨道:"看来这些年的编译文献起到了关键作用,林峰说过,就我们的技术水平而言,这些文献在十年之内都不会过时,我们把这样培养出来的毕业生输送到基地院所,就是如虎添翼,那些基于先进理论的想象力,一定会激发出非同凡响的创造冲动……"

门锁一响,魏如莲开门进来,高兴道:"鹤临来啦。"

蔡鹤临起身,关切道:"大姐辛苦了,国兰怎么样,生了吧?"

李校长也投来关切的目光,魏如莲挂围巾,轻松道:"顺产,六斤六两,母女平安,利贤几个留下了,观察一宿,明天可以出院。"

李校长放心道:"平安就好,又生个闺女,百衡没开玩笑吧?"

魏如莲笑道:"那就不是百衡了,他现在就开始惦记林家、马家两个上门女婿呢。"

李校长笑道:"这个百衡,嘴上总有嚼头儿,你这晚饭怎么吃的,要不要给你下点儿面条?"

魏如莲挂上外衣,回身道:"大伙儿在医院吃了点儿饼干,你俩吃的食堂吧?"

蔡鹤临笑道:"校长陪我吃顿晚饭,顺便看看食堂伙食。"

魏如莲看看挂钟,理解道:"这都过了五个小时,那点儿窝头稀粥顶不住,鹤临,林峰说你睡得晚,习惯吃夜宵,我下一小锅面,咱们都吃一碗。"

李校长起身道:"好啊,我去烧水。"

蔡鹤临跟着起身道:"还是我来吧。"

魏如莲推坐两人,体谅道:"我再不济,也轮不到你俩下厨房,老李呀,这主楼进驻什么时候才能完呢?校医院连续三天处理了五个搬运外伤,铸造专业的田老师还碰断了小臂。"

李校长关切道:"伤势严重吗?"

魏如莲点上煤油炉,烧上水,宽慰道:"送到夏大夫医院,又拍了片子,接得严丝合缝。"

李校长盘算道:"那就好,这是全校大调整,学校不能停课,教职员工主要是利用早晚时间搬迁,今天是星期四,这个周末可以全部到位。"

魏如莲放平菜板,拿过靠窗贴凉的纸袋,掏出两根红肠,码住一根,慢刀切片,若有所思道:"老李呀,11月10号的《文汇报》看了吗?"

李校长欠身捶捶腰,随口道:"这一周净忙主楼的事儿,没怎么细看报纸,11月10号,就是昨天哪,还真没顾得上,有什么特别的吗?"

魏如莲在意道:"非同寻常,登了一篇批判文章,评新编历史剧《海瑞罢官》,口口声声现实的阶级分析和阶级斗争,结论非常偏激,说这部剧并不是芬芳的香花,而是一株毒草,把剧作家吴晗同志推上了反党反社会主义的悬崖。报纸在我大衣兜里。"

李校长起身翻出报纸,大体看了两分钟,递给蔡鹤临,思量道:"吴晗同志是著名的历史学家和社会活动家,尤其擅长明史。我们是清华校友,他的《海瑞罢官》我有印象,大概是三年前在北京看的,剧中的海瑞,就是明朝一个为民担当的清官形象,扯上现实的阶级分析,甚至阶级斗争,牵强附会自不必说,用意何在呢?"

魏如莲不安道:"今天中午,民盟的同志专门到校医院给我看报纸,说这样的牵强附会扯到一位老民盟身上,叫人心惊肉跳。"

李校长警觉道:"你这一说倒是提醒我了,吴晗同志既是民盟成员,也是共产党员,问题的关键在于,他还是现任的北京市副市长。"

蔡鹤临也大体看了两分钟,感触道:"我回来这四年多,对政治气候还是略知冷暖的,我有一种直觉判断,是否可以这样理解,一个四年前并没有引起学术争论的文艺作品,现在却被用来作为引发一场政治辩论的工具?"

第十三集

李校长断然道:"政治辩论的目的在于政治运动,现在的问题是,这个国家不是需要发起政治运动,而是需要结束政治运动,如果一个国家靠几场政治运动就能够强大起来,那你我都去做运动健将好了。"

魏如莲打住道:"怎么了,老李?老毛病又犯了,不要低估政治运动赋予人们的想象力,就你这几句牢骚,足以让你低头走在运动前列,那还是从轻发落。再好好看看报纸吧,说不定指示精神一下来,你还得带头学习、批判呢。"

李校长歉意道:"对不起,失态了,接受领导批评。"

魏如莲返身进卧室,很快出来,手上多了一瓶竹叶青白酒。两人默默看着,魏如莲端过切好的红肠,摆上三个小酒盅,蔡鹤临开酒满上。

魏如莲感叹道:"这几年,阶级斗争的号角不绝于耳,今天《文汇报》的这篇批判文章,让人感觉就要发起冲锋了,文化界还是主战场,想不出会是什么样的攻城拔寨,远的不说,想想咱们学校的大好局面,如果毁于一旦,真是有些不寒而栗。"

李校长看看蔡鹤临,自嘲道:"就政治敏感而言,魏大医生历来都比我这个党委书记要高出一个数量级,看来是山雨欲来风满楼啊。不寒而栗?好几年没有这种感觉了,鹤临哪,今晚就别走了,陪大姐说说话,打一针,预防政治感冒。"

魏如莲关切道:"鹤临,你是重要部处的负责人,言行引人注目,加上中苏关系彻底破裂已成定局,免不了更要多一份谨慎。"

李校长怅然起杯道:"今晚咱们一人一两竹叶青,清心火,驱伤寒,学政治,解矛盾,也是为了将来不辱使命。来,喝一口。"

窗外,初冬未雪,夜色清凛,一轮冷月,拂掠薄云……

红日东升,滨江工业大学校园,新建主楼西接电机楼,东连机械楼,三楼浑然一体,朝霞中,主楼巍然耸立。

早课师生纷纷涌向主楼大门,李校长和蔡鹤临快步行进在人流中,不时随口问好。

身边的男同学兴奋道:"李校长,蔡老师,早上好,新主楼一投入使用,我们毕业班就分到了专用小教室,这下讨论问题方便多了。"

身边的女同学接话道:"何止是方便,前两天他都睡在专用教室了。"

李校长关心道:"你们是哪个系的?"

女同学抢答道:"工程力学系。"

李校长笑道:"怪不得睡教室,不会是跟蔡老师学的吧?"

男同学憨笑道:"蔡老师是我们的好榜样。"

蔡鹤临笑道:"是我带的学生,他俩的实验方案另辟蹊径,很有创意,我白天忙,他俩只好晚上跟我蹲实验室,但是向校长保证,我们没熬过整夜。"

李校长认真道:"不能再睡教室了,真冻坏了,爹妈是要找我的,也不要跟蔡老师学,学校的作息规定还是要遵守的。"

李校长和蔡鹤临上到二楼。校部机关走廊里堆放着捆扎整齐的文件和纸箱,工作人员进出办公室忙碌。电梯口,何文芳和刘百衡身边站着几个青年教师,旁边放着示波器一类的设备,李校长和蔡鹤临迎上去,刘百衡连忙握手寒暄,李校长诧异道:"怎么一大早儿就跑回来啦,国兰出院了?"

刘百衡兴奋道:"还没有,大人孩子都好,有国兰爸妈陪着,我就先赶回教研室搬家,正好下午校医院要接一个学生出院,我再跟车一起过去。"

蔡鹤临紧紧握手,高兴道:"百衡,母女平安,恭喜你们!"

何文芳调皮道:"蔡老师,也包括我吧?"

李校长笑道:"当然包括,早听魏医生说过,三家巷惦记着做亲家。"

刘百衡话题一转,正色道:"玩笑打住,说关键的,雷达实验室的乔迁之喜,还要感谢蔡老师,感谢李校长。"

蔡鹤临欣然道:"谢什么?雷达实验室高高在上,这是常识,增加的基本设备,也是必须的,就是要特别注意避雷安全,正好跟你们上去看看,顺便到其他实验室走走。"

说话间,电梯门开了,众人倒手摆放设备,一位女干事凑过来,小声道:"李校长,刚才校办秦主任找您。"

李校长摆摆手,转向校办秘书室。

秘书室内,男女秘书忙着归位堆放的文件,秦主任端坐办公桌前,眉头略皱,阅读文稿,桌边的椅子上端坐着五位年轻师生,个个表情期待。李校长进门打招呼,秦主任连忙起身拿着文稿迎上来,抬手介绍道:"李校长,这五位师生是时事政治学习小组成员,他们连夜赶写了一篇批判文章,希望能在校刊上尽快发表。"

李校长接过文稿,示意起身的五位师生请坐,秦主任也示意自己的位置,小

第十三集

声道:"校长请坐。"

李校长随口一句你坐,顺手搬过一把椅子,坐在师生面前,然后简略翻看一会儿文稿,抬头平和道:"两位老师,三位同学,能说说你们为什么要写这样的文章吗?"

为首的青年男教师身材高大,欠身道:"李校长,我叫高明,在回答问题之前,我想先提个问题,你看可以吗?"

李校长不动声色,平和道:"当然可以,请讲。"

高明兼顾左右,得到鼓励的眼神,意味深长道:"作为党委书记,你是否认为,我们生活在阶级斗争一触即发的关键历史时期?"

秘书们不觉停手,投来忧虑的目光。李校长沉稳道:"我想引用一段众所周知的《决议》,来回答你们的问题——在整个社会主义社会,始终存在无产阶级和资产阶级之间的阶级斗争,存在社会主义和资本主义两条路线的斗争。"

五位师生相互看看,并不满意,女教师自信道:"我们认为,评新编历史剧《海瑞罢官》,让人们看到了一个阶级斗争的主战场,也可以说是一个文化上的突破口,所以我们连夜奋战,收集报刊评论,查阅历史文献,形成了一篇批判文稿,希望能引起校党委的高度重视,尽快在校刊上发表,这样,我们就可以在广大师生中及时开展阶级斗争的时事政治教育。"

李校长心头一沉,商榷道:"我想,对于身历嘉靖、隆庆、万历三朝的所谓清官海瑞,我们的一知半解跟明史大家吴晗同志比起来,充其量也就是个小儿科。新编历史剧《海瑞罢官》借古喻今,借的是刚正不阿,清正廉明,喻的是坚持真理,勤政爱民,演出四年以来的社会反响有目共睹,随随便便就说这是一株毒草,未免草木皆兵了吧?"

一位男同学困惑道:"李校长,你的意思是说……不要从阶级分析的角度来看待《海瑞罢官》,应该从学术讨论的立场来加以评判,是这样的吗?"

李校长若有所思,肯定道:"可以这么理解。"

一位女同学马上反驳道:"但是这篇文章的结论非常明确,怎么也闻不出文艺批评的味道,请大家特别注意,这可是《文汇报》呀!"

李校长避重就轻,启发道:"百花齐放、百家争鸣的双百方针,适用于所有的学术讨论,关键是鸣放要有正确的出发点。我有一个简单的问题,你们对剧作家吴晗同志了解多少?"

女教师心虚道:"知道一些,没有读过他的历史书籍。"

高明不以为然道："这并不影响我们对他阶级立场的判断，根据以往的运动经验，《文汇报》断定他反党反社会主义，不会是空穴来风。"

李校长严肃道："对事物的判断要有基本的事实依据，更何况是活生生的人。既然是文如其人，那我也讲一件事，在抗日战争的艰苦岁月里，吴晗教授的救国演讲以旗帜鲜明和言辞激烈著称，听众常常挤满会场，有时候连窗口都坐上了学生。1942年，孔祥熙用飞机从香港运回几条狗，而许多抗日爱国的文化学者却因为上不了飞机，眼睁睁地沦落香港，吴晗教授义愤填膺，他在演讲中说，南宋灭亡前有个蟋蟀宰相，今天有个飞狗院长，这就是他的借古喻今。那时候，吴晗教授的外号是老虎，闻一多教授的外号叫狮子，两人志同道合，亦师亦友，如果倒在国民党特务枪口下的不是闻一多，而是吴晗，人们一点也不会感到奇怪。"

高明理直气壮道："人是可以变的，革命队伍中也会有叛徒，革命道路上也会出现修正主义。"

李校长微笑道："没有人对此表示异议，但是仅就吴晗同志来说，一个解放前反革命环境里大义凛然的革命家，却成了解放后革命环境里借尸还魂的反革命，他的动机是什么？说得通吗？"

师生面面相觑，一时无语。李校长和缓道："你们的文章我会认真阅读，我们还有《人民日报》《光明日报》《解放军报》《红旗》杂志，应该多一些耐心，看看这些报刊是怎样评论争鸣文章的，现在回去好好上课吧。"

师生面露沮丧，起身离去。秦主任担忧道："李校长，我刚看了今天的报纸，各大报没有转载《文汇报》的批判文章，说明问题并不简单，不过《文汇报》的地位确实叫人产生联想。"

李校长坦然道："静水流深，事情没那么简单，我知道我这样做是有政治风险的，但此风不可长，否则教研秩序大乱，来之不易的大好局面就会毁于一旦。"

众人表情钦佩，李校长摆手离去。

主楼顶部，雷达实验室，师生忙碌，实验设备各就各位，蔡鹤临、刘百衡、何文芳站在顶楼平台，三人比划指点高大的塔柱。何文芳兴奋地指向五星塔尖，展臂划出螺旋形状，口中念念有词，蔡鹤临和刘百衡频频点头。

何文芳转身扶住护栏，眺望远方，伸手指道："过来看看，松花江！"

两人过来眺望，刘百衡振奋道："会当临绝顶，一览众山小，今非昔比，鸟枪换炮啊。"

蔡鹤临感慨道："是啊，新设备，好场地，接下来就看你们的了。"

刘百衡痴痴地笑看何文芳，何文芳抬手扇了一下，气恼道："蔡老师说看咱们的，你看我干吗！"

刘百衡感慨道："低头不见抬头见，你有什么好看的？我是看雷达专业的这面旗帜，在高高的蓝天里迎风飘扬。"

何文芳笑道："真酸，牙都倒了，啃不动窝头可赖你呀。"

蔡鹤临笑道："行啦，谁也别酸了，小心感冒，都进去吧。国防科委的那批新设备后天到，科研部会随时通知你们，快忙吧，我去自控实验室看看。"

傍晚时分，寒风清凛，教工宿舍楼前，顺子身背半包麻袋，躬身前行，爷爷身背铺盖卷，手提军用旅行包，跟在后面，两人匆匆上楼，直奔三家巷共用厨房。奶奶和利贤正忙活晚饭，奶奶长出一口气，安心道："老天爷，你们可回来了。"

利贤接过旅行包和铺盖卷，心疼道："爷爷，顺子哥，冻坏了吧？两天不见回来，奶奶都担心了，快喝口热水，我把行李放屋里。"

顺子放下麻袋，不甘道："这玉泉山太瘦，两天才蹲到一只狍子，两只野兔，山鸡太少，见人就飞，距离又远，没敢打，怕惊了山。"

奶奶宽慰道："没跑空就好，狍子肉，正好给国兰炖上。"

爷爷俯身翻开麻袋，拿出一个大饭盒，提示道："血豆腐，炖酸菜。"

奶奶接过饭盒，顺子扒开麻袋口，指点道："奶奶，肉都在这儿了，拣好的炖一大锅，天冷放得住。"

奶奶放好饭盒，拿过暖壶倒上两碗热水，递给爷爷和顺子，两人捧碗暖手，嘘着喝起来。

利贤回屋放好行李，返身出门，旁边门一响，丁国兰披衣探头，笑眯眯道："爷爷回来啦？"

利贤高兴道："厨房呢，打到狍子了，穿拖鞋，小心着凉。"

丁国兰出来，轻轻关门道："没事儿，闹闹刚吃完奶，睡了。"

利贤关切道："这两天闹闹哭得急，奶够吃吗？"

丁国兰无奈道："一天比一天勉强了，刚才试试奶粉，一口就把奶嘴儿拱出来，不吃，又闹我半天，含着奶头睡着了。"

利贤体贴道:"别着急,这就给你做血豆腐炖酸菜,再来几顿狍子肉,气血一上来,奶水就足了。"

两人进厨房,丁国兰撒娇道:"爷爷,顺子哥,再不回来,我就抱闹闹进山找你们去。"

爷爷笑道:"兰子,你还真别说,玉泉山是个好去处,明年上秋带你们进山。"

顺子憨笑道:"到时候,我先去给你们搭窝棚,打山鸡。"

丁国兰俯身看看,惊讶道:"说得我现在都馋了,哎呀,这么多肉啊,想着给魏医生和小汪留点儿。"

奶奶淋干酸菜,微笑道:"放心吧,我想着呢。"

爷爷脱下棉袄递给奶奶,拿过木墩放平,摆上一大块狍子肉,抄起菜刀,痛快道:"松蘑狍子肉,给陈田老师家也端两碗。"

奶奶赞同道:"是得炖熟了再给他们,要不然叫他们盐水一煮,好肉也吃不出滋味儿来。"

顺子起身看看,实在道:"国兰,好好坐月子,没什么事儿,我就回去了。"

奶奶嘱咐道:"拿块儿肉,晚上好好吃一顿。"

顺子笑道:"吃了几十年,不差这一顿,两张兔皮我带回去,杏芬要给闹闹做个小皮袄。"

丁国兰一瞪眼,生气道:"这怎么行啊?冻了两宿,空手回家。"

爷爷成全道:"别争了,兰子,顺子就是为你进的山,马车队有好吃的,顺子,早点儿回吧。"

奶奶干脆道:"那就把杏芬、二宝都叫上,一块儿过来吃。"

顺子憨笑道:"不了,奶奶,回去跟伙计们凑个热闹,晚上杏芬给你们烧个热炕头儿,爷爷还得跟大伙儿喝两盅呢。利贤,兔皮在包里,帮我拿一下。"

丁国兰跟着利贤和顺子出来,贴心道:"顺子哥,伙计们有事儿就吱个声,能帮的我就伸伸手。杏芬先这么干着,以后找机会,争取进食堂。"

顺子感激道:"能在主楼打扫卫生,杏芬都说是我妈积德修来的,二宝又跟见平一个班,我们全家真不知道怎么谢你才好。"

丁国兰动情道:"要谢就谢爷爷奶奶,咱们这些个晚辈,个个都像他们亲生的,这几年,光是这三个小的,就把奶奶累坏了。"

利贤进屋,拉开桌上的军用旅行包,翻出一卷儿兔皮,包上不显眼处,一个

第十三集

褪色的安字映入眼帘,利贤屏息凝神,用手心慢慢捂热……

楼梯上脚步咚咚,走廊里响起孩子们的嬉笑声和刘百衡的吆喝声。利贤回过神来,拿起兔皮卷儿出门。何文芳正跟丁国兰和顺子说话,刘百衡轻轻推开家门,蹑手蹑脚进屋,三个小的模仿着跟进去。

何文芳客气道:"顺子哥,吃了饭再走吧。"

顺子走向楼梯,摆手道:"不了,杏芬娘俩等着我呢。"

刘百衡领着三个小的出来,诧异道:"人呢?"

丁国兰感念道:"舍不得吃肉,空手回去了。"

刘百衡感叹道:"人心好啊,当家的,吃上几顿好肉,奶水就足了。"

马驹儿留心道:"丁阿姨,有肉啊?"

丁国兰冲厨房一努嘴,三个小的仰头闻了闻,转身跑进厨房,马上传来老小的笑闹声。

何文芳掏出钥匙开书房门,回头道:"我和百衡还有方案要改,今天必须收尾,明天得把技术报告交上去。"

利贤关心道:"哎,立尧、林峰那儿怎么样?什么时候能完哪?"

刘百衡自豪道:"本来雷达专题到下午三点就差不多了,没想到国防科委专家组兴致不减,临时提出复合功能,一展开讨论,还真启发出好点子,文芳这一展开不要紧,结果四点半才结束,火箭设计延迟到五点开始。"

利贤习惯道:"看来又得熬到晚上八九点,立尧和林峰肯定在学校吃了,你们忙,我去做饭。"

何文芳推开书房门,里面传来两个孩子的轻声招呼:"何阿姨。"

何文芳惊讶道:"你们俩呀,吓我一跳,东西做出来啦?"

立国跟见平站在桌边,见平指指桌上,敬畏道:"做是做出来了,就是声音不大。"

立国拘谨道:"有时候两个声儿混在一起,听不清。"

刘百衡和丁国兰跟进来好奇,丁国兰闻嗅道:"松香味儿。"

书房里,桌上摊开一张电路草图,图旁散放着一堆电子元件,一只小电烙铁靠在铁丝架上,烙铁旁摆着一块长方形薄木板,上面固定、连接的几样东西构成回路——牛皮纸卷调谐线圈,调谐电容,检波二极管,滤波电容,酒瓶盖大小的塑料耳机,回路的铜丝地线缠绕在暖气管子上,铜丝天线穿过换气窗缝隙,垂在窗外。

何文芳近前查看,拿起耳机塞堵右耳,手上慢慢转动固定在木板上的调谐电容,又伸手拉开换气窗,向外顺出屋内多余的铜线,再调电容,脸上露出笑容,满意道:"不错,能听两个台,如果天线横拉,再加长几米,效果会更好。"

刘百衡拿起桌上的电路草图,惊讶道:"好家伙,你们俩装的矿石收音机?"

见平点头道:"何阿姨给我们画的图,还教我们看上面的字,我俩照着装的,还不知道怎么回事儿,这东西就响了。刘叔叔,为什么矿石收音机没有电也能响啊?"

刘百衡指着一堆元件,惊异道:"问得好,因为电磁波是有能量的,一会儿何阿姨告诉你们原理,先说说,这些电阻、电容、二极管,都是你们自己找出来的?"

立国老实道:"都是我们从你的元件盒里翻出来的,那天我们给何阿姨送咸鱼,何阿姨问我们想不想要收音机,还讲了收音机的道理,我们好像听懂了一点儿,何阿姨就画了这张图,先教我们缠了一个线圈儿,其他的让我们自己照图再试试,看能不能装出矿石收音机来。"

丁国兰先笑出来,拿过耳机,新奇道:"还有这等好事儿?下回也给我送好吃的,我教你们打针,保证一针见血……我听听……嗯?滨江人民广播电台,现在重播中央人民广播电台新闻和报纸摘要节目,以下是1965年11月30日内容提要,今天,《人民日报》全文转载了姚文元同志在《文汇报》发表的评新编历史剧《海瑞罢官》……"

第十四集

　　初夏时节，晨光映照，云淡风轻。滨江工业大学校园，学生宿舍楼，晨练的学生慢跑在楼前楼后，晨读的学生散落在树丛草坪……

　　六点三十分，扩音器响起《歌唱祖国》的熟悉旋律——中央人民广播电台，现在是新闻和报纸摘要节目时间，以下是1966年6月1日内容提要，今天，《人民日报》发表题为《横扫一切牛鬼蛇神》的重要社论……

　　【在我国，在所有制的社会主义改造基本完成以后，阶级斗争并没有结束。无产阶级和资产阶级之间的阶级斗争，各派政治力量之间的阶级斗争，无产阶级和资产阶级之间在意识形态方面的阶级斗争，是长时期的，曲折的，有时甚至是很激烈的。无产阶级要按照自己的世界观改造世界，资产阶级也要按照自己的世界观改造世界。在这一方面，社会主义和资本主义之间谁胜谁负的问题还没有真正解决。我国解放16年以来，无产阶级和资产阶级在意识形态领域内的阶级斗争，一直是十分激烈的。目前的社会主义文化大革命，正是这个斗争的继续发展。这场斗争是不可避免的。无产阶级和一切剥削阶级的意识形态是根本对立的，是不能和平共处的。无产阶级革命，是要消灭一切剥削阶级、消灭一切剥削制度的革命，是要逐步消灭工农之间、城乡之间、脑力劳动和体力劳动之间的差别的最彻底的革命，这不能不遇到剥削阶级最顽强的反抗……】

　　男生宿舍楼前渐渐聚起人群，年轻人表情亢奋，议论纷纷，有人在人群中挥舞手臂，楼上的窗户纷纷打开，三楼探出一面红旗摆动，人群纷纷振臂呼应，对面女生宿舍三楼同样探出一面红旗，人群爆发出欢呼声……

　　女生宿舍楼前渐渐有女生聚集，男女两股人流合成一伙，楼上楼下红旗招展，群情振奋。人群中，矮个男生振臂喊出："横扫一切牛鬼蛇神！无产阶级文化大革命万岁！"

　　楼上楼下纷纷响应，不远处，几个晨练的中老年教师驻足观望。

　　俄式专家小楼，李校长家，魏如莲和李校长对坐小桌吃早餐。收音机正在继续播报《人民日报》社论:"目前,我国无产阶级文化大革命的规模和声势,在人类历史上还不曾有过,它的威力之大,来势之猛,在运动中所迸发出的劳动人民无限的智慧,远远超出了资产阶级老爷们的想象……"

李校长吃完手中的馒头,夹一口咸菜,端起碗连喝几口粥,放下碗筷。魏如莲把自己的半碗粥拨给李校长,又随手拿起一个馒头递过去。李校长笑道:"你这是让我把午饭都带出来了,有那么悲观吗?"

魏如莲认真道:"有多悲观我不清楚,但我知道,绝没有一丝乐观的理由。横扫一切牛鬼蛇神,这是明明白白的运动宣言,从今天起,早饭要吃饱,各种活动会让你喘不过气来,我希望每次开完会,你都能平平安安走出会场……"

电话铃声响起,魏如莲起身道:"十有八九是学生下战书,我替你挡一下。"

李校长无奈地笑笑,继续吃饭。魏如莲拿起电话:"喂,你好……对,我是魏如莲,啊,雷主任哪,国荣在,我让他接。"

魏如莲转身小声道:"中央党校老雷。"

李校长起身接过电话,沉稳道:"雷公,你的天气预报可是越来越准哪,今天又是什么及时雨呀?"

【国荣啊,今年夏季有暴风雨呀,听好了,台风级的,你就是高尔基的海燕,这回恐怕也要折断翅膀。吴晗的《海瑞罢官》成为文化革命的众矢之的,你们是清华校友,你可要把握好进退取舍。】

魏如莲神情凝重,李校长面色如常,沉稳道:"好提醒,多谢雷公。北京高校方面情况怎么样?"

【北京大学党委和北京市委已经受到学生冲击,新闻马上全文播报大字报内容,今天会不断重播,你好好听一下。老战友,留得青山在,不怕没柴烧,好自为之吧。】

李校长感动道:"再谢雷公,我一定谦虚谨慎。"

魏如莲接过电话:"雷主任,谢谢你这么挂念我们,你也要多多保重,给夫人带好,再见。"

教工宿舍楼,三家巷书房,桌上摊开技术资料和教学笔记,桌角摆着矿石收音机。上铺的刘百衡打着哈欠伸懒腰,下铺的马立尧皱着眉头摘耳机,探头不安道:"百衡,不对呀,北京大学闹起来了,说是文化大革命。"

刘百衡迷糊道:"文化的命总是要革的,口号喊了两年,最后折腾一阵子也就过去了,应该跟反右运动差不多。"

马立尧警觉道:"不一样,多了一个大字,叫文化大革命,要横扫一切牛鬼蛇神,以现在的唯成分论,不用横扫,我和利贤这样的,就得埋进祖坟,感觉是在劫难逃了。"

刘百衡安慰道:"别紧张,咱们是重点军工院校,响当当的国防技术,你和利贤都是教研骨干,横扫了你们,莫非要把火箭当成蹿天猴儿放了不成?"

马立尧心有余悸,思量道:"前些年学校有李校长一班领导把握方向,没出轨,这次运动倒过来,感觉是自下而上的群众运动,要是口号当家,没有规矩,势必形成洪水猛兽。"

刘百衡警觉道:"你是说,覆巢之下,安有完卵?"

门上咚咚响了两下,门外丁国兰喊道:"起来吧,夜猫子,今天六一儿童节,小的们要坐大客车去动物园,早就起来啦。"

刘百衡赶紧回应道:"当家的,就来。"

两人快手穿衣裤,下地出门。

走廊里等着三个小的,穿戴漂亮,表情兴奋,人手一只煮鸡蛋。利贤和林峰出门锁门,何文芳嘴里嚼着东西从厨房过来。

丁国兰抱着闹闹出门,招呼道:"今天不用你们送,我让潘师傅弯一下,学校大客车就在楼下等着,全楼的孩子都能捎到幼儿园。"

何文芳牵过马驹儿和婷婷,嬉笑道:"利贤,那咱俩就跟着丁国母,送到楼下吧。"

马立尧一摆手,认真道:"这种玩笑开不得,非常时期。"

何文芳数落道:"抬脚就怕马失前蹄,又没外人,大惊小怪的。"

走廊里有孩子喊道:"路见平,快点儿!"

见平手里拿着半个馒头,从厨房里跑出来,招呼道:"妈,今天学校看电影,我走了。"

利贤一句慢点儿跑,一帮孩子已下楼。

宿舍楼前停着一辆大客车,潘师傅坐在驾驶位上,侧身笑看孩子们上车,车下的母亲摆手致谢,车上还坐着两个抱婴儿的年轻母亲。

三个小的上车,丁国兰抱着闹闹跟上来,潘师傅连忙让道:"国兰,坐前面。"

丁国兰坐到副驾驶位上,车下一位母亲喊道:"潘师傅,国兰,孩子们都到齐了,开车吧,谢谢啊。"

大客车缓缓启动,车上车下挥手告别,楼前的家长三三两两聚在一起,议论早上的广播……

大客车上,孩子们兴奋异常,四顾嬉笑,婷婷笑问:"马驹儿,你最喜欢什么动物?"

马驹笑答:"我最喜欢孔雀。"

旁边的小男孩儿插言道:"你姓马,你爸是右派,你最喜欢野驴还差不多。"

马驹反驳道:"你放屁!我爸是摘帽右派。"

妞妞揪住小男孩儿的耳朵,嘴唇跟着往上扭,警告道:"敢欺负我弟弟?我看你像野驴,再不老实就让我哥哥收拾你。"

小男孩儿求饶道:"哎哟,不敢了,是我喜欢野驴。"

小朋友们笑起来,一个小女孩儿拿出窝头,兴奋道:"我最喜欢猴子,到时候看我喂猴子窝头。"

小朋友们纷纷伸出手,起哄道:"给我一块,给我一块……"

红太阳幼儿园门口,园长和魏如莲说说笑笑,不时有家长送进孩子。大客车缓缓停在门侧空场上,丁国兰起身招呼道:"孩子们,都先下车各回各班,一会儿老师领你们再上车。"

孩子们乖乖有序下车,园长和魏如莲迎过来,园长热情招呼道:"潘师傅,国兰,辛苦你们了。"

潘师傅摆手笑笑,丁国兰亲一口闹闹,交给迎过来的小班老师,高兴道:"谢谢范老师。闹闹,跟妈妈再见。魏医生,你怎么来了?"

魏如莲平和道:"跟队的霍医生心血来潮,赶去主楼声援北大学生,一时找不到人,我来替他。也好,这么多孩子,咱俩照顾更顺手。"

丁国兰诧异道:"霍医生?看不出来呀,三扁担打不出个屁屁尿的,一不留神憋成了男人?"

第十四集

听众都笑，魏医生摇头笑笑，丁国兰会意收口。大门口响起童声，小朋友们手拉手走出来，在老师的指挥下，兴高采烈，有序上车。园长屈指估算道："嗯……怎么着也得两趟，不行的话，老师们还得站着。"

正说着，门口前方大道上一阵骚动，二十几个男女大学生招展红旗，快步跑来，为首的女生扬起手提喇叭，大声嚷道："各位幼儿园革命同志请注意，我们是滨江工业大学无产阶级文化大革命先锋宣传队，现在紧急调用学校大客车开展横扫一切牛鬼蛇神宣传教育活动，车上人员马上下车！车上人员马上下车！"

潘师傅开门下车，递上手中的出车单，提示道："各位革命同志，学校派我送小朋友们去动物园，这是出车手续，你们有用车调令吗？"

喇叭女生一扬手中的报纸，蛮横道："这就是调令！快让小朋友们下车！"

潘师傅接过报纸看看，为难地冲园长一摊手。

园长和魏如莲刚要说话，丁国兰抬手一句慢着，近前打量喇叭女生，正色道："今天是六一国际儿童节，全世界无产阶级的儿童都在过节，或者羡慕过节，学校一周前就优先安排妥当，专车接送小朋友们参观动物园，这都眼巴巴盼了一星期，你们看看，这些无产阶级革命接班人，有多精神！有多高兴！"

众学生一下子都愣住，喇叭女生刚要强词夺理："我们正是为了革命接班人……"

丁国兰一摆手，继续演讲道："此情此景，放在十七年前的旧中国，完全是不可想象的。我特别相信，新中国的革命父母今天看了，都会高兴，所以我也特别特别相信，毛主席他老人家今天看了，不仅也会高兴，而且会最最高兴！"

众学生面面相觑，魏如莲带头鼓掌，小朋友们跟着鼓起掌来。丁国兰一把抓过潘师傅手中的报纸，一目十行，举臂道："红太阳幼儿园的小朋友们，跟我一起喊革命口号，喊最大声，今天下午朱师傅要给咱们做排骨炖粉条儿，来，预备齐——横扫一切牛鬼蛇神——"

孩子们振臂齐呼："很少一些牛鬼神神——"

丁国兰继续扫瞄社论："打倒赫鲁晓夫……啊修正主义集团——"

孩子们奋勇争先："打倒喝了咬壶……啊修正主义集团——"

婷婷纠正道："马驹儿你喊错了，不是集团，是鸡蛋。"

众人笑得前仰后合，喇叭女生笑道："对，是鸡蛋，是臭鸡蛋，扔到喝了咬壶身上。"

丁国兰不苟言笑,威严道:"谢谢革命同学及时送来报纸,今天,小朋友们要过一个革命化的国际儿童节,学社论,看动物,两不耽误,幼儿园的各位革命老师,马上带好革命队伍,上革命大客车!"

众学生目瞪口呆,领头的矮个男生调笑道:"还是这位老师觉悟高,办法好,留个单位姓名,参加我们的无产阶级文化大革命先锋宣传队吧。"

丁国兰淡然道:"你们是读书报国的大学生,我是红太阳幼儿园德智体全面发展的保健医生,也是两个孩子的革命母亲,咱们还是各自做好本职工作吧。"

领头男生摇头叹服,无奈之下,冲教学楼方向戳戳大拇指,喇叭女生会意,一声呐喊:"同学们,去主楼,宣传到班!"

二十几人列队舞旗,小跑离去。

众人松了口气,招呼孩子们快上车,潘师傅佩服道:"国兰,你不当领导真是屈才了。"

园长赞同道:"就是呀,说起话来一针都不见血。"

轮到马驹儿上车,接话嘟囔道:"打起针来也是不痛不痒。"

众人忍俊不禁,园长摸摸马驹儿的头顶,疼爱道:"好马驹儿,丁阿姨没白疼你。"

丁国兰委屈道:"魏医生,群众的眼睛是雪亮的,弄了半天,我这个临时保健医还是个冒牌儿的,下回评职晋级,你可得在康复医生方面帮我做做文章。"

魏如莲惊讶道:"这么想当医生?那好啊,风平浪静以后,我给你联系医大二院进修,圆你一个医生梦,到时候半夜看书,别叫苦就行。"

丁国兰推手退让道:"那您还是饶了我吧。"

众人哑然失笑。客车渐渐满员,丁国兰最后一个上车,车门关上,车下的园长和魏如莲示意孩子们后退站好,然后冲车上挥挥手,车上车下的孩子们马上兴奋地跟着挥手。大客车缓缓启动,加速驶上校园大道……

主楼三楼,礼堂正厅两侧入口,兴华小学的学生按班级顺序排成两队,缓缓入场,门侧各有一位年轻女教师维持秩序。几个大学生怀抱标语纸卷,嘴里喊着让一让,横眉直入。守门的女教师一脸疑惑,怯生生地拉过小学生避让。

长长的小学生队伍顺着楼梯延伸到楼下,接近礼堂入口的人流中,牛成和见平之间夹藏着瘦小的立国,佑顺跟在三人后面。牛成探头张望,不满道:"小孩儿过节,这么多大人来干吗?"

佑顺跟着踮脚张望,心疼道:"就是啊,怎么也不排队呀?前面的好座位肯定都让他们给占了。"

队伍前面的班主任女教师不时回头,照看抱怨前行的学生,忽然发现了什么,抽身出列等待,询问道:"小同学,你是哪个班的?"

立国一时愣住,牛成抢答道:"他是低年级的,掉队了,我们住一个楼。"

女教师笑道:"牛成,你家住的楼还没盖起来呢,今天电影随便看,就是别让你的朋友乱跑,注意安全。"

牛成缩头吐舌,立国欠身惊讶道:"谢谢老师,我是江边儿新安小学的。"

见平和佑顺跟着谢谢老师,女教师好奇道:"你一大早坐车赶来的?"

立国憨笑道:"我走来的,能省一毛钱。"

女教师怦然心动,关心道:"你们学校今天都有什么活动啊,不看电影吗?"

立国羡慕道:"我们那儿电影院少,六一排不上,就在斯大林公园跳绳、踢口袋,没意思。"

入场队伍渐渐停下来,一位年轻女教师额头上浸出汗水,逆行出来,冲守门的女教师急道:"怎么放进来这么多大学生啊?座位全乱套了。"

守门的女教师无奈道:"看他们横冲直撞的,没敢问,还以为领导知道呢。"

年轻女教师看到一位中年男教师,连忙招手抱怨道:"殷德培,就你一个身强力壮的体育老师,快进去维持秩序呀。"

殷德培眼一翻,凑过来拉扯道:"邱慧,我看事情没那么简单,等校领导吧。"

邱慧急忙甩开手,失望自语道:"谭校长呢?"

牛成身高眼大,抬手指道:"在右边楼梯上。"

后面队伍中的女教师喊道:"谭校长,邱老师找你,场地出问题了。"

中年男人谭校长快步上楼赶过来,急切道:"怎么回事?"

邱慧掏出手帕擦擦汗,无奈道:"我们入场的时候,台上十几个大学生正写大标语,开始我还以为是大学生没写完赶时间,后来台下大学生越聚越多,我一问,人家根本没有走的意思。我说兴华小学六一包场看电影,没想到学生头儿眼一瞪,说什么革命优先,娱乐靠后,马上开大会,请回吧。"

谭校长更急道:"那赶快找礼堂崔主任哪。"

邱慧沮丧道:"崔主任刚去医院,工作人员说是心颤,别人谁也不敢管。"

礼堂门口人群聚集，怨声一片。谭校长冲礼堂门口一挥手，大声道："继续放人。"

谭校长跟着人流挤进礼堂。

礼堂里，台上台下忙成一片，墨迹未干的大标语徐徐挂起，几个男女大学生站在台下，动作夸张地指挥调整，标语居中到位，排笔刷就的黑体大字沉重醒目——声援北大革命学生，争做工大文革先锋。

谭校长近前交涉，马上围上来几个男女大学生，唇枪舌剑，咄咄逼人，为首的矮个男生一手掐腰，一手挥起，兜个圈儿，然后坚定地劈下去，一副列宁演讲的模样。谭校长无奈地摆摆手，转身快步退出来，邱慧迎上来，欲言又止。谭校长果断道："先安排学生坐后排，不要发生冲突，我马上去找大学领导。"

谭校长挤过人流，快步下楼，直奔二楼校部机关。机关走廊里站着一大群人，围观校长办公室门侧墙上的几张大字报。校办秦主任站在人群后面默默观望，看到急匆匆赶来的谭校长，秦主任迎上去关切道："怎么啦，谭校长，今天不是看电影吗？"

谭校长一把拉过秦主任，急切道："快跟我走，礼堂乱套了。"

秦主任和谭校长边走边说，排队上楼的小学生已经站满楼梯，礼堂两侧入口不断涌出小学生，滞留在入口前厅。入口的女教师已不见踪影，取而代之的男大学生，不断抚肩推出回头不舍的小学生，不断放进兴冲冲张望的大学生。

秦主任在前，谭校长随后，两人挤近一侧入口，守门的大学生惊喜道："秦主任，欢迎参加我们的先锋队，请到里面登记。"

另一侧入口，守门的大学生兴奋嚷道："看到了吧，社论就是有号召力，揭盖子的秘书一登场，资产阶级当权派的尾巴想藏都藏不住。"

秦主任不动声色，扶过仰面茫然的小学生，侧身挤进门，谭校长侧身紧跟进来。礼堂后半场，小学生正缓缓退场，前半场中间位置，几排男女大学生和一些青年教工交头接耳，几名先锋骨干站在第一排前的过道上，慷慨陈词，不时拈拈手中的报纸。

台上桌椅到位，几个大学生铺张红布桌面，礼堂工作人员快步扯线，殷勤地摆好话筒，矮个学生头儿拍拍话筒，俯身试音："喂喂喂，牛鬼蛇神，喂喂喂，赫鲁晓夫，来得正好，站出来，统统站出来！"

退场的小学师生闻声纷纷回头，秦主任嘱咐道："谭校长，让学生原地等待，我去交涉。"

第十四集

谭校长马上喊道:"各班主任请注意,马上停下队伍,原地等待,大学领导正在与大学生交涉,往外传……"

秦主任大踏步走向舞台……

校办会议室,一班校领导和院系主任、教研部长端坐桌前,表情严峻。

李校长主持会议,沉重道:"事态非常严重,远远超出我们的预料,今天的广播报纸向社会各界发出了一个同步宣言,无产阶级文化大革命,是一场声势浩大的群众运动,这场运动的走向非常明确,就是从文化领域入手,破旧立新,文化部门必将受到全面冲击,北京大学党委已经首当其冲。"

众人的表情愈发凝重,李校长稍有停顿,缓和道:"但是,如果就此说,全国大学的党委都成了执行修正主义教育路线的当权派,也就完全否定了建国以来的社会主义高等教育成就,进而否定了我们党的正确领导。显而易见,这是颠倒黑白的假设,所以大家要树立信心,抱有耐心,讲究策略,带领广大师生,维持住基本的教研秩序,遇到困难,尤其是尖锐的政治辩论问题,如果基层的同志左右为难,那就把责任推到校党委。同志们,人在阵地在,大家要学会保护自己……"

无线电工程系的陈主任插言道:"李校长,看看走廊里的大字报,责任不用我们推,冤家已经指名道姓找上门了,这还仅仅是冰山一角,一下子扛这么多,你们校党委成员受得了吗?"

蔡鹤临附和道:"政治负担不同于教研重担,这样下去,谁也受不了,既然都是在劫难逃,还是层层坚守,共渡难关吧。"

众人交头议论,摇头叹息,李校长慨然道:"历史转折关头,共产党员就是要勇于担当,要有大智慧,肩扛不过二百,心系何止千秋!想想火箭巡天,想想雷达放眼,想想焊花怒放,想想长车战舰,面对可能遭受的巨大损失,其实,我们的复杂心情都是一样的……"

礼堂内外,人声鼎沸,大学生三五成群,不断涌入。舞台上,大学生团团围住秦主任和谭校长,两人有口难辩,围攻者口沫横飞,舞台下,前排大学生鼓噪起哄,后排小学生驻足观望。佑顺失望道:"这下电影看不成了。"

立国两手插兜,眼睛眯着前方,吹起口哨,牛成一拍见平,怂恿道:"这些领导全都白费,你不是认识李校长吗……吹牛的吧?"

众人期待之下，见平深深呼吸一口气，果敢道："你们等着！"

牛成牛眼一瞪，大声道："我给你开路，都闪开……"

立国和佑顺跟着挤出人群，四人来到机关走廊，校长室的门开着，墙边聚着更多的人，一伙大学生正在贴大字报。见平探头看看，校长室空无一人，见平碰碰身边的中年男干部，礼貌道："叔叔，请问李校长在哪儿？"

男干部扭头瞅瞅，惊讶道："好家伙，革命不分老幼，你们也来贴大字报？"

见平解释道："不是的，我们代表兴华小学全体师生，找李校长有要紧事。"

周围的人投来好奇的目光，男干部抬手指道："只要不是要命事就行，这边，校办会议室。"

见平近前敲门，近旁的陈主任起身开门，惊讶道："见平？你们来干什么？"

见平期盼道："陈爷爷，今天是六一儿童节，我们找李校长解决紧急问题，现在大学生霸占了学校礼堂，我们兴华小学一千多人等在外面，不能进去看电影，大学领导去了也不管用。"

陈主任心头一沉，回身转告李校长，李校长皱眉起身，摆手道："大家继续沟通情况，我去处理一下。"

李校长快步出门，和蔼道："是见平啊，小朋友们，儿童节快乐！"

见平礼貌道："校长爷爷好，我们想请您出面解决看电影问题，大学生占领了礼堂，我们小学生进不去。"

同伴们佩服地看了见平一眼，仰视李校长，面露兴奋。

李校长边走边问："今天看什么电影啊？谭校长怎么不来找我呀？"

牛成抢答道："今天看《小兵张嘎》，谭校长让大学生给围住了，出不来。"

见平补充道："今天南岗区好几个小学都来看电影，我们是第一场……"

礼堂入口，牛成借势生威，命令道："让一让，快让一让，大学李校长救咱们来啦，往里传！"

守门的大学生看见李校长，面露敬畏，惶恐道："李校长……我们……"

李校长视而不见，径直入内。礼堂后排，小学生的喊声汇成一片："李校长！看电影！李校长！看电影！"

众人纷纷闪身让路，李校长看看横幅标语，面色凝重，径直踏上礼堂舞台。全场静下来，台上围攻秦主任和谭校长的大学生未战先怯，李校长不怒自威，沉稳道："今天是六一国际儿童节，请与此无关的成年人马上退到台下！"

一多半闹场学生鬼使神差，悻悻退下，矮个学生头儿定定神，稳住阵脚，打量道:"李书记,李校长,我们革命学生一致认为,你最好还是先回去,带领你的一班校领导,特别是校党委成员,认真学习一下今天的广播、报纸内容,仔细推敲一下革命学生质疑你们这些当权派的大字报,然后,你们才有资格跟我们革命学生展开对话。"

李校长凛然道:"三十年前,我就是革命学生。那时候,我们面对的是妄想灭亡中华民族的日本帝国主义,在那场伟大的民族救亡的一二·九运动中,我还清楚记得,蒋南翔同学写过一篇《告全国民众书》,其中有这样一句名言——华北之大,已经安放不得一张平静的书桌了。"

李校长拿起话筒,话锋一挑,义正词严:"我们消灭了日本侵略者,赶走了国民党反动派,建立了一个新中国,就是要让每一块土地,都能安放一张平静的书桌,就是要让每一个孩子,都能过上一天幸福的儿童节。同学们,要珍惜来之不易的革命成果,要感念含辛茹苦的衣食父母,要讲究做人做事的道德诚信,在六一国际儿童节这样一个特殊日子里,对孩子们喊——狼来了,这等于抹杀我们中华民族的未来希望,这是犯罪……"

台下的学生面面相觑,开始有年轻教职工起身退出,退到后排的谭校长带头鼓起掌来,礼堂后排爆发出热烈掌声……

李校长双手下压,扫视全场,安抚道:"我非常理解同学们的革命热情,文化大革命是个前所未有的新生事物,不是一朝一夕的昙花一现,每个人都要对自己的言行担当责任,都要对民族的未来作出贡献。放眼而前瞻,三思而后行,今天的大字报是《三问校党委》,明天可能会是《六问李国荣》,后天也许就是《十问李国荣》,即使这样,我也会坦然面对,因为北大有北大的问题,工大有工大的情况。十年磨一剑,作为新中国首屈一指的国防教研基地,工大上下的政治觉悟党性可鉴,对此,我深信不疑;工大师生的赤诚之心成果为证,对此,我欣慰不已。要知道,美帝国主义的核幽灵,一直在中国人民的头上徘徊不散,反帝防修不是政治游戏,国家迫切需要先进可靠的国防技术,迫切需要自主创新的国防人才,台下的教职员工,我现在郑重声明,国有国法,校有校规,各就各位,下不为例……"

礼堂前排滞留的教职员工无言以对,纷纷起身退出,一些大学生犹疑跟上,渐渐形成退场人流。礼堂后排,小学生迅速让开出口,邱慧激动不已,带头鼓掌,兴奋地喊起了什么,小学生马上响应,礼堂后排很快响起伴着掌声节奏的欢呼声:"抗日英雄,小兵张嘎!抗日英雄,小兵张嘎……"

秋末冬初,晨光清凛,教工宿舍楼,陈田握着一个长白纸卷匆匆下楼,来到收发室窗口前,探头道:"顾大爷,好像您这里有笔墨吧?"

顾大爷放下捅火炉条,起身来到窗口前,调侃道:"多新鲜哪,文化大革命,收发室没有文房四宝哪儿成啊,人家还不得给我定个托拉司机什么的,进来吧,陈老师。"

陈田进门,在桌上展开纸卷,折拱压平,顺手拿过大茶缸镇住。顾大爷递过笔墨,小心道:"陈夫子,莫非你要以攻为守,也来贴张大字报?"

陈田笑道:"大爷,您高看我啦,我不是这个专业的。昨天晚上,学生在门口闹腾一阵,我闭门不出,门上就贴了这么一张。可惜呀,上好的绘图纸,正好翻过来给大家写个通告,白天抓紧把菜下窖。今天夜里有寒流,零下五度,六级北风,秋菜是要冰冻的。"

陈田润一润羊毫,淡墨浅笔,一挥而就。顾大爷拿起图纸,两面看看,感叹道:"都说陈夫子是个怪人,这抓心挠肝的大字报,一翻脸就成了热心暖肺的天气预报。我看看这都写的什么:'李国荣白专道路上的黑干将,修正主义教育路线上的急先锋……考题难,监考严,把好几个女同学吓得月经不调……'这这……这都是真的?理由可真够损的。"

陈田无奈道:"我家许老师看了也吓一大跳,劈头盖脸教训我一顿。其实考题都是按照教学大纲出的,基础、应用六四开,大家出基础的六,比较简单,我出应用的四。要说难嘛……肯定是难了一些的,可也到不了影响月经的程度。问题是不在这里的,他们是不搞专业专搞人的。"

顾大爷嘱咐道:"我说夫子,你还是加点儿小心吧,下回叫他们都得个4分儿、5分儿,那些个月经、遗精的,就都正常了,你也就消停了。"

陈田收好笔墨,沮丧道:"没有下回了,从今年秋天起,大学停止招生,毕业生暂缓分配,学生都大闹天宫去了。"

顾大爷抖抖绘图纸,惊讶道:"学生不上课,老师不教书,那不就等于农民不种地吗?唉,可惜了这好端端的一张画图纸,糨糊怕是粘不住,我找几个图钉。"

两人来到楼门外,陈田在门面上铺平绘图纸,顾大爷四角按上图钉。

利贤端着一小盆油条从外面回来,快步踏上台阶,惊讶道:"顾大爷,现在是全国人民齐动员,您也来这么一贴?"

第十四集

顾大爷在图纸拦腰按上图钉,自嘲道:"我这辈子,也就看个瓜棚,扮个更夫,虽然说也能读张报纸,写个通知,可是这掏人心肝的舞文弄墨,不用说写,看都看不明白。"

陈田感触道:"现在的大字报,真是应接不暇,叫人眼花缭乱,昏头涨脑啊。"

顾大爷感叹道:"真没想到,我这把老骨头,临了又赶上一回大革命。别看收发室这点儿笔墨,早搭了我二斤酒钱。呵,利贤,这一大早儿的,买这么多油条啊,又聚了一屋子半大小子吧?"

利贤打量一下通告,解释道:"可不是嘛,顾大爷,这些天,几个孩子迷上了《水浒传》,昨天闹腾了小半宿,早上给他们弄点儿豆浆油条,解解馋。"

顾大爷感叹道:"从小看大,三岁知老啊,见平这孩子,还有常来的那个立国和佑顺,绝非等闲之辈,将来国家但凡有用人之处,都是上马杀敌,下马读书的好主儿。"

利贤高兴道:"顾大爷,都说您老看人准,这话我可记住了。今年西伯利亚冷空气来得早,陈老师,一会儿叫林峰、立尧都出来,我们女的收拾菜,你们男的下窖。"

陈田关心道:"行啊,一会儿我家许勤也出来。利贤,百衡怎么还没回来呀,出门有一星期了吧?听说北京高校越闹越凶,这群检阅学生再带回什么冲击波,学校基本上就得瘫痪了。"

利贤估算道:"该回来了,也就这一两天吧。百衡前天来电话说,天安门大检阅一结束,咱们的学生就不服管了,一哄而散,有回来造反的,有北大取经的,有串联访友的,还有借道回家的。不过闹得凶的,十有八九都是文科院校,咱们国防科委口儿的,怎么说还差一层。好啦,你们聊吧,油条快凉了。"

三家巷书房里,桌中放着一只油渍斑斑的点心纸袋,里面装满瓜子皮,皮上堆着四个咬得露骨的苹果核,桌边摆着《水浒传》和《新华字典》,字典旁放着一只大茶缸。

见平和立国上铺扯住一个被头,牛成和佑顺下铺裹在一个被窝,佑顺前胸贴牛成后背,手臂勾住牛成的脖子,牛成侧身躬背颤了几下,嘴上啊了一声,脚下猛然一蹬,睁眼定定神,拿开佑顺的手臂,平身仰卧,伸个懒腰,长出一口气:"哎呀妈呀,吓死我了。"

佑顺迷糊道:"怎么了你?"

牛成心有余悸,回味道:"刚才做了个梦,梦见我去野猪林救林冲,碰见花和尚鲁智深。他俩都饿的不行,我说那就去利群饭店吃我妈的熏肉大饼,他俩都说好。我正要领他俩上路,林子里突然冲出一只野猪,好家伙,跟大象那么大,一身黑毛,张嘴要吃我们。我当时就尿裤子了,那花和尚禅杖一抡,跟野猪战在一起……"

佑顺睁眼来了兴致:"啊?!那后来呢?"

牛成拿过茶缸,咚咚咚喝几口,紧张道:"我背上林冲,撒腿就跑,没跑几步就喘不过气来,花和尚一抬手,给我拽下一片云,我腾云驾雾,转眼间就看见了咱们的大学主楼,我正要下落,林冲大叫一声——不好,没带娘子!我心头一惊,烟消云散,直直的掉下来,裤子又湿了,眼看着就要扎到主楼那颗五星尖儿上,脚使劲一蹬,醒了。"

佑顺起身接过茶缸,也喝几口,明白道:"我看你是尿憋的,又尿床了吧?"

牛成伸手摸摸被窝里面,不好意思道:"就尿一点儿,这回没成河。"

上铺的见平探下手来,逗趣道:"你这又是云又是雨的,哪里是什么花和尚,活生生一个沙老弟,窜笼子了你,跑《西游记》去了,还有水吗?"

牛成接过茶缸递上去,留恋道:"还是梦里过瘾哪,想怎么干就怎么干,一点儿都不觉得奇怪。"

见平接过茶缸,先喝几口,抿嘴道:"你那是南柯一梦。"

里面靠墙的立国接过茶缸,仰头喝光,附和道:"要不怎么说,荒唐的事都叫白日梦呢。"

牛成起身下地,掀开尿盆盖子,果然尿如泉涌,其他三人闻声尿急,翻身下地。外面利贤敲门道:"见平开门,豆浆油条。"

牛成连忙颤颤几下,盖上尿盆,四人缩头,相视一笑。

立国开门,接过油条小盆,禁不住闻道:"真香,谢谢阿姨。"

见平接过豆浆小锅,利贤嘱咐道:"洗完手去厨房自己拿碗,上午大人下秋菜,一会儿你们带几个小的玩儿。"

立国和见平答应着,把油条盆、豆浆锅放到桌上。佑顺细心道:"阿姨,我们几个也能收拾秋菜下窖。"

利贤笑道:"知道你们能,主要是怕不安全,再说了,男孩儿手把儿大,一棵菜经你们过手,弄不好就剩大半棵,还是我们来吧。立国呀,你家的秋菜下窖了吗?可别贪玩儿误了家里的活儿。"

立国礼貌道:"江边儿没有菜窖,一挖就出水,菜都放在屋里门口儿。街道给的拆棉纱活儿,我来之前都干完了。姥爷愿意让我来大学玩儿,还给我车钱,说是近朱者赤。"

利贤心情复杂,爱抚立国的头颈,思量道:"现在大学太红火了,过一阵子就得烤糊了。立国,你来玩儿我们都欢迎,就是不能逃学。"

立国认真道:"我没逃学,现在一个星期就上三天课,剩下的时间自习,老师们都忙着闹革命。"

牛成羡慕道:"看看人家,咱们兴华小学的革命步伐,这也太慢了,还得天天上课,真没意思。"

立国羡慕道:"牛成,要不咱俩换换?"

牛成挠挠后脑勺,服软道:"那还是上课吧,主要是我太馋了,你家啥也没有。"

众人都笑牛成,利贤开导道:"不要忘了,你们都是学生,学好做人做事的本领,你们才能有更好的生活,国家也才能有更好的未来。学校停课是暂时的,你们已经有了自学能力,大家在一起,可以多读一些书。好啦,快洗手吃饭吧。"

中午时分,教工宿舍楼前空地上,何文芳、利贤、许勤三人围坐白菜堆旁,麻利收拾大白菜。旁边的陈田操一把铁锹,小心地挖开浮土,蹲下扒出埋在土里的青红萝卜,马立尧站在窖口顺下藤条筐,林峰蹲在窖底摆菜。

马立尧提上空筐,林峰仰头道:"这几天都没睡好吧?昨天晚上我劝了半天你家门口的学生,结果半夜反倒给我贴了一张大字报,收发室现成的笔墨。"

马立尧探头道:"造反学生折腾了小半宿,我跟文芳后半夜才睡着,照这样下去,他们早晚要破门而入,我看资料还是放你家吧,连文芳的也拿过去,我心里不踏实。"

林峰附和道:"行啊,下完菜就拿过来,还真不能大意。"

陈田提着大半筐青萝卜过来,关心道:"什么心里不踏实?"

马立尧接过萝卜筐,顺下窖去,小声道:"我和文芳的研究资料,准备放在林峰家,怕造反学生胡来。"

陈田分析道:"文化革命,君子动口不动手,喷你一脸口水点点,洗洗脸就是了，不会动技术资料的，那是国家财产。"

马立尧苦笑道："陈田，你出身好，没受过害，运动一来，我是深有体会的，到时候，草木都是兵。"

林峰起身仰头道："夫子，此一时，彼一时，过去尊你铁将军，现在骂你迫害狂，反动学术权威的帽子就在你头上晃着，还是小心为好。"

陈田钻起牛角尖，自信道："首先，科学没有反动一说，其次，我还称不上权威，充其量，不过是个学习世界先进科学技术的高校带头人，确切地说，由于受制于美帝国主义的全面封锁，我们所能学习的，还基本上是限于苏联的东西，所以，随便他们怎么说，我不理睬就是的。"

白菜堆旁，许勤招呼道："干活吧，陈田，指望你，半天也下不去两筐萝卜。"

陈田摆手应道："虚心接受批评，寒流扑面而来，还是闲话少叙。"

马立尧和陈田提筐过来，何文芳逗趣道："陈老师，让学生轰下讲台，提个菜篮子演讲，风马牛不相及的，能过瘾吗？"

陈田继续扒弄萝卜，无奈道："还不都一样，现在有几个老师能把课上完的？真是搞不懂，好端端的年轻人，怎么一夜之间就成了流氓无产者的样子。"

马立尧打住道："我说夫子，你这话可是要命的，是造反学生要革你的命。"

利贤嘱咐道："听见没有许勤？祸从口出，你可得把好他这张嘴。"

许勤气恼道："陈老夫子，你是不是觉得，现行反革命差你一个不行啊？"

陈田自知失言，谦虚道："真是对不起，让大家担心了，这心里话就像打嗝，一生气就溜出来了，自然得很，权当放屁，放个屁而已，以后闭嘴就是。"

说话间，丁国兰抱着闹闹从楼门方向凑过来，闻声教训道："陈老师，真当众放个屁，那事儿可就大了，放屁不放人，运动会一直都是这么开的，你忘啦？所以呀，凡事别较真儿，见人两句话，遇鬼一炷香，看风使舵，不就完了嘛，是吧，闹闹？"

怀中的闹闹伸手接过何文芳递上来的一块糖，使劲点头，何文芳摸摸闹闹的脸蛋儿，抬杠道："闹闹，你妈妈错！不是看风使舵，而是大海航行靠舵手。"

众人无奈笑闹，闹闹看见陈田挖土，伸手扭身道："妈妈，下地。"

陈田抬头招呼道："来吧闹闹，叔叔跟你一起闹一回。"

丁国兰放下闹闹，蹲下扶住，玩笑道："这孩子见土就亲，随根儿，农民。"

何文芳直腰活动一下，无意间扫几眼，定定神，高兴道："哎哎哎，说农民农民到，快看看，进京的农民回来了。"

第十四集

不远处的人行道上,刘百衡绿军帽在顶,军用挎包在身,农民旅行包在手,风尘仆仆,快步过来。闹闹举着小手喊爸爸,丁国兰抱起闹闹迎过去,刘百衡放下旅行包,一把悠过闹闹,上下左右亲了一通。闹闹隔手挡一挡胡楂,扭身道:"爸爸,下地。"

刘百衡笑看丁国兰,一梗脖,贴脸道:"小闹心,亲亲爸爸。"

闹闹使劲亲了一口,挣脱下地。父女连心,刘百衡蹲下,帮着闹闹拉开旅行包。丁国兰俯身打量,刘百衡抬头庄重,丁国兰一掌拍瘪棱角分明的军帽,眼前活脱脱一个时代二愣子,众人齐笑。丁国兰伸手敬道:"欢迎首长凯旋,握您的手,就等于握毛主席的手。"

刘百衡双手连握带摸,感叹道:"我的姑奶奶,两百万人哪,一望无际,别说握手,连天安门都没摸着。"

众人来了兴致,何文芳关心道:"那你们看没看见毛主席呀,不是说在天安门城楼上接见红卫兵吗?"

林峰从窖口冒上来,惊讶道:"我说怎么地动山摇的,果然是北京来人了,大家小心喽。"

刘百衡抬手一指,委屈道:"说话不许带刺儿啊,我这也是临危受命,全校那帮上了发条的,你们管得了吗?"

众人由衷叹服,林峰感慨道:"百衡,辛苦你了,现在连李校长都按不住了,你就和稀泥吧。"

丁国兰兴奋道:"哎,劳苦功高的,说说红卫兵大检阅吧。"

刘百衡看看何文芳,挤挤眼,何文芳无奈道:"国兰就在眼前,你看我干吗?我又没让你买北京萨其马。"

刘百衡叹口气,从旅行包里掏出一包北京萨其马,人手分了一块,感叹道:"知我者,文芳……文芳……她妹妹国兰也。"

丁国兰拿过马扎摆好,使劲招了刘百衡大腿里子一把。刘百衡哎哟着一屁股坐上,如释重负,缓口气道:"说正经的吧,这次大检阅活动,组织水平绝对是世界一流的,我们一出北京火车站,直接就给拉到红卫兵接待站,那帐篷,一眼望不到边,头两天列队操练,第三天晚上通知检阅,先饱餐一顿,喝足了水,每人领四个鸡蛋,四两熟肉,再加两个大白馒头,那面想不出来是怎么发的,馒头又圆又暄,跟那什么似的,这么大个儿……"

众人哑然失笑,丁国兰拎拎刘百衡的耳朵,警告道:"你怎么就不能有个正形啊,这是开玩笑的事儿吗?"

刘百衡咧嘴道:"咝——快松开,正在兴头儿上,别打岔,这不没外人嘛。都听好了,长见识吧,我们大队人马,午夜早早出发,埋伏在天安门东侧大街,夜里寒气重啊,大家就抱团儿取暖,吃肉御寒,一直等到第二天中午,《东方红》乐曲一响,没人能控制得住,那情绪,一传百,百传万,到了天安门广场,喊声震天,哭声动地,原来以为咱近视,结果一激动,远视也不管用了,啥也看不见,就是人挤人,连哭带喊往前涌,咱们学校五十五号人,两个女生,一个男生,鞋都哭丢了。"

何文芳直接笑出声来,调侃道:"百衡,真是难为你了,你就没把鞋脱给什么人,换两个大白馒头?"

连闹闹都跟着傻笑起来,丁国兰更是一脸坏笑,跟何文芳挤一下眼,一副落井下石的表情,众人笑看刘百衡。

刘百衡气淡神闲,搂过闹闹,爱抚道:"让你大妈二妈失望了,不用我脱,路边有的是臭鞋烂袜,挑了半天,对不上号也就罢了,还净是右撇,也不知道谁这么缺德,把左撇都给拿跑了。还好,没出什么事儿,算是完成任务吧。"

众人笑得心服口服,马立尧心血来潮,沉吟道:"我忽然有一种强烈的预感,百衡的传奇很可能就此开始,咱们看着吧,学校会越传越神,就凭百衡这张嘴,进京报告会肯定是一场接着两场,单是天安门检阅过的红卫兵,那手还不得握出老茧来。"

丁国兰紧张道:"别吓唬我,那得预备多少酒精啊。"

陈田佩服道:"国兰,还真不是吓唬你,百衡绝对是有这个本事的,你不仅要准备消毒酒精,每天还要泡两颗胖大海,保护好他的金嗓子。"

刘百衡脸一沉,认真道:"非常时期,不带这么调戏人的,这不是把我往风口浪尖儿上推吗?"

林峰客观道:"百衡,大家说得有道理,形势照这样发展下去,很可能会是这个局面,到时候,你免不了要和着稀泥保护大家,这也是李校长希望看到的,昨天去他家里,魏医生也对你充满期待。"

刘百衡沉吟道:"越听越像啊,不过话说回来,要是真这样,那我也只能舍生取义了,远的不说,身边这几个,就够我喝一壶的。"

陈田书生意气,信口拈来:"忆往昔,闯难关,李校长压阵,牛鬼也是要怕三分的;看今朝,闹革命,刘主任打伞,蛇神都是要来避雨的。"

刘百衡本色依旧,浑身一激灵,起身摸摸屁股,低头搜寻道:"哪壶不开提哪壶,不知道我最怕蛇呀?"

众人笑在陈田和刘百衡的幽默里,丁国兰佩服道:"陈夫子,你的对联儿好,我都能听懂,给你添个横批吧。"

众人马上期待,丁国兰学着陈田的四川腔,夸张道:"要的,要的。"

众人交口称赞,许勤高兴道:"百衡,还没吃午饭吧?我做了一盆四川辣鱼,不是很辣,再烧一锅二米饭,一会儿大家一起吃吧。"

刘百衡一竖大拇指,拿腔道:"要的,要的。"

林峰干脆道:"我看这样吧,今天是爷爷七十大寿,奶奶不知道自己的生日,也就跟着一起过,定好了中午去马车队。昨天东西就买好了,干脆带上辣鱼,咱们几家一起给爷爷奶奶祝寿,正好蔡老师也去,怎么样?"

陈田高兴道:"求之不得,能不能请上李校长啊?有好多疑问要请教的。"

林峰遗憾道:"我们请过了,魏医生还能来,李校长根本脱不开身,星期天也要面对造反学生,没有人身攻击就已经不错了。"

刘百衡提示道:"不是还有国防科委军代表吗?"

马立尧无奈道:"两周前,军代表的一身军装还能镇一镇学生,现在形势急转直下,踢开党委闹革命已是大势所趋,军代表知难而退,这一顺势而为不要紧,维持秩序的李校长成了光杆司令。"

陈田装上大半筐萝卜,怅然道:"士,为知己者而死,看来大家是要各自为战的。百衡,你先回家休息,我们这就把菜下完。"

丁国兰拎起旅行包,身体坠了一下,奇怪道:"什么东西,这么沉?"

刘百衡抱起闹闹,上下举落,一步一颠:"六瓶二锅头,一醉解千愁。"

闹闹一颠一笑:"六皮爱窝头,一岁姐先求……"

众人笑得云开雾散。

第十五集

西风落叶,深秋景象,校园边际空旷区域,储运货场,过冬煤炭堆积如山。空地尽头的校园围墙内,十个平房门户,红砖青瓦,连壁而立,房前是木栅栏分隔的各家院落,院中停放着马车马具,房后是一排过冬马棚,巧借围墙搭建,棚中有六匹马。爷爷端着大簸箕,一溜走过去添马料,顺子提着一桶水跟上。

柱子两手煤黑,脸上花了一道,从外面牵进一匹马,恭敬道:"爷爷,七十大寿的,歇了吧。"

顺子提桶添水,附和道:"就是啊,我也这么说。"

爷爷顺着马槽拨撒煮苞米粒,平和道:"今天马也跟我高兴,加点儿好料,柱子,老教授的蜂窝煤都送完了?"

柱子搭好缰绳,高兴道:"放心吧,爷爷,按你吩咐的,没让老师们伸手,全都服务到位,怕他们生不好火,还带了松油明子。就这点儿小活儿,几个老教授都送出门来,还多给了三块钱。"

爷爷欣慰道:"好柱子,想得周到,往后再给老师们送煤,都捎上一把松油明子。还有啊,伙计们都提醒着点儿,送完煤的车,一定要打扫干净,昨天给食堂送豆腐,牛管理员一验货,有两板儿粘了煤灰。"

房前院里响起喧闹声,顺子笑道:"爷爷,快回屋吧,要不马圈还不得成幼儿园哪。"

爷爷笑道:"孩子们哪回来都得先进马棚,等着吧。"

话音未落,妞妞第一个跑过来,身后紧跟着婷婷和马驹儿,明明迟疑着跑在后面。丁国兰抱着闹闹鼓励道:"明明,快跑,跟上他们。"

闹闹兴奋地探身摇手,边颤边喊:"驾——驾——"

爷爷顺势悠起妞妞,婷婷和马驹儿跟着扑上来,顺子一手一个抱到马槽前,明明怯生生跟过来,柱子抹几下手,也一把抱起来。爷爷随手端过一小盆煮黄豆,孩子们每人抓一把,闻闻,自己吃几粒,马槽撒几粒,好奇地探头看马找豆。丁国兰抬手摸摸马面,关心道:"爷爷,这阵子活儿还行吧?"

爷爷感激道:"兰子,多亏了你呀,学校总务口儿的都很照顾,又赶上秋冬换季,活儿满满的。"

顺子接话道:"国兰,咱马车队的淘小子,不好好写作业的,只要来一句,再闹就告诉丁干妈,打一针不说,还撵回老家去,结果没一个不老实的。"

丁国兰惊讶道:"我也没认那么多干儿子呀?"

柱子笑道:"我们自己认的,让他们好好念书,出息成人,将来孝敬你。"

丁国兰笑道:"我哪有那么好呀?"

爷爷慈祥道:"兰子,没你这么周旋着,咱这马车队早散伙儿了,孩子们在大学校园里长大,谁知道将来能出几个林峰啊,说你好都委屈了你,你这是伟大。"

丁国兰笑道:"行啊,爷爷,你这也开始跟着形势摆弄新词儿了。"

婷婷自豪道:"我妈就是伟大领袖。"

马驹儿纠正道:"婷婷你说得不对,老师说了,伟大领袖是说毛主席他老人家的,别人不能用。"

三家巷的男人出现在马棚口,林峰接话道:"马驹儿说的对,伟大领袖不是咱老百姓用的,说妈妈伟大还是可以的,因为毛主席也是妈妈生的。"

妞妞插言道:"那妈妈要是反动学书的权威怎么办?"

刘百衡笑道:"这好办,把书都当擦屁股纸用,再跟妈妈换一下,你当妈妈,咱就来个一问三不知,既不反动,也不学书,看他们还说啥。"

妞妞认真道:"要是不学书,那不就成文盲了吗?还怎么做毛主席的好孩子呀?"

马立尧笑道:"怎么样,不倒翁?儿童的逻辑简明直白,他们这儿,甭想和稀泥。"

刘百衡感叹道:"还是老马叔叔识途呀,孩子们,是要好好学书,你们可是早上八九点钟的太阳,希望就寄托在你们身上。"

丁国兰打住道:"行了行了,再贫,魏医生、蔡老师也该进马棚了。老寿星,快请吧。"

爷爷带头走出马棚,招呼道:"专家可没闲工夫,别让他们等,快走。"

闹闹伸手指道:"妈妈,还要豆豆。"

丁国兰脚下不停,开心道:"今天太爷爷太奶奶过生日,啥好吃的都有。"

几个小的举手凑热闹:"我也要,我也要。"

刘百衡接过闹闹,亲一口,逗乐道:"小闹闹,你忘啦,豆豆吃多了老放屁,多难听啊。"

父女俩咯咯咯笑起来，几个小的互看鬼脸，缩回手，跟上大人……

爷爷奶奶家，灶间里，杏芬带着两个同龄的媳妇忙活饭菜，利贤守着菜墩码切熟肉，许勤找盘子分辣鱼，何文芳手里掐着一把大葱，过来掂一片熟肉入口，品味道："唔，味儿不错，不是牛肉……是马肉？"

杏芬翻炒大锅里的白肉酸菜粉儿，高兴道："没吃过吧？爷爷和顺子打的野猪，玉泉山的。"

西屋里呼啦涌出四兄弟，见平手里一把长猎刀，佑顺手里一把短猎刀，立国手里一截双筒猎枪枪管，牛成头戴狐皮帽，身披羊皮袄，顾盼道："野猪在哪儿？"

利贤指指肉案，立国马上反应过来，笑一下，用枪管抵住牛成的屁股，威吓道："就在枪口上。"

牛成屁股一紧，在意道："别拿枪顶我，没子弹也害怕，今晚尿床我可赖你呀。"

立国连忙拿开枪管，利贤掂起一片肉晃晃，忍不住笑道："回家别再尿床了，看看，野猪在这呢。"

牛成失望道："是熟的呀，那我尝尝……唔，好吃，就是比牛肉还硬。"

三兄弟跟着尝尝，许勤码好分盘的辣鱼，牛成好奇道："阿姨，这是什么？"

许勤端起一盘，展示道："四川辣鱼，你们肯定没吃过，尝尝吧。"

四兄弟每人尝了一块，辣得连说好吃。

屋门一响，爷爷领头进来，利贤招呼道："爷爷，快歇歇，魏医生他们在东屋呢。"

刘百衡招呼道："孩子们，都跟我来，到西屋。"

东屋门帘一挑，魏医生侧身笑道："老人家，四世同堂，生日快乐！"

蔡鹤临从另一侧探身笑道："德为世重，寿以人尊，爷爷奶奶，生日快乐！"

爷爷进门，高兴道："谢谢魏医生，谢谢蔡老师，读书人的话，能听懂的，还不到一半儿，先生在就好了，能替我回出个文化水平。"

屋里的陈田躬身致敬，敬佩道："爷爷奶奶，蔡老师的意思是这个样子的，您，因为济世而德高，因为贵尊而长寿。"

奶奶笑道："还是半懂不懂，山里人哪儿来的什么尊贵呀。"

马立尧和林峰跟进来,两人近前跟奶奶拉手问候,马立尧认真道:"爷爷奶奶,尊不在贵,而在人,是说你们做人好而受到尊敬。"

爷爷谦虚道:"我们就是干活儿吃饭的老百姓,你们都是国家栋梁,觉悟高,学问大,更要受人尊敬。"

魏如莲感慨道:"这些天,老李心里苦闷,睡得晚,跟我聊天,有好几回提到爷爷奶奶,说林家人活出了上善若水的民族根性,他一再鼓励我说,眼前发生的乱象,动不了中国人的这条善根。其实他今天特别想来,要跟爷爷一醉方休,可是没办法,让造反的学生给缠住了。"

爷爷诧异道:"共产党的天下,造谁的反?"

奶奶困惑道:"盖了房不住,拆了睡野地,这叫咋个活法?瞎折腾嘛。"

林峰一语中的,肃然道:"这就是目前争论的焦点,如果这最后一关守不住,那就不好说了。"

刘百衡掀开门帘进屋,无奈道:"还是直说吧,那就天下大乱啦,进来吧,孩子们。"

奶奶笑眯眯招呼道:"来,孩子们,都快进来,吃糖吃点心。"

众人让开,八个小学生兴冲冲地挤在屋中央,中间的女孩儿左右看看,说了声预备——齐,童心未泯,童声嘹亮:"我们马车队全体同学,决不辜负太爷爷太奶奶的殷切希望,一定要好好学习,天天向上,祝敬爱的太爷爷太奶奶万寿无疆!"

众人心惊,爷爷摆手道:"好好学习是真的,万寿无疆就免了吧,这么沉个大帽子,咱老百姓可戴不起呀。都过来,拿好吃的。"

众人肉跳,利贤连忙打住道:"爷爷,千万不能这么说,要成反革命的。"

爷爷不解道:"咋不能说?那些个奸臣,天天喊慈禧太后万寿无疆,弄一桌子不干不净的山珍海味,哄她生日高兴,结果倒好,连着几泡稀屎下来,这老佛爷就上了西天……"

丁国兰认真道:"爷爷,利贤姐说得对,这话真不能说,可千万记住了。孩子们,就当什么也没听见,明白吗?"

孩子们面面相觑,魏如莲连忙把孩子们拉到灶间。利贤和奶奶跟出来,挨个孩子分糖分点心,孩子们人手两块炉果,一把杂糖,欢天喜地涌出门。

魏如莲赶紧跟出来,小声嘱咐道:"孩子们,等一等,刚才万寿无疆的话,千万千万不能往外说,不然造反派会找马车队麻烦的,都记住了?"

孩子们异口同声道："我们向毛主席保证，坚决不说！"

孩子们跑远，魏如莲摇头进屋。几个人厨房看看，杏芬说着饭菜都齐了，探头提示道："爷爷奶奶，饭菜都好了，今天是这样，中午摆两桌，东屋你们一桌，西屋老婆孩子一桌，先紧老师们来，晚上咱们马车队再摆两桌。"

林峰周全道："忙了一上午，都来吃吧，厨房再摆两张桌子就行。"

奶奶理解道："好几十口人，就两拨儿吧，都说好了。听刚才这意思，学校都乱套了，老师们正好一块儿合计合计李校长的大事儿。杏芬哪，等老师们吃完饭，叫上顺子、柱子，给老师们出趟车，把这些年的书呀、画呀什么的，都拉到咱这来，放西屋，是这意思吧，蔡老师？"

蔡鹤临感激道："奶奶说的对，就是明天还要麻烦师傅们，学校图书馆有大量的科研报告和技术资料，其中有不少孤本，趁着还能开馆，都拉过来，不过，就怕爷爷奶奶家地方不够用。"

刘百衡做主道："十个爷爷奶奶家总够用了吧？"

杏芬笑道："还是刘老师有办法，咱马车队家家都能放。"

蔡鹤临躬身谢道："那就添麻烦了。"

杏芬连忙摆手道："蔡老师快别这样，我们一定尽心尽力，好好保管这些天书。"

林峰跟马立尧相视首肯，林峰提示道："蔡老师好主意，没有不透风的墙，还是马车队最安全。陈田，你也别大意，这些年的积累真要有个闪失，那还不动了你和许老师的命根子。"

陈田矛盾道："还是等我和许勤忙完手上的专著，再送过来。要知道，我的铝合金拼焊理论，可是用在了火箭大直径箱底制造上面的。这本专著，可是独一无二的国家财产。"

爷爷嘱咐道："这么重要的活儿，明天就去三辆车，赶早不赶晚，免得夜长梦多。东西进了马车队，造反的甭想动一张纸，老师们需要什么，尽管随时来拿。"

杏芬麻利道："放心吧，我叫顺子他们加小心就是。你们接着说话，我们几个厨房的分菜上桌。林峰，清桌儿倒酒吧。"

众人起身，魏如莲从包里拿出两瓶好酒，刘百衡一手一瓶接过来，左右看看，沉吟道："剑南春，竹叶青，啧，李校长的好意境。"

魏如莲会心道："老李说，待到剑南春，再看竹叶青。"

众人喝彩,爷爷豪爽道:"魏医生,今天就替李校长多喝两盅。"

魏如莲笑道:"不瞒你们说,老李昨天晚上跟我念叨,真想来爷爷奶奶这儿当个伙计,干活儿喝酒,痛快!"

春末夏初,上午时分,酒泉西北综合导弹试验基地,一辆军用吉普车奔驰在荒野公路上。徐进开车,林峰坐在副驾驶位,何文芳和凌云坐在后排,四人都是一身军装。何文芳探身望着车窗外,兴奋道:"我说徐进,这基地的工作,没有你不能的吧?"

徐进谦虚道:"何老师,你是说开车吧?大戈壁滩,车就是腿,凌云也能开。"

凌云笑道:"跟徐进比差远了,他是见着机器就想摆弄,发射台的双面火焰导流器挡板方案,就是他们一帮人这么摆弄出来的。"

徐进佩服道:"其实我就是个摘桃子的,以前马老师就这个问题做过理论测算,如果发动机四机并联,四面导流锥的危险系数就会成倍放大,当时苦于无法进行现场试验,所以一直没能找到理想方案。"

凌云细心道:"徐进,理论测算可是马老师跟利贤老师两个人做的,怎么说着说着就把利贤老师变成了无名英雄?"

徐进连忙抱歉道:"对不起,我只跟马老师讨论过这个问题,不知道是两位老师一起做的。"

何文芳笑道:"其实说与不说,他们都是无名英雄。"

林峰感叹道:"有名无名,都是英雄,凌云,真羡慕你们哪,毕业就赶上了好时候,东风三号成就了真正意义上的中国制造,新方案,新技术,新材料,有了这个自主创新的扎实平台,我们的多级火箭也就为期不远了。"

徐进附和道:"这的确意味着一个重要转折,我们的原子弹跟导弹结合以后,整个世界为之震动。但问题的焦点也是显而易见的,火箭运载能力的大小,直接决定了核威慑力量的强弱。这三年,我们通过东风三号的研制测试,建立了导弹系统工程的基本框架,正像蔡老师说的那样,由此拉开了航天工程的序幕。"

凌云畅想道:"目前三级火箭发动机的理论准备基本就绪,在东风三号单级液体发动机的基础上,如果两级液体发动机系列技术能够过关,东风四号就有了可靠的基础保证,这大概需要两年时间,第三级固体发动机难点同样不少,所以三级液固混合的长征一号运载火箭,估计要用三年左右时间来研制,以现在的理论准备和技术基础来看,我们有理由期待一次就能卫星上天。"

何文芳兴奋道:"那好啊,全国的雷达阵地可以说是万事俱备,只欠东风,按现在的进度,年内各地雷达站可以完工,加上设备调试验收,明年上半年就能投入使用,我这身军装至少能穿到那个时候。"

林峰感触道:"军装还可以防范运动辐射,但愿我们都能一直就这么穿着,徐进、凌云,老师们都羡慕你们这批学生到了运动避风港。"

徐进冷静道:"这么大的运动,国防科委也不平静,你们这批院校骨干能以借调名义参与调研、测试,回避运动冲击,实际上是张爱萍首长事先关照的,以后可就不好说了。"

何文芳和林峰脸上露出疑虑,凌云解释道:"首长已经停职反省了,不久前,总参成立了张爱萍专案组,首长头衔多,批斗会排不过来,今天总参,明天国防科委,后天总政,研究院所都要表态,这还不算完,陪斗是家常便饭。"

何文芳跟林峰惊讶互看,林峰不安道:"什么罪名?"

徐进无奈道:"十大罪状,第一条就是反对毛主席,原因就一个,首长偏偏赶上指挥总参的军事演习,没有去天安门城楼参加红卫兵大检阅。怎么样,听起来像儿戏吧?"

何文芳天真道:"指挥军事演习不就是保卫毛主席吗?要是毛主席了解情况,首长肯定不会有问题,要是搞文革的上纲上线,那就没办法。听这样的消息,心里更不踏实了,林峰,咱们还是早点儿回家吧。"

凌云关切道:"是啊,大家心里都没底,不知道这场运动什么时候是个头儿,说了半天,老师们现在都怎么样?"

林峰无奈道:"都不怎么样,大字报能当衣服穿,马老师和利贤老师三天两头挨批斗,我的苏修特务帽子还悬在头上,不知什么时候掉下来,要是没有军代表和刘百衡老师周旋着,蔡老师和李校长不知会给打成什么样……"

说话间,车速慢下来,前方出现了一座西北小镇。吉普车在一家拉面馆门侧缓缓停下来,四人下车,打量门面,门侧一副对联,上联是——革命不是请客吃饭,下联是——牛鬼定要煮透撕烂,横批是——时代好面。

店里迎出个年轻伙计,手中毛巾向肩一搭,热情招呼,逐个礼让道:"革命征途,风尘仆仆,各位首长,请进,请前进,请向前进。"

第十五集

四人面面相觑,伙计闪身让路,冲店里一声唱喝:"首长四位,造反有理——"

四人进店,伙计引到边上一桌落座,徐进习惯道:"四碗牛肉拉面,四样小菜,有鱼吗?"

伙计俯身小心道:"大海航行靠舵手,没有鱼。"

何文芳笑出声来,凌云注意到店中央一桌的反应,示意收住,伙计知趣,快步回到后厨。

店中央,一伙中学生模样的红卫兵喝酒抽烟,听到何文芳的笑声,几个歪戴军帽的痞子斜眼起哄,痞子头儿把烟头插进跟班嘴里,挤眼道:"看我的。"

众痞子笑看头头起身离桌,痞子头儿扶正军帽,近前随便行个军礼,大咧咧道:"这位解放军同志,笑里藏着刀吧?嘲笑革命群众的开场白,那可就是反革命。你们是哪个单位的?"

凌云机智道:"待到山花烂漫时,她在丛中笑,不可以吗?"

痞子头儿蓄意敲诈,讪笑道:"别扯远了,什么山花烂漫,她就是在面馆儿笑的,一桌子红卫兵都可以作证。我看这样吧,万物生长靠太阳,能不能支持一下革命小将,送我们两顶军帽……不好办嘛,买也行,你们把单位写给我,我给你们打收条。"

徐进冷面道:"你买得起吗?"

痞子头儿回头一笑,挤挤眼,撸下一块手表,张扬道:"首长,您看这个行吗?"

徐进正色道:"你们这一桌都算上,也扛不起一顶军帽,还是回学校上课吧,先学学《三大纪律,八项注意》,哪儿抢的,哪儿偷的,都送回去。"

双方逼视片刻,痞子头儿自讨没趣,悻悻而退,众痞子骂骂咧咧,起身要走,伙计赔着笑脸贴上来,虚心道:"不拿群众一针一线,哪位小将来付酒饭钱?"

痞子头儿瞪眼骂道:"我说你这没长眼的,这革命大串联的脚后跟刚拔出店门,红卫兵吃饭就要钱啦?"

徐进刚要起身,后厨闪出一位胖大光头师傅,横在众痞子面前。师傅交替拍拍赤臂上的面粉,眯眼笑道:"革命不是请客吃饭,没长眼吗?都老大不小的,这书是白念了,付钱走人,一共是八块七毛五。"

痞子头儿看看左右,蛮横道:"我们要是不付呢?"

师傅笑道:"那就回去一个代表,叫爹娘来付。"

痞子头儿后退一步,左右使个眼色,抽身操起一根铁条,左右跟班见当家的大杀器在手,借势生威,梗脖怒目,争先上来推搡道:"偷有理,抢无罪,革命强盗万万岁,红卫兵的铁拳头,你也敢碰?碰啊,你碰啊,我看你他妈是……"

师傅烦躁起来,一手一个掐过脖子,对撞一下,再撞一下,翻手转正,稳稳送出去,扑通三响二撞一,三个痞子摔躺在地。众痞子发一声喊,猢散一般,后退操起板凳,徐进和林峰几乎同时起身喝道:"住手!"

痞子头儿恼羞成怒,挺身跃起,蹬腿踏个门户,抡圆铁条,摆出扬鞭催马的架势。众痞子不怕事大,连声鼓噪,痞子头儿耐不住面子,狗血上头,恶扑上来。师傅侧步柔身,让过砸下来的臂膀,顺势扭住,缴过铁条,随手勒在痞子头儿喉结处。众人大惊,师傅双手一拢,铁条弯成一只大项圈,沉甸甸套住痞子头儿脖颈。唯一的女痞子放下板凳,吓出哭腔,颤声道:"师傅,要文斗,不要武斗,驴蛋儿,快把手表押给师傅。"

驴蛋儿惊魂未定,试试项圈,摘下手表,师傅接过来,叹口气道:"唉,一分钱没有也敢骗吃骗喝,有娘养没爹教的东西,就他妈欺负老师的能耐。都听好了,别再给毛主席他老人家丢脸,快滚!"

众痞子跑出门,驴蛋儿梗住项圈,回头不甘道:"秃驴,你等着!"

师傅笑道:"再敢来,看我卸了你的驴三件儿,喂狗!"

伙计出门张望一回,担心道:"马师傅,现在咱们是痛快了,晚上可就不好办了,这帮畜生会不会一把火烧了面馆儿呀?"

马师傅无奈道:"烧也没办法,蹬鼻子上脸,不能由着他们胡来。别担心,这几天我睡店里,从今天起,红卫兵来吃面,一律先付钱。解放军同志,见笑了,拉面马上出锅,来福,上菜。"

来福放下心来,应声进后厨,旋即端出四样小菜。何文芳心有余悸,不解道:"谢谢呀,马师傅,我还以为就大城市闹得凶,没想到小城镇更不讲道理。"

马师傅就近坐下,无奈道:"祖国山河一片红嘛,念书的要诛心,干活的要玩命,拦都拦不住,且得乱一阵子。"

四人微微点头,林峰敬佩道:"民间自有好见识。"

马师傅实在道:"一个拉面的,能有啥见识,现在这挖祖坟断根基的,不过是些鸡鸣狗盗之徒,成不了大事。"

来福端上来两碗清汤牛肉拉面,男人就手推到女人面前,何文芳撩过热气闻闻,惊叹道:"真香!这么大碗!"

第十五集

凌云把面碗推到林峰面前,林峰笑看何文芳,实在道:"别客气了,吃吧。"

凌云指点红油辣子,两人加了一些。

徐进问道:"师傅,有酱牛肉吧?"

师傅应道:"早上新出锅的,要多少?"

徐进试问道:"五斤牛腱子,有吗?"

师傅起身道:"没问题,要切吗?"

徐进应道:"切一半儿,两位老师路上吃,剩下的抹上盐,给他们包好。"

何文芳吃面摆手道:"五斤太多,吃不了该坏了。"

凌云体贴道:"好东西,当饭吃,不多。"

何文芳小声道:"这么多肉,还是熟的,没肉票行吗?"

徐进笑道:"各庄的地道,都有各自的高招。"

马师傅会意,回身笑道:"水是宝贵的,它可以流回原处。"

林峰停筷抱拳道:"宾至如归,谢谢马师傅。"

马师傅抱拳道:"不客气,两位首长,一路平安。"

凌云摆摆手,礼貌道:"谢谢马师傅,您去忙吧。徐进,别忘了,一会儿多买沙枣、肉干儿,北京的同学也带一些。"

何文芳关心道:"说了半天,你俩的小日子过得怎么样啊?什么时候要孩子呀?"

徐进憨笑道:"问她。"

凌云笑道:"基地没什么小日子,我俩商量过了,三十岁之前吧。"

何文芳一皱眉,失望道:"你们这频域也太宽了,凌云,你的主意吧?"

凌云笑而不答,林峰知心道:"你们三十岁?那东风四号和长征一号都该上天了。"

何文芳心血来潮,玩笑道:"哎,你们不会是赶着长征一号上天才生儿子吧?"

凌云笑道:"是又怎么样?"

何文芳笑道:"那就取名长星吧,长征一号的中国卫星。"

徐进兴起道:"长星是不错,要是东风和长征各取一字,东征怎么样?"

林峰沉吟道:"从运载的意义上说,长征一号可以涵盖东风系列,恰好应了一个征字,我看徐征不错,男孩儿女孩儿都适用,徐进徐征,也有子承父业,继往开来的意思。"

凌云和徐进相视一笑,凌云赞同道:"长星,徐征,都好听。"

徐进若有所思,憨笑道:"要是一儿一女,儿子叫徐征,女儿叫……"

凌云抢答道:"凌长星。"

四人都笑,何文芳一竖大拇指,高兴道:"好名字,就这么定了。"

来福又端上来两碗面,加上一盘切牛肉,殷勤道:"请首长尝尝酱牛肉,我们小店送的。"

四人连忙道谢,来福礼貌退下。徐进拿过油辣椒加了一遍,四人有说有笑,就着小菜,热腾腾吃起来……

下午时分,北京火车站,出发站台,一列京滨直快列车缓缓启动。何文芳和林峰就着车窗摆手告别,送站的四个年轻人,两个军装,两个便装,跟车挥手,火车渐行渐远……

送站的四人停下脚步,相互看看,便装男生抬手看表,轻松道:"业务会改成了批斗会,时间还早,想干点儿什么?"

军装女生无奈道:"你们所批斗,我们院放羊,三天内必须贴出大字报,属性是或门逻辑,要么揭发检举,要么自我批判,要么兼而有之,完成任务,输出觉悟为1;要么一纸空文,输出觉悟为0。"

军装男生接话道:"你们谁写过大字报,给个样本呗。"

四人面面相觑,便装女生圆滑道:"写过也是抄来的,现在一天两个形势,跑都跟不上,真想要样本,就得去革命中心,怎么样,有没有兴致去北大看看?"

军装女生建议道:"那还不如去北航,正好有问题请教郭教授。"

军装男生笑道:"绕来绕去,还是没绕出与或非门。"

便装男生看着便装女生,试探道:"既然这样,咱俩是不是也去北航看看曹梅老师?我也有一大堆理论问题要请教。"

便装女生勉强道:"那就走吧,不过,见不到两位老师,可别失望啊。"

军装男生习惯道:"遍地都是牛鬼蛇神,见怪也不能怪,起码可以抄几份大字报交差。"

田野青绿,列车疾驰。

硬座车厢里,座无虚席,一眼望去,多为青壮干部,少有家庭老小。何文芳和林峰并坐一排,列车员提壶加水,吟唱道:"为人民服务——需要热水的革命同志,请准备好用具。"

林峰递上两个水杯接满热水,对面的中年男女干部依次沏茶。

女干部看看杯中浮起的茶叶,不满道:"现在的服务越来越差,热水都是温吞吞的,去找他们列车长质问一下,这满车厢走南闯北的革命同志,连口热茶都喝不上,想想大串联,那么多人,还能热汤热水的。"

男干部起身离座,安慰道:"别急,我这就去。"

女干部搭话道:"解放军同志,最近没少维持秩序吧?"

何文芳谨慎道:"各有分工,我们是搞调研的。"

女干部在行道:"那咱们是同行啊,你们叫调研,我们叫外调,一个意思。"

林峰关心道:"现在外调任务很多吧?"

女干部兴奋道:"任务繁重啊,我们单位两百多号人,两个叛徒,三个特务,四个走资派,五个反党分子,外调就我们俩,这十好几份档案,怎么着也要跑大半年,才能查个水落石出。"

何文芳跟林峰对视一下,不再接话。

男干部绷脸回来,后面跟着一脸歉意的中年男列车长。女干部看出身份,横眉立目道:"抓革命,促生产,列车长同志,你们这服务质量也太差了,你摸摸,跟洗脚水差不多,顶多50度。"

列车长欠身抱歉道:"为人民服务,机修段上班的还不到一半儿,大修忙不过来,小毛病根本管不了,热水系统瘫痪半个月,要不是我这个二百五顶着,这点儿洗脚水也没有。"

女干部指点道:"你这位同志,回答问题怎么阴阳怪气的?一看就是个逍遥派,大字报是干什么用的?就是揭发问题的革命武器,只要你及时地不断地贴下去,就一定会引起重视的。"

列车长苦笑道:"机修段那帮干活的,都是苦大仇深的阶级兄弟,不贴我这个放牛娃就不错了。"

众人无语,何文芳起身,用眼神示意林峰看好行李架上的旅行包,小声道:"我去方便一下。"

外侧的林峰起身让开,顺便打开旅行包,拿出一本技术资料,坐到何文芳的靠窗位置,专心阅读起来,身边的人投来诧异的目光。

何文芳进厕所,关门反锁上。车厢里过来一个女人,五官文秀,面容憔悴,戴一副近视眼镜,看上去三十五岁左右,女人看看厕所门上的标识,等在门侧。

何文芳开门出来，两人礼让，女人低头浅笑一下，擦身而过，何文芳稍作停顿，似乎想起了什么。

林峰全神贯注阅读，何文芳坐在外侧，轻轻碰碰林峰，思量道："刚才有个人觉得面熟，好像是北航的曹梅老师。前年跟蔡老师来北京，在招待所见过一面，她爱人也来了，记得姓陶。"

林峰惊讶道："曹梅，在哪儿？"

何文芳犹疑道："刚进厕所，不敢肯定啊。"

林峰起身，快步过去，等在厕所门侧。里面门锁一响，曹梅开门出来，抬头惊讶道："林峰？"

林峰惊喜道："曹老师，刚才何老师认出你，我就赶快过来了。陶老师怎么样，也在车上吗？"

曹梅摇摇头，失神道："陶亦铭被隔离审查了，罪名是苏修特务，刚成立专案组。"

林峰心头一颤，惊讶道："苏修特务，莫须有吧？"

曹梅叹口气，无助道："本来批斗会上定为待查的可疑分子，还有人身自由，叫他写驻苏使馆期间的外出活动情况，他也如实写了，没想到造反派揪住安娜做文章，偏偏昨天他们又接到你们学校造反派打来的对质电话，说是抓住了两个苏修特务里通外国的铁证，照片上还写着联络暗语蔡明轩和1962这样的数字密码……"

林峰急道："这件事我在场，照片是陶老师亲手交给蔡老师的，就是一张家庭合影，没有其他东西，我可以作证。"

曹梅面露感激，冷静道："有人作证，问题就更复杂了。关键是你们学校造反派抄家发现的这张照片，上面有孩子的生日，就是他们说的密码，这生日足以说明，照片是蔡老师回国以后别人带给他的，蔡老师肯定做了如实解释，而亦铭在自己的交代材料里却没有写这件事。"

林峰不解道："那又怎么样？谁也不能保证面面俱到，核实情况不就清楚了嘛。"

曹梅无奈道："造反派不这么认为，他们说这是做贼心虚。幸好蔡老师没有提到其他人，你想想，李校长和魏医生已经坐在了火山口上，再把你牵扯进来，火上浇油不说，弄不好搞出一个苏修特务集团，那麻烦可就更大了。"

林峰愤然道："就是擒拿妖魔鬼怪的《西游记》，也不会叫人有这么荒唐的联想啊,不行,还得想办法弄清事实。"

曹梅务实道:"很多联想已经成为现实,现在是草木皆兵,这几天,你和蔡老师谁都联系不上,没办法,亦铭要我到学校找你们,一定嘱咐蔡老师,事情很简单,就是他们两人之间的一张照片。还有,亦铭希望蔡老师能写一份苏联活动情况说明,最好列一份为国家携带技术资料的清单。"

林峰心情沉重,思量道:"这个没问题,我回去就办。那下一步呢?"

曹梅坦然道:"亦铭已经承认自己违反了外事纪律,但绝不屈服捕风捉影的荒唐联想,他要向上级党委申述。"

林峰担忧道:"全国都在踢开党委闹革命,结果难以预料。我出来已经两周,弄不好蔡老师也被隔离审查了。不过你放心,我们会想尽一切办法,为他俩洗清罪名。"

曹梅身体晃了一下,连忙扶靠过道墙壁,林峰一把扶住,关切道:"曹老师,脸色这么不好,病了吧?"

曹梅深呼吸几下,无力道:"晕车,没睡好。"

林峰扶过曹梅,不安道:"也没吃饭吧?"

曹梅气短道:"吃不下。"

林峰扶着曹梅进车厢,何文芳见状连忙起身,关切道:"曹老师,还真是您,怎么样?来,靠窗坐。"

曹梅勉强缓气欲言,何文芳连忙示意快坐下,边座的年轻人投来探询的关切目光,林峰期待道:"同志,您看能不能换一下座位?"

年轻人体谅道:"没问题,我来换一下行李。"

曹梅递过车票,欠身无力道:"谢谢您,后面隔几排,靠窗,林峰,我就一个俄式提包,黄褐色的。"

何文芳和林峰跟着谢过年轻人,曹梅抱歉道:"谢谢,是何老师吧?对不起,刚才没注意。"

林峰拿过提包摆上行李架,顺手拿出一包点心,递给何文芳,体贴道:"曹老师,吃点心,胃里会好受一些。"

何文芳连忙打开纸口袋,示意道:"咸酥的,吃吧,曹老师。"

对面的男干部关心道:"不要紧吧,同志?我这里有茶叶,要不要来一点?"

女干部递过一只鸭梨,白一眼男干部,教训道:"温水能泡茶吗?话要经过大脑过滤再说,来,吃个鸭梨,润润嗓子。"

曹梅刚要客气，女干部按住道："身体是革命的本钱，吃吧。"

男干部自嘲道："革命使人进化，我现在肩膀上就扛一个政治大脑，生活小脑一鼓作气退化到资产阶级司令部去了。"

女干部脸一沉，严肃道："虚心使人进步，骄傲使人落后，落后就要掉进资产阶级垃圾堆里，难道你要像列宁同志说的那样，在我们中间发散臭气吗？再说这些阴阳怪气的风凉话，下回外调就该轮到你了。"

男干部起身，半真半假道："你这么认真的人，也不怕我吓出东西来，你们聊，我去打扫资产阶级垃圾。"

曹梅把鸭梨放在小桌上，默默嚼着咸酥点心，何文芳拿杯起身道："水都凉了，我去换杯热的。"

林峰接杯起身道："我去吧。"

何文芳看看曹梅，放松道："看着好多了，你家陶老师怎么样？那次在招待所见过一面，印象特深，陶老师特有风度，回到家一形容，八竿子打不着的，倒把我们三家巷的一个帅男给酸得够呛。"

曹梅点点头，苍白的脸上露出一丝笑意，会心道："没错儿，我们同事回家夸他，丈夫也打翻了醋坛子，接触长的都知道，亦铭脾气也特好……"

上午时分，教工宿舍楼，楼门两侧墙上贴满七零八落的大字报，顾大爷提个纸篓，耷拉着老花镜看一看，抚一抚，撕下残破的纸片。何文芳在前，曹梅随后，林峰拎着两个旅行包，三人快步踏上门口台阶，何文芳急呼道："顾大爷，家里没出什么事吧？"

顾大爷转身看看，体谅道："都回来啦，看出着急来了，甭担心，都挺好，抄家是免不了的，赶上百衡在家，过来看着，没打人。马老师的大字报最多，我都看明白了，为了改进苏联实验设备的事儿，低年级说他是苏修帮凶，高年级说他是反帝防修，两伙学生还差点儿打起来。就是利贤老师让学生扣了两天，写完什么台湾关系说明书，今天上午让百衡给弄回来了，家里歇着呢。"

何文芳长出一口气，看看林峰和曹梅，林峰庆幸道："没打人就好，谢谢顾大爷。"

三人匆匆进门上楼，顾大爷追着嘱咐道："别让爷爷奶奶知道利贤被扣的事儿，百衡他们不让说。"

林峰在楼梯上顿了一下，继续快步上楼。

第十五集

听到动静,见平从屋里跑出来,冲厨房喊道:"妈,我爸回来啦。"

利贤和丁国兰先从厨房里迎出来,利贤嘴里嚼着东西,丁国兰系着围裙,湿着两手,马立尧和刘百衡随即开门出来,林峰招呼道:"这位是曹梅老师,这都是三家巷的老师们,立尧,先拿东西。"

利贤近前握手,热情道:"曹老师,欢迎您,我是利贤,百闻不如一见,果然是年轻漂亮。"

曹梅微笑道:"利贤,我想说的,你先说出来了。"

利贤抬手介绍道:"这是丁国兰护士长,这是刘百衡老师。"

三人寒暄问好,马立尧回身出来握手,感慨道:"曹老师,终于见面了,最近还好吧?"

曹梅打量道:"还好,马老师,不少人都想见识一下你这位地面试验模型专家呀,今天我先打扰了。"

马立尧谦虚道:"专家不敢当,这些年的研究是跟教研室科研小组一起做的,很多细节是利贤老师补充完善的。"

利贤谦虚道:"我不过是打个下手,模型框架都是马老师搭建的。林峰,你们陪曹老师进屋休息,我和国兰做饭。"

刘百衡体贴道:"利贤,你这两天够累的,你们都休息,正好跟曹老师说说专业话题,我给国兰打个下手。文芳,这次咱们的火眼金睛表现怎么样?"

何文芳一把抓住林峰的臂膀,捏拿一下,得意道:"林峰三号跑得再快再远,咱们也能抓得住,测得准。"

刘百衡一竖大拇指,默契道:"记三家巷六等功一次,奖励红烧黄花鱼半条。"

曹梅好奇道:"六等功,什么概念?"

丁国兰笑道:"孩子们定的,一等最低,六等最高,生活、学习、工作,应有尽有,几个小的经常立功。"

曹梅羡慕道:"早听鹤临说过你们三家巷,果然名不虚传。"

刘百衡搓搓手,得意道:"曹老师,不瞒您说,连蔡老师、李校长都想来立功呢。"

曹梅感动道:"那魏医生就更不用说了。"

何文芳笑道:"行了百衡,再吹几句,黄花鱼就变成蒲公英了,快去打你的下手吧。"

林峰关切道:"哎,百衡,蔡老师、李校长他们都怎么样?"

刘百衡面色微沉,回避道:"先休息,一会儿说……"

校园夜色,刘百衡快步奔走在人行道上,后面紧跟着一身军装的顺子和曹梅,林峰身着便服,跟在最后。刘百衡嘱咐道:"顺子哥,别紧张,你这个黑脸儿最好唱,别管他们问啥,你都是脸一绷,八个字——军事秘密,无可奉告。样子要像个文化程度不高的职业军人。"

顺子爽快道:"明白,就像路大哥那样,不行就骂他两嗓子。"

曹梅紧张道:"刘老师,我要是说话脸红怎么办,他们会不会看出破绽呢?"

刘百衡鼓励道:"革命军人没有小白脸儿,退一万步说,咱们都是国防科委的人,所以不算撒谎。记住,不要跟他们辩论,凡事三言两语归到国防科委,要有列宁的态度,我们不理睬他。"

主楼灯火通明,刘百衡慢下来,嘱咐道:"林峰,你就在这儿等我们出来,很多学生都认识你,千万不要冲动,强龙不压地头蛇,我要是不灵,你也就白费,非要试试,我也不拦你。记住,利贤和立尧今天刚刚过关,明天不知谁又来找麻烦,所以不要剑拔弩张。"

林峰冷静道:"我知道深浅,你们快去吧。"

三人进大门,刘百衡冲门卫摆一下手,快步前行。门卫刚要询问,顺子抬手一个军礼,门卫传染一般,跟着抬手搭一下前额,三人快步上楼。

校部机关走廊入口前厅,人声鼎沸,二十几个男女红卫兵挽在入口,众志成墙,另一伙红卫兵试图冲开三层人墙,两伙红卫兵你推我搡,唇枪舌剑。

刘百衡略皱一下眉,小声道:"看来要费口舌,你们不要轻易说话。"

有人看到刘百衡,马上摆手大喊:"静一静,两派战友都静一静,快看看,不倒翁儿裁判员来啦。"

一些红卫兵兴奋地喊出刘老师,纷纷近前握手,另一些红卫兵不动声色,冷眼旁观。

刘百衡淡然一笑,轻抬双手,拿腔道:"红卫兵同志们,晚上好!长江后浪推前浪,革命新人在成长。我不是你们的老师,而是你们的学生,我们都是毛主席的普通一兵。只不过,我还有一份特殊光荣,刚才有很多红卫兵同志主动上来跟我握手,我感动,我自豪,因为你们紧紧握住的这双手,已经不属于我,这是经过天安门检阅的一双手……"

第十五集

喊话红卫兵马上打断道:"喂,不倒翁儿,你这张嘴,未见得就是经过天安门开光的一张嘴,你无非是老一套,让我们红卫兵偃旗息鼓,放弃革命,我们决不上当!"

同伙纷纷起哄:"对,决不上当! 不倒翁,两面派! 不倒翁,保皇派!"

刘百衡轻悠双臂,笑眯眯道:"癞蛤蟆打哈欠,口气不小哇,你们谁敢说说开光的意思?"

喊声戛然而止,众人面面相觑,有人冲开光者急得直跺脚。刘百衡脸一沉,煞有介事道:"开光是最最典型的封建迷信用语,向来被地富反坏右用来神化草扎泥塑的牛鬼蛇神,敢说天安门开光,居心何在!"

开光派大惊失色,反对派兴奋异常,纷纷嚷道:"刚才谁说的? 现行反革命,站出来! 揪出来!"

刘百衡静静等待,顺子虎视眈眈,曹梅面色潮红。开光者被揪出来,有人上去就是一闷棍,众人追打,没人敢阻拦。开光者抱头鼠窜,本能地躲到刘百衡身后,刘百衡伸手拦住追打者,威严道:"冷静,冷静,要文斗,不要武斗,听我把话说完再打也不迟。"

追打者愤愤而退,刘百衡背手踱脚,挺胸扫视,教训道:"显而易见,这位所谓的红卫兵,其所谓的革命素质非常低下。但是,这并不等于说,他就是政治白痴,也不等于说,他就是反革命。我更愿意相信,他刚才的开光谬论,不过是无知的政治口误,如果因此就把这样一个二百五一棍子打死,那么用不了一年,在场的红卫兵恐怕也剩不下几个……"

众人心惊肉跳,刘百衡察言观色,激昂道:"现在的革命形势一日九变,今天你是革命的,明天你可能是反革命的。怎样才能做到以革命的不变应对反革命的万变? 捷径只有一条,那就是学习,一定要不断地学习,一定要静下心来思考问题。我建议你们两派,回去深入学习一下最近两报一刊的十八篇社论,做到心明眼亮,才能少栽跟头。"

众人心有余悸,两派头头带头鼓掌,没握手的纷纷近前补课,刘百衡话锋一转,诱导道:"看得出来,你们两派之争,实际上是革命情绪之争,千条江河归大海,万朵葵花向太阳,一句话,就是要看准前进方向。我现在郑重宣布,这两位同志是国防科委军代表,他们奉首长之命,要马上带走蔡鹤临同志,传达国防科委的重要指示,请同志们配合一下……"

众学生嗡地炸锅,一派头头警觉道:"等等,我们两派是有分歧,但蔡鹤临是我们两派共同揪出的苏修特务,而且还连带挖出北京同伙,这可是我们两派一箭双雕的革命成果,我们决不放人。"

两派纷纷响应:"说得好!决不放人!"

刘百衡肃然道:"红卫兵同志们,幼稚让我们犯政治错误,无知让我们犯业务错误。因为涉及国家机密,这里我只能讲几句,我也是刚刚得知,由于蔡鹤临科研小组的理论创新,我们最新获得发射成功的东风导弹,如果进一步完善理论设计的结构动特性模型,就可以改进性能指标,直接打到苏修的心脏,我郑重再讲一遍,可以直接命中苏修的心脏。"

众人目瞪口呆,另一派头头上下打量顺子,看着不像,试探道:"这位解放军同志,能给我们看看国防科委的介绍信吗?"

顺子早已按捺不住,断喝道:"少他妈跟我扯犊子!我是打仗军人,不懂你们这些花花肠子,缠来绕去,还是一肚子大粪!再贻误军机,挨个他妈军法从事,都给我滚开!"

众人应声却步,曹梅圆场道:"红卫兵同志们,蔡鹤临科研小组的弹体最优化设计模型,刚刚得到可靠验证,迫切需要进一步修正物理参数,你们当中应该有很多同学对此略知一二,请配合革命军人的工作。至于你们所说的苏修特务北京同伙,我可以负责任地告诉你们,他是我党非常优秀的科技情报专家,为反帝防修作出了重要贡献。"

众人面面相觑,不知所措,刘百衡摆摆手,体谅道:"同学们,老虎也要打个盹,都回去吧,冲个澡,睡个好觉,明天组织学习,提高一下政治理论水平,尤其是政策水平。文化大革命,仅有参与热情是远远不够的。如果欢迎,我愿意参加你们的政治学习活动。"

有人兴奋道:"刘老师,干脆参加我们全无敌战斗队吧。"

另一派争抢道:"刘老师,还是我们照妖镜突击队政治觉悟高,到我们队来吧。"

刘百衡笑而不答,转身下楼,众红卫兵纷纷跟下来,顺子和曹梅快步走进校部机关走廊,直奔科研部⋯⋯

校园大街路口,众红卫兵跟刘百衡挥手告别,刘百衡放慢脚步,看看人群远去,返身找到林峰,后怕道:"总算解决了,差点儿弄出尿来,去接蔡老师吧。"

两人快步奔向主楼大门,迎面过来蔡鹤临三人,林峰跑上前问候⋯⋯

第十五集

刘百衡赶上来,脚下不停,挥手道:"你们快走,陈田两口子还没回家,我上楼找找。"

蔡鹤临回身嘱咐道:"百衡,注意安全。"

林峰跟上道:"我跟你去。"

刘百衡推回道:"文化革命是门艺术,你没有这个细胞,别添乱,还是去看看李校长他们吧。"

林峰看着刘百衡离去的背影,竖一下大拇指,神情凝重。

刘百衡快步又进主楼大门,门卫照例摆摆手,楼上传来阵阵声浪,刘百衡闪身进卫生间,方便一下,打个冷战,洗洗脸,抓抓头,长出一口气……

【闪回:夜晚时分,教工宿舍楼,陈田家,门外响起粗暴的砸门、踹门声,明明本能地抱紧许勤,紧张得瑟瑟发抖,许勤无奈道:"陈田,你不信邪我信邪,开门吧,别把孩子吓坏了。"

陈田爱抚一下母子,一声长叹,起身道:"陋室空堂,看他们还能抄出什么来。"

红卫兵呼啦一下涌进来,为首的焊接实验员黄金宝横眉立目道:"陈田,许勤,你们这两个反动迫害狂听好了,知识越多越反动,血债要用血来还,摆在你们面前的出路只有一条,那就是老实交代,接受革命大批判。"

陈田无奈道:"热情的红卫兵同志们,我真想来一次月经,还一还你们纠缠不休的什么血债,我家许老师给你们吓的,已经一个季度没有来月经。我们都是搞科学的,文化革命,是要表现出一点科学文化修养的……"

许勤看看苗头不对,连忙打岔道:"女同学来不来月经,那是正常、非正常的生理现象,这个月欠下的血债,下几个月迟早是要还的,三年困难时期,我就是这么过来的,很多女人都经历了这种不幸,难道我们都要怨天怨地吗?"

一位女红卫兵立即上纲上线道:"许勤,你说的天是谁?地又是谁?"

黄金宝马上联想道:"你竟敢影射攻击毛主席、党中央!不拿出点儿革命行动,你们的反革命头脑就不会清醒。"

黄金宝一挥手,几个男红卫兵跃起扭住陈田和许勤,几个女红卫兵噼噼啪啪一阵耳光,两人的嘴角流出鲜血,明明吓得大哭起来。黄金宝带头,红卫兵动手抄家,书架上的专业书籍资料散落下来,黄金宝随便捡出一些草纸捆扎,不甘道:"我就不信找不出反动学术权威的黑材料。"

陈田和许勤冷眼旁观……

翻箱倒柜之后,满室乱象,只有靠墙摆放的写字台整洁如初,一尊毛主席半身白瓷像居中摆靠墙边,瓷像左边是一个长方形纸盒,里面整齐叠放毛主席语录和毛泽东选集,最上面摆放一层大小毛主席像章。黄金宝小心地把几枚像章请在手心,单手轻轻翻查几下,又原样摆好,许勤搂住明明,轻轻呼出一口气,陈田不动声色。

黄金宝威胁道:"革命好戏还在后头,到时候我倒要看看,你们再怎么狡辩抵赖,同志们,下一家。"

红卫兵呼哨而去,陈田锁好门,回身拿过纸盒,剥下像章,一层一层揭开,露出底层的一叠书稿资料。许勤过来看看,心有余悸道:"刚才我都快喘不过气来了,亏你想得出来。"

陈田欣慰道:"天无绝人之路,艺高人,胆子大就大在别人的盲点上面。书稿躺在领袖的怀抱,自然成了神圣的宝贝,红卫兵见了这些东西,是要屁滚尿流的。现在家里徒有四壁,抄无可抄,我们可以安心完成这部著作了。"

许勤周全道:"这样好是好,不过心里总有些不踏实,写的差不多了,还是应该放到爷爷奶奶家里。"

陈田点头应道:"那是一定的。"

明明凑上来看看书稿,回身蹲在地上,翻捡乱书堆里的儿童连环画,露出若有所思的神情……】

主楼灯火通明,刘百衡放眼望去,楼道里群情亢奋,每个教室门口躬身一位牛鬼蛇神,标牌上罪名繁多——历史反革命谢玉伦,狂热黑干将杜有康,托派特务白新民,顽固学阀陈田,白专女魔头许勤……

刘百衡定定神,应和口号声浪,跟众人似笑非笑,挤入沸腾的人群……

夜晚时分,教工宿舍楼,三家巷书房,蔡鹤临赤裸上身,就着椅子上的大半盆热水擦身,昏黄的白炽灯下,身上的几块淤青清晰可见。外面的利贤轻轻敲门道:"蔡老师,洗好了吗?"

蔡鹤临答应着稍等,快手擦干,穿好衬衫,回身开门。利贤捧着一大碗手擀面,绿叶上卧着一只荷包蛋,何文芳端着一小碟红肠,曹梅握着一杯清水,马立尧提着半瓶白酒。

蔡鹤临接过面碗,笑意安然道:"都费心啦,知道我爱吃手擀面,呵,还有酒有菜。"

利贤心疼道:"饿了三天,吃什么都香,曹老师,你留下,我们出去,蔡老师,你慢慢吃。"

三人出门,轻轻关上,蔡鹤临坐在桌边,礼让道:"都是好东西,曹梅,你先吃点儿?"

曹梅含笑摇头,蔡鹤临端起面碗,敬一下,吃得风卷残云一般。

走廊里,丁国兰开门出来,听听何文芳家有人说话,就推门进去,关切道:"蔡老师好点儿了吧?"

利贤放心道:"精神状态挺好,刚才发晕是饿的,正吃饭呢。闹闹睡了?"

丁国兰抱怨道:"这孩子也不知怎么了,一天比一天睡得晚,真成了闹闹,文芳,你起的好名儿。"

马立尧无奈道:"运动高潮,你也不看看大人都几点睡。"

何文芳不安道:"哎,国兰,我这心里老打鼓,你说百衡怎么就能让两派学生咬成一嘴毛,立尧反倒没事儿呢?"

丁国兰得意道:"百衡这名儿起得好啊。"

屋门一响,刘百衡悄然进来,委屈道:"谁说我这名儿起得好啊,天天趟浑水,弄不好就是一身泥。"

众人注意到刘百衡额头上淤起的一片青紫,丁国兰近前摸摸,埋怨道:"完事儿就回来呗,又逞什么能啊?下这狠手的,别撞到我手上,十针狂犬疫苗也不解恨。"

何文芳递过一块湿毛巾,刘百衡捂上,咧嘴道:"都打出新花样儿来啦,女人凉鞋底子抽的。陈田两口子算是没救儿了,嘴头子死硬,差点儿把我也搭进去。我看这局面是控制不住了,当家的,明天给我们几个弄成肺结核,开放式的,哥几个喝喝酒,睡睡觉。"

丁国兰高兴道:"这就对了,都到爷爷奶奶那儿去,把蔡老师和李校长他们也叫上,避避风头,出出闷气,要不都得憋出病来。"

利贤关切道:"哎,百衡,林峰怎么还没回来?"

何文芳揉摸刘百衡额头创面,刘百衡疼得吸气道:"不放心李校长和魏医生,去他们家了。给我上点儿碘酒吧,这女人可真够狠的。"

马立尧心悸道:"林峰幸亏穿上这身军装走南闯北,要不就他那脾气,肯定跟造反派干起来。"

利贤补充道:"也幸亏爷爷奶奶没在这是非之地。"

何文芳伤感道:"一提爷爷奶奶家,咱们没有一个不想去的,只有到了那儿,才能什么都不想,什么都能忘,有时候,听爷爷奶奶说话,无缘无故的,眼泪就下来了……"

(下册 待续)

灿烂人生

郑子毅 著

（下册）

哈尔滨工业大学出版社

内 容 简 介

这部 30 集的小说化的电视文学剧本,以中国北方的大山林场、国防工业大学,以及航天基地院所为故事环境,以东风系列导弹、长征系列运载火箭、大型地面跟踪雷达,以及后来的脉冲多普勒机载雷达研发历程的关键理论节点为技术载体,通过历史的使命与历史的无奈这一时代特征的矛盾冲突,融个人实践与国家命运为一体,讲述了新中国成立后的五十年间,三代平民航天英雄及其家人,在历尽沧桑的燃情岁月中,甘于奉献、勇于牺牲的历史担当所成就的灿烂人生。

图书在版编目(CIP)数据

灿烂人生:30 集电视剧文学剧本/郑子毅著. —哈尔滨:哈尔滨工业大学出版社,2015.8
 ISBN 978-7-5603-5534-4

Ⅰ.①灿… Ⅱ.①郑… Ⅲ.①电视文学剧本-中国-当代 Ⅳ.①I235.2

中国版本图书馆 CIP 数据核字(2015)第 166414 号

责任编辑	杨明蕾 李子江 宋晓翠
出版发行	哈尔滨工业大学出版社
社 址	哈尔滨市南岗区复华四道街 10 号 邮编 150006
传 真	0451-86414749
网 址	http://hitpress.hit.edu.cn
印 刷	哈尔滨市石桥印务有限公司
开 本	787mm×960mm 1/16 印张 39 字数 660 千字
版 次	2015 年 8 月第 1 版 2015 年 8 月第 1 次印刷
书 号	ISBN 978-7-5603-5534-4
定 价	98.00 元(上、下册)

(如因印装质量问题影响阅读,我社负责调换)

目 录

第十六集 …………………………………………… 291
第十七集 …………………………………………… 312
第十八集 …………………………………………… 338
第十九集 …………………………………………… 362
第二十集 …………………………………………… 384
第二十一集 ………………………………………… 403
第二十二集 ………………………………………… 425
第二十三集 ………………………………………… 445
第二十四集 ………………………………………… 466
第二十五集 ………………………………………… 486
第二十六集 ………………………………………… 507
第二十七集 ………………………………………… 528
第二十八集 ………………………………………… 549
第二十九集 ………………………………………… 567
第三十集 …………………………………………… 588

第十六集

隆冬时节,冰天雪地,上午时分,兴华小学校园,操场冰面上,一群男女小学生抽冰嘎,溜冰滑,北风中,校舍墙面上的大小字报瑟瑟抖动……

走廊里,邱慧贴身护着一叠作文本,闪身从六年二班教室里开门出来。门还没关上,教室里马上就喧闹起来,邱慧回身嘱咐道:"请大家遵守课堂纪律,好好自习,红小兵也不能例外,排长同学要负起责任来。"

一个捣蛋鬼喊道:"快滚吧,地主婆,藏好你的变天账!"

几个红小兵跟着起哄,邱慧赶紧关上门,快步来到六年一班门前,犹疑片刻,推门进去。

教室里,三十几名学生聚闹在中后排,臂膀上清一色的红小兵袖标,只有见平、佑顺、文和三个白丁散坐在前面两排,讲台下空着十几个书桌位。

邱慧站到讲台上,放下一叠作文本,见平和佑顺起立,文和犹豫了一下,也跟着站起来。其他红小兵见牛成歪坐不动,便放心打闹。邱慧见有三位学生起立,愣了一下,脸上露出笑容,欠身道:"同学们好!"

三人异口同声道:"老师好!"

邱慧报以微笑,略显放松道:"同学们,自我介绍一下,我是你们六年一班的代课老师,我叫邱慧,革命英雄邱少云的邱,伟大女性杨开慧的慧。"

一些红小兵脸上露出笑意,邱慧放下心来,转身在黑板上写下邱慧两个漂亮大字。牛成看着邱慧的背影,不紧不慢道:"又白又胖的,什么出身哪?"

邱慧愣住,慢慢回身,意识到学生是在问自己,不觉脸上泛起红潮,微笑道:"我出身于省吃俭用的小地主家庭,随着文化大革命的突飞猛进,我同家庭已经划清了阶级界限,现在校革委会殷主任说,我是完全可以改造好的进步教师,所以我重新走上了讲台。"

红小兵们嬉笑起来,见平回身,直视牛成,牛成也觉出自己过分,知趣喊道:"安静,安静,听邱老师讲课。"

红小兵们勉强静下来,邱慧心情复杂,小心道:"这位同学是红小兵排长吧,你叫什么名字?"

牛成有些不好意思,欠身礼貌道:"我叫牛成。"

马上有人玩笑道:"牛鬼蛇神的牛,成名成家的成,牛成就是牛鬼蛇神要成名成家。"

全班哄笑,牛成愤然起身道:"好哇你!"

两人扭作一团,笑在一起,邱慧静默无语,见平宽慰道:"邱老师,他们闹着玩儿呢。喂,差不多了,再闹该下课啦。"

两人意犹未尽,继续打闹。

教室门一响,走进一个中年男人,女教师惊讶道:"殷主任?"

全班马上起立,齐呼道:"革命委员会好!殷主任好!"

殷主任长脸再长,教训道:"都坐下吧,看看你们这副德行,成什么样子!复课闹革命,不是叫你们在教室里摸爬滚打,而是通过课堂教育,学到更多的革命理论,尤其是语文课,如果连一张大字报都写不好,那就配不上红小兵这个光荣称号。"

全班鸦雀无声,殷主任冲着前排空位指点道:"这是怎么回事?谁是红小兵排长?报个名!"

牛成马上起立道:"我是排长,叫牛成,小牛鬼蛇神怕批斗挨打,都没来上课。"

殷主任一抬手,威严道:"牛排长,你一定要尽职尽责,逃学的明天必须回到座位上。邱老师,继续上课吧,我观摩一会儿。"

邱慧一愣,慢慢拿起粉笔,在黑板上写下一行大标题:狠斗私字一闪念,揭发身边思想犯。

殷主任坐到前排书桌位上,看看黑板上的大标题,回身满意道:"你们看看邱老师这手好字,完全撑得起我们兴华小学大字报的门面,都跟着好好学。"

邱慧配合道:"同学们,遵照殷主任的指示,今天我们来共同点评一下殷主任留给你们的命题作文,题目是——《狠斗私字一闪念,揭发身边思想犯》,殷主任要求每个同学写出自己家庭发生的不良现象,配上副标题。下面我们就逐篇作文进行分析,第一篇是牛成同学写的《由忆苦饭想到的》,请牛成同学读一遍老师红笔圈过的这一段。"

牛成不情愿地接过作文本,挠挠后脑勺,懒声读道:"每逢学校忆苦思甜大会,我妈都会在猪糠里掺一些白面和白糖,蒸出的糠菜团子让我吃起来没有忆苦,只有思甜。每次我都觉得这样不对,可是从来没有反对过,因为我妈不想让

第十六集

我再次遭受她在解放前经历的苦难,而我……实在是……太馋了……"

全班哄堂大笑,牛成气急败坏,停顿下来,又被殷主任的目光逼住,只得勉强读道:"无产阶级文化大革命的急风暴雨,让牛鬼蛇神像雨后春笋一般涌现出来,也让我深深地明白了一个革命大道理,一个小小的糠菜团子,暴露的是大大的赫鲁晓夫苗头,如果任其发展下去,我就会越吃越胖,越胖越懒,越懒越笨,一直笨到走资本主义道路的当权派……"

全班笑作一团,殷主任带头鼓掌,满意道:"联想得非常生动,牛成同学,回家主持一个斗私批修座谈会,让全家人都触及一下灵魂,我们听听下一个。"

牛成长出一口气,看看见平和佑顺,沮丧道:"早知道挨个儿扒皮过关,我才不会这么写呢,真他妈丢人。"

殷主任一双肉眼鼓在邱慧身上,笑意阴柔。邱慧避开邪意目光,拿起作文本,心神不宁道:"刚才殷主任给出了切中要害的点评和建议,我就不再多说了,我们来看看下一篇作文,标题是——《灵魂重于二斤肉》……"

又是哄堂大笑,邱慧脸上露出失误懊悔的表情,迟疑片刻,探询道:"殷主任,这篇作文的点评我还没有想好,您看是不是先放一放?"

殷主任知人知心,摇头道:"能让邱老师心潮起伏的,那一定是非同凡响的好文章,大家更要欣赏欣赏喽。"

牛成带头起哄,邱慧沉稳一下,感慨道:"这是我读过的最感人的一篇作文,讲述了这样一个家庭故事,生活难关在前,由于一时糊涂,父亲犯下了做人诚信方面的错误,全家人生活在焦虑不安中,但是在母亲的关怀鼓励下,一家人把精神压力变成了克服生活困难的前进动力,终于度过了难关,每个家庭成员都因此改掉了一些坏毛病,养成了勤俭节约和爱劳动的好习惯,尤其是父亲,不仅纠正了错误,得到了组内同事的原谅和帮助,而且还戒掉了多年的烟瘾。"

邱慧停下来,摇摇头,用眼神示意殷主任,不想再说下去。众学生面露期待,刘文和满脸通红,呆坐不动。殷主任拿过作文翻看一遍,一拍讲台:"太好啦!灵魂出窍!入肉三分!同学们,你们先自习十分钟,我和邱老师去拿笔墨,再仔细研究研究,这样的优秀作文,每个同学都要抄写一句,把它变成一张活生生的思想改造大字报。"

牛成兴奋道:"殷主任,你们快去吧,我们一定好好自习。"

同学们纷纷附和道:"快去吧,邱老师,殷主任等着呢。"

殷主任兴致盎然,夸张地竖起大拇指,眼睛却勾住邱慧,挪步微笑出门。邱慧表情细微,面色微红,冲同学们勉强笑笑,默默跟出去,紧紧关上门。教室里顿时喧闹起来……

走廊里空旷清冷,殷主任缩身勾脚,一组太空探步,腾挪到走廊尽头拐角处,拉开虚掩着的革委会办公室铁门,回身大幅躬身招手,长臂猿发情一般。

邱慧犹疑片刻,贴门瞄几眼自顾打闹的两班学生,心下一横,低头快步,闪入革委会办公室铁门。

室内光线昏暗,墙边角落横七竖八插摆棍棒标语牌,大木桌上凌乱堆放纸墨笔砚,玻璃窗上挡贴大标语字幅。

殷主任拉上铁门,轻轻插上大铁销,回身一把抱住美人。邱慧急忙推搡,困惑道:"你也不怕老师、学生出来看热闹?"

殷主任猴急道:"没几个老师上课,牛鬼蛇神都让我锁进收发室了,学生巴不得无法无天,顾不了那么多。"

邱慧知道躲不过,扭头看着晦暗的玻璃窗,不再推搡……

晦暗中,邱慧死过一般,抽身开灯,走到大木桌前收拾笔墨纸砚,催促道:"我爱人调转的事不能再拖了,中学生下手太黑太重,人给打得受不了,我担心他会寻短见。"

殷主任衣冠归位,马上开门看看外面,走廊不远处,一位苗条的年轻女教师扭身笑笑,开门进教室。殷主任拿腔卖弄道:"放心吧,邱慧同志,我会尽快处理的,你爱人是从中学调到小学,水往低处流,好办得很,顶多再有两星期,你就瞧好吧。"

邱慧拿好纸墨笔砚出门,意味深长道:"殷德培,这可是人命关天,决无戏言。"

殷主任一扬脸,无耻道:"这可是君子一言,驷马难追。"

邱慧冷峻道:"消了这笔债,你还欠我二斤肉钱,这样还吧,我收集了十个洗脸盆,一会儿谭校长他们挨斗,每人发一个挡脸,你收获牛鬼蛇神批斗成果,我保住为人师表五官端正,大家脸上都好看,真把脑袋打坏了,家属说不定来跟你拼命。"

殷主任阴损道:"上课前洗脸盆找不到了,我还纳闷呢,革委会办公室的东西,没人敢偷啊,当然了,除了邱慧老师。"

邱慧放慢脚步,鄙视道:"地狱里也不会有你这么恶心的东西,少废话,行还是不行?"

第十六集

殷主任小声讪笑道:"我没那么恶心,你让我痛快,我让大家痛快,就依你,十个洗脸盆挡脸,上下午各批斗十分钟。到底是臭老九,死要面子活受罪。"

邱慧下意识地放慢脚步,不再说话,两人到了六年一班教室门口,殷主任开门,教室里很快安静下来。邱慧把纸墨笔砚放到讲台上,殷主任扬起手中的作文本,威严道:"刘文和起立!"

众学生注目期待,文和怯生生地站起来,殷主任惊讶道:"怎么,你还不是红小兵?"

牛成嘟囔一句:"他姥爷是大地主。"

殷主任卖弄一下,从衣兜里掏出一只红袖标,拍拍手,拿腔道:"同学们,我现在庄严宣布,鉴于刘文和同学写出了触及灵魂的揭发大字报,兴华小学革命委员会破格授予他红小兵光荣称号。"

牛成看看见平和佑顺,两手敲桌吹出口哨,其他红小兵跟着殷主任鼓起掌来,文和面色苍白,不知所措。殷主任走下讲台,拉起文和,拽过左臂,戴上红袖标,再拉直身体展示一下,招呼道:"来来来,都过来,拼一下桌子,抄作文,每个同学轮流写一句,都要受受教育。"

邱慧拦住道:"殷主任,本来逐篇点评作文我就不同意,你还要变成大字报张贴出去,这样做太过分了。"

文和眼泪打转,哀求道:"殷主任,不能把作文抄成大字报,你不是保证触及灵魂的事到你为止吗?"

殷主任笑道:"要不怎么叫狠斗私字一闪念呢,狠就是斗争方式,这篇作文不仅要变成大字报,还要变成模范大字报。刘文和,一篇作文就让你实现了加入红小兵的梦想,你这可是抄了一条革命捷径啊。"

牛成起哄道:"殷主任,他这是幸福的泪水,我们班除了刘文和还有路见平,其他人毛笔字都不怎么样,就让他俩抄写大字报吧。"

见平怒目,牛成挤眼,一副恶作剧的样子,殷主任鼓励道:"怕什么,没吃过猪肉,还没见过猪跑?每个人都要写下触及灵魂的一笔,刘文和先来,写大标题。"

文和呆立不动,殷主任把毛笔塞到文和手上,邱慧牙关紧咬,含泪低头……

下课铃声骤响,小学生涌出教室,四散操场……

走廊里,邱慧吃力地端着一叠洗脸盆停在收发室门前,抬脚踢门,里面马上有人开门。室内挤满了鼻青脸肿的中老年男女教师,谭校长连忙接过洗脸盆放在桌子上。

邱慧嘱咐道:"老师们请注意了,殷德培刚刚同意,从今天起,上下午各一次,每次就在外面批斗十分钟,大家要戴好手套,注意,一定要跪坐在地上,缩在那儿,这样洗脸盆差不多能护住上半身,有的红小兵特别坏,专门扔冰块儿。"

谭校长分发洗脸盆,感激道:"邱慧,真是太感谢你了,这是救命啊。"

众人齐谢,纷纷戴好围脖、棉帽、棉手套,气氛开朗起来,大家胸扣脸盆,相视一笑,鱼贯而出,溜边挪到操场一侧,自觉跪成一排……

抽冰嘎的溜冰滑的踢毽子的扔口袋的纷纷停下来,操场上喊声四起,一些红小兵举着雪团奔袭过来,一阵弹雨,洗脸盆发出咚咚咚咚的闷响,终于斗出了新花样,几个红小兵笑得前仰后合。

寒风中,大多数小学生站在远处,默默观望……

校门口模范大字报专栏,牛成站在椅子上,嘴里咬着几个图钉,慢腾腾地在字迹百变的大字报四角按上图钉,又拦腰加按了两个。全班同学默默看着,凛冽的北风中,《灵魂重于二斤肉》的大标题赫然入目。几个翘首看热闹的红小兵听着脸盆咚咚响,急得跃跃欲试,其中一个催促道:"今天换新花样啦,牛成你快点儿,一会儿就赶不上啦。"

洗脸盆咚咚声稀疏下来,牛成慢悠悠地跳下椅子,把剩下的几个图钉轻轻按到栏板上,看看见平,环顾手下,老练道:"还是老规矩,谁敢过去扔一个雪团子,放学就挨十个冰溜子。今天咱们搞一个革命男女大联欢,分六组踢毽子,男生女生自由组合……"

男生欢呼雀跃,女生捂嘴嬉笑,几个大胆男生争相拉扯害羞班花。大家闹得正欢,矮胖侦察兵跑过来,喘息道:"快去看看吧,六年二班红小兵正贴罗佑顺大字报呢,上面叫他罗大右派,一大堆外号呢,别说是我告诉你们班的。"

矮胖转身不见踪影,六年一班红小兵噷地炸锅,牛成俯身操起冰块儿,威严道:"他妈的,敢污蔑咱们马车工人后代,那就是反对十月革命。都听好了,男人拿冰块儿,女人拿雪团儿……为了列宁,前进——"

喊声震天,观众潮涌,冰块乱飞,雪团开花,两伙学生战在一起,文和悄悄离开队伍,溜进教室,背着书包快步出来,奔上大道……

下午时分,一条漫长的陡坡大道上,往来车辆缓缓行驶,大道上坡方向,骑

第十六集

自行车的人们纷纷在坡底下车,推车上行。三辆装满日用品货物的板车夹杂在人流车流中,拉车的都是六十来岁的老者,拉边套的都是十几岁的少年,文和奋力紧绷在前面一辆板车的左前方,勒右肩,倾全身,艰难前行,左臂上的红小兵袖标分外醒目……

三辆板车缓缓到达坡顶,停靠在路边,三个少年摘下边套挂钩,脸色涨红,喘气调息。三位车主直直腰,掏包付钱,文和接过一毛钱,摘下挂在车把末端的书包。三位车主躬身起步,三个少年在车后躬身推出一段,前面的车主会意地摆一下手,三个少年抽身停步,三辆车渐渐远去……

少年老大从书包里拿出一只军用水壶,自己先喝一通,然后递给老二文和,文和喝完,又递给老三。老二、老三自觉地掏兜拿钱,文和展平手上的三毛钱,拿出一毛递给老大,老三也递上一毛,老大满意道:"今天就这三趟车,明天下午早点儿来,中山路门市部盘点进货,起码要拉六七趟,中午多吃点儿……"

下班时分,兴华小学校门口,模范大字报专栏前,文和身背书包,默默伫立。专栏上一片空白,没有撕扯痕迹。文和一脸茫然,慢慢摘下左臂上的红小兵袖标,握在手里把弄……

最后一位老师走出校舍,值班的大爷出来查看,准备关门,见文和呆立不动,就回身过来,劝说道:"我说红小兵同志,这模范大字报明天抄也不迟,该回家了,也不怕爹妈惦记。"

文和不安道:"爷爷,您知道是谁把大字报撕走了吗?"

大爷近前看看,随口道:"啥时候贴的?"

文和急切道:"今天上午。"

大爷摇头道:"那就不知道了,往常都是旧的贴多了,有人就揭下来扔在地上,我都捡回来引火,今天我这才出来,说不定谁给撕下来,叫大风刮跑了呢。"

文和期盼道:"爷爷,您说的是真的吧?"

大爷习惯道:"这派那派天天斗嘴,你贴我撕,常有的事儿。哎,看你这高兴劲儿,不对呀,你不是要抄大字报吗?"

文和高兴道:"我不抄了,叫大风刮跑了才好呢,爷爷再见。"

大爷看看文和小跑远去的背影,摇头叹道:"没准儿又一个傻孩子,叫爹妈吃不了兜着走啊,殷德培,你就赔阴德吧……"

傍晚时分,马车队平房院落,顺子卸下马匹,抚一抚马匹头颈,慢慢牵到马棚。柱子迎上来,接过缰绳,不安道:"我来吧,二宝今天打架了,还到校医院缝了三针。"

顺子急道:"伤哪儿了,脑袋没事儿吧?这小子不该惹祸呀。"

柱子宽慰道:"没事儿,下巴让冰块儿砸出个大口子,你快回吧。"

顺子匆匆回家进门,杏芬接过衣帽,体贴道:"听见你卸车了,快上炕暖和暖和。"

顺子脱鞋上炕,皱眉道:"今天咋回事儿?叫二宝过来。"

杏芬端上一茶缸煮大麦水,不平道:"你都知道了?这事儿不怨咱二宝,是邻班的孩子瞎起哄,贴咱二宝的大字报,说他的名字反动,管他叫罗右派、罗右倾什么的。"

佑顺出现在屋门口,下巴上绷着纱布。顺子心疼道:"二宝,过来,我看看,疼吧?我就知道你不能随便打架,伤成这样,写你大字报的混蛋挨揍没有?"

佑顺兴奋道:"见平把他的门牙打掉一个,我怕见平挨批,就说是我打的,可牛成偏要说是他自己打的,还说他妈能把这事儿整明白。"

夫妻俩互相看看,顺子笑道:"那后来呢?"

佑顺惋惜道:"见平不同意,主动跟那小子家长说自己打的。没想到那小子他爸挺仗义,说这是骂祖宗的缺德事儿,全是他儿子的错,还说我也缝了针,半斤八两,扯平了,他还让我们跟他儿子交朋友。"

杏芬高兴道:"我就说嘛,别看这世面儿挺乱的,还是好人多,过两天把见平哥儿几个叫过来,妈给你们包饺子,咱得好好谢谢人家。"

顺子赞同道:"对,把满地找牙的爷俩也叫来,不打不成交,朋友就是路。"

佑顺惊奇道:"爸,你怎么知道满地找牙?"

顺子笑道:"你们还真满地找牙了?"

佑顺神情一振,兴奋道:"我们把那小子送到了校医院,丁阿姨看过后,给见平一小瓶盐水,叫他赶紧回去满地找牙。见平和牛成还真找到了,把牙泡在盐水瓶里,一口气跑回校医院。丁阿姨早把魏奶奶从校医院牛棚里领出来,你们猜猜,后来怎么着?"

夫妻俩张口惊讶,互看一眼,杏芬紧张道:"还能怎么着?"

佑顺兴奋道:"魏奶奶把掉下来的大门牙又给固定上啦!还说只要别吃硬,过两个月很可能会慢慢长好。"

第十六集

夫妻俩惊叹不已,顺子拍拍炕桌,苦恼道:"世道儿真是看不懂啊,这些神人怎么就都成了牛鬼蛇神呢?"

佑顺上炕坐到顺子身边,认真道:"爸,我想改名。"

顺子诧异道:"啥,改名?"

佑顺委屈道:"同学们老叫我罗右派、罗右倾,还有更坏的,叫我罗肉排,要不是因为名字问题,我早就加入红小兵了。"

杏芬动心道:"孩子这么作难,要不就改个名试试?"

顺子理解道:"什么红大兵红小兵的,就是打打杀杀,跟咱扯不上。主要是孩子大了,总要奔个前程,这张口右派闭嘴右倾的,确实自己先矮了一头,我看就叫罗左顺吧。"

杏芬埋怨道:"罗左顺?还啰嗦顺呢,多难听啊。"

顺子沉吟道:"嗯,是不怎么好听,那……罗全顺怎么样?"

佑顺失望道:"全顺,包括前后左右东西南北,弄不好,又多出个罗左倾、罗西风什么的。"

顺子一拍大腿:"西风?有了!东风压倒西风,就叫罗东顺!"

杏芬赞同道:"我看挺好。"

佑顺失望道:"非得加个顺字呀?我想叫罗丹。"

顺子一摆手,不以为然道:"什么罗单罗双的,一听就是那个什么小资产阶级琴调,东顺敞敞亮亮的,就这么定了。"

佑顺不服道:"东顺东顺,那同学管我叫冬笋怎么办?"

杏芬开导道:"那是南方菜,咱们北方人,有几个吃过冬笋的?名字里有一个顺字,是你奶奶定的,你想想,现在这形势,奶奶和姐姐一时半会儿过不来,你再把名字全改了,奶奶还不得伤心哪。"

佑顺点点头,懂事道:"那行吧,冬笋总比肉排强。"

全家人笑起来,杏芬高兴道:"你们爷俩唠着,我去热菜烫酒。"

东顺兴奋道:"爸,我陪你喝一盅。"

杏芬劝阻道:"这可不是咱山里老家,哪有小学生喝酒的?"

顺子摆手道:"要是念不上大书,说不定再过几年就当爹了,喝吧,练练胆儿。"

东顺在意道:"我可不想早当爹,将来我还得上大学呢。"

杏芬起身进厨房,夸赞道:"还是我儿子有志气。"

顺子感叹道:"志气最重要,钱先生教林峰和我那会儿,我就没这个志气,我比林峰大四岁,现在想想都臊得慌。不过眼下这阵势,就怕志气变成痔疮,走一步看一步吧。"

杏芬连忙打住道:"二宝,别听你爸瞎扯,这还没喝呢,就满嘴冒酒话儿。"

次日中午,小学生陆陆续续走出校门,文和身背书包,臂戴红小兵袖标,经过模范大字报专栏前慢下来。专栏上新贴了一张大字报,文和表情欣慰,快步离开,矮胖侦察兵从后面跑上来,贴身小声道:"刘文和,六年二班排长领着几个干将,去你爸菜市场贴大字报了,就是你昨天写的模范大字报,他们还加了编者按呢。"

文和大惊失色,颤音道:"他们什么时候去的?"

矮胖肯定道:"最后一堂课排长他们几个就不见影了,十有八九先去贴大字报了。"

文和面露惊恐,拔腿就跑。矮胖后面喊道:"别说是我告诉你的。"

校园菜市场门市部,门面两边墙上糊满了大字报小标语,门口立着醒目的菜单公告栏,栏面上覆盖着一张字迹百变的大字报,报头上横贴着一条歪歪扭扭的编者按,一群顾客评头论足,有人摇头走开。一位大妈近前看菜单,回身操辽宁口音抱怨道:"谁呀,这么缺德,菜名都给挡上了。"

门口顾客往来,奶奶挎着菜篮子进门。豆制品售货区,上货的师傅正在摆放几板新货,几层水豆腐热汽撩人。奶奶走近柜台,从篮子里拿出小布包,找出钱票,递上小盆,微笑道:"同志,给我捡四块豆腐。"

年轻女售货员看看奶奶,随口道:"要斗私批修。"

奶奶摆手笑道:"姑娘,我不要豆丝,要水豆腐。"

女售货员一脸无奈,欲言又止,奶奶伸出四根手指,提示道:"姑娘,四块水豆腐,不是豆腐丝。"

奶奶身后排上来几位顾客,贴身的大妈一看就是热心人,咬着地道的辽宁卷舌提示道:"大娘,你就说,狠斗私字一闪念,要买东西,就得跟售货员同志对上最高指示什么的,这是菜市场新规定。"

奶奶赶紧重复道:"狠斗狮子一闪电。"

女售货员笑笑,接过钱票,奶奶回头小声道:"就买几块豆腐,咋跟老虎狮

第十六集

子斗上了呢？还电闪雷鸣的。"

后面的人笑起来，女售货员找零钱，铲上水豆腐，放进奶奶递过来的小盆里。奶奶前后谢过，转身离开，走向生肉柜台。辽宁大妈近前递上钱票，女售货员随口道："事不关己，高高挂起。"

辽宁大妈果断道："一不怕苦，二不怕死。"

女售货员笑笑摇头，鼓励道："再想想。"

大妈无言以对，后面的年轻女教师看看并无大碍，小声提示道："明知不对，少说为佳。"

大妈连忙重复道："明知不对，少说为家，两块水豆腐。"

女售货员刚要接过钱票，门口一阵骚动，涌进四个青壮男人。为首的壮汉横眉四顾，径直过来，威武道："笔杆子，给我们做个笔录。"

女售货员迟疑道："邢队长，什么笔录？我行吗？"

邢队长回身看看排队的顾客，鼓励道："你不行，菜市场就没有行的了。顾客同志们，售货员小杜同志有紧急任务，十分钟以后回来为人民服务。"

大妈急道："别介呀，领导同志，我这还得回家做饭呢，今天我儿子对象来家吃饭，你看能不能……"

邢队长打断道："不能，菜市场有人短斤少两克扣顾客，必须马上查实，揪出贪污犯。小杜，拿好纸笔，跟我来。"

排队的顾客互相看看，后面有人知趣道："不等了，今天不差这口水豆腐，别再打起来。"

一句话提醒，众人散去。小杜拿好纸笔，跟着邢队长来到生肉柜台，正轮到奶奶选肉，刘师傅抬手荡磨儿下剔骨刀，笑眯眯道："老人家，好好学习。"

奶奶递上钱票，笑眯眯道："这个我会，天天向上。师傅，给我来俩票儿的前槽儿。"

刘师傅说声好咧，刀尖一划，一块前槽肉就上了台秤盘，油亮的中指拨弄标尺码，尚未到位，忽然感觉到什么，抬头看看，柜台前站着四位壮汉，刘师傅迟疑道："邢队长，有事儿吗？"

邢队长不动声色，威严道："停止工作，接受检查。"

刘师傅一愣，马上抱歉道："老人家，对不起，您得等会儿了。"

奶奶回身抬头，打量道："你是队长啊，狠斗狮子一闪电，我一手交钱，师傅一手交货，钱货两清，你不差这一会儿。"

邢队长不容分辩道："要斗私批修，肉是你的，我们替你过一下公平秤。"

刘师傅倒吸一口凉气，脸色微红，不安道："邢队长，这肉还没下秤呢。"

邢队长笑道："钱票都收了，应该不会短斤少两，再说了，一斤前槽，对你刘一刀来说，就是小菜一碟，把刀放下，把肉拿上。"

刘师傅无奈地摇摇头，随手抬过一张包装纸扣在肉上，拿起肉走出柜台。奶奶没反应过来，贴身的顾客小声道："老人家，主持公道的来了，看来外面大字报上说的，就是这位师傅。"

奶奶不解道："大字报，都说啥？"

后面另一位顾客插言道："好像是他儿子写的一篇作文，里面提到他因为家里困难，拿过门市部二斤猪肉钱，后来全家人良心发现，又退还给门市部。这孩子文笔不错，写得挺感人的。"

奶奶可惜道："这位师傅看着就挺面善，说话也周到，当时怕是遇到过不去的坎儿了。现在坏事儿都变成了好事儿，得饶人处且饶人吧。"

旁边的大爷附和道："咱老百姓的日子就该简简单单的，屁大个事儿就叫人上天入地，那不都成了牛鬼蛇神。"

一行人来到公平秤前，一些顾客近前看热闹。刘师傅放肉上秤，退在一旁，小杜近前躬身，拨弄标尺码到位，仔细查看道："九两……九钱……多一点儿，去掉包装纸，就算九两九钱吧。"

邢队长探身复查，逼视刘师傅，低沉道："小杜算是照顾你，顶多是九两九钱，老实交代，一天能卖多少斤肉？"

刘师傅老实道："差不多二百斤吧，少说也有一百五十斤，赶上年节，能卖三四百斤，得俩人忙。"

邢队长环顾众人，盘算道："一斤至少差一钱，十斤至少差一两，一百斤至少差一斤，二百斤至少差二斤，灵魂重于二斤肉，全对上了。刘师傅，跟我们出来，小杜，把刚才的过程全记下来。"

刘师傅听出意思，急忙辩解道："邢队长，不能这么算，切肉都是差一点儿，八九不离十，你添上一块肉丁儿，顾客心满意足，你切下一条肉边儿，顾客疑神疑鬼，这是行规呀。"

邢队长脸一沉，逼人道："没错，你就是利用了行规偷肉换钱的，文化大革命，不幸变有幸，恭喜你还有一个大义灭亲的好儿子。"

刘师傅目瞪口呆，小杜一脸茫然，两个壮汉左右架住刘师傅。卖熟食的组

第十六集

长大姐跑过来,惊讶道:"怎么啦,刘师傅?"

刘师傅预感到了什么,苦笑道:"给大姐丢人了,报应啊。"

邢队长出门抱怨道:"我的组长大姐,你带的好徒弟,看看大字报吧。"

一行人跟出去,店里的顾客议论纷纷,有人愤愤道:"这家伙一天就贪吃顾客二斤多肉,我说大伙儿怎么干吃不胖呢,不革命,行吗?走,去看看。"

门市部外喧闹起来,文和远远望去,人群中,两个壮汉架住爸爸的臂膀,爸爸努力扭头争辩,马上有人近前把头按下去,组长阿姨跟一个高大男人推搡,嘴里喊着什么……

奔跑中,文和的棉乌拉踏在半实的雪地上,咯吱咯吱的踏雪声钝刀扯布一般,一顿一顿的穿入身心,把一个天真少年一分为二……

【文和画外音加画面:伟大领袖毛主席教导我们说,一个人做点好事并不难,难的是一辈子做好事,不做坏事。

我觉得,一个人做点坏事也不难,难的是一辈子做坏事,不做好事。

我想了又想,还是把这段艰难生活写出来。一开始,我是给爸爸的良知觉悟感动了;后来,我是给妈妈的诚实善良感动了;再后来,我是给煤渣堆上的弟弟妹妹感动了;最后,当我把上坡拉边套挣的五块钱交给妈妈的时候,我知道,我是给自己感动了。

我叫刘文和,不叫刘文彩,弟弟妹妹也不是收租院里的地主崽子。就是这个原因,我想做一名红小兵。爸爸,对不起,我不是故意的。】

文和冲到近前,发出撕心裂肺的哭喊:"爸——我不是故意的……"

众人惊愕,刘师傅抬头看看儿子,赫然看到儿子臂膀上的红小兵袖标,惊讶中面露困惑道:"儿子,爸爸也不是故意的……"

下午的北风停息下来,铅灰的天空渗出静谧的雪花,洋洋洒洒,门市部前人流进出。覆盖大字报的菜价公告栏旁,刘家父子和组长大姐低头站成一排,胸前扯住一条横幅标语——狠斗私字一闪念,揪出贪污包庇犯。

不时有人停下看几眼,中间的文和茫然伫立,雪花泪花打湿了脸庞,组长大姐腾出手,抹去文和脸上的雪泪……

刘师傅面色凝重,一端标语从手上滑落,冻僵的手指抓握几下,绷成铁拳。

寒风漫过,标语缠到文和脚下,文和垂头呆立,不敢正视爸爸。刘师傅抬头看天,轻出一口气,拔腿就要进门。

组长大姐反应过来,扑过去一把拉住,刘师傅执意挣脱,组长大姐一个耳光打上去,数落道:"杀口猪容易,一大家子活命可就难了,可不能玩儿命啊!"

文和触目惊心,手中的标语瑟瑟抖动。刘师傅看在眼里,仰天长叹,颓然躬身,向组长大姐深深致歉。组长大姐默默回身,捡起标语一端,搂过文和安抚,刘师傅跟着捡起标语另一端……

朔风劲吹,傍晚时分,滨江火车站出发站台,广播喇叭发出最后提示:"去往北京的旅客请注意,由滨江开往北京的118次直快列车,马上就要出发了,请车下的旅客尽快上车……"

车上响起发车铃声,车下告别的旅客纷纷上车。不远处,何文芳挎包在前,林峰一手一个旅行包在后,两人都是一身军装,一路小跑上车……

列车缓缓启动,很快消融在清凛的冬日余晖里……

主楼礼堂,舞台上,第一排、蔡鹤临、魏如莲、秦主任等中老年牛鬼蛇神跪立伏罪,一条横幅标语牌挂颈展示,黑体大字赫然入目——打倒李国荣!批臭黑干将!后两排,马立尧、利贤、许勤等中青年"牛鬼蛇神"躬身反省,手持棍棒的学生红卫兵站满舞台两侧。

台下爆满,人声鼎沸,高明手持扩音喇叭,快步窜到台上,激昂道:"广大革命斗士们,我宣布,滨江工业大学造反派革命大联合现场批斗会现在开始。把死不改悔的走资本主义道路的当权派李国荣及其走狗陈田押上来!"

礼堂后排一阵骚动,应景师生漠然观望,造反师生摩拳擦掌,众人纷纷向礼堂后排两个入口过道翘首张望,有人声嘶力竭高呼:"打倒李顽固!批臭陈走狗!"

全场振臂呼应……

左侧过道,刘百衡护在前面,不时拨开挥过来的拳头,艰难前行道:"要文斗,不要武斗,来日方长,来日方长。"

李校长挂牌跟在后面,身形憔悴,头脸淤青,两个红卫兵左右紧紧护住,一路拨挡拳头……

右侧过道,陈田挂牌,微微躬身,缓步前行,身后的丁国兰白衣白帽,身背消

第十六集

毒瓶,手握喷雾器,四面喷药,紧跟呼喊道:"注意避让,注意避让,变异肺结核开放期,请保持革命队伍纯洁!注意避让,注意避让,变异肺结核开放期,请不要搭上革命本钱……"

众人纷纷闪开,避之不及……

李校长和陈田从两侧上台,丁国兰和刘百衡留在台下。丁国兰沿着舞台,一路喷药过去。台上的黄金宝一招手,幕侧的两个红卫兵把一块薄铁板抬到台前中央,铁板上摆着铁棍、铁锤,黄金宝扯过电线,把焊枪、焊条放到铁板上,全场瞩目议论……

高明扬起扩音喇叭:"无产阶级文化大革命,就是要破除迷信,打倒反动权威,广大革命师生战友们,睁大你们的火眼金睛,一定要看穿看透反动主仆的丑恶表演,李国荣、陈田,马上把两根铁棍焊成直角,快!"

陈田跟李校长对视一下,陈田摇头,李校长微笑,两人摘下牌子,面对面蹲在铁板前。李校长拿起铁板上两截锈蚀的铁棍展示一下,架在铁锤把上兑成直角,按住两端,从容道:"请陈田老师展示一下什么是伪科学,闭上眼睛,开焊吧。"

陈田拿起焊枪、焊条,装试到位,无奈道:"没有除锈去腐,没有防护用具,的确是伪科学,李校长,我点到为止,不会烫到你的,请闭上眼睛。"

全场屏息,焊弧闪闪,焊花点点,焊烟缭绕,观众纷纷闭目低头……

李校长举起焊成直角的铁棍展示一下,放到铁板上。两人起身退到一旁,自觉挂上牌子,并肩躬身而立,临近的红卫兵纷纷躲开,丁国兰过来喷药……

高明和黄金宝上来检查,两人蹲下,会意一下,各自扯住直角铁棍一端,发一声喊,用力后扯,直角铁棍从焊缝处断成两截,两人后仰摔躺,不忘高举铁棍。台下发出隐约的笑声,高明一跃而起,煽动道:"骗术终究是骗术,绝对逃不过革命群众的火眼金睛,什么焊接权威,什么自然辩证法专家,我们还没用上革命的铁锤,他们就现出了不堪一击的虚伪原形。"

幕侧的矮个学生红卫兵头儿义愤填膺,振臂高呼:"揭穿骗术!"

全场振臂齐呼:"揭穿骗术!"

再高呼:"打倒学霸!"

再齐呼:"打倒学霸!"

再高呼:"陈田万死!"

再齐呼:"陈田万死!"

校革委会男秘书站在领呼者身后,其间轻呼百衡数次,竟然完全淹没在高呼声浪里。秘书一时兴起,从领呼者臂下探出头来,插空急呼:"百衡电话!"

台下齐呼:"百衡电话……"

刘百衡冲上舞台:"革命委员会好!"

全场齐呼:"革命委员会好!"

刘百衡闪到幕侧:"复课闹革命!"

全场齐呼:"复课闹革命……"

冰天雪地,傍晚时分,马车队平房区,爷爷奶奶家,厨房里,案板上摆着六样备料:熟粉条、冻豆腐、血肠、酸菜丝、白菜片、土豆丝,灶边架子上摆着三盖帘大馅饺子。

杏芬熟练地在面板上快擀饺子皮,奶奶闻闻剩下不多的饺子馅,撒上一撮盐,解释道:"大人吃有点儿淡。"

杏芬笑道:"奶奶,爷爷的口还是那么重啊?"

奶奶拌匀饺子馅,欣慰道:"现在好多了,利贤说话好使。"

东屋里,爷爷和顺子坐在炕上,炕桌上摆着两只大茶缸,顺子拿着账本跟爷爷念叨:"一直到开春儿,活儿都排得满满的,伙计们能过个肥年,家家都能攒下几个。"

爷爷喝口大麦茶水,满意道:"年前下屯杀口猪,给老师们也分点儿,猪蹄儿和大肠给丁师傅送去,国兰那儿再给孩子买几件小衣服,不知道国兰自己喜欢啥,叫杏芬操办吧。"

院子里响起孩子们的喧闹声,杏芬开门挑帘,三家巷的孩子先涌进来,纷纷喊着太奶奶太爷爷,后面跟着明明和许勤,丁国兰、利贤、刘百衡、马立尧随后进来,爷爷和顺子迎到厨房。热闹之后,杏芬把男人推进东屋,女人洗手,准备帮忙。杏芬招呼道:"见平,领弟弟妹妹去我家,二宝在家,有杂瓣糖和炒瓜子,一会儿我过去给你们煮饺子。"

见平带头出门,明明留在最后不动,闹闹拉住明明往外走,明明拽住许勤,胆怯道:"妈妈,我不想去。"

许勤鼓励道:"都是最好的小朋友,别怕,去吧。"

明明摇摇头,许勤疼爱道:"妈妈跟你一起去,好不好?"

明明点点头,许勤内疚道:"这些天孩子吓坏了。见平,你们先去吧。"

第十六集

杏芬端过案板上的备料下锅，关切道："出什么事儿了？怎么没见陈老师来？"

明明搂紧妈妈，许勤忍不住掉下泪来。丁国兰叹息道："陈老师终于赶上了蔡老师，成了死不改悔的黑干将，让造反派扣在牛棚了。前几天许老师去牛棚送换洗衣裳，留下明明自己在家……"

【闪回：晚上时分，陈田家，明明依偎在床上看《西游记》连环画。门外响起急促的砸门声。明明紧张地搂紧枕头，砸门声响成一片，一阵紧似一阵，明明慌忙下地，把《西游记》连环画藏到写字台上的纸盒里，盖上语录、毛选，铺上像章，然后哆哆嗦嗦去开门。

呼啦一下涌进来十几个红小兵，列队仰头，齐声吼唱："老子英雄儿好汉，老子反动儿混蛋，要是革命你就站过来，要是不革命你就滚他妈的蛋……"

明明哭腔战栗道："我要革命，我要站过来革命。"

众红小兵收音四顾，见明明一人在家，大喜过望。队长呼哨一声，队员马上贼猴一般翻箱倒柜，猴一翻出一铁盒饼干，猴二翻出一包大白兔奶糖，众猴欢呼雀跃，一抢而光。猴王抓起写字台上纸盒里的像章，两把塞进兜里，然后翻开语录、毛选，露出下面的连环画《西游记》。明明紧张得张大了嘴，众猴近前围观，爆发尖叫，纷纷伸手来抢。猴王俯身护住纸盒，抱起就往外走，急呼道："好东西，快撤！"

明明扑过去拦在门前，哭腔哀求道："我家就剩这些小人书了，给我留下吧。"

猴王横眉立目道："《西游记》打的就是你们这些牛鬼蛇神，快滚开！"

众猴七手八脚，一阵追打，明明抱头缩在屋角。众猴扬长而去，明明哭喊着追出门去："别都拿走，里面还有我爸我妈写的书，把书给我留下……"】

杏芬紧张道："那你们写的书呢？"

许勤失神道："没追回来。见平、牛成第二天查到这帮红小兵，结果书稿早让他们当火把卷着烧了。明明认定自己闯了大祸，怕得要命。我也怕陈田回来难为孩子，昨天被造反派叫到牛棚，跟陈田当面对质白专材料，一下子没忍住，告诉了陈田。他一口气堵在胸口，咳出一口血来，想想真后悔，这不是火上浇油吗？我真担心他挺不住。"

众人大惊,利贤担心道:"陈老师咳血?是不是真有肺结核呀?"

丁国兰宽慰道:"不会,他这是急火攻心,没办法,书稿就是陈老师的命,搁哪儿他都舍不得。"

奶奶叹息道:"青山常在,没病就好,许勤,下回我跟你去劝劝他。"

许勤感动道:"陈田最信爷爷奶奶了,他还嘱咐我,要常带明明到马车队来玩儿。"

奶奶高兴道:"那就常来呗,明明我给你带着。"

明明拽拽妈妈衣角,众人目光关切,许勤会心道:"他这是着急跟小朋友玩儿,走吧,妈陪你去。"

东屋的男人静静听着厨房里的议论,马立尧叹息道:"五年的心血付之一炬,真不知道该怎么安慰陈田。上上下下无一幸免,这场运动现在还看不到头啊。"

刘百衡沉吟道:"局面是惨不忍睹,不过呢,革命委员会全面接管党政工作,可以看成是运动见顶的重要标志,我担心的是运动后遗症,再这样折腾个五六年,那就不是以前的脑震荡,弄不好是要脑残的。"

顺子一顿茶缸,正色道:"听明白了,李校长这班人马,就是咱们国家的大脑,把他们折腾个半死不活,将来孩子们想念书都摸不着校门,一个国家没了读书人,魂儿也就散了。"

爷爷不解道:"远的不说,立尧,就说你跟利贤吧,造反派三天两头把你们弄去打骂一顿,如今又把蔡老师、陈老师这些个为国家冲锋陷阵的关进笼子,我想问问,这都是些什么人给定的罪呀?"

马立尧轻轻摇头道:"这次运动无法无天,已经失控,只要你能拉一伙人打上文化大革命的旗号,一句造反有理,你就可以给别人定罪。"

爷爷看看顺子,思量道:"原来都是山大王,跟山里的胡子差不多。"

顺子半开玩笑道:"爷爷,赶明儿咱马车队也立个山头儿,替天行道。"

马立尧半认真道:"那好啊,凭爷爷的号召力,完全可以成立一个跃马扬鞭战斗队,爷爷一鞭子过去,准让那些害人的酸秀才抱头鼠窜,我们这些牛鬼蛇神也能过来躲个清静。"

门帘一挑,丁国兰端着一盆炖菜进来。众人清空炕桌,顺子接过菜盆摆上。丁国兰提示道:"不可小看这些酸秀才,里面还真有亡命徒,校医院抢救过几个武斗重伤员,一个男生在送医大二院的路上就不行了。"

第十六集

利贤和杏芬端菜进来，马立尧和刘百衡接过摆上。利贤细心道："你们先喝酒，饺子一会儿就好，我和杏芬去孩子那边，陪许勤说话，国兰，你陪奶奶喝一盅。"

爷爷提示道："给孩子们留菜了吧？"

杏芬笑道："有饺子，他们才不吃你的白菜土豆呢。还有啊，赶上月底，白面不够了，饺子本来就差点儿，奶奶说给许勤娘俩留一帘儿，叫我给冻上了。"

奶奶门口探头，心疼道："杏芬哪，你和利贤劝劝许勤，这阵子就在你家避避风头吧，别再是什么派又来抄家打人，吓坏了明明。"

杏芬赞同道："奶奶好主意，我留下娘俩就是。"

马立尧插言道："这样最好，陈田最不放心这娘俩。"

刘百衡闻闻炖菜，情不自禁道："酸菜粉儿炖血肠，文芳最爱这口儿了。"

丁国兰看着爷爷，撒娇道："爷爷，我也爱吃。"

众人哑然失笑，爷爷笑眯眯道："今天就替文芳吃吧，等过年杀猪，血肠管够儿。"

杏芬招呼道："顺子，倒酒，利贤，咱们走吧。"

两人进厨房，招呼一声奶奶，一人一帘饺子出门。马立尧和丁国兰跟进厨房，跟奶奶在灶前忙一会儿，回身端进两大盘饺子和一小盖帘窝头。顺子挨个满酒，奶奶端着一碗炒黄豆进来。

桌上菜齐了，干辣椒炝土豆丝，蒜苗炒鸡蛋，白菜蘸大酱，盐炒黄豆，中间一盆血肠豆腐酸菜粉儿，众人让一让，挤一挤，热热闹闹围坐炕桌。爷爷起酒道："这么一大家子人，有出门公干的，有牛棚遭罪的，坐在热炕头吃饺子的，都是有福的，来，为了李校长他们，干一个！"

众人起酒，一饮而尽。奶奶招呼道："趁热吃饺子。"

众人尝过一回，奶奶端起大盘饺子，挨个分过去，没人推让得了，丁国兰生气道："爷爷奶奶，你们不吃饺子，还让我们怎么教育孩子呀？"

奶奶笑着拨给爷爷几个饺子，把剩下的两个拨进自己碗里。众人又趁热吃过一回，马立尧倒酒，感慨道："身在福中要感恩哪，没有百衡挨打受骂周旋着，没有文芳、林峰一身军装这么罩着，我和利贤十有八九也得蹲牛棚。"

刘百衡起酒道："大难当头，还想坚持点儿什么，活法有三：其一，要命不要脸，像我这样的；其二，要脸不要命，像陈田这样的；其三，要脸也要命，像李校长这样的。我是这么想的，心存善念，天必佑之，所以呀，我们都跟爷爷奶奶结了善缘,来,老人家,我们代表李校长他们,祝二老健康长寿!"

众人喝彩,一饮而尽,又尽情吃过一回,奶奶关切道:"百衡啊,你这学校革委会副主任是多大个官儿呀,能把李校长他们救出来不?"

刘百衡耐心解释道:"奶奶,是这样的,造反的踢开党委闹革命以后呀,这党政工作全都乱了套。怎么办呢?就成立了三结合的革命委员会。怎么个三结合呢?一是没有被打倒的领导干部,二是军代表,三是革命群众,我两头儿都沾个边儿,就给结合进来了。"

丁国兰插言道:"百衡现在分管复课闹革命,相当于过去的教务部长,实际上操的是教学副校长的心。"

刘百衡自嘲道:"革委会当中,有人欢喜有人愁。我就是个维持秩序的,不是李校长点化,我不可能趟这遭浑水。至于李校长他们能不能解放,那是国家的大是大非问题,我只能在他们的人身安全上尽心尽力。"

马立尧补充道:"现在红卫兵跟革委会的分歧很大,一个要扩大批斗,一个要复课闹革命。今天上午,造反派拼凑出十大牛鬼蛇神,准备发起滨江高等院校联合大批斗,李校长成了众矢之的。革委会怕出人命,百衡和几个军代表主动要求参加,希望能控制局面。"

顺子满酒起杯道:"自打爷爷奶奶收留钱先生那时起,我妈就常念叨,救人一命,胜造七级浮屠。刘主任,我敬你一杯!"

众人感念不已,跟着一饮而尽。

奶奶欣慰道:"听着心里踏实多了,别光喝酒,吃菜。"

刘百衡拿过丁国兰的碗,多拣血肠盛炖菜,丁国兰笑眯眯道:"这么多血肠啊,刘副主任,我不姓何,你要是没看错,那我可就领情吃啦。"

刘百衡恭恭敬敬递过碗,调笑道:"吃了上顿没下顿,过年那份儿给姓何的留着。"

丁国兰伸手要掐刘百衡,马立尧笑道:"国兰,得道者多助,失道者寡助,过年我那份儿给你。"

奶奶凑趣道:"这两句我懂,听先生给林峰讲过。兰子,过年爷爷奶奶那份儿也给你。"

丁国兰得意道:"怎么样,刘坏水儿,得人心者得天下吧?"

刘百衡笑道:"还真是,到时候吃成个血气方刚的壮丁,俩孩儿认不出一个娘,可别怪我没提醒你啊。"

第十六集

众人笑着拦住丁国兰,顺子满酒,跟爷爷互看一眼。爷爷起酒道:"来,都抿一口,慢慢喝。百衡啊,你那个红卫兵袖标能不能送我一个呀?"

刘百衡嘴里嚼着盐豆,放下筷子,从裤兜里掏出红袖标,随口道:"没问题。嗯?爷爷,我怎么觉着哪儿不对劲儿呀?"

爷爷随意道:"有啥不对劲儿的?我寻思着,这红卫兵呼风唤雨的,伙计们送货,常遇到他们顺手牵羊,戴上红袖标管用。"

顺子解释道:"其实也没啥大用,就是柱子老跟红卫兵犯倔,给柱子戴一个就行了。来来来,这酒刚喝出滋味儿,都来一口儿……"

第十七集

　　夜晚时分,风雪交加,主楼六楼,走廊里,两个男女红卫兵手挂棍棒,守在自动控制实验室门外。室门紧闭,门上一把明晃晃的大锁。对面是自动控制教研室,室门大开,室内欢声笑语。正面领袖像下,高明红光满面,跟一个老姑娘红卫兵并肩站立,两人互看扭捏,笑脸皱成大囍,三十几个红卫兵大呼小叫,笑闹新人。

　　黄金宝近前两步,站到新人左侧前方,高举双手,示意大家安静下来,激昂道:"四海翻腾云水怒,五洲震荡风雷激,在扫除一切害人虫的战斗岗位上,一对儿革命新人,吹灯拔蜡,破旧立新,为我们展示了文化大革命的胜利成果。这段史无前例的革命姻缘,促成了云水怒战斗队与风雷激先锋团空前的革命大联合,到今夜为止,我们的革命联军已经达到了五百零八人,下面就让新郎新娘为我们献上激励革命斗志的新婚大礼。"

　　高明容光泛紫,意气风发,煽动道:"两派革命战友们,无产阶级文化大革命的大好河山,是我们红卫兵冲锋陷阵打下来的,但是,革命形势发展到今天,我们红卫兵的前途却出现了意想不到的坎坷,革命委员会享用了我们的胜利成果,却没有给予我们应有的一席之地。明天的高校联合大批斗,是我们展示力量,争取权力的最后机会,成败在此一举。借此革命的婚礼,我热切希望在场的两派优秀代表,拿出红卫兵的勇气和智慧来!"

　　全场欢呼叫好,高明招手示意,男战友连忙递上一只包蒙布面的藤条筐,新娘解开蒙布,筐里赫然冒出一只暴怒四啄的硕大公鸡。众人兴奋议论,高明拢住鸡翅膀根部,拎出来展示一下,继续煽动道:"今天的婚礼,没有婚宴,没有喜糖,没有洞房,没有高堂,只有革命的海誓山盟。战友们,红军长征歃血盟誓,我们革命注血结盟!"

　　新娘从军用挎包里拿出针管、针头,众人好奇,有人兴奋道:"高司令,是不是要给大家打鸡血呀?听说现在全国很流行啊。"

　　新娘装好针头展示,激昂道:"一唱雄鸡天下白,打上一针革命的强心剂,可以壮豪情,全无敌!"

第十七集

全场哄然议论，黄金宝怂恿道："大家看看新郎新娘，要不是这两天打了公鸡血，每天只睡两三个小时的觉，早该是灰头土脸了。看看这大囍的脸，啊，都好好看看，一个是紫气东来，一个是气冲斗牛。"

有人调笑道："新娘子，打了公鸡血，蠢蠢欲动了吧？"

全场哄笑，高明兴奋道："不仅如此，这顶级的公鸡血，还能大大提高我们的免疫力，就让陈田的瘟疫统统传给牛鬼蛇神吧。"

有人起哄道："说的好！高司令，快让我们开开眼吧！"

众人围上来，黄金宝半蹲马步，两手紧紧握住鸡爪骨，高明一手掐住鸡冠，一手拢住翅膀根部，新娘快拔鸡脖绒毛，摸索片刻，插针采血，大公鸡惊恐挣扎，艰难鸣叫，三人随之扭动，众人跟着紧张，外围有人笑道："怎么搞的，抓个鸡都不会呀，两个不顶一个，黄副司令，别把脸凑那么近，小心……"

话音未落，大公鸡施瓦辛格一般，愤然紧绷成肌肉男，鸡屎马上充沛，喷射没得商量，黄金宝一个倒仰，顿时鸡飞狗跳，哄堂大笑。大公鸡蹦跳飞奔，夺门而去，几个喽啰笑闹追踪。新娘举起注射器，庄重道："够两个人的，谁先来？"

有人谨慎道："还是新郎新娘做个示范吧。"

高明喊一声好，脱下棉衣，挽起衬衣袖，接过注射器，新娘拿出一根皮筋，勒住高明臂弯静脉，高明平贴血管插入针头，缓缓抽入鸡血，众人发出惊叹。

黄金宝豪迈道："战友们都看好了，榜样的力量是无穷的，再来点儿！"

众人屏息注目，高明稍作犹疑，又轻推一下针管，迅速拔出针头，新娘连忙按上一块脱脂棉。有人开始兴奋，跃跃欲试。

守门的两个红卫兵探头看热闹，男卫兵鼓动道："怎么样，来一针？"

女卫兵本能地缩身，畏惧道："这可是鸡血，我可不敢，还是你们云水怒战斗队厉害……"

对面上锁的实验室内，身穿毛衣的老教授勉强趴在仅有的一张书桌上，头颈探出桌面，顺着双臂下垂，双脚垂搭在一把椅子上，魏如莲毛衣挽袖，肘部用力按压老教授腰部，老教授哎哟着勉强忍住剧痛，魏如莲不时轻喘一下，苍白的脸上渗出虚汗。

背风角落里，水泥地面上，陈田仰面睡躺，头上缠裹纱布，前额渗出血迹，身下铺垫棉帽、棉衣，身上裹盖棉衣。周围靠墙守坐着让出棉衣的李校长、蔡鹤临，以及三男两女五位中老年教授，每人身下垫放棉帽、围巾隔凉，每人身前一叠交代问题稿纸和一支钢笔,人人脸上现出淤青,轻重不同,大家啃着窝头,传递一只大茶缸。

李校长身边的周教授接过茶缸,勉强喝一口水,试着咬窝头,摇头含糊道:"还是不行,张不开嘴。"

李校长放下窝头,捧住周教授的下颌轻轻捏拿,周教授喊疼,李校长安慰道:"不要紧,可能是下颌骨脱位。"

魏如莲闻声过来,查看一番,确认道:"是下颌骨脱位了,老李,鹤临,搭把手……这样,托住头,不要动。"

两人麻利配合,魏如莲示意洗手,一位女教授拿过茶缸,起身来到门口墙边,魏如莲伸手,女教授慢慢倒水,魏如莲洗净甩几下,回到周教授面前,躬身稳住,两手大拇指入口,按住两边下牙,其余手指托握下颌,轻轻摩挲周教授的皮肤,脸上露出鼓励的微笑:"放松——"

周教授安下心来,魏如莲两指内下压,八指外上抬,只一送,周教授啊了一声,张口闭口,伸缩活动几下,口齿清楚道:"好了。"

众人感叹不已,魏如莲俯身摸摸陈田的额头,轻轻按压血渍周围,陈田迷糊道:"头晕,脑壳里面胀痛。"

李校长掰下一小块窝头,鼓励道:"人是铁饭是钢,来,吃一口。"

陈田失神道:"恶心,吃不下,脑子打坏了。"

魏如莲宽慰道:"别担心,已经十个小时了,没有明显水肿,症状没有恶化,应该是严重脑震荡。明天早上红卫兵换人,我再跟另一伙商量,争取送医院,会好的。"

陈田微目沉静,喃喃自语道:"好便是了,了便是好,好了好了……"

两位女教授潸然泪下,众人表情凝重,蔡鹤临轻轻摇头,叹息道:"这样的天下大乱,怎么可能达到天下大治?"

大家转头探询答案,李校长沉吟道:"这样的天下大乱,完全有悖于我们的民族精神,完全有悖于我们党全心全意为人民服务的宗旨,所以,其兴也勃焉,其亡也忽焉,大家不要失去信心,我们成为众矢之的,以一当百,我们的八百壮士就会得到更多的保全……"

当夜,马车队院落,爷爷奶奶家,东屋里,地当中立着九名伙计,人手一根粗大硬木镐把。顺子穿戴褪色的军大衣、棉军帽,其余都是皮帽、皮袄。炕头上,

第十七集

爷爷奶奶扯住一条红布,杏芬用红卫兵袖标在红布上比量几下,竖剪横扯,即成八块。

顺子近前一步,伸出左臂,杏芬裹上红布,大针脚几下缝好,伙计们挨个过来,伸臂缝上,最后一个伙计伸臂等待,杏芬空手无奈道:"就差一个,怎么办?"

奶奶摆手道:"二小儿,没有红袖标一样救人,你就当是积极分子吧。"

爷爷起身下地,穿上半长皮袄,杏芬拿过唯一的红卫兵袖标,看看套口窄小,随手剪开,爷爷伸出左臂戴上,杏芬几下缝好。

爷爷摘下墙上的一杆包布,拉开系结,抖出里面的双筒猎枪,奶奶从炕柜里最上面隔段拿出子弹包递过去,爷爷掰枪推上两颗子弹,靠墙放下枪,拎起子弹带系挂在腰间。众伙计面面相觑,顺子惊讶道:"爷爷,还动真格的?"

爷爷沉稳道:"救人不能有假,咱们人少势单,没有枪,恐怕难以服众。伙计们,都听好了,以枪为令,枪一响,你们只管动手。就是书架子不经打,一镐把抡在小腿上,足够他们将养下半辈子的,遇到亡命徒,撞在我的枪口上,那就算他倒霉。记住,你们还要养家糊口,出了人命,都推到我头上。"

伙计们齐声断喝:"全凭爷爷做主!"

奶奶从炕柜里拿出两瓶红星二锅头,摆在炕桌上,杏芬进厨房,看到许勤搂着明明站在灶间里,大吃一惊,许勤嘘指安静。杏芬会意,端碗回屋,在炕桌上摆上十只大碗。顺子咬开瓶盖,咕咚咕咚一溜倒过去,爷爷端起酒碗,挨个伙计敬递,凛然道:"酒碗在手,大义在心,干了……"

当夜,主楼六楼,自动控制实验室门外,门锁依旧,卫兵打盹。对面教研室内,地上鸡毛散乱,三只电炉子拼成鼎足,大铝锅里沸滚着碎鸡肉,五六个红卫兵手里掂着食堂小饭盆,眼巴巴围观。高明面色紫胀,蹲在锅旁,新娘抓了一把葱花撒入汤锅,高明上下旋转搅和几下,挨个小饭盆盛鸡汤。

红卫兵三三两两凑成多组,每组共享一小饭盆鸡汤。一个男兵吹开汤面上的油花,吱溜吱溜连喝两口,表情享受一下,递给女兵。女兵学着男兵吹吹,飞眼媚一下,也是连喝两口,兴奋道:"以前在家吃饭,经常把饭菜拨出来单吃,我妈说我有洁癖,我爸说我像资产阶级大小姐。现在好了,几个战友喝一盆汤,有一种大战前夜的悲壮情怀。"

黄金宝端着一洗脸盆杂色点心凑过来,卖弄道:"洗心革面就是不一样,就说我吧,前两天打了公鸡血,这浑身上下焕然一新,那个荡气回肠啊,简直妙不可言,这不,刚才又一针打进去,脚气也好多了,来来来,吃点心。"

男兵随手抓过饼干、炉果,张嘴就咬,女兵咧一下嘴,下意识道:"黄副司令,下次抄家,能不能给我留一包没开封的长白糕呀?"

黄金宝拍拍女兵手背,体贴道:"不用下次,我宿舍里就有一包,还有稻香村的绿豆糕,等后半夜检查完牛鬼蛇神的交代材料,跟我回去拿就是了。"

男兵冲女兵露出坏笑,女兵反应过来,连忙推辞道:"不用,不用,我一定要彻底改掉小资产阶级坏习惯。"

黄金宝不以为然,摆摆手,继续慰问下一组战友,鼓动道:"怎么样,一针鸡血打进去,浑身发热了吧?我们就是要保持旺盛的革命斗志……"

新娘一手捧着点心,一手端着鸡汤,出门慰问两个卫兵,热情道:"来,不习惯打鸡血,那就多喝鸡汤。"

男卫兵客气礼让,女卫兵接过汤盆,不解道:"就一份儿?"

男卫兵理解道:"今天是两派代表欢聚一堂,处处体现革命一家亲。"

女卫兵为难道:"那也不能不讲卫生啊,我喝不了这么多,还是你喝吧。"

男卫兵笑道:"这个容易,你先喝足,剩下的给我就行了。"

女卫兵扭捏道:"那多不好意思呀。"

男卫兵调侃道:"未免小资产阶级情调了吧?喝吧,我不介意。"

女卫兵勉强喝几小口,递给男卫兵,男卫兵嘘着热气喝光,两人分吃点心。

对面室内,魏如莲敲门道:"红卫兵同志,上厕所时间到了,请开门好吗?"

门外,新娘厉声道:"交代材料都写好了吗?"

门里,李校长应道:"该写的都写了,请开门吧。"

男卫兵抬手看表道:"三个多小时了,我去拿钥匙。"

新娘拦住道:"不用去,高司令交给我了。"

新娘开锁开门,大家出来,押后的蔡鹤临拿出一只空玻璃瓶,俯身道:"陈田,都出去了,现成的玻璃瓶,尿一下吧。"

陈田轻轻摆手道:"谢谢蔡老师,我真没有,你们去吧。"

新娘招呼道:"来人哪,放风时间到了。"

室内跑出几个手持棍棒的红卫兵,男女各领一队,走向男女厕所,魏如莲手里拿着茶缸,留住不动,礼貌道:"这位女同志,你是领导吧?"

新娘冷漠道:"就算是吧,什么事?"

魏如莲指一下清冷的室内,平和道:"陈老师受伤,头晕恶心,十个小时只

第十七集

勉强喝了几口水,你看能不能给他一杯热汤?"

新娘看看周围没人,勉强道:"你等等,我去问问高司令。"

话音未落,红卫兵室内传来空盆掉落水泥地面的刺音,有人大喊:"高司令!高司令!"

新娘大惊,急忙跑进去,只见高明摔躺在汤锅旁,手脚抽搐,面色紫胀,嘴角涌出秽物。

众人围上来,新娘扑上去,不断拍打高明头脸,吓出哭腔道:"怎么了你,啊?刚才还好好的,怎么了你,啊?说话呀你!"

高明两眼发直,梗脖含糊道:"魏……魏……"

新娘大喊:"快叫魏医生!快!"

几个男兵拉扯起高明上半身,胡乱拍打,魏如莲出现在门口,众人翻浪一般,唰地分开,新娘回身哭腔道:"魏医生,高明早就说你医术高明,求求你,再救他一次吧。"

魏如莲快步过来,略看一下,沉稳道:"都不要乱动,马上给他垫上棉衣、棉帽,慢慢把头放下。"

马上有人脱下棉衣,拿过棉帽,铺垫在高明上身、头颈下面,几个人轻轻放倒高明,魏如莲蹲下,查看高明瞳孔、脉搏,命令道:"室内缺氧,马上开窗,把东西都撤开,拿筷子……你过来,这样,压住舌头,防止窒息,电话在哪儿?"

马上有人开窗,男兵七手八脚撤走铝锅、电炉,黄金宝从角落书桌上扯过电话,魏如莲快手拨通:"喂,校医院吗?我是魏如莲……"

【啊?魏医生!我是小汪,你在哪儿?李校长怎么样?】

魏如莲简要道:"我在主楼六楼自动控制教研室,情况紧急,一位红卫兵领导突然中风,马上叫救护车过来,送医大二院。"

【魏医生,现在是有车没人开呀,司机叫红卫兵给打回老家去了,急救人员也找不到。】

话音清晰,众人面面相觑,魏如莲冷静道:"你马上跟学校车队要司机,我马上联系医大二院救护车,咱们双保险,等我电话……喂,总机交换台吗?请接医大二院……喂,医大二院吗?我是滨江工业大学校医院医生,我们这里现在有紧急情况,需要你们的救护车马上来接一个刚刚中风的病人……"

【今天这是怎么啦? 人脑袋都打出狗脑袋来啦,救护车都让市立医院叫走啦,你就是把病人送来,现在也排不上号,医生不够啊。】

新娘瘫倒在地,无助道:"作孽呀! 作孽呀!"

魏如莲拨通校医院电话:"喂,小汪吗? 医大二院无车可派,你那儿怎么样?"

【别提了,值班司机说自己没有救护车驾驶本儿,我说病人是红卫兵领导,人家说那就更要坚守革命岗位,否则另一派红卫兵不答应。】

红卫兵嗡地炸锅:"谁呀这是? 揪出来!"

新娘抬头骂道:"一群混蛋! 都什么时候了,还瞎搅和,魏医生,远水不解近渴,你快想想办法呀。"

魏如莲嘱咐道:"小汪,你准备好中风急救措施,我们马上送人过去。"

【明白,魏医生,你要注意安全……】

一个干瘪男兵蹲过来逞能道:"来,我先背!"

魏如莲拦住道:"中风最怕随便乱动,卸下一扇门板来,抬着去。"

黄金宝立目吼道:"你们几个,快去!"

魏如莲再查高明体征,问询道:"以前有过类似症状吗? 这几天饮食、休息情况都怎么样?"

新娘一把鼻涕道:"从没见他抽什么风啊,这两天忙着准备红卫兵大联合,没怎么休息,每天披星戴月,跟打了鸡血似的。"

点心女兵马上接话道:"就是打了鸡血,而且连打三天。"

魏如莲诧异道:"连打三天鸡血? 每次多少毫升? 是肌肉注射还是静脉注射?"

新娘老实道:"头两天每次打半针管,今天黄金宝一鼓动,他就推了大半针管,是大臂静脉注射的。"

魏如莲无奈摇头,新娘困惑道:"宣传材料上说,打公鸡血对一系列顽症有特效,什么脑中风、阴道瘙痒、牛皮癣、脚气、脱肛、痔疮、咳嗽、不孕症,还能提高免疫力,滋阴壮阳功效胜过老山参十倍……"

魏如莲打断道:"没有任何科学依据,这是拿生命开玩笑。"

新娘颤声道:"魏医生,你看高明是不是鸡血打多了,结果从量变到质变,矛盾性质发生了根本变化呀?"

魏如莲分析道:"他这么年轻,除非脑血管先天畸形,否则一般不会脑中风。现在从症状上看,鸡血凝栓引起脑中风的可能性很大,打鸡血跟打猪血、打狗血没什么差别,就是往人血里添加微量异物蛋白,人体自然会产生应激反应,症状是浑身燥热,面红耳赤,人心要是再想入非非,人体也就跟着躁动起来。"

新娘揪心懊悔道:"现在说什么都晚了,魏医生,那有没有生命危险呢?看他这个样子,我都不敢想以后的生活。"

魏如莲谨慎道:"鸡血打多了,可能会出现这种症状,我也是第一次遇到。你们让开一些,病人需要新鲜空气,拿温开水来。你们几个,把棉衣脱下来,桌子拼一下,我们现在能做的就是通风、保暖,尽可能让他多喝水,促进代谢。你,再把电话递给我。"

黄金宝乖乖递过电话,魏如莲拨通校医院:"喂,小汪吗?情况有变,是打鸡血引起的不良反应,有可能是鸡血凝栓造成的脑梗,你马上带五瓶盐水过来,挂吊瓶。小心路滑,主楼六楼,自动控制教研室。"

【明白,五个吊瓶,急救包我也带上,骑车来,放心吧。】

男女厕所门口,几个红卫兵拄着棍棒无聊等待……

男兵一调侃道:"顶级反动学术权威就是不一样,撒个尿、拉个屎也要这么认真,这都多长时间了。"

男兵二调笑道:"这十大顽固分子,本来就又臭又硬,批来斗去,没一个吓尿裤子的,每天又是干啃窝头,见不着半点菜油,不认真,能拉出来吗?再说了,他们宁可在厕所呆着,也不愿与咱们为伍。"

女兵一不满道:"真恶心,能不能说点儿别的呀?"

男兵三困倦道:"说实在的,斗了两年多,我都有点儿烦了,心里越来越不踏实,最近就怕跟这些顶级牛鬼蛇神辩论,几句话就能把你逼到厕所里……"

红卫兵室内,高明躺在书桌上,身上裹盖棉被,头颈略垫高,新娘端着一小饭盆温水,试着用汤勺喂灌。高明歪头努力,呛水咳得面紫耳红,魏如莲提示道:"这样不行,有没有塑料细管之类的东西,毛笔竹管也行。"

黄金宝拉开抽屉,里面散簇着各号毛笔。魏如莲挑出一管细竹,拔掉笔头,吹一下,洗一洗,来到高明跟前。新娘明白用意,接过来竹管,一头插入饭盆水,一头搭入高明口,高明侧头歪嘴,一阵努力,半盆水见底。新娘及时添水,高明含糊道:"谢谢。"

新娘大喜泪奔,众人面面相觑,无言以对……

魏如莲查看高明面部、手脚,命令道:"你们几个过来,慢慢给他搓手揉脚,手腕脚腕也要活动,这样有助于预防新的血栓发生,都看好了,是这样,力度要适中,顺便揉搓小臂小腿,注意腿脚盖好棉衣……"

走廊里传来轻重不齐的脚步声,魏如莲起身,忍不住抚腰顿住,疼得虚汗津津,无力道:"他们回来了,我也去一下厕所。"

新娘动了恻隐之心,试探道:"黄副司令,给他们喝点儿热汤吧。"

黄金宝未置可否,众人一脸茫然,新娘自我圆场道:"那就等看完交代材料再说吧。"

话音未落,对面门口响起女教授惊恐的喊叫声:"陈田,你干什么?快下来!李校长,快来呀!"

顿时喊声一片,魏如莲神色一震,快步跑出去,众人跟出去……

黄金宝回头对高明耸耸肩,强做镇定道:"革命者光明正大,反革命者做贼心虚,陈田要是血债真用血来还,那我们红卫兵也没办法。"

高明呆看新娘,含糊道:"快去看看。"

新娘胆怯道:"牛鬼蛇神到了寻死觅活的份儿,我去了只会添乱,还是领导去吧。"

黄金宝勉强道:"那你照顾高司令,我去看看。"

内窗台上,陈田手扶窗框,探身向外眺望。天空繁星闪烁,大地朦胧淡漠,午夜的寒风夹着外窗台上堆积的雪粉,徐徐吹拂裤脚,恍惚之间,竟然撩开记忆深处的诗情画意,叫人萌发纵身一跃的绝尘冲动……

陈田左脚探出窗外,踏实积雪,只需再探一下苦难的肉身,灵魂便可以自由飞翔。众教授战栗无声,红卫兵惊悸却步。

蔡鹤临一声断喝:"父精母血,焉能弃之!"

第十七集

陈田周身一震,茫然凝立。

难耐的寂静中,陈田仰望星空,扶着窗框的手臂颓然滑落。众人大惊,不觉前涌,李校长平臂拦住,正气浩然:"人固有一死,或重于泰山,或轻于鸿毛,为人民的利益而死,就比泰山还重!"

陈田终于缓缓回过身来,魏如莲饱含热泪,情深意切:"生命是最大的恩惠。陈田,明明和许勤都眼睁睁盼着你哪,带他们回重庆老家过年吧。"

陈田涌出泪水,脸上透出生机,浮现一丝笑意:"冷风吹吹,头脑清醒多了。说得真好,人是不可以忘本的,高堂不能丢下,人民还要报答,前几天答应过,是要带他们母子两个回重庆老家过年的。"

众人涌上去,蔡鹤临和李校长把陈田扶下来,红卫兵黯然而退,黄金宝冷酷道:"李顽固,再给你们五分钟,定定惊魂,把交代材料都给我收上来。魏顽固,你出来,上锁!"

李校长和蔡鹤临拦在魏如莲身前,魏如莲宽慰道:"别担心,有人中风,我去看看。"

魏如莲出门,男卫兵关门,女卫兵锁门。黄金宝命令道:"你们坚守好战斗岗位,魏顽固,还不快去看看高司令!"

魏如莲要求道:"我先去一下厕所。"

黄金宝翻一下白眼,不耐烦道:"快去快回。"

楼下传来隆隆的脚步声,走廊里几个抽烟的红卫兵侧耳细听,表情惊惧。探子飞奔到楼梯旋转处,引颈下探,惊见军大衣、羊皮袄闪过,马上惊弓之鸟一般回奔呐喊:"不好啦,全无敌战斗队来抢人啦!"

黄金宝带头冲出来,急切道:"你看清了?"

探子紧张道:"全无敌战斗队一贯是军大衣打头阵,不会错,副司令,可不能让他们抢了咱们的头功啊。"

楼梯方向,隆隆的脚步声愈发沉重,黄金宝回身大喊:"准备战斗!快叫预备队!"

红卫兵纷纷操家伙,魏如莲不为所动,查看高明内耳,摸测高明脉搏,新娘紧张观察,女兵慌忙拨通电话:"喂,预备队吗?我是联合指挥部,马上报告尤队长,全无敌战斗队来抢胜利果实了,赶快过来增援……"

楼梯回转,十双毡靴隆隆而上,走廊入口,两列棍棒严阵以待……

一身军大衣,九披羊皮袄,红卫兵看得目瞪口呆,直到看清无字毛边红袖标,众人才松一口气,纷纷笑出声来。

　　兵一调侃道:"这是演的哪一出啊,《林海雪原》吧?"

　　兵二接话道:"是黄副司令安排的慰问演出吧?你们看,这老头的道具枪还真像那么回事儿。"

　　兵三逗趣道:"头回见到全无敌的老红卫兵,新鲜啊,有七十了吧?"

　　众人哄笑,黄金宝冲探子骂道:"没用的胆小鬼,谎报军情,兴师动众,还不快打发了他们!"

　　探子领命出列,拦住爷爷,尖叫道:"红卫兵重地,闲人免进,赶快离开!"

　　队伍停下,爷爷打量笑道:"红卫兵也会种地?里面种的什么呀?"

　　红卫兵哄笑,兵一卖弄道:"里面种的十大牛鬼蛇神,怎么样,老爷子,要不要尝尝鲜呢?"

　　红卫兵又笑,爷爷不动声色,回看道:"伙计们,那咱们就尝一尝?"

　　顺子会意道:"一人一个,不多不少,弟兄们,跟上爷爷。"

　　爷爷起步强行,伙计提棒跟上,黄金宝看看不对,握棒护身,尖叫道:"快拦住他们!"

　　探子挺身立功,早被顺子一镐把点在裆上,顿时鸡飞蛋打,滚地哀号,红卫兵大惊,棍棒齐举,喊声震天:"造反有理!缴枪不杀!"

　　爷爷摆右手稳住队伍,随手拨开枪机,抬左手枪口点名,红卫兵惊悚呆立,鼹鼠望风一般。爷爷缓缓举枪,借问苍天,伙计们虎视红卫兵,三十几双惊恐的眼睛紧盯枪口,一眨不眨……

　　一声闷响,棚灰盖地,红卫兵愣神片刻,摸顶互看,女兵杀猪一般,齐声尖叫,男兵赛马一样,争先奔逃……

　　伙计们茫然四顾,二小儿不甘道:"这就完活儿啦?"

　　柱子愣神道:"这扯不扯呢,还连哭带跑的,受了多大委屈咋的?"

　　顺子理解道:"唉,知识分子嘛,别扯了,跟上爷爷……"

　　顺子进门查看,新娘抱紧高明,早已吓作一团,魏医生起身,惊讶道:"顺子?听着是枪声,没伤人吧?"

　　顺子快步近前道:"没事儿,魏医生,跟我走!"

　　魏医生俯身嘱咐道:"不要动,我去看一下。"

　　新娘可怜巴巴,使劲点头,高明含糊道:"多谢。"

第十七集

爷爷看看门上大锁,确认道:"就是这儿了。"

柱子抡起镐把,两下砸开,伙计们守在门外,爷爷和柱子进门。教授们蹲躲角落,蔡鹤临和李校长护在外围,蔡鹤临惊讶道:"爷爷?柱子?"

陈田探身,惊喜道:"爷爷?万万岁呀爷爷!"

李校长近前关切道:"爷爷,伤着人没有?"

爷爷宽慰道:"一枪天女散花,都吓跑了。李校长,各位老师,你们受苦了,穿上衣服,咱们回家,走不动的,伙计们进来背。"

周教授担忧道:"回家?那还不得罪加一等啊。"

李校长思量一下,宽慰道:"老师们都请放心,老人家有一个革命大家庭,容得下我们这些受迫害的人民教师。"

教授们谢过,互相搀扶着起身,爷爷诧异道:"魏医生呢?"

魏如莲按腰倚在门口,疲惫道:"爷爷,我在这儿呢。"

柱子扶起陈田,陈田恍如梦境,喃喃自语道:"猎枪的响法的确是非同凡响的,脑子这么一闪,爷爷就到了眼前,我是相信救世主的。"

众人穿衣戴帽出门,老教授们又是一番鞠躬致谢。伙计们诚惶诚恐,连忙扶起,柱子亲切道:"周教授,快请起,我给你家送过蜂窝煤,你老伴儿还多给我一块钱呢。"

周教授感动道:"劳动人民好啊,善良朴实,要命的时候,又来匡扶正义。"

爷爷招呼道:"咱们走吧,回家喝酒压惊。"

众人脸上露出久违的笑容,魏如莲和李校长走在后面,顺子押后,魏如莲停住脚步,嘱咐道:"老李,你们先回去吧,中风病人还没有脱离危险,我得留下来。"

顺子急道:"那怎么行?这些人渣可是禽兽不如呀!"

魏如莲平和道:"人渣好歹也沾个人字,我是医生,不能见死不救。"

李校长沉吟片刻,成全道:"顺子,路上好好照顾大家,我和魏医生留下来。"

顺子无奈道:"怕是不行,我去跟爷爷说。"

红卫兵室内,新娘搂紧高明,两人静静聆听……

楼道口,小汪身挎急救包,手提吊瓶兜,急匆匆赶过来,差点跟顺子撞个满怀,小汪诧异道:"顺子哥?"

顺子匆匆指点道:"汪护士,人在里面。"

小汪快步赶过去，喘息道："魏医生，李校长，你们怎么样？受伤没有？"

李校长微笑道："小伤自愈，我们都挺好，小汪，辛苦你了。"

魏如莲心疼道："看你这一路跑的，难为你了。"

新娘出现在门口，略躬一下身，开口说出人话："多谢大家，李校长，你快走吧，一会儿我们的预备队就来了。"

魏如莲进入职业状态，命令道："老李，你快跟他们走，小汪，我们进去。"

李校长悄然守在门外，默默关注，肃然起敬……

小汪麻利上手输液，新娘举着吊瓶守在桌边，魏如莲听心音，测血压，刺要害，脸上露出微笑，宽慰道："心音正常，血压稍高，压差在正常范围，左半身刺痛感稍差，别担心，输液以后，血管会处于充盈状态，有助于代谢异物，你这么年轻，容易恢复，心情要放松……"

众人聆听，静静等待，小汪查看高明的状态，稍微加快输液滴速。

寂静的点滴中，慢慢的，高明眼角淌出泪水，不觉抬起输液的左手，颤抖着抹一下，新娘连忙拿好输液管，惊喜道："高明，左手能动了！"

高明忽然清晰道："魏医生，再谢救命之恩。"

魏如莲表情欣慰，轻轻鼓励道："年轻是最好的特效药，情绪要放松，一切都会好起来的……"

走廊里，爷爷和顺子大踏步赶回来，李校长快步迎上去，急切道："爷爷，不能因为我俩耽误大家，快领他们走！"

爷爷沉着道："人都送上马车了，有柱子跟蔡老师照应着，咱们都放心，半夜道路通畅，快马加鞭，一会儿就到家。"

李校长紧紧握住爷爷的手，恳求道："谢谢老人家，你们还是回去吧，麻烦才开始，您是大家的主心骨呀。"

爷爷动情道："既然叫我老人家，那就听我的，你跟魏医生的安全，我跟顺子愿意用命来换……"

魏如莲闻声出门道："谁的命也不能换，你们都快离开，我现在是救死扶伤的医生，他们不能把我怎么样，再不走就来不及了，老李，你快带个头呀！"

李校长一抱拳，朗声道："老人家，我们是患难夫妻，自然要相濡以沫，你们就快走，成全我们吧……"

室内，新娘和高明对视无语，高明忽然撑起上身，清晰道："扶我起来。"

新娘又惊又喜，边扶边问："行吗？慢点。"

第十七集

新娘举着吊瓶,两人挪到门口,高明倚靠门框,新娘身边扶住,高明困惑道:"魏医生,李校长,你们这样以德报怨,我们将来何以报德?"

新娘惊讶不已,争执不下的四人闻声回身,李校长从容不迫,中气十足:"年轻人,我们不惜以德报怨,你们终会以德报德……"

午夜寒凛,路灯凝晕,校园大道上,三挂马车一路疾奔……

远方空旷,静谧深沉,前面的柱子扬鞭抢开一个空响,后面的伙计兴起,跟着两个空响,余音入夜,绵延回荡……

马通人性,抖鬃嘶鸣,马识归途,奋力奔腾……

陈田搂着明明裹在棉被里,同车还坐着许勤、杏芬、蔡鹤临,明明仰头夜空,联想道:"爸爸,你说星星上的猴子会不会也变成人呢?"

陈田缓缓仰头,安详道:"我想不会吧,变成人却不是人,就成了人不人鬼不鬼的东西。"

众人表情凝重,明明追问道:"那地球上的人会不会再变回猴子呀?"

陈田伤感道:"我想也不会吧,人要是发了疯,还不如一群猴子。"

杏芬岔开思绪,逗趣道:"明明,你是不是想变成孙大圣啊?"

明明不好意思道:"我哪有那么大的本事呀,要是这些高楼大厦都能变成花果山就好了……"

主楼旋转楼梯,脚步纷乱,人流奋勇,五六十个红卫兵手持棍棒,涌上六楼。走廊入口,高明端坐在椅子上,两边护着魏医生和汪护士,身后站着手持吊瓶的新娘,李校长站在魏医生身边,爷爷挂枪,顺子挂棒,护在众人两旁。

为首的尤队长触目惊心,举臂止步,回身喝道:"加强纪律性,革命无不胜,列队待命!"

红卫兵棍棒护胸,颠着碎步分作四队,高明象征性地鼓一下掌,有气无力道:"一切行动听指挥,作为革命联军的司令员,我为你们的革命行动感到骄傲!"

尤队长近前一步,抬手一个军礼:"报告高司令,预备队接到增援命令,星夜兼程,前来救援,请高司令指示。"

新娘接过话题:"尤队长,高司令半小时前突然中风,说话、行动都不方便,现在刚刚好一些,他委托我向大家传达联合指挥部的命令……"

红卫兵哗然，尤队长疑惑道："高司令中风？怎么回事？黄副司令在哪？怎么没见全无敌战斗队呀？牛鬼蛇神这都闲庭信步了，到底是怎么回事？"

高明欲言，李校长摆手制止，正色道："同学们，高明老师病中不易大声说话，我不懂医学，关于高明老师的中风问题，我想引用《实践论》中的几句话作为开场白。毛主席教导我们说，你要知道梨子的滋味，你就得变革梨子，亲口吃一吃。"

魏如莲会意道："这就是说，实践出真知，高明连续三天静脉注射公鸡血，为广大红卫兵做人体实验，造成了暂时性中风，这是用生命换来的宝贵经验。作为一名医生，我向你们郑重建议，立即停止打鸡血这种无知行为，如果明显感到身体不适，就应该马上到医院就诊……"

众人哄然议论，马上有人嚷道："这个星期我右眼一直跳个不停，半边脸涨乎乎的，吃饭总咬舌头，是不是打鸡血出的问题呀？"

众人翘首期待，魏医生分析道："这位同学的症状类似于高明的反应，这样吧，自己认为打鸡血出现问题的同学，可以留下来，我给你们检查一下。"

有人举手响应，高明招手示意，尤队长看出风向，凑过来听高明低语，很快起身道："战友们，大家静一静，高司令认为，魏医生的建议恰恰是科学服务于革命的最好例证，身体是革命的本钱，从今天起，革命联军停止打鸡血运动。"

新娘接上话题："战友们，非常对不起，电话求援也是一场虚惊，现在是工人阶级领导一切，工人老大哥不顾一天的工作疲劳，深夜前来，跟我们协商接管牛鬼蛇神事宜，这么简单的事情，没想到黄副司令草木皆兵，错把人家当成了全无敌战斗队，结果枪声一响，黄副司令就临阵脱逃了。"

众人面露惊悸，后排的大胆女兵喊道："姓黄的一看就是个贪生怕死的大色鬼，我们倒要见识见识，谁敢冲我们红卫兵开枪，有战友死伤吗？"

胆大的马上跟着起哄："严惩叛徒！保卫胜利果实！"

爷爷沉稳道："这位姑娘，没有哪个长辈愿意向孩子开枪，除非这孩子禽兽不如。我都七十多岁了，还要起早贪黑，养家糊口，打明儿起，我要叫这些牛鬼蛇神为我们马车工人当一回牛，做一回马。"

顺子断喝道："马车工人领导一切，这些个牛鬼蛇神，到了我们马车队，那就是有去无回！"

有人叫好，大胆女兵翘首看到爷爷的红袖标，兴奋道："哎，老红卫兵，能让小战友见识见识你的枪吗？"

第十七集

爷爷招招手,女红卫兵跑过来,接过猎枪把玩一下,不知不觉中,枪口对着战友队伍扫过扇面,众人慌忙后退,下蹲躲过。李校长刚要上前拦下,爷爷笑道:"别害怕,保着险呢。"

女兵茫然无措,爷爷帮着扶起枪身,略瞄一下,枪口指向空地上方的顶灯,吩咐道:"肩膀顶实枪托,对,就这样,不要动。"

女兵端架举枪,众人屏息注目,爷爷拨开枪机,命令道:"心要正,手要稳,眼要明,就当是瞄着日本鬼子……勾住扳机,好——"

难耐的寂静,后面胆小的女红卫兵堵耳缩身……

一声闷响,顶灯爆碎,棚灰盖地,顿时人群骚动,尖叫四起……

冬日晨晖,平房炊烟,爷爷奶奶家院落,一挂马车整装待发。李校长头戴狗皮帽,身穿羊皮袄,牵缰抚马,笑意安然。爷爷照例一身皮帽、皮袄,拍着车围检查挡板,随手把锹镐放在车尾。门毡帘掀动,魏如莲拎着饭盒兜出门,奶奶掐着一大把胡萝卜跟出来。

李校长招呼道:"奶奶,不劳您出来,早上太冷。"

奶奶上下打量着凑过来,高兴道:"校长人高马大,看着就像林家出来的。这马呀,通人性,给它吃上胡萝卜,记你一辈子,不用怎么打骂,照样听话干活。"

李校长笑着接过两根胡萝卜,辕马喂一根,套马喂一根。

魏如莲来到爷爷跟前,感动道:"不怪文芳说,听爷爷奶奶说话,说不上哪句,眼泪就下来了。"

爷爷接过饭盒兜,塞进车上的草袋子,平和道:"其实没啥,就是个老百姓的慈悲心,老师们书念多了,心都软。"

奶奶嘱咐道:"老头子,李校长跟蔡老师胃都不好,这饭菜可得热得透透的。"

爷爷拿起马鞭,会心道:"放心吧,忘不了。"

魏如莲嘱咐道:"老李呀,凡事多跟爷爷学,干活儿注意安全。"

李校长抖一下缰绳,高兴道:"你也放心吧,拜师酒都喝了两回了。奶奶,快进屋吧,走了。"

马车缓缓晃出院落,奶奶和魏如莲跟出来,辕马短促嘶叫一声,不远处,两挂马车先后晃出两家院落,蔡鹤临跟柱子一挂,陈田跟顺子一挂,四人都是皮帽、皮袄,许勤拉着明明跟在一旁。

奶奶赶过去,蔡鹤临牵马迎上来,奶奶递上两根胡萝卜,比划着解释,蔡鹤临停步聆听,点头微笑,挨个喂马,爱抚几下马头。后面的陈田看出门道,牵马等待,奶奶又递上胡萝卜,陈田先喂一根,再递给明明一根,明明兴奋地喂上去,小心地踮脚够摸马头。奶奶爱抚明明,递给明明最后一根胡萝卜……

众人寒暄问候,马车缓缓出行……

空旷的货场野地上,红日梢头凝脂,雪域遍地流光,三挂马车渐行渐远,一行妇孺伫立凝望……

1969年3月,中苏边境,冰天雪地,乌苏里江主航道,珍宝岛。

炮声隆隆,枪声大作,武装直升机空中盘旋,苏军坦克雪地推进,解放军野战炮密集发射,双方步兵陷入激战……

中国民众,群情激奋,口号震天……
《人民日报》、《解放军报》社论大标题:《打倒新沙皇》……

冬去春来,清明绿意,教工宿舍楼,林峰家。见平、妞妞、立国三个孩子有说有笑,默契配合,见平守着桌面折裁细纸条,妞妞拿过纸条,平铺在硬纸板上,用毛笔刷上糨糊,递给站在窗前椅子上的立国,立国往玻璃上比量一下长短,细心地把纸条粘贴成英国国旗式的星条形。

妞妞递上纸条,好奇道:"立国哥,你说苏修的原子弹有那么厉害吗?"

立国停住思忖一下,肯定道:"非常厉害,你没看过咱们中国原子弹爆炸的电影啊?"

见平笑道:"看过她也记不住,那时候她才两三岁。"

立国贴上纸条,按压粘实道:"这原子弹一爆炸,马上就产生一种叫冲击波的冲击力,能把一个城市的房子都冲倒,就像你吹一个空火柴盒。"

见平补充道:"还有啊,爆炸产生的高温能把石头烧化了,你要是盯着爆炸闪光,眼睛都能晃瞎了。"

妞妞停手泄气道:"那咱们还贴这个纸条干吗呀?"

立国自豪道:"别忘了,咱们中国也有原子弹,苏修不一定敢扔过来,贴纸条,主要是怕飞机炸弹震碎玻璃伤人,听说苏修的飞机半个多小时就能飞过来。"

见平又补充道:"没听我爸说吗? 咱们的飞机现在还不行,得靠火箭运载原子弹……"

马立尧家,书桌临时摆在地中央,桌上摊开一叠技术资料图表,三家巷的大人围坐桌旁,不离专业话题。

林峰放下手里的一本稿纸,评价道:"咱们几个,还是立尧最有心哪,这么多年积累下来,居然可以从看似散乱的数据模型演化结果,反推出系统内在关联的关键参数,还有外部影响因素,这样的由里及表,循果求因,意义非同寻常,要是研究环境再好一些,假以时日,我看可以形成一套独特的反向问题理论方法。"

利贤感触道:"立尧的难点在于,他不像你们那样可以获得宝贵的直接经验,他是把支离破碎的间接材料加以归纳提炼,难度可想而知,有时候我甚至觉得,他这是在做无用功。"

话到心坎,马立尧欣慰道:"没那么玄,这不过是蔡老师和林峰那段苏联经典故事的后续展开。我的局限性是显而易见的,也多亏咱们那几个毕业生在上海计算机所插空帮忙,什么时候能随心所欲用上计算机这个工具不断验证,反向问题方法才会有质的飞跃。"

何文芳会心道:"立尧,基地院所的同行也正在消化理解你的前沿理论,单是研究资料,我就替你往来传递过不下十次,就更不用说你跟林峰和利贤的交流了,将来跟凌云、徐进他们,也一定会有当面充分交流的。"

刘百衡看看马立尧,感慨道:"鲁迅先生尚且说,人生得一知己足矣,立尧,你这还不到半生,何止两个三个知己。"

马立尧笑意领会,丁国兰起身道:"得,傻了吧唧陪了半天绑,就刘副主任这几句听懂了,都白话渴了吧? 我听都听累了,收了吧,茶该泡好了,我去拿。"

何文芳和林峰收拾好桌上的资料图表,马立尧接过来,起身放好。大家直腰活动几下,利贤摆上六只玻璃杯,丁国兰从外面回来,手上一只热水瓶,一只大茶壶,刘百衡关心道:"三个小的没事儿吧?"

丁国兰倒茶笑道:"都玩儿疯了,扮相有模有样,披头散发的草原英雄小姐妹,围追堵截一只上蹿下跳的小公羊。"

众人都笑,何文芳顾盼道:"立尧,有什么好吃的吗?"

马立尧随手翻出一个纸包,打开笑道:"家里守着这么个大馋猫,总得留一手吧,鱼皮花生,也算沾个腥。"

何文芳笑道:"也真怪了,就这么个小屋,他不过随手一藏,我怎么也翻不出来。"

有人敲门,利贤开门让开道:"呵,东西还挺全,都进来吧。"

见平三人拿着细纸条、硬纸板、毛笔、糨糊进来,利贤疼爱道:"谢谢你呀,立国,好不容易来一次,还让你干活,来,吃鱼皮豆。"

妞妞放下糨糊,先过来抓一把,自己吃一粒,空中抛一粒,见平一把接住,妞妞再抛一粒,立国两手不空,张口接住,利贤笑道:"妞妞,不许这样。"

立国憨笑道:"没事儿阿姨,我接得住。"

何文芳关心道:"立国,你姥爷身体还好吧?"

立国放下硬纸板和毛笔,笑看丁国兰,兴奋道:"冬天我跟姥爷在丁爷爷家过的,吃得好,烧得暖,姥爷喘得不厉害,开春儿差不多都好了。"

众人感叹欣慰,丁国兰笑眯眯道:"百衡,还是咱爸咱妈好吧?"

刘百衡摸摸脖梗,抓挠一下,手指凑成一撮,吹上一口气,失望道:"真恨不得揪出一把猴毛来。"

丁国兰不解道:"干什么?"

刘百衡笑道:"没什么,就想吹出一群刘百衡来,好好孝敬咱爸咱妈。"

众人大笑,妞妞兴奋道:"刘叔叔,你想变成孙悟空啊?"

刘百衡期待道:"你有办法?"

妞妞认真道:"我不行,找明明吧,《西游记》的故事,没有他不知道的。"

众人又笑,林峰关切道:"立国,你妈妈有消息吗?"

立国高兴道:"前几天,我妈妈的老战友来过,他说把我妈陷害成右派和叛徒的那个人,去年被打成了叛徒,这家伙一挨打就胡说,可我妈从来就没认过罪,他们也没有证据,所以革委会认定我妈是冤枉的,就把我妈从什么地方直接给下放到柳河五七干校劳动去了。"

妞妞兴奋道:"立国是来跟我哥借衣服的,他要跟姥爷去看妈妈。"

利贤高兴道:"好啊,吃完饭我就给你们找。"

见平笑道:"妈,立国都试过了,我送他两身衣服,有条裤子长点儿、肥点儿,你给改改就行了。"

林峰宽慰道:"立国呀,去看妈妈的费用,叔叔阿姨们出了。百衡,你说的对,运动看看就见顶了,来,为了亲人团聚,碰一下。"

众人碰茶杯感叹,孩子们兴奋忙碌,刘百衡看看窗上贴成星号形的纸条,探询道:"林峰,苏联问题你最有发言权,珍宝岛战役后,中苏双方都捅破了最后一层窗户纸,你说这仗打得起来吗?"

林峰沉吟道:"苏联的军事思想,体现了当今世界最具进攻性的全球战略,到敌人的土地上去作战,这是差不多三百年前彼得大帝开创的局面,此后的俄罗斯民族开疆扩土,成就霸业……"

见平和立国停手专注细听,林峰继续道:"苏联的空前强大,更使得积极进攻成为战略核心,它甚至不允许附属国出现民族主义倾向,全面入侵捷克斯洛伐克,就是最好的例证,所以仅就军事冲突而言,苏联主动扩大事态的可能性比较大。但是,中国同样是今非昔比,抗美援朝已经让苏联心有余悸,我想,原子弹与导弹的成功结合,会让苏联望而却步,最为重要的是,一个统一的中华民族真正站立起来了,苏联人应该明白,逞一时之勇,不能扳倒一个巨人。"

刘百衡带头鼓掌,感叹说得好,马立尧补充道:"美帝和苏修在意识形态上还是有本质差别的,美国乐见中苏全面开战,这一点连咱们老百姓都看得出来,所以中苏之间应该是限于局部冲突。"

何文芳担心道:"滨江是重工业基地,这些天防空警报响个没完,就是局部冲突也够咱们受的。"

刘百衡宽慰道:"不用过分担心,但是必要的战争意识还是要培养的,战争常识也是要普及的。明天全校大会,一是挖建防空洞总动员,二是强化原子弹爆炸防护训练,要细化到每个家庭。这样也好,前头顶个苏修,立尧、利贤这个级别的批斗对象也就解脱了,不过,挖建防空洞免不了要打头阵。"

马立尧看看利贤,感触道:"就是挖十个防空洞,也不愿蹲一回牛棚。"

利贤共鸣道:"是啊,做人再累,也强于做冤鬼。"

众人感叹互慰,林峰沉吟片刻,提示道:"我和文芳明天出发,这次导弹、卫星大会战,起码要个一年半载,李校长他们就靠百衡周旋了,蔡老师那儿要留意,最近话越来越少,中苏走向战争边缘,他的内心是绝望的,有空儿多陪陪他。利贤,才想起来,爷爷那儿有两张我和蔡老师全家的生活照,给蔡老师拿过去,他的照片全没了。"

马立尧细心道:"没有底片,我翻拍一下吧。"

林峰思忖道:"现在自己没有条件冲洗照片,照相馆那儿别惹出什么麻烦来,还是谨慎为好。"

丁国兰体贴道:"你俩只管放心走吧,面包会有的,一切都会有的。对了,这换房搬家的事儿,我跟百衡心里七上八下的,想想就难受,真不知道学校的人到底会怎么看,你们都帮着拿个主意吧。"

刘百衡无奈道:"如今革委会成了校领导,班子成员的待遇自然也要跟上去,现在他们都住上了专家小楼,就差我了。这几年,李校长的小楼用作运动接待流动站,最近人流少了,就开始有人惦记。我琢磨着,马车队那边也不是长久之计,李校长原则性又强,总惦记着组织分配,哪天真回到人人自危的环境,再让兔崽子们折腾一回,这人恐怕也就交代了……"

众人担忧嗟叹,刘百衡继续道:"所以我就借校革委会副主任这顶乌纱帽,一口咬定跟李校长换房子,顺带着把蔡老师安排到咱们的书房,如果必须离开马车队的话,还是让他们回到三家巷最稳妥。"

何文芳和利贤涌出泪水,马立尧挨个倒茶,慨然道:"相识满天下,知心能几人?来吧,为咱们的丁神医,为咱们的刘万全,满饮此杯!"

妞妞悄悄道:"哥,大人怎么哭了?"

见平小声道:"校长爷爷、魏奶奶,还有蔡伯伯,都要来咱们三家巷住。"

妞妞兴奋道:"啊?这下咱们要有好吃的啦。"

利贤闻声接话道:"妞妞,那是以前的事儿,现在他们每人每月才二十块钱生活费,不够花,加上他们身体又不好,需要咱们给他们买好吃的。"

妞妞懂事地点点头,提示道:"魏奶奶爱吃豆豉鲮鱼,丁阿姨给咱们的那盒,就给魏奶奶留着吧。"

何文芳感动道:"好妞妞,大馋猫的那盒也给魏奶奶留着。"

仲春的傍晚,细雨洒落,校园人行道上,学生们结伴遮伞,快步涌向食堂,个别学生手里敲打着小饭盆……

食堂大厨房里,两个女师傅各自捡出刚出蒸锅的馒头、窝头,散放在大簸箕里,两个男师傅抬着一大铝盆高粱米干饭走向窗口饭台,杏芬和魏如莲并排站在两口大锅前,杏芬用汤勺翻调一锅萝卜土豆大骨汤,魏如莲用小铁锹翻炒木耳白菜片。

杏芬看看提示道:"差不多了,放醋吧。"

魏如莲端碗试着撒醋,杏芬递过小半碗水淀粉,估量道:"可以了,收汁儿

第十七集

吧。"

魏如莲又撒匀水淀粉,大幅翻炒,看看收汁,快手铲菜入大盆。杏芬倒过一舀子凉水压锅,魏如莲刚要试着端菜盆,杏芬近前一把拉住,一位男师傅连忙抢过来,一悠端走菜盆。

杏芬数落道:"我的神医,再敢端盆提水,不教你炒菜了。"

魏如莲谦虚道:"听师傅的,整个学了一遍,下回我想独立上手试试,就是有时候用不好水淀粉。"

杏芬耐心道:"咱这水淀粉都是洗土豆片沉淀下来的,不如家里的精细,多用一点儿没关系。你看啊,白菜出水最多,要大火快炒,刚出水马上收汁儿,这调料就沾得均匀,看上去油汪汪的,火候一过,菜就跑汤,菜淡汤咸,油也浮在上面,打菜的就会有意见……"

风歇雨住,一辆上海牌轿车缓缓停在食堂入口不远处,副驾驶位上的刘百衡开门下车,开车的潘师傅抬手看表,提示道:"刘副主任,五点半的会,时间可是紧了点儿。"

刘百衡摆手道:"几分钟,马上回来。"

食堂大厨房里,魏如莲配合杏芬整理归位厨具,刘百衡左右招呼着师傅们快步进来,杏芬开心道:"呵,刘副主任来啦,欢迎视察。"

魏如莲高兴道:"百衡,我今天出徒了,得空尝尝我的大锅菜。"

刘百衡叹服道:"行啊,那就借一回时代新风,明天中午让国兰先来尝尝,吃了魏医生这包治百病的大锅菜,国兰就可以改行当教授了。"

魏如莲摇头笑出来,杏芬笑意念叨:"这个百衡。"

刘百衡微笑道:"杏芬嫂子,你收拾吧,魏医生,你们在马车队的那点儿家当都在车上,咱们回家。"

三位中年女师傅跟过来,一位要求道:"刘副主任,还是请魏医生回校医院工作吧,这医院里看病不见专家,先就添了心病。"

另一位抱怨道:"你那是添心病,我儿子是真要命,就那二百五霍医生,把我儿子的阑尾炎诊断成肠痉挛,结果阑尾穿孔流脓,转成了腹腔炎。"

刘百衡抿嘴同情,无奈敷衍道:"专业人员的工作问题,先要看政策导向,然后再找有关领导建议,别急,慢慢来,天下大乱终归还要天下大治,魏医生早晚要回到医院工作岗位的。"

魏如莲微笑道:"希望是在我退休以前。谢谢大家信任,杏芬,那就辛苦你了,百衡,我跟你回家吧。"

几位师傅送出食堂侧门,两人礼让上车,魏如莲坐在副驾驶位,刘百衡挨着皮箱和旅行包挤在后座,轿车缓缓启动,驶向教工宿舍楼方向。

轿车视野中,宿舍楼门前,顺子拎着一块小黑板和木支架进门,见平和东顺搬弄木折椅跟上,后面的马立尧看看不远处来人,放下木折椅,迎上前去,同李校长和蔡鹤临握手问好。

轿车缓缓停在路旁,刘百衡三人下车,潘师傅打开后备箱,拎出一只大皮箱,刘百衡从后座拎出旅行包和小皮箱。马立尧、李校长、蔡鹤临三人迎过来,大家简短问好。潘师傅要拎大皮箱送上楼,马立尧连忙接过来,魏如莲催促道:"潘师傅,快去吧,百衡开会别迟到。"

刘百衡拉开车门,无奈道:"马上有个协调会,饭口儿上也不让我消停,晚上还有防空洞扩建会。我去了,你们好好休息。"

众人摆手致意,轿车加速驶向主楼方向。

众人拎行李上楼,魏如莲不忘拎上两把木折椅,掂量道:"纯木的,还挺沉。"

马立尧高兴道:"顺子哥想得真周到,做了十把木折椅。这下好了,蔡老师家成了专业研究室。"

三家巷的书房改成了蔡鹤临家,门开着,屋内单人床,写字台,木书架,墙边摆靠一排硬木新折椅。地当中,顺子拍拍黑板支架,东顺随手用白粉笔画上两条反向交插弧线,再封闭鱼尾,见平用红粉笔着重点上鱼眼睛,满意道:"挺稳当,一点儿也不晃。"

马立尧一行拎着东西进来,魏如莲搂过近前问好的见平和东顺,顺子憨笑道:"蔡老师,伙计们揣摩您的心思,就做了这些东西,外面太乱,还是在家里跟老师们讨论问题方便。"

蔡鹤临跟李校长对视一下,表情触动,两人几乎同时伸出双手,紧紧握住顺子的左右手。

见平亲热道:"魏奶奶,去看看新家吧,丁阿姨把您的书都摆上新书架了,是以前红卫兵抄家的时候,百衡叔叔的学生给保存下来的,我妈正收拾屋子呢。"

第十七集

　　魏如莲惊讶一下,看看众人,开心地笑出来。

　　原刘百衡家,房门虚掩,屋内家具依旧,用品简洁。利贤倒换一下拖布,拖擦完墙角,靠放拖布,俯身看看墙边的新书架,随手翻看医学类图书。房门无声推开,魏如莲、李校长悄悄进来……

　　专家小楼,原李校长家,客厅里灯光明亮,带有伤痕的家具归摆原位。丁国兰白色衣帽,手持扫帚,麻利地打扫卫生。门铃响起,丁国兰开门,闹闹领头进来,后面跟着马驹儿、明明、婷婷、妞妞,丁国兰惊讶道:"好家伙,我这前脚才搬进来,你们后脚就跟进来,都是奔着校长待遇来的?"

　　孩子们呼啦一下涌进客厅,闹闹嚷道:"妈妈,有啥好吃的?我们今天都住楼上,还要玩儿捉迷藏。"

　　丁国兰回身翻出一包长白糕,吩咐道:"都去洗手,捉迷藏不许藏厕所里,妈今天闹肚子。"

　　婷婷提示道:"妈,你忘啦?从今天开始,咱家有两个厕所,我们捉迷藏用楼上的那个就行。"

　　丁国兰的神情黯然下来,怅然自语道:"俩厕所有啥好?又不是咱们三家巷的……"

　　上午时分,校革委会副主任办公室,刘百衡埋头整理教学计划文件,门外有人轻轻敲门。刘百衡喊一声请进,男秘书进来,礼貌道:"刘副主任,能打扰您几分钟吗?"

　　刘百衡抬头打量道:"我说老穆,你比我小不过五岁,也曾经是响当当的教学骨干,这副主任叫得我直起鸡皮疙瘩,还是叫我刘老师听着顺耳。"

　　秘书会意道:"那就谢谢刘老师,不过我只能在非正式场合这么称呼您。"

　　刘百衡揉几下眼部,随口道:"什么事儿?坐下说。"

　　秘书递上一份设计草图,躬身殷勤道:"这是校春季运动会上准备展示的主体火炬设计草案,请您审阅,拿个意见。"

　　刘百衡接过来扫一眼,图中正方形台座上耸立一支火炬,刘百衡不解道:"就是一支火炬嘛,有什么好审的?"

　　秘书解释道:"这可不是一般的火炬,校革委会全体成员要扛着火炬绕场一周,以此向全校教职员工宣示,我们要将无产阶级文化大革命进行到底,这是主任出的方案。"

刘百衡拿起笔,轻松道:"这不挺好嘛,我同意。"

秘书拦住道:"您先别签,有问题。校革委会成员审阅了火炬草案,结果意见不统一,问题出在火苗方向上。您看啊,从主席台出发的时候,可以让火苗朝西吹,表明东风压倒西风,可是你们得绕场一周吧,这东西南北风就都有了得势的机会,有人担心西风压倒东风,就是西北风压倒东南风,或者是西南风压倒东北风,那也不行啊,而东南风压倒西北风,或者是东北风压倒西南风,都明显带有机会主义的歪风邪气,况且正南风与正北风互相压得你死我活的时候,东风西风偃旗息鼓,又会叫人联想到阶级斗争熄灭论,最后没办法,主任建议,在火炬下面装个大指南针什么的,把火苗给定住,他说你是电磁场大行家,让我来好好请教一番。"

刘百衡出神良久,身体放挺,后仰抱头,奄奄一息道:"卧槽——"

秘书一愣:"怎么了,刘老师?您说什么?您要朝哪个方向?"

刘百衡仰天长叹:"光天化日,朗朗乾坤,那就朝上吧。"

秘书不解道:"什么朝上?"

刘百衡拿起笔,唰唰两笔改动火炬草图:火苗朝上,无懈可击。

秘书豁然开朗,兴奋道:"对呀!别管什么东西南北,这下全解了……不过,这哪儿还像火炬呀,整个一杆大毛笔呀!"

刘百衡无奈道:"这种想象最合时宜,就这么定了,去汇报吧。"

秘书高兴离去,刘百衡继续出神发呆,大漠独行的寂寥感与畏惧心怅然而生……

电话铃声催人,刘百衡抬手接起:"喂,你好,革委会。"

【喂,你好,是刘副主任吧?我是自动控制教研室老齐呀。在你的督促下,我们的专业基础课已经恢复开讲,再有一个月就要做基础实验,你看能不能安排搬运工人把设备弄回来呀?藏在地下室三年多,很多设备都受潮损坏了,我们得赶在实验课以前修整到位呀。】

刘百衡犹豫片刻,劝说道:"老齐呀,学校还没有完全恢复平静,实验室丢失贵重金属器件这类事常有发生。我昨天刚去过废品收购站,触目惊心哪,我连哄带吓,总算让他们配合工作,找回一些关键部件。这些天我是到处擦屁股呀,你就再等两周吧,设备真要有个闪失,这三年多的念想岂不是泡汤了……"

第十八集

秋中时节,西北地区,一列经过特殊改装的全封闭客运列车缓缓穿越岗哨林立的西北重镇,驶向大漠深处……

西北大漠,砂石公路,一队卡车拉着严密覆盖帆布的特制拖车缓缓行驶,护卫卡车上坐着全副武装的解放军战士……

酒泉地区,西北综合导弹试验基地,导弹测试厂房前,东风四号改进型分级弹体平卧在滑动支架推车上,徐进、凌云等众多军人沿着导轨两旁,缓缓推车入房……

夜晚时分,导弹测试厂房,灯火通明,人员忙碌,工作台上靠墙居中摆放着毛主席半身像,墙上一行小标语——为祖国人民争光。

粗大的测试弹体旁,仪器仪表信号闪烁,多名身着专业工作服的技师手持机械、电子调试工具,全神贯注,协调配合。徐进反复核对手册与万用表显示数值,凌云仔细查看示波器显示波形,两人对视摇头,徐进拿过图纸复查,几名技师围拢过来……

夜深人静,营房区,食堂内,徐进、凌云排队打夜宵,凌云排到窗口,看看柜台,礼貌道:"还是老三样吧。姚师傅,这大半夜的,还得陪着我们,师傅们真是太辛苦了。"

姚师傅打过一碗大米稀粥,拿过一小碟腌萝卜干儿,递上一个馒头,理解道:"我们这是简单劳动,瞌睡着也能干,不像你们用脑的,不睡觉哪行啊,这么连轴转,该有一星期了吧?"

凌云微笑道:"应该有十天了。"

徐进补充道:"现在刚过十二点,已经进入第十一天了,主要是问题不断,没法睡呀,我看看,嗯……稀面条,腌菜根儿,俩馒头。"

姚师傅手上不停,理解道:"用广播、报纸的话说,就是国际、国内形势逼人,只争朝夕呀。"

两人端着饭菜寻座,三个年轻战友正跟中年主任围坐一桌说话,主任招手道:"都过来。"

两个战友连忙起身,抬过另一张桌子拼在一起,六人围成一圈儿,主任笑道:"三五个人的碰头会,随时随地都能开,先吃。"

徐进旁若无人,呼噜呼噜喝了半碗稀面条,凌云喝两口粥,跟大家一起笑看徐进,徐进一口馒头,一口咸菜,抬头道:"怎么样,主任,情况摸得差不多了吧?"

主任感触道:"到目前为止,已经发现了二十八个系统故障,现在发射队几乎成了维修队,基地建设十年,从来没有出现过这种局面,偏偏发射任务又是前所未有的,怎样才能更好地、稳妥地消除系统隐患,想听听你们两位万金油儿的原则意见。"

凌云跟徐进对视一笑,徐进开门见山道:"按理说,东风三号推力下降引发的系列问题从根本上解决以后,火箭材料与工艺水平得到了进一步的全面提升,所以东风四号的第一级应该是靠得住的。就是没有想到,本已过关的精密加工出现了不该有的细节偏差,在高速飞行条件下,由此产生的累计误差对控制系统产生的不良影响,目前还是深不可测的,可以理解为严重干扰。本次发射试验的重点在于火箭的两级分离和第二级高空点火,所以,在全面调试纠偏过程中,必须格外注重机电系统的关联影响,对控制系统要给予特别的关注。"

众人频频点头,徐进沉吟一下,继续道:"坦率地说,现在的局面,在相当程度上是非技术层面造成的,我们并不清楚火箭制造单位的生产情况,但是产品质量下降是有目共睹的。对此,我们发射基地技术人员能做的,就是尽可能量化所发现的问题,为方方面面沟通协调提供科学依据。"

主任用筷子轻敲一下碗边,肯定道:"否则长征一号的三级火箭很难得到质量保证,说到点子上了。"

凌云冷静道:"虽然存在一些人为偏差,但是技术细节的相对薄弱同样不可轻视,这里面,既有工艺质量的隐患,也有测试方法的不周,甚至还有操作失误和处置不当,都需要谨慎总结。"

主任点头满意道:"说得好,全面才能可靠。"

战友严工补充道:"凌云的话也是我们想说的。比较而言,我们的电子装置在全箭系统中是个相对薄弱的环节,每次钻到里面测试线路,看到控制系统的那些小插头,就想到高速过载下那些密密麻麻的触点,心里总是不踏实,真怕哪一个会松动。"

战友刘工也用筷子轻敲一下碗边,提醒道:"乌鸦嘴,还嫌不够乱啊。"

主任笑道:"话题都在关键处,很好。明天的测试情况协调会要逐个问题展开分析,你们准备好专题发言,任总指挥要听全箭汇报。小严,你跟凌云是老同学吧?"

严工笑道:"我是滨江军事工程学院毕业的,刘工是凌云的师弟,他们都是林峰老师的学生。"

刘工轻叹道:"唉,也不知道这些老师现在都怎么样了。"

主任无奈道:"蔡老师他们的情况我也不清楚,林峰还好,本来是要参加咱们这次会战的,珍宝岛战事一开,酒泉基地的战略地位凸显出来,战略风险也陡然增大,加强华北导弹试验基地建设迫在眉睫,林峰给派到太原去了。"

凌云看着窗外出神,徐进看一眼凌云,知心道:"想马老师了吧?"

凌云点头道:"但愿利贤老师也好,还有刘老师他们……"

戈壁落日,秋色苍凉,一辆军用吉普车疾驰在砂石路上……

荒漠中,砂石路尽头,酒泉雷达监测站,围墙周密,天线耸立,红砖墙面上刷着白色大标语——破除迷信,解放思想。院内停着一辆军用卡车,众多战士有序搬卸通讯设备,中年高站长摆手指挥。院外砂石路上,军用吉普车扬尘驶来,高站长嘱咐一句注意轻放,大步迎出去。

吉普车尚未停稳,副站长就跳下车,开后车门礼让三位乘员下车。三位乘员也是一身军装,高站长迎上去,热情握手道:"呵,设备还没下完,天兵天将就到啦。三位专家一路辛苦了,小唐,告诉食堂,大米饭红烧鱼,马上开伙。"

司机小唐领命跑去,何文芳惊讶道:"高站长,这大戈壁滩还有红烧鱼?不是你嘴上大风刮来的吧?"

高站长笑道:"红烧鱼不假,罐头做的,烩上红辣椒,保证对你胃口。"

副站长逗趣道:"高站长打电话现问的渭南卫星监测中心站,人家说甭管什么鱼,只要到了你嘴里,天线都跟着口型画圈儿。"

随行同事笑道:"不单是天线,我们也得跟着连轴转。"

众人有说有笑进院,何文芳看看卸空的卡车和地上的设备,回到职业状态,关切道:"设备情况怎么样?"

高站长引领大家走向设备操作室,小声道:"今天设备全部到位,已经开始部分调试。"

一行人悄悄进门,安装调试人员欠身问候,有年轻人认出何文芳,脸上露出惊喜,小声问候何老师。何文芳微笑摆手,示意不打扰,徐徐扫视一遍,转身退出来,众人会意,跟着退出。

高站长赞许地看着何文芳,如数家珍道:"你看啊,单脉冲雷达、无线电测速仪这些个跟踪测轨系统,加上电子计算机、数据传输系统、遥测讯号接收系统、指挥调度系统,还有东方红一号乐音接收机,可以说是应有尽有。"

何文芳欣慰道:"实际上,酒泉站的技术装备已经赶上了渭南中心站。"

高站长周全道:"就是要这样,有备无患。"

副站长补充道:"这次会战,上级特别强调,务必保证整个测控网路畅通无阻,所以我们采取了双保险措施,酒泉站与渭南中心站确实同样重要。"

何文芳思量道:"酒泉站与发射场的确切距离是多少?"

副站长随口道:"85公里,精确测试距离。"

何文芳沉吟道:"从设备水平和地理位置上看,这两个监测站都可以独立完成运载火箭主动段和卫星运行段的监测任务,包括轨道预报,关键要看系统设备运行的可靠性。"

高站长感触道:"火箭、卫星监测瞬息万变,必须排除侥幸心理,随时解决新问题,没有扎实的理论基础是行不通的,所以才把你们调来。目前要紧的是运载火箭发射试验跟踪测试,你们先休息,吃完饭检查设备,然后开个协调会,争取明天进入全面调试……"

秋雨入夜,校园灯火,主楼顶层骤然响起空袭警报,大街小巷,高低建筑,灯火纷纷熄灭……

空袭警报鸣响中,教工宿舍楼,散亮的最后几扇窗暗下来。楼道里挤满了大人孩子,人声嘈杂,手电筒光柱乱晃,马驹儿和妞妞身穿雨衣,互照手电筒悄悄嬉笑,马立尧和利贤各自轻轻拉住孩子,小声嘘止。有人喊道:"组长,这防空警报真的假的?半夜下雨还折腾人哪。"

楼梯口传来组长的回应:"你问我,我问谁呀,苏修飞机可是说到就到,上级规定,听到空袭警报,八分钟内必须撤离到防空洞。各家注意,屋门、厨房门都要打开,带好孩子,准备出发,安全员李国荣,留下检查水火隐患,随队医生魏如莲,快到前面来。"

李校长回应道："听从指挥！"

蔡鹤临嘱咐道："大姐，下雨路滑，注意安全。"

魏如莲回应着放心吧，人已背着急救箱挤往楼梯口。楼道里脚步声响成一片，队伍有序下楼，组长喊道："出门都要关上手电筒，家长注意看好孩子。"

走廊里安静下来，李校长拿着手电筒挨家挨厨房检查水火隐患……

厨房里，一个蜂窝煤炉子上水壶噗噗作响，李校长查看一下，提过开水壶，灌满案桌上的暖水瓶，盖上木塞，放好水壶，回手给炉子套上炉圈压好……

居室里，一扇小气窗被风吹开，雨水淋湿了窗台上的书本，李校长关好换气窗，拿起淋湿的书本，贴在胸前的外衣上吸干雨水……

水房里，一排水龙头中，边上一只半流水，下面接着一盆衣裤，李校长随手关上水龙头……

走廊尽头，隐约传来现代革命京剧唱段，李校长查完邻近几间，轻轻推开虚掩着的屋门。幽暗的屋子里，一位老者端坐桌旁，手中一个半导体收音机，桌上一壶茶，三只杯，老者招呼道："都查完了吧，安全员同志？进来喝杯茶。"

李校长近前看清，亲切道："老同志，这是陈田老师家吧？您是……"

老者笑道："我是陈田的父亲。"

李校长热情道："欢迎您，陈老先生，怎么没去防空洞啊？"

老者随手递上一杯茶，解释道："雨大路滑，腿脚不好，去了也是添麻烦。来，坐，尝尝新茶，刚从老家带来的，全家人还没喝上一口，警报就响了。"

李校长欠身接过茶杯，亲切道："谢谢老人家，我坐门口吧。"

老者笑道："这么个简单工作，也要认真对待，应该是老走资派吧？"

李校长淡然一笑，默契道："您老好眼力。"

李校长随手搬过椅子，坐在走廊门口，闪一下手电筒照照走廊，低头嘘一回，品一口，脱口赞道："醇厚甘和，馥郁陈香，是沱茶吧？"

老者笑道："功夫不负有心人，是重庆沱茶。想当年抗美援朝，我们重庆茶厂用4000吨沱茶，为国家换回了136架苏联战斗机，再看看今天，苏联飞机不请都要自来，真所谓天下大势，合久必分，分久必合，我看哪，这二十年以后，我孙子娶个俄罗斯姑娘，也未可知。"

李校长呷口茶，感慨道："陈老先生，大家都在议论迁往大西南避开中苏战争的话题，您却从容不迫，从大后方来到前线，居然在空袭警报之下，摆出二十年以后的龙门阵，远见卓识，令人钦佩。"

第十八集

老者笑道:"远见卓识谈不上,我不过是当过兵、打过仗罢了,当年台儿庄战役废了一条腿,好不容易回到重庆老家,日本鬼子又是三天两日大轰炸,晚去一步防空洞,命就没了。今天不一样,中苏两国多是争个是非曲直,后面又有美国跟着坐收渔利,所以呀,别看双方都陈有重兵,却没有大战的理由。但是跟日本鬼子,那就是你死我活,这狗日的是要灭我们中华民族的种。"

李校长肃然起敬,躬身一礼:"向台儿庄大捷的民族英雄致敬!"

老者欠身回礼:"快别这么说,我是国民党的抗日兵,幸亏是台儿庄大捷落下残疾,不得不退伍,要不然今天哪里说得清啊。"

李校长唏嘘片刻,关心道:"您老怎么赶在这个时候来看儿子呀?"

老者无奈道:"陈田、许勤不是挖防空洞,就是汇报思想,明明放在别的老师家,总是个麻烦,老家这边,陈田他妈妈脱不开身,还得照看外孙子,我就自己来了,能给他们做个饭,照顾明明,就是拿不得重物。"

李校长感叹道:"儿女们都为人父母了,还离不开老人照顾,你们老两口赶上南征北战了,不容易呀。"

老者无声地笑笑:"天天看孙子,高兴!"

收音机里响起一段激昂的二黄导板,老者调大了音量,李校长赞道:"好一个打虎上山!"

老者笑道:"您也爱听?"

李校长呷口茶,品味道:"雨夜听戏,闲话品茗,好久没这么享受了。"

两人举杯对敬,微目聆听。

【穿林海,跨雪原,气冲霄汉……】

夜雨滂沱,水漫街巷……

【二黄回龙,扣人心弦……】

防空洞内,楔入黄土洞壁的木座上插固着手腕粗的白蜡烛,十步一只,见平手托半导体收音机,轻轻试探接收方向,烛光绰绰,众人静听……

【抒豪情,寄壮志,面对群山。愿红旗五洲四海齐招展,哪怕是火海刀山也扑上前,我恨不得急令飞雪化春水,迎来春色换人间……】

收音信号渐弱,跟着一阵杂音,旁边的马驹儿明白道:"别弄了,见平哥,防空洞里信号不行。"

　　见平自信道:"防空洞没有钢筋屏蔽,又不深,应该没问题,可能是电池快没电了。"

　　妞妞抬手递过手电筒,建议道:"哥,换上这个电池吧。"

　　利贤拉住妞妞道:"一家一个手电筒,不能违反规定,见平,关了收音机。"

　　见平乖乖关机,妞妞打开手电筒杵在下巴上,伸出舌头,光柱朝上,马驹儿连忙跟着学,众人笑起来,不远处,明明和伙伴也跟着学,一位老太太招呼道:"快都关上,赶上一群小鬼儿了。"

　　气氛轻松起来,大人议论中苏珍宝岛战事,孩子互照手电筒抓闹嬉笑……

　　前面有人喊道:"组长,好像洞口进水了。"

　　马上有人嚷道:"哎呀妈呀,鞋都湿啦。"

　　众人骚动,组长照着手电筒往前挪,沉着道:"大家不要紧张,看好孩子,抢险队,拿上工具,跟我来。"

　　手电筒光柱纷纷晃在脚下,蔡鹤临、陈田、马立尧一众九个青壮男人纷纷摘出嵌在洞壁土窝里的铁锹,抖上雨衣帽子,挤往洞口。有人担心道:"咱们是不是也出去呀?"

　　马上有几位母亲跟着响应:"就是呀,这防空洞到底安不安全哪?"

　　组长安抚道:"上级有命令,空袭警报没解除,除了抢险队,谁也不许出去,下了三天连阴雨,进点儿水是正常的,这阵暴雨过去就好了,备战时期,一切行动听指挥!"

　　大风暴雨,防空洞入口,组长和蔡鹤临快速查看入水口,两人比划几下,组长回身喊道:"五人一组,洞口两边挖排水沟,快!"

　　抢险队员快步登阶出来,陈田脚下一滑,马立尧一把扶住……

　　防空洞内,众人静静等待,刚才说话的老太太靠在洞壁上,手抚胸口,仰头深呼吸,身体眼看着就要下沉,身边的儿子一把扶住老人,急切道:"怎么了,妈?"

　　老人急促道:"心口闷得慌,气短。"

　　有人喊道:"魏医生,快到里面来,老人喘不过气啦。"

　　洞口的魏如莲应了一声就来,众人连忙让路,里面有人心慌道:"我也是胸闷气短,怎么回事呀?"

第十八集

魏如莲来到跟前,查看老人,自己感觉一下呼吸,注意到洞壁上昏黄的烛火,果断道:"防空洞缺氧,大家尽量往洞口这边来。"

家属把老人扶到洞口,人群慢慢涌过来,魏如莲冒雨出洞,大声喊道:"组长,洞里缺氧,让大家出来吧。"

组长直腰回应道:"这两天雨水太多,肯定是通风口下沉,让树叶、泥块儿给堵住了,马立尧、陈田,你们去查一下,钢钎和梯子就在通风口,动作要快,不行再放人出来。"

魏如莲坚持道:"这样有危险,现在就应该全部撤离。"

组长呵斥道:"你是组长我是组长?我参加的是专业训练,重任在肩,防空演习就是要应对各种突发情况,屁大个问题就跑出来,真遇到空袭怎么办?你俩快去!"

两人领命进洞,魏如莲递上手电筒,嘱咐道:"看看不行马上回来,里面更缺氧。"

马立尧应一声明白,两人铁锹贴身挤过人群,跑向防空洞深处通风口甬道,许勤大喊:"注意安全!"

明明和马驹儿齐喊:"爸爸,注意安全!"

手电筒光柱晃动远去,魏如莲喊道:"大家靠墙,让出通道换气。"

众人纷纷让开,有人喊道:"现在好点儿了。"

马驹儿和明明端着手电筒往里面跟去,许勤连忙喊道:"站住!不能往里去!"

两人停下,互看一眼,不约而同拧转灯头调聚光柱,两条聚光齐齐照向防空洞深处……

通风口甬道,马立尧和陈田快步前行,两人脚下溅出水花,陈田把手电筒光柱扫在海碗口粗的铁管通风口上,昏黄的光晕中,细小的水流顺着斜插的通风管壁淌下来,溅落在下面的八字形梯子上。两人放下铁锹,马立尧近前操起长钢钎,试试通风口气流,佩服道:"还真让组长说对了,你稳住梯子,我上去。"

陈田说声小心,抬脚抵住梯子,一手举照手电筒,一手扶梯,马立尧举起长钎,探入斜上方通风口来回搅动,泥水顺着管壁渐汇成流,马立尧加大力度、幅度,沉稳道:"快通了,注意闪开……"

两人身后十米远,弧形洞顶,碎块状泥土渗出大片水渍……

马立尧奋力上捅,泥水和着败叶哗啦一下冲出管口,陈田侧躲,马立尧跳下,脚下却是一滑,摔仰在地,手电筒光柱晃过洞顶的一瞬间,十米远的洞顶,大片泥块掉落,大惊瞬间,马立尧本能地跃起喊道:"塌方了!"

手电筒光柱赫然照在洞顶塌方处,砂石和着泥水轰然俱下,瞬间拦住去路,两人大惊倒退,身后通风口,砂土松动,泥水瞬间暴涌,粗大的通风铁管斜推下来……

马驹儿和明明端着手电筒,眼巴巴地望着甬道深处,里面传来一阵闷响,洞壁上的烛火忽闪几下,两人惊讶得张大了嘴,手上的光柱跟着一颤,众人明显感到脚下震动,惊恐互看:"塌方?"

利贤最先喊出来:"塌方啦! 快出防空洞!"

马上喊声一片:"塌方啦! 快跑啊!"

惊慌中,出口拥挤不堪,魏如莲喊道:"不要慌,不要挤,打开手电筒,拉住老人、孩子,前面的快走! 快叫抢险队!"

马驹儿和明明喊着爸爸跑向甬道深处,许勤紧追上去:"站住! 危险!"

利贤急道:"见平,快领妹妹出去,我去找马驹儿。"

话音未落,利贤已跌跌撞撞奔向甬道深处:"都站住! 快回来……"

见平一把拉过妞妞的手臂,塞到身边的一位老师手里:"叔叔,带我妹妹出去,我去救人。"

老师拉住妞妞前行,回身喊道:"你救不了,快去叫抢险队!"

妞妞淹没在人流中,呼喊道:"哥——哥……"

防空洞口一阵骚动,组长大喊:"大家快让开,都别挤,快让开,就十秒钟,让抢险队过去!"

众人纷纷让开,蔡鹤临第一个冲下来……

风缓雨稀,夜色深沉,空袭解除警报持续鸣响……

大街小巷人流匆匆,校园灯火复明纷纷。刘百衡一家四口身披雨衣,婷婷、闹闹追逐嬉笑在前,丁国兰端着手电筒快步随后,刘百衡跟在最后,专家小楼近在眼前,婷婷抢先奔到门口,回身喊道:"爸爸,钥匙!"

刘百衡掏出钥匙,随手一扬,婷婷伸手接住,闹闹随即赶到门口,伸手抢道:"给我,给我。"

婷婷倒着钥匙左右手出没,闹闹贴身嬉笑抢夺,丁国兰小声道:"大半夜的,别闹了,快给闹闹。"

第十八集

闹闹抓过钥匙试着开门,屋内电话铃声骤响,丁国兰无奈道:"谁呀这是,折腾起来没完了。"

刘百衡帮着闹闹把门打开,直接进屋接起电话:"喂……我就是。"

【三号洞塌方了!马立尧、陈田埋在里面,抢险队正在挖洞救人,洞顶不断掉土,情况危急,赶快增援……】

刘百衡神情一震,急切道:"塌在什么地段?叫救护车了吗?"

【塌在通风口前面,魏医生已经打电话了,救护车正在路上。】

刘百衡喊道:"赶快挖开外面通风口!双管齐下!里应外合!我马上召集抢险预备队,你们千万注意险情,别再搭进去几个!"

闹闹听出不好,赶紧抓住妈妈,婷婷小声紧张道:"妈妈,是不是防空洞塌方了?"

丁国兰一手拉住一个,嘱咐道:"是塌方了,你们回屋睡觉,爸爸妈妈出去救人,闹闹,听姐姐话。"

闹闹懂事地点点头,丁国兰转身上二楼,刘百衡拨通电话:"抢险预备队吗?我是刘百衡,三号防空洞出现塌方,在通风口一段,有两人困在里面,你们马上出发,分作两队,一队外面通风口,一队洞里,多带立柱挡板,赶快行动!"

丁国兰返身下来,手上多了急救箱,跟着刘百衡快步出门,回身嘱咐道:"不许闹啊,马上睡觉。"

两个孩子凑到窗前看外面,刘百衡呼啦一下脱下长身雨衣,搭在自行车把上,快手开锁,推车就跑,丁国兰挎抱急救箱紧跑几步晃在后座上,探身喊道:"脱什么雨衣呀?疯了你!"

刘百衡喊一句把稳了,自行车加速狂奔……

风雨扑面,街灯掠过,丁国兰大声喊道:"刚才电话里提到魏医生,是不是三号洞啊……"

1969年11月16日,西北综合导弹试验基地,傍晚六时,夕阳余晖,东风四号改进型火箭巍然耸立发射塔台……

【画外音:嚓嚓嚓嚓的清晰走秒声中——10,9,8,7,6,5,4,3,2,1,点火!】

发射塔台基座,烈焰瞬间迸射,烟花翻滚四溢,火箭缓缓离地,腾空而起,加速飞升……

【画外音:10秒,15秒,20秒,25秒……】

深空苍茫,火箭继续快速飞升……

酒泉雷达监测站,雷达天线徐徐转动,操作室内,屏幕上,雷达瞬间抓住目标,火箭测距、测速仪器平稳绘出跟踪曲线,众人兴奋握拳,紧盯仪器屏幕,何文芳全神贯注,对比理论曲线……

火箭在高空划出白色尾痕,飞向西北靶区方向……

【画外音:90秒,95秒,100秒,105秒……】

发射场掩体涌出欢呼人群,众人纷纷摘下军帽,振臂摇向火箭留痕的西北天空……

发射场控制中心内,众人纷纷起身,表情略显放松,有人互相竖起大拇指,凌云和徐进不为所动,凌云紧盯仪器显示屏,徐进紧盯自动绘图仪图板曲线,时间仿佛静止……

酒泉雷达监测站,操作室内,何文芳和两位操作员紧张注目雷达监视屏,缓缓推升的速度曲线突然不再上升,三人定睛细看,操作员指点曲线说明,何文芳指点曲线认可,马上返身查看绘图仪落点预示曲线,绘图板上的笔端触点原地抖动,何文芳轻轻摇头,脸上露出惋惜的表情。

操作员轻声招呼,何文芳返身再看雷达屏幕,还是轻轻摇头,众人围拢过来,何文芳冷静道:"立即报告发射基地指挥控制中心,雷达失去跟踪目标,系统数据也马上传过去。"

高站长在旁命令其他人员:"马上检查系统设备。"

何文芳补充道:"如果系统设备没有问题,立即报告火箭很可能已经坠毁。"

西北大漠，东风四号导弹靶区，雷达天线严阵以待，众多军人翘首祈盼，大漠沉寂，碧空万里，指挥员手握计时表，表情焦虑……

夜晚时分，发射场简陋会议室，黑板上画着两级火箭分离环节示意图，徐进从箭端画下一条抛向地面的弧线，在地平线上涂重交汇点，旁边写上650km±20km，然后以交汇点为圆心，画出一个框住数字的标准圆，众人若有所思，议论纷纷。

主任抬手示意大家静下来，沉稳道："综合分析下来，基本可以排除火箭飞出国境的担心，可能性比较大的结果是，火箭二级发动机没有及时点火分离，导致火箭坠毁。如果这个判断正确，那么经过大家的初步理论测算，坠毁距离应该是在620公里左右。徐进，你把火箭残骸搜索起始点选定在650公里，进一步的理由是什么？"

徐进回到座位，拿起桌上的一叠计算用纸，分析道："如果二级发动机点火失败，这以后火箭的失控情况就会非常复杂，雷达跟踪数据让我们更趋向于两级火箭因点火失败瞬间空中解体的判断，所以在坠落距离的计算上，还要充分考虑初速度极高的无推力分解箭体的惯性。"

众人纷纷点头，凌云补充道："650km也只是一个粗略估算距离，如果以此为圆心，在方圆20km左右范围内能够发现火箭残骸，那么二级火箭没有及时点火分离，导致火箭失控瞬间解体的可能性就会更大。"

众人暂短交流一下，目光聚向主任。主任查看一下地图，指点道："意见基本统一了，搜索区域落在新疆戈壁滩，好在赶上冬季，这么大个网撒下去，还得调兵遣将啊。"

严工祈盼道："希望能在大海里捞上一针。"

刘工心悸道："我说严工，但愿不是你的小插头出了问题。"

严工急道："怎么是我的小插头！我恨不得压住它们一起上天，还是找找你的两级连接器吧。"

徐进起身笑道："行了，行了，乱麻理出了头绪，反倒打嘴仗，还是不饿，我可先去了。"

主任笑道："都去，都去，带上资料，钱院长他们的结论也应该下来了，争取在食堂碰一碰。"

众人纷纷起身出门,一位战友凑到徐进跟前,虚着食指在图纸上比划道:"刚才严工又提到那个连接器,我脑子里闪过一个念头,你看啊……"

凌云回身催促道:"徐进,边走边说吧,要不然喝不上你的稀面条了。"

徐进随手把资料卷成纸筒,三人跟在人群后面,比划着手势讨论问题……

初冬时节,大漠落日。长长的散兵线上,解放军战士两两相邻间隔五十米,迎着夕阳余晖缓步搜索前行。林峰身穿军大衣,头戴棉军帽,登上一处砂石缓丘,借助军用望远镜缓缓搜索西北方向……

看到林峰招手,两边的战友跑上缓丘,林峰递过望远镜,提示道:"正西偏北20度,好好看看。"

搜索片刻,一位战友定住望远镜,兴奋道:"看到了,是金属闪光,应该是火箭壳体。"

另一位战友连忙接过望远镜,慢慢扩大搜索扇面,兴奋道:"没错,还有两处金属亮点。"

三人跑下缓丘,奔向亮点方向……

大漠深处,一枚红色信号弹冲上天空,散兵线上的搜索队员呼喊战友,迅速奔向信号弹方位,与散兵线垂直的信号线方位的最近处信号员,马上从弹匣中找出红色信号弹,快速装枪发射,苍茫的大漠余晖中,又一枚红色信号弹冲上天空……

正北方向,一位战友高喊:"红色信号弹,是林峰老师的正西方向……"

正南方向,闪耀的红色信号弹下,搜索队员快速集结……

正东方向,一名战友振臂呼喊:"徐队长——快看——林老师他们找到啦!"

徐进回身,远方的红色信号弹映入眼帘,不远处,信号员举枪,一声爆响,红色信号弹划破长空,散兵线快速向徐进靠拢……

广袤无垠的大漠余晖里,正西方向的红色信号弹此伏彼起,在650公里出发地原点向另外三个方向迸射开去,绘出天地间光彩夺目的红色十字……

大漠寒夜,星斗如烟,二十堆篝火散落戈壁,篝火外围,一群野骆驼不安地注目火光,缓缓避向戈壁深处……

第十八集

1970年4月24日,21时20分,酒泉雷达卫星监测站,雷达天线阵列徐徐转动,操作室内,一幅小标语横贴墙上——精益求精,万无一失。

操作人员各就各位,仪器仪表运行闪烁……

高站长精神饱满,语调沉稳:全体同志注意,最后重复一遍,到目前为止,渭南卫星跟踪监测中心还没有充分做好全面准备工作,跟踪监测东方红一号卫星的重任,落在我们酒泉跟踪监测站的每一位同志身上,我们的要求一如既往,还是那八个字——安全可靠,密切配合。同志们,这是我们对祖国人民的庄严承诺……

众人朗朗应道:"为祖国人民争光!"

高站长沉稳下达命令:"各监测组注意,十分钟准备,全面检测并报告设备运行情况……"

紧张默契的协调配合中,何文芳率先报告:"单脉冲雷达运行正常。"

其他负责人依次跟随报告:"跟踪测速系统正常,跟踪测轨系统正常,遥测信号收讯系统正常,数据传输系统正常,时间统一勤务系统正常,计算机系统正常,指挥调度系统正常,东方红乐音接收系统正常……"

1970年4月24日,21时30分,西北综合导弹试验基地,东方红一号发射场,低云四散开去,露出一片星空,长征一号运载火箭巍然耸立发射塔台……

【画外音:嚓嚓嚓嚓的清晰走秒声中——三分钟准备!】

夜幕低垂,大漠沉寂……

【画外音:嚓嚓嚓嚓的清晰走秒声中——10,9,8,7,6,5,4,3,2,1,点火!】

发射塔台基座,烈焰瞬间迸射,烟花翻滚四溢,运载东方红一号卫星的长征一号运载火箭缓缓离地,腾空而起……

【火箭夜空飞行画外音:酒泉中心站跟踪正常……湘西站发现目标!南宁站发现目标!昆明站发现目标!海南站发现目标……】

夜空苍茫,火箭亮点……

【星空背景画外音:星箭分离,卫星入轨!】

繁星闪烁,静美如画,卫星亮点徐徐融入万顷银河……

【东方红乐音,简洁舒缓,回荡夜空……】

五月北京,傍晚时分,火车站出发站台,几个乘客大包小裹,气喘吁吁奔到卧铺车厢车梯口,中年列车员提示验票,乘客示票上车。何文芳和林峰一身军装,伴着曹梅在车梯对过的立柱旁说话,林峰脚边放着两个旅行包。

曹梅拿出一个信封交给林峰,平静道:"林峰,这封信带给鹤临,亦铭的事都在信里,不难为你们告诉他了。"

林峰表情凝重,接过信收好,曹梅伸出手,林峰双手紧紧握住,深沉道:"曹梅姐,多保重。"

曹梅点头微笑道:"都要保重。"

何文芳轻轻抱住曹梅,深情道:"曹梅姐,最难的日子都挺过去了,好好坚持下去,暑假一定到我们三家巷来。"

曹梅感动道:"谢谢大家,三家巷多了鹤临,说不定哪天也能算上我一个。"

正说着,两个男女青年军人喊着何老师、林老师奔过来,何文芳惊讶道:"你们怎么来了?"

前面的女军人抱怨道:"何老师,怎么临上车才给我们打电话呀,这一路跑的,快赶上雷达跟踪卫星了。"

何文芳抱歉道:"每次打扰你们,都是大包小裹的,回家就挨马老师批,这次一门心思盼着回家,知道同学们都好就行了。"

后面的男军人递给林峰一个旅行包,知心道:"林老师,头一回听何老师这么客气,连北京点心都顾不上,看出来归心似箭了。"

林峰微笑道:"我们离家一年多,能不归心似箭吗?给你们介绍一下,这位是北航的曹梅老师。"

曹梅主动伸手问候道:"你们好!先跟两位老师说话吧,一会儿咱们再聊。"

两个学生连忙问曹老师好。

发车铃声响起,车下的乘客纷纷上车,何文芳抱住曹梅,沉浸片刻,不禁热泪盈眶,曹梅轻拍释然,不觉涌出泪水。林峰静默无语,两位学生感觉出什么,

第十八集

对视沉默,体谅心情。中年列车员感慨道:"送君千里,终须一别,解放军同志,就等您了。"

两人上车,挥手作别。列车缓缓启动,曹梅多跟几步,何文芳一只手探出车窗摆动军帽,曹梅慢慢停下,目送列车消融在苍茫暮色里……

五月滨江,春光明媚,滨江火车站,何文芳和林峰手提军用旅行包,两人兴冲冲地验票出站。马上有三轮车夫过来招呼道:"解放军同志,要车吗?"何文芳礼貌道:"谢谢师傅,没有大行李,我们坐公共汽车。"

两人来到汽车起始站排队上车,座位很快满员,林峰起身给挨到身边的老太太让座。老太太说声谢谢解放军叔叔,拉过身边三岁多的小男孩儿,搂坐腿上。靠窗的何文芳腿上横着旅行包,跟着要起身让座,老太太一把按住道:"谢谢解放军阿姨,就我一个不中用的。"

小男孩儿俯身闻闻,仰头道:"太姥姥,什么东西这么香啊?"

老太太吸入鼻息,慈爱道:"是丁香花,小狗儿鼻子够尖的。"

小男孩儿挣脱一下,侧趴在何文芳的旅行包上,闻闻、捏捏听听,再闻闻,何文芳笑道:"老人家,小狗才不闻丁香花呢,看见没有,这都听上了。"

小男孩儿起身认真道:"阿姨,你的大包里开这么多丁香花呀?"

何文芳跟林峰对视一笑,随手拉开旅行包,拿出两样点心,一块萨其马,一块酥皮饽饽。小男孩儿贴上来对眼儿盯住,就差咬在嘴里,老太太一把拉回来,教训道:"这孩子,借灶台扒锅沿儿,得寸进尺了你!"

众人笑起来,何文芳递过点心,老太太连忙扶正小男孩儿,笑眯眯道:"还不快谢谢解放军阿姨。"

小男孩儿咬一口酥皮饽饽,含糊道:"谢谢解放军阿姨。"

老太太随手接住小男孩儿嘴边的酥皮掉渣,仰头抹进嘴里,数落道:"这么个小冤家,吃什么都掉渣儿,长大准是个大漏勺,攒不下钱。"

众人都笑,何文芳又递过一块酥皮饽饽,亲切道:"老人家,您尝尝,清华斋的。"

老太太连忙推让道:"哪儿摘的也不行啊,我这不成了返老还童了。"

林峰笑道:"尝尝吧,老人家,我这位战友跟您一起返老还童。"

老太太笑眯眯接过酥皮饽饽,闻一番,何文芳拿出一块萨其马示意林峰,不甘道:"我可不老啊。"

林峰摆手笑道:"确实年轻,按百衡的话说,总是正当年。"

何文芳会心一笑,不再礼让,拉上旅行包,享受一口萨其马。小男孩儿嘴里吃着,眼里盯着老太太手上的酥皮饽饽,老太太笑道:"别看了,慢慢吃,都是你的。瞅瞅你个小冤家,又掉渣!"

汽车缓缓启动,街景慢慢掠过,绿树花丛掩映中,高低建筑的星条玻璃分外醒目。五月的熏香拂窗而入,何文芳兴奋地指点窗外,林峰探头赞道:"车里都能闻到,今年的丁香开得好……"

正是丁香时节,校园浅紫淡粉。人行道上,何文芳拎着点心旅行包,回头体谅道:"资料太沉了,歇会儿吧。"

林峰脚步如常,兴奋道:"你要是不累,一口气到家了。"

何文芳快步踏上一片青草地,回头道:"那就抄近道儿。"

弯过草地小径,拂过黄绿杨柳,教工宿舍楼近在眼前,两人兴奋异常,不觉加快脚步踏上人行道……

身后传来隐约的喊声:"妈——"

两人停步转身,林峰张望一下,脱口惊讶道:"马驹儿?"

前面的何文芳被林峰挡住视线,连忙侧步探身,扑哧一声笑出来:"马老爷子?这是演的哪一出啊……"

四十多米开外的人行道上,马驹儿努力扶正一辆木制轮椅,加快脚步直推过来……

旅行包从两人手中脱落……

春光和煦,微风拂面,轮椅悠悠前行,游子困惑呆立。

久别的祈盼慢慢汇聚……

远远的,何文芳双腿跪地,捶打摇晃轮椅上的腿部躯体。马立尧欠身,一手扶住轮椅缘木,一手扶住何文芳肩膀。林峰蹲扶在马驹儿面前,马驹儿一边述说,一边抹泪……

细雨洒落暮春的夜晚,窗辉蒙上昏黄的浅晕,木质窗棂凸起细小的雨珠,星条玻璃抖下浅淡的水纹……

何文芳家,马立尧仅穿短裤趴在床上,下身盖着毛巾被,陈老先生搭坐床边,手上一块凹形青玉刮痧板,顺着马立尧脊椎稳稳刮下,脊椎两侧紫痕清晰,林峰一众围观床边,默默注目。

何文芳专注老人的动作,不时对照手上的人体穴位图,许勤轻轻拉下何文芳的手,安慰道:"先看手法,穴位我们都知道,慢慢教你。"

陈老先生直起腰,挪一下,利贤会意,拿过床头的毛巾被盖住马立尧后背,只露出腰椎一段。陈老先生比划一下腰椎两侧,着手稳重揉刮一侧,许勤体贴道:"爸,我来吧。"

陈老先生递过刮痧板,慢慢起身,刘百衡和林峰扶过老人坐下,许勤就位,熟练地继续揉刮。

何文芳和林峰近前探身,全神贯注观察门道。许勤耐心道:"这是角揉法,看这儿,以刮痧板厚边棱角边侧为着力点,揉刮在穴位处,先轻后重,逐渐打开穴位组织,排痧化瘀,通畅气血。"

丁国兰补充道:"刮痧要在按摩以后做,立尧的情况,一周到十天一次就行,手法要轻柔,具体要看皮肤情况,按摩得一天三次。"

林峰心急道:"明天我就跟你学。"

老人感叹道:"看出林老师心疼了。"

丁国兰倒上一杯茶,陈老先生接过茶杯,呷一口,自信道:"马老师的腰腿,从出事到现在,一直都有麻木感觉,最近几天经常出现跳痛、刺痛,这是向好的突破性改变。俗话说,久病成医,我这条腿就是这么捡回来的……"

何文芳急切期待道:"是吗,陈伯伯?"

陈老先生沉吟道:"当时我从台儿庄战场上下来,一条腿全炸烂了,军医要锯掉,我掏枪把他给逼退了。挺过鬼门关,不出一年,我和陈田他妈就成了半个中医,所以呀,何老师,这耐心和信心同样重要。都说你和马老师悟性极高,又有这么多兄弟姐妹照应着,国兰的按摩手法回春独到,再辅以针灸、刮痧,加上马老师自己坚持锻炼,我看会慢慢好起来的。"

何文芳含泪点头道:"谢谢陈伯伯,我心里都明白,就是控制不住自己,总觉着不是真的。"

陈田宽慰道:"文芳,我断了一只胳膊、三根肋骨,脾也摘除了,再晚五分钟上手术台,今天就站不到你面前了。我和立尧都已经闯过了鬼门关,希望你跟许勤一样,也是要坚持住的。"

丁国兰动情道:"文芳,你可能想不到,轮椅是立尧自己设计的,魏医生提的改进意见,学生们给加工的车轴、部件,蔡老师拆了自己的自行车,李校长给打的下手,就这么做成了轮椅。"

何文芳泪流满面,刘百衡本色依然:"芳子,你可能还想不到,这大半年,立尧一鼓作气娶了仨媳妇儿,每天太阳还没下山,这林家的,田家的,还有我们老刘家的,都争着抢着入洞房,谁能想到,三个女人还真唱出了一台好戏,生生把个死马治成活马了。"

众人不能不笑出来。

丁国兰点了刘百衡脑门一下,自豪道:"还不是你刘百能的鬼点子!不过话又说回来,还真是知人知心的好主意,也让我们懂了不少男人的苦心思。"

马立尧撑住头颈,感叹道:"女人把话堆到男人的心坎儿上,还天天精心伺候着,男人这颗心就不能停下来。躺在医院那十天,知道自己废了,先是万念俱灰,跟着就是生不如死……"

何文芳难受道:"别说了,立尧,这些我都理解。"

马立尧感动道:"文芳,别难过,我之所以能挺下来,不单是因为你和孩子,没有咱们这个大家庭,我真挨不到今天你回来,大家给我的,不比我欠你的少,我想明白了,这辈子姓马,下辈子属牛,好好报答你们。"

何文芳哽咽道:"立尧,大家都那么疼你,你又这么坚强,我高兴还来不及呢,下辈子我属马,你属牛,咱俩好好报答这些亲人。"

女人泪眼模糊,男人嗟叹不已,利贤体谅道:"文芳,也别压着自己,想哭就哭出来,大家都理解,尽量别当着孩子面儿就行。十天八天挺过去,累得心都木了,也就好一点儿,然后再难受,再好一点儿,慢慢就平复了,十二年前,大安离开的时候,我就是这么挺过来的。"

林峰沉吟片刻,感怀道:"立尧,看你成了这样,我脑子里瞬间就闪过路大哥,还有钱先生。先生说过,人各有命,命各有缘,缘在劫内,往往就不见了天日,一念迷即彼缘,一念觉即此缘。我的好兄弟,这彼此境界,你都悟到了。文芳,我不担心立尧什么,只要你好好的。"

何文芳爱抚马立尧的肩颈,感动道:"大家都放心吧,我不仅要好好的,还要学会照顾人。"

马立尧抬臂握拳道:"全家都好好的,这么多双眼睛盼着呢。"

走廊里响起雨靴踏地的沉重脚步声,利贤冲林峰提示道:"蔡老师回来了,你俩先别露面,让他歇会儿,我去给他蒸个鸡蛋羹。自打换了下午班以后,他这晚饭都是窝头咸菜打发事儿,也不知道这防空洞还要挖到什么时候。"

第十八集

刘百衡接话道:"这才开个头儿,看形势,地下长城的大工程还在后头呢,不出一年,壮劳力有一个算一个,谁也躲不过,到时候都得建设这地下长城。"

丁国兰心有余悸道:"到时候你可不许逞能啊。"

刘百衡一声叹息,疲惫道:"我这点儿能耐,也就为咱们这个大家庭所用,趁着工人阶级领导一切,我得抓紧折腾大人、孩子的户口、工作,完成了这件大事,我肯定要累成个陈氏变异肺结核,正好辞工回教研室,讲讲课,喝喝酒,给文芳打打下手,说不定国兰一高兴,我还能抱上双胞胎儿子。"

笑声如常,情怀依旧,利贤开门去厨房,何文芳依恋道:"李校长这一下放到五七干校,也不知道什么时候能回来,我看他们的屋子还空着,国兰,你们哪天想生儿子,就回来住住。"

陈田书生意气,鼓动道:"这是完全可行的,什么时候回来,说一声,陈家是要给你们加油的,用我父亲的夫妻肺片。"

陈老先生摇头笑笑,许勤笑道:"陈田,是用爸的夫妻肺片手艺,你的思维总是一步就跳到关键地方,再说了,人家生儿子,你加什么油啊?"

陈老先生笑道:"陈田从小说话就这样,闹出不少笑话。行了,今天收工吧,林峰、百衡,过来帮立尧翻身。"

丁国兰指点道:"上下身一起翻,别扭着腰,对,就这样,再慢点儿。文芳,给立尧盖好,一会儿开窗透气,马驹儿我带走,你俩说说话。"

刘百衡思量道:"明天我带队去柳河五七干校安置新学员,正好看看魏医生、李校长,林峰跟我去吧。"

马立尧插言道:"文芳,你也去吧,魏医生怕你受不了,一直惦记着见你一面,跟林峰一起好好汇报,让他们放心。"

利贤提示道:"除了北京点心,没什么可带的,我包饺子吧,就是手头儿没有肉,鸡蛋、豆腐、白菜,素馅儿的。"

刘百衡周全道:"不用了,还是罐头方便,国兰都预备好了,李校长的午餐肉,魏医生的豆豉鲮鱼,都是他们爱吃的,还有水果罐头,酒也不缺。"

众人都说这样好,丁国兰解释道:"刘大芝麻官儿给人办了事儿,人家知道他的为人,就把东西塞到我家仓房里,写上几句明白话,又不署名,东西也就不好退,一天忙到晚,就这么点儿嘴头子上的便宜。"

陈老先生感叹道:"李校长带出来的好干部啊,把我的沱茶也给他们带上。"

众人出门，林峰打开家门，几个小的全神贯注，捏着刮胡刀片摹刻英雄人物剪纸，见大人关注，孩子们纷纷拈起剪纸展示，得到赞叹夸奖，陈老先生招招手，明明乖乖出门，婷婷和闹闹也跟出来，丁国兰招呼道："马驹儿，去阿姨家，让你爸妈好好说说话。"

林峰拦住道："国兰，还是在我这儿方便，马驹儿，去跟妞妞睡吊铺，妞妞，你哥呢？"

妞妞兴奋道："立国和东顺哥都来了，他们在李爷爷家空屋里摆弄大收音机呢。"

林峰好奇道："是摆弄电子管儿收音机吗？"

妞妞提示道："就是红卫兵抄李爷爷家给摔坏的那台，魏奶奶一直没舍得扔，我哥说看看能不能修好。"

刘百衡解释道："收音机我检查过，主件基本不行了，没有修的价值，孩子们感兴趣，我就给他们弄一堆旧元件，都是从红卫兵抄家破损的收音机里拆下来的，随他们摆弄。"

李校长家空屋，简单木床书桌，不见生活用品。见平、立国、东顺三人躬身围站桌边，桌上摆放一台脱壳的电子管收音机，机旁摊放一张电路草图，图旁散放着一堆旧电子管元件，立国手持万用表端笔，点住器件触端，见平查看图纸，核对万用表参数，东顺把一只小电烙铁轻轻摆靠在铁丝架上，立国跟见平默契一下，东顺会意，转身插上电源。机芯渐渐亮起来，见平用螺丝刀旋转调谐电容，一阵杂音之后，收音机里响起一段激昂的二黄导板，三人兴奋互看，见平调大了音量——

【穿林海，跨雪原，气冲霄汉——抒豪情，寄壮志，面对群山——愿红旗五洲四海齐招展，哪怕是火海刀山也扑上前，我恨不得急令飞雪化春水——迎来春色换人间……】

夜阑人静，蔡鹤临家，书桌上，一碗鸡蛋羹，两块贴饼子，一瓶红星二锅头，一包北京点心，一盒午餐肉罐头。利贤、林峰端坐写字台两侧，蔡鹤临身体靠在椅子上，凝神手中的信纸，利贤小声劝道："蔡老师，先吃吧，都凉了。"

蔡鹤临充耳不闻，慢慢把信纸铺在桌上，拿起桌边的半截白蜡烛，擦火柴点

第十八集

上,烛光渐明,烛火下倾,烛身慢慢转动,蜡泪一滴一滴垂在桌面的旧蜡痕上,汇成一汪热泪。

静默中,蔡鹤临上香一般,双手扶住蜡烛,蜡泪烛身,浑然一体。

烛火静谧,心绪怅然,蔡鹤临打开黄褐色的包装纸,把点心轻轻倒在信纸上,手心抚平一下,把包装纸慢慢撕成三截,利贤、林峰会意,人手接过一截。

一秉烛火,三截烧纸,有情人心中默念一回……

林峰倒酒,三人起身,持杯默视窗外,三盅酒洒在地上……

窗外微风细雨,室内白烛黄焰……

【曹梅话外音:鹤临,亦铭有一个最大的遗憾,关乎生命的延续,他特别希望能有一个孩子,却一直未能如愿。虽然我总是给他安慰和鼓励,他却依然无谓自责,长久不能释怀。临走前,他断断续续对我说,去找鹤临吧,问他要一个礼物,是给我们两个人的,无关婚姻,有关生命,以此作为爱的纪念……】

下午时分,微风浮云,柳河五七干校,广阔天地,男女学员散落田间,配合耕作,李校长催马扶犁,魏医生随后撒种。

地头儿大树下,两个年轻男女监工席地聊天,男监工手卷旱烟,哼出一段刁德一的《智斗》滑腔,女监工指绕头绳,无聊抬眼,振作道:"哎,快看,来了两个穿军装的。"

男监工张望一下,提神道:"穿便服的,好像是工大的刘副主任,还带个孩子。"

刘百衡、何文芳、林峰、立国四人快步走来,两个监工起身等待,刘百衡热情招呼道:"郎队长,雷指导员,都忙着呢。天儿不错呀。"

郎队长随手把旱烟塞进衣兜,自豪道:"咱柳河五七干校成了全国典型,参观学习的都排上队了,上午刚打发走两拨,下午也闲不着,一会儿就上人。"

雷指导员把头绳窝在手心里,羡慕道:"欢迎解放军同志,刘副主任,给我们介绍一下吧。"

刘百衡圆滑道:"现在是卫星上天,红旗遍地,形势一派大好啊。他们是上级派来搞调研的,来,认识一下,何同志,林同志,教导大队郎队长,雷指导员。"

主客握手寒暄,刘百衡张望一下田间,随手摸出两样东西,两盒大前门递给郎队长,一条红纱巾递给雷指导员,两位领导互看一下,喜出望外,年轻轻的就在春天里争相笑成了灿烂菊花。

刘百衡沉稳道:"首长要见李国荣、魏如莲,还有任玉芹,孩子跟过来看看妈妈,可能要晚点儿回干校。"

郎队长拆包掂烟,叼在嘴上:"没问题,今晚我值班,熄灯前回来就行。你们等着,我俩把他们替回来。"

何文芳和林峰礼貌谢过,刘百衡不动声色。领导奔向田间,雷指导员摇着红纱巾跑在前面:"李国荣——魏如莲——任玉芹——马上收工——"

魏如莲停步回身,李校长嘘马牵缰,不远处的任玉芹也端着簸箕停下来。领导赶到跟前,雷指导员明白道:"快去吧,两位首长找你们,活儿交给我们,记住了,一定要保守军事秘密。任玉芹,先放下,跟他们走。"

魏如莲递过种子簸箕,李校长顺过缰绳柳条,郎队长打马开工,雷指导员撒种跟上,魏如莲、李校长礼貌谢过。魏如莲冲任玉芹招一下手,三人转身走向地头儿。大树下,四人挥手呼应,深一脚浅一脚奔向田间,立国跑在最前面……

广阔天地,一行七人……

【广阔天地,季节变换——春华秋实,冬去春至……】

碧野蓝天,一列客运列车奔驰在北国大地。

硬座车厢里,曹梅依窗而坐,微目沉醉窗外景色。疾风劲吹,掀掠秀发,车轮快奏,一扫迷离。田间的孩子挥手致意,路边的线杆扑面而过……

【闪回画面:车轮快奏声音背景中,春日的防空洞外黄土坡下,一群教职工席地而坐,喝汤啃窝头。利贤蹲在蔡鹤临身边,拨过汤里的几块水豆腐,蔡鹤临连忙推让,利贤起身躲开,扭头看见丁国兰骑车过来,连忙快步迎上去。丁国兰点停下车,掏出一封信,利贤简略看过,两人议论着走过来。蔡鹤临仰碗喝尽菜汤,握着半个窝头站起来,从容含笑示意。丁国兰递上信封,蔡鹤临看一眼,马上把窝头递给利贤,手指微颤,开封展信……】

车轮快奏,长鸣迫人,列车疾驰,原野苍茫……

【曹梅画外音:鹤临,早听亦铭说过,你和安娜都喜欢契科夫的小说,其实,那里也有我和亦铭的精神寄托。我依稀记得新娘娜佳奔赴新生活的动人情景——火车开动,漫长沉闷的往日生活渐渐缩成一点点小,而那个未曾留意的无限广阔的未来却翻上来了。雨抽打车窗,电线杆上的鸟雀一闪而过,田野碧绿,我心欢乐……

　　鹤临,终于可以告诉你了,百衡已经为我办好了调转手续,我真心感谢你们每一个人,三家巷,我来了……】

第十九集

【五年以后。】

校园秋色,俄式专家小楼,刘百衡家。客厅里响起电话铃声,刘母两手抹着围裙,从厨房里出来拿起电话,闹闹从屋子里跑出来抢道:"奶奶,我接。"

刘母笑道:"小闹腾,写作业耳朵还这么长。"

【喂,是婷婷、闹闹吗?我是舅舅国强啊。】

闹闹撒娇道:"国强舅舅,我们的开裆裤早就进历史博物馆啦,本人刘欣,我姐刘婷下厂劳动还没回来呢,说吧,什么事儿?"

【快叫你爸你妈接电话,我这是上海长途,后面人山人海等着呢,快点儿!】

刘欣嘴里说着我爸我妈还没回来,忽见窗外身影一闪,连忙改口道:"哎,舅舅,你等着,我妈刚回来。"

门外过道旁,丁国兰架好自行车,从车筐里拿出挎包,招呼道:"爸,过两天再扫吧,树叶正落着呢。"

刘父一手扫把,一手簸箕,躬身把枯叶倒进半截敞口麻袋,平和道:"农村人习惯了,看着能烧的就想收起来,树叶正好引火,顺便清清道儿,你这累一天了,快进屋歇着吧。"

刘欣开门,探头喊道:"妈,快点!舅舅上海长途电话。"

丁国兰连忙进门,直接进屋拿起电话:"哎,国强,听说上海游行了,你和国英没事吧?你姐夫说上海是四人帮的老巢,这两天一直担心你们,一定要头脑清醒,动刀动枪的事儿可千万不能参与啊。"

【放心吧姐,国英在学校平安无事,我们厂民兵前些天刚稀里糊涂领了枪,还没捂热乎,就被解放军收缴了。昨天上海主要大街都挤满了人,两百万人游

行欢庆胜利,四人帮彻底完蛋啦!姐,国英跟你说两句。】

【姐,我是国英。看这阵势,文革肯定是到头了,我和国强有点儿担心姐夫,还是让他把革委会副主任赶紧辞了吧。还有啊,咱爸咱妈都挺好,喜欢我们两家轮着住,这两天念叨想你们了,要我们寒假跟回滨江去过个团圆年,你就放心吧。】

丁国兰冷静道:"你姐夫比咱们头脑清醒,今年清明节北京群众悼念周总理的时候,他就说山雨欲来风满楼,学校怎么挽留也没用,到底辞官回教研室了。其实要不是家里弟弟妹妹工作的事儿拖着,你姐夫两年前就想泡病号了。现在挺好,人走茶凉,万事大吉,你姐夫每天早晨跟你文芳姐他们进几个英文单词,隔三差五还能喝个小酒儿。咱爸咱妈那儿我放心,想回滨江就回来,趁我还住着专家小楼,过年全家好好热闹热闹。"

【姐,人走茶凉就对了,我姐夫这儿没人惦记最好,不能多说了,后面催着呢,都是向全国各地报喜的,咱爸咱妈说给亲家带好,过年见,挂了。】

丁国兰放下电话,出一下神,刘欣笑道:"妈,全家人里,就数你这眼神儿最没出息,又惦记刘大官人了吧?"

刘母打住道:"刘欣,不许没大没小,一说话就没个正形。"

刘欣借劲儿道:"按我妈的话说,随根儿。"

刘父笑道:"咱老刘家世代农民,打根儿上也没见能说会道这一脉呀。"

刘欣不服道:"我爸还不叫能说会道呀,人家何阿姨是读书的,我爸是说书的,那些个工农兵大学生,都爱听我爸讲课,他们可有钱了,我和姐姐还跟着下了两回利群饭店呢,我爸每回都想着给何阿姨要一饭盒红焖刀鱼大米饭,我和姐姐给送到家里去的,马叔叔可高兴了。"

刘母用眼神示意刘欣多嘴,丁国兰笑道:"别多心,妈,这种事儿从来不用我嘱咐,百衡总是越办越好。这两年,文芳都熬出白头发了。"

刘父感叹道:"看马老师一家经常乐呵呵的,心里说不出什么滋味儿。国兰哪,这几年,你和百衡家里家外没少操心,要不是百衡弟弟妹妹非要闹着进城,你们也早两年过上清净日子了。"

丁国兰感动道:"爸,妈,别说弟弟妹妹,你看身边这一大群亲朋好友,百衡哪个不当亲人?你们养的好儿子,我和孩子跟着他没少享福,这些年过来,我要是跟他计较点儿什么,我爸抬手就是一巴掌。"

刘欣惊奇道:"我姥爷还真打你呀?"

丁国兰笑道:"比划一下,没打下来。行了,去写作业吧,你爸说,粉碎了四人帮,恢复考大学也就是一两年的事儿。"

刘欣起身回屋,满不在乎道:"考什么大学?没听说过,我才小学三年级,早着呢,还是盯着我姐吧。"

老两口互相看看,刘母犹疑道:"国兰哪,我和你爸琢磨着……想回老家看看,现在百衡弟弟妹妹都招了工,虽说都在城边儿,可你们想有个照应,也就不到一个钟头的公共汽车,我们老两口心里踏踏实实的。"

丁国兰撒娇道:"妈,我这才享了两年清福,你就不想给我们做饭啦?"

屋里的刘欣央求道:"爷爷奶奶不能走,要不我妈成天跟我狭路相逢。"

刘父接话道:"儿女都在这儿,我们也是舍不得,主要是寻思着,百衡不当这副主任有半年了,前两天听到四人帮倒台的消息,百衡就跟我和你妈念叨,人贵有自知之明,咱这小楼怕是住不长,想早点儿搬回三家巷去,真等到组织上收房,那就被动了,你说到时候咱家六口人挤一间宿舍,那怎么行啊。"

丁国兰宽慰道:"百衡的话咱得听,他的难处我最知道,不过没那么严重,就是马上搬,房子也是现成儿的,我们住宿舍,你俩住林爷爷那儿,正好东屋、西屋两家,说话有伴儿,也没啥活儿,就四口人的饭,比现在还清静,大伙儿隔三差五去看你们,热热闹闹的,更挺好。"

刘母高兴道:"倒也是啊,马车队散伙了,这么一大帮子人,都叫咱百衡打着工人阶级旗号,弄到学校后勤给收编了,别看都是做饭的、扫地的、搬运的,守着这么个好大学,又赶上打倒了祸害老百姓的四人帮,下一代就有指望喽。"

大门一响,刘婷亮相,一身肥大工装,军帽包盘辫子。老两口笑看大孙女,刘婷随手把沾满油污的手套扔在门后墙角,顺脚交替踩下两只黑皮鞋,风风火火嚷道:"奶奶,饭好了吗?我饿了,一会儿要参加学校腰鼓队大游行。"

刘母连忙起身道:"高粱米干饭焖好了,我这就去炒菜,你先洗洗换换。"

刘欣闻声跑出来,兴奋道:"姐,我也想去打腰鼓。"

刘婷洗手洗脸,亲昵道:"打腰鼓你跟不上点儿,带你看热闹就行了,穿上红趟绒衣服。"

丁国兰关心道:"婷婷,你们现在都初中二年级了,这下厂劳动什么时候是个头儿呀?"

第十九集

刘婷高兴道:"本来还有两星期,最近工厂丢了好多铜线、铝线,厂革委会查得紧。打倒四人帮的好消息天下大白,师傅们就给我们写了好评语,说小工人阶级出徒了,让我们都规矩点儿,回学校好好念书。"

刘父感叹道:"本来就该这样,这些年折腾的,整个国家熬成了一锅糊涂粥,干啥的不像啥,白白糟蹋了咱老百姓奔好日子的精神头儿。婷婷,要说念书那股劲儿,你们还真得跟你爸好好学。"

刘婷兴奋道:"爷爷,我最爱听你讲我爸小时候的故事,上回在课堂上读作文,我爸跟地主斗牛的故事,比《沙家浜》里的《智斗》还精彩,老师、同学听得是又笑又哭。"

丁国兰笑道:"你爸的故事,我也爱听,听着跟真的似的,结果还真是不假。"

刘欣兴奋插言道:"我爸就是能把假的说成真的,他说十个字的假故事,可以写成一万字的真文章。"

丁国兰打住道:"什么乱七八糟的,还嫌你爸的帽子不够多呀,粉碎了四人帮,咱们得帮你爸洗干净,不许再开这种玩笑。"

厨房里,刘母招呼道:"差不多了,洗手吃饭吧。"

刘父关心道:"百衡什么时候回来呀?"

刘婷笑道:"粉碎四人帮这么大的好事儿,还能少了我爸?肯定在大街上摇鼓助威呢。"

一阵热烈掌声响彻阶梯大教室,教室里座无虚席,前面几排过道台阶上也散坐着工农兵学员,讲台上,林峰、马立尧、何文芳、蔡鹤临依次而坐。

黑板上部居中写着粗大的黄色粉笔标题——长征二号运载火箭与尖兵一号返回式卫星的技术成就与展望,板面上散落笔迹有别的方程推导,居中涂画卫星返回舱运行的轨迹曲线。

马立尧摆摆手,微笑道:"今天的讲座有两个没有想到,一是座无虚席,二是问题广泛,那些跨学科的提问,我们四位老师都记下来了,在请教相关专业老师以后,下次讲座予以解答。今天的讨论就到这里,下面请蔡鹤临老师为大家做一下总结。"

蔡鹤临谦虚道:"我不过是纸上谈兵,还是请林峰老师来吧。"

何文芳和林峰微笑着示意蔡鹤临,林峰伸手礼让道:"蔡老师请。"

蔡鹤临不再推辞,沉稳道:"技术性的话题我就不再重复了,说几句承上启下的关键展望。利用卫星回收技术,从太空轨道的高度来勘测地貌和资源,过去只有苏联、美国可以做到,长征二号火箭运载的尖兵一号卫星,在精确受控状态下成功返回预定地点,标志着中国已经成为第三个掌握这项技术的国家。这项关键技术,不仅对我们的国防事业,以及国民经济发展意义重大,而且成为未来中国发展载人航天飞船的主要技术基础,所以我想,载人航天技术可以作为下一次讲座的讨论话题⋯⋯"

教室里响起热烈掌声,大家兴奋议论,一位男同学喊道:"真是急死人啦,还要等多少年,中国的载人飞船才能上天呢?"

林峰看着马立尧笑道:"也许二十五年?"

马立尧看着何文芳笑道:"也许二十年?"

何文芳看着蔡鹤临笑道:"也许十五年?"

蔡鹤临看着大家微笑道:"不是要等多少年,而是要全力以赴多少年,根据我们国家的客观条件,应该在二十年到三十年吧。"

教室里失望之声哄然而起,大家感叹议论⋯⋯

林峰继续总结道:"看得出来,今天的讲座吸引了很多跨专业的同学参加,有些问题没能给出满意的解答,对此我们深表歉意。以后的讲座会扩大学科范围,这让我们受到一个启发,框架流程式的基本理论交流,对同学们开阔视野,建立系统工程的逻辑概念,应该是很有帮助的。"

蔡鹤临鼓励道:"希望这样的讲座能够抛砖引玉,激发同学们的想象力和创造性,希望你们在未来的工作岗位上,为中国的长征系列运载火箭,为中国的东风系列导弹,为中国的系列卫星技术,做出无愧于时代的应有贡献,再次感谢同学们的热情参与!"

掌声响起,后排一位男同学喊道:"等等,我还有问题⋯⋯林峰老师刚才讲到,高速返回舱表面与大气的摩擦温度高达3000摄氏度,据我所知,我国现有的隔热材料都耐不住这个温度的烧蚀,问题是怎么解决的?"

众人静下来,林峰赞赏道:"这位同学问得好,这是一个世界性难题,不用说中国,就是材料科学非常发达的技术先进国家,也不容易解决。我们不是材料专家,只是略知一二,尖兵一号卫星返回舱的外表,涂上了一层高分子聚合材料保护层,在与大气的剧烈摩擦过程中,保护层燃烧并且分散带走了热量,从而保护了有限熔蚀的返回舱。"

第十九集

教室里议论四起,何文芳思量一下,补充道:"我想谈一下刚刚受到的启发,在材料科学方面,我完全是一个外行,但这并不妨碍我对科研辩证法共性问题的理解。林峰老师的简要解答,其实为我们提供了一个科研方法论的典型例证,既然是无法隔热,那为什么不让隔热材料燃烧掉呢?隔热材料燃烧替代返回舱熔蚀,由大气带走大部分燃烧热量,结果是大问题变成了小问题。"

众学生哄然议论……

四人笑待安静,马立尧默契道:"现在我们回到考虑问题的出发点,卫星返回舱表面与大气摩擦,形成了一对儿主要矛盾,在高速摩擦的条件下,两者之间隔离一道保护层,矛盾性质就发生了根本变化,大气与保护层的摩擦上升为主要矛盾,返回舱表面的有限熔蚀成为转化结果的次要矛盾。所以,在科研工作中,不断尝试改变核心问题的外部条件,成为化解矛盾的辩证方法。"

众学生若有所思,纷纷赞许,何文芳欣赏道:"这位同学,你是哪个专业的?将来读研究生吧。"

提问者兴奋道:"我是材料专业的,问题是学校不招研究生啊。"

蔡鹤临自信道:"粉碎了四人帮,恢复招考研究生应该在一两年之内,不会超过三年。"

众人哄然兴起,材料专业的提问者心急道:"我们工农兵大学生的基础普遍差,刚才的基本理论听的都是一知半解,要是能在课余时间增开几门《工程数学》辅导课就好了。"

林峰宽慰道:"我们会向工程数学教研室建议,请同学们汇总一下具体课程的要求,我们四位老师可以先给你们开课。此外,蔡老师和马老师为滨江汽轮机厂建立的叶片结构动力学反问题研究模型,正在逐步得到精益求精的验证,对这一理论感兴趣的同学,可以随时向他们请教。"

马上有几个学生跟马立尧摆手会意,何文芳抬手看表,小声提示道:"食堂差不多开饭了。"

马立尧双手撑案,慢慢起身,林峰俯身拿起讲台下的双拐,马立尧接过双拐稳稳架住,微笑道:"开饭时间到了,听说今天晚上食堂敞开供应大米饭、锅包肉,不要票儿,同学们,十年寒窗,一腔热血,都去欢庆胜利吧!"

众学生纷纷起立,热烈鼓掌,早有男同学奔到门外,转身推进轮椅,四人走下讲台,林峰接手轮椅,何文芳摆手示意道:"谢谢同学们,快去食堂吧。"

众学生招呼着老师再见,涌出阶梯教室,马立尧挪拐起步道:"坐长了,走走吧。"

西风落叶,苍黄老绿。校园人行道上,林峰推着轮椅走在前面,何文芳和蔡鹤临说着话跟在五六步远。秋风骤紧,何文芳从挎包里拿出一卷深蓝色毛巾被赶上去,轮椅上的马立尧接过抖开,盖在腿上,扭头建议道:"我看咱们也去食堂凑个热闹吧,让杏芬给咱们打一盆大米饭、锅包肉,回家再炖个土豆白菜,又快又省事儿。"

林峰笑道:"行啊,孩子们早就馋肉了,家里那点儿油,还真做不出像样的锅包肉来。"

何文芳开心道:"蔡老师,你那儿还有酒吧?"

蔡鹤临微笑道:"一瓶竹叶青,一瓶红星二锅头,还有一包花生米,够了吧?"

何文芳兴奋道:"还有花生米呀,我来炒,火大就可惜了。"

身后传来锣鼓声,行人纷纷驻足回身。大道上缓缓驶来一辆解放牌卡车,车上正面横幅醒目——党心民心心心相印,车身两侧挂着大字横幅——粉碎四人帮,迈向新纪元。

卡车渐近,锣鼓喧天,何文芳挥手先笑出来,车上的刘百衡端臂打镲,看见何文芳,马上笑逐颜开,平推两镲压过来,马立尧招手笑道:"文芳,上车吧,代表三家巷擂鼓助威,让百衡把国兰捎过来,今晚要一醉方休。"

何文芳摆手迎到路边,刘百衡挪到前边,拍打司机座楼顶盖,卡车停下来,何文芳攀上车尾架梯,一位擂鼓的男同学高兴道:"何老师,您来试试。"

何文芳接过鼓槌,跟上鼓点儿,振臂扬眉,刘百衡随鼓击镲,笑看路边,车下三人容光焕发,挥手致意……

红太阳幼儿园,园里园外,人声喧闹。家长领着孩子纷纷出园,园长笑容满面守在大门口,手上牵着一大把彩色气球,每个孩子分送一只,曹梅领着四岁多的女儿小曹忆出来,园长递上一只蓝色气球,小曹忆指认道:"园长奶奶,能不能给我那只粉色的呀?"

园长附身爱抚一下,慈祥道:"可以呀,小曹忆,难怪老师夸你图画课上表现好,还挺懂颜色的。"

曹梅帮着牵过粉红气球,小曹忆礼貌道:"谢谢园长奶奶,今天中午的红烧肉真好吃,小朋友都想天天粉碎四人帮。"

周围的家长闻声笑起来,园长笑道:"四人帮可不是好东西,这辈子摊上一回就够了,不用说天天粉碎,再让他们从地狱里冒出来祸害老百姓,咱们都得变成红烧肉。"

众人感叹散去,曹梅把小曹忆抱上靠在路边的自行车儿童前座,亲一口,微笑道:"把住了,咱们去门市部买好吃的。"

小曹忆仰头兴奋道:"妈妈,我要吃长白糕。"

曹梅悠身上车,高兴道:"那就快去,出发喽——"

秋风扑面,心意沉静,车轮轧过路边的枯叶,小曹忆指一下前方,好奇道:"妈妈你看,别的树都是黄色的,怎么那几棵还是绿色的呀?"

曹梅俯身道:"那是北方的柳树,叶子又细又好看,不怎么怕冷,总是活得绿汪汪的,等到下雪的时候,妈带你出来再看,柳树的叶子就是冻死了,身体还挂在树枝上,颜色还是绿的。"

人流车流中,曹梅的自行车渐渐远去,粉色气球一颤升空,隐约传来小曹忆的喊声:"妈妈,气球飞啦……"

晚空清淡,霞晕隐现,粉色气球飘颤飞升,渐渐凝成模糊小点……

校园菜市场门市部,人流进出,曹梅停靠自行车,抱下小曹忆,锁车进门。许勤拎着菜兜迎面出来,热情道:"呵,今天这么漂亮啊,小曹忆,来,阿姨给你拿好吃的。"

小曹忆接过四块高粱饴软糖,仰头甜美道:"谢谢许阿姨。"

曹梅打量道:"怎么就买这点儿菜?"

许勤无奈道:"再过一会儿,这点儿芹菜也没了,看看,配上碎肉边儿,也算凑个菜,想给陈田买瓶果酒,结果连散白也没见着,柜台差不多都空了,正收摊儿呢。"

小曹忆悄悄拉住妈妈往门里拽,许勤笑道:"快进去吧。"

曹梅回身道:"我那儿有酒,全家都过来吧,大家凑个热闹,有什么吃什么。"

面熟的辽宁大妈空兜出门,自语抱怨道:"这不年不节的,要啥没啥,东西不要钱咋的,都是四人帮闹的,狗日的,倒台也不忘祸国殃民,啥也没给我剩下。"

曹梅领着小曹忆直奔糕点柜台,中年女售货员正在清理空柜点心渣,曹梅抱起小曹忆,明知故问道:"同志,还有长白糕吗?"

售货员看着眼巴巴的小曹忆,抱歉道:"点心都卖光了,今天星期一,本来货就少,四人帮一垮台,比过年还热闹,什么都是一扫光,点心都当了下酒菜。来,闺女,抿一口点心渣儿,也算没白来。"

售货员铲过一小撮点心渣,小曹忆伸手摊在手心里,仰头送进嘴里,香甜道:"谢谢阿姨。"

曹梅跟着说声谢谢,转向肉食柜台区,生肉柜台上,肉案空空,刘师傅擦拭刀具,旁边的女售货员小杜清点钱票。

曹梅近前看看,可惜道:"刘师傅,肉都卖完了?"

刘师傅抬头笑道:"曹老师,您来晚了,一根骨头都没剩,熟食那边也别看了,早就卖光了。"

曹梅笑笑,摇摇小曹忆的手,亲昵道:"什么都卖光了,咱们回家吧,妈妈给你做油炸粉条儿。"

小曹忆懂事道:"那咱们明天再来,叔叔阿姨再见。"

小杜抬头笑道:"这孩子真懂事,稳稳当当的,每次来都这样,我姑娘有她这一半儿就好了。"

曹梅微笑道:"幼儿园老师教得好。"

刘师傅深有感触道:"家长教得更好,曹老师,如今粉碎了四人帮,您说下乡的孩子们能不能回城啊?"

曹梅谨慎道:"这个我说不好,不过恢复考大学应该是咱们国家迫在眉睫的头等大事,你家文和数学、语文都好,蔡老师特别喜欢他,只要有机会,文和肯定能考上好大学。"

刘师傅兴奋道:"文和最信蔡老师,那可太好了!"

组长大姐从熟食柜台快步过来,大声道:"曹老师,您说的可是真的?我家两个儿子都在建设兵团,学习一般,您给指点指点,怎么着才能考上一般大学,只要能回城就行。"

一群中老年顾客围拢过来,面露期待,曹梅连忙收敛道:"大家千万别当真,我只是觉得,粉碎了四人帮,国家政策会出现一些重大变化,培养科教人才应该成为当务之急。不过呢,即使恢复大学招生考试,能考上大学的毕竟也是少数,但是大专、中专就不同了,社会需求量还是非常大的。"

一位老工人认真道:"说得在理,我信,回头告诉我家二丫头,别净顾着修地球争先进,笨鸟先飞,现在就得准备了。"

组长大姐高兴道:"开窍了!咱不挤那独木桥,能上个中专回城就挺好,曹老师,您快说说叫孩子们看什么书吧。"

曹梅笑道:"考大学是说不准的事儿,再说也没那么急,我回去列个书单,只是理工科的,其他的我拿不准,下次买菜给你们带来。"

组长大姐满意道:"理工科最好,国家肯定最需要。"

小杜觉悟道:"我家那俩一个初一,一个初二,正负数都搞不明白,看来真得用心打基础了。"

刘师傅抱歉道:"曹老师,真是太感谢了,今天是全国人民大喜的日子,门市部领导有令,最大限度满足人民群众的需要,内部职工一律不准自留存货,所以也没什么可卖给您的,真是对不住。"

曹梅理解道:"东西不重要,心情最重要,曹忆,跟叔叔阿姨再见吧。"

小曹忆乖乖摆手再见,母女俩出门。

组长大姐跟出来,塞给曹梅一个纸袋,小声道:"八个咸鸭蛋,是组里的福利,我跟刘师傅的一点儿心意,给三家巷的老师们下酒。"

曹梅刚要推辞,组长大姐直接按住道:"拿着吧,叫人看见说不清。"

曹梅谢过,骑车离去,刘师傅跟出来,两人目送母女俩渐渐远去。

组长大姐思量道:"我看哪,咱俩得找国兰弄个肺结核证明,把孩子们叫回来照顾病人,到时候孩子们都跟着你家文和补习初中、高中文化课。"

刘师傅爽快道:"大姐,没问题,文和要是真能回来,尽管盼咐就是……"

教工宿舍楼,空地菜窖区,马驹儿、明明、妞妞都是一身肥大工装,接力传递晾晒的大白菜,陈田接在最后一环,整齐码垛……

楼门口,男女初中生各提一个国庆灯笼,上下打量楼门两侧。顾大爷手中摆弄着电线跟出来,女生大喊:"林利民,马军,过来帮忙——"

陈田催道:"你俩去吧,陈明帮我就行了。"

利民看看剩下不多的大白菜,礼貌道:"陈叔叔,那我俩去了。"

陈明张望道:"快去吧,他们弄不好,灯笼都没亮。"

两人小跑到楼门口,利民摆手道:"先把灯笼放下,要通电试一下,小心灯泡。"

两个同学乖乖把灯笼放在门边,马军牵着灯笼电线进门,很快,一个灯笼亮起来,一个灯笼闪一下,利民喊道:"等一下,有一个不亮,先拔电。"

马军说一声知道了,灯笼应声而灭,两个同学过来关注,利民蹲下,旋出不亮灯泡,举在亮处看看,随手在水泥地面上慢慢摩擦灯泡底部,再旋上灯泡,马上喊道:"插电!"

灯笼应声而亮,利民又喊:"都亮了!"

灯笼马上熄灭,马军出来,手上多了一根竹竿。大家注目马军挑挂灯笼,看看挂稳,利民返身进门,不过片刻,灯笼亮起来,马军随手把灯笼电线挑挂在门侧高处的小弯钉上。

顾大爷赞道:"有其父母必有其子女,一看就是有板有眼的小工程师。"

利民谦虚道:"跟我哥和立国比差远了,我想跟我妈学,当个好老师。"

两个同学互看一下,女生沮丧道:"看看人家,真不知道以后咱俩能干啥。"

顾大爷圆场道:"这人啊,都是各走一经,笔杆子耍明白了,那也是大能耐,一句话,都好好念书,上报国家,下报爹娘,什么世道也都是这个理儿。今天大红灯笼喜盈门,就当是过大年,你们俩能不能添一副对联儿呀?"

马军笑道:"他俩是去年反击邓小平右倾翻案风的大能手,可会写了。"

两人红了脸,女生不好意思道:"学校交给的任务,哪敢不完成啊,都是报纸上抄来的,根本不明白什么意思。今天我要自己写一句,嗯……上联是——王张江姚祸国殃民,该你了。"

男生沉吟一下,顺口接道:"下联是——男女老少水深火热。"

利民惊讶道:"张口就来,真不愧是小秀才。"

马军寻思道:"好像还得有个横批吧。"

正说着,利贤身上系着围裙,快步走出楼门,上下打量一番,高兴道:"呵,真喜庆,赶上国庆节了,哎——陈明,给阿姨带一棵白菜过来,要大个儿实心儿的。"

陈明招手示意道:"阿姨,知道了。"

陈田拣棵好菜放在一边,陈明给菜垛盖上草帘,陈田在边角压上石头,陈明拿起白菜走向楼门,陈田随后跟过来。

女生招手喊道:"陈秀才,快来给个横批。"

陈明回头道:"爸,叫你呢。"

陈田摆手道:"是你同学,叫你呢。"

第十九集

陈明快步递上白菜,凑趣道:"给,阿姨。什么横批?"

利贤谢过,顾大爷笑道:"这俩同学做了一副对联儿,等你来个横批。"

女生看着陈明,抑扬顿挫道:"上联是——王张江姚祸国殃民,下联是——男女老少水深火热,横批是——"

陈明看着门框上部横批空位,随口道:"去你妈的!"

众人都笑,利贤惊讶道:"长这么大,头一回听陈明骂人。"

五个孩子互看挤眼,对一下词,陈明轻轻一声预备齐——五人齐视横批空位,异口同声喊道:"去你妈的——蛋——"

下班进门的几位老师闻声停步,面面相觑,陈田书生意气,认真道:"既然是叫对联,还是不要辱没斯文为好的,否则岂不是要跟文痞一般见识,我来收拾一下,上联是——王张江姚祸国殃民十年如一日,下联是——男女老少水深火热一日如十年,横批是——俱往矣!"

众人齐声喝彩,顾大爷沉吟道:"这十年,老老少少,进进出出,悲悲喜喜,我见得多了,我这个大老粗也来收拾一回,干脆这样,上联是—— 十年如一日,下联是—— 一日如十年,横批是——俱往矣!"

陈田慨然长叹道:"顾大爷,您收拾的好意境!酸甜苦辣,气象万千,陈明,写下来,贴上去。"

众人嗟叹进门。不远处,爆竹骤响……

楼前人行道上,蔡鹤临推着轮椅前行,马立尧把饭盆扶坐在腿上,满满的一大盆,大米饭上面铺着锅包肉。林峰随后十来米远,跟一位老师比划着讨论问题。前方不远处,小曹忆迎面跑过来,笑成一朵花:"爸爸——给你吃糖——"

蔡鹤临停下轮椅,近前几步,俯身蹲下,张开双臂——

【熟悉的夏日公园里,安娜和娜塔莎一左一右,中间牵手一岁多的小男孩儿,母与子踏着草坪向前奔跑。小男孩儿笑得阳光灿烂,娜塔莎似乎笑着喊出什么,安娜躬身迈步,侧看小男孩儿,绒起的发缘晕光虚幻,圣母一般……】

秋夜萧萧,红光摇曳,一副大红对联妆点楼门眉面,上联是—— 十年如一日,下联是—— 一日如十年,横批是—— 俱往矣……

1978年3月18日,全国科学大会开幕式历史性画面,人民大会堂,穹顶灯光璀璨,会场掌声雷动,主席台上,邓小平的声音响彻会场——

"四个现代化,关键是科学技术的现代化。没有现代科学技术,就不可能建设现代农业、现代工业、现代国防。没有科学技术的高速度发展,也就不可能有国民经济的高速度发展……

现在科学技术的发展,是科学与生产的关系越来越密切了,科学技术作为生产力,越来越显示出巨大的作用……

现代科学技术正在经历着一场伟大的革命。近三十年来,现代科学技术不只是在个别的科学理论上、个别的生产技术上获得了发展,也不只是有了一般意义上的进步和改革,而是几乎各门科学技术领域都发生了深刻的变化,出现了新的飞跃,产生了并且正在继续产生一系列新兴科学技术。现代科学为生产技术的进步开辟道路,决定它的发展方向。许多新的生产工具,新的工艺,首先在科学实验室里被创造出来。一系列新兴的工业,如高分子合成工业、原子能工业、电子计算机工业、半导体工业、宇航工业、激光工业等,都是建立在新兴科学基础上的。当然,不论是现在或者今后,还会有许多理论研究,暂时人们还看不到它的应用前景,但是,大量的历史事实已经说明:理论研究一旦获得重大突破,迟早会给生产和技术带来极其巨大的进步……"

掌声雷动,经久不息,多排少年儿童簇拥鲜花,潮水一般涌向主席台……

一阵热烈掌声响彻主楼礼堂,台下座无虚席,后排过道也站满了青年教师,台上端坐一班校领导,蔡鹤临和李国荣并坐中间位置,李国荣微笑摆手,礼堂很快安静下来。

李国荣沉稳道:"实践是检验真理的唯一标准,拨乱反正的目的就在于统一思想,统一思想的结果有利于共创未来。对中华民族来说,这个未来迫在眉睫,这个未来天下归心,这个未来就是社会主义现代化建设。我注意到最近校刊上的两篇文章,说到不堪回首的那段历史,一篇用十年寒窗来隐喻,大家想一想,这其中有多少悲凉?多少担当?另一篇用痛定思痛来反思,大家再想一想,这其中又有多少无奈?多少包容?历史是沉重的,不可以轻松背负;历史是凝重的,却可以用心审视。我们不幸于天下大乱,我们有幸于天下大治。世界正在发生巨大的深刻的变化,我们的社会再也不能撕裂,我们的人群再也不要对立,我们没有多少时间去相互抱怨,只有实现同心同德的社会和解,才能团结一致奔向美好的未来。作为一名刚刚恢复工作的党委书记,我想引用革命导师恩格斯的一句话来结束今天的发言——没有哪一次巨大的历史灾难,不是以历史的进步为补偿的!同志们,朋友们,请相信历史的辩证法!"

掌声热烈,经久不息,座位中扫过众多熟悉的面孔,后排角落站立的高明凝神鼓掌。李国荣摆手示静,把话筒挪到蔡鹤临面前,微笑道:"谢谢大家!下面请蔡鹤临校长为我们介绍滨江工业大学未来五年的教研发展规划。"

掌声响起,蔡鹤临起立致意,含笑落座,调一调话筒,展示一下桌面上两本厚厚的文件,沉稳道:"大家辛苦了!我手头摆放着滨江工业大学的两本规划,一本是 1966~1970 教研发展规划,一本是 1979~1984 教研发展规划,在座的很多老师,都为这两本规划的研究制定付出了大量心血。1966 年,第一本发展规划甚至连束之高阁的机会都没有,就被扫进了历史的垃圾堆。历史没有如果,十二年以后,我们甚至都来不及一声叹息,技术文明的滚滚车轮就已经在我们面前疾驰而过……"

一组画面——
阶梯大教室,座无虚席,黑板上,曲线方程,板书清晰,刘百衡手扶讲台,侃侃而谈……
中教室,曹梅展臂黑板,疾书公式,回身讲解……
小教室,窗帘遮掩,马立尧转动轮椅,教鞭指点幻灯片投影图形……
实验室,几组学生围站设备旁,利贤手持载荷部件,展示讲解……
试验厂房,一位焊工护罩遮面,手持焊枪,跪坐在管柱焊件前,周边蹲站手持护罩遮光的实习学生,焊枪点处,焊弧嘶嘶,焊花点点。焊工停手挪枪,掀起护罩,露出陈田微汗浸湿的脸庞。实习学生挪开护罩,围观焊接处,陈田指点讲解。许勤拿着新焊丝兴冲冲进来,近前招呼大家……
山坳里,白色厂房绿树掩映,厂房内,四名工程师检测工作台上的粗大二级箭体。林峰指点箭体界面连接提问,徐进比划讲解,凌云在旁补充说明。一群中青年男女军人门外探头说笑,林峰回身惊讶,随口说出一句什么,众人马上欢声笑语……
海阔涛平,天尽霞起。远望二号航天测量船,巨大的抛物面天线巍然耸立,熠熠生辉。海风振袖,海鸟长鸣,何文芳独立甲板,凭栏远眺……

芳草嫩绿,垂柳鹅黄,夕阳尚早,春晖明亮。校园人行道上,大学生三五成群,涌向食堂。人流中,大龄持重与年轻笑闹相映成趣,有人喊道:"立国,等一下!"

立国慢步回身,高兴道:"见平,刚下课?"

见平赶上来,拍一下书包,高兴道:"上学期的习题解答都给你带来了,答错的我都做了涂红修改。"

立国兴奋道:"太好了!我们七八级大课答疑排不过来,这下方便多了。"

见平笑道:"你是有福不用忙,基础课老师可是两头儿忙,我这七七级跟你这七八级就差半年,整个学校,一年的教学周期都得跟着变成半年,工作量扩大了一倍,连我妈这样的专业老师都去上基础课了。"

立国略带不安道:"咱俩学的都是电子工程,爸爸妈妈是不是挺失望的?"

见平理解道:"我没有子承父业,他们没说什么,你也跟着何阿姨跑,爸妈多少有些失落感,利民倒是替你说话,其实你学什么没关系,是他们太喜欢你了。别光说我们了,最近家里怎么样?姥爷在上海还习惯吗?"

立国欣慰道:"我妈去上海投奔老战友,主要是考虑姥爷的身体,姥爷在上海挺好的,很快就适应了。我现在是无债一身轻,能集中精力好好学几年。"

见平感叹道:"咱们就是集中精力也不见得能赶在前面,大家都在玩儿命学,昨天李书记、蔡校长半夜去教室清场,好半天没人离开。对了,文和来信了,他在北大数学系,蔡校长还问过他的情况,说他的数学天赋非同一般。"

食堂门口有人招手,立国张望道:"是东顺。"

两人招手回应,东顺快步迎上来,高兴道:"跟我走,回家吃肉。"

见平惊讶道:"你爸又进山了?太爷爷没跟着去吧?"

东顺笑道:"太爷爷不张罗,我爸哪能去呀。"

立国感叹道:"太爷爷这都八十多了,说话、干活儿怎么看也不到七十,这人还是得活出筋骨来。"

见平关心道:"东顺,你奶奶还是坚持要回林场吗?"

东顺无奈道:"前天就回去了,我姐拖家带口的,奶奶总惦着,回去给他们做饭带孩子。"

马车队平房区,马棚不见踪影,院落整洁有序。

爷爷奶奶家,东屋里,刘父陪着爷爷奶奶围坐炕桌喝茶说话。厨房里,案桌上,满满一大海碗狍杂碎,盆里盛着切好的白菜,盘里码着切好的豆腐,大海碗

第十九集

里盘着半熟的粉条,刘母操起炉条通一通火,大锅热气升腾。杏芬手上一阵费力翻炒,一大锅颤巍巍的红烧狍子肉很快收汁,顺子递过两个小马口铁桶,杏芬快手装满红烧狍子肉,剩下的又装了一中盆。刘母随手半瓢水压锅,跟着又加了两瓢,杏芬倒进狍杂碎和半熟的粉条,扣上锅盖。

顺子盖好两只小铁桶,提起放进保温棉套,起身道:"我去了。"

杏芬嘱咐道:"三家巷不急,先给魏医生他们送去,校长、书记都忙,别一留你就在人家吃饭。"

顺子开门应道:"我知道深浅,领导家不进门,三家巷我也不吃。"

刘母嘱咐道:"顺子,下班儿人多,慢点儿骑车。"

顺子闪身出门,回头道:"放心吧,婶儿。"

杏芬追出院门口,抬手道:"顺子,血肠儿忘了,今晚就让国兰炖了,放不住。"

顺子返身兜回来,单手接过布兜挂在车把上,蹬车离去,杏芬目送自行车远去。

远处过来东顺、见平、立国三人,顺子迎上去,招呼一声,点停自行车,比划几下,又缓缓远去。杏芬看清来人,招招手,转身回屋。

三人呼啦进门,杏芬开锅下白菜和豆腐,扭头招呼一声都来啦。立国、见平问过大娘好、奶奶好,东顺问过奶奶好,见平兴奋道:"真香!下回咱们替太爷爷进山吧。"

屋里传来太爷爷的声音:"香就多吃点儿,洗手进屋吧。"

三人门口探身,口口声声太爷爷、太奶奶、刘爷爷。杏芬倒上半盆水,三人洗过手进屋。

太奶奶关心道:"立国,听说你姥爷跟你妈去了上海,他们挺好吧?"

立国高兴道:"都挺好,我姥爷不喘了。"

几个老人连声欣慰道:"那就好,那就好。"

杏芬端上肉盆,摆在地当中的圆桌上。三个年轻人连忙返身进厨房,端饭菜,拿碗筷。老人起身下地,杏芬臂上搭着毛巾端进半盆清水,老人洗过手擦干,众人落座。

圆桌上,一盆红烧狍子肉,一盆白菜粉儿炖豆腐、狍杂碎,一瓶白酒,每人面前一碗大米饭。炕桌上,一盆金灿灿的苞米楂子干饭,一只粘着两粒大米的小空盆。杏芬给四位老人倒满酒盅,解释道:"见平,你们几个就别喝了,吃完饭还得回去念书呢。"

三人连忙回应不喝,太爷爷起酒道:"吃吧,孩子们,大米饭就一碗,苞米楂子管够儿,来,咱们喝一口儿。"

三人端起饭碗互看一眼,不约而同起身,把大米饭倒回炕桌上的小空盆,每人满满盛上一碗苞米糁子干饭。刘母阻拦道:"这是干啥呀,孩子们,特意给你们留的这点儿大米。"

见平笑道:"奶奶,那我们就更不能吃了。"

立国夹起一块颤巍巍的红烧肉,陶然道:"红烧肉大糁子,我下辈子都想。"

三人端起饭碗,吃得风卷残云一般,刘父感叹道:"前几年下乡,吃了不少苦吧?"

东顺喝口汤,缓气道:"我和见平活儿挺苦,吃的还行,起码经常有馒头,立国就不行了,下到穷乡僻壤,累个半死不说,还经常半饥半饱。"

立国笑道:"知青点儿数我抗饿,从小习惯了。"

太奶奶心疼道:"那就吃回来,来,多吃肉,你们这书得念到半夜呢。"

杏芬接话道:"下星期就好了,食堂开夜餐,晚上八点到十一点,我要求加班儿了,一个月能多开二十块钱呢。"

东顺不解道:"晚上还加班儿?妈,那你怎么受得了呀?"

杏芬宽慰道:"我上早班儿,下午正好睡一觉,晚上也就五个半小时,你奶奶这一回去,咱每月得多寄二十块钱,正好补上。"

东顺无奈道:"真想早点儿挣钱。"

杏芬严肃道:"别瞎想,正经学习这才刚开始。将来你就是大学毕业了,也得给我踏踏实实念林叔叔的研究生,咱家不差你的钱。"

刘母赞同道:"说的是啊,现在大伙儿都念叨,学好数理什么化,走遍天下都不怕。当初百衡要不是学个无线电,哪能为国家做出那么大的贡献啊。"

太爷爷感叹道:"没有他这个无线电,就没有马车队这十家人的今天,也没有李书记、蔡校长一班人的今天,百衡这孩子,英雄啊!你们养的好儿子。来,我代表大家伙儿,敬你们老两口儿一杯。"

下班时间,人流车流,顺子弯过丁香树丛,在俄式专家小楼门前停下,拎过一只保温小桶,按下门铃,等一会儿,再按一下,觉出没人,就把保温小桶贴门放下,看看周围,骑车离去。

第十九集

　　教工宿舍楼,三家巷。书房里,刘婷、刘欣、利民、马军四人伏案复习功课。厨房里,利贤和丁国兰忙活晚饭。

　　丁国兰拿出盆里水泡的五个咸鸡蛋,啪啪啪连续拍立在案板上,操刀一切两半,码盘摆好,刀尖刮一块蛋清抹在嘴里,满意道:"不错,个个出油儿,还不怎么咸,盐水和黄泥,一包就得,下回都这么腌。"

　　利贤掀开锅盖,搅动几下苞米楂子豆饭,扣上锅盖,从炉子上端下来饭锅,放在案桌木板垫儿上,回身摆上炖锅,加水盖上,随口应道:"柱子他们凑了一筐鸡蛋,都是自家产的,怕咱们给钱,赶在下班前送来,孩子们收在书房里,晚上我再挖点儿黄泥,大粒盐还有吧?"

　　丁国兰码切青萝卜条,开心道:"在米柜最里边,你说现在这几个小的,怎么都跟文芳当年一样,越吃越馋呢?"

　　利贤理解道:"还不都是学习累的,这一转眼,明年就进考场了,报纸上预计,大学录取率只有2.5%,赶上千军万马过独木桥了。林峰半夜回来,看到好多家灯都亮着。"

　　丁国兰担心道:"我看这仨孩子也没那么用功啊,是不是得催催呀?"

　　刘婷闪身进来,探头找吃的,不满道:"催什么催?再催就爆炸了,看成绩不就一目了然了吗?我爸说了,学习方法第一,功夫才有第一。有什么好吃的?再饿就成第二了。"

　　刘欣、利民、马军跟进来,丁国兰拍开刘婷抓咸鸡蛋的手,命令道:"都洗手,我说你们两个省重点校的,有什么好题,千万想着刘婷这个市重点校的,阿姨给你们做好吃的。"

　　利民笑道:"阿姨你多虑了,文科没有省重点,最高就是市重点,刘婷的滨江一中在全省是最好的文科中学。"

　　刘欣不平道:"妈你也太扫兴了,我姐是全校第一,你还心里长草啊?"

　　马军补充道:"阿姨,就刘婷现在的理科水平,在我们师大附中理科班也能排进前十名,可是我们的文科成绩,在刘婷的一中肯定不及格,虽然我们都是好学生,要说明年考大学指哪打哪,也就刘婷一个。"

　　刘婷认真道:"马叔叔说,从长远看,好学生一窝蜂赶场数理化,未免有些矫枉过正,小心将来成为科学主义的机器人。我爸和林叔叔也赞成我学文史,大家说的一点儿都不夸张,有我的绝对理科优势,在文科院校里,我就是指哪打哪。"

利贤盛上四小碗大楂子豆饭,开心道:"都听明白了吧?只有刘婷才能先打靶,后画圈儿,必保的十环。"

丁国兰递上咸鸡蛋,笑眯眯道:"说得在理,想不到老刘家还出了个牛姐姐,这下我就放心啦。"

刘欣凑趣道:"妈,什么乱七八糟的,还牛姐姐,你长那么大眼珠子了么?"

众人都笑,丁国兰得意道:"张嘴就是三分理儿,俩都随根儿。"

利贤关心道:"不说都忘了,好长时间没去利群饭店了,牛哥、乔姐他们现在怎么样?"

丁国兰羡慕道:"现在是俩教授也挣不过他们一个人,饭店还是国营的,但是乔姐管事儿,胆大心细,菜做得好,南北通吃,客人多,奖金也多,底下还有活钱,职工积极性都调动起来了。饭店人手不够,连牛成都泡病号上灶帮忙,柱子常给他们送山货。"

顺子跨步进来,憨笑道:"想吃山货啦?来,孩子们,趁热。国兰,血肠放不住,炖上吧。"

众人亲热地叫出来,孩子们呼啦一下围住小桶。利贤打开桶盖,肉香扑鼻,引来欢呼。利贤接过饭碗,每人盛了一勺,孩子们欢天喜地,叼肉回屋。

丁国兰拿出血肠,担心道:"爷爷又跟你进山了吧?我跟你说顺子哥,爷爷这岁数,别看挺硬实,身体零件儿毕竟老化了,绝对不能登高负重。"

利贤嘱咐道:"国兰说得对,顺子哥,下次别心软,就说工作忙。"

顺子憨笑道:"都记住了,那我回了。"

利贤挽留道:"林峰他们快回来了,一块儿吃吧。"

顺子转身出门道:"不了,晚上还得去工地加班儿。"

丁国兰跟出来,嘱咐道:"等等,带两瓶钙片,嘱咐四个老小孩儿,天天按时吃。哎,看你们加班儿加点儿的,新家属楼今年能交工吧?"

顺子肯定道:"秦副校长下令,必须保证秋末入住。房子可宽敞了,一顺水儿的俩屋一厨、仨屋一厨,到时候伙计们来给你们搬家。"

丁国兰开门进屋,返身拿出一个瓶装钙片纸袋,心动道:"房子是好,就看百衡能不能评上副教授了。"

顺子接过纸袋,宽慰道:"放心吧,国兰,满大学我就没见第二个像刘主任这么能文能武的。"

第十九集

丁国兰失落道:"唉,大小主任都丢了,他现在是白丁儿一个,不过还好,评职称不看这个,文芳没少给他准备材料,按理说应该没问题。"

楼梯口响起缓慢坚实的脚步声,丁国兰提示道:"立尧他们回来了。"

顺子紧赶几步道:"我去迎迎马老师。"

楼梯上,马立尧扶栏迈步,稳重而上,林峰搭手并行,刘百衡护在身后,何文芳拎着双拐跟在最后。顺子下迎,停步惊喜道:"马老师,这都自己上楼啦。"

马立尧脚下不停,抬头笑道:"今天走了足有一百米,还不算上下楼。"

林峰三人招呼顺子哥,顺子高兴道:"轮椅在楼下吧?我去拿。"

何文芳拉住道:"不用去,放在收发室了,顺子哥,留下吃饭吧,每次你送完东西就见不着人影儿,我都闻到狍子肉香啦。"

顺子实在道:"不了,家里家外都有活儿,老人都挺好,甭惦记,国兰又给拿的钙片儿,走了。"

四人目送顺子下楼,丁国兰招呼道:"洗手吃饭吧,红烧狍子肉……怎么看着都没精打采的?刘百衡一傻笑,我就知道准有事儿。"

何文芳跟着刘百衡笑出来,轻松道:"能有啥事儿?顶多是丁护士长评上了副高职。"

丁国兰眼神一亮,惊讶道:"副主任护师,真的?不是说明天公布评定结果吗?"

利贤擦着手从厨房里出来,高兴道:"恭喜呀,国兰。"

林峰笑道:"打听消息的人太多,刚出结果就公布了。国兰,听蔡校长说,魏医生在职称评定委员会上为你做了特别陈述,强调六六年你就应该获得中级职称。说到帮助立尧康复的事迹,有两位女教授评委还流下了眼泪。"

丁国兰兴奋道:"哈哈,还真蒙上副主任护师啦?魏医生让我准备破格答辩,我根本就没抱希望,反正有主管护师保底。不过呢,就是熬上副主任护师,也就相当于讲师待遇。哎,不说我了,你们正规军都怎么样?"

暂短的静默,刘百衡淡然一笑:"当家的,咱们都是正规军,一家一个副高职,利贤工程师到位,文芳锦上添花,三家巷大获全胜。"

丁国兰反应过来,惊讶道:"等等,一家一个副高职,还锦上添花,这意思,先拿我充个数儿,文芳破格升教授,立尧、林峰升副教授,百衡,这么说,就你没评上?"

刘百衡心情复杂,尴尬道:"知我者,国兰也。"

何文芳虽有准备,心头还是一震,无奈道:"百衡的教学法全校闻名,教学效果有目共睹,科研总体设计也是独具匠心,这两年发表的文章我俩都有署名,可以说,评审材料扎实过硬,而且细节我都帮着做了精心准备。国兰,这些你是知道的,唉,怎么会是这个结果呢?"

马立尧心明眼亮,慨叹道:"醉翁之意不在酒,在于历史后遗症。那些年,百衡就是个泥菩萨,知道自身难保,也要过河渡人,自己难免一身稀泥。现在的评委,几乎全是文革受害者,单是校革委会副主任这顶帽子,就把百衡扣住了。"

丁国兰眼里涌出泪水,何文芳、利贤眼眶湿润。丁国兰难受道:"做人总不该忘恩负义吧?评委里有百衡保护过的,有知道真相的,他们为什么不说话呀?不行,我得去找书记、校长。"

刘百衡拦住道:"为职称打破头,还轮不到我们,十几年没评职称,眼睛都红了,你还嫌书记、校长家不够乱哪?"

丁国兰委屈道:"我啥时候给他们添过麻烦哪?你这副教授一丢,工资差了几十块,俩屋一厨也没了,眼看着物价往上涨,秋天三家巷一散伙,书房也留不住了,孩子们连个看书学习的清净地方都没有。那些年,除了嘴上抹油,啥也没攒下,别忘了,咱家可是老少六口儿呀。"

刘百衡抿嘴无语,何文芳和利贤两边拉住丁国兰,孩子们悄悄开门出来。利贤动情道:"国兰,什么都说了,就没说咱们三家巷的一家亲。那些年,咱们过的都是一样的日子,以后也不会变,把心放下来,房子和钱的事儿,咱们三家巷自己解决就是。"

何文芳搂一下丁国兰,拍拍后背,宽慰道:"看百衡没评上,我就特别想当何教授。回来的路上我就想好了,将来要个一楼的仨屋一厨,不买什么家具,除了书桌就是床,客厅也摆上,相当于四屋一厨,两家成一家,再也不用挤什么公共厕所。还有一年多,刘婷和马军就出门上大学了,到时候,老人过来住都没问题,教工宿舍这一间,还可以当书房,谁去住都行。至于工资,你们该给老人的,一分也不能少,咱们四个的工资,干脆你当家,肉烂在一口锅里。怎么样,何教授的全家福,周全吧?"

利贤感动道:"国兰,这还没算上我们呢。"

丁国兰破涕为笑,不甘道:"这下百衡高兴了,有情人盼了这么多年,终于成了何家眷属。"

第十九集

众人都松一口气,刘百衡拳掌合击,小声自语道:"真他妈想娶俩媳妇!"

利贤笑道:"说什么呢,百衡?孩子们可都在这儿呢。"

四个孩子互看暗笑,刘欣接话道:"你们以为我爸不这么想啊,爸,你跟何阿姨那么好,我想跟你住带厕所的大房子。"

丁国兰回身诧异,教训道:"啧,怎么哪儿都有你啊?也不看看什么场合,造句要注意用词啊,你爸不是跟何阿姨那么好,是对何阿姨那么好,亏你还弄个语文课代表呢,遣词造句水平居然这么差,跟你姐好好学学。"

刘婷调侃道:"千万别,她跟我学,我跟我爸学,结果学成个人财两空,多心酸哪。爸,我决定报考北大历史系,我倒要看看,古今中外的职称评定,究竟都是怎么回事儿。"

众人表情复杂,林峰和马立尧冲刘婷竖起大拇指。丁国兰看看何文芳,无奈道:"说句实话,一步赶不上,步步赶不上,心上的,你可得拉心上的一把。"

何文芳含笑点头,掐住丁国兰,刘百衡自嘲道:"说句大话,到了我这般境界,不求职称,只求称职。都闻着肉香了,来吧,兄弟姐妹,红星二锅头,红烧狍子肉,庆祝一下……"

第二十集

当日下班时分,兴华小学校园,操场上,两伙小学生争抢足球,校舍门前,一队一年级小学生三三两两结伴离去,邱慧跟出来嘱咐道:"走路都别贪玩儿,注意车辆。"

众学生纷纷回身摆手道:"知道了,邱老师再见。"

曹忆伴着一个衣着朴素的女同学说笑跑跳在人行道上,曹梅放慢自行车速度,轻轻点停在路边,回身笑看,女同学指认道:"曹忆,你妈来接你啦。"

曹忆说一声王玉霞再见,摆手快跑过来。一位中年男教师前后看看母女俩,回身把曹忆悠上曹梅的自行车后座儿童围椅上,母女谢过说笑。

自行车穿行在下班的车流人流中,曹梅疼爱道:"曹忆,作业多不多呀?下午吃点心了吗?"

曹忆大声道:"作业不多不少,下午在学校都做完了。点心是做完作业吃的,分给同桌王玉霞一半儿,她家穷,买不起点心。"

曹梅夸赞道:"你们都是好孩子,以后多买一份学习用品送给她。"

曹忆懂事道:"妈妈,你最心疼人了。邱老师说,从下个星期开始,下午愿意留在学校的同学,每人每月交两块钱,要是收到100块钱,60块钱交给学校,40块钱留给辅导老师,包括操场活动,分别是60%和40%的意思。"

曹梅赞同道:"这样好啊,你们在学校写作业,还有老师辅导,又能到操场上去玩儿,家长是百分之一百放心,老师可真够辛苦的,学生一个月才交两块钱,不多。"

曹忆请求道:"妈妈,我想替王玉霞交这两块钱,要不下午她该回家了。"

曹梅鼓励道:"好啊,以后学校有什么活动要交钱,你就交两份儿。"

曹忆高兴道:"那我明天就告诉她。"

自行车弯过丁香树丛,停在俄式专家小楼门前,门口台阶上坐着老年男教师和中年女教师。母女俩下车,男女教师起身迎上来,男教师严肃道:"您是曹梅老师吧?我们想找蔡校长谈谈职称评定问题。"

女教师补充道:"确切地说,应该是反映职称评定不公平问题。"

曹梅看看门口,注意到保温小桶,平和道:"非常理解你们的心情。家里没人吗? 我来开门,请进吧。"

男女教师互看一下,男教师缓和道:"谢谢曹老师。不必进门了,我们在外面等。"

曹忆好奇小桶,两手拎起来,闻到肉香,高兴道:"妈妈,红烧肉!"

女教师敲打道:"我们要是评上了副教授,可能也会给蔡校长送一桶红烧肉。"

曹梅检查一下,无奈道:"还真是红烧肉,不知道谁送的。"

男教师理解道:"知道也不能说,可评可不评的,居然评上了,难免要表达一下谢意,这是人之常情,理解。"

正说着,魏如莲骑车回来,热情道:"两位老师,怎么不进门啊? 是等蔡校长吧?"

男教师笑道:"魏医生,李校长成了过去式,我们只好找蔡校长申述职称评定问题喽。"

曹忆拍着小桶兴奋道:"魏奶奶,咱们晚上吃红烧肉。"

魏如莲认出小桶,又责又爱道:"这个顺子,准是又领爷爷上玉泉山了,十有八九是红烧狍子肉。"

女教师诧异道:"顺子? 听起来不像大学老师呀?"

魏如莲笑道:"顺子是我们两家的工人朋友,文革期间救过学校的十大牛鬼蛇神。"

曹梅长出一口气,释然道:"原来是顺子呀,两位老师还以为,这桶红烧肉是评上职称的什么人送给蔡鹤临的。"

魏如莲理解道:"肉是顺子送的,我认得这个小桶。就是哪位老师真送了,也不过是表达一种心情,不应该想得过多。两位老师的来意我能理解,多年来第一次评职称,僧多粥少,恐怕达不到完全公平,全校闻名的教学模范刘百衡,科研成果也不差,结果没评上副教授;眼前的曹梅老师,很有希望评上副教授,却让蔡校长给劝住,连名都没报;蔡鹤临本人作为一校之长,也把教授名额留给大家,自己依然是副教授;蔡校长把分配到的专家小楼让给两家困难教授同住,自己一家跟我们住在一起。这些实实在在的困难与无奈,希望大家能相互理解。"

男教师感叹一声惭愧呀,摆摆手,转身离去。女教师思量片刻,冲曹忆摆摆手,笑一下,曹忆甜甜地笑出来,跟着摆摆手,女教师说一声打扰了,跟上男教师,两人边走边议论……

冬夜寒凛,校园灯火。

校部机关走廊,秦副校长和两位校领导手里拿着文件,从校长办公室出来,边走边议,慢慢下楼。校长办公室内,蔡鹤临和李国荣对坐沙发,茶几上散叠着多本资料文件。

蔡鹤临欠身续上茶水,分析道:"从目前的全面恢复程度,以及基础研究项目进展情况来看,航天学科综合体系这个平台,三年左右可以搭建起来。在专业内容充实调整的基本面上,机电一体化和计算机辅助设计这两个大方向至关重要。又到了形势逼人的时候,相关英文图书资料的编译,还有基本课程的设置,应该同步进行,这是滨江工业大学又一个黄金十年的基础框架。"

李国荣呷口茶,附和道:"这个我完全赞同,我们的八百壮士已经成为学科带头人,他们能有这样的时代敏感,应该说是水到渠成。记得七二年尼克松访华以后,百衡来干校看我们,说你们三家巷悄悄带头搞起了英语之家,蔡家成了英语之角,结果带动了全校教工宿舍楼,现在看看,全都派上了用场。"

蔡鹤临呷口茶,思量道:"立尧他们现在是边学边干,很有代表性,我审读了一些编译大纲,基本技术理论还是全面扎实的,其中的交互技术、图形变换技术、曲面造型与实体造型技术,已经接近脱稿,正在学生中试讲,下学期可以全面充实到教学内容里面,就是硬件实验条件跟不上,到处都需要资金哪。"

李国荣理解道:"这些基础理论体系的建立,确实需要行之有效的教研实践来融会贯通,以经济建设为中心,提供了一个很好的教研实践平台。在解放思想方面,校党委会切实做好宣传工作,国家百废待兴,如果我们等米下锅,那就只能半饥半饱,要鼓励大家服务社会。我看科研创收的个人分成比例,还可以再提高五个百分点,项目多多益善,各方皆大欢喜。不过,个人收入比例是个敏感话题,政策性强,容我先在部委打个伏笔。"

蔡鹤临欣慰道:"校党委能有这样的超前意识,具体工作就好开展了。还有职称评定这个瓶颈约束,不单是名誉、工资问题,很多隐形福利也都随之而来,仅住房差别这一项,就已经让很多人斯文扫地。既然物质欲望调动起来了,就让大家八仙过海吧。不过主业方面,重点学科建设和国防项目研发,也要同步,甚至提前建立相应的奖励制度,而且要保证及时兑现,这是确保长远发展目标的平衡砝码……"

电话铃声响起,李国荣起身接道:"喂……啊,是曹忆呀,对,我是李书记啊,你找蔡校长啊,请稍等。"

蔡鹤临接过电话:"喂,曹忆呀,我是爸爸。"

【爸爸,你们什么时候回来吃饭哪?清炖排骨都凉了。】

蔡鹤临惊讶道:"哎哟,还有清炖排骨呀,那我们得赶紧回家。"

【说话算数,妈妈说过五分钟给你们热饭菜,爸爸再见。】

李国荣笑道:"有这么个宝贝在身边,咱们四个都年轻十岁,走吧。"

两人关灯锁门,李国荣提示道:"还有啊,百衡职称这个事儿,已经超出了单纯的学术范围,这两天找时间请他们再到家里来,倒倒苦水,国兰一直惦记着能分个俩屋一厨。"

蔡鹤临周全道:"历史的惯性思维,会把结果推向另一个极端,看来百衡的职称问题要破例对待。如今评委都成了佛,下次职称评定以前,咱俩得先去拜拜,不能掉以轻心。我看现在可以从咱们的每月工资里,拿出一部分补贴他们,具体多少,让曹梅去办,毕竟是一家六口人。"

李国荣补充道:"这样好,听利贤说,百衡的父母跟爷爷奶奶相处得非常好,想这么一起住下去照顾他们,既然学校暂时没有多余的宿舍照顾百衡,就可以用家庭补助的方式来变通一下……"

晨光普照,校园春色,教工宿舍楼。

公用水房里,刘婷和刘欣快手刷牙,快步回屋。屋里只剩下两个单人铁床,两张书桌带椅子,一个书架,一个脸盆架。两人拎起书包,刘婷嘱咐道:"再看看,别落东西。"

刘欣翻看几下书包,做一下鬼脸儿,随手在桌上书本堆里抽出数学课本,装进书包。两人出门,刘婷快步下楼,刘欣锁门,又推一下确认锁上,返身快步跟上。楼门口,刘婷推自行车下台阶,两人匆匆招呼顾爷爷早。

顾大爷心疼道:"天天早上六点半出门,赶上当年的李校长了。"

刘婷小跑推车骑上，刘欣紧跑几步晃在后座，自行车奔向远处的一片生活新区……

校园生活新区，晨光沐浴新式单元楼，一楼阳台上，马立尧伸展锻炼，缓缓端住上臂，细听半导体收音机广播片段——

【中央人民广播电台画外音：新华社受权公告——中华人民共和国将于1980年5月12日至6月10日，由中国本土向太平洋南纬7度0分，东经172度33分为中心，半径70海里圆形海域内的公海上，发射运载火箭……】

马立尧继续锻炼动作，丁国兰从厨房里端出半锅稀粥，放在方厅餐桌上，恍然大悟道："听广播这么一说，才明白文芳、林峰干啥去了。临走前，文芳说怕晕船，我还给她拿了一打儿风湿膏，贴肚脐和内关穴。哎，百衡，林峰那火箭一家伙打到南太平洋，也不知道得飞多远。"

刘百衡刷牙进阳台，满嘴泡沫道："我给当家的问问，立尧，这洲际导弹打到南太平洋靶区上空，应该飞个万八千公里吧？要是林峰用火箭给文芳搭载一封鸡毛信，怎么着也得半个小时才能收到吧？"

马立尧沉吟道："八年前，我和林峰聊东风五号的时候，曾经以酒泉发射场为中心画了一个圆儿，半径是一万公里，发现有印度洋、太平洋、北冰洋三个试验落点公海区域，北冰洋气候寒冷，落点应该选在印度洋或者太平洋。广播里说的这个位置，如果从酒泉基地发射洲际导弹，飞行距离应该不会低于九千公里，洲际导弹的主段飞行速度达到音速的20倍，你估计得对，飞行时间应该是在30分钟左右。"

马军一手牙刷，一手牙缸，探头插言道："爸，要是这个洲际导弹落点大圆儿再往西挪一挪，是不是就可以画到美国的太平洋西海岸？"

马立尧笑道："差不多吧。"

刘百衡夸赞道："行啊，马军，还知道我们国家战略安全的平衡点，这子承父业，非你莫属嘛。"

阳台外不远处，一辆自行车疾驰而来，马立尧喊道："慢点儿骑，来得及。"

刘欣跳下车，刘婷停车锁车，刘欣拉开单元门等刘婷，马军开家门迎在一旁，随手接过两人的书包，两人换鞋进来。

早餐备齐,餐桌上,六碗稀粥,八个馒头,六瓣咸鸡蛋,一碟咸菜丝,三个孩子端碗,呼噜一阵,稀粥见底,馒头下肚,马立尧心疼道:"早饭天天狼吞虎咽的,刘婷,还是回来住吧。"

刘欣期待道:"还是马叔叔心疼我。妈,我这两天老起夜,走廊里黑咕隆咚的,耗子老在厕所开夜总会,吓死我了,你就让我回来住吧。"

刘百衡一瞪眼,教训道:"打住啊,刘欣,正吃饭呢,你这正经词儿没学几个,夜总会倒挂在嘴上,也不跟外国电影学点儿好的。"

刘婷懂事道:"刘欣回来住,马军就别想看书了,在宿舍,除了看书就是睡觉,我还能看住她。"

丁国兰泄气道:"刘婷,妈先谢谢你,可这光是大眼儿瞪小眼儿有什么用啊,你得让她用心看书。"

刘婷无奈,刘欣沮丧,刘百衡圆场道:"刘欣,你要是好好学习,你妈就没这么多话,你姐也不用耽误工夫,都快成大姑娘了,自己要懂事,放学把书和习题本儿都带回来,我要全面检查辅导。"

三个孩子起身抓过书包,马军手上多一个馒头,刘欣四顾道:"妈,饭盒呢?"

丁国兰停住筷子,数落道:"学习要像吃饭这么上心就好啦,饭盒都让利民拿回家了,利贤阿姨昨晚做了炖排骨,自己没舍得吃,一半儿给四个老人,一半儿给你们带饭。"

三个孩子喜笑颜开,你推我搡奔出楼门。利民和陈明从临近单元先后推自行车出来,利民的车把上挂着网兜,里面叠放五只勒着绳套的饭盒,五个孩子各自掏出小布兜分装。

利贤从二楼阳台探出头来,嘱咐道:"走路、骑车都慢点儿,过马路看车。"

许勤从三楼阳台探身下看,手中摆动一本书,招呼道:"陈明,化学题又忘了,都注意,我扔下去了。"

马军、利民、陈明蹬车离去。刘欣央求道:"姐,带我一段儿,就到汽车站。"

刘婷蹬车催道:"那就快点儿,今晚你别回宿舍了,好好跟爸用功,我也清净一个晚上。"

刘欣惊呼万岁,紧赶几步晃在后座,兴奋搂扶道:"姐呀,你真是我的好大姐! 驾——"

晨辉尽染,榆柳亮绿,三辆自行车拐出校园围墙施工豁口,加速奔行在绿地映衬的砂石公路上,陈明在前,撒把临风,十字滑行,利民飚住马军,闪身超越,陈明俯身劲追……

1980年5月18日,上午10点,酒泉西北综合导弹试验基地发射场,天空晴朗,几丝白云若有若无,白色两级运载火箭巍然耸立发射塔台。

【倒计时画外音:10,9,8,7,6,5,4,3,2,1,点火!】

发射塔台基座,火箭发动机喷口,烈焰进射,淡烟四溢,白色火箭缓缓离地,腾空而起,快速飞升……

发射场指挥控制中心,仪器仪表运行闪烁,操作、测控人员各就各位,凌云注目仪器波形,徐进凝神弹道曲线……

深空高远,运载火箭弹道区域各地雷达监测站,阵列天线、抛物面天线徐徐搜索高空目标……

蓝天薄云,南太平洋,运载火箭预定靶区海域,中国海军特混护航编队布列有序;远望一号、远望二号航天测量船严阵以待,高耸的巨大抛物面天线倾向运载火箭来袭天空;弹头预定溅落区域,两艘打捞救生船预备待发,甲板上的航测直升机、打捞直升机轰鸣待命……

舰船甲板上,众人翘首瞩目预测弹道方向天空……

苍穹深邃,白色弹头亮点瞬间耀眼,飞速划破蓝天,拖出一条白线,穿云而来,舰船上的水兵随动望远镜,兴奋喊道:"看到了!"

有人指向天空大喊:"快看!飞过来啦!"

众人纷纷喊出:"看到了!火箭飞过来啦——"

航测直升机、打捞直升机相继腾空而去……

预定溅落区域高空,运载火箭二级弹体白光炫目,瞬间进射出一个亮点,二级弹体继续惯性飞驰下落,抛向远方海面,落点海水瞬间沸腾,巨大的冲击动能掀起二百米高的冲天水柱,水雾弥漫升腾,仿佛激动人心的蘑菇云再现……

蓝天薄云映衬下,数据舱降落伞徐徐下坠,飘荡入海,橘黄色浮圈漂浮海面,识别染色剂遇水扩散,蓝色海面一片翠绿……

两公里高空,航测直升机发出指令:"172号注意,航测机发现目标,已经确认方位坐标,准备搜索打捞……"

打捞直升机接收指令:"172号明白,正常跟随飞行,一切准备完毕……"

中国海军快艇伴着导弹驱逐舰乘风破浪,全速驶向数据舱落点水域……

数据舱落点上空,打捞直升机做30米高位悬停,强劲气流吹皱海面,蛙人迅速下探入海……

打捞直升机调姿定位,稳稳悬停,五分钟过去,蛙人浮出海面,连同运载火箭数据仓一起,稳稳吊升……

远望二号测量船,人们纷纷涌上甲板,有人兴奋高喊:"运载火箭再入段测量任务,圆满完成——"

掌声欢呼声响彻甲板。何文芳抬手遮阳,凭栏远眺……

北京初夏,七机部一院——中国运载火箭技术研究院,研究室,黑板中上部标题醒目——运载火箭飞行试验纵向耦合振动数据的系统分析与修正构想,板面写画参数模型和图表曲线,众人分成四组讨论,每组五六个人,气氛轻松活跃。

林峰主持一组讨论,不时用铅笔虚指参数模型推导程式关键处,组员全神贯注,若有所思,有人虚指铅笔参与讨论,有人偶尔在笔记本上记下什么……

凌云一组围在黑板前,一位组员指点板面模型参数,粉笔标识,画上问号,凌云比划解释,不觉轻叩板面,费神思量。有人摇头不理解,凌云走到林峰跟前,轻声请教问题,林峰思量片刻,翻看笔记查一下,摆手示意,组员都跟到黑板前,林峰手持笔记本进一步讲解模型参数,众人参与讨论……

校园初夏,工程力学实验室,利贤巡视分组实验的协作学生,不时停下来指教设备操作,解答学生提问。

马立尧挂着双拐进来,拐上竖挂着成卷的图纸。有学生抬头轻声招呼马老师,准备离位接应,马立尧微笑摇头,学生重回实验状态。利贤连忙近前问候,取下拐上的图纸……

校园夏夜,兴华小学校舍,灯火通明,教室里座无虚席,几乎是清一色高中生模样的年轻人,只有后排角落并坐几位大龄男女青年,黑板中上部标题醒目——高中物理电磁学要点,板面写画电磁学系列公式和电磁感应原理图。

刘百衡画完封闭导线切割磁力线图形,转身笑指一位举手女生。女生大方起立,平摊右手,按照图形指示方向比划。课堂里响起笑声,刘百衡幽默启发道:"判断电流方向,用不着男左女右,条件很清楚,是封闭导线在均匀磁场中做匀速切割磁力线运动。请注意,运动是原因,电流是结果,相当于发电机。请记好,左手判断发电,右手判断电动,口诀是,左发电,右电动。大家再重复一遍左手法则。"

大部分学生齐声和道:"电磁感应产生电,左掌法,来判断。"

站立女生噢了一声,连忙改成左手比划,一些学生伸出左手跟着比划,刘百衡随手在封闭线圈上标出感应电流方向,和蔼道:"这就对了,请坐吧。"

有人抱怨道:"刘老师,你这忽左忽右来回折腾,我们早就晕头转向了,能不能来个简单的,最好是电动、发电一把抓。"

全班哄笑,后排的大龄男青年犹疑道:"好像以前的什么书上还真有这么个一把抓,到底怎么回事儿,想不起来了。"

众学生面露期待,刘百衡苦笑道:"有倒是有,就是不符合现在的教学规范,怕你们老师说我扰乱中学教学秩序。"

有人喊道:"不管黑猫白猫,抓住耗子就是好猫,刘老师,出手吧。"

众学生纷纷附和,面露期待。

刘百衡本色依旧,爽朗道:"那我就再做一回左派,大家跟我一起伸出左手——打手枪,对,就这样,现在勾回中指,让中指与食指代表的枪管儿方向垂直,好——大家看看,大拇指、食指、中指构成了一个三维立体坐标,下面请注意,大拇指指向磁场的 S 极,也就是南极,怎么记呢?人家问你想不想考上大学,你一定竖起大拇指回答 YES,而不是 NO;食指代表原因,只有两个,或者是线圈切割磁力线的运动方向,或者是通电线圈的电流方向;中指代表结果,也只有相对应的两个,或者是线圈中产生电流的方向,或者是电磁力推动线圈的运动方向。现在大家可以对照黑板上的两个典型图形,就是发电与电动,用左手打枪法试一试。"

全体举左手打枪,照图比划,开始有人惊叹,全场哄然叫好。刘百衡心平气和道:"这个手势可以作为双保险的辅助判断方法,不要带到课堂上去,可以跟同学在课下交流。今天的辅导就到这里,谢谢大家,回家路上注意安全。"

全班鼓掌,谢过老师,众学生相互议论着纷纷出门。邱慧进来,亲切道:"刘老师,辛苦了,我在门外听了一会儿,原理解答深入浅出,当年要是遇到您

第二十集

这样的数理老师,我可能就不学文科了。"

刘百衡谦虚道:"邱主任言重了,这些都是基本知识,我不过是举一反三。"

邱慧钦佩道:"确实讲得好,这补习班要是都像您这么教,天天晚上都得爆满。"

刘百衡诚恳道:"每个老师都有长处,总要对得起学生家长的辛苦钱吧。"

邱慧数出七十块钱,抬手道:"这是上周的讲课费,刘老师,您点点。"

刘百衡接过数一下,拿出两张十元,诚实道:"多了二十。"

邱慧摇头道:"啧,瞧我这记性,是这样,从上周起,补习班的讲课费跟学生人数挂钩,这是您应得的。刘老师,很多学生请求插班,我们希望您再增加一个数理班,您看行吗?"

刘百衡留下二十块钱,平和道:"谢谢大家信任。大学这边,课也排得满满的,实在是没时间,麻烦您跟学生解释一下。不早了,邱主任,您也休息吧。"

邱慧关灯道:"我等一下语文班,刘老师,那您慢走。"

晚风拂面,心绪寂寥,刘百衡的自行车慢慢驶过利群饭店门口。店门灯影里,牛成起身招呼道:"刘叔叔,这么晚才下课呀,陪您喝一口儿?"

刘百衡点停下来,牛成扔掉烟头,近前殷勤,提车停在店门侧面。

刘百衡附身捡起牛成刚刚扔下的烟头,牛成反应过来,连忙道歉自责。

刘百衡注目门侧的一副对联,脱口读出来,上联是——莘莘学子熙熙攘攘兢兢业业,下联是——款款美味形形色色口口声声。

牛成凑趣道:"这副联子是问陈田老师求来的,一帖出来,大家都读成'辛辛'学子,读对'深深'学子的,当天还没超过五个,发音正确的,店里都赏个小菜儿。结果这事儿一传开,有不少好事儿的老师、学生来凑热闹。"

刘百衡点头道:"联子确实不错,你这活广告也做得好,就是话不能这么说,一个赏字全没了平等亲切,应该说小店谢一个小菜儿,要知道,读书人是喜欢高瞻远瞩的。"

牛成敬佩道:"刘叔叔,我妈说,您一张口就能成人之美,多谢教导,今晚我们牛家三口儿请您歇一歇。"

店面清雅,店内清静,里面坐着两对儿男女学生,一对儿分吃大盘饺子,一对儿细品红烧狮子头。刘百衡靠窗坐下,牛成进后厨,乔姐端茶出来,体贴道:"百衡,一周七个晚上这么熬,我看你跟陈田老师他们设想的那个什么……弧焊机器人儿大有一拼。"

刘百衡呷口茶,感叹道:"都说英雄气短,儿女情长,何况我一个凡夫俗子。一大家子人,养老的,上学的,这点儿工资倒还过得去,可是新生事物层出不穷啊,提涨农副产品价格帮衬农民兄弟,应该的吧?家里摆个黑白电视机,不过分吧?弄个砖头儿录音机说学鸟语,不是非分之想吧?大人孩子多几辆自行车赶场,也是必需的吧?后面还紧跟着什么没见过面的电冰箱、洗衣机,这些个东西背在身上,也就身不由己了。"

乔姐伤感道:"百衡,不是我夸你,但凡能在前途上得志,你也不会找这些个幌子解闷儿,你要是奔钱去的人,那些年,早就攒下几个了。国兰都跟我说了,书记、校长的帮衬钱你不收,学校的补贴钱你不要。就这些做法,好多人看在眼里佩服你,老虎落在平川,倒底还是老虎呀。"

刘百衡淡然一笑,牛成端上四样小碟——婆婆丁拌肚丝,炝蕨菜,薄切酱猪耳,慢火炒花生。

牛哥拿酒出来,招呼道:"百衡,难得歇歇,来,弄几口儿。"

乔姐接过西凤酒,开瓶倒上三盅,刘百衡笑道:"我的巧大姐,看人下菜碟儿才是买卖呀,我现在配不上西凤。"

牛成恭敬道:"刘叔叔,大学老师里,我最敬佩您了,您这就是老虎打个盹儿,来日方长,将来有一天虎啸龙吟的时候,我给您跑龙套。"

牛哥实在道:"百衡,这么多年,不管公事儿、私活儿,你都没少照顾你乔姐。柱子也常念叨,你对马车队有大恩,好人终会有好报的,来,我们谢你一个。"

刘百衡笑领谢意,三人一饮而尽。

乔姐招呼道:"吃菜,百衡,这蕨菜、婆婆丁都是柱子送来的,尝尝。"

刘百衡挨个小菜尝一口,点头品道:"唔,婆婆丁拌肚丝儿不错,蕨菜也脆生,闻出草鲜味儿了。"

牛成会心道:"刘叔,野菜去火,多吃点儿,后面还有。"

牛哥起身道:"你喝着,我去炒俩热菜。"

刘百衡体谅道:"牛成,一会儿该上学生了,去帮你爸忙吧。"

牛成应一句刘叔喝好,起身回后厨。

刘百衡四顾道:"乔姐,你这一看就是自家买卖,其他职工怎么平衡啊?"

乔姐笑道:"应该说是全体职工的自家买卖。校园里就这么一个饭店,过去几十年,都是晚上七点关门,现在生活好一些,节奏就快了,晚上七点以后客人不断,尤其是九点半到十一点半,学生进来都跟饿狼似的。试过以后,大家就商量自由组合,分成三组晚班儿,请一个认真负责的退休老干部收款,还监督用料,个人从当晚的卖钱额里提两成半,这样一来,大家是八仙过海,各显其能……"

门口呼啦进来三男一女四个学生,乔姐说一句慢慢喝,迎上去招呼客人坐下,殷勤介绍菜谱。刘百衡笑看乔姐跟学生说笑,吃口菜,抿口酒,低头思量一下,眼前忽然一黑,酒盅停在嘴边。

一双温润的纤手蒙在脸上,刘百衡轻轻放下酒盅,静静享受片刻,悄悄拉下两只纤手,抵在下颏上,纤手任由摆布,刘百衡不紧不慢摇头,胡楂摩擦手背,何文芳忍不住笑出声来。

刘百衡知心道:"听出高兴来了,太平洋上抓个流星,干得真漂亮。"

何文芳抽回手坐到对面,会心一笑,打量道:"我说心上的,自己照照镜子,刀条脸儿照你这么一路变加速磨下去,准能下厨切苦瓜,天天晚上嗡嗡嗡做你的刘大白话,不要命啦?"

刘百衡无奈道:"知道我心软,就不该这么挤对我,有几个孩子能上省重点的?教室外一群一帮的学生,都眼巴巴地指望你,能下得来台吗?闲话少叙,啥时候回来的?怎么找到饭店来了?"

乔姐过来加一副碟筷,笑眼冲何文芳眯一下,何文芳笑眼回眯,倒上酒,贴心道:"我还不知道你心软哪,这不都想心疼你嘛。我回来先跟校长、书记作了汇报,晚上才到家,国兰说你话越来越少,让我出来给你透透,路过饭店,看你抿酒发呆,寂寞了吧?"

刘百衡笑道:"心上的,你这不是回来了嘛。"

何文芳唉了一声,无奈笑道:"心上的,说正经事儿,看这趋势,再有几年,国家的高精尖技术研发就会形成全方位的开放体系,到时候,只怕大项目都干不过来。"

刘百衡笑道:"这么说,我这条咸鱼还能有翻身的机会?"

何文芳会心道:"不单要翻身,还要伴我下饭终身,这可是你许下的诺言。"

刘百衡怅然起酒,一饮而尽,咂嘴道:"这么多年,今天才品出这女人不讲理是什么滋味儿。"

何文芳自知失言,歉疚道:"你说你,跟女人讲了几十年理,结果还闹个理亏,想想都冤吧。"

刘百衡豁达道:"没啥冤不冤的,再过二十年,这些都成了老来福儿,你们就给我攒着吧。"

何文芳借题道:"那就再干二十年,眼下教研室这摊儿,我这个名义主任,工作根本不到位,抓总非你莫属。校长、书记更是这个意思,他们说,请你喝了三回酒,你比徐庶进曹营还能装傻,岔都不打一个,就是傻笑喝酒。你就不能理解一下国兰?你把教研室副主任担起来,她那儿就多一面挡箭牌,医院人来人往的,得多少闲言碎语呀。"

刘百衡冷静道:"不是不报,时候没到,今年的副教授评定,校长、书记拜了一大圈儿,我算是勉强通过,可两个教授评委还是向部里做了实名举报,说我是文革投机典型,李书记跟有关领导拍了桌子,结果好一顿群众调查,才让我过关,我不想让书记、校长太为难。"

何文芳满酒夹菜,贴心道:"现在谁也没有你难,你要是不想成为大家的心病,就乖乖跟我搭个伙,男女老少可都盼着呢。"

刘百衡怦然心动,慨然起酒道:"芳子,上辈子,你欠立尧的,我欠你的,都是命,既然大伙儿都觉着我最不济,那就给你打个下手儿吧,心上的,来一口儿。"

两人碰一下,笑一眼,抿一口,牛成端上两盘热菜——嫩熘肝尖儿,火爆腰花儿,亲热道:"何阿姨来啦,今天给您换换口味儿,干炸小黄花儿,威海卫的正宗货,电冰箱里存着呢,特新鲜。"

刘百衡笑道:"那些年,你何阿姨已经习惯了特不新鲜,别炸过火啊,绷住皮儿就行,多炸两份儿,给孩子们带饭。"

正说着,呼啦进来五个人,立国提着一个纸箱,为首的刘欣兴奋道:"哈哈,赶得早不如赶得巧,爸,我替丁大人来看看无巧不成的书。"

刘婷推搡一把刘欣,教训道:"别胡说八道,没礼貌。何阿姨,我们真是赶巧来的,我妈不知道。"

利民、立国、见平齐问何阿姨、刘叔叔好,何文芳笑道:"这些年,咱们都是赶巧聚到三家巷的,缘分是什么?就是无巧不成的书,是你妈让我来找你爸说说话的,你们不会有意见吧?"

刘欣操起爸爸的筷子扫货,顽皮道:"意见箱在我妈那儿,这里有吃有喝的,我跟我姐高兴还来不及呢,牛哥,给我拿瓶汽水儿。"

牛成拎过两瓶汽水打开,又在旁边桌子加碟筷,扭头看看纸箱,高兴道:"都弄好了?"

立国点头微笑,刘百衡平和道:"立国、见平,在学校不用阿姨长叔叔短的,还是叫老师顺口儿,今晚你们怎么凑到一块儿了?"

立国憨笑道:"见平带我回家吃晚饭,顺便试试给牛成装的功放喇叭,正好碰上利民、刘婷交换复习题,我和见平就跟着研究了一番,见平还凑合,我基础差,好多题都摸不着门儿。"

见平谦虚道:"一套数学、物理模拟考题做下来,城里的都在 95 分以上,乡下回来的勉强及格。"

刘百衡诙谐道:"学习和工作还是有很大差别的,学以致用最重要。跟你们乡下的八路比,我当年顶多算个土八路,这不也跟着何老师坐了江山。立国,你刚才说的是什么喇叭?"

立国解释道:"牛成花高价买了一台西德造的小录音机,想在饭店里放音乐,就是音量太小。我跟见平把录音机拆了研究,试着搞了一个功率放大器,接出几个小喇叭,准备挂在饭店四个墙角上。"

见平笑道:"刘老师,喇叭还是上海江南广播器材厂生产的呢,是你当年获大奖的杰作。"

刘百衡苦笑道:"当年的杰作?这都二十多年过去了,没有那些内忧外患,这些个传声筒早就变成录音机了。"

刘欣学着刘婷的口气接话道:"想想多心酸哪。"

何文芳借题道:"所以呀,刘欣,你得管住自己,向哥哥姐姐学习,你爸当年要是有你这么好的学习条件,今天肯定是我的老师。"

牛成拍一下手,感慨道:"何阿姨,不怕您生气,这话我真信。你们先吃着,我再去加几个菜。"

刘婷懂事道:"牛成哥,不用麻烦,煮两盘饺子就行。"

牛成一声好咧,闪身进后厨。乔姐给学生桌上菜,热情几句,返身招呼道:"这么热闹啊,学习都挺好的吧?"

孩子们正应着乔阿姨好,门口就呼呼啦啦涌进来一群男女学生,当中一位高大男生操着辽宁口音,有滋有味道:"老板娘,看咱这一大帮子,你那饺子够咱吃的不?"

乔姐笑道:"咱那饺子正用手包着呢,就怕你这一大帮子撑个好歹儿的,请吧,都来大桌。"

刘欣开心道:"哎呀妈呀,上大学真好,还能听真人相声。"

众人开怀大笑……

校园夜色,俄式专家小楼,李国荣、蔡鹤临家,窗帘垂挂,灯光柔和。厨房里,曹梅用筷子轻拨汤面,看看已到火候,就合上锅盖,随手关闭煤气炉火,洗一下手,调拌小菜,准备碗碟。

楼上小卧室里,小曹忆半醒半睡,魏如莲轻声读着格林童话——很久很久以前,有一个王国,国王和王后一直没有孩子,他们为此非常伤心苦恼。有一天,王后正在河边散步,一条小鱼把头浮出水面,对她说:"你的愿望就要实现了,不久你就会生下一个女儿的。"过了一段时间,那条小鱼的预言真的应验了,王后果然生下了一个非常漂亮的女儿……

小曹忆恬静入睡,魏如莲轻轻爱抚小曹忆的额头,曹梅悄悄上楼过来,轻声道:"睡啦?"

魏如莲端详道:"刚睡着,这孩子静下来,眉眼越看越像鹤临。"

曹梅沉醉道:"尤其是写作业想问题的时候,更像。"

两人俯身又端详片刻,魏如莲细心道:"这两天晚上,鹤临常自己一个人出神,你们说了不少安娜母子的话题吧?"

曹梅会心道:"这次过年回北京,亦铭的老朋友透露说,去年底,中苏两国特使在莫斯科郊外举行的两国关系谈判预备会议,虽然没有达成任何协议,却有可能成为中苏关系向前迈进的一个历史转折点。鹤临特别关心中方关于恢复科技文化交流,重启人员往来的提议。"

魏如莲关切道:"这可是个实质性的好消息,但愿双方能早日达成一致。"

曹梅感慨道:"不容易,前天我接到这位老朋友的电话,他又透露说,原定今年春季在北京继续举行的双边磋商,是因为苏联入侵阿富汗而被迫中断的。这次他分析,谈判环境风云多变,没有理由那么乐观。这些电话内容,我都如实跟鹤临讲了,他就应了一句意料之中,没再说什么。"

魏如莲联想道:"我想起来了,老李跟鹤临议论过今年四月《人民日报》的一篇评论,说的是《中苏友好互助同盟条约》名存实亡的责任问题,明显看出中苏双方各执一词。老李说,中方的辩驳针锋相对,有理有据,双方没有妥协的余地。"

楼下房门一响，李国荣和蔡鹤临换鞋进来，蔡鹤临径直上楼，来到女儿床前。李国荣微笑着跟进来，两人端详片刻，蔡鹤临俯身，轻轻亲一口，再亲一口，小曹忆嘟几下嘴。曹梅深情地看着父女俩，魏如莲轻声道："我去摆夜宵，下楼洗手吧。"

曹梅跟到厨房，魏如莲和曹梅一盛一端，两小碗荷包蛋稀面条摆在餐桌上，两人又端上一小盘凉拌蕨菜海带丝，一小盘婆婆丁拌小根蒜，一小碟豆瓣酱，两个小馒头。

李国荣和蔡鹤临洗手过来，闻闻山野菜，蔡鹤临赞道："天地清香。"

李国荣和道："沁人心脾。柱子送来的？"

魏如莲摆上筷子，开心道："柱子和杏芬一起来的，杏芬给小曹忆做了一身儿布拉吉。按你嘱咐的，曹梅早买好了给四位老人的两瓶好酒，一兜罐头，加上手头儿的水果，都让他俩拎回去了。"

四人围坐餐桌，曹梅和魏如莲品茶，看着两个男人尽兴吃过一回，魏如莲心疼道："胃都不好，慢点儿吃。"

面条过半，野菜扫光，两人吃得心满意足。蔡鹤临感觉到微妙气氛，拿起馒头，微笑道："大姐，是有话要说吧？"

魏如莲平和道："倒也没什么，看你这两天有心事，我就跟曹梅说说话，中苏双边谈判被迫中断，是不是让你担心了？"

蔡鹤临沉吟道："担心也无济于事，主要是一触及这个话题，我就不由自主往下想，其实明知道不会有结果。冰冻三尺，非一日之寒，就是谈判不中断，中苏双方也不可能在短期内达成共识。"

李国荣沉稳道："鹤临说得有道理，如果苏联继续大兵压境，中苏国家关系正常化，就是一句空话，这是双方谈判的最大障碍。此外，苏联入侵阿富汗，支持越南入侵柬埔寨，又与越南缔结具有军事同盟性质的条约，在中蒙边境重兵不减，这些做法，对中国的国家安全和地缘政治关系，同样构成直接的重大威胁。逐步消除这些隐患，意味着苏联必须改变全球霸权战略，这种可能性，在短期内根本看不到。"

蔡鹤临接话道："所以中方的态度明确、坚定、务实，完全在意料之中。中方的建设性议案中，有一点值得我们关注，就是在坚守国家核心利益的前提下，争取早日恢复中苏两国的科技文化交流，这是目前双方增加互信的最好渠道，希望这个议案在未来几年可以实现。"

听者默默点头,李国荣沉吟片刻,深情道:"鹤临,曹梅,苦难都过去了,我们能做的,就是领着可爱的小曹忆静静等待。我想,安娜也在领着孩子们静静等待,风雨过后见彩虹,我相信,他们会喜欢这个带给我们希望的小小的历史证人。"

魏如莲感动道:"总会有拨云见日那一天,你们会相互理解的,这样的人文情怀,不是世俗婚姻能框架得了的。鹤临,我相信安娜和曹梅都有这个境界,你应该放下情感包袱。"

蔡鹤临感怀道:"情感这东西,哪儿都放不得,还是压在心口儿最踏实。我和曹梅都有同感。夜深人静的时候,曹梅常要我讲安娜的故事,我也让她回想亦铭的事迹,不知不觉中,就有了一种催人入眠的安逸情绪,这已经成了我俩的习惯。"

曹梅感伤道:"其实患难之交,更像两个受伤的动物,互相舔着伤口活下来。所以,我特别珍惜现在的时光,也非常清楚未来的生活。曾经沧海难为水,经历了这样的苦难与幸福,我已经心满意足。曹忆今年就快八岁了,再过几年,她就可以听我们讲大人的故事。"

炎炎七月,中午时分,滨江第一中学楼门上方,横幅大字分外醒目——预祝广大考生取得优异成绩!

台阶前,学生家长人头攒动,张望楼门,丁国兰、利贤、许勤、何文芳站在人群后排,不时抹几下手帕擦汗。

丁国兰抱怨道:"二十年也没见今年夏天这温度,真够孩子们受的。"

何文芳扇扇手帕,应和道:"大中午的,我看得有40度,不像考试,像烤鱼。"

卖冰棍的年轻小贩凑过来,殷勤道:"几位老师,热吧?要不,先替家里的状元、榜眼、探花解解暑?"

利贤掏钱笑道:"这位师傅,你可真会说话。"

小贩递上四根绿豆冰棍,感慨道:"会说话有啥用,那些年一路快板儿书说到乡下去,这些年再哭着喊着跑回来,结果什么都晚了,现在讲究闷头读书,开店发财。"

许勤笑道:"你都把店门开到学校门口儿来了,店面可够大的。"

丁国兰逗趣道:"他这是两片嘴开店门,苦熬几年,说不定一不留神,冰棍儿箱就变成了冰激凌店。"

小贩找零钱,心动道:"这位大姐会看好命,那我就借您吉言。"

丁国兰诧异道:"哎,我说,这不都是老师吗?怎么又改口大姐了?"

何文芳开心道:"这位小哥儿跟您一样,也会看好命。"

楼门口一阵骚动,刘婷快步出来,众家长呼啦一下围上去,有人嚷道:"怎么样,英语考题难不难?"

刘婷笑道:"还行吧。"

众家长穷追不舍,纷纷追问道:"怎么个还行法?具体说说。"

刘婷自在道:"英语就跟说话一样,难者不会,会者不难,我真不知道有多难。"

一位母亲急道:"说的是呀,我的小祖宗,不会就别坐那儿装啦,三心二意拿不准,别再把对的改成错的。"

众人哄笑,一位家长逗趣道:"那就更不能出来啦,还得再把错的改成对的。"

丁国兰笑成一朵花,楼门口涌出五六个考生,四位母亲招手,陈明、利民、马军跟着刘婷挤过来,许勤连忙掏钱叫过小贩,小贩挨个孩子递上冰棍,得意道:"怎么样,我没看错人吧?"

四个孩子顾不得说话,冰棍转眼去了半截,小贩又递上四根,利贤心疼道:"慢点儿吃,都答得挺好吧?"

马军兴奋道:"肯定好,其实早就答完了,检查一遍,没发现什么错,陈明一起身,我和利民也跟着交了卷儿。"

利民含着冰块儿接话道:"太热了,边答边出汗,一中的老师特别好,给考场拖了两遍地。"

许勤高兴道:"是吗?那可凉快多啦。"

利贤感念道:"真得要好好感谢立尧和蔡老师啊,要不是他们那些年带头坚持学英语,孩子们现在也不会这么出类拔萃。"

陈明敬佩道:"我们跟马叔叔和蔡伯伯比差远了,他们能看英文小说。"

何文芳理解道:"马叔叔也是给逼出来的,身体不方便,就要多动脑。"

许勤感激道:"立尧这么一动脑不要紧,硬是把林峰、百衡、陈田也给带出来了,现在偏得一门英语,简直就是如虎添翼。"

丁国兰可惜道:"百衡算不上吧?想当年,看这台上台下把他能的,哪有工夫 ABC 呀。"

刘婷公平道："我爸语法还行，就是词汇量小，就着英汉词典，也能翻看专业资料。"

丁国兰笑道："一个晚上翻看两页半，眼珠子快翻成夜明珠了。"

利贤笑道："夜明珠到底还是宝贝，捧在手里怕掉了，含在嘴里怕化了，是吧，文芳？"

何文芳挤一下笑眼儿，许勤笑道："三家巷的女人都挺坏，行啦，孩子们，吃完快走吧，咱们去太爷爷家，杏芬阿姨做好饭菜等着呢。"

四个孩子开心推搡，陈明展臂仰天，解脱道："我要大睡三天！"

母亲跟着孩子走向自行车存放处，楼门口，人声喧闹，大批考生涌出来……

第二十一集

盛夏时节,傍晚时分,北方山峦,林海苍翠。一辆大客车中速行驶在砂石沥青路面的盘山公路上……

车上散坐着朴实的山民,前排右侧,爷爷、奶奶、刘婷、利贤前后依次靠窗而坐,利民、东顺、见平、林峰依次坐在身边。刘婷兴奋地指点石崖涧溪,赞不绝口,见平笑道:"雨后水大,更好看。"

林场在望,回乡人心潮澎湃,利贤不觉握住林峰的右手,林峰的左手跟着爱抚过来,利民赫然看到路边青石岩壁上的四个苍劲石刻大字,抬手指认道:"哥,快看,先生写的跃进林场。"

众人注目青石岩壁,红漆石刻大字缓缓掠过,太爷爷喃喃道:"这都八年过去了,妞妞还记得呀。"

利民拉住太爷爷的手,激动道:"太爷爷,上次回来我都十岁了,就是八十年过去,我也忘不了,你不是说,没有先生,就没有咱们林家的今天吗?"

见平深沉静默,刘婷心有灵犀,轻轻拉过见平的右手,见平不觉轻轻抚握。太奶奶感念道:"一日为师,终身为父,妞妞,先生也是你爷爷。"

利民懂事道:"太奶奶,上次回来我就记住了,哥没少给我讲先生的故事,有些还是他自己想象的,我能理解。"

利贤心动道:"东顺,先生的事儿你都记得吧?"

东顺感怀道:"先生走的时候我六岁,忘不了。"

大客车缓缓停下来,中年女乘务员亲切道:"跃进林场到了,下车的旅客,请带好随身物品,老人家,您慢走。"

一家人起身谢过,车上车下兴奋招手。见平、东顺拿大包,利民、刘婷先下车,把太爷爷太奶奶扶迎下来,付场长和王校长亲热招呼爷爷奶奶,两个林场壮汉迎在车门口接过大包小裹。

利民笑问:"您是场长伯伯吧?"

付场长打量道:"记性真好,你是利民姑娘吧?女大十八变,越变越好看,祝贺你考上了华东师范大学。这位姑娘是——"

刘婷大方道:"伯伯,我叫刘婷,利民的好朋友。"

利民自豪道:"她考上了北大历史系。"

王校长在旁赞道:"祝贺你,青出于蓝胜于蓝。"

付场长拉手爷爷奶奶,高兴道:"老人家,还是这么硬实,好啊,好啊。"

奶奶慈祥道:"小付,头发又白了不少,没少操心哪。这位同志是——"

王校长两手握住奶奶的手,热情道:"老人家,您看看,我也老啦……"

爷爷眯眼认出来,对奶奶高兴道:"县高中的王校长,想起来了吧?"

奶奶端详片刻,摇手笑道:"哎呀,是王校长啊,你们还年轻,是我老啦。王校长,这一晃,有十几年没见了吧?利贤、林峰,快过来。"

林峰紧紧抱过王校长、付场长,利贤眼眶湿润,拉住王校长的手,关切道:"王校长,这几年还好吧?老师们都好吧?"

王校长感慨道:"我还行,去年退休的,付场长叫我来林场小学,帮忙培训教师。老师们还好,前年季老师不在了,物理组两个老教师今年刚退,也都返聘回来带毕业班。你的记录还保持着呢,这么多年,没有学生再考上清华大学。"

见平和东顺叫着付伯伯迎上来,付场长笑着一人一拳道:"你们就给咱林场争气吧!"

两人一边一个,搂腰托背,俯身悠起付场长,来回荡几下,付场长展臂挂肩,陶然享受道:"小朱,小马,扶老人家上车。"

爷爷愣道:"上什么车,这不到家了吗?"

付场长落地,指一下路边开阔地段的一辆客货车,体贴道:"到家门口还得走一会儿,怕二老累着,坐车稳当。"

奶奶笑道:"我们回来就是要走走,一里多路,不碍事儿。"

爷爷拔腿就走,吩咐道:"小付啊,明儿就带我上山看看,猎枪我都带回来了。"

付场长笑道:"咱林场还没见过八十四岁的老猎人,孩子们要是同意,咱们就进山。小朱,小马,开车送行李吧,我们陪老人家走回去。"

众人谢过男人提过大包小裹装车,客货车缓缓驶向跃进林场生活区。

夕阳西下,山色苍茫,一行人漫步在拓宽的细砂石沥青大路上。

山风送爽,久违的炊烟异香扑面而来。地势渐入开阔,爷爷奶奶停下,众人收住脚步,红亮晕黄的夕阳余晖中,一大片错落有致的红砖青瓦房映入眼帘,岁月沧桑,砖瓦深沉,望远处,三排两层红砖青瓦新房掩映白杨……

一群孩子奔涌上路,嬉笑追逐,纷纷摆手跑过……

林家院落,整洁有序,晚风旋着炊烟弥漫屋檐,一条一岁多的小黄狗警惕院外动静,疾奔过来,当门仰吠,憨态可掬。众人纷纷笑出来,利民、刘婷俯身逗趣。门帘涌动几下,闪出一个小女孩儿,六七岁模样,两颊山红,笑眼探视来人。小黄狗回奔守位,严肃认真。门帘掀开,顺子妈湿着两手迎出来,高兴道:"老人家,一路上还行吧?小红,快看,那不是你舅舅吗?"

爷爷笑道:"好着呢。顺子妈,看你也挺好啊。"

众人进院儿,东顺叫着奶奶奔到近前,一把抱起小红,使劲亲两口。小红腼腆叫舅舅,奶奶拉手谢道:"顺子妈,回回都是麻烦你。"

顺子妈笑道:"麻烦啥呀,这些年,一共也没来家几回呀。"

利贤、林峰招呼大娘好,孩子们招呼罗奶奶好。

爷爷奶奶过来亲亲小红,奶奶慈祥道:"这好日子过的呀,都盼到了五世同堂。"

众人进门,东顺抱着小红兴奋道:"姐!"

灶间里热气升腾,东顺姐围裙在身,端着小盆快手捡出蒸茄子,扭头笑道:"都回来啦,小红快下来,见平、二宝,扶着太爷爷太奶奶。"

奶奶笑道:"不用扶,凤琴,又是一大家子,忙活了小半天儿吧?"

凤琴笑道:"太奶奶,太爷爷,看你们精神的,我跟奶奶是越忙越高兴。这是妞妞吧?出息成大姑娘啦,都认不出来了,林叔、婶儿,都进屋歇着吧,饭菜就齐了。"

利贤洗手帮忙,东顺兴奋四顾,惦念道:"我姐夫呢?"

凤琴高兴道:"进山测量储备林去了,有几个香港人要跟咱林场合办家具公司,可县里不同意,说是没有政策先例,怕出问题。没想到香港人脑子活,以贷款方名义出技术、设备和流动资金,还负责生产管理和销售。"

林峰思量道:"听起来可以操作,他们的利益怎么体现呢?"

付场长接过话题:"他们获得风险利息,占利润的六成,香港人说他们研究了国家政策,北京已有中外合资先例,将来拿到合资企业执照,再把贷款折成投资。我们看了设备样本,全套的日本制造。消息传出去,不少人挖门子要到咱林场来。"

林峰感叹道:"现在林场能做的也就是出人出材料,这样一来,各尽所能,各得其所,第一步迈得不错,将来市场是成败关键。"

付场长感触道:"本来我早该退了,赶上跟资本家打交道这档子大事,一步退到解放前,都怕担责任,我就顶下来了。看样子还得再苦干几年,你们这一回来,正好一块儿说说合作细节,帮我们拿个主意。"

奶奶诧异道:"这是咋说的,还扯上日本鬼子了?"

王校长解释道:"就是用日本的机器生产家具。"

爷爷感叹道:"先生说过,中国要是能像日本那样造出好机器,天下格局就会大变。老太太,没办法,日本鬼子造的东西就是好用,你就当是恶鬼给咱中国人赎罪吧。"

利民、刘婷领着小红进东屋,开包翻礼物,东顺、见平跟着老人进西屋。老屋粉刷一新,正面墙上,并列三张大照片,一个意气风发,一个笑意安详,一个沉静如水,众人端详一会儿,跟着爷爷奶奶深深一躬。

地当中,大圆桌上摆着山珍野味和家常蔬菜——红焖松蘑狍子肉,清炖榛蘑山鸡,薄切熏兔肉,野芹炒肉丝,肉末大拉皮,小葱拌豆腐,蒜片油豆角,盐渍刺嫩芽,木耳黄花菜,红辣芥梗,蘸酱菜。

利贤端着蒜蓉拌茄子进来,四顾一下,摆菜上桌,来到照片前静默片刻,也是深深一躬。凤琴端上一盆大米饭,招呼道:"都坐吧,太爷爷太奶奶,坐上首,亮堂,今儿人多,我们娘仨用炕桌。"

利贤礼让道:"大娘,凤琴,你们得上桌,我跟利民坐炕桌。"

见平和东顺也让座,利民进来看看道:"都别让了,可以再挤一个座儿,我和刘婷带小红上炕吃。"

小红兴冲冲举着玩具手风琴跟进来,刘婷跟在后面,小红两手拉出琴声,利贤夸道:"拉得真好听,咱们小红长大要当音乐家吧。"

众人落座,见平打开一瓶北大仓白酒,挨个倒满,顺子妈拜托道:"场长,你就代表大伙儿说几句吧。"

付场长客气道:"当年路场长叫我付铁嘴儿,现在有王校长在,我就别班门弄斧了,老王,你说两句吧。"

王校长动情道:"恭敬不如从命,那我就先说两句。今天来凑一杯接风酒,就是想重逢令人敬佩的革命之家、文化之家。听付场长说,这二十年来,林家每年都给林场的困难孩子捐赠二百块钱,当然了,这两年更是达到了五百,让那些想上学的孩子不至于埋没深山。我搞了一辈子教育,林家的义举给我们讲了百年树人的大道理,就为这,我们共同敬林家一杯。"

利贤按住爷爷奶奶的酒盅,爷爷奶奶笑着抿一口,其他男人一饮而尽。顺子妈招呼吃菜,见平挨个满酒,付场长感慨道:"刚才说到革命之家、文化之家,我就想到饱受奴役之苦的北安林场,想起凤祥,想起晓云,想起钱先生,想起朝夕相处的大安兄弟……"

品菜谈笑的敬酒气氛中,西屋正面墙上,并列三张大照片,一个意气风发,一个笑意安详,一个沉静如水……

八月山林,墨绿苍茫,跃进林场后山墓地,四座石碑落成墓园——革命烈士林凤祥之墓,旁边并列无字碑;革命烈士路大安之墓,旁边并列恩师义父钱布恩之墓。墓园石台上,一盘烤肉,一盘青菜,一盘点心,一盘鲜果,一瓶北大仓酒,四盏酒盅,石槽香座满把粗香,山风劲吹,火头疾明……

爷爷奶奶盘腿坐在墓前的草地上,东顺跪坐太奶奶身边,利民、刘婷跪坐太爷爷身边。老人神态安详,新人心潮起伏,林峰和利贤站在身后,深沉静默。见平双膝跪地,细心倒满四盏酒盅,沉浸片刻,入禅一般……

蓝天白云,苍鹰盘旋,北大仓余酒汩汩洒入碑前厚土……

林峰撩枪,利民、刘婷、东顺扶起太爷爷太奶奶,见平起身回转,林峰抬手扔过子弹上膛的猎枪,见平一把接住,手上咔嚓一响,举枪问天——

厚重的闷响铺天盖地,惊散林鸟,回荡群山……

北国山野,大气磅礴,起伏的山路上,刘婷、利民蹦跳在前,见平背包随后。山风拂面,山色怡人,林中鸟悦空灵,岩下溪水潺潺,刘婷、利民忘情追逐一群翠鸟,渐渐跑远,见平追赶喊道:"别往林子里去,小心有蛇。"

两人闻声止步,兴奋喘息,刘婷赞叹道:"太美了,利民,今天忽然明白了,你爸你妈感情那么深,这条山路就是媒人。"

利民感叹道:"我妈说,那时候她跟路爸爸还没结婚呢,我爸还不到十七岁。"

见平赶上来,疼爱道:"两个疯丫头,走路看脚下,夏天蛇多,别跑了,跟着我,上坡身体要前倾,再蹦跶无用功,一会儿就走不动了。"

两人跟在后面,刘婷撒娇道:"见平哥,我还真有点儿累了,找个地方歇歇吧。"

利民提示道:"哥,离同心石还有多远?"

见平看看山势,抬手指道:"前面拐个弯儿就到了,加把劲儿。"

刘婷好奇道:"什么同心石?"

利民笑道:"就是我爸我妈路上经常休息的那块大青石,我给起的名儿。"

刘婷争先超过见平,利民连忙跟上,见平追赶喊道:"望山跑死马,都慢点儿……"

山势豁然开朗,水声激越相闻,刘婷抢上大青石,大字仰天,利民跟着仰卧身边——蓝天白云,苍鹰盘旋。

见平从挎包里拿出水缸,就着涧溪接一下,喝一通,再接满,上青石,递给刘婷,刘婷笑看见平,故意道:"你先喝。"

见平笑道:"我喝过了。"

刘婷撒娇道:"再喝一口。"

见平仰头倒水入口,刘婷笑道:"喝水不是倒水,瞎讲究。"

刘婷和利民喝过水,利民凑过来耳语,刘婷脸红心跳,两人互掐笑闹。见平递过两块葱油切饼,三人吃得心满意足,刘婷好奇道:"见平哥,你小时候走过这条山路吗?"

见平回忆道:"应该没有吧,爸爸牺牲那年,我才三岁,妈都是星期六下午坐火车回来,每次都是骑着爸爸的脖颈去火车站接,印象特别深。晚上全家人坐在炕上,我嗑瓜子,妈讲故事,爸也跟着听,还给妈揉脚。"

三人静默片刻,刘婷拉一下利民,小声道:"现在知道你哥小时候为什么给我妈洗脚了。"

利民坏笑道:"洗完脚,你妈跟我哥说什么来着——要是生个小妹妹,就给你做……"

刘婷脸红掐一把,利民哎哟着笑作一团,见平打住道:"利民,不许瞎说。"

利民强收住笑,机智道:"我还没说,哪儿来的瞎说?大家谁不知道这句话呀,丁阿姨和刘婷最守信用了,是吧,小妹妹?"

刘婷害羞打岔道:"你才大我几个月呀,一口一个小妹妹。"

利民起身下石,逗趣道:"大一秒也是姐,现在不叫小妹妹,以后怕是叫不着啦,见面还得叫嫂子。"

姐妹俩笑闹追逐远去,见平快步跟上……

傍晚时分,炊烟袅袅。凤琴家院落,大黄狗沉着仰吠几声,林峰和利贤等在院门口。门帘涌动,小红冒出来,看见两人,马上笑成一朵花,跑过去搂住大黄狗,喃喃几句。两人进院儿,林峰蹲下伸出手,大黄狗闻闻舔舔。

利贤蹲下搂过小红,小红甜甜道:"林姥爷,贤姥姥,在我家吃饭吧。"

利贤看看林峰,开心道:"贤姥姥?林姥爷,我有那么老吗?"

林峰会心微笑,深情道:"下次秋天回来,咱俩走山路,还看你捡红叶。"

门帘一挑,凤琴迎出来,高兴道:"林叔、婶儿,正好一块儿吃饭,我去叫太爷爷他们。"

林峰笑道:"不用去,几个老哥们天天请,挨家转,孩子们根本不着家,让他们高兴去吧,我俩在这儿吃。"

四人进屋,林峰、利贤问候大娘好,灶台上,顺子妈招呼道:"快屋里坐,饭菜一会儿就好,炕桌上有大麦茶。"

利贤要洗手帮忙,凤琴拉住道:"真不用,就好了,奶奶,我来,你们都进屋吧。"

几人进到东屋,利贤搂着小红坐在炕头,顺子妈拿过水杯,林峰倒上四杯大麦茶,关切道:"大娘,老寿星留下这个事儿,是你们早就商量好的吧?"

顺子妈笑道:"林老爷子发话,林场没有一个不听的。我带顺子孤儿寡母那些年,都是老爷子他们照顾的,叶落归根,现在他俩回来,我就当是父母重生。这人哪,七十岁有个家,八十岁有个妈,那就是天地造化的福气,你们都安心工作吧。"

林峰不安道:"大娘,您说的都在心坎儿上,可您老也需要照顾,我们年轻人总不至于撇下老人,自己在城里享福吧?"

顺子妈不以为然道:"城里有啥享福的?就是念书条件好,小红这孩子,托付给她顺子姥爷好好念书,少不得麻烦你们,都是自家人,就别客气了。"

利贤感动道:"大娘,我们一定带好小红,可这……"

顺子妈打住道:"没啥这那的,你们一回去,我就搬到老寿星那儿去住,也就是一天两三顿饭,一块儿说话热闹,真有个大事小情的,就让付场长给你们发个电报啥的。"

林峰跟利贤对视一下,无言以对,利贤感念道:"大娘,你们老人的苦心,我们做晚辈的不能违背,那就先过半年再看吧,要是他们身体弱下来,我们就来接回去,毕竟大城市的医疗条件好,这样大家都放心。"

凤琴擦手进来,插言道:"你们就放心吧,我家奶奶明白着呢,加上我们两口子,保证老寿星乐呵呵的。付场长说了,场里托人弄了两台黑白电视机,过两天就拉回来,能凑合着看两个台,给老寿星摆上一台。"

利贤、林峰点头感叹,顺子妈忽然鼻子一酸,难受道:"就是小红这一走,我这心里空落落的。"

利贤宽慰道:"大娘,现在条件好了,你去她来的,一年怎么着也能见上两面,我们会经常给你寄照片来。凤琴,你能在滨江陪小红多长时间呢?"

凤琴挠挠小红的小脚丫,逗趣道:"也就半个月,咱们小红可乖了,是吧?"

小红开心笑出来,期盼道:"妈妈,我要跟你坐火车。"

跃进林场火车站,早年的铁路值班房已不见踪影,站台旁盖起了简易候车室,室内散坐着几家人等车说话。

小红胸前挂着玩具手风琴,站在老人面前,不时弄出声音,爷爷奶奶慈眉善目,笑看童真,奶奶手里端着半只香瓜,不时喂给小红一口。顺子妈手指捏着花布手帕,指背轻轻摩挲小红稚嫩的脸蛋儿,不时揩一下小红的嘴角。利民、刘婷一人一把山里红,脸上酸出表情,递给东顺和见平几个。利贤、林峰、凤琴、付场长、王校长站在一起说话。

凤琴嘱咐道:"场长,林叔跟婶儿还是挺担心的,老寿星上山打猎的事儿,就你管得住,千万别大意。"

付场长宽慰道:"管是没问题,有时候也得照顾老寿星的情绪,现在条件好了,找一处缓山,把车开到山脚下,偶尔让他过过枪瘾,打几只山鸡,问题不大,都放心吧。"

利贤提示道:"学校放寒假我们就回来,下雪以后尽量别让他们走坡路,这些年在城里走平地,都习惯了。"

付场长点头道:"这个倒是,场里那些个老人猫冬儿以后啊,就请他们多到家去,老寿星尽量少出门。"

林峰愧疚道:"老场长,这么多年,我和利贤都没怎么尽孝,现在又让你们操心,真是太不像话了。"

付场长正色道:"大丈夫心系国家事业,你看看家里墙上挂着的,哪个可以忠孝两全?别看我们在山沟里,也都知道中国的火箭可上九天揽月,你们就好好干工作吧。"

利贤感激道:"老校长,谢谢您,为咱们林场再培养几个林峰吧。"

王校长笑道:"我跟老伴儿就定在咱们林场养老,她教书,我管理,两全其美的事儿。"

风笛长鸣,内燃机车缓缓进站,候车室内外响起广播提示音:"各位旅客请注意,由北山开往抚平的210次短途列车,现在已经进站了,请各位旅客拿好行李,准备检票上车。"

众人纷纷来到站台,爷爷奶奶、顺子妈、付场长、王校长站在车梯前,远行人依次过来抱过,爷爷奶奶笑意安详,顺子妈使劲儿亲过小红,笑出泪水,付场长捶打见平、东顺,王校长与利民、刘婷紧紧握手。

众人上车,信号员摆旗放行,车上车下摆手致意……

夕阳西下,暮霭苍红,车轮铿锵,长鸣远人……

奶奶涌出泪水,抬手慢慢抹干……

南方田野,列车疾驰。

硬座车厢,座无虚席。利民靠窗欣赏南国田舍,身边的立国从书包里摸出一只乳黄香瓜,又摸出手帕抹擦几下,轻轻碰碰利民,利民扭头笑道:"哥们儿见面,一家一半儿。"

立国轻叩香瓜,一分为二,利民接过瓜头,刚送到嘴边,对面五岁多的小男孩儿就紧盯道:"阿姨真香!"

利民低头抬臂,闻闻各处,诧异道:"香吗?我怎么没闻出来?"

众人都笑,立国递上瓜尾,微笑道:"吃吧,吃完也像阿姨那么香。"

小男孩儿一把抓过瓜尾,利民又递过瓜头,逗趣道:"咱俩换换?我这半儿更香。"

孩子妈拦住道:"这就够香了,快谢谢阿姨。"

小男孩儿嘴里说着谢谢阿姨,手上把瓜头瓜尾换过来,不容妈妈置疑,张嘴就咬,孩子妈无奈道:"看见没有,刚脱开裆裤就成了小祖宗,只要见到更好的,不管需不需要,抢到手再说,这才放奶奶家一年,就出息成了这样。"

话音未落,小男孩把香瓜塞到妈妈嘴边,撇嘴道:"不怎么甜,你吃吧。"

孩子妈身边的老者笑道:"小祖宗,心甜瓜才甜,你这一天都有什么好吃的呀?"

小男孩儿夸耀道："我们大上海有什么好吃的,外婆就给我买什么好吃的,你们肯定没吃过。"

老者点头微笑道："这个我信,像你这么幸福的孩子,我也是头回遇到。改革开放好啊,孩子妈,听口音,你们娘俩不是上海人嘛。"

孩子妈大方道："我是滨江的,孩子爸是上海的,那些年,在广阔天地实在是熬不住了,我俩就凑到了一块儿。不怕你们笑话,我回娘家生孩子躲了两年,总算熬到了知青返城,我在滨江,他回上海。"

利民惊讶道："大姐,那你可真不容易。"

立国感触道："什么时代都有浪漫,我们知青点有跟村里姑娘结婚的,后来又丢下老婆孩子回城。"

众人感叹一回,孩子妈心悸道："还算天地良心,我俩补办了结婚手续。他妈看不起东北人,又舍不得孙子,死活闹着改良品种,要把东北土豆培养成上海南瓜。也是赶上我们夫妻俩天南地北跑服装生意,没办法,就把孩子交给了奶奶。"

小男孩儿接话道："妈妈,外婆说你是乡下人,所以她才把我接到大上海。"

孩子妈平和道："这个妈知道,妈一看就不像上海人,你长成南瓜妈认了,别出息成瘪三儿就行。"

小男孩儿瞪大眼睛,反驳道："我才不是瘪三儿呢,外婆要我当科学家。"

立国笑道："当科学家好啊,就是还要学文化。"

孩子妈没有听出话外音,无奈道："不是这一条儿,我才不会将就上海小市民呢,睡他们家小阁楼,大蟑螂跟小耗子似的,把我吓得一骨碌滚下来,没想到老太太嘴一歪——我们大上海吃得好。"

众人哑然失笑,利民若有所思,贴近立国,小声道："想起咱们三家巷那句口头禅——有知识还要有文化,今天体会更深了。哥,我忽然觉得,我们几个今年考上的,将来最有文化的应该是刘婷。"

立国佩服道："你们几个都错不了,马军和陈明子承父业,心中都有割舍不掉的历史文化情结。见平把钱先生那套《世界史纲》送给刘婷,也是出于历史文化情怀。先生的眉批发人深省,见平的旁批令人沉思,我是在知青点儿读的这本书,那以后,再没打过架。利民,再看看你自己,感动于父母的价值取向,自主选择了教师职业。我觉得,你们身上都有一种历史文化的自觉能力。"

利民可惜道："哥,你这话要是跟刘婷说就好了,她准能跟你一唱一和。"

立国谦虚道:"我差远了,听你哥跟刘婷高谈阔论,那才叫文化呢。"

利民赞同道:"刘婷最佩服我哥了,她那点儿心思我知道。我哥经不住她又缠又绵的,答应送她去北大报到。这下可好,丁阿姨脸上乐开了花,我爸妈也挺高兴。哥,你说刘婷会不会耽误学习呀?"

立国沉吟道:"我想不会吧,他俩差了七岁,刘婷就是个小妹妹,再说了,班里有女同学喜欢你哥。"

利民好奇道:"咱俩也差了七岁,哥,班里有没有女同学喜欢你呀?"

立国憨笑道:"班里一共也没几个女生,早就抢光了,轮不到我。"

利民惋惜道:"哥,你说你憋着送我去报到,怎么不跟我们一起回林场啊?离开林场前一天,我刚一念你的来信,太奶奶的眼泪就下来了。"

立国感动道:"说得我都后悔了,我也想太爷爷太奶奶。没办法,我不像你们,父母就是老师,随时随地都能学到知识,我基础差,成绩一般,只好借暑假预习一下专业基础课,不然下学期肯定特别吃力。我妈嘱咐我,一定要把你送到上海,她盼着你能在家里住几天。"

利民贴心道:"我妈特喜欢任阿姨,我爸也说一见如故。哥,将来要是有什么人喜欢你,那可得先告诉我,我来把第一关。"

立国怦然心动,平和道:"那好啊,将来要是有什么人喜欢你,也得先告诉我,他要是敢欺负你……"

利民拉手默契道:"你就跟他复习几下武术,到时候我来当裁判,规则是你先让他三板斧。"

听众默笑出来,老者沉吟道:"郎骑竹马来,绕床弄青梅,同居长干里,两小无嫌猜。"

孩子妈笑问:"大爷,啥意思?"

老者笑答:"青梅竹马,两小无猜。"

大地夜色,列车疾驰,车厢里灯光昏暗,旅客们沉沉睡去。立国靠窗而坐,微目窗外城镇夜色,线杆、路灯规则退去,散落灯火拂面晃过,利民依靠在立国身上,睡意安然……

下午时分,微风薄云,上海火车站,列车到达站台,旅客纷纷下车。人流往来中,国强、国英确认车厢,努力迎向车梯口,任玉芹拉着任姥爷跟在后面。利民提背小包先下来,立国一手大皮箱,一手旅行包,随后跟下来。

国强招手道:"立国!"

利民摆手兴奋道:"任阿姨!"

众人避开人流,来到站台立柱旁,立国喊道:"姥爷!妈!"

众人迎在一起,祖孙俩抱作一团。任玉芹满面春风,拉手利民,亲热道:"好孩子,越长越漂亮了。不记得了吧?这是国强舅舅,这是国英小姨。"

利民连忙近前拉手道:"舅舅好,小姨好,还惊动你们来接我,太麻烦了。"

任玉芹笑道:"本来是请他俩到家里陪你吃晚饭,结果就一起来了。"

国英逗趣道:"江边玩儿水的小模样还能想起来,一晃就进步成这样,清水芙蓉,有利贤姐的气质。"

国强笑道:"这下好了,你就跟着小妹妹年轻吧。"

国英笑道:"你以为我不敢哪,利民,以后他们不在,叫我姐姐就行。"

任姥爷慈眉善目,笑看利民,利民躬身敬道:"姥爷好。"

姥爷拉手利民,怜爱道:"好孩子,有出息,立国说,你总给他留好吃的,这回到了上海,我们也要好好疼你。"

任玉芹看看行李,关心道:"这么多东西,没带被褥吧?姥爷可都给你预备好了,自己做的。"

利民惊讶道:"立国特意嘱咐我不要带被褥,姥爷,您还会针线活儿?"

姥爷笑道:"当年我们爷俩相依为命,啥都得会。走吧,孩子们……"

春风杨柳,下午时分,滨江工业大学体育场,学生喧闹。

篮球场上,比赛的你来我往,上课的定点投篮,体育老师站在篮下,不断重复接球抛球,排队学生接球上步,在罚球线投篮换位,矮胖男生接过篮球,学着前面女生的模样,腆胸前跃,双手送出篮球,居然打板入筐,引来一片笑声。

足球场上,标准场地均匀划作两个小赛场,场边围站助威观众,比赛争抢激烈,足球莫测乱滚,女生拢嘴尖叫,男生振臂指导。球到马军脚下,马军侧拨一下,跑过前卫,晃过后卫,腾身抽射,陈明马步蹲守球门,瞬间判明来球方向,一个鱼跃扑救,足球触手滚出底线,陈明的身体惯性侧跃,头颈顺势擦撞门柱,男生叫好,女生惊叫。

陈明躺地摸摸额头,手指染红,众人围拢上来,马军俯身触摸伤口,急切道:"怎么样,陈明?破了一大块皮。"

陈明坐起扭转头颈,宽慰道:"脑袋嗡一下,没事儿。"

漂亮女生温美琳俯身仔细查看,命令道:"伤口有木刺,撞头要小心,上医院。"

陈明摆手道:"没那么严重,这还比赛呢,接着来。"

马军果断道:"你们换守门员,强子,你替我上场,来几个人,跟我上医院。"

众人扶起陈明,马军跑向体育场入口取自行车……

校医院新楼,大门口,患者进出,走廊里,病人持单寻找科室,护士匆匆往来经过。

备品室里,两个小护士清点器械,丁国兰填完备品记录本夹数字,嘱咐道:"今年春末忽冷忽热,第二波流感轻不了,数字我都改了,下午照单备品。"

护士小晶接过本夹看看,惊讶道:"护士长,这么多体温计,错了吧?"

丁国兰摇头道:"啧,瞧我这记性,老啦。是这样,医院决定学校每个班发一支体温计,下午学生处赵处长来打针,顺便带回去。"

护士小妍凑上来查看数字,附和道:"护士长,这又是你的主意吧?"

丁国兰查看输液用品,解释道:"是魏医生跟院里建议的,暖冬以后,流感反复无常,班里备个体温计,谁要是头疼脑热,总会有热心同学帮着测一下体温,这样来医院就快些,早治早好,也减少传染源。"

小晶感触道:"可不是嘛,这几年,学生都比着玩儿命学习,那些个低烧熬红眼的,研究生还没着落,心肌炎、肺结核先上榜了。"

走廊里传来婴儿的哭闹声,丁国兰侧耳听听,在行道:"又一个扎不利落的,停一下,跟我来。"

三人出门,迎面快步过来一位满脸通红的小护士,急切道:"护士长,那孩子太小了,我……我扎不进去。"

丁国兰快步走向注射室,教训道:"婴儿头皮针是一道关,校医院不比儿童医院,有机会就要学,都过来。"

四人进门,年轻母亲抱着啼哭婴儿,急出一脸细汗,畏惧道:"您是护士长吧?我们不扎头皮针了,您看看,孩子太遭罪了。"

丁国兰看看婴儿,询问道:"孩子这么小,怎么不上儿童医院?"

孩子妈哭腔道:"孩子烧得厉害,怕路上耽误,一着急就直接来了。魏医生给看的,说是肺炎,让我打完针去儿童医院复诊住院。"

小护士递过酒精棉,丁国兰擦手拭净,又拿过纱布抹干手指,拇指轻轻摸贴婴儿额角,讲解道:"婴儿血管非常细微,只能辨认出一条浅浅的青印儿,赶上胖婴儿,青印儿也没有,用大拇指肚儿摸,能隐约感觉出血管凹陷来。"

众人面面相觑,面露敬佩,丁国兰夹过酒精棉球,轻轻擦拭婴儿额角,演示道:"婴儿皮肤格外敏感,额角部位酒精棉点一下就好,不要大面积涂抹,尤其要小心婴儿眼角。都看好了,头皮针在手,心静、眼明、手准——"

只一针,婴儿顿一下,哭声骤紧。小吊瓶到位,众人都松一口气,丁国兰建议道:"小儿肺炎,尽量别让孩子哭,喂奶吧。"

孩子妈难为情道:"在这儿?"

丁国兰笑道:"做了母亲,金奶就得变成铜奶,在哪儿都得喂,孩子第一。"

孩子妈茫然谢过,当班护士留下,三人出来,丁国兰吩咐道:"小晶,杨医生的份子钱,咱们这边你张罗一下。"

小晶应道:"没问题,哎,护士长,人家的新婚之喜近在眼前,你家的乔迁之喜也该差不多了吧?"

丁国兰笑道:"抬轿的比上轿的还急,又馋老丁家的开江鱼了吧?"

小晶开心道:"不是馋,是心里老惦着。你也真是的,人家袁教授十天前就搬到新楼去了,一套旧房子,你还想装修成洞房啊。"

丁国兰放慢脚步,疑惑道:"你说什么?十天前房子就空出来啦?那学校怎么还不给我钥匙呀?不行,我得去问问,过了这个村儿,可就没这个店儿了。这么一大群副教授抢房子,要不是百衡背上爹娘排队,我们也就打个擦边球,别再出什么岔子。"

小妍担心道:"弄不好还真没准儿,这两年学校扩大招生,副教授简直就像雨后春笋,新楼眼看着要住满了,旧房肯定剩不下几套,你还是盯紧点儿。"

小晶催促道:"那就快去问问吧,这儿我们盯着。"

三人议论着经过医生诊室,诊室内,低头开单的魏如莲听出尾音,马上快笔签单,递给面前的英俊书生,嘱咐道:"按时吃药,别熬夜,注意宿舍通风。去帮我把丁护士长叫来,走廊里刚过去。"

英俊书生谢过,快步出门,紧赶过去,礼貌道:"您是丁护士长吧?魏医生请您留步。"

三人停步回身,丁国兰打量笑道:"谢谢你呀,小伙子,还文绉绉的。"

英俊书生下意识地摸一下脸,不好意思道:"文绉绉的,我?"

护士小晶、小妍偷笑议论,英俊书生不知小护士笑在哪里,又摸索几下身上。丁国兰笑道:"找不自在是吧?自己肯定发现不了,两个现成的白衣天使,环绕你飞两圈儿,就能查出来。"

英俊书生听出滋味,扭捏起来。丁国兰夸赞道:"一看就是书堆里的好学生,跟你开玩笑呢,别扭了,你不适合生病,应该去演电影。"

英俊书生愣住思量,小晶、小妍笑闹跑开。丁国兰快步进门,魏如莲笑道:"真羡慕你们,整天唧唧喳喳的,永远二十岁。"

丁国兰撒娇道:"魏大医生,我都两个二十多岁了,这两个屋儿一个厨儿,什么时候才能到手啊?"

魏如莲拉开抽屉,拿出一串钥匙,欣慰道:"书记、校长特别关照,袁教授腾出的房子,非英雄儿女莫属。"

丁国兰一把抓过钥匙,惊喜道:"七上八下闹了半天,原来是大领导替我守着呢,那我今天就提前下班啦?"

魏如莲爱怜道:"去吧,好好看看房子。国兰哪,今年秋天,我和老李都该退休了,不过呢,就是退了,我们也舍不得离开大学。老李说无职一身轻,到时候,想认你做干女儿,你看行不行啊?"

丁国兰笑成一朵花,怒放道:"那我就成了高干家属,哎——慢着,我先算算改口钱,我两份儿,百衡两份儿,俩孩子四份儿,一共能得八份儿,嗯——不错,俩屋一厨的安家费出来啦,怎么样,美不胜收吧?"

魏如莲笑道:"这样收安家费最好,省得百衡推三阻四的,老李就喜欢听你和百衡一唱一和,两个活宝一台戏,那才叫美不胜收呢。"

丁国兰惊讶道:"喜欢百衡也就罢了,怎么还捎带上我这个没知识有文化的?"

说笑间,走廊里人声嘈杂,年轻人的脚步声响成一片,护士小晶领走在前,直奔急诊室。魏如莲和丁国兰条件反射一般同时起身,出门紧随过去。

急诊室里,几个男同学把陈明扶躺在急诊床上,丁国兰先赶过来,诧异道:"马军?"

马军有些沮丧道:"丁阿姨,魏奶奶,陈明踢球受伤了,头撞在门柱上。"

众人闪开,魏如莲吃惊道:"明明,怎么弄的?"

陈明要起身回答,丁国兰连忙按住道:"别动,我看看。"

温美琳见医生认识陈明,马上抢答道:"您好,医生,陈明是我们系足球队的守门员,十分钟以前,他在学校操场鱼跃扑救了一个险球,结果额头撞在了门柱上,伤口上还扎进了木刺。"

陈明有些不好意思,还要试着坐起来,丁国兰按住不动道:"别急,查一下,头痛、头晕、恶心吗?"

陈明放松道:"不疼,有点儿晕,不恶心。"

眼镜女生不安道:"哪儿不舒服可一定要说出来,医院不是逞能的地方。"

丁国兰让开,魏如莲按压创面周围,关爱道:"疼吗?"

陈明老实道:"有一点儿,是皮肉疼。"

小晶递过笔形聚光电筒,魏如莲翻看眼底,照查耳道、鼻腔,再查看创面擦伤,陈明配合道:"魏奶奶,应该没问题,我没有直撞门柱,额角是擦伤的。"

魏如莲宽慰道:"是应该没问题,可能有一点儿轻微脑震荡,观察一小时吧。"

小晶接过手电筒照在创面,递过镊子,丁国兰细心摘除木刺,提示道:"不要动,有点儿疼。"

陈明微目沉静道:"没事儿。"

丁国兰麻利处理创面,玩笑道:"陈明,你打小就看《西游记》,今天到底修成了美猴王。行了,渴了吧?小晶,拿开水来。"

众人笑起来,陈明起身坐住,懂事道:"魏奶奶,丁阿姨,你们去忙病人吧,我真没事儿。"

温美琳打住道:"陈明,可能有脑震荡,还是躺下吧。"

同学们齐声附和,陈明笑道:"等我喝完水,大惊小怪。"

丁国兰侧头一笑,饶舌道:"干妈,该干嘛干嘛去吧,这儿有我呢。"

魏如莲惬意满足,拍拍马军,转身出门,小晶端着大量杯回来,倒上一小杯水,温美琳接过来摸一摸,递过体贴道:"温开水,喝吧。"

陈明一口气喝光,舒缓道:"啊——解渴,你们也喝吧。"

同学们轮流喝过,小晶摇头道:"不讲卫生,你们平时也这么喝水?"

马军笑道:"踢完球儿都这么喝汽水儿。丁阿姨,刘婷最近怎么样?这半年就通过一封信。"

丁国兰开心道:"家信倒是一月一封,就是简单问安,一目了然,要说最近怎么样——那得问你见平哥。"

马军笑道:"没错儿,就像要说利民怎么样——那得问我立国哥,两位大哥能文能武,就是招女孩子喜欢。"

丁国兰赞同道:"还真是这样,现在流行成熟男人,想想也不奇怪,生瓜蛋子哪来的甘甜?"

眼镜女生惊讶道:"陈明,我们女生都认为你是全班最成熟的男生,闹了半天,还是个生瓜蛋子。"

众人都笑,陈明认真道:"跟下过乡、扛过枪的老大哥相比,咱们大学毕业,能成长到半生不熟,也就不错了。"

丁国兰开心道:"碰上你们,今天我也年轻一回。哎,你们跟我说说,现在大学生流行什么话题呀,我给刘婷写信也好打开她的话匣子。"

矮个南方男生调侃道:"我说温美琳,你们那个什么罗切斯特、杜丘两大男神鉴定会开得怎么样了?"

温美琳清高道:"这种话题,不可以油嘴滑舌。"

眼镜女生怂恿道:"美琳,干脆来一段《简·爱》语录,让大家都受受教育。"

丁国兰凑趣道:"看样子,小温同学还是位《简·爱》专家,小说读了不少遍吧?"

眼镜女生伸出五指抢答道:"至少五遍。"

丁国兰感触道:"女孩子全心全意喜欢一个人,还能保持平等自立,别管人家怎么看,也别管结果如何,这样的情感,一辈子都受用。《简·爱》电影我看了两遍,真是非常感人。"

温美琳高兴道:"阿姨也喜欢《简·爱》?那我就来一段《简·爱》的告白——如果上帝赐予我美貌和财富,我会使你难以离开我,就像我现在难以离开你,上帝没有这样做,而我们的精神是平等的,就仿佛我们两人穿过坟墓,站在上帝脚下,彼此平等。"

丁国兰带头鼓掌,眼镜女生困惑道:"阿姨,您说我们的生活中,为什么就没有出现像罗切斯特、杜丘那种类型的男子汉呢?"

矮个南方男生自嘲道:"原因很简单,因为我们在食堂吃的是高粱米干饭,不是土豆烧牛肉,也不是紫菜饭团。"

眼镜女生白一眼,教训道:"别耍贫嘴,听阿姨说。"

丁国兰笑道:"我觉着呀,这女孩子家,别净想着满世界寻摸什么罗切斯特绅士,得先照照自己是不是简·爱。人,不因为美丽而可爱,却因为可爱而美丽。"

温美琳共鸣道:"说得太好了!阿姨,我有一种直觉,您就是半个简·爱。"

丁国兰经不住青春的诱惑，敞开心扉道："谢谢温同学夸奖，半个简·爱我也不敢当。人家简·爱会说英国的法语，阿姨我连中国的英语还不会。再说那个杜丘先生，受了天大的委屈，还得憋足了劲，满世界跑出个正义来，一看就是个扛得住的不惑男人，别说你们小女孩儿家，我看着都动心。"

女生惊呼，男生掩笑，丁国兰觉出跑题，圆场道："可话又说回来，生活的本来面目毕竟是丰富多彩的。这男人真要是闷在女人面前，一天到晚也没个悄悄话儿，啥时候都像杜丘那样，皱眉，看天，冤种脸，你们想想，这女人受得了吗？"

女生哭笑不得，男生扬眉吐气，马军联想道："就是嘛，上高中的时候，都是男女授受不亲的样子，一上大学，好家伙，女同学忽悠就浪漫起来了。"

两位女生会心一笑，表情浪漫起来，高个西北男生嘟囔道："就是嘛，你们女生眼前都是西洋景呀，东洋景呀，就是没见中国货。其实像高仓健演的那个杜丘先生，他要是跑到俺们陕北老家墙根儿底下，蹲一大碗吃面，跟我家三叔四舅也没什么两样，野村警长肯定抓不着他。"

女生气恼掐闹，男生憨然领受。护士小晶怂恿道："这位同学，你还真有说相声的天赋，这样吧，我给你介绍一位咱们学校的相声前辈，他一来校医院，就跟丁护士长一起给大家说相声，医生、病人听了，先就祛病三分，他要是给你逗个捧哏，你肯定成为校医院最受欢迎的人。"

西北男生连忙认真推辞，陈明笑道："我看还是免了吧，护士大姐，平时他这嘴笨得快赶上我们上个月才退下来的棉裤腰了。"

众人大笑，马军开心道："这事儿包在我身上，丁阿姨，明天我就领他去拜刘叔叔为师，说不定还能蹭一顿排骨饭呢……"

下班时分，丁国兰轻快出门，迎面过来护士姐妹小汪，丁国兰扬一下手中的钥匙，兴奋道："房子到手了，小晶跟你交接班儿，我先走一步。"

小汪回身亲昵道："看你高兴的，慢点儿骑。"

春风得意，蹬踏轻松，丁国兰的自行车轻巧穿行在车流人流中……

夕照亮黄，楼廊蒙辉，生活新区单元楼前，丁国兰溜车招呼熟人，确认一下中间单元，停车锁车，掏出钥匙，打开单元大门，轻快上到三楼，缓口气，确认自家房号。看看房门如新，丁国兰迟疑打量片刻，摸摸门上的新油漆，含笑自语道："这个袁教授，真够讲究的。"

钥匙旋转到位，房门轻轻一响，一股清淡的芳香烃味道扑面而来。方厅简洁清雅,棚壁粉刷一新,地板本色油亮,对面靠墙摆着长型新沙发,沙发前横着一条木纹茶几。

丁国兰愣住,下意识地看看脚下,连忙退出房门,地板上留下两只清晰的鞋印。丁国兰再看看门上房号,插扭暗锁钥匙,皱眉困惑道:"嗯?没错呀。"

楼下单元大门一响,戴少芬拎着菜兜上到三楼,抬头一看丁国兰,眉开眼笑道:"哎哟,我的总设计师,今天可算露面儿啦,这房子叫你收拾的,比年轻人结婚还排场。"

丁国兰诧异道:"少芬,我没老糊涂吧,怎么听不明白呢?"

戴少芬笑道:"你和百衡都是糊涂事儿里的明白人,要不然哪儿来的好人缘儿呀,百衡出门开会,你在医院张罗,就这么放手叫人装修,还真就一百个放心……"

丁国兰打住道:"哎哎,你等等,谁装修?"

戴少芬自顾道:"后勤那些个师傅,根本不用监工,活儿是又好又快,今天中午,文芳和利贤过来送电视,说是完工了,请工人到牛哥小馆儿吃的饭。"

丁国兰愣神道:"是吗?都说白日梦挺好看的,今天我也瞧瞧。"

戴少芬央求道:"哎,国兰,我看好你这帮装修师傅了,地板铺得真好,帮我谈个好价钱呗。"

丁国兰双脚交替蹭下皮鞋,踮脚扶门,恍惚道:"少芬,你先回家做饭吧,我自己都不知道这帮雷锋姓什么。"

丁国兰进门四顾,左侧墙上一排木托衣挂,右侧门边一个实木鞋架,上面两层插摆新拖鞋,鞋架上方是一面椭圆磨边贴墙衣镜,沙发对面是一个实木本色电视柜,柜上摆着一台崭新的18英寸日立电视机。

丁国兰靠坐沙发,展臂颤颤几下,起身查看电视,小心触动开关,屏幕跳出中央电视台歌舞节目彩色画面,丁国兰张大嘴稳住惊讶,旋即笑看画面,随舞扭动腰身,闪步扭进厨房。

厨房的惊讶同样令人目瞪口呆。丁国兰凑到墙角的电冰箱跟前,摸摸松下标志,小心拉开冷冻门,里面露出上下叠放的两托盘冻饺子。丁国兰撩手贴脸,试一下冷气,拿起一只冻饺子捏捏放下,小心合上冷冻门,再随手拉开冷藏门,里面露出四样时令山野菜——婆婆丁,刺五加,四叶菜,蕨菜。机器轻音令人陶醉,丁国兰俯身听听,轻轻合上冷藏门。

陶醉片刻,丁国兰转身抬头,挨个拉开一排木纹吊柜门,里面露出崭新的碗碟盘盆,低头查看,油盐酱醋齐列案柜。丁国兰再俯身拉开案柜门,里面崭新的大锅小勺一应俱全。

丁国兰吸气定神,抚心平复一下,悄然走进朝南略东的卧室。青蓝提花窗帘映衬中,窗帘盒,双人床,床头柜,五斗橱,清一色的实木本质,床头上方一幅顺峰墨迹——平常心。丁国兰认出笔迹,醉心自语道:"这个陈夫子。"

朝北略西卧室,夕阳半壁亮黄。双人床,床头柜,组合柜,写字台,窗帘盒,也是清一色的实木本质,床头上方一幅木纹镜框结婚照,两个二十多年前的活宝呼之欲出。

写字台上,一台松下双卡录音机,四盒磁带,两本《英语900句》,封面上摆放四片毛边泛黄的硬纸旧书签。丁国兰拿起书签看看,上面浸润林峰多年前的行楷字迹,各书一句佛语——

【马立尧画外音:不悲过去,非贪未来,心系当下,由此安详。】

丁国兰抿嘴沉浸一下,来到窗前,望一眼外景,轻轻拉上淡紫窗帘,低头抹闻窗帘上面的水印丁香碎花,沉醉片刻,侧头端详床头结婚照,不觉心头一热,笑口悄然半开,就要绽放成朵……

楼道里传来轻重快慢不一的脚步声,刘欣转弯上步,看到虚掩门外的皮鞋,停住回身,兴奋喊道:"爷爷奶奶,我妈先来啦。"

刘母应道:"我就说在这儿嘛。"

看看刘父刘母跟上来,刘欣两大步窜上楼梯,拉开房门,抬脚就要抢进,丁国兰迎头一把按住,教训道:"换鞋,也不看看地上。"

刘欣两脚踩掉运动鞋,闻循歌舞声躬身探头,弯到电视机前,看呆画面,一声惊呼,扑向屏幕,上下摸索,按钮换台,失望道:"就这一个台呀,白瞎这么好的彩电了。"

丁国兰扔过一双拖鞋,摆好两双拖鞋,探身高兴道:"爸妈,新家弄成这样,就我一个人不知道吧?"

刘父刘母上来,略缓口气,刘父笑道:"我们也是才知道,杏芬带我和你妈到文芳家,说是吃完晚饭去看新房子,你妈帮着杏芬准备晚饭,都差不多了,也没见一个下班的。"

刘母接话道:"杏芬说,你没回来,肯定是下班急着看新房,刘欣也是等不及,我们就过来了。"

老人进门换鞋,四顾惊叹不已,刘母担心道:"都是新鲜玩意儿,这得花多少钱哪?"

北屋里,刘欣已弄响录音机,《英语900句》娓娓道来,刘父刘母面面相觑,刘父拉住刘母,后挺身,无措道:"国兰,这……这屋里还有外国人?"

刘欣紧随录音机学一句英语出来,得意道:"爷爷奶奶,别紧张,洋鬼子蹲在录音机里说话呢,出不来。怎么样,我这个假洋鬼子还行吧?"

刘母松口气道:"这孩子,吓我们一大跳,如今这个机那个机的,眼睛都看花了,你可不能成天鼓捣这些个玩意儿,好好念书才是正经事儿。"

丁国兰笑道:"爸妈,别担心,过来看看屋子,肯定是文芳他们安排好的,这么一弄,刘欣想鼓捣也鼓捣不着。"

刘欣蹦跳两间卧室来回看看,沮丧道:"怎么又没我的床啊?闹了半天,还得留在何阿姨家,我不干!"

丁国兰教训道:"留在何阿姨家,那是你的福分,有马军哥哥辅导你,兴许上个大专中专还有希望,你呀你,就这一点不随根儿。"

刘欣抢白道:"随根儿有什么好?像我爸那样,把根儿憋在土里,净给上面好看的提供营养了,我随的是丁香叶,苦滋滋酸溜溜的,嘴上感觉不怎么样,实实在在的清热祛火。"

刘父圆场道:"老刘家、老丁家出了你爸你妈,那是咱们的骄傲,甭管什么根呀叶呀,我们都喜欢。刘欣,你也真该懂事儿了,马军哥哥对你多有耐心哪,咱自己也得争气不是,不怪你妈着急。"

刘欣调皮道:"我妈说的没错,咱家的书都让我爸我姐念完了,将来我就考个卫生学校,也好帮衬我妈这朵小小的丁香花。"

刘母高兴道:"学你妈好啊,治病救人,这辈子得积多大德呀。"

刘欣缠人道:"听见没有,妈,还是奶奶境界高,那我就不用起早贪黑了吧?"

丁国兰气恼道:"你个小刘坏水儿,给你鼻子就上脸,看你爸回来收拾你。"

刘欣笑道:"两股坏水儿同流合污,你就不怕淹着?"

丁国兰咬牙抬手,刘欣闪到刘母身后,刘母圆场道:"都别闹了,文芳他们该到家了,咱是客,别让主人等着,快走吧。"

刘父扶门框穿鞋,刘欣乖乖搬过写字台的配套椅子,殷勤道:"爷爷,坐下穿。"

刘父高兴道:"三百六十行,行行出状元,我孙女将来干啥都错不了。"

丁国兰无奈道:"是啊,真让她自己说着了,苦滋滋酸溜溜的丁香叶,这孩子随我,为人民服务的状元命。"

刘父起身,刘母坐下穿鞋,盘算道:"房子弄成个小宫殿,你们那点儿钱哪儿够呀,我们手头还有二百,都拿去吧。"

刘欣得意道:"爷爷奶奶,不用操心,我爸有句口头禅,先做人后做事,这是我爸我妈做好人好事得来的。妈,杏芬阿姨说,彩电、冰箱、录音机,都是何阿姨、蔡伯伯、陈叔叔用出国指标买的,两个大木床是林叔叔起早贪黑赶出来的,其他的你都能想到了吧?"

丁国兰感动道:"妈一进屋就想到了,过去住李校长家小二楼的时候,也没觉着怎么样,今天这房子,就是给个仨屋一厨,咱也不换,人心都聚在这儿了。我想开了,以后别再让百衡那么累,什么教瘦教胖的,那些个虚名,根本配不上他。"

刘欣知心道:"话是这么说,葡萄还是要吃的。妈,只要你老惦记着葡萄是酸的还是甜的,我爸就得亲口尝一尝。再说了,也不想想我爸是何方神圣,老骥伏枥,志在千里,没见何阿姨拍在写字台上的《英语900句》呀?"

丁国兰一巴掌拍在刘欣后背,气恼道:"啧,你这《汉语900句》就够你爸你妈受得了。"

刘欣不及闪身,撒娇道:"哎哟妈呀,君子动口还真动手呀。"

丁国兰再拍,刘欣闪过,嬉笑跑下楼梯……

第二十二集

  细雨清晨,翠鸟闪鸣,校园生活新区单元楼,何文芳家阳台,马立尧轻摆臂膀牵扯腰身。厨房里,两个煤气炉头上,一个中火煮牛奶,一个大火坐蒸锅。

  小卧室轻轻一响,马军闪身出来,看看灶上牛奶,随手旋成小火,再撩闻蒸锅热汽,随手旋成中火,然后稍稍拧开水池龙头,细流洗手,快手刷牙,又洗把脸,抬手就着毛巾儿下抹干。

  马立尧收住动作,小声道:"早饭归我,不是都说好了吗?明天不许再起早,多睡二十分钟,学习效率会高很多。"

  马军拉开橱柜,摸出两个咸鸡蛋,轻松道:"我从小不睡懒觉,这你和妈都知道,醒了不起床,反倒头晕,早饭还是我来吧。"

  马立尧走到阳台尽头内墙阴凉处,从隔架上拿过整棵白菜和碗扣小碟,回身进厨房。马军刚好切开咸鸡蛋装盘,顺手接过白菜,切根去皱,扒下菜帮,流水洗净,侧刀成片。

  马立尧从案台上的布兜里拿出饭盒,开盖一愣,端起饭盒刚要俯身,马军一把接过饭盒,俯身将剩饭倒入垃圾桶,起身拧开水池龙头冲刷饭盒,开脱道:"最近刘欣迷上了排球,午饭没吃完就上场,一会儿我提醒她。"

  牛奶渐趋滚沸,马军挪摆一旁,换上大勺,随手旋到大火,热锅温油,稍等一下,掀开碟上小碗,闻闻碟中酱油喂好的葱花姜末肉片,入勺翻炒爆香,拨回小碟,顺手菜片入勺,大火翻炒,加盐点醋,再回手倒入爆香肉片,颠炒几下,拨入饭盒一端。

  大屋门开,何文芳整理衣扣出来,站在厨房门口笑看父子俩,歉意道:"又睡过头儿了,怎么也不叫我?儿子,摊上这么个馋妈懒妈,心里委屈吧?"

  马军笑道:"这个问题,我爸回答最合适,这么说吧,惹人喜欢还不够,妈,你是招人疼爱。"

  马立尧笑道:"这么迷恋你妈,将来对象可不好找啊。"

  马军旋停蒸锅炉火,再关掉煤气罐总阀门,回应道:"我没那么多奢望,将来找个医生媳妇,上门孝敬你们就挺好。"

何文芳看看马立尧,欣慰道:"好儿子,难为你这么想,不过,爱情是非理性的,幸福最重要,别为自己设框架。"

马立尧歉疚道:"要不是我拖累,清华、北大随你上,爸有时候挺失落的。"

马军宽慰道:"爸,你从来就没图过虚名,平心而论,咱们专业是全国最有实力的,建模理论更是独树一帜,上苍厚我,让我读书还能照顾你。"

何文芳搂过马军,轻轻亲一口,贴心道:"这几个孩子里,数你最懂当妈的心思,难怪丁阿姨那么惦记你。"

刘欣站在中屋门口,唏嘘道:"哥,怎么一大早就挨亲呢?赶上我一放学就挨批了。何阿姨,没想到你也跟我妈一样,马叔叔,新社会都三十多年了,你说这重男轻女何时了啊?"

何文芳笑着凑到刘欣跟前,搂过来使劲儿亲一口,疼爱道:"现在就了,宝贝姑娘,洗洗吃饭吧。"

刘欣回亲一口,夸赞道:"实事求是,知错马上就改,何同志是个好教授。"

马立尧笑道:"刘欣,语文课的范文儿,差不多让你承包了吧?"

刘欣拿过牙膏、牙刷,谦虚道:"没那么多,也就四分之一吧,还有比我更能编排的,那情理歪的,跟百衡副教授有一拼。"

听者都笑出来,何文芳凑过牙刷,刘欣挤上牙膏,两人围着厨房水池刷牙漱口。马立尧端过咸鸡蛋摆在方厅餐桌上,何文芳摆手示意坐下别再动,马立尧笑笑,转身拿过四只杯子摆上,马军端过牛奶倒满。何文芳开蒸锅捡出热馒头,刘欣接过摆上,何文芳衬着毛巾端出一碗蒸米饭,用小汤勺刮入饭盒,随手平整几下饭菜,合盖套绳,放入布兜。

刘欣嘟嘴撒娇道:"谢谢哥,谢谢妈……啊不是,谢谢阿姨。"

全家人又笑,马军挤眼笑道:"就这么叫吧,爸妈都喜欢。"

刘欣快嘴道:"哥,到我家你也这么叫吧,我妈准得笑成一片紫丁香,还是迎风摇曳的。"

马立尧顿杯笑道:"都慢点儿吃,别笑呛了。"

何文芳回过神来,嘱咐道:"刘欣,昨晚叫你关灯睡觉以后,没再偷着看小说吧?"

刘欣老实道:"嘿嘿,多看了一小时,我们班女生都排队等着呢。"

马立尧和蔼道:"什么书啊,这么吸引年轻人?"

马军笑道:"是台湾女作家琼瑶的言情小说《人在天涯》,写的是台湾学生在罗马的爱情故事,我们班女生也在传看。"

刘欣起身回屋,拎出书包,翻出小说,马立尧接过来,看看粗糙的封面,翻看几下书页,诧异道:"错字连篇,粗制滥造,这是盗版的。"

刘欣兴奋道:"这是我班同学她爸印的。哎,何阿姨,你下次出国能不能到香港去呀?同学她爸说,谁要是能带回一本琼瑶小说集,他愿意出200块钱买下来。"

马军打住道:"刘欣,给你改一个字——不是出国,是出差,香港是中国领土,你忘啦?"

刘欣自知失言,掌嘴道:"位卑不敢忘忧国,幸亏不是在考场,刘文彩同学不该犯这样的低级错误。"

何文芳收住话题,认真道:"刘欣,你爸妈都心软,把你交给马军管着,是对叔叔、阿姨、哥哥的信任。最近你的学习刚有起色,老毛病就犯了,从今天起,放学以后马上回家,我们要检查书包,再敢带那些颠倒神魂的东西回家,就把你转送给林叔叔,到时候,看你见平哥怎么收拾你。"

刘欣作揖撒娇道:"都行行好,饶了我吧,见平哥跟我姐是一条连裆裤里的战友,我还是想做何家眷属。"

何文芳搂住刘欣,疼爱道:"好孩子,听话,人生就这几年最关键,随便浪费了,一生都得还债。好好上学去吧,骑车注意安全。"

刘欣耳语道:"知道了,妈,我一定好好学习。"

何文芳不觉又亲一口,马军递过饭盒布兜,刘欣穿鞋出门,喊一声再见,一阵碎步跑下楼梯。

三人看看吃完,马立尧感叹道:"这俩孩子,刘婷随爹,刘欣像妈。马军,好在一物降一物,这两年就替刘叔叔、丁阿姨多操点儿心吧,三家巷的孩子,就差刘欣这最后一哆嗦。"

马军笑道:"爸妈放心,有我妈几十年如一日做榜样,我跟着学就是了。"

何文芳感慨道:"马军,你们孩子看到的多是表象,这么多年,其实我跟你百衡叔叔称得上亦师亦友,相辅相成,他的方法论总能给我根本上的启发。"

马立尧附和道:"你妈指的是科研,说到教学法,你百衡叔叔是大家的师傅。不早了,收拾吧。"

马军起身捡下餐具,流水快手洗净放好,马立尧坐在门口的椅子上,何文芳蹲下,翻看试摸几下鞋底,给马立尧穿上防滑皮鞋,整理鞋袜。马立尧安逸领受,体谅道:"毕业班开题报告,百衡应该到场了,你快去吧。"

何文芳抚一抚马立尧的腰身,体贴道:"上下楼慢点儿,中午别等我,跟儿子去食堂吧,开题报告得连轴儿转,百衡给教研室订了午饭。"

校园晨辉,杨柳青翠,夜雨浸润的路面隐约斑斑湿痕。人流车流涌向主楼方向,何文芳随流蹬车,不时跟并行的许勤说笑几句……

人行道上,马军推着轮椅伴随人流前行,椅背上挂着两只书包,马立尧稳稳坐在轮椅上,腿部遮盖蓝色保暖毛巾被,几个高年级男女学生跟随轮椅说笑,马立尧偶尔抬手点化……

主楼高层,雷达教研室,黑板上黄色粉笔大字格外醒目——雷达专业七七届毕业设计开题报告会。男女学生布置桌椅,见平、立国忙碌其中,几位中年教师摆放资料,几位老教授坐在后排僻静处,翻看提纲,指点讨论。

教学秘书提示道:"哎,任立国,你们七八级的上午课改在晚上六点,都通知到了吧?"

立国爽快道:"昨天通知的,放心吧,王老师。"

门外走廊里,刘百衡、何文芳、戴少芬聚在一起讨论问题,戴少芬无意间瞥一眼,提示道:"李书记来了。"

两位年轻男女干部陪着李国荣从门廊口走进来,刘百衡迎头问候,李国荣笑容满面,逐个握手,介绍道:"这位是校刊新来的范编辑,这位大家应该都认识,运动场上的万米冠军,科研处的吴秘书。"

范编辑、吴秘书握手问好,刘百衡、何文芳、戴少芬自我介绍。李国荣嘱咐道:"文芳、百衡,开题报告结束以后,配合范编辑做一篇学以致用的好文章。"

范编辑兴奋道:"刘副主任,李书记给我看了您的汇报提纲,真的是很有思想,我很受启发。雷达专业的毕业设计开题报告是全校第一个,蔡校长在出差前就说,应该让大家听到非同凡响的第一炮,所以我想就此题材写出系列跟踪报道。"

吴秘书配合道:"科研处也会就此话题关注毕业设计的专业思想与科研协作,我们计划从七七届开始,陆续建立优秀毕业设计跟踪档案,希望能对提高毕业设计的前瞻性与系统性有所帮助。"

刘百衡赞许道:"很不错的想法,谢谢两位领导,培养工程思维的最佳途径就是学以致用。说明一下,我呈交的汇报提纲是专业师生共同讨论出来的,署名是雷达教研室。"

范编辑笑道:"师生共同努力的结果,那就更有指导意义了,谢谢刘副主任归纳得这么好。"

戴少芬笑道:"抓住刘百衡老师,那就是纲举目张,以后准会有一系列的好文章。"

何文芳赞同道:"没错,刘老师就是一部超视距雷达,见人所不见,能人所不能。"

刘百衡委屈道:"哎哎哎,吹出界了啊,还超视距雷达,干的可都不是人事儿。"

众人都笑,刘百衡礼让道:"李书记,咱们进去吧。"

李国荣进门打招呼,室内热闹起来……

校园计算中心,二楼建筑,树丛掩映,早课师生纷纷从人行道上拐进前庭。马军在门卫间门口停下轮椅,马立尧随手锁住轮毂,撑住扶手起立站稳。马军摘下两只书包,一递一背,门卫顾大爷出来接手轮椅,热情道:"马老师,腰板儿见天儿硬实了,你这计算机算算数,连着有俩星期了吧?"

马立尧笑道:"顾大爷,您可真是好记性,我这还不是托大家的福,现在能坐一个上午,加上天气好,行动也方便多了。这几天,有儿子帮我修改程序,今天应该算出个结果。"

马军礼貌道:"顾爷爷,让您费心了。"

顾大爷摆手道:"哪里话,我是省心看四化的,你们是费心干四化的。马军,我还没见着一年级学生摆弄计算机的,你是头一个,了不起呀。你爸这儿有我照应,快去上课吧。"

马军拎包笑道:"谢谢顾爷爷。爸,我下课就过来帮你调程序,走了。"

两人看着马军小跑离去,顾大爷感叹道:"我早就说过,有其父母必有其子女,看见你们爷俩,我就想起咱那宿舍楼,出来进去二十多年,沧海桑田两代人哪。"

正午阳光,校园主楼,大学生纷纷涌出教室,一位男生颠着小饭盆笑闹下楼,回头催促道:"滑熘肉片儿,快点!"

周围有人笑出来,后面被招呼的女生气恼道:"我看你像滑熘肉片儿。"

有同学起哄道:"都像滑熘肉片儿,溜得一个比一个快。"

主楼门口,人流涌动,温美琳让开人流,等陈明跟上来。陕西男生快步紧随,被眼镜女生一把拉住道:"你跟进干吗,加醋啊?"

陕西男生憨笑道:"你拽我干吗,吃醋啊?"

一阵热烈掌声响彻雷达教研室,室内座无虚席,师生同组邻坐,交头议论,范编辑守在前排,埋头速记,刘百衡侧身坐在旁边,小声解释,李国荣端坐后排,表情欣慰,身边的吴秘书停笔斟酌。

黑板前居中摆放挂图支架,图纸上展示脉冲多普勒雷达窄带滤波器序列结构原理,支架两侧稍远,各摆一张桌子,桌上摆放图书资料,一位老教授和一位女生同桌,另一张桌子暂空。

何文芳和见平站在支架两侧,各持一根筷子,何文芳含笑静待大家平复,用筷子指点一下框图,总结道:"窄带滤波器序列的技术难点大家都看到了,这个关键部分的信号处理极具挑战性,其他小组的同学,如果认为自己心有余力,可以一心二用,来这个小组再凑个数。"

师生小声议论,几位学生欲言又止,前排的立国举手示意,何文芳笑道:"立国,现在还没轮到你们七八级,过半年你会别有一番天地,好好打基础吧。"

立国笑道:"何老师,我是一心一意,专业课方面,我少不了向见平请教,干脆把我一勺烩了吧。"

众人都笑,见平扳指弹过筷子,立国随手接住。刘百衡笑道:"我是看着他俩长大的,兄弟不差三分钱,一根冰棍儿结的缘。小时候跟着何阿姨装矿石收音机,两人就配合默契,出门打架,更是得心应手,这哥俩,整个一推挽放大器,我看就破一回例吧。"

众人笑面默许,立国脸红兴奋,何文芳微笑道:"立国,先安排好时间巩固专业课,下周开始,我抽时间给你加码。"

老教授抬手看表,巡视道:"大家还有问题吗?那好,校领导下午还有会,现在就请李书记给咱们打个印象分,好不好?"

众人鼓掌示请,李国荣从后排站起来,手持文件夹走到黑板前,见平倚门而立,给何文芳和李国荣让座,李国荣笑道:"还是你们坐,我站着说几句。"

见平躬身再让,李国荣谦让何文芳,两人含笑落座。何文芳凑过椅子,孩子般亲近一笑。

众人安静下来，李国荣打开文件夹，拿出一篇16开本薄页泛黄论文，何文芳神情一震，脱口道："李校长，在哪儿找到的？我的底稿连样本都在文革抄家中点火把了。"

众人闻听何文芳叫出李校长，不觉屏息静待。李国荣抬手展示一下论文，感慨道："看到这篇论文，何老师是该叫我李校长。论文是她在1957年写成的，题目是《脉冲多普勒雷达概念探讨》，那时她跟你们一样，也是踌躇满志的毕业班学生，我想在座的前辈老师，应该记得那次由苏联专家达维登科教授主持的论文研讨会吧？"

几位老教授表情感慨，一位点头道："蹉跎岁月，不敢忘怀呀。"

李国荣深沉道："我以校长身份有幸聆听了那次研讨会，当时我们还没有建立起雷达专业，据达维登科教授介绍，美国在1955年研制出脉冲多普勒雷达，一举打破高端武器系统平衡。今天在座的都是雷达内行，你们最清楚，这项技术对战机空战、火箭制导、武器火控、太空跟踪等领域意味着什么。令人不可思议的是，仅凭只言片语的概念资料，何文芳同学的脑海里就迸发出专业思想的火花。但是很可惜，那以后未能形成燎原之火，因为在当时的技术条件下，我国的高端电子产品领域，几乎是寸草不生……"

众学生议论四起，范编辑认真速记，老教授嘘指示意安静，李国荣继续道："今天的开题报告会，本该是蔡校长参加，但是他的北京之行增加议题，没赶回来，我就临时做一回功课。这份仅存的论文是在校图书馆查阅到的，上面还有当年教研室陈主任写的校图书馆存档字样。"

刘百衡补充道："我插几句，这份论文是文革期间学校马车队的师傅们为我们保存下来的，就藏在路见平的太爷爷家，我见过。"

众人嗟叹不已，李国荣话锋一转，沉稳道："二十多年过去了，以美苏为代表的世界军事强国，不仅实现了系列雷达技术的更新换代，而且脉冲多普勒机载雷达也让新一代战机傲视天下，独霸天空。正如何文芳老师所说，我们的单脉冲机载雷达还没有突破三大瓶颈技术，就已经过时了。"

李国荣看看何文芳，停顿示意，何文芳会意，拿起桌上一本厚厚的大开本英文图书，展示道："在美国做访问学者的五个月里，有一件事让我深受触动，这是一位美国知名学者的权威专著《脉冲多普勒机载雷达导论》，专著的开篇写着这样一句话——谨以此书献给我的妻子和女儿……"

一位男同学嘟囔道:"科学家还这么矫情,真够浪漫的。"

有人跟着笑出来,何文芳微微点头,继续道:"的确是非常浪漫,但是,在国际雷达学术会议上,这位温文尔雅的作者,谈起最新一代机载雷达先发制人的致命优势,就像在玩儿一个简单的空中杀人游戏,冷酷的心操纵精准的机器,令人不寒而栗,也许这就是现代战争……"

师生哄然议论。

何文芳肃然道:"从实战的技术角度看,现代战争的胜负,在很大程度上取决于战机的制空权,而携带致命武器的突防战机,主要是从低空、超低空突入敌方纵深,摧毁重要目标。非常遗憾,目前我们可以迎击敌方突防飞行器的单脉冲雷达战机,显然没有下视功能,这样出动的战机,无异于敌方突防潜行者的空中靶机。"

众人表情触动,感叹议论。

见平悄然递上两杯白开水,何文芳和李国荣谢过。李国荣感慨道:"大家都知道,何文芳老师主持的科研团队,多年来一直致力于大型地面跟踪雷达研究,方法独到,功勋卓著。今天,这个团队迎来了十年浩劫以后的第一批新队员,师生同怀梦想,可谓逢天时,借地利,得人和,我国的脉冲多普勒机载雷达研制,已经重新起步,你们这个团队在传统的雷达领域,已经做得够好,没有人要求你们重新回到二十年前的起跑线上。你们今天的重新选择,源于国家忧患意识,源于民族文化自觉。我们的国防科研体制正在酝酿重大变革,挑战与机遇同在,在共和国的发展进程中,科学与历史的辩证法,从来没有像今天这样,结合得如此精妙。上午的开题报告令我深深感动,希望下午的议题同样精彩纷呈,谢谢大家!"

掌声热烈,全场起立。门口有人叫好,众人看去,牛成高帽制服,矜持鼓掌,目光扫过见平、立国,挤一挤眼,笑嘻嘻背过身去,后背上映出五个搞笑红字——牛哥小馆儿。

众人笑看议论,见平近前一把摘下高帽,回手给迎上来的立国戴上,牛成推转立国面向大家,帽沿儿勉强撑在鼻尖,众人大笑,纷纷拿出小饭盆。

两个白帽制服伙计抬上保温箱,掀开保温棉罩,里面大小隔段,饭菜分明——大米饭,溜肉段,西红柿炒鸡蛋,木耳炒白菜,榨菜炒肉丝。牛成笑听师生指点,快手盛饭菜,众人回身品尝,纷纷叫好。

李国荣关心道:"牛成,你的牛哥小馆儿可是声名远扬啊,学校来访的客人

第二十二集

不只一次夸你们。过去独家经营的利群饭店,如今第一次有了竞争压力,教职员工在比较选择中实惠受益,非常好。小范,这样的先锋话题,也可以在校园生活栏目适当关注一下。"

伙计闻听事关小馆儿,马上懂事道:"师傅,你们说话,我来吧。"

牛成让开,感慨道:"谢谢领导关心,我也是没办法才另起炉灶。本来跟着我妈在利群饭店干得好好的,谁知道我妈让公家、个人都挣了钱,自己却落个不清不白。牛家走出这一步,我妈哭了好几回。我辞职成了个体户,爸妈停薪留职帮我,眼前是见到几个钱,可医疗、住房全得自理,什么福利都没了,每天就是起早贪黑,笑脸迎客,不敢多想。"

立国宽慰道:"牛成,头三脚不是踢开了嘛,你吃到的是螃蟹,不是蜘蛛。"

牛成会心笑笑,拿出保温箱小隔段里的几个调味瓶递给立国、见平,然后掏出下面的铝饭盒,体贴道:"何阿姨,我妈特意嘱咐的鳕鱼米饭,趁热吃。"

何文芳高兴道:"啊,鳕鱼,放辣椒了吗?"

李国荣笑道:"百衡的心思,应该错不了。"

刘百衡无奈道:"冤家的路真叫一个窄,只要饭菜不可口,就一口咬定我的责任,没大师傅什么事儿。"

何文芳瞄一眼,吃一口,满意道:"唔,微辣酸甜,不错,牛成,谢谢你爸你妈。"

刘百衡长出一口气,李国荣玩笑道:"想多了,百衡,还真没你什么事儿。"

听者笑看何文芳跟刘百衡默契,见平撞一下牛成,亲热道:"哎,哥们儿,儿子快满月了吧?这个周末我跟立国去看看娘俩。"

何文芳惊讶道:"牛成,一转眼都当爸爸啦?恭喜你呀,见平、立国,羡慕吧?"

立国憨笑道:"岂止是羡慕。"

见平跟风道:"烟熏火燎一头牛,老婆孩子热炕头,牛成是我们同学中第一个万元户,牛,真牛。"

牛成不以为然道:"万元户不算什么,几个钱而已。我刚才在门外听了一会儿,这改革开放的大道理,国家民族的脊梁骨,都背负在你们身上。"

伙计赞许互看道:"师傅水平不低呀,真牛。"

牛成看看完活儿,吩咐道:"这叫近朱者赤,你俩先回去忙吧,别忘了洗手。"

两个伙计收拾起保温箱，快步离去。戴少芬插言道："话是这么说，道理也再明白不过，但搞导弹的就是不如卖茶叶蛋的，这可是尴尬的现实呀。"

李国荣理解道："解放思想的社会实践，一开始，在很多领域表现为初级的开放搞活，难免出现脑体倒挂的尴尬局面，这是暂时现象，还不至于让我们迷失前进方向。"

范编辑收笔放下笔记本，端着小饭盆凑上来，兴奋道："刚整理完你们的对话记录，很生动，开题报告太精彩了，我记了小半本儿，有些专业问题还要向两位主任老师请教。李书记，您的话我可是一字没落，刚才的对话也很有意思，我想就这个尴尬话题写一篇采访随笔，您看可以吗？"

李国荣笑道："为什么不呢？收入问题是全社会关注的焦点，也是广大知识分子关心的热点话题，随笔既要触及现实，更要辨明方向。"

刘百衡建议道："吴秘书，范编辑，在辨明方向的典型事迹上，我给你们推荐火箭设计专业的三位老师，他们主持的科研小组在航天器结构动力学反问题研究方面，有独到的理论方法。"

吴秘书高兴道："刘老师，您说的是马立尧和林峰两位老师吧，另一位是谁呀？"

何文芳笑道："是我姐姐利贤老师，也是林峰老师的爱人，还是路见平同学的母亲。"

刘百衡补充道："马老师是我弟弟，也是何文芳老师的爱人。"

范编辑惊奇道："听得我晕头转向，怎么像是一家人？"

李国荣意味深长道："他们的确沾亲带故，都是何家眷属。"

范编辑敏感道："这里面一定有故事，我得盯住何老师。哎，刘老师，您刚才说的什么反问题，我没听懂，也从没在哪本书里看到过，能解释一下吗？"

刘百衡看看何文芳，谦虚道："那我就班门弄一回斧？"

何文芳笑道："深入浅出，非你莫属。"

刘百衡简明道："是这样，惯性思维一律遵循由因求果，比如给出一个方程式，都是通过已知约束条件，来求其解，这是正问题。现在反过来思考，能不能想办法由果求因——就是先测得其解，反求方程中的未知系数、初始条件、边界条件，这就是反问题，其复杂程度和不确定性，远大于正问题。马老师他们的反问题理论研究，对构建和修正航天器结构动力学模型，意义重大。"

李国荣敬佩道："我对此略知一点皮毛，几位老师真的是非常了不起。蔡校长来电话说,下周跟林峰老师带的毕业实习班一起回来,小范,到时候我给你沟通一下采访,等我电话通知。"

范编辑心悦诚服道:"谢谢李书记,我怎么忽然觉得,科学的春天,其实正在绽放很多很多哥德巴赫猜想啊。"

李国荣深有感触道:"春色满园关不住,一枝红杏出墙来。专业精神的智慧成就了陈景润老师的哥德巴赫猜想,至于马立尧小组的航天器结构动力学反问题研究,还要加上基于科学精神的文化自觉元素,那就是——愿为中国服务。"

众人肃然起敬,一位男同学提上两只暖水瓶,李国荣接过一只,热情招呼道:"来来来,大家喝热水。"

吃完饭的师生纷纷端着小饭盆凑上来……

北京夏日,夜晚时分,七机部一院——中国运载火箭技术研究院,中型会议室内,灯熄窗掩。凌云站立后排过道中间,熟练操控小型电影放映机,林峰、蔡鹤临分坐两旁。影带徐徐转动,光柱明暗起伏,四十多位大学生全神贯注屏幕影像——

屏幕打出汉字说明——1969 年 7 月 16 日,美国佛罗里达州,卡纳维拉尔角肯尼迪航天中心发射场,土星五号超级运载火箭,阿波罗 11 号登月飞船……

蓝天薄云,景象壮观,111 米高的土星五号超级运载火箭,巍然耸立于巨大发射塔台……

【略带回声的无线电通讯音频背景中,沉稳拖腔的男中音英语画外音:宇航员感觉良好……火箭第三级加压,能量转换完成……发射控制系统启动,进入自动程序……60 秒倒计时,切入使用内部能量,火箭第二级加压……35 秒倒计时……30 秒……25 秒……15 秒……12,11,10,9,8,7,6,5,4,3,2,1,发射——】

发射塔台大片区域,火海漫卷奔涌,烟山翻滚升腾,土星五号超级运载火箭拔地慢起,防护材料崩裂脱落,辅助设备脱位规避……

海啸山呼中,火箭发动机喷口烈焰炫目,高大箭体加速推升,直破苍穹……

深空探测雷达巨型抛物面天线朝向目标跟踪方向太空……

苍穹深邃,土星五号超级运载火箭拖出大弧面烈焰,深空飞行……

俯瞰地球渐行渐远,海蓝朦胧,薄云淡去,第一级火箭轰然分离,壳体滚逝,闪耀太空……

阿波罗11号登月飞船地面指挥控制中心,科学家姿态各异,凝神屏幕画面,表情严峻……

普通家庭,广场人群,万众瞩目大小银屏……

屏幕打出汉字说明:五天以后,阿波罗11号登月飞船累计飞行38万公里,进入月球轨道。

环月轨道飞行中,阿波罗11号登月舱徐徐下行,微颤渐近的黑白视野中,月表清晰,散落环形……

【略带回声的无线电通讯音频背景中,沉稳拖腔的男中音英语画外音:阿波罗11号登月舱就要降临月球表面——状态良好——稳住——稳住——50秒……位置恰到好处……40秒……30秒……】

1969年7月21日,大小屏幕前,不同民族、不同人群见证了全人类的历史性时刻:模糊的月表图像中,宇航员阿姆斯特朗站在阿波罗11号登月舱扶梯接地末端,停顿片刻,终于挪动左腿,迈下最后一阶——

永恒静谧的月表尘埃上,人类的第一个脚印轮廓清晰,深深永驻……

【嘈杂、断续的无线电通讯音频背景中,宇航员阿姆斯特朗的月球宣言传遍世界:这是我个人的一小步,却是人类的一大步。】

不同民族,不同人群,在同一刹那沸腾……

情不自禁的热烈掌声中,凌云摆手道:"同学们,第三遍总该可以了吧?"

有人喊道:"再来一遍还是震撼,谢谢老师。"

东顺起身开灯,挪开正面屏幕,学生惊叹议论,纷纷回身探询,凌云和林峰礼让蔡鹤临,三人走到正面桌前,面对学生坐好。

一位男生举手道:"老师,我们几个是学俄语的,能不能翻译一下,第一位踏上月球的宇航员说的是什么?"

一位女生接话道:"我们学的是中国式英语,听和说都不行,也就听懂了倒计时数字。"

蔡鹤临理解道:"我们三位老师的英语都是半路出家,宇航员阿姆斯特朗的登月宣言,我想有些同学应该早就知道——这是我个人的一小步,却是人类的一大步。"

众学生哄然共鸣,林峰笑看凌云,凌云接过话题:"美国的阿波罗载人登月工程,从1961年开始起步,历时11年,先后6次把宇航员成功送上月球,有80多个科研机构,两百多所大学,两万多家公司企业参与其中,总人数超过30万,这是人类航天史上的空前壮举。"

众人感叹,东顺叹服道:"通过这两天的参观学习才知道,我们的航天科技同美苏两国相比,差距真是太大了,不知要过多少年才能赶得上来。"

一位男生接话道:"怎么感觉是天壤之别呀,等将来咱们登上月球,人家可能已经登上了火星。"

林峰沉稳道:"这位同学的推测,将来很有可能成为现实,而且在短期内,这种差距可能还会加大。美国早在1972年就停止了阿波罗登月工程,今年4月,美国的哥伦比亚号航天飞机已经遨游太空,美苏两国的全方位航天工程开放体系,早已成熟完善,而我国的航天科技,还基本上局限于为数不多的院所基地,当然了,客观条件的改善需要一个艰苦过程。"

蔡鹤临接话道:"改革开放未满三年,国民经济基础依然薄弱,高等院校还没有完成第一个恢复高考以来的大学教育培养周期,重点学科的硕士招生正在逐步恢复,我们还需要三到五年的时间来建立人才网络。现在是80年代初期,我相信,进入到90年代,我国的经济发展会完成量与质的全面飞跃,航天科技只有在这个基础上,才会进入变加速全面发展时期。同学们,你们是承上启下的一代,任重而道远,希望大家精益求精完成学业,将来不辱使命。"

掌声响起,东顺兴奋道:"听明白了,最近十年最关键。"

林峰意味深长道:"中国的四大发明触发了世界文明的巨大进步,直到15世纪以前,中国的科学技术还领先世界近千年。今天,我们有历史上的、文化上的充分理由,来超越这落后的三五十年……"

中午时分,北大校园,历史系教学楼,人行道边草坪上,蔡鹤临和林峰并坐说话。林峰抬手看表,张望一下教学楼大门口刚刚涌出来的一群师生,继续道:"毕业实习早该这样啊,火箭发动机试车平台的学习反响非常好,工程概念的直观感受多起来,自然会形成潜移默化的抽象方法,导弹陀螺仪系列产品观摩也让学生大开眼界,机电一体化的设计思想,应该在毕业设计中有所强化。"

蔡鹤临跟着看看人流,沉稳道:"这次毕业实习,确实很受启发,科研领域同样需要适当增加透明度的改革开放,回去参照学生意见,马上写一篇毕业实习总结报告,我准备结合雷达、材料、焊接等等一系列重点专业的开题报告,约部领导来学校调研,争取进一步打开学以致用的教研实践局面,促进全方位的专业基础理论研究。"

林峰赞同道:"这样最好,多争取基础研究项目,未来五年的毕业设计就能有的放矢,全校形成规模,学科交叉促进,年轻人一定会迸发出专业思想与工程思维的火花,就像我们当年一样。"

蔡鹤临点头赞许,感触道:"是啊,当年我们是单枪匹马,现在是千军万马,要有这样的大局观。还有啊,昨天的吹风会上,话题基本围绕明年的部委机构改革,成立航天工业部势在必行,我们的归属是显而易见的,航天学院的筹备工作要同步进行,你要做好挑重担的准备。"

林峰谦虚道:"如果有其他合适人选,我更愿意专心业务。真挺羡慕徐进他们这几批学生的,上天入地打头阵,他们总是能冲在最前沿。这次酒泉基地一箭三星会战之前,我们跟徐进攻关小组做了充分探讨,立尧对新建模型的发射验证充满自信,大家也非常期待。"

蔡鹤临理解道:"你们羡慕徐进他们,我还羡慕你们呢,总要有人担当组织协调工作,国家的航天科技体制改革,必然会向全方位的多元化目标迈进。兵马未动,粮草先行,航天学院会成为承载航天科技系统工程的坚实平台,你是理所当然的台柱子,李书记也是这个意思。"

下课铃声隐约传来,师生纷纷涌出教学楼大门,刘婷伴着几个男女同学,说说笑笑弯上人行道,蔡鹤临和林峰起身等待。

一位男同学眼尖道:"哎,刘婷,你的那位林叔叔又来了。"

一位女同学凑趣道:"肯定又给你带了好东西,可别自己独吞了,给我们留一包点心。"

刘婷忙抬头,小跑奔过来,欣喜道:"蔡伯伯,林叔叔,怎么又来看我呀?"

蔡鹤临高兴道:"婷婷,我可是第一次来看你呀,别忘了,我也是关注历史的人。"

刘婷默契道:"蔡伯伯,你们是书写历史的人,我不过是个小小的历史书记员。都没吃午饭吧？林叔叔，咱们还去上次那家小餐厅怎么样？我刚领的校刊稿费，有十块钱呢。"

两人笑看刘婷，点头赞许。同学们打着招呼擦身而过，林峰拎起小旅行包，建议道："蔡伯伯想顺便看看北大学生食堂，还是跟你到食堂吃吧，我们要赶下午的火车，时间有点儿紧。"

刘婷连忙带路道："行啊，那快走吧。"

三人随向人流，刘婷俯身拽包道："林叔叔，我来吧。"

林峰握紧笑道："都是给你的北京点心，不沉。"

刘婷感动道："这才过了两周，上次的点心还没吃完呢，我留一点儿就行了，给何阿姨她们带回去吧。"

蔡鹤临笑道："何阿姨她们不差你这一口，点心都是北京的叔叔阿姨送的，我们还有一大包，你学习这么累，就留着当间食吧。"

刘婷羡慕道："将来我要是也能桃李满天下就好了，到哪儿都有好吃的。"

北大学生食堂，人声喧闹，学生排队。刘婷安排两人在一处视野开阔的空桌位坐下，林峰从手提包中拿出套叠在一起的小饭盆，起身道："婷婷，我跟你排队打饭。"

刘婷惊讶道："林叔叔，你们连饭盆儿都随身携带呀，怎么像行军打仗啊？我还以为国家安排你们顿顿下饭店呢。"

蔡鹤临风趣道："出差吃食堂，多少年都习惯了，婷婷，百家饭挺好吃的，你爸最有体会了。"

刘婷笑道："蔡伯伯，是我妈告诉你的吧？想当年，三针搞定刘百街，这是我妈最得意的医学成就。"

林峰跟着刘婷排队打饭，蔡鹤临起身四顾，打量食堂环境，注目《今日菜谱》昭示栏。水池洗碗处，有人甩干小饭盆，快步凑过来，惊讶道："蔡伯伯？"

蔡鹤临转头认出来人，高兴道："哎哟，是文和呀，两年没见，长进不小啊。"

文和连忙近前握手，高兴道："蔡伯伯，我这点儿长进，都是因为三家巷老师给我打的好底子，老师们都好吧？"

蔡鹤临笑道："大家都好，前些天路上碰见你爸，听他说，你的随机矩阵论文获得了国际好评，不简单哪。"

文和扶一下眼镜，谦虚道："其实没什么，就是在洋人的旧衣服上打几块补丁,灵感还是来自于您的思辨方法论教诲。"

蔡鹤临笑道:"听着够玄的,马老师、林老师还有可能,我就免了吧,这可是数学理论哪。"

文和认真道:"蔡伯伯,您别忘了,多元的、变化的、开放的思辨空间,这可是您在五年前给我打开的,学习过程中,我越来越体会到方法论的重要性,就是大物理学家波尔,也用徽章上的太极图来隐喻他那包罗万象的互补性原理。"

蔡鹤临感慨道:"文和,好悟性。近百年来,一些大科学家居然从中国传统文化中悟到了科学原理的哲学源泉,希望从你们这一代开始,中国也能出现像波尔、爱因斯坦这样的科学思想家。文和,还有半年就毕业了,今后有什么打算?"

文和思量道:"可能会去英国留学,没想到论文成了敲门砖,我已经跟接收大学达成意向,只等导师正式回复确认。"

蔡鹤临伸出手,理解道:"既然学好了数理化,那就走遍天下吧,文和,预祝你成功。"

文和紧紧握手道:"谢谢蔡伯伯,谢谢各位老师。"

林峰、刘婷每人端着三个小饭盆过来,文和连忙迎上去,人手接过一个,恭敬道:"林叔叔好。"

林峰高兴道:"文和,刘婷刚才还说起你,好家伙,这数学论文都出国了,了不起呀。"

刘婷笑道:"北大有名的数学哥哥,人也快出国了。"

林峰惊讶道:"是吗?机会难得呀,马老师没少夸你的数学天赋,山外有山,那就更上一层楼吧。"

刘婷不解道:"文和哥,平时听你娓娓道来,简直就是出口成章,我这个校刊特约记者跟你约了两次稿,怎么都是婉言谢绝呀,不会是我的问题浅薄吧?"

文和淡然一笑,歉意道:"你的文章立意都很好,对不起,婷婷,我立过誓,除了不得已的考试应景作文,我只写科学文章。"

蔡鹤临感触道:"时间是最大的容器,也是最好的证人,婷婷,十年以后,你可以跟文和再约一次稿,我相信,科学主义不是包治百病的灵丹妙药,中华民族的前进动力,源于贯穿科学精神的文化自觉。"

文和表情平静,未置可否,礼貌道:"蔡伯伯,林叔叔,快吃饭吧,我就不打扰了,给老师们带好,大家都保重,再见。"

刘婷连忙拉开旅行包,掏出一包点心追上去,文和推让接下,回身颔首谢过,三人摆手再见,目送文和匆匆离去……

初冬夜晚,刘百衡家方厅,电视屏幕闪映世界杯女排决赛画面,赛况激烈,扣人心弦,解说员宋世雄语无标点,句句紧随。刘父、刘母、刘欣挤坐沙发,陈田、许勤伴着三家巷众人,围坐在电视机前,大家清茶瓜子,议论比赛,刘欣俯仰惜球,拍手叫好。

外面有人敲门,丁国兰眼睛不离电视屏幕,拍一下刘欣:"快去开门!"

刘欣置若罔闻,紧盯屏幕喊一声哎呀,握拳跺脚,表情可惜,许勤起身笑道:"我去吧。"

屋门打开,曹忆仰头兴奋道:"许阿姨好,我代表我爸我妈来看中国女排拿世界冠军。"

许勤顺手搂过曹忆,高兴道:"呵,这么肯定啊,曹忆,那就借你吉言啦。魏医生,李书记,快请进,路上冷吧?"

众人闻声,呼啦一片起身,热情招呼,魏如莲高兴道:"外面飘雪了,好家伙,这么热闹啊。"

众人纷纷让座,刘欣看看比赛暂停,快嘴道:"曹忆,你爸你妈怎么没来?今天晚上,甭管是谁,也甭管大事小情,都该一推六二五呀。"

丁国兰教训道:"怎么哪儿都有你发号施令啊?再啰嗦,关禁闭做数学题。"

刘欣表情求援,李国荣笑道:"刘欣,你曹阿姨、何阿姨、林叔叔,还有利贤阿姨,他们正帮蔡伯伯整理材料呢,我可是退休了,要不要陪你做数学题呀?"

刘欣机灵道:"李爷爷,现在耽误您看球儿,我妈还不得把我当成日本排球打呀。再说了,老刘家的数学问题不是一个晚上能解决的,对此我深有体会,好在体会最深的是我妈,用我爸的话说——当家的,你可愁死我了,一推六二五不就完了嘛。"

众人忍俊不禁,丁国兰无奈,刘百衡明笑,魏如莲探身盯住电视画面,关切道:"这都比到哪儿了?"

刘欣兴奋道:"眼看着中国队就要二比零了,好球!铁榔头!曹忆,尝尝麦芽糖,杏芬阿姨新做的。"

丁国兰、刘百衡、陈田谦让最后一个座位,刘百衡按下陈田。曹忆舔着麦芽糖,兴奋道:"二比零!魏奶奶,中国队赢啦。"

刘欣握拳道:"干脆再来一局,给东洋魔女剃三局大光头,让全世界都知道中国女排的厉害。"

陈田呷口茶,幽默道:"这样做,我是举双手赞成的,虽然听起来不是那么厚道。"

许勤笑道:"陈夫子,这话要是让你的真由美小姐听到了,肯定说你真不厚道,还不得从你心坎里蹦出来打你脸哪。"

丁国兰惊讶道:"嘿——没看出来呀,陈夫子啥时候进化成了追星族,还是穿和服的?"

马立尧逗趣道:"没想到吧?这日本警察追来捕去,结果人家真由美小姐一头扎进了陈田的中国心,夫子不可貌相,春心还要荡漾啊。"

陈田难为情道:"我们搞焊接的,天天眼冒金星,是不用追什么星的,也就是跟百衡议论过两次真由美这个角色的性格底色。我认为,富贵花开,当然有条件自由奔放;百衡认为,真爱满怀,竟然无条件超凡脱俗。都没看出来吧?百衡还是蛮有诗意的。"

丁国兰笑看冤大头,刘百衡苦笑道:"看我干吗?看电视呀,放宽心吧,立尧作证,人家真由美小姐早就一头扎进了陈氏怀抱,我是干着急也没办法,莫非丁大人想变成东洋魔女,给我定个思想犯不成?"

刘欣紧盯屏幕,拍腿哎呀一声,侧身小声道:"李爷爷,什么是思想犯?"

李国荣思量道:"你爸说的思想犯,跟日本鬼子联系在一起,就成了特定名词,当年日本侵占中国东北,建立了伪满洲国傀儡政权,这段历史知道吧?"

刘欣盯住屏幕,跺脚大声道:"臭球!国耻不能忘!我知道,然后呢?"

刘父插言道:"然后你爷爷我就成了伪满洲国的思想犯。"

刘母嗟叹道:"你爷爷就因为说自己是个面不改色,心还在嘣嘣跳的中国人,结果被汉奸告发,让日本鬼子抓进了思想纠正局,做了两年苦役,差点儿死在采石场。"

众人惊讶,刘欣困惑道:"莫名其妙呀?爷爷,你本来就是中国人嘛。"

林峰插言道:"日本鬼子为了奴役中国人,逼迫我们忘掉祖宗,竟然立法规定,伪满洲国的居民,只能承认自己是满洲国人,而不是中国人。"

刘欣一指屏幕,愤然喊道:"天杀的小日本儿,给我狠狠打!"

丁国兰打住道:"刘欣,光瞎喊有什么用啊,你要是真想打败日本鬼子,那就得好好学习,贡献四化,将来把什么电视机、录音机、洗衣机、电冰箱这些个日本玩意,统统换成中国造。"

魏如莲冲丁国兰竖一下大拇指,笑看刘欣,夸赞道:"你妈说话就是赶在筋骨上,下次我遇到你们校长,建议你妈做你们这些追星族的辅导员,你看怎么样?"

刘欣服软道:"魏奶奶,我妈今晚已经打在我的软肋上,她这辅导员还是免了吧,我代表同学们表个态,咱服了。"

赛事趋紧,日本东道主观众喊声大作,宋世雄的解说愈发紧迫,魏如莲盯住屏幕,紧张道:"日本队很顽强啊,比分追上来了。"

刘欣握拳跺脚,连声道:"张蓉芳,背飞,好球!哎呀,小日本,这球也能救起来?日本队反超了!"

刘百衡提示道:"刘欣,轻点儿,楼下该有意见了。"

刘欣充耳不闻,紧盯屏幕,众人一声惊呼,现出惋惜表情……

主楼大堂,电视喧闹,人头攒动,叫好声哄然四起,惋惜声颓然一片,马军、陈明、温美琳一众站立观众外围,踮脚探视,温美琳情急抱怨道:"看不清,听不见,急死我了,非要晚来,都怨陈明。"

见平、立国、东顺从楼上下来,东顺把手中的老式军用望远镜递给立国,惊讶道:"好家伙,这么多人,别再挪地儿了,凑合看吧。"

见平理解道:"中日决战,连太爷爷太奶奶都得围在电视机前,别说咱们学生了。"

立国端平望远镜瞄准片刻,报告道:"第四局没希望了,日本队 14 比 7 领先。"

陈明闻声期待道:"立国哥,能让我试试望远镜吗?"

立国随手递过去,示意调焦,陈明调试看一下,递给温美琳,温美琳喜出望外,马上瞄准电视画面——红色球衣的日本队员跳脚抱在一起,白色球衣的中国队员互拍鼓励,日本观众疯狂呐喊,中国队教练员袁伟民表情严峻。

温美琳报告道:"15 比 7,不愧是东洋魔女,大比分打成 2 比 2,比赛拖进了决胜局……"

北大教学楼阶梯教室,电视画面高潮迭起,宋世雄的解说淹没在日本观众的疯狂呐喊里:"现在是中国队发球,比分0比4,中国队落后4分……"

刘婷挤在前排,紧盯屏幕,双拳紧握,比赛进程的起伏映在脸上,全场猛然欢呼:"好球……"

僻静处小教室,文和独坐一隅,伏案推算,走廊里隐约传来比赛呼喊……

华东师范大学,教学楼大厅,大片学生仰头电视屏幕,群情沸腾,利民淹没其中。比赛进入到最后的白热化决战,宋世雄的解说勉强盖过日本观众的疯狂呐喊:"15比14,日本队领先1分……日本队扣球,陈亚琼把球捞起来,孙晋芳过渡,郎平起跳,好球!中国队夺回了发球权!"

全场欢呼……

宋世雄的解说声嘶力竭:"郎平再扣!中国队得分!15平……日本队扣球,中国队拦网,好球!16比15,天安门长城周晓兰为中国队拦下关键一分……中国队发球,日本队一传不好,二传过渡,日本队强攻,孙晋芳拦网,好球!17比15——17比15……"

全场爆发,校园里一片欢腾……

第二十三集

沪上夏日,傍晚时分,华东师范大学校园,教学楼,小教室,门窗大开,三十几位男女学生伏案自习。不时有人摇几下小纸扇,个别学生交头接耳,指点书本问题。一位活泼女生快步进来,手中几封信,快活道:"今天周六,晚场电影《牧马人》,大家举手报数儿,我马上去领票,两毛一张。"

同学们举手掏钱,活泼女生清点一下,失望道:"九个,算上我,十张票,班长,支持工作的不多呀。"

举手的山东班长四顾道:"怎么一听国产片子就蔫巴啦?崇洋媚外新鲜一阵子就得啦,听说那个放马的娶了一房好媳妇,跟咱们穷学生一样,苦中作了不少乐子,小日子过得苦甜苦甜的,咱们还是感动感动吧。"

全班嬉笑,又有六位同学举手要票,活泼女生扬手道:"林利民、王海明、年又高,三封信,传过去。再没人要票了吧?那我去啦。"

利民接过信,左边的大连小生瞄着信封,小声道:"林利民,你不会也是崇洋媚外吧?"

右边的山东班长爽快道:"举个手,看完电影请你吃夜宵。"

利民左右笑笑:"谢谢两位,我今天真有事儿,下次吧。"

大连小生不甘道:"还是去你那个任姥爷家?"

山东班长实在道:"有什么要帮忙的,尽管说,我们都排着队呢。"

利民亲热道:"谢谢,再搬东西肯定还叫你们帮忙,今晚上门吃饭就免了吧。"

山东班长抬手看表,知趣道:"有人请客,幸福呀,说吃饭还真饿了,海蛎子,别缠绵了,去食堂吧。"

海蛎子恋恋不舍,利民操大连方言催促道:"拜愣着啦,歹饭去吧。"

众人都笑,海蛎子做出伸手夺信的样子,调笑道:"俺帮你看看有没有生僻字。"

利民缩手藏信,抬手就是一掌,海蛎子早有准备,顺势接住,握手言和:"文的俺差点儿,武的全接住,啥时候叫你那信中大哥,也来上海滩溜溜?"

利民脱手笑道:"别急,秋天必能狭路相逢,刚才那样要是让他看见了,准得把你抽成冰猴儿。"

山东班长怂恿道:"海蛎子,不服吧?到时候我当裁判。"

广东小样儿兴奋道:"到时间我卖票啦,五毛一张,都来交订金啦。"

说笑间,众人纷纷结伙走出教室,利民静心读信,脸上笑意恬适……

上海大街,车水马龙。

利民轻巧蹬车,随行其间。晚风拂面,秀发飘然……

【立国画外音加画面:利民,又到了每月汇报的时候,这应该是两年来写给你的第二十二封信,可能也是每月汇报的最后一封。想想挺有意思的,从小到大,除此之外,好像没写过如此像样的作文。记得第一封信还是见平帮我改的,加了不少文艺青年的时令话题,写出一头热汗,抄了两遍才寄出去。

托大家的福,我如愿以偿,顺利通过毕业答辩,分配到上海电子技术研究所工作。百衡叔叔为我操了不少心,特别向系里打报告强调我的家庭困难,学校给予了特殊照顾。这些恩德,我都铭记在心。

东顺名义上是林叔叔的研究生,可马叔叔和利贤阿姨,也同样视如己出。东顺研究生小组经常在马叔叔家熬到半夜,总是东顺送那个漂亮班花回宿舍,班花说,这样的氛围有一种令人振奋的亲切感。东顺恋爱了,祝福他们吧。

马叔叔的腰最近很不好,多坐一会儿就疼出一头细汗。丁阿姨说,是骨质增生和淤结组织进一步压迫了受损神经,正在用中医方法缓解疼痛。魏奶奶说,很可能要通过手术解决根本问题,因为风险太大,还要向北京、上海的专家进一步咨询请教,希望康复奇迹在马叔叔身上再现。

见平不是一般的出人意料,在读研究生的情况出现了戏剧性的变化,北京航空雷达所采用了见平毕业论文的实验设想,通过主管部门点名要人,文芳阿姨只好忍痛割爱,让自己最得意的研究生弟子到国家最需要的地方去,我和丁阿姨刚刚把见平送上去北京报到的列车。

就要离开滨江,就要告别恩人,难掩心中惆怅。小时候,生活再难,每次去三家巷,姥爷都要给我两毛钱车费,还不忘说一句近朱者赤。三家巷的生活成就了一种关爱,一种责任,一种高度,一种文化传奇,我早已心驰神往,深深融入其中……】

第二十三集

上海里弄,市井人家,晚炊气氛。

利民注意往来跑跳的孩童,慢推自行车前行。少妇、老妪摘菜聊天,纷纷注目访客,免不了轻笑议论。利民靠墙边锁车,从车筐里拿出书包,近门按铃,任姥爷开门笑道:"来啦,利民,快进屋。"

任玉芹从厨房里迎出来,招呼道:"利民,路上车多吧?今天够热的,来,喝口水。"

利民麻利换鞋,接过水杯道:"阿姨,路上自行车没见少,摩托车可是越来越多。姥爷,看你气色好多了。"

任玉芹逗趣道:"只要你能来,姥爷准是多云转晴,一大早就把你爱吃的蟹壳黄点心买回来了。"

姥爷笑道:"你不也一样,跟街坊邻居现学的莲藕炖排骨,还清蒸什么鱼。"

任玉芹认真道:"入乡随俗嘛,姑娘来上海两年了,咱不能老是东北做法,今天换换口味。"

利民高兴道:"怎么做我都爱吃,阿姨,立国哥来信了吧?"

任玉芹高兴道:"今天上午接到的,你呢?"

利民打开书包,兴奋道:"今天下午收到的,真是太高兴了!今晚咱们先庆祝一下,姥爷,看我给你带了什么。"

姥爷看看利民摆在桌上的一瓶米酒和两盒梨膏糖,故意责怪道:"你一个学生,没闲钱买这些个东西,既然送货上门,姥爷就买了。"

利民认真道:"姥爷,米酒越品越厚,梨膏糖化痰好用,这可是你说的,几块钱的好东西,我还孝敬得起。"

姥爷笑意安然,利民惬意荡漾,任玉芹笑看两人,转身进厨房,高兴道:"这孩子,说话都成了药引子,瞧你们爷俩高兴的,坐下说吧,鱼蒸得差不多了,我再弄两个青菜,马上就好。"

厨房里,案板上摆着洗净的备料——香菇菜心,蒜蓉青笋。利民跟进来,洗手撒娇道:"阿姨,都准备好啦,那我就摘桃子吧。上次学的尖椒炒豆干儿,在同学家露了一手,上海人都说好吃,味儿不一样。"

任玉芹摆上炒勺,让开灶位,开心道:"其实差别就在于撒一抹花椒面,点几滴酱油,挂一层水淀粉,这是咱东北菜的小窍门,你炒吧,我再加一个蘸酱菜。"

姥爷笑道:"刚说要入乡随俗,还是舍不得咱那看家菜儿。"

忙齐了,饭桌上,五样菜,一瓶米酒,两瓶上海正广和鲜橘汽水。利民开酒倒上两盅,任玉芹贴心道:"爸,今天是个好日子,我陪你喝一盅。"

利民举起汽水瓶,兴奋道:"来,姥爷,阿姨,为了咱们的大团圆……"

门铃响起,三人停手,利民起身开门,惊喜道:"国强舅舅?好久不见了,快请进,这位老爷爷是——"

任玉芹和姥爷起身迎过来,国强抱进一只上海华生牌落地电风扇包装箱,老者拎个布兜跟进来,打量笑道:"你是利民姑娘吧?我是你国强舅舅的师傅,你百衡叔叔是我的高徒,你就叫我白爷爷吧,叫师爷也可以的嘞。"

利民甜甜笑道:"师爷爷好。"

任玉芹连忙近前握手,热情道:"哎哟,是白师傅呀,欢迎欢迎。"

姥爷过来握手,亲热道:"早听国强念叨过你,今天有幸相见,正好赶在饭口儿上,咱哥俩说说酒话儿,来来来,都请上桌。"

白师傅拍拍布兜,实在道:"任老哥哥,今天是冒昧拜访,酒菜我们都带来了。"

利民添上两副碟筷酒盅,国强指引道:"师傅,这边洗手。"

任玉芹指点包装箱,不解道:"国强,你这是——"

国强洗手擦干,感激道:"大姐,这是厂里专门谢您的,企业困难,贵重东西买不起,这是上海新出的落地扇,带定时摇头儿的,不成敬意。"

任玉芹不以为然道:"谢我?就因为我帮你们厂把一半儿的厂房、设备租出去了?"

姥爷招呼道:"先趁热吃几口,有话慢慢说。"

众人落座,国强打开布兜,露出一叠小蒸屉,插空摆在桌上,香气扑鼻,引来赞叹,国强指点道:"葱姜蒸河鳗,豆豉蒸鸡翅,荷叶粉蒸牛肉,原蒸肚片儿,梅菜蒸凉瓜,来的路上顺便买的,味道不错,来,趁热都尝尝。"

任姥爷笑道:"今天是反客为主,赶上过年了,来吧,都动筷儿。"

众人遍尝蒸菜,交口称赞好功好料,利民给白师傅和国强倒酒。

国强感触道:"这个蒸菜馆的店主是我们厂的双职工,两人自愿接受50%的基本工资待遇,回家自谋出路。小店买不起高价菜油,干脆就做起了蒸菜,既不浪费原材料,又保证新鲜卫生,眼看着生意就红火起来了。"

任玉芹思量道:"夫妻店,不容易,还好,甘苦中谋到了出路。但是绝大多数国营企业的职工,现在还没有这样的观念和勇气呀,整个国家从南到北,企业正在加快走向市场,将来市场与就业这个矛盾,不可小看啊。"

利民附和道:"我们班同学中,已经有家长现在只开基本工资,没有奖金,还要同时供养两个大学生,就靠省吃俭用维持生活。"

白师傅接话道:"所以呀,玉芹,你这个忙儿可是帮大的嘞,两年租约,租金又好,一年租金下来,全厂职工一半的基本工资有了着落。现在江南广播器材厂产品滞销,本来我和老伴儿早就退休在家,眼不见心不烦嘛,可儿女都在厂里接班做了工人,替他们着急呀。"

国强无奈道:"我这个销售副厂长成了众矢之的,这几年销售形势急转直下,不搞运动了,土地承包了,大会小会少到不能再少了,电视机、录音机开始普及了,我们那些喇叭也就销不动了。现在租金成了救命稻草,厂里还能吃两年老本儿,照这样下去,总有一天,都得领一半儿基本工资,背一半儿喇叭工资回家,可我就是把喇叭吹成花,恐怕也没人跟我换钱。"

任玉芹担心道:"这样下去,肯定是得不偿失,工厂丢了技术,散了人心,两年以后怎么办?"

白师傅不满道:"不用说两年以后,现在厂长、总工就束手无策的嘞,还眼巴巴地指望局里派发新产品任务呢。"

任姥爷思量道:"听着心里是不踏实,敢情这铁饭碗儿也要掉底儿呀。不过呢,车到山前必有路,咱老百姓,就是卖个冰棍儿也能活,赶上开放搞活,说不定还能卖出个名堂来。我看现在什么修电器铺呀、裁缝铺呀,可是不老少,就连南方农村进城的,不也蹲在路边掌鞋、修车,没准儿哪一天折腾出个孙悟空来。"

国强起杯道:"老人家,说得好,来,喝一个。"

三个男人碰一下,一饮而尽,任玉芹招呼道:"来,尝尝清蒸鲈鱼,都有点儿凉了。"

众人吃好,国强惦念道:"净说烦心事儿了,大姐,立国毕业分配怎么样了?能来上海吧?"

任玉芹笑道:"看看利民就知道了……"

长城金秋,天高云淡,刘婷振臂箭塔高处,兴奋回看阶下人流,见平紧赶上来,端起相机,站位调焦,刘婷极目望远……

校园冬景,冰场如镜,陈明躬身速滑停摆,直身放松到冰场边缘,熟练缩身停刀,笑看温美琳躬身撇刀直扑过来……

外滩傍晚,申花烂漫,情侣结伴漫步黄埔江畔。一位平底秃顶老外挽住一位高跟云鬓国美,咯噔咯噔踩过中国男人的心田,利民笑指秃顶,立国做出拉扯弹弓瞄准动作,利民一把拉住,两人笑奔水边……

滨江秋色,校园景象,暖意融融,师生攘攘。

新建教研大楼沐浴午后秋阳,正门侧面,标牌醒目——滨江工业大学航天学院。众学生簇拥着何文芳和刘百衡出正门,下台阶,人行道上弯过来利贤和曹梅,两人各持成卷图纸和教学笔记,刘百衡跳脚闪到人群侧面,迎在两人面前,三人停住说笑。

大门口有人追上来,抱歉道:"何老师,机房实在太忙,主任重新排了一下课表,你们的时间又变了,改在晚上七点,您看行吗?"

何文芳回应道:"没问题,谢谢啊。"

众人放慢脚步,何文芳嘱咐道:"晚上七点实验室才空出来,单片机信号处理实验定在七点十五分,小组成员七点到场准备,再提示一遍,感兴趣的同学可以自由参加。"

有学生要求道:"单片机是个新鲜事物,何老师,能不能再请你家小马师傅给我们答疑呀?"

众学生纷纷附和,何文芳爽快道:"既然你们认可这个玩儿家,我就带马军过来,单片机问题,我们都可以向他请教。"

师生再见,何文芳凑到三人跟前,曹梅上下打量,关切道:"文芳,你这还真成了上阵母子兵,马军现在可是家里家外两头儿忙啊。听魏医生说,立尧这两天好一些。"

何文芳长出一口气,宽慰道:"好多了,前几天,魏医生不离立尧左右,国兰下班就过来,马军也是早晚给他爸按摩,国兰说,那手法,都快赶上师傅了。"

曹梅祈盼道:"但愿手术能从根本上解决问题,鹤临刚联系到上海的一位神外手术专家,已经把立尧的片子和病例复印件托人带过去了。"

何文芳感动道:"真是太感谢蔡校长了。"

刘百衡殷切道:"曹老师,有结果就通知我,大家都忙,我陪立尧去上海。文芳,家里成了这样,刘欣还跟着添乱,要不让她回家住一阵吧。"

何文芳敲打道:"说得轻巧,逆水行舟,不进则退,别让国兰为孩子闹心了,咱姑娘就听小马哥哥的,当爹的也只能干瞅着。孩子现在比你懂事儿,好好享受你的二人世界吧。"

刘百衡借劲道:"这样也好,母债子还,我也难得清静一回。"

利贤看看曹梅,知心道:"冤家就是路窄,啥时候都得掐一回。"

曹梅抬手看表,赶紧道:"你俩继续掐吧,利贤,咱俩得上课了。"

双方告别,曹梅和利贤快步上台阶进正门,两人继续上到二楼,利贤拐向办公区,摆手道:"你先去吧,我给林峰送个材料。"

曹梅继续上楼,利贤折向院长办公室,里面出来几位手拿技术资料的中老年教师,利贤热情问好,敲门推门。

办公室窗明几净,简洁有序,林峰停笔抬头,微笑道:"带来了?上课前喝杯水吧。"

利贤递上材料,接过水杯,好奇道:"领导整天都忙些啥呀?我看看。"

林峰拍拍计划书,疲倦道:"局面是打开了,大家都忙着申请立项,资金缺口太大,还得约蔡校长一起跑北京。见平来信了,正在基地做实验,已经上了三回飞机。"

利贤接信看信,担心道:"上飞机做实验,不会有危险吧?"

林峰安慰道:"项目刚起步,每次飞行时间不长,不用担心,白天处理实验数据,晚上看书。"

有人敲门,利贤让开,林峰喊一声请进,李国荣和魏如莲先后进来,林峰连忙起身。两人热情招呼李校长、魏医生,李国荣笑道:"还这么叫啊,现在都是编外的。"

魏如莲凑趣道:"就这么叫吧,老李喜欢当校长,现在好了,不用操心,听着蛮舒服的。"

利贤高兴道:"魏医生,现在有时间了,多跟李校长出来走走,到处都是老部下,聊天儿看景儿,多好啊。"

魏如莲笑道:"是啊,刚才遇到百衡,叫我俩晚上去他家吃韭菜盒子,都知道老李好这口儿,没退下来的时候,随时都可能见人,馋也不能吃。"

李国荣感触道:"是该出去走走了,林峰啊,我俩想去林场看看爷爷奶奶,东西都准备好了,你们有什么特别要带的吗?"

林峰惊喜道:"去林场?太好了!每次回去过年,爷爷奶奶都没少念叨你们,现在山里正是好时候,天天都能吃上山珍。"

利贤兴奋道:"给爷爷奶奶带钙片和鱼肝油吧,林峰,再想想,还有什么可带的?"

魏如莲插言道:"钙片、鱼肝油、维生素,我都备齐了,酒和点心更不用操心,没什么特别紧要的,就带点儿钱吧。"

林峰看看利贤,会心道:"魏医生,李校长,爷爷奶奶最信你们,要是能把他俩劝回来,那是最好的。真能行,我和利贤马上就回去,咱们一块儿把他们接回来。"

利贤担心道:"虽说爷爷奶奶身体都挺好,也有好人照顾,可毕竟八十七了呀,还是在身边天天问安心里踏实。"

魏如莲看看李校长,贴心道:"我们尽力而为吧,起码可以领他们到县里全面检查一下身体。"

利贤拿起笔记、图纸,出门道:"你们说吧,我去上课了,回头我再想想带什么。林峰,别忘提醒我,那条加厚羊绒围脖一定带上,深秋用得上。"

魏如莲看看办公室陈设,感触道:"林峰,你跟老李、鹤临怎么那么像啊,办公室简洁有余,色彩不足,明天我到校医院给你弄几盆花来。"

林峰谢过,李国荣拿出文件包里的厚厚一叠书稿,欣慰道:"按时完成翻译任务,希望保质保量。我跟陈田互审了译稿,又一起统稿修改,有陈田把关,基本可以做到行话连篇。陈田对深熔焊接颇有心得,值得特别关注。"

林峰敬佩道:"李校长,凭您的物理功底和数学功力,只要融会贯通基本原理和专业词汇,完全可以胜任相近学科的著作翻译。文芳跟少芬也互审了激光通信和激光制导,百衡的激光测距还差一点儿,其他译者我再催一催。"

李国荣谦虚道:"我这是临阵磨枪,提醒你啊,统稿会上,应该重点审阅我这部分。在德国做访问学者的马国辉教授,来信再三强调,约瑟夫的这本《激光技术》专著,无论在深度和广度上,还是在实验方法和参考数据方面,都远远超越了国内同类著作,对我们开展相关科研有关键的指导作用。"

林峰附和道:"我会跟国防工业出版社特别强调这些方面,争取作为优秀翻译教材和科研参考书向全国推介。就是印量太小,如果航天部的出版基金能尽快到位,出版周期会缩短一些。"

李国荣思忖道:"你这一说倒是提醒我了,其他专业著作出版也有类似问题,校领导都忙的话,我可以去部里沟通,就这两天吧。"

魏如莲对林峰习惯笑道:"这个老李,我这刚琢磨着可以放心出门了,他就来个扳道岔。林峰,你不知道,看他翻查《英汉技术词典》那股认真劲儿,赶上身边写作业的小曹忆了……"

　　首都金秋,车水马龙。
　　北京火车站,人流检票涌出站口,一位看上去四十六七岁的瘦高绅士,西服考究,提着皮箱随行在人流中。接站亲朋纷纷挥手呼喊,绅士快速离开人群,沉稳四顾。马上有位中年师傅凑上来,搭讪道:"先生您好,香港来的吧?用车吗?日本皇冠轿车,真皮软座,干净卫生,您去哪儿?"
　　绅士探询道:"是出租车吗?我去清华大学。"
　　师傅圆滑道:"不是出租,胜似出租,您瞧瞧,出租车在那儿,华沙牌儿的,风雨无阻天天跑,乘客跟着发动机一起哆嗦,脏分分的不说,还一股子芳香烃味道,您再看看我这车,局长的标准座驾。"
　　绅士打量师傅,犹疑着看看停车位,师傅抬手引路,殷勤道:"今儿您是赶巧了,局长正开着会呢,我出来拉一趟私活儿。您就别犹豫了,清华大学门卫我都熟,好车能进校园,出租车到清华要25元人民币,您给20就成,请吧——"
　　绅士微笑道:"希望您的服务跟您的说话一样好,去清华大学物理系,钱不会少你的,我付25元外汇券,可以吗?"
　　师傅高兴道:"您付外汇券?那成啊,我这正好手头儿有张洗衣机票,外汇券还差个零头儿。请跟我来,我帮您拎箱子,放心吧您哪,中国大陆的劳动人民,向来言行一致。"

　　皇冠轿车中速行驶,绅士探望窗外街景,师傅搭话道:"先生,听口音,看身量,您不是广州三元里那些民族英雄的后人,您是国军哪。"
　　绅士谨慎道:"三元里义士抗击英国殖民者,可歌可泣,您知道的不少啊。其实国军、共军都是地道的中国人,我是初中毕业时离开大陆的,现在虽然是香港身份,还是习惯说国语。"
　　师傅理解道:"多新鲜哪,历史是不能忘记的,连中小学课本里都写着呢。其实你就是挑明了台湾身份,也没什么可担心的,只要是外面回家的中国人,现在都成了香饽饽。改革开放这几年,国家更加重视统一战线,全心全意发展国民经济,等着瞧吧,说不定还有第三次国共合作呢。"

绅士探询道："您知道的可真不少。至于国共关系问题，冰冻三尺，非一日之寒，再次合作谈何容易，大陆、台湾各奔东西，那些年，大陆的政治运动又是风起云涌，你们一直是心有余悸吧？"

师傅理解道："您说的在理，过去是七八年折腾一回，可邓大人掌舵以后，这些个政治把戏，俱往矣了！不过，听说台湾的政治气氛也不轻松啊，过去嚷嚷着反攻大陆，现在对大陆的两岸三通倡议装聋作哑，孤岛把这蒋家王朝困的，忒小家子气。"

绅士感触道："师傅说得也在理，您这后几句话，放到台湾的公开场合，确实不能说，否则就会有麻烦。"

师傅道："我们大陆这里，现在是穷则变，变则通，天大地大，银子说话，有不少海外华人，就是看准了这一点，通过香港来大陆投资赚大钱，看您这派头，也不会是个例外。"

绅士笑道："大陆刚刚开闸放水，大鱼还没能游进来，大资本需要长期稳定的开放政策。什么世道都有穷人富人，什么时候穷人都是大多数，我就是来探亲访友的。"

师傅感触道："要不怎么说改革开放才拉开序幕呢，不过历来是大鱼吃小鱼，将来有钱人别把咱小老百姓吃了就成。"

绅士收敛道："对不起，看来是我言语不当，均贫富是老祖宗传下来的政治理想，台湾大陆，都是中国人，还是共同富裕的好。我父亲就总结过，说你们共产党之所以得天下，靠的就是全心全意为人民的共同富裕服务。"

师傅笑道："听起来，您父亲像个老共产党员。我拉过几个香港客人，年龄也都不小，德行！听说我给局长开车，马上闻风而动，一上车就拉关系，谈回扣，跟您差了几个位格。"

绅士谦虚道："谢谢您这么看。我可能在清华大学附近住几天，有什么酒店、旅馆可以介绍吗？大小无妨，干净就好。"

师傅敬佩道："先生一看就不是奢侈之人，既然是来清华探亲访友，那就住清华招待所好了，条件一般，倒是干净。"

皇冠轿车缓缓接近清华大学校门，师傅跟门卫摆手呼应，轿车慢速驶进校园。绅士注意观察人行道上的往来师生，轿车缓缓停在一栋大楼前，两人下车，师傅从后备箱拎出皮箱，殷勤道："物理楼，怎么样，气派吧？"

绅士打量一下楼门口进出的师生,摸出精致钱夹,拿出 30 元外汇券,礼貌道:"谢谢您,非常周到。"

师傅接过 30 元,为难道:"我没有外汇券,按大概汇率,找您 8 元人民币成吗?"

绅士客气道:"不用找零头,5 元小费,谢谢,再见。"

师傅看着绅士进门,掂掂外汇券,感叹道:"不开放搞活,行吗?这么结实的外汇券,赶上我小一月工资奖金了。"

三位男生凑过来好奇观赏皇冠轿车,师傅玩笑道:"用车吗?给钱就走。"

男生连忙摆手道:"随便看看,坐不起。"

绅士进门四顾,老年门卫注意来人,绅士贴近收发室窗口,礼貌道:"您好,老先生,我来这里找人,是一位多年前就读于清华物理系的女学生。我想拜访物理系的一些资深老教师,您能帮我介绍一下吗?"

门卫思量道:"物理系今年才恢复合并,程教授是解放前的老资格,您去问问他吧。不过他有可能正给研究生上课呢,您这样,上二楼,往右转,中间位置,看核物理教研室挂牌儿,应该还有其他老师。"

绅士谢过,稳步上楼。一位中年女教师从核物理教研室开门出来,注意到来人,微笑打量,绅士微笑探询道:"老师您好,请问程教授在吗?"

女教师热情道:"您找程教授啊,马上下课了,您进来等吧。"

绅士连忙感谢,跟着女教师进门。一位伏案批阅的年轻男教师微笑示意,绅士欠身致意道:"打扰了。"

女教师好奇道:"您是程教授的学生?从国外回来的?"

绅士谦和道:"都不是,我是从香港回来的,向程教授打听一个人,你们这里有没有一位叫利贤的女教师?或者你们有谁知道这个人?"

男女教师互看摇头。走廊里一阵骚动,女教师出门道:"您稍等,我去叫程教授,别再下课直接走了。"

绅士再谢,走廊里响过一阵年轻人的脚步声,一位花甲模样的男学者含笑进门,后面跟着伸手示意的女教师。绅士欠身恭敬道:"晚生利德,冒昧登门造访,还望程教授见谅。"

程教授打量一下,近前热情握手,和蔼道:"您好,利德先生,杨老师说您从香港来,要跟我打听一个人,说说情况吧。"

利德期待道:"是我姐姐,名叫利贤,南京人,1948年初插班就读于清华大学物理系,是物理系同年级最小的学生,第一学期就获得全优嘉奖。1949年4月下旬,解放军渡江在即,南京城不保,我随父母离开大陆,那以后再也无法得到她的消息。教授,请您仔细回忆一下,对女学生利贤有没有什么印象?"

程教授思量片刻,沉吟道:"没有印象。1948年,我刚到清华任教,教的是非物理专业的普通物理课,物理系的利贤肯定不是我的学生。不过——厉姓可不多呀,我再想想,1952年,清华物理系骨干教师全部调整合并到北大物理系,嗯——1956年,我转到工程物理系核物理专业……对了,当时有个特困全优生,叫钱冬梅,一直得到几个革命军人家庭的资助,她在毕业感言中对这些恩人做了特别感谢,其中有位老师好像姓厉,名字想不起来了,也曾经是清华物理系的全优生,可惜没有毕业就给发配到北方山区。"

利德表情骤变,急切道:"您说的这个姓氏可是利他的利?这个利姓极少,北方更是罕见。"

程教授抱歉道:"我不知道还有利他的利这个姓氏,以为是严厉的厉。"

年轻男教师补充道:"或者是栗子的栗,就是栗原小卷的栗。程教授,听您这么一说,真不希望发配到山区的人姓利他的利,可这心里又矛盾,毕竟是家人离散啊。"

利德轻轻摇头,祈盼道:"我也希望利贤姐姐不要遭此劫难,现在能找到人是最重要的。"

女教师分析道:"利德先生,我大概听明白了,南京解放前夕,你们利家离开了中国大陆。如果是去了台湾,那就很有可能给你姐姐利贤的生活造成了极大的麻烦;如果她因此辍学,也在意料之中。看来,程教授说的这条线索很有希望。"

利德脸色苍白,躬身施礼,急切道:"谢谢,有道理,我明白,各位老师,能不能尽快帮我联系一下1952年合并到北大的老教授,还有钱冬梅女士?拜托了!"

程教授抬手示意,思量道:"利德先生请起,您的心情,我们非常理解,北大方面,我可以马上了解情况,钱冬梅工作在敏感单位,她现在称得上是核物理学家,正在欧洲访问学者,暂时联系不上,不过,可以通过学校联系她爱人,了解一些情况。"

杨老师热情道:"程教授,您联系北大,我现在就去校办联系钱冬梅爱人。"

程教授沉稳道:"我看这样,杨老师,小佟,你们先到学校档案部门,查阅历史记录,我同时联系北大,如果都找不到人,再由学校出面接洽钱冬梅爱人。利德先生,有一点还望理解,这有可能涉及到保密问题,很可能还要通过统战部门,您要提供全面详实的身份证明……"

北方山峦,大气磅礴,十月的山林到了红叶季节,茫茫苍苍,漫山红透。

夕阳明亮,层林尽染,一辆崭新的国产大客车中速行驶在砂石沥青路面的盘山公路上……

车上散坐着朴实的山民,魏如莲和李国荣并坐前排右侧,魏如莲兴奋指点石崖涧溪,李国荣探望赞赏。中排右侧靠窗座位,利德风衣在身,默默观赏路边林崖。

车速渐缓,石刻红漆大字映入眼帘——跃进林场。李国荣注目青石岩壁,脱口赞道:"颜筋柳骨,如见其人。"

利德闻声探视岩壁,再看前排,面露赞许。年轻女乘务员起身扶栏,报出站名:跃进林场到了,下车的旅客,请带好随身物品。

大客车缓缓停在路边缓冲开阔地带,一行人有序下车。先下来的几个山民招呼家人,大包小裹说笑离去。付场长和王校长恭迎在车门两旁,付场长直接从李国荣手上接过旅行包,亲切道:"是李校长、魏医生吧?我是林场的付贵才,这位是王校长。"

王校长执意拎过魏如莲的手提包,热情道:"两位领导,路上辛苦了,给我吧。"

双方热情握手问候,李国荣赞赏道:"一路上风景如画,真是好地方!"

魏如莲兴奋道:"看不完的红叶,听不尽的溪水,明年还来。"

付场长和王校长连声高兴道:"好啊,好啊,欢迎,欢迎。"

四人缓步走向不远处的自行车停车位,付场长实在道:"李校长的作风我们早有耳闻,林峰特意嘱咐,不要惊动县里领导,不搞接待,自行车直接带回家,这样医生、校长才轻松自在。"

王校长附和道:"这不,我和付场长只好遵命,骑着自行车来接大客车了。其实林场刚买了小轿车,付场长怕司机开山路手生,不如大客车安全,这样迎接省军级大干部,还是有些失礼呀。"

李国荣轻松道:"这样最好,坐大客车看山听水,自性自在做一回山野之人。"

　　魏如莲惬意道："就喜欢像爷爷奶奶那样,返璞归真。"
　　王校长感触道："李校长,真是百闻不如一见,您跟魏医生一开口,我们心里就踏实了,头一回见大领导,果然是平易近人,一点儿架子都没有。"
　　李校长笑道："架子是挂衣服用的,咱们不兴这个。听利贤说,现在美林家具合资公司办的是有声有色呀。"
　　付场长欣慰道："香港人厉害呀,公司的组合产品,已经进入南方市场。咱林场这边儿,条件改善多了,这几天带上爷爷奶奶,开车领你们各处山水转悠转悠。"
　　利德提箱默默跟随,听到利贤两个字,神情一震,疾步近前,四人停在两辆自行车旁,都感觉到异动,回身注意来人。付场长打量风衣绅士,热情道："先生,您是香港来的?总经理没通知香港方面派人来呀,有失远迎,快把箱子给我吧,先给您安排住处……"
　　利德愣一下,打住道："对不起,先生,我从台湾来,借道香港,取道南京,再上北京,一路找到跃进林场,我是来寻找亲人的,你们刚才说到利贤这个人,是吧?"
　　付场长点头道："是啊,您是——"
　　李国荣跟魏如莲惊讶互看,魏如莲近前一步,端详打量,探询道："你从台湾来,找利贤?"
　　利德紧张点头："是的,我找利贤,利他的利,贤惠的贤。"
　　魏如莲吸气凝神："你是利德?利贤德是你父亲?"
　　利德颤音激动："我是利德!利贤德是我父亲!"
　　李国荣慨然长叹,迈步近前,紧紧握手,深沉道："利德,利贤终于盼到了这一天……"

　　夕阳西下,山色苍茫,一行人漫步在拓宽的细砂石沥青大路上……
　　晚风吹拂,心意沉醉,炊烟的异香扑面而来。地势渐入开阔,众人收住脚步,红亮晕黄的夕阳余晖中,一大片错落有致的红砖青瓦房映入眼帘,岁月沧桑,砖瓦深沉,望远处,三排两层红砖青瓦新房掩映白杨……
　　一群孩子奔涌上路,嬉笑追逐,纷纷摆手跑过……

第二十三集

傍晚时分,校园秋色。

生活新区,林峰新家,仨屋一厨,厨房里,案板上摆着几盘备料——青椒丝,干豆腐丝,白菜块儿,蒜薹寸段,酱油喂肉片,姜丝葱花。煤气灶上小火滚沸大骨炖粉条,电饭锅轻轻一响,红灯跳到黄灯。利贤捞出大骨,倒进白菜片儿,灶开大火,热汽升腾。利贤等一下滚沸,顺刀撩过水豆腐块儿下锅,调到中火,柔声招呼道:"红儿,作业还有多少啊?有没有不会的呀?"

方厅里,小红伏案写作业,闻声收笔抬头,认真道:"贤姥姥,刚写完,没有不会的,可是有问题。"

利贤鼓励道:"什么问题呀?说说看,姥姥跟你一起把它解决了。"

小红端坐,扶正课本,朗声读道:"是一篇课文——秋天到了,天气凉了,树叶黄了,一片片叶子从树上落下来,天空那么蓝那么高,一群大雁往南飞,一会儿排成个人字,一会儿排成个一字,啊!秋天到了……贤姥姥,为什么大雁一会儿排成个人字,一会儿排成个一字呀?"

利贤惊讶道:"红儿,你的问题可不简单呢,别说贤姥姥,就是林姥爷回答,也不见得能打一百分儿。我试试看啊,这一群大雁呢,就像我们人一样,组成了一个大家庭,有大人,有孩子,有强壮的,有瘦弱的,他们的老家是在北方一个叫西伯利亚的地方,那里的冬天比咱们这里还要冷很多,秋天快要结束的时候,他们就要飞往温暖的南方,躲过老家漫长的冬季,要飞的路程很长很长。有几个最强壮的雁爸爸,他们轮流飞在最前面,打头的雁爸爸扇动翅膀的时候,翅膀尖尖那个地方,就会扇起一股向上吹的小风,后面的大雁借着这股小风飞行,就会省一些力气,这样一个传一个飞起来,你就看到了人字形或者一字形的大雁队伍。"

小红追问道:"那人字形和一字形,哪个更省力气飞呀?"

利贤又吃一惊,点头笑道:"问得好,这个问题我还真答不上来。贤姥姥问过林姥爷,他说大雁经常变换飞行队伍的形状,一会儿人字胖胖的,一会儿人字瘦瘦的,一会儿又变回一字形,这可能跟天空中风吹的方向有关系,大雁应该是怎么省劲儿就怎么飞。红儿,看着简单的问题,其实里面常常有很深的道理,所以一定要好好学习,好好思考才行。就说刚才的问题吧,姥姥、姥爷都这么大岁数了,还没搞明白,希望你长大了,能给我们一个满意的答案。"

小红表情认真,懂事地点点头,朗声道:"我一定好好学习,天天向上。"

利贤夸赞道:"我们小红最懂事了,吃完饭再给你妈妈她们写封信,不会的字姥姥教你。告诉她们,你又得了双百,因为歌儿唱得好,还当上了文艺委员。"

小红说声好,手上收拾文具,眼睛看向桌上的小钟表,笑盈盈慢声道:"贤姥姥,我现在能不能看《鼹鼠的故事》呀?"

利贤疼爱道:"当然可以啦,我差点儿给忘了,别说小孩儿,大人都爱看。"

小红马上兴奋地按下简易电视柜上的14英寸黑白电视机开关,画面刚好映出片头可爱的小鼹鼠。

利贤拨弄几下炖菜,看看滚沸,随手关火,拿过葱花小碟,刚要拨入炖锅,门铃响起。利贤开心道:"这个林姥爷,又忘带钥匙了,明天给他挂在脖子上,跟你们小学生一起排队上学。"

小红笑眼瞄住电视屏幕,挪步到门口,摸开暗锁,随口道:"那林姥爷肯定是我们班的学习委员。"

利贤笑道:"行了红儿,门开了,快回来看吧。"

小红说着林姥爷好,笑眼不离屏幕,回到座位。

房门半开,魏如莲和李国荣提包探身进来。利贤惊讶道:"哎哟,这么快就回来啦?我还等你们电话呢,爷爷奶奶跟回来啦?"

魏如莲和李国荣让开门口,目光饱含爱怜,利贤兴奋地从厨房探身出来,激动道:"爷爷奶奶,还真回来啦!"

房门洞开,瘦高绅士踏进一步,当门而立。李国荣悄然接过绅士手中的皮箱。小红感觉到异样,恋恋不舍屏幕,拘谨瞄看来人。魏如莲笑意安然,小声道:"红儿,没事儿,看电视吧。"

四目赫然相抵,时光就此静止……

葱碟直落地面,碎片清脆迸去……

四目悯然凝视,时光就此倒流……

【闪回:冬日的南京火车站出发站台上,客运列车缓缓启动,十六岁的姐姐利贤探身出窗,挥手喊出泪水:"利德——"

十三岁的弟弟利德随车奔跑,不时扬起手臂:"姐——姐——"】

利贤茫然道:"利德?"

利德含泪道:"姐,是我,我是利德!"

第二十三集

姐弟呼唤,直入肺腑:"利德——姐——"

月明星稀,雁阵高飞,远空流响,寂寥深邃……

林峰家,小卧室,屋门虚掩,小红恬静入睡,绒毛布小黄狗搂卧枕边。方厅里,利贤、利德、林峰静坐桌旁,桌面上,一张利家祖孙三代彩色合影,一张林家四世同堂黑白照片,一台双卡录音机,卡带均匀转动,苍凉直入肺腑——

"利贤女儿,我是爸爸。今年是台湾的民国68年,也是大陆的公元1979年。本该给你写一封长信,非常遗憾,我的视力突然模糊起来,医生说,我可能还有两个月的生命。趁现在还没有进入最后的昏迷,我把这段录音留给你,希望你这颗孤寂的心,能够得到一丝抚慰……

三十年来,但凡年节,你妈总要加上一副碗筷,不忘问候一句——利贤女儿,你挺好的吧?每次我都诚心祈祷——利贤女儿,命有善缘,必得善果。

岁月蹉跎,物换星移,不知道你在哪里,不知道你活得怎么样,不知道你何时才能听到这盘录音,更不敢奢望你还能听出我的声音来,想起你小的时候,连我上楼的脚步声,你都不会错过……

时间没有抚平创伤,在最后时刻不得不跨越的那条生离死别的战争裂痕,依然历历在目。如果道歉能够改变一个人的命运,我愿意在九泉之下,再次向你表达一个父亲深深的愧疚之情……"

【闪回:1949年4月19日,长江天险。

北岸沿线,解放大军士气高昂,修整装备,练兵帆船,渡江在即……

南岸南京城,军民逃亡大撤退。南京火车站,出发站台,南京至上海的客运列车,难民如潮,败兵争先,混乱中,利贤德塞给国民党军官两根金条,携妻儿卷进败兵队伍,挤上超载车厢……

汽笛长鸣,列车启动,车窗挤出密密麻麻的手臂,车下人潮涌动,妇女儿童追车哭喊……

1949年4月24日,南京国民政府总统府,高大建筑上站满解放军战士,国民党青天白日旗颓然坠落,解放军八一军旗高高飘扬……

1949年5月25日,解放大军逼近上海,上海军民逃亡南方大撤退……

上海码头,逃亡台湾的海鹰号客轮人满为患,船上船下,人如潮涌,喊哭震天。船上的信号兵摆旗大喊,上船浮桥看看就要收起,十几名国民党官兵手持冲锋枪,一路倒退上浮桥。群情沸腾,涌向浮桥,浮桥接地端口,两名士兵端起冲锋枪向天扫射示警,人群收住脚步。军官站在浮桥端口,一手持枪,一手举伸五指。人群中艰难挤出一家四口,跌跌撞撞冲向浮桥端口,带头的男人高举五根金条,士兵马上放行,军官抓过金条,喊一声快撤。男人让过上船的妻子儿女,回身堵在浮桥端口,竭力喊叫刚刚勉强挤出人群的年迈父母。母亲奔跑不及,跌倒在地,男人跳下浮桥,奔过去拉扯母亲……

人群骤然哭声大作,浮桥缓缓吊起,金条男人惊目欲裂,拉扯父母,淹没在涌到岸边顿足捶胸的人群里……

扬子江头,数声风笛,海鹰号客轮缓缓离岸。甲板上,利贤德悲泪纵横,搂抱妻儿,喃喃自语……】

小红梦遇鼹鼠,利贤心追往父,林峰目光凝重,利德垂首静穆……

卡带依然均匀转动,苍凉依然直入肺腑——

"葬我于高山之上兮,望我大陆,大陆不可见兮,只有痛哭。葬我于高山之上兮,望我故乡,故乡不可见兮,永不能忘。天苍苍,海茫茫,山之上,国有殇……"

利贤喃喃失神道:"爸得的是肝癌,后来一定很疼吧?"

利德缓缓沉郁道:"临终前已经转移到全身,视神经受到压迫,几乎完全失明。爸疼得受不了,妈就让医生加大吗啡剂量,最后是昏睡过去的。"

利贤的眼泪直扑下来……

林峰打破难耐的沉郁,动情道:"逝者长已矣,生者如斯夫。利德,这么多年来,你姐对爸爸没有哪怕是一丝一毫的报怨,想你们的时候,她总是这样安慰自己——幸亏爸爸妈妈没留下来,要不然,恐怕连第一场政治运动都熬不过去。"

利德感叹道:"那是一个对立的年代,台湾也一样,反攻大陆的政府意志贯穿社会生活,保密防谍、人人有责的反共标语,遍布大街小巷。如果你与当局的政治主张唱反调,甚至赞同大陆的某些主张,就可能会惨遭迫害。"

利贤关切道:"有这么可怕,家里人都没事吧?"

利德心悸道："我们还好，爸爸有一个生意上的朋友，因为内战时期同情过共产党，到台湾后又有不当言论，被人揭发出来，在监狱里折磨到半死，出狱后弄成个监视居住。爸爸实在看不下去，收留他在服装公司当个职员，养家糊口。姐，其实大陆、台湾，两边都难，好在最难的时候已经过去了。"

利贤惋惜道："是啊，妈妈还在，以后好好孝敬她老人家吧。就是没让爸爸看到我挺好的，心里接受不了。这几年，逢年过节，我都特别留心广播报刊，1979年元旦，全国人大在《人民日报》上发表的《告台湾同胞书》里，明确提出了造福两岸人民的三通主张，就是通航、通邮、通商，同时配发了国防部长徐向前元帅的声明，停止炮击金门等岛屿。当时我就跟林峰说，快要见到爸妈和弟弟了，没想到，爸爸这个时候已经躺在了病床上。"

利德感念道："就是在病床上，爸爸把全家人叫到跟前，让我给念了大陆的《告台湾同胞书》，爸爸对台湾政府继续坚持的不接触、不谈判、不妥协这样的三不政策，深表失望，要妈妈卖掉服装公司，嘱咐我转投香港电子行业，争取早日拿到香港身份，来大陆找你。爸爸说，台湾、香港不过是弹丸之地，去大陆，找亲人，有商机。"

林峰附和道："你奔走香港这期间，我们特别关注叶剑英委员长对台湾提出的九条方针，还有邓小平主席的一国两制构想。对此，李校长还专门跟我们做了深入探讨，他说，这里面有中华民族的大智慧、大机遇。利德，仁者见仁，智者见智，不知道你对此怎么看。"

利德深沉道："度尽劫波兄弟在，相逢一笑泯恩仇。鲁迅先生这两句诗，从中华文化的根性上讲，理应为炎黄子孙所共鸣。来滨江的路上，李校长和魏医生让我消除了很多顾虑。"

林峰感慨道："纵观东西方两大文明，欧洲的历史，是百国之分的历史；中国的历史，是百国之合的历史。台湾将来实现一国两制，乃是包容的使然，乃是历史的必然，台湾保持的中华文化，应该回归中原大地，生根开花。"

利德由衷钦佩，感叹道："林峰，这等振聋发聩的好见识，现在很难说在台湾社会能有什么样的反响，两岸还需要时间来沟通啊。"

林峰理解道："从地缘政治环境，到两岸体制差异，甚至民众心理，求同存异的国家统一，可能是两岸最好的相处方式，这恰恰体现了我们中华民族兼容并蓄的国家观念。"

利德感慨道："骨肉分离之痛，让我不能抛开体制差异思考问题，但是最近一年,我更倾向于历史文化方面的反思。回来这十天,我切身感受到了大陆政府和民众的友善,相比之下,目前的台湾,在很多政客眼里,国军'共匪',依然是不共戴天。"

利贤擦干泪痕,期盼道:"利德,既然大陆、台湾短期内不能往来,我想申请去香港探亲,争取咱们一家人能在香港过个团圆年。"

利德欣慰道:"你去香港探亲的事,我请教过李校长,他说学校会尽可能创造便利条件。这两年,我的香港公司起步比较艰难,最近我才买了一套公寓。台湾家里情况都好,你弟妹蓉美全职主持家务,儿子在美国读大学,女儿在台湾读高中,妈妈身体还好,只要你能去香港,他们肯定提前过来。我这次还带来早年爸爸写的自述信和国民政府嘉奖令,表明利家在抗日战争期间,为抗日前线捐献过大批优质军需品,这应该对你申请探亲能有帮助。"

门外楼梯上响起略缓的脚步声,房门轻轻叩响,林峰起身开门,刘百衡探身进来,轻声道:"小红睡了,没按铃。"

马立尧拄拐进来,丁国兰、何文芳跟在后面。利德、利贤连忙迎上来,林峰介绍道:"利德,这四位是我们三家巷几十年的兄弟姐妹。"

利德躬身施礼,感激道:"魏医生给我讲了三家巷的故事,这么多年了,承蒙各位关照姐姐,小弟利德代表亲人谨表谢意。"

刘百衡率先握手,亲切道:"都是一家人,应该的,我叫百衡,姓刘,衷心祝福姐弟团聚。"

利德欣慰道:"幸会百衡兄弟。"

丁国兰小声关切道:"利贤,魏医生都跟我们说了,有点儿担心,过来陪陪你。"

利贤平复一下情绪,感动道:"我不要紧,都放心吧。立尧,快坐,别累着。"

利德主动握手问候,刘百衡拿起桌上的利家合影,端详片刻,传递过去,安慰道:"利贤,心里一直惦记着,父亲就永远是活生生的,想开些,别太难过了。"

何文芳和丁国兰抱过利贤,抚背安慰,利贤的眼泪不知不觉流出来,难受道:"一想到爸爸在那么一个孤岛上,老是惴惴不安的样子想念我,心里就跟伤口撒盐一样。我想让他听到,我一点都没有抱怨他,只想感谢他的养育之恩。"

马立尧感悟道:"利贤,他老人家现在就听到了。你忘啦,在牛棚里,咱俩还讨论过意识空间是否存在的问题,你还说,如果存在,肯定比我们现在感知的空间多一个维度,那就是永恒。"

何文芳觉悟道:"姐,我们现在跟你一样,不想有如果,只想有存在。感应一定是有源泉的,也是相互的,古往今来,心有灵犀可不是随便说说的,你现在的情绪,就是父女思念的相互映射,你平复了,父亲也就安详了。"

利贤含泪微笑,利德钦佩不已。刘百衡体贴道:"林峰,一会儿到立尧那儿去,也好让他们姐俩清净说话,要是不想睡,咱们就弄几口儿……"

第二十四集

北京一月,首都机场。

国际出发区,见平推着行李车,伴着利贤、刘婷缓步前行。刘婷注意服务区,抬手指道:"北京飞香港,这边。"

利贤嘱咐道:"见平,毕业留北京的事儿,何阿姨又跟包所长联系了一次,你再跟所里强调你们俩的恋爱关系,不然真分到南京去,婷婷也不能安心读北大研究生,你这当大哥的,可不能苦了我们姑娘。"

见平笑道:"放心吧,妈,南京所是催得紧,不过北京所有充分理由留下我,这对两边合作大有好处,肯定委屈不了婷婷。"

三人在等候队伍末尾停下来,见平张望道:"就这儿。"

刘婷拉拉利贤的衣角,整理几下,一副大人模样,嘱咐道:"阿姨,在香港照顾好自己,当地人要是听不懂普通话,你就跟他们说英文,不用900句,几句就够,保证尊重你。"

见平和利贤都笑,利贤安心道:"你这都跟哪儿学的?到了香港,我就陪着姥姥,跟当地人搭不上几句话。婷婷,再给家里写信,多跟你妈说说你跟见平的业余生活,你妈就爱看这个。别忘了鼓励刘欣几句,三家巷就剩这么个宝贝,今年要是考上了,皆大欢喜。还有你,见平,常给丁阿姨写信,多夸婷婷。"

见平笑而不答,刘婷接话道:"哥,你可千万记住了,多夸你妹妹婷婷我,要不然我妈老惦着来北京找你洗脚。"

前后排队的旅客闻听笑起来,一位香港商人搭腔道:"不奇怪啦,你们北方人来到我们香港,度过一个夏天的学习生活,就会有很多香港脚啦。"

利贤轻声笑道:"这都哪儿跟哪儿呀。"

刘婷轻声好奇道:"哥,见过香港脚吗?"

见平笑道:"没这个学问,不过丁阿姨肯定没长香港脚。"

众人闻听又笑,不禁面面相觑。一位东北大姐探询道:"香港脚,啥意思?"

北京小伙儿思量道:"还真没听说过,改革开放新名词儿?"

河南干部看看无人应答,明白道:"改革开放这才五六年,思想还没有完全解放,内地不太可能一下子涌现出那么多的香港脚。我研究过参考文献,香港脚迈的那个步伐,连英国脚都望尘莫及,我们且得一步一个脚印,追赶一大阵子。"

众人纷纷附和,一位老干部笑道:"啊,原来是这样,没听过这么直白的新名词儿,俗了点儿,还算生动。"

香港人上下打量明白的河南干部,理解道:"看起来,这位先生是第一次去香港啦,不要以为香港什么都好,我说的香港脚,不代表香港的做事效率,香港脚是一种疾病,就是你们北方人说的脚气,学名字叫足癣啦。"

众人大笑,香港人认真道:"不要笑,这里面有历史故事的啦。鸦片战争中间,英国士兵不适应香港的湿热天气,好多人生了足癣,好难受的,英国人就把这种病叫做香港脚,大陆就不要学习的啦……"

起飞跑道,一架波音737客机冲天而起……

机场外辅路,见平和刘婷目送飞机消融在远空。刘婷主动挎住见平依偎而行,新奇道:"我还是第一次看飞机起飞,心跟着妈忽悠了一下,哥,实验基地的飞机是不是忽上忽下的?你可得要注意安全哪。"

见平看看周围,拘谨道:"安全我肯定注意,实验都有操作规范。婷婷,别贴这么紧,警察都注意我们了,北京不是香港。"

刘婷看看松开,撒娇道:"那就到你宿舍,我把论文提纲细节都拟好了,帮我好好推敲一下。"

见平笑道:"我那点儿底货早让你掏空了,真想写出新意来,就趁寒假回家,向李校长老一辈好好请教,他们不单是历史的当事人,更是科学精神的实践者。婷婷,有一点很重要,展现建国以来的技术史,就视野的深度、广度而言,应该扩展到技术以外的关联领域,重点是体制和政策,多读多想,才会有精华沉淀。"

刘婷兴奋道:"哥,你说这样写出来的本科论文,还不得达到硕士水平呀?"

见平坦然道:"有什么不可以吗?我看这样的导师背景,论文就是达到博士水平也不奇怪,中国在很多领域迫切需要真知灼见的反思和建议。"

刘婷依恋道:"哥,七岁的差距怎么这么大呀?我们班才子不少,钻研细节都是能手,就是没见有谁站到你这个平台上看问题的。"

见平理解道:"婷婷,每个人都有历史的局限性。你是研究历史的,从你出生开始,回看七年历史,多少事,从来急,天地转,光阴迫,我们不完全是同一代人。"

刘婷动情道:"就是呀哥,我还在娘肚子里的时候,你就给我妈洗脚。告诉你个小秘密,可不许笑话我呀,冬天的晚上,宿舍挺冷的,睡觉前想你的时候,我就搂着枕头,静一会儿,脚下真有热流暖上来。回家一问,我妈说,这是娘胎里带的缘分,她也有暖流。"

见平沉吟道:"娘胎里带的缘分,听着丁阿姨这句话长大,小时候只是觉着好玩儿,现在心里挺不安的,立国也有同感。你说咱们这两对儿,年龄差别这么大,浪漫却没那么多,你跟利民要是觉着乏味,可千万实实在在告诉我们啊。"

刘婷笑道:"哥,我们宿舍那些姐妹的看法恰恰相反。你没注意她们看你的眼神?我要是一松口,班花准得第一个嫁接上来。你猜利民来信怎么说,身边是有好酒,闻着也挺香,就是都没酿透,还是陈香醉到妹妹心里。"

见平思量道:"既然利民这么夸奖立国,过年就让利民把立国这瓶陈香带回林场,太爷爷太奶奶准得醉一回。"

刘婷兴奋道:"行啊,哥,那你更不能空手回去呀,把我这瓶陈醋也带回去吧,太爷爷太奶奶准能多吃几个饺子……"

林海雪原,林场景致,鞭炮声此伏彼起。林家院落,大红春联,上联是——四世同堂五福临门,下联是—— 一脉相承三生有幸,横批是——和生济物。

院当中,立国、见平各持二踢脚鞭炮,燃放升空,利民、刘婷侧躲观看。稍停,刘婷挑举一杆鞭炮,利民接过立国递上的烟头,吹红火头,点燃鞭炮,连珠炮引来一群跑过的孩子,挤在院门探头张望。

不远处,缓缓驶来一辆拉达轿车,孩子们马上嬉笑围上去,纷纷嚷着财神爷过年好。付场长笑眯眯下车,捧着狗皮帽子分糖。孩子们你一把我一把,转眼抓光,一哄而去。付场长抖抖帽子,戴上进院,刘婷、利民抢先甜笑道:"财神爷,过年好!"

付场长嘴里和着过年好,伸手摸出两个压岁红包,刚要递给刘婷、利民,腰背就被见平、立国搭住。付场长乖乖配合,见平一声起——两人就把付场长悠荡在空中。付场长连声告饶道:"慢点儿,慢点儿,再忽悠几个来回儿,我这把老骨头就散架子啦。"

门毡帘掀动,爷爷先出来,笑看付场长在见平和立国手臂上荡秋千,逗趣道:"我说付铁嘴儿,我这把老骨头还没散架,你个小毛孩子倒先放挺儿啦。"

奶奶扶稳林峰的手臂迈出门,责怪道:"你个老顽童,大过年的,也不说点儿吉利话。贵才呀,又辛苦了一年,孩子们忽悠你几下,咱林场都跟着步步高。"

刘婷带头鼓掌,付场长落地,躬身抱拳,喜庆道:"谢老寿星吉言,今天咱们一块儿过个好年,见平、立国,扶老寿星上车。"

爷爷摆手道:"我不用,扶太奶奶吧。"

奶奶笑道:"地上没雪,我也不用。贵才呀,今儿是咱林场大团圆?"

付场长笑道:"年前林场职工都聚过了,分红发奖金,热闹了一宿。今天场里特意请两位老寿星,还有顺子一家,大伙儿喝喝酒,说说话。林峰,你跟车照应老寿星,孩子们,酒席摆在美林公司食堂,你们走着去吧,我去叫凤琴她们。"

大家搀扶老人上车,拉达轿车缓缓启动,两对恋人跟在车后,互扔雪团,笑闹追逐……

山脚下平坦地带,美林家具公司区。

职工食堂,空间宽大,暖意融融,地当中,一张超大圆木桌,王校长跟着服务员来回上菜,桌上盆碗盘碟,摆放有序——杀猪菜、山鸡炖榛蘑、野兔炖山参、红焖狍子肉、滑溜飞龙脯、酱焖胖头鱼、酸菜粉炖血肠、盐渍山野菜、白菜木耳豆腐泡、蒜苗滑溜水豆腐、黄花菜拌葱丝肚丝、糖醋青红萝卜丝、山核桃仁、榛子仁,两瓶茅台酒,桌边摆放成箱的五大连池汽水。

众人纷纷进门,暖意扑面,雾气升腾,王校长过来拉手问候。老少礼让一番,桌边依次围坐——付场长、爷爷奶奶、顺子妈、王校长、顺子、杏芬、林峰、凤琴夫妇带小红、东顺、立国、利民、见平、刘婷。

服务员摆好最后两道新鲜南方蔬菜,大师傅擦手近前,殷勤道:"场长,菜齐了。老人家,今天这些个家常菜,都是专门为你们准备的。付场长有令,肉要炖到十八般火候,入口即化。你们慢慢吃着,还想尝尝哪一口儿,尽管言语一声。"

奶奶感谢道:"够多了,谢谢孩子们,都辛苦了,过来一块儿吃吧。"

众人也纷纷礼让,大师傅实在道:"我们看火候留了菜,在后厨吃,过年了,也喝上几口儿。场长,起杯吧,一会儿菜凉了。"

刘婷、利民抢先起身倒酒,爷爷闻出酒香,由衷赞道:"好茅台呀,香在脑子里。去年秋天跟李校长和利德,喝过一回,就这味儿。"

奶奶嘱咐道:"好喝也不能多喝,人要服老,你这岁数,抿两口儿就行了。"

付场长起酒,感慨道:"八十八这岁数,过去在咱林场没几个,要说夫妻双双八十八,就是全国也不多见,咱林场是啥地方?好山,好水,好人,天地造化呀,来吧,大伙都举起这个杯,为了善缘广结的老寿星,为了造福子孙的八八八八,咱们晚辈喝一个拜年酒,老寿星,顺子婶儿,你们随意,抿一口儿。"

奶奶笑道:"你个付铁嘴儿,好话赶上下酒菜儿了,老爷子,那就痛痛快快喝一个吧。"

爷爷开心道:"就是嘛,这么好的酒,我得带个好头儿呀。"

众人看着爷爷奶奶,男人一饮而尽,女人蜻蜓点水。付场长和王校长顺手给爷爷奶奶和顺子妈夹菜,顺子妈转夹给爷爷奶奶,体贴道:"别紧着我,来,老寿星,尝尝滑溜飞龙脯,嫩着呢。"

爷爷摆手道:"自己来,礼到了,都快吃吧。"

刘婷、利民起身满酒,众人尽情吃过一回。林峰指着盘子估量道:"场长,就这两盘肉脯,怎么着也得七八只飞龙吧?"

付场长看看凤琴一家,刚要回答,小红马上举手抢答道:"林姥爷,我数过,一共八只飞龙,是我爸爸进山打的。"

凤琴搂过小红,疼爱道:"家里不是课堂,不用举手说话。"

小红爸憨笑道:"其实不算啥进山,就在山口林子里打的。这还得感谢老一辈林场人哪,六几年载的小树苗,现在都成林了。这几年,大伙儿都忙活家具公司,收入翻了好几番儿,没人指望那点儿山货,这山就养住了,眼看着小动物多起来,上秋检查病虫害,还看着一回狼。"

王校长在意道:"那可得通知学生们,放学后不许满山乱跑,还得告诉刚来的几位新老师。"

顺子关心道:"王校长,听我妈说,学校打算扩建,现在张罗得怎么样了?"

王校长兴奋道:"都是付场长张罗的,还是请他说吧。"

付场长起酒道:"来,都抿一口儿,边吃边说。过了年,我这个场长就退下来了,以后全力协助王校长,争取办好林场小学。年前美林家具公司做出个决议,捐给林场小学十万元扩充规模,外加五万元电化教学设备,都是从香港订购的,而且从今年起,每年提留公司利润的2%,作为林场教育发展基金,为期十年,到期再议。这样就可以高薪吸引优秀教师来林场小学稳定工作,还能把附近三个林场困难家庭的孩子吸收过来,变成全日制免费住校生。香港人真有眼光,说这是做公益,将来准备拍摄系列跟踪广告。"

利民频频点头,顺子妈惋惜道:"这样的好事儿要是搁在几年前,咱小红就不用出远门儿了,也省得给利贤、林峰添麻烦,耽误国家大事。"

林峰连忙打住道:"婶儿,千万别这么说,您一家替我和利贤尽孝,恩重如山,我和利贤无以回报,只求将来把小红送进大学校门,我们还能像孝敬母亲一样照顾您。"

利民亲昵道:"奶奶,咱小红可乖了,不仅学习好,手风琴也拉得有拍有调,我妈每次给我回信都夸她。"

见平起杯道:"奶奶,风琴姐,姐夫,大恩不言谢,我代表亲人敬你们一杯。"

众人几乎同时举杯跟进,顺子妈连声道:"哎呀,言重了,不敢当,可不敢当。"

刘婷、利民悄然满酒,杏芬自豪道:"说到根儿上,还是咱山里养人。妈跟我念叨,事儿是大伙儿做的,能跟在老寿星身边孝敬,走路腰板儿都挺得直直的。"

众人共鸣感叹,爷爷感动道:"谢谢,都谢谢,都是中华好儿女。今天咱们大团圆,我就想起李校长、蔡校长他们,想起利贤一家人。今天利贤也是合家欢哪,别看利德是台湾那边儿的,说话办事儿,还是地地道道的中国人。我还是那句老话,山里孩子想念书的,咱们都帮衬一把,老太太,拿出来吧。"

奶奶展开桌边的小布包,露出厚厚两叠港币和人民币,平和道:"这两万元香港钱,是利德临走前留给我们的,这五千块钱人民币,是大学里那十大牛鬼蛇神,托李校长带给我们的。先生说过,知书达理,人人有责。我跟老爷子琢磨着,咱也给林场小学弄个念书奖励啥的,跟婷婷、妞妞这么一说,俩闺女立马就给起了名儿,叫林海读书基金,说是盼着咱林场多出人才。王校长啊,林海这个事儿,你就接着张罗吧。"

众人肃然起敬,王校长接过布包,深深一躬,众人鼓起掌来。利民、刘婷先给太爷爷太奶奶满上,太爷爷拉住利民,爱抚道:"好妞妞,多跟你妈学本事,将来当个好老师,立国打小儿就疼你,你们好好过日子。"

立国感动举杯,谢过太爷爷太奶奶,一饮而尽,利民亲一口太爷爷,脸红撒娇道:"太爷爷,我还没毕业呢。"

众人开心笑出来,太奶奶拉住刘婷,祈盼道:"闺女呀,你们这大书还得念几年哪?我可盼着五世同堂呢……"

香港景致,车水马龙。

公寓大楼门前,往来人互贺新春,恭喜发财。

楼上电梯口,流动指示数字慢慢跳升,停在16楼位置。电梯门徐徐分开,利德西服革履,蓉美得体便装,两人分别提着食品袋和服装袋先出来,利贤挽着母亲跟在后面,体贴道:"妈,心还慌吗?"

母亲轻轻拍拍利贤的手背,安慰道:"不要紧,习惯了,中间不停还好,一停就跟飞机起降差不多。蓉美,我带钥匙了。"

蓉美两手服装袋并在一手,抬手按门铃,回身体谅道:"不用了,妈,婉珍开吧。姐,妈心慌,也是因为这些天没睡好,半夜妈常到你床边坐一会儿。"

利贤搂紧一下母亲。门开了,女儿婉珍把《琼瑶小说集》随手夹在腋下,麻利接过蓉美手上的服装袋,关心道:"奶奶,姑妈,出门一转就是三个多小时,累了吧?"

母亲高兴道:"不累,买了不少菜,你姑妈要咱们尝尝大陆的东北风味儿。"

婉珍快手把服装袋和小说放在方厅桌上,回身接过利德手上的食品袋进厨房。母亲坐下换鞋,利贤蹲下摆好拖鞋。

方厅典雅,安逸舒适,正面墙上,利家四口黑白老照片格外醒目。婉珍查看食品袋,高兴道:"哇噻,五花肉!"

利贤疼爱道:"婉珍,看你爱吃北方红烧肉,今天干脆做几个东北菜。"

婉珍回味道:"文火酱油煨出来的带皮红烧肉,不放糖,就上一碗泰国香米饭,哇噻,我哥要是闻到了,肯定得馋出翅膀飞回来,美国汉堡他早吃腻了。"

利德感慨道:"婉珍,将来要是能去大陆的北方山野,你才能真正体验到大气磅礴的意境,更不用说那些山珍美味了。"

婉珍调皮道:"那我就给蒋经国总统写封信,请他老人家高抬政治贵手,放我去大陆一游。"

母亲打住道:"婉珍,回台湾可不许开领袖的玩笑,小心麻烦。"

利贤在厨房归弄食品,洗手准备下厨。利德在方厅摆放茶具,招呼道:"姐,晚饭还早,不急,咱们先喝茶,休息一下。"

蓉美从服装袋里拿出一件枫红细绒羊毛开衫,展示道:"姐,过来再试试,服装店的灯光装饰性太强,我再确认一下颜色。"

利贤擦手笑道:"到底是服装专家,看颜色还有这么多讲究。蓉美,我看你穿不错,我都五十出头儿了。"

蓉美把利贤拉到门口衣镜前,专业架势摆弄试衣,打量羡慕道:"哇噻,天生美白,我看也就四十出头。自己好好看看,怎么样,枫红这么一烘托,人面桃花开颜了。"

利贤容光焕发,情不自禁对着衣镜照看打量。利德看看婉珍,会心道:"我说的没错吧?你姑妈最喜欢枫红色了。"

婉珍悄然道:"姑妈真有气质。"

母亲望一望墙上,按一按眼角,酸楚道:"看你还是这么喜欢小时候的枫红颜色,你爸都笑了。"

利贤挨到母亲身边坐下,母女搂扶,沉浸片刻,利贤喃喃道:"妈,我想把这张照片带回去。"

利德会心道:"姐,我翻拍了不少老照片,都给你带回去。来,咱们喝茶。"

一家人默默品茶,母亲看看利德、蓉美,感触道:"咱们利家人,台湾、大陆天各一方,就这么提心吊胆三十多年,总算盼到了互道平安。虽说才团圆十天,可处处和睦体贴,你爸悬在半空的心终于可以升上去了。利贤哪,还有一件事要跟你说,利德,把你爸的遗嘱拿来。"

利德起身进卧室,回身拿出一只文件袋,交给母亲。蓉美表情细微,静默期待。母亲抚摸一下文件袋,递给利贤,解释道:"利贤,你看看,这是你爸立下的现金财产分配遗嘱公证书。咱们利家逃离大陆之前,你爸没想到国民党军队说垮就垮下来,钱都压在南京的工厂里,国军兵败如山倒,工厂和房子根本卖不掉,家里的银元和金条勉强凑上了一家人逃难的买路钱……"

【闪回画面加母亲画外音:一家三口人,就这么拎着几个箱子,在台湾安了家。我和你爸先上班打了八年工,有了一点积蓄,你爸不甘寂寞,白手起家,做起了服装生意,我给他做帮手。利德跟你一样,喜欢工程技术,台大毕业以后,聘在电信工程研究所做研究员。蓉美是你爸公司的营销经理,市场做得有声有色,跟利德结婚生子以后,我就退下来,全职照顾一家人。你爸去世后,家里卖掉了服装生意,利德就拿着这笔钱,来到香港创办电子公司……】

蓉美给母亲续上茶水,母亲呷一口,继续道:"这笔现金折成港币,一共是

330万港元,你爸是这样分配的,你和利德各得30%,就是每人99万元,留给我40%,就是132万元,你爸留给我这个比例,主要是担心电子行业风险大,全家要留一条后路。"

利德愧疚道:"电子公司起步不容易,这几年下来,资金一直有缺口,妈和蓉美理解我的难处,截止到去年底,不算我和蓉美的投资,这笔现金遗产已经累计投入公司250万元。我们商量好了,你这次先带40万元回大陆,余下的等公司周转开了再给你。"

蓉美察言观色,临机道:"万一公司撑不下去,利德就卖掉清盘,首先满足爸爸的遗愿,尽量保证姐姐的余款。我和利德还可以上班打工,供两个孩子上大学。"

婉珍表情惊讶,茫然道:"有这么严重?"

利德看看妻女,不以为然道:"别听你妈夸张,事情到不了那一步,安心读你的书。"

利贤连忙打住道:"这怎么行?本来全家人在台湾生活得一帆风顺,都是因为我,才抛家舍业到香港来创业。爸妈的心意我领了,钱我是一分也不能拿。利德能把身上所有的钱都留给山里的爷爷奶奶,我就知道,利家人都对得起贤德二字,这是爸爸最希望看到的。公司生意我不懂,又没钱帮你们,妈这么大年纪,还要跟着操心,真是对不住。"

蓉美轻出一口气。母亲沉吟片刻,欣慰道:"好女儿,有你这份孝心就够了,将来钱还是要拿的,大陆穷,你也是上有老下有小啊。"

蓉美脸色微沉,不服道:"我也是愿意往好处想,可这新兴电子行业比不得传统服装行业,市场产品日新月异,今天翻手为云,明天覆手为雨,要么大发,要么打发,咱们走着瞧吧。"

利贤平和道:"蓉美说得有道理。都不用为我担心,一方水土养一方人,我现在生活挺好,没什么花销。看看你们香港、台湾,工资高,东西也贵,孩子又在美国上大学,还要给公司追加资金,你们的压力肯定比我大。既然又说到钱,我就认真表个态,利贤名下的现金遗产,我自愿放弃。"

蓉美如释重负,表情舒朗。利德自责道:"姐,来香港发展没有错,只是我过于书生气,从亚洲国家经济发展的未来趋势看,数字程控电话交换机市场前景广阔,所以我一直坚持创立一个属于自己的中华品牌,产品定位在服务于公司企业和政府机构的小型电话交换机领域。目前,产品主要指标已经比较接近日本和欧美大公司的标准,电子接点处理工艺还获得了专利,关键是差在市场营销上,没有规模就没有知名度,没有知名度又难以扩大规模。"

婉珍天真道:"爸,既然大陆有那么多人,技术又那么落后,就请姑妈帮你在大陆提高知名度呗。"

蓉美赞许道:"在市场预测这一点上,其实你爷爷是最有远见的,有大陆的开明政策,加上姐姐这层关系,我们就是近水楼台先得月。利德,我看不妨一试,请姐姐先了解一下大陆市场的运作方式。"

母亲担心道:"这样好是好,就是千万别再给利贤添什么政治运动上的麻烦。"

婉珍思量道:"奶奶提醒的有道理,现在台湾国民党况且还这么讲政治,更不用说大陆共产党了。"

全家人齐看利贤,利贤挨个续上茶水,平和道:"这个不用担心,利德在中国最相信一个共产党员,就是我们大学的老校长李国荣。李校长有一个观点,他认为,当前中国大陆对台湾的开明政策,说到根本上,不是国共两党争强示弱的策略表现,而是中华民族文化自觉的必然结果。"

众人欣慰互看,婉珍试探道:"姑妈,你和姑父都是共产党员吗?"

蓉美连忙打住道:"婉珍,没礼貌,不是什么问题都可以问的,共产党和国民党都有自己的组织规定。"

利贤笑道:"没什么,你姑父是,我不是,年轻的时候想过,出身不好,想也白想,政治运动结束以后,天天忙工作,不知不觉就到了快要退休的年龄。"

婉珍好奇道:"我哥来信说,他看到一群美国大学生,打着向雷锋同志学习的汉字旗号,在大街上助人为乐,还向路人宣传大陆的雷锋精神。姑妈,能说说雷锋同志是个什么样的人吗?"

利贤平和道:"雷锋就是一个普通的中国人,说来不幸,一个旧中国的苦孩子,七岁成了孤儿,在乡亲们的救助下长大成人。他把全心全意为人民服务当做最大的人生目标,生活中勤俭节约,扶贫济困,工作中关爱同事,奉献社会,只可惜,年纪轻轻的就因公殉职。他的事迹广为传颂,他也就成了中国大陆的道德典范。"

母亲关心道:"那这个雷锋是共产党员吗?"

利贤笑道:"不仅是,而且是优秀共产党员。"

蓉美思量道:"美国人可能不知道雷锋是共产党员吧?毕竟是信仰不同,

价值观也不一样。"

利贤沉吟道:"我觉得,雷锋的道德精神,应该成为不同社会形态公认的价值观。"

利德思量道:"美国有高明的法律意识,中国有高尚的道德观念,法是规则,德是境界,有法缺德,有德无法,终不成体统,德法兼备,贯之以仁,才能达成和谐共荣的社会理想。"

婉珍佩服道:"爸,姑妈,你俩说话像爷爷。"

母亲表情欣慰,点头赞许,利贤深情道:"因为我俩是你爷爷的儿女呀。利德,明天领我到公司看看,了解一下产品功能,我要带技术资料回去,先到有关部门咨询基本情况,还要详细了解港商投资优惠政策。不过大陆北方不比南方,比较保守,办事要有耐心。"

蓉美起身兴奋道:"事情都是有利有弊,北方保守,恰恰说明市场潜力大,事在人为,我们有耐心。行啦,你们都休息,我去准备晚饭。"

婉珍笑道:"我妈一高兴就忘乎所以,今晚姑妈要做大陆东北菜,妈,你不是高兴糊涂了吧?"

母亲高兴道:"你妈难得糊涂。蓉美,我帮你洗菜备料,利德,你姐过两天就上飞机了,抓紧介绍公司情况吧。婉珍,你姑妈可是北平清华大学全优生呢。"

婉珍纠正道:"奶奶,北平是老皇历了,现在叫北京,爷爷最希望我能考上台湾清华大学,没少给我讲姑妈的故事……"

利家卧室,床头微灯。蓉美拥着利德,两人和衣而卧。利德提示道:"蓉美,这些天你应该看得出来,跟姐姐不必客套表面礼节,她从小就是朴素之人,别再给她买衣服了,多买几块实用的好手表,至于电子表之类的小东西,可以多买一些,听说在大陆送朋友很体面。"

蓉美温顺道:"都听你的,明天就办好。哎,利德,看不懂啊,真是不可思议,姐姐对金钱好像没有什么感觉,不知道姐姐家里人对她放弃遗产怎么想,我这心里总是不踏实。"

利德感激道:"姐姐放弃遗产,是体谅我们确实有困难。我了解姐姐,你不用担心,更不能打鬼主意,她是不会要这笔钱的。不过话说回来,将来公司真有起色了,一定得把这笔钱给姐姐,你现在无法体会,大陆还是很穷的。"

第二十四集

　　夜阑人静,利贤卧室,房门虚掩,床头微灯。利贤和衣而卧,微目想心事。母亲轻轻推门,探头看看,利贤微笑道:"妈,快进来,地上凉。"

　　母亲披衣来到床边,利贤挪身让出空位,母女会心笑出来,两人盖着一条棉被,亲热搂贴片刻,轻声聊起家常话……

　　上午时分,香港繁华商业街,表饰商店,利贤跟着蓉美逛柜台。柜台小姐服务在旁,殷勤道:"您真有眼光,西铁城和精工这两个品牌,都是世界一流的日本制造,价格蛮便宜的,大陆来的领导干部非常喜欢。您不妨看看这款女士表,在大陆非常流行的。"

　　利贤试戴翻看,赞许道:"精致小巧,真不错。你这里有欧米伽手表吗?"

　　小姐欠身抬手,微笑道:"应有尽有,这边请。"

　　蓉美理解道:"你跟爸爸一样,喜欢瑞士老牌子。"

　　小姐殷勤展示,两人左试右戴,预留出四块手表摆在柜台一边。后台老板娘喜不自禁,对老板悄然道:"又是国语客,老东西,我看阿香可以留下。"

　　老板得意道:"不吃醋啦?跟你讲,不出三年五载,大陆客就会蜂拥而至的,服务小姐不讲国语怎么得了?现在进来一个,就带走一张打折名片,他们那些亲朋好友,只要落地香港,就会拿着名片直挺挺地找过来的。"

　　老板娘兴奋道:"快看,又加两块,三对情侣表。"

　　老板踮脚探头,喃喃道:"正在打包装呢,我们的阿香非常能干。"

　　老板娘扯住耳朵拉回来,咬牙道:"老东西,能干也不许一起干。"

　　蓉美从挎包里拿出钱包,利贤不安道:"一下子买这么多,太破费了。"

　　蓉美递钱爽快道:"妈妈的心意,要好好感谢你的朋友恩人,不能推辞。对了,正好律师文件也带在身上,你顺便签个字吧,这样利德支配现金方便。"

　　利贤没反应过来,不解道:"什么文件?"

　　蓉美随口道:"就是昨天说好的事情。"

　　利贤接过文件翻看,确认道:"是放弃遗产的文件吗?"

　　蓉美递上派克笔,微笑道:"是的,这里办事处处都要法律文件作保证,本该去律师楼当面签的,律师是我朋友,知道你是大陆来的,就通融了一下。"

　　利贤接过文件翻看一下,会意道:"你的律师是不是觉得我们大陆来的不懂法律呀,我签在哪儿?"

蓉美自知失言,翻到文件末页,圆场道:"那倒没有,我们都觉得大陆人朴实。签在这里,还有,每页下边小格格地方,签上你的以呢收。"

利贤确认道:"以呢收,是英文 Initials 吧?"

蓉美惊讶道:"对,就是你名字的英文缩写。利德只跟我说你俄语好,没想到英语也不错,这样,签上字头 XL 就可以。"

利贤逐页认真签好,合上文件,把玩几下派克笔,夸赞道:"温润油滑,真是好笔!"

蓉美心虚一下,脸色微红,麻利收好文件,接过柜台小姐零钱找头,礼貌道:"非常感谢,您的服务真周到,下次还带亲朋好友来这里。借问一下,这条街上,哪里有卖派克金笔的呀……"

香港机场,晴空万里,起飞跑道,一架波音 737 客机冲天而起,快速爬升到海岸线上空……

机场旷地,利家三代望空伫立,母亲潸然泪下,蓉美递上手帕……

海岸线俯瞰,晴空万里,山海分明,一架苏制安 24 运输机轰鸣翱翔,运输机下方低空,一架军用直升机隐约可见……

运输机驾驶舱,飞行员检查导航电子设备终端显示,沉稳道:"安两 4 报告指挥中心,飞机电子导航信号时断时续,仪表显示异常,已经暂停雷达样机试验。"

【运输机飞行员耳麦沉稳画外音:安两 4 注意,操作正确,安全第一,不得再开启试验雷达样机,检查飞机电子导航系统,随时报告指挥中心。】

运输机飞行员沉稳道:"报告指挥中心,实验人员确保关闭试验雷达样机,安两 4 正在自动检测电子导航系统,机师待命排除故障……导航信号恢复正常,仪表显示恢复正常,现在报告飞行方位……"

【运输机飞行员耳麦沉稳画外音:安两 4 注意,立即返航,随时监控仪器仪表,注意控制降落速度,确保全体人员安全。】

运输机飞行员沉稳道:"安两 4 明白,立即返航,控制速度,确保安全……"

第二十四集

军用机场,安 24 运输机平稳降落,徐徐停在跑道尽头。一辆军用吉普车和一辆地勤服务车驶向停机坪,机尾舱门打开,运输导板铺下,见平手拿记录图表,伴着同样年轻的眼镜李,后面跟着中年刘工和包所长,四人走出飞机。两个地勤服务兵迎上来,见平嘱咐道:"雷达样机先不要动,一会还要摘下几块功能板,调试以后,下午可能再飞一次。"

地勤兵说声明白,站到一旁待命。刘工泄气道:"看来,我们还是低估了电磁干扰的复杂性,这么个小东西,上天入地的差别,实在是太大了。"

眼镜李补充道:"目标丢失的同时,我注意到机窗外侧下方的一个模糊移动小点儿,那肯定是低空盘旋的直升机。唉,不用望远镜都能看到的目标,雷达样机却视而不见,实验不起作用倒也罢了,还把电子导航仪弄瘫痪了,吓出我一头冷汗。"

包所长分析道:"电子设备都挤在机头这么个小空间,相互位置、接口连线,甚至电源线,只要稍有变动,都能收获不同干扰,现在看来,雷达样机在总体设计上的缺陷是显而易见的。上午时间还早,马上组织力量,分析一下实验数据,见平,你怎么看?"

见平沉稳道:"今天的实验,其实收获并不小,雷达样机第一次有了暂短的下视功能,只是比肉眼看到的范围还小,相当于雷达超高度近视。但是近视跟无视相比,还是有本质区别的,说明雷达样机的原理设计基本正确,这是最重要的,我认为起步还可以。"

包所长赞同道:"说到根本上了,急功近利容易产生盲区,实验以前,我们的期望值太高,反而忽略了最本质的结果。万里长征迈出了跌跌撞撞的第一步,讨论会要特别强调这一点。见平,一会儿你重点发言,思路要展开到雷达整体设计的约束条件方面。"

地勤兵架梯打开机头部分,里面露出雷达样机部件,耀眼的阳光下,前端平板缝隙天线格外醒目。见平换下地勤兵,站在工作台架上,俯身拆卸功能板块,台架下的地勤兵小心地接过来,传递给刘工、眼镜李……

蓝天白云,停机坪视野,四个地勤兵有条不紊地检测维护飞机。见平一行四人在军用吉普车后部小心摆放好功能部件,讨论着问题上车,吉普车缓缓远去……

机载雷达试验基地,简易研究室,见平在黑板上写画公式和电路图,二十几位中青年研究者专注听讲。见平收笔回身,沉吟片刻,总结道:"上午的实验结果表明,雷达样机与其他电子设备相互产生的强波动电磁干扰,直接说明样机的工艺设计缺欠致命,方法上和加工上的问题都不会少。由此提醒我们设计者,必须遵循系统工程的规范要求,把雷达样机当做整体机载电子系统的重要环节来综合考虑。我认为,应该从消除机载电子设备相互干扰的电磁兼容解决方案入手,首先解决雷达样机的自身干扰问题,建议大家全面关注样机内部的耦合通道途径……"

眼镜李首先说出有道理,众人议论附和……

1984年4月8日,傍晚时分,西昌卫星发射中心,发射场区,天色微暗,山色朦胧,3号位发射塔台上,长征三号运载火箭巍然耸立。

发射塔台几公里外大凉山湾,特殊建筑星罗棋布——

卫星发射指挥控制中心大厅,大屏幕同步显示发射塔台全景画面,徐进一行高层指挥人员就座于总指挥台,复核最新数据,操控技术人员各就各位于多种控制台,全神贯注多种记录仪和显示器……

卫星发射通信总站,天线隐立,网线绵延,各类通信机房内,通信兵守机待命,指挥员发号施令……

卫星发射跟踪测量1号站,大型抛物面雷达天线朝向火箭飞行预测轨道天空,跟踪测量机房内,操作人员调机待命,数据传输系统、计算机系统、测速系统、测轨系统、时间统一勤务系统等仪器仪表运行闪烁……

卫星发射跟踪测量2号站……

卫星发射跟踪测量3号站……

渭南卫星测控中心,巨型抛物面雷达天线,以及遥测、遥控天线静静朝向目标轨道预测天空,避雷塔架高耸在旁。测控操作机房内,各类测控设备排列有序,外测系统、遥测系统、遥控系统、通信系统、时间统一勤务系统、计算机系统等终端信号屏幕纷呈,测控人员密切关注屏幕数据、曲线,严阵以待,何文芳一行资深专家谨慎巡视……

大洋深沉,天水苍茫,远望一号航天测量船波澜不惊,静待目标,巨型抛物

第二十四集

面天线并列朝向目标预测轨道天空……

北京傍晚,航天部第一研究院——中国运载火箭技术研究院,小型研究室,工作台上,图纸资料摊开,几部电话并列,火箭技术专家轻声讨论数据,凌云笔尖指点,标出几个红圈参数……

1984年4月8日,19时20分,西昌卫星发射指挥控制中心大厅,大屏幕上同步显示发射塔台全景画面——灯光照射下的发射场区,3号位发射塔台,长征三号运载火箭……

【倒计时沉稳画外音:嚓嚓嚓嚓的走秒声中,10,9,8,7,6,5,4,3,2,1,点火!】

发射塔台周边区域,烈焰橘黄泛红,浓烟翻滚升腾,长征三号运载火箭拔地慢起,加速刺破苍茫天空……

苍穹深邃,长征三号运载火箭喷出弧面烈焰,深空平稳飞升……

【火箭跟踪测控系列画外音——

1号站发现目标,数据传输系统正常,测速系统正常,测轨系统正常,时间统一勤务系统正常,计算机系统正常……

2号站发现目标……

3号站发现目标……

通信总站网路运行良好,信号传输良好……

一级火箭熄火分离,目标惯性飞行正常……

渭南卫星测控中心报告指挥控制中心:目标测控信号良好,外测系统正常,遥测系统正常,遥控系统正常,通信系统正常,时间统一勤务系统正常,计算机系统正常……

远望一号航天测量船报告,目标跟踪测量信号良好……】

旭日东升,雄鸡报晓,渭南卫星测控中心,卫星测控操作机房内,各种显示屏上,曲线数据纷呈,操作人员有序忙碌,数据处理人员递上最新结果,何文芳仔细查阅,协同资深专家讨论方案……

大洋落日,海阔涛平,远望一号航天测量船,巨型抛物面天线朝向目标跟踪天空方向,目标跟踪操作机房内,设备闪烁,人员忙碌……

【打字声中跳出字幕:长征三号运载火箭发射八天以后。】

西昌卫星发射指挥控制中心大厅,众人注目大屏幕上的测控目标运行轨迹——轨迹终端,亮点闪耀,扣人心弦——全体人员几乎同时起立,掌声欢呼声响彻大厅,徐进握手拥抱,转身凝视大屏幕,握一下拳,表情沉稳坚定……

斗转星移,太空深邃,一颗圆柱形人造地球卫星静静翱翔,卫星表面,蓝色太阳能电池板熠熠生辉,卫星顶部,通信天线朝向蓝色星球的中华大地……

【徐进沉稳坚定画外音:西昌卫星发射中心向中央军委首长报告——长征三号火箭运载的东方红二号地球同步轨道试验通信卫星,经过八天的系列测控、变轨、调姿,于1984年4月16日18点27分57秒,准确定位在东经125度,赤道上空35786公里的地球同步轨道……】

渭南卫星测控中心,西昌卫星发射跟踪测量站,西昌卫星发射通信总站,远望一号航天测量船,中国运载火箭技术研究院,人群欢呼,握手拥抱……

北京研究室,凌云协同几位研究员同事,伏案核算技术图表,凌云手边一部电话……

滨江研究室,马立尧、林峰、利贤、东顺,以及其他十几位老中青年教师,伏案讨论技术资料,林峰手边一部电话……

电话铃声响起,凌云跟林峰互通电话,凌云用红笔指读图表数据,林峰在图表相应处用铅笔标记数据……

【城市背景显示字幕:东方红二号地球同步轨道试验通信卫星发射十二天以后,新疆乌鲁木齐。】

傍晚时分,城市居民区,单元楼。一个维族家庭围坐在一起吃晚饭,小孙儿跑去打开羊角天线黑白电视机,屏幕跳出中央电视台新闻联播画面,主持人微笑播报新闻。老者抬头看着电视屏幕,诧异道:"不对呀,这位主持人说,今天是4月20号,不是我老糊涂了吧?"

老伴儿笑道:"怎么我也听着像啊?"

儿媳逗趣道:"妈,你这辈子就是夫唱妇随,我爸说什么,你听着像什么。爸,你最好说自己今年才五十,我妈准跟着你年轻二十岁。"

儿子看看电视屏幕,凑趣道:"爸,你说对了一半儿,今天的确是4月20号,不过,电视里肯定没这么说,咱们新疆,好像还有昆明地区,因为没有电视信号中转站,中央电视台的新闻联播节目,都要延迟一周播放。电视这才买来十天,就跟你解释了好几回,今天怎么又忘啦,你们不会是心向北京天安门了吧?儿子,告诉爷爷,咱们家在哪儿。"

小孙儿大声道:"新疆乌鲁木齐!"

全家都笑。

儿子继续调侃道:"就是嘛,爸妈,等阿纳尔罕考上中央民族学院,你们就送她去北京,到时候,可以在招待所里看几回当天的新闻联播……嗯?不对呀,真是今天的新闻联播,这这这……"

儿媳惊讶道:"我的天哪,还真让爸说对了,会不会是中央电视台照顾咱们新疆,把下周的新闻联播挪到今天,提前播放了?"

儿子笑道:"晚上还做白日梦,我看你是没老就先糊涂了。"

孙女阿纳尔罕笑看全家,接话道:"看你们大惊小怪的,没听广播呀?就在4月8号,咱们中国刚刚成功发射了第一颗地球同步轨道通信卫星,新疆的中央电视台节目,就是通过这颗卫星同时转播过来的。我们老师说,新疆很快就能看到中央电视台教育频道节目,用不了多长时间,咱们中国就能结束租用外国卫星来转播体育比赛的历史……"

一阵热烈掌声透过虚掩着的门缘,回荡在深长的走廊里,火箭结构动力学研究室标牌下,那副磨旧的双拐依靠在门侧墙边,像是彼此默契的生命,高低有致,静待主人。

研究室内,掌声持续,三十几位中青年研究者从散落工作台旁的椅子上纷纷起立,脸上充满敬意。

公式眩目的幻灯屏幕两侧,马立尧端坐轮椅,细汗津津,掏出手帕擦拭,微笑摆手致意,利贤收住教鞭,欠身微笑。

凌云和东顺几乎同时过来，给两人递上水杯，凌云关切问候马立尧。幻灯机旁，配合讲解的马军切换幻灯片画面，起立转身，欠身致谢……

感叹之后，众人纷纷落座，凌云接过利贤手中的教鞭，感慨道："这样生动的一课，这样感人的场面，让我们回到了令人难忘的大学时代，相信在座的很多同事，都会有同样的感触。"

众人共鸣，凌云指点公式复杂的屏幕画面，总结道："大家都想到了，但是远没有这样想到，马老师研究小组的个人电脑，居然构建出高瞻远瞩的系统模型，这些推论，对于我们未来的大推力运载火箭结构动力学研究，意义重大。借此发人深省的杰出成果，我有一个建议，也可以说是广大高校理论研究者的夙愿，那就是，应该尽快形成系统、详实的汇报文件，争取国家有关部委的通力合作，全面开展院所高校的横向协作研究……"

马立尧带头鼓掌，马军兴奋道："凌云老师，能不能从现在做起？我和东顺希望参观一下大型机房。"

凌云笑道："当然可以，将来我们最好能一起熬通宵做数据处理。"

中年男研究员小侯跟趣道："凌主任，那些大会战的夜晚，我们也同样关心夜宵……"

暮春绿意，午后时分，中国运载火箭技术研究院入口前庭，众人簇拥着轮椅上的马立尧走出大门，一辆国产昌河牌面包车跟着一辆军用吉普车，徐徐靠过来，丁国兰和魏如莲从面包车上下来。

众人热情招呼，五六位面孔熟悉的老毕业生连忙近前握手，纷纷问候道："魏医生好，丁护士长好，刘主任怎么样？老师们都好吧？"

两人应着都好都好，丁国兰拍拍小侯略微前凸的肚子，调侃道："我说小侯儿，一口还真吃不成个胖子，当年满世界寻吃觅喝的窜天猴儿，今天到底出息成个满腹经纶的大枣核儿，学问大大见长啊。"

众人都笑，小侯拍拍肚子，风趣道："都是魏医生的豆渣饼打下的好基础，过年同学聚会，上来一道咸鱼贴饼子，好几个同学想起魏医生的病号饭。不瞒你们说，想当年，我还夹着热水袋混过一回病号饭呢，啧啧啧，半只咸鸭蛋，两块豆渣饼，香死我了。"

另一位老毕业生感激道："魏医生，丁护士长，这次连李校长都一起来了，机会难得，就让北京的学生们尽尽心，带你们好好吃一吃，各处走走看看。"

第二十四集

魏如莲笑道:"谢谢同学们,这次就免了吧,马老师过几天就要动手术,术后需要静养一段时间,不能长途旅行,何老师跟丁护士长都有工作在身,不能久留北京,你们多费心照顾马老师就行了。"

小侯立正敬个军礼,宽慰道:"请魏医生、丁护士长放心,凌云主任早有安排,我们坚决保质保量保期完成任务。马老师,请上车。"

几位老毕业生过来搀扶马立尧,丁国兰建议道:"还是马军、东顺来吧,马老师都习惯了。"

马军和东顺把马立尧扶进面包车副驾驶位,凌云嘱咐道:"小侯,轮椅放吉普车上,小心别压着幻灯胶片。"

丁国兰看看马军、东顺,指挥道:"你俩跟魏医生坐面包车,我跟凌云坐吉普车。"

马立尧摆手致意:"谢谢大家!都请回吧。"

众人挥手告别:"马老师多保重!祝马老师手术顺利!"

两辆车缓缓离去,众人注目良久,小侯嗟叹不已……

第二十五集

  当日午后,北京外国语学院,教学楼走廊,小教室门外,一位五十多岁的女干部耐心等待。李国荣和蔡鹤临匆匆赶过来,女干部迎上前,热情道:"是李书记、蔡校长吧?你们好!我是王芳。"
  三人握手,李国荣亲切道:"幸会王处长!我是李国荣。"
  蔡鹤临感激道:"您好,王处长,我是蔡鹤临,给您添麻烦了。"
  王处长笑应不客气,抬手看表,估量道:"马上下课了,李书记,蔡校长,这一路走累了吧?"
  李国荣笑道:"不累,学校出来的,站功都好。"
  蔡鹤临诚恳道:"王处长,您这么忙,又跑这么远的路,真是非常感谢。"
  王处长实在道:"蔡校长,真不用客气,找到解决办法就好。孙司长一交代任务,我就知道这件事的分寸,通过外交部的同志传递信件,触及工作规定不说,还容易引起苏联方面不必要的关注。"
  李国荣附和道:"以前尝试过其他途径,确实不好办,所以才想到留学生。"
  王处长高兴道:"也是赶得好,今年增派的这十名留苏俄语进修生,秋季学期就去莫斯科普希金语言学院报到,留学生身份自由,走街串巷比较方便,容易查访底层民众,咱们委托的这个郭启茂,出身俄语世家,阅历比较丰富,是个难得的好人选。"
  蔡鹤临赞同道:"真是太好了!前年和去年,曹梅委托外交部的同志,查访过莫斯科航空学院和芭蕾舞团,还有莫斯科大学,都没有打听到安娜的下落,只了解到罗曼诺夫教授已经去世,安娜的好朋友柳芭也不知去向。"
  李国荣分析道:"从近两年了解的苏联社会情况看,事情不会那么简单,安娜可能受到鹤临的牵连,成为敏感对象,不得不离开原来的生活环境,断绝过去生活的朋友往来。"
  楼梯口不远处,传来一阵桌椅响动,小教室里涌出十个青年男女学生。王处长喊一声郭启茂,其中一位大龄男同学停步回身,抬手热情道:"王处长,您怎么来了?"

第二十五集

王处长招呼道:"过来过来,小郭,是这样,孙司长交给咱们一个重要任务,秋天你们去莫斯科留学呀,希望你能在俄语进修班留学生中带个好头儿,帮助寻找一家苏联朋友。我来给你介绍一下,这位是滨江工业大学的蔡鹤临校长,这位是……"

京郊落日,航空雷达技术研究所大门口,见平和包所长伴着何文芳和刘百衡,四人缓步走向不远处的一辆军用吉普车。

见平掏出二百块钱,抱歉道:"何阿姨,按你和刘叔叔的建议,新方案会有很大改动,试验基地那边也要做相应调整,我得尽快赶回去,今晚就走,不能陪伴马叔叔做手术,真是对不起,这是所里五位学生的一点儿心意。"

何文芳推回钱,体谅道:"你们都是单身在外的年轻人,本来就攒不下钱,心意我代你马叔叔领了。说要紧的,地面雷达与机载雷达大相径庭,可以说是天壤之别,我们的意见仅供参考。"

包所长跟着掏出一百块钱,思量道:"正是这个天壤之别,才有了殊途同归的新方案,重要的是点化思路,我们会慎重试验的。何老师,这是我们几个正副所长临时凑的,祝马老师早日康复。"

何文芳双手推辞,刘百衡解围道:"别争了,都给我吧。见平,有刘婷替你尽心照顾马叔叔,你尽管安心试验,不早了,跟何阿姨道个别吧。"

何文芳搂过见平,喃喃道:"见平,打小儿你就是三家巷的贴心袄,我跟丁阿姨最信你,弟弟妹妹就更不用说了。其实马叔叔动手术,我一直很矛盾,真不敢往下想,万一瘫痪了,还不如现在……"

见平轻轻抚慰道:"何阿姨,不能过分忧虑,实在管不住自己,你就心平气和往下想,这么多年来,马叔叔是提着一口气挺过来的,你看看,大人里面,数他脸色最好,精神也足,丁阿姨为让你开心,没少拿这个跟你开玩笑,对吧,何阿姨?"

何文芳含泪笑出来,刘百衡发挥道:"他何阿姨,这实实在在说明,立尧的身心素质非常好。手术方案是大胆了一些,可立尧最在意生命的质量,咱们得成全他呀,精诚所至,金石为开,这么一大群人围着立尧,别忘了,那可都是何家眷属,别七上八下了,安心等好消息吧。"

何文芳左右按两下眼角,长出一口气,如释重负道:"说得我都饿了,百衡,上车吧。见平,坐飞机千万注意安全,丁阿姨嘱咐的。"

刘百衡握手告别,嘱咐道:"见平,考虑方案钻进了牛角尖儿,脑子里就过一过何阿姨的思想方法,大前提下才有玩儿得转的小逻辑。老包,见平就包给你了,好好照顾,别让我家丁大人惦着来谢你。"

两人上车,见平摆手送出一段,目送吉普车消融在夕阳余晖里……

天色渐晚,北京火车站,出口人流中,徐进、林峰提包出来。接站人群中,一位解放军战士看到一身军装的徐进,连忙招呼着首长赶过来。双方简短问好,战士麻利接过两人的旅行包,两人跟着战士赶往停车处,三人上车,战士马上启车,军用吉普车缓缓融入车水马龙……

晚风清凉,中国运载火箭研究院生活区,单元楼,一行人护着拄双拐的马立尧接近单元门口。

楼梯上,凌云一行拾阶而上,马立尧面带微笑,一手扶栏,一手搭扶马军,稳步慢上,东顺护在身后,丁国兰拎着双拐,魏如莲和利贤跟在最后。马立尧稍顿一下,魏如莲抬头关切道:"行吗,立尧?可别勉强啊。"

丁国兰轻轻拉一下马立尧的衣角,建议道:"歇会儿吧,立尧。"

马立尧脸上浸出细汗,重新起步,缓气道:"不勉强,上楼一活动,反倒好一些,刚才是脚下没踩实,腰椎刺痛一下。"

三楼的房门悄然打开,闪出两个文静孩子,女孩儿九岁模样,男孩儿十一岁模样,女孩儿懂事道:"妈妈,饺子都包好了,马伯伯来了吧?"

凌云高兴道:"都来了,就在后面,马伯伯的屋子收拾好了吧?"

男孩儿认真道:"早准备好了,我的东西都搬到长星屋里。"

马立尧停步稳住,亲切招呼道:"徐征,凌长星,你们好啊,我没认错吧?"

两个孩子看准来人特征,齐声问候道:"马伯伯好!"

长星机灵道:"马伯伯,请跟我来,先躺下休息一会儿,我们给您煮饺子。"

马立尧笑道:"谢谢你呀,小首长,这是东顺哥哥,这是马军哥哥。"

长星、徐征抢先问好,东顺一手搀扶马立尧,一手摇一摇徐征的臂膀,徐征挺胸收腹,稳住架势,抬手一个军礼,长星连忙跟着敬礼,两人异口同声:"欢迎丁阿姨,欢迎魏奶奶,欢迎利阿姨。"

丁国兰打量道:"好家伙,两年没见,整个一将门虎子。"

魏如莲夸赞道:"我们长星也不错呀。"

利贤应和道:"是啊,长星姑娘越长越漂亮了。"

两位中年女学者身系围裙,手上粘着面粉,迎在方厅,打量几下来人,兴奋问好,其中一位亲热道:"马老师,快请坐,您还记得我们吗?"

马立尧坐靠在椅子上,仔细打量一番,开心笑道:"假小子古月娟,哭鼻子姚桂芝,应该不会错。"

两人互看,姚桂芝惊讶道:"对呀胡娟,还是叫你古月娟有诗意,马老师,过去没见您这么幽默呀。"

马立尧感触道:"牛鬼蛇神都是回到家里才幽默。"

丁国兰补充道:"也是回到家里才浪漫,对吧,立尧?"

魏如莲笑道:"别逗了,立尧,还是进屋躺着吧,放松一下腰肌、背肌。"

东顺、马军左右扶起马立尧,长星引到卧室,几个人安顿马立尧躺下休息。众人打量环境,注目墙上照片。

方厅里,众人谦让落座,凌云倒茶,利贤和丁国兰进厨房帮忙,被胡娟推出来。丁国兰四顾打量,羡慕道:"房子不错,利贤,比你家的仨屋一厨大一号儿。"

长星接话道:"是我妈新分的,才搬进来一个月。"

姚桂芝探头解释道:"我们凌主任每次分房都谦让,是研究员里最后一个住上仨屋一厨的。"

凌云挨个续上茶水,平和道:"徐进常年在基地,俩屋一厨也够用。"

利贤佩服道:"一个人带俩孩子,工作还要忙出大名堂,凌云,这些年真够难为你的。"

魏如莲理解道:"上学的时候,看你跟徐进好成一个人,连感冒都是出双入对的,现在孩子大了,反倒弄成个两地分居。"

凌云笑道:"有了孩子才知道,可怜天下父母心。百年大计,教育为本,现在竞争越来越激烈,重点校重点班,弄得人眼花缭乱,孩子就得跟着跑,不然环境心理和考试水平都有落差。"

利贤思量道:"过去耽误了那么多年,现在矫枉过正可以理解,就是不要磨掉孩子们的科学精神。现在全社会都在推崇培根的知识就是力量,但是培根的科学主义,是不能够取代爱因斯坦的科学精神的,必须让孩子们保持科学探索的源泉动力。"

门口响起掌声,李国荣、何文芳、刘百衡前后进来。李国荣赞赏道:"经济发展大潮之下,难得一见这样的冷静观点,可以说是高屋建瓴,深谋远虑。利贤,你的这个观点,应该补充到刘婷的新中国技术史论文里面去。"

众人纷纷让座,胡娟和姚桂芝出来问好,两个孩子上前亲热一番。马立尧躺在床上打招呼,何文芳坐到床边拉手说话,魏如莲关心道:"联系得怎么样?鹤临这会儿上车了吧?我有点儿担心,他的胃溃疡又重了,一直没有缓解,就这么奔来忙去,连口热饺子也没吃上。"

李国荣喝口茶,宽慰道:"王处长很有经验,找到一位留学生帮忙,老知青,稳重大方,记者出身,俄语相当不错,秋季开学就到莫斯科,该带的东西都交给他了。王处长带车来的,先送鹤临到火车站,又把我送到这儿来。按照你的吩咐,已经再三嘱咐鹤临,必须按时吃药,必须到餐车吃饭,这下放心了吧?孙司长、王处长那儿,咱们忙过手术再去感谢,至于买什么东西,你儿子建邦说,要为爹妈尽地主之谊,都由你儿媳妇操心代劳。"

魏如莲欣慰地笑出来,凌云抬手看表,示意道:"不等徐进了,给他们留一帘儿,煮饺子吧。"

长星拉拉凌云的衣角,提示道:"我爸自己就能吃大半帘儿,林伯伯也是老当益壮,我看还是多留半帘儿吧。"

大火开水,饺子下锅。众人传递端上清凉下酒小菜——蒜蓉去皮黄瓜片,爽口白醋萝卜丝,糖拌西红柿,炝辣椒土豆丝,葱爆香菇小青菜,蒜蓉青椒烧茄子,肉皮冻,酱牛腱。

餐桌座位不够,众人谦让落座,晚辈坐在外围,凌云、利贤、魏如莲夹菜入盘,回身递到外围。胡娟和姚桂芝捞盛水饺,孩子们传递到桌上。魏如莲笑看凌云,回想道:"凌云,还记得当年同学们给利民过满月吧?"

凌云感慨道:"忘不了,利群饭店,饺子就酒,一晃都过去二十多年了。那以后,几代人再没这样聚过。"

马立尧朗声道:"今天别因为我扫兴,凌云,拿酒来!"

凌云说一声好,起身看着魏如莲。魏如莲笑道:"三天以后手术,少沾一点点,就一点点啊,最好是啤酒。"

门口咣当一响,徐进拎包荡开屋门,林峰提酒跟进,朗声笑道:"赶得早不如赶得巧,啤酒来啦。"

又是一番亲热,魏如莲提示洗手,凌云让开座位,众人又挤一下空间,林峰和徐进落座,丁国兰招呼道:"立尧,不能空胃喝酒,都动筷儿,先趁热吃饺子。"

徐进带头,男人一阵风卷残云,饺子早去了大半。胡娟跟姚桂芝相视一笑,一个感触道:"一级火箭燃烧充分,随时分离。"

另一个默契道:"二级火箭准备就绪,马上点火。"

两人轻击一掌,起身进厨房,继续开火烧水煮饺子。

徐进陶然道:"好羊肉!马老师,多吃,大补。"

何文芳笑道:"长星,你爸每次回来都这样?"

长星习惯道:"徐老虎回家吃饺子,呼噜呼噜一阵响,那速度,跟我妈扑通扑通下饺子差不多,我哥将来也得这样。"

众人都笑,徐进满酒,李校长高兴道:"徐进,说两句吧。"

徐进谦让道:"现在还轮不到学生,校长请。"

魏如莲建议道:"还是立尧说吧。"

众人笑看马立尧,何文芳鼓励道:"说吧,立尧,带上我。"

马立尧起酒,感慨道:"今天的聚会,因我而起,我就借大家的一番美意,反客为主。还是那句老话——大恩不言谢,下辈子,我姓牛,文芳姓马,这辈子,我还得继续拉车,那就谨遵医嘱,我喝一口,文芳干了。"

何文芳一饮而尽,男人跟着起杯豪饮。刘百衡抹一把嘴角啤酒沫,看看心上的,面露关切,眼神夸张,丁国兰拧耳笑道:"甭惦记了,心上的有酒量,你就是立马儿刘氏改成牛氏,下辈子也没你什么事儿。"

众人忍俊不禁,刘百衡啧啧作叹,不觉轻轻拍打桌面,一时怦然心动,竟然成全口中旋律,李校长心领神会,默契跟拍,口中渐成轻快行进的无字吟唱——苏联歌曲《出发》的前奏旋律中,刘百衡、马立尧、林峰、徐进、何文芳拍案兴起,渐渐跟唱俄文歌词——我们行军路途遥远,战友们哪向前看,团队旗帜迎风高高飘扬,指挥员们行进在最前面……

厨房里忙碌的转身出来,倚门而立,众人情绪感染,碟筷敲出节奏,纷纷加入合唱——战士们,出发!出发!出发!亲爱的,我会给你一路上写信回来。听军号在召唤,再见吧,出发!个个战士勇敢年轻,目光锐利像雄鹰,我们都有无上的光荣,曾在战斗中立大功,战士们,出发!出发!出发……

行进曲调的俄文合唱中,徐家方厅正面墙上,一幅黑白大照片格外醒目——滨江火车站出发站台背景中,刘百衡的瞬间创意下,丁国兰、林峰、利贤、何文芳、马立尧姿态各异,跟着伸出V型手指,齐看镜头,笑得夕阳灿烂……

行进曲调的俄文合唱中,夕阳西下,暮霭苍红,北京火车站出发站台上,蔡鹤临一手旅行包,一手文件包,跟随人流,匆匆前行……

行进曲调的俄文合唱中,解放军总医院,神经外科手术室外,"手术中"三个大字格外醒目,众人表情沉稳,耐心等待,丁国兰拉手何文芳,耳语浅笑,何文芳笑容感染,轻轻捏掐丁国兰的手背……

行进曲调的俄文合唱中,崇山峻岭之间,客运列车疾驰穿行,硬座车厢内,十几个青年男女军装在身,东顺和班花靠窗并坐,班花悄悄递过水果,手背轻轻碰一下东顺腰间,东顺转头会意,连手一把握住……

行进曲调的俄文合唱中,山水分明的海岸线上空,那架熟悉的苏制安24运输机,穿云破雾,盘旋轰鸣……

滨江盛夏,校园绿意,傍晚时分,生活新区。

陈田家厨房,案板上,两盘拌好的小凉菜,两盘切好的红肠、小肚儿,两盘码切整齐的蔬菜备料。煤气灶上,文火清炖一锅寸段精排,许勤一手汤勺,一手小碗,均匀撇出汤面浮油。陈田手持酱油瓶待命在旁,许勤侧脸看看,不解道:"清炖排骨,你拿酱油做什么?"

陈田明白道:"加入几滴微量元素,成分会有微妙变化,一种新味道就出来了,上次你未来儿媳妇温美琳就是这样处理的。"

许勤让开灶位,无奈道:"你这哪里是做菜呀?听着都倒胃口,你最近实验做多了,看什么都想改变成分,还是趁暑假休息一下吧。"

陈田全神贯注,小心试滴酱油,许勤看着费劲,抬手道:"还是我来吧。"

陈田抬左手挡住,右手酱油瓶借力咕咚一声,陈田惋惜道:"多了,加水稀释吧。"

许勤哭笑不得,气恼道:"你以为是洗澡水呀,说加就加,只能这样了,陈氏酱汤排骨,款待未来儿媳妇。"

陈田归位酱油瓶,思量道:"时代变啦,年轻人可以唯美、唯我啦,现在的有情人,能不能终成眷属,根本在于情有多深,其他的基本可以忽略,依我看,两个人还真是不好说的。"

许勤打住道:"行了,你个乌鸦嘴,好事经你这么一咕咚,都得成酱汤排骨。"

陈田思量道:"你想想啊,陈明守着咱们专业读研究生,小温执意回上海改行发展,这样一分就要两年,两个负相关变量,谁知道这期间还会生出多少个离心离德的变数来呀。"

许勤联想道:"倒也是,关键是两年以后,陈明还得赶去上海温家报到,儿子倒插门不说,焊接变形技术研究也搞不成了。咱们专业的博士点儿可是全国唯一的焊接桂冠,将来儿子要是不读博士,那太可惜了。"

陈田附和道:"还有更关键的,举贤不避亲,陈明现在是焊接为本,机电双修,未来五年,国际一流的焊接实验室,少不了这样的多面手。不过呢,爱情这个东西,经常叫人颠三倒四,小温跟你年轻时一样,还是蛮可爱的,就看陈明有没有孙大圣那样的定海神针,这也是需要专业精神的。"

门锁一响,陈明闪身进来,许勤亲热道:"回来啦,美琳呢?快进来。"

陈明带上门,茫然道:"妈,有凉开水吗?"

陈田一门心思看门口,自顾道:"马上吃饭了,喝凉啤酒多好。小温还没上来呀?年轻人待客也要厚道,快下去迎上来。"

陈明径直打开冰箱门,拿出一瓶啤酒,许勤看出气氛不对,递上开瓶器。陈明开酒仰头,痛快一阵,抹一下嘴角,探头看看备料,反常道:"妈,我来炒菜。"

许勤担心道:"你俩吵架了?"

陈明洗手擦干,无奈道:"还没来得及吵,她就跟人跑了。"

陈田着急道:"那就赶快追回来呀,饭菜都准备好了,有话可以边吃边说。"

许勤拉一把陈田,责怪道:"你就别添乱了,还听不出来?俩人分手啦。"

陈明开火掌勺,自嘲道:"分手?没那么好听,是她把我甩了。"

许勤表情担忧,不敢多言,无奈跟陈田使个眼色,默默拿过油盐酱醋,小心给陈明打下手。

陈田沉吟片刻,抚掌笑道:"女朋友把你给甩了?然后你就跑回家来,给父母炒下酒菜,这等反作用力,可以命名为陈明定理,内容是这样的——守拙以清心,散淡而浅笑,看花开花落,云卷云舒,缘来缘去。儿子,佩服!比你老子有度量!"

许勤感触道:"我儿子何止有度量,更能见证仁者如何爱人。再看你爸,当年跟我表白以后,我没有马上答应,他就在宿舍里放挺三天,吓得系主任找我解围,没办法,我只好上门哄他吃饭。儿子,不是妈夸你,自己经受了这么大的委屈,还要反过来先安慰父母,现在的年轻人,一般做不到。"

陈田凑过盘子,陈明颠翻几下,拨菜入盘,豁达道:"我没你们说的那么玄,就是心里乱糟糟的,得让自己忙起来。毕竟我俩朝夕相处有四年,两情相悦的时候,你看我,我碰你,都守着最后的神秘,可他妈那个浑身带毛的,才追着屁股一个月,就把她给做掉了。"

陈田皱眉道:"追着屁股做掉啦?那你可以报警啊!"

许勤气恼道:"我说夫子,人家那叫一见钟情,一拍就合上了,没有法律问题。"

陈明又倒菜入勺,大火颠炒,愤然道:"我跟马军约了几个弟兄,没堵着那个美国鬼子。温小姐留下一封绝情信,说是遇到了命中注定的罗切斯特先生,俩人跑去北京办出国手续了。"

许勤惊讶道:"你是说,小温跟英语教研室那个外教史蒂夫跑了?可史蒂夫明明知道你跟小温的恋爱关系呀,好家伙,那个大胖墩儿该有四十了吧?"

陈田认真道:"没那么严重,带毛的,都显老。什么是强盗?牵匹牲口刮刮毛,就是了。陈明,老子给你提个醒——第一,强盗是最能跟别人讲自家道理的,所以应该冷静,不要让他倒打一耙;第二,苍蝇不叮无缝的鸡蛋,所以要心平气和,检讨得失,男人女人皮肉上的那点骚骚痒痒,肯定会伴随着心情的改变,慢慢烟消云散的。"

许勤面露期待,陈田又凑过盘子,陈明关火,拨菜入盘,痛快道:"喝酒吃饭!妈,我这个生瓜蛋子,今天算是成熟了,你也喝一杯。"

许勤连忙应和道:"好儿子,这就对了,今天是年轻人成熟的好日子,我和你爸好好陪你喝两杯。"

许勤、陈田互看欣慰,来回端菜上桌,陈明从冰箱里拿出三瓶凉啤酒,方厅里,一家人围着餐桌落座,陈明满酒,陈田起杯道:"来,儿子,为了成长的烦恼与成熟的责任,干一个!"

父子俩一饮而尽,许勤三口喝下,陈田满酒,陈明抬手又是一杯,陈田再满酒,许勤招呼吃菜,不平道:"看不出那个史蒂夫有什么特异功能,一米八五的大个子,除了本能的母语,什么也不会,连个篮板球都抢不过咱陈明。"

陈田感慨道:"咱们的汉语再好,也没有走向世界,那些个带毛的,只用了母语900句,就把世界征服了,说到根本上,近代世界的历史,那是强悍的技术文化打天下的,五千年的长袍书生,遇到二百岁的武装大兵,有理哪能说得清?陈明,你们这一代,是更要加油的。"

陈明抿嘴点头,许勤鼓励道:"儿子,实话跟你说吧,焊接专业的几位权威,当然包括你爸,他们对你的焊接变形技术毕业论文推崇备至,已经把你列为重点培养对象,希望在未来十年之内,你跟几个师兄弟,能够成为新一代的焊接学科带头人。"

陈田插言道:"补充一句,要成为世界级的,甚至是世界顶尖一流的。"

陈明感触道:"这我从来没想过,小时候弄丢了爸妈的书稿,留下一个心结,盼着长大以后,能为爸妈写出一部响当当的焊接专业著作,这才有了子承父业。大学四年过去,我深知焊接技术对一个国家的体魄意味着什么,也了解咱们专业在国家乃至国际上的地位。爸,妈,我会全力以赴的。"

许勤感动道:"儿子,真难为你这么一路走过来,眼前的烦恼都是浮云,你要是一时困在里面,我和你爸就适当给你吹吹风,总会云开雾散的。现在要紧的是,既然论文被录取了,十月初的国际会议就要认真准备,别管什么史蒂夫,外教不是还有乔伊娜嘛,口语交流要上一个台阶才行。"

陈明沉郁道:"真不想再走进英语教研室。"

许勤舒缓道:"不说这些了,都吃菜,来,儿子,你爸做的酱汤排骨,新口味,多吃点儿。"

陈田停筷沉吟,体谅道:"外语这个东西,没有特定环境,那是不容易学好的。生活是本最好的教科书,总能给我们展示出活生生的例子来,就在昨天晚上,老鼠一家被花猫一家半路追杀,最后给赶进了走投无路的死胡同,眼睁睁花猫一家就要逼近胡同口,情急之下,鼠妈妈吩咐一家老小,想活命,跟我学,然后昂首挺胸,大叫三声旺旺旺,花猫闻声止步,鼠爸爸马上学叫三声,花猫闻声转身,鼠娃娃跟着学叫三声,结果是——老鼠追猫!"

陈明、许勤大笑,陈田含笑总结道:"三三得九,简单得很嘞,也就是说,仅仅学会了九百句的百分之一,攻守逆转!"

许勤勉强收住笑,调侃道:"你爸真是屈才了,他要是跟你百衡叔叔搭个伙,中国相声界肯定多出一对儿奇葩。"

陈明心绪平复,会心笑道:"爸,妈,生活告诉我们,学好一门外语,的确是非常非常重要的。"

一家人开心谈笑,许勤惦念道:"几天没见国兰她们,也不知道刘欣怎么样了,录取通知书应该就这两天下来。"

陈明爽快道:"吃完饭我过去问问,再去看看马叔叔,陪他下楼走走。要是刘欣有好消息,我们几个可能出去庆祝一下,我也换换心情,晚上不用惦记,我不会喝醉酒……"

校园生活新区,下班人流,中年男邮递员溜车停在单元楼前,拿出信封确认一下,走进中间单元大门,上到三楼,抬手拍门。门锁一响,里面刘欣嘟囔道:"谁呀,这么大声儿,拍黄河腰鼓哇。"

邮递员笑道:"你得谢我,报喜敲门都这样。刘欣同学挂号信,丫头,是你吧?盖个图章,在这儿。"

刘欣一把抓过挂号信,定睛惊喜,亲一口,醉一下,兴奋道:"报喜大叔,辛苦您啦,我签个字吧,大学毕业以后才当领导,现在没有图章。"

邮递员打量道:"小样儿,原来是未来的领导,那就签个字吧。"

刘欣接过笔,在指点处龙飞凤舞,体谅道:"报喜大叔,看您热的,等一下。"

刘欣返身出来,手上多了一根绿豆冰棍儿,后面跟着微笑招呼的刘父刘母。邮递员接过冰棍儿,高兴道:"老人家,您这孙女儿体察民情啊,将来没准儿真成大领导,跟着享福吧,谢谢及时雨,再见。"

刘欣拆信快看一遍,在老人面前晃晃,展臂翱翔方厅。刘母在围裙上抹几下手,不觉跟着转圈儿,着急道:"别闹腾了,小祖宗,快给我们念念。"

刘欣继续翱翔,随口背诵道:"中国人民解放军第四军医大学录取通知书,刘欣同学,你已被我校录取为空军医学系新生,请你持本通知于九月六日至七日来我校报到。"

刘母长出一口气,合十喃喃虔诚道:"阿弥陀佛,还是第一志愿,这颗心总算落地儿了。"

刘父高兴道:"刘欣,快别疯了,你是自在了,你妈还蹲在烤炉上呢,还不快下楼去小卖部,给你妈打个电话,报喜呀!"

刘欣踩上凉鞋,一阵小跑下楼,出门没多远,迎面撞上陈明。陈明酒意上脸,摇指晃道:"慌……啊什么,莫非你个小……啊相公,金……榜题……题了名……不成?"

刘欣脸上一愣,随即两手拍一下,右脚甩掉凉鞋,一个夸张后仰,翻眼蹬踏,痴迷道:"噫,好了!我中了!"

陈明两眼一瞪,探身做出挽袖动作,肚子一腆,罗圈腿近前两步,一个巴掌虚晃上去,紧张期待道:"该死的畜生,你中了什么?"

刘欣索性一玩儿到底,看看就要后仰倒下,陈明顺势再跨一步,接住后仰的刘欣,刘欣借势挺身而起,捂脸跺脚,撒娇道:"胡老爹,俺真的中了,第四军医大学!"

陈明惊喜喊道:"真的,我们的范进女士?那赶紧给你小马哥打电话,报喜呀!我正百无聊赖呢,正好同去同去!我小阿Q跟你范大举人,同去!"

两人笑闹着奔向对面一楼的小卖部,刚要拨打电话,自家单元楼这边,丁国兰溜车停住,大声喊道:"刘欣,马上吃晚饭了,怎么还跟陈明哥哥骗吃骗喝呀,赶快给我回家!"

陈明刚要回答,刘欣一把拉住道:"丁大人,家里有你一封鸡毛信,十万火急,快上楼看看吧。今天晚上我们有活动,陈哥马哥送我回来,你就不用惦记了。哥,快走!"

刘欣拉着陈明跑远,丁国兰恍然大悟,烤炉追身一般,转身颠进楼门,紧张自语道:"哎呀妈呀,录取通知书!"

楼门近处,遛弯儿的老太太走过来,探身听听急促上楼的脚步声,帮着锁车拿包,诧异道:"兰子今天这是怎么啦?车也不锁,包儿也不拿,还得麻烦我老人家亲自上楼锻炼一趟……"

马立尧家,厨房里,马军切西瓜装盘,方厅里,刘欣、陈明大口吃西瓜。马立尧面色红润,表情舒朗,坐在一旁,陈明关切道:"马叔叔,魏奶奶说,这次手术效果特别好,五年之内不会有大问题,那五年以后,是不是还要把新长的骨刺做掉呀?"

马立尧宽慰道:"不通则痛,过去,主要是多年淤积的不规则结节组织压迫受损神经,骨刺也是越长越多,这次冒险摘除了那些粘连组织,剔除了骨刺,从根本上解决了问题,如果五年以后骨刺问题不严重,我就能挺住,这么多年下来,我对一般的疼痛已经习以为常了。"

刘欣明白道:"我妈说了,人这一辈子的罪,马叔叔上半辈子就遭完了,以后肯定跟着何阿姨享福。"

陈明敬佩道:"我爸说,当年他要是疼成这样,可能坚持不下来。"

马立尧敬佩道:"陈明,正人君子里面,你爸最有书生意气,不论生活如何变化,他总能活出万变不离其宗那四个字来——所谓君子如竹,竹如君子,子如竹君,君如子竹。"

马军停刀码盘,感触道:"英雄总是惺惺相惜的,爸,其实咱们三家巷的父辈男人也一样。"

马立尧淡然一笑,看看刘欣,开心道:"刘欣,慢点儿吃,别呛着,你这块大石头落了地,整个三家巷都踏实了。今晚回家,把你爸替过来,我们几个老爸为你祝酒,你就安生陪你妈睡个好觉。"

刘欣俏皮道:"我爸肯定是求之不得,马叔叔,关键是你别喝多了就行,我这块石头再大,也抵不上你这座山,你这腰一踏实,男女老少那才叫吃了定心丸儿,再看看何阿姨,整个年轻了十岁。"

马军把西瓜皮扔到阳台上的垃圾桶里,不经意间看看外面,停住笑道:"哎,刘欣,过来看看,你何阿姨现在年轻了四十岁。"

几个人过来凑趣,不远处空地上,年轻小贩欢快蹬踏砂糖打磨脚板,手上不断递出大团棉花糖,一群小学生笑闹排队,何文芳列在队中,跟小学生一样端臂着急。糖过一巡,人手一团,唯独何文芳左右手各一团。小学生一哄而散,刘百衡摸兜付钱,小贩谢过,加送特大一团棉花糖。刘百衡笑领持糖,指点何文芳用手背擦抹鼻尖儿上的糖丝。

几个人都笑出来,刘欣喊道:"何阿姨,悠着点儿,别吃成糖老鸭。刘老爸,特大号的给我留着吧。"

两人闻声扭头,何文芳见陈明招手,马上回摆一下棉花糖,有些不好意思,小声责怪道:"偏给我买两个,孩子们笑话了吧?"

刘百衡满不在乎道:"都是自家孩子,不笑话你笑话谁呀。进屋吧,再抹几下,真成糖老鸭了。"

何文芳半举棉花糖,抬脚作势,刘百衡赶步摆手,吃一口棉花糖,冲孩子们秧歌舞步嬉笑。

刘欣开门等待,刘百衡递上棉花糖,不忘教训道:"刘欣,别光盯着何阿姨看,现在要多关心关心你妈,真上大学走了,你妈还不得难受啊。"

何文芳感慨道:"你爸说的对,这几年,你可没少跟你妈犟嘴,趁着现在放假,多跟你妈说说好听的。别看你妈就是个护士长,她的医德医术,够你这样的年轻人学一辈子的。"

刘欣调侃道:"奶奶常说,我妈这样的白衣天使,落到地上的并不多,偏偏老刘家飞进来一个。何阿姨,刘老爸,都放心吧,不用我哄,我妈现在早乐开了丁香花,逢人就得熏一熏,我这——青出于蓝,还得胜于蓝不是?"

何文芳跟刘百衡吃惊对视,面露期待。刘欣一把搂过何文芳,借势轻轻耳语道:"妈,第四军医大学,我没给你丢脸吧?"

何文芳闭一下眼,陶然片刻,使劲儿亲一口,兴奋道:"她爸,第四军医大学!我没给你丢脸吧?"

刘百衡醉成八仙,躬身一礼,刘欣跟着转圈儿礼,众人开怀笑赞出来。单元门口,自行车梯架一响,丁国兰心花怒放冲进来,搂过刘欣亲一口,搂过何文芳亲一口,搂过马军亲一口,搂过马立尧亲一口。刘百衡凑上来,丁国兰拎耳笑道:"刘军医,真给你妈长脸,想要什么,甭管多少钱,这回尽管说,妈准备把你爸卖给何家,凑钱给你买。"

刘欣喂上棉花糖,堵嘴丁国兰,懂事道:"妈,先放手,有你这句话就行了。你舍得我爸,我还舍不得呢,我们姐俩都上学,家里能省就省吧,非要送我点儿礼物,那就做一副好看的面具吧,我一进校门就能用上。"

丁国兰好奇道:"嘿,这军医大学新鲜啊,一上学就培养战备意识,面具还要好看的。嗯,什么意思?防毒用的?那可是有严格标准的。"

刘百衡感叹道:"听着真是叫人感动,当家的,孩子一夜之间长大啦,现在是处处为你着想啊。"

丁国兰愣神道:"为我着想?着什么想?"

刘百衡调笑道:"我的亲娘哎,还不明白?就是让你好好照照镜子,扣一个不花钱的大白面模,刘军医要戴上她,去大学报到,好给你长脸哪……"

滨江夏夜,灯疏人稀,商业街夜市,劲牛歌舞厅,霓虹闪烁,人流进出,几个混混聚在门口抽烟吹牛。

歌舞大厅,迪斯科震荡,彩灯球滚烫,一群青年男女簇拥舞池,摆臀律动。刘欣三人扭在舞池一角,马军、陈明不时扭头模仿池中舞范儿,交替贴身对舞刘欣,三人最后笑作一团。刘欣告饶道:"哎呀妈呀,逗死我了,你们看那主儿,就跟这歌舞厅没厕所似的。"

三人回到不显眼座位,女招待马上过来殷勤,刘欣兴奋喊道:"再来三瓶啤酒,要冰镇的,换一样核桃仁儿,要咸的。"

马军招手道:"有没有小凉菜儿什么的,我这兄弟要败火。"

女招待欠身贴近,媚笑道:"这位先生,要败火,吃凉瓜啦,这个样子的吧,一份凉拌苦瓜,一份无子西瓜,好不好啦?"

陈明打量道:"你这下酒小菜儿还没上,先送我们一身鸡皮疙瘩,看你挺东北的,怎么满口台湾国语混搭香港普通话呀?"

女招待笑道:"还是小老弟慧眼识货,如今都向钱看齐了,俺这也是身不由己。俺们牛厅长脑瓜儿冲,歌舞厅经他这么一捯饬,立马儿就港台化了,生意嚾家伙窜起老高。俺这一星期下来,也能多挣个十几二十块的,赶上俺家那口子上锈那铁饭碗儿了。"

马军诧异道:"你们牛厅长,不是说——国家干部不允许经商吗?"

话音未落,身后一个熟悉的声音调侃道:"你们这是骂我呀,还是夸俺呢?阿梅,加一份美国杏仁儿,一份法国奶酪,这桌儿算在厅里账上。"

阿梅回身笑道:"牛厅长,您是回家挨骂,上班挨夸,要说俺们牛厅长也真不容易,你们唠着,俺去上酒菜。"

三人认出牛成,连忙起身问好,刘欣惊喜道:"我说牛馆长,你这是骑上了火箭咋地,怎么嚾家伙窜上了厅长宝座?"

牛成示意落座,让过一巡红塔山过滤嘴香烟,见无人响应,不觉笑道:"对不起,才想起来,三家巷有规矩,谁也不许抽烟。不怕弟弟妹妹见笑,你哥我打小儿就是官儿迷,从牛哥小馆儿干到劲牛歌舞厅,还是没混出牛哥范畴,可咱又不是黑社会,这馆长、厅长听着顺耳,更像人民公仆。"

马军笑道:"人民公仆可吃不起法国奶酪,牛哥,你这生意可是越做越大了。"

刘欣好奇道:"对了,外国小说里经常出现法国奶酪,百闻不如一见,今天咱们也尝一尝。"

牛成看看周围,吐口烟圈儿,小声道:"法国奶酪有什么好,又不是法国奶子。内蒙古大草原有的是马奶坨子,到咱手,常温下闷两天,去粗取精加工一回,然后添加少许奶粉,挤成条条吹干冷藏,吃起来就艮揪揪、甜丝丝的,吧嗒吧嗒嘴儿,还有一股子淡淡的鞋垫儿味儿,很抓客人的!"

三人惊奇互看,陈明笑道:"牛厅长,就你这一进一出,中国奶酪卖成了法国奶子价钱吧?"

牛成谨慎道:"没那么黑,我估摸着,也就是法国奶酪价钱。记住了,都是真正的自家人,只可意会,不可言传,跟你们三家巷的人,我有谎也撒不出来。"

阿梅端酒上菜,挨个满酒。三人谢过,马军递上两块钱,阿梅笑纳转身,招呼另一桌客人。牛成起杯,众人碰一下,喝一口。牛成关心道:"刘欣,今年考大学了吧?"

刘欣嫣然笑道:"托牛哥的福,第四军医大学,今天刚知道的,特来庆祝讨扰。"

牛成随手摸出一叠十元钱,高兴道:"热烈祝贺老妹子荣登首长宝座,看看够不够,来,咱哥仨干一个。"

刘欣起劲儿数道:"一,二,三,四,五,六,七——八十!牛哥,还差八块。"

陈明摸出零钱,添上八块钱,刘欣兴奋满酒,起杯道:"祝牛厅长发十发!"

众人喝一口,牛成打量道:"我说老妹子,学医真是委屈你了,应该报个财经大学什么的。我最近一直瞎忙,东顺临走前见了一面,立国偶尔来个信,见平联系不方便。你给刘婷、利民捎个话儿,我这俩哥们儿可都奔三十了,她们姐俩什么时候入洞房啊?"

刘欣明白道:"我姐说了,研究生不提倡结婚,加上见平哥基地院所两头儿忙,还得等两年吧。利民姐刚留校当老师,她跟立国哥应该可以。"

阿梅凑过来轻声道:"厅长,夫人电话。"

牛成随口道:"什么事儿?"

阿梅看看众人,迟疑道:"问今天谁当班儿,说儿子不睡,催你回去呢。要不先叫阿丽下班?弄不好夫人抱着儿子找过来。"

牛成叹气道:"这女人哪,有要钱的,有要命的,俺们牛家的是两样都舍不得。告诉她,这两天,二癫子那帮混混半夜来捣乱,我得在厅里守着。叫阿丽回家吧,给老七打个电话,叫弟兄们十一点过来。"

马军担忧道:"牛哥,这么危险哪?"

刘欣害怕道:"我看厅长不如馆长,别再闹出人命来。"

陈明单纯道:"牛哥,应该叫警察来打埋伏,一次性解决问题。"

牛成宽慰道:"歌舞厅就是个折腾,放心,我爹妈守着牛哥小馆儿呢。都说人为财死,鸟为食亡,今晚上,花钱抢一顿大棒,再撒几个甜枣儿,这帮混混也就成了好顾客,要是报了警,那就坏了江湖规矩,人家看不起不说,还丢了生意。"

刘欣惊讶道:"牛哥,怎么听着像香港警匪片儿呀?"

马军、陈明关注牛成,不远处灯影里,一位苗条舞女笑盈盈隔空送来飞吻,牛成抬手动动手指,舞女飘然扭向大门。三人看呆,刘欣不甘道:"哥,你这是要成牛魔王啊,可别奔黑道儿上去呀。"

牛成笑道:"我奔的是太极图,也真是怪了,明知山有虎,偏向虎山行,鬼使神差收不住。牛哥我这辈子就这副德性了,你们可得好好学习,将来我儿子认一群干爹干妈,也好有个出息。"

中午秋阳,牛哥小馆儿,看看满座,刘百衡和利贤礼让一位中年男干部进门。乔姐迎面热情道:"哎呀,刘老师,宝贝姑娘填上个一表儿人才,恭喜恭喜。利贤老师,这位领导,来来来,里边清净,给你们预留好的。小妍,先上小凉菜儿,三瓶冰镇啤酒。"

中年男干部看看店面,称赞几句,礼让落座。小妍麻利摆菜倒酒,三人谢过。乔姐礼貌打量道:"这位领导,怎么看着面熟啊?"

刘百衡笑道:"你当然面熟,滨江电信局的牛科长,佛道中人,笃信中华医药,一向贯彻素菜薄酒,最近肾虚,经我苦口婆心,今天特来牛哥小馆儿,尝一道美味药膳——川椒火爆腰花,祛湿补肾。"

利贤先笑出来,乔姐圆滑道:"哎哟,牛科长,原来是咱本家。刘老师向来体贴入微,四川花椒祛湿效果最好,我嘱咐牛哥多放就是,只要隔三差五儿来馆子里浑身麻一麻,保证叫您不虚此肾。"

牛科长欠身笑道:"闭眼都能听出巧大姐,谢谢您还认得我。十年前,我们一群工农兵大学生,跟着刘老师,没少在利群饭店闹腾,今天是我请两位老师,拣他们爱吃的上。"

利贤打住道:"这怎么行啊,牛科长,是我拉上刘老师向你请教,这不是反客为主了吗?"

牛科长连忙打住道:"利贤老师,千万别叫牛科长,折杀我也。"

刘百衡圆场道:"小牛,师生情谊,不必客气,你回学校来,那就是客,事儿是事儿,礼是礼,来,看看菜谱。"

牛科长实在道:"那我就素菜薄酒,带一道火爆腰花,我看看,呵,巧大姐,你这哪里是小馆儿,南北通吃呀。来这四样——凉拌佛手,地三鲜,麻婆豆腐,青笋腊肉。"

刘百衡补充道:"再来个水晶肘花儿,馋这口儿了。"

乔姐笑应离去,利贤起酒道:"小牛,麻烦你好几个月,又是研究产品资料,又是撰写推荐报告,真是太感谢了,我代表弟弟利德敬你一杯。"

刘百衡拦住道:"利贤,你喝一口,小牛,咱俩干了。"

利贤再满酒,牛科长抱歉道:"真是不好意思,折腾了几个月,还是没帮上忙。上午在单位,电话里不好说,下月初,处长带团儿去日本,我也参加,考察日本电器和富士通两家公司,专用交换机方面,日本电器优势比较大。利德公司的 Lida 交换机,主要指标看起来虽然不错,但是用户实践量太小,价格又不比日本产品便宜多少,加上知名度这个大问题,即使有统战政策倾斜,权衡起来,却是没有任何优势。"

利贤抱歉道:"小牛,实在对不起,这程控交换机呀,我是一窍不通,刘老师也是半路出家,没想到给你出个这么大的难题。现在赶紧撤下来吧,不能再给你丢脸了。"

刘百衡理解道:"利贤,也不能完全这么说。牛儿啊,确实是难为你了,不过呢,大单跟不上,零敲碎打也凑合,先解决从无到有的根本问题,看看什么地方可以试用一下产品。"

牛科长笑道:"还是刘老师咬得紧,这样吧,接下来,我可以做到这一步,找两家效益好的公司、企业试一下。但是丑话说在前头,售后服务是个现实问题,局部网络电话服务,容不得半点差错,产品的冗余技术,还有故障诊断措施,必须做到万无一失。"

利贤感动道:"小牛,说得我都不好意思了,这些真知灼见,我一定转告利德,来,你俩喝一口,我干了……"

酒足饭饱,两人送牛科长出校园,利贤张望道:"等等看,说不定能有辆出租车。"

刘百衡笑道:"全滨江一共才一百辆出租车,都在交通站口儿等客儿呢。"

一辆皇冠轿车悄然停在路边,老司机潘师傅探头招呼道:"刘主任,去哪儿呀?捎你们一段儿。"

刘百衡竖一下大拇指,高兴道:"潘师傅,到市电信局,就牛科长一个人,咱们校友。"

牛科长谢过上车,两人摆手目送。利贤感叹道:"你跟国兰的好人缘儿,到哪儿都有人惦记着。"

刘百衡自嘲道:"说的是呀,到哪儿都忘不了刘副主任,有那么几位权威评委一直就这么惦记着,这辈子,刘教授只能是白日梦了。"

利贤安慰道:"百衡,也别太悲观,蔡校长心里有数儿,航天学院这边,林峰也注意做工作。你教学超强,科研又有文芳带头儿,评委总得讲究个科学态度吧,顶多是缓几年。"

刘百衡明白道："亲家母,这举贤还真得避亲,学校发展快,林峰早晚要奔上科研副校长,我可不能跟着添乱。文芳那儿都谈妥了,下学期结束,我就辞去教研室副主任,知了天命,龙套也就跑烦了。"

利贤感触道："百衡,说得我都泄气了,你说我弄个高工儿架在实验室干吗,真盼着回山里,天天照顾爷爷奶奶,想想他们就难受。"

刘百衡感念道："百年山神,天下奇观哪。立国、利民的婚事,你还真得紧催,两年之内,一定生出个一儿半女来,再让刘婷、见平续上,两个孩子往山里这么一抱,那才叫福如东海,寿比南山呢。"

利贤动心道："立国最听你的,我再嘱咐利民。其实早结婚,工作、生活反倒是两不耽误,立国快三十了,任大姐嘴上不说,心里着急呀,争取明年把事儿办了。"

刘百衡抬手看表,利贤担心道："下午有课吧?去喝瓶汽水儿吧,脸上别看出来,再成什么靶子。"

刘百衡轻松道："没课,跟秦副校长约了两点半,你也参加,现在去我教研室拿资料,都准备好了,走吧。"

利贤惊讶道："去见秦副校长,谈什么?你不会是打学校的主意吧?"

刘百衡笑道："科学技术产业化,不应该只是一句空话,产品、用户、产学结合平台,三位难得一体,何乐而不能为?走吧,我都安排好了。"

主楼办公区,副校长办公室,刘百衡敲门,里面应一声请进,刘百衡礼让利贤进来,秦副校长起身迎上来,热情道："说曹操,曹操到,来得正好,介绍一下,这位是……"

刘百衡指点笑道："后勤处田处长,老熟人儿,都是火红年代百炼成钢的。交换台童台长,当年没少给我往来电报文稿,前两天刚刚请教过。这位是利贤老师,林峰院长的爱人。"

众人寒暄落座,刘百衡摊开资料文件,开门见山道："相关领导都在,各路神仙都忙,我就提纲挈领汇报一下,具体技术细节过后再跟童台长讨论。"

利贤麻利端过四杯凉开水,众人谢过放下,专注听讲。刘百衡继续道："从全国范围看,电话交换机技术刚刚开始进行更新换代,其必然结果是,时分方式的数字程控,取代空分方式的模拟机电。两年前,福州市就已经成功引进日本富士通公司的万门公用交换机,滨江电信局马上就要组团去日本考察,预计半年以后可以引进大型交换机,一年以后可以逐步推广小型交换机到企事业单位,我们由此可以摸到中国电话交换机市场的未来发展脉络。在全球市场中,中国市场无疑是最大的,同时,中国品牌也无疑是最少的,从成熟的系列产品上讲,应该还是空白的。"

众人表情期待,秦副校长抿嘴思量,点头赞道:"市场分析简明透彻,潜力巨大呀,有什么具体想法?"

刘百衡喝口水,继续道:"这五个月以来,我组织了一个相关学科的业余研究小组,包括上海电子所任立国带领的几位年轻工程师,我们对利德公司的Lida数字程控电话交换机产品做了详尽分析。从宏观技术指标上看,虽然Lida产品与同类日本产品、欧美产品略有差距,也没有形成全方位的系列机型,但是依然可以满足国内市场的相当需求,而且继续开发系列产品的潜力巨大。如果能有一个非常合理的,说白了,就是非常有诱惑力的性能与价格之比,假以时日,Lida产品就可以同洋品牌较量一番。说句大话,电话交换机毕竟不是高技术雷达,只要给我们一个市场立足点……"

秦副校长笑道:"莫非你就能撬起地球?"

众人都笑,刘百衡谦虚道:"地球还不够,是撬起地球仪。"

众人又笑,田处长感触道:"四两拨千斤,刘副主任向来是借力打力。"

童台长兴奋道:"我愿意当这个立足点,刘副主任,尽管出手就是。"

刘百衡抬脚欲踩,皱眉道:"尽管出手?我这刚踩到立足点上。"

利贤默契笑道:"别急,童台长,百衡还没进化到这一步。"

秦副校长忍住笑,期待道:"百衡,说说具体方案吧。"

刘百衡回到专业状态,沉稳道:"学校的机电式电话交换机,只能带动400门终端,而且功能单一,是这样吧,童台长?"

童台长随口道:"最大容量400门,现在正副教授蜂拥而上,早就挤破了门。"

刘百衡拿起产品说明书,指点道:"Lida的DX192A型产品,最大容量可达1200门终端,不仅满足全面需求,而且电话会议、电话留言等等一系列服务功能,可以为学校降低往来沟通费用,甚至节约部分差旅费用。这里要解决一个基本前提,就是新老系统的互联兼容问题,利德公司正在制定相应方案,技术上没有问题。"

众人频频点头,刘百衡沉吟道:"风险在于产品的可靠性,机会在于市场的可行性。学校资金困难，Lida产品积压，两厢这么一情愿，就可以谈成一个优惠价格，采取先试用验证的分期付款方式，同时培养系统维护专业人员，当然了，人要出在我们雷达专业，近水楼台搞创收嘛……"

傍晚秋色，校园开阔地，原马车队平房区，院落整洁，炊烟袅袅。顺子家厨房，灶台上热汽蒸锅，案板前杏芬忙活。西屋里，顺子配合中年男测量员，手上卷尺拉直到位，测量员蹲在墙边，调正卷尺，看看尺标，记下数字，默察一遍记录，起身道："规格齐了，其他九家都是这样吗？"

顺子实在道："尺寸都一样，周科长，要不再去柱子家看看？"

周科长摆手道："不用了，都信得过。"

两人来到厨房，杏芬递上一杯清水，关心道："周科长，您看大伙儿这情况，分个俩屋一厨，应该没问题吧？"

周科长盘算道："这大小，按动迁标准，正好俩屋一厨，你们老马车队，情况比较特殊，开始房产处意见不统一，后来蔡校长亲自过问，这才定下来，马车队能量不小啊。"

顺子诚实道："周科长，天地良心，除了您，我们没找过别人，更不敢惊动蔡校长。"

杏芬借劲道："周科长，丁护士长家对面正好空出一套俩屋一厨，我想跟她做个邻居，您看……"

周科长笑道："丁大人早有安排，下周三到我那儿拿钥匙。"

顺子憨笑道："谢谢周科长，我叫几个伙计，陪您喝两盅？"

杏芬附和道："正好有上秋山货，下酒最好。"

周科长开心道："恭敬不如从命，嫂子，我来打下手……"

清晨秋凉，校园开阔地，原马车队平房区，几辆推土机隆隆推倒院落栅栏，顺子头戴安全帽，身穿工作服，指挥在旁。一辆推土机停下来，驾驶位上的柱子探身拍拍机门，冲不远处的杏芬喊道："嫂子，别看了，回去吧。"

杏芬喊道："先别推，我再看看院儿里还有什么要拿的。"

顺子摆摆手，理解道："柱子，先下来吧，你嫂子啥都舍不得，没个完，还得进屋再看看……"

第二十六集

莫斯科金秋,水阔桥平,车水马龙。

莫斯科红场,阳光普照,游人如织,列宁墓庄严肃穆,圣瓦西里升天大教堂巍峨壮丽,克里姆林宫金碧辉煌。

下午时分,莫斯科普希金语言学院,十位中国留学生说说笑笑走出校门,郭启茂背包出列,跟同学们摆手再见,一位女同学喊道:"早点儿回来,别忘了你的拿手好菜,罗马尼亚同学晚上七点来宿舍。"

郭启茂应一声忘不了,匆匆赶往汽车站……

莫斯科地铁中,郭启茂坐在椅子上,俯身专心查看交通图,乘客或看书刊,或静坐打盹,或投来暂短好奇目光,交头接耳轻笑一下。郭启茂看看周围,礼貌探询身边的老人,老人引颈细听中国式俄语发音,张口示范纠正,郭启茂认真重复,引来众人关注,老人伸手指点交通图……

莫斯科航空学院,那座熟悉的教研大楼略显褪色,郭启茂匆匆走出楼门,往来师生好奇瞥一眼,稍远处,那架熟悉的飞机模型静静燃烧在炫目的夕阳中……

莫斯科芭蕾舞团,一位年轻女秘书送出门来,郭启茂抚胸致谢,女秘书摊手耸肩,含笑无奈。郭启茂奔向不远处的汽车站,迎面过来一位舞者风范的清秀妇女,擦身而过的瞬间,才让人不经意看出大约有六十岁,郭启茂不禁慢步回头,看到清秀妇女跟女秘书亲热寒暄,不觉怦然心动,停步思量片刻,悄悄站到不显眼的树影里,静静等待……

公共汽车上,郭启茂坐在清秀妇女侧后面,看着一双纤巧的红甲手指摆弄一叠戏票,分装在小巧的粉色信封里……

汽车到站,郭启茂跟着清秀妇女下车,两人走在生活楼区的人行道上,间隔十米左右。看看就要接近单元楼门,清秀妇女停步回身,沉稳打量道:"这位朝鲜同志,您有什么好东西要卖给我吗?不要你们朝鲜的低度烧酒,有中国白酒,尽管拿来。"

郭启茂略显惊讶,临机试探道:"我这里有一瓶中国茅台酒样品,是朋友托我带给柳芭女士的,您想看看吗?"

清秀妇女收住笑容,惊讶中警觉道:"年轻人,我从来不做半路截货的买卖,找你的柳芭去吧。"

清秀妇女转身接近单元楼门,郭启茂轻笑摇头,自语一声哪有这么巧,却又心有不甘,紧赶几步道:"柳芭要是不方便,找到安娜也可以。"

清秀妇女蓦然停步,慢慢转身,近前直视道:"你是中国人?"

郭启茂神情一震,期待道:"我是中国人,特意来到莫斯科,诚意拜会柳芭女士和安娜女士,特别带上阿廖沙的问候。"

清秀妇女惊讶呆立,轻轻摇头道:"这样的问候没有也罢,阿廖沙是个好丈夫,却没有给安娜带来长远的幸福。"

郭启茂喜出望外,脱口问道:"这么说,您是柳芭女士?真是太巧了!幸会!幸会!"

柳芭冷静道:"我是不是柳芭不重要,重要的是你们不会通过我找到安娜。你是我这二十多年来接触的第一个中国人,朝鲜人带来的中国货,我倒是享受了不少,外面不方便,进来说话吧。"

两人上楼,柳芭开门,房间不大,稍显凌乱,开放式的一厅一卧,墙上挂着几幅青春芭蕾,四个小天鹅中,柳芭跟安娜牵手玉立。郭启茂放下背包,拿出照片,对照墙上的安娜。柳芭接过照片,看看公园背景中的安娜一家三口和林峰,叹口气,吻一下,还给郭启茂,礼貌道:"喝点儿什么?"

郭启茂摆上一瓶茅台酒,一包四川红茶,一包西湖龙井,一条色调丰富典雅的真丝围巾,抬头笑道:"我喝白开水,这些都是给您的礼物,请收下。"

柳芭娥眉一挑,把玩一番,爱不释手,感念道:"这个阿廖沙,过目不忘的真本事,知人知心的好男人,不怪安娜耿耿于怀。"

郭启茂思量片刻,摆上一封信,柳芭看一眼,好奇道:"中国字,写的什么呀?"

郭启茂指认道:"安娜,你好吗?是阿廖沙写的。"

柳芭不动声色,转身从冰箱里取出一瓶啤酒,倒满一杯,自己斟上冰块儿伏特加,举杯道:"男人应该喝点儿酒,来,小伙子,为了今天的不可思议。"

两人碰一下,抿一口,柳芭平和道:"二十多年过去了,阿廖沙过得怎么样?不会是一个人生活吧?"

郭启茂沉稳道:"经历多年坎坷以后,阿廖沙现在过得很好,跟中国妻子和女儿生活在一起。事情走到这一步,原因非常复杂,详细情况都写在信里,希望您能尽快转交给安娜女士。"

柳芭叹口气,体谅道:"男人嘛,可以理解,其实女人也熬不住,毕竟是二十多年的苦日子呀。"

郭启茂探询道:"这么说,安娜女士也结婚了?"

柳芭耸耸肩,无奈道:"那些年,我一再劝说安娜,为什么不呢?女儿娜塔莎已经因为中国父亲,失去了芭蕾梦想,不能再让儿子伊万低人一等。1969年,苏中两个大国为了一个小岛兵戈相见,大战一触即发,眼看着身边的年轻人斗志昂扬开往苏中边境,安娜彻底绝望了。半年以后,她半推半就接受了我的安排,给两个孩子配上一个有地位的军人父亲,老兵人还不错,就是年龄大了二十岁。"

郭启茂沉吟片刻,感叹道:"就是那一年,我赶赴到中苏边境的建设兵团,当时以为马上要打仗,还给父母留下遗书,没想到十五年以后,我居然能以留学生的身份来到莫斯科。柳芭女士,中苏两国正在重新搭建和平之桥,希望您能成为两国离散家庭的和平信使,拜托您了!"

柳芭呷口酒,戒备道:"听起来令人感动,但是我无法确认您的身份,请问怎么称呼您?"

郭启茂笑道:"尼娜老师给我起了一个苏联名字——贝利亚。"

柳芭会心一笑,故作惊讶道:"叫您捷尔仁斯基也许更恰当,您工作在政府敏感部门吧?"

郭启茂轻松道:"不,我是一名普通记者,父亲是俄语教授,我的俄语是父亲教出来的。"

柳芭持杯沉浸片刻,沉吟道:"其实问也白问,要是中国人都像阿廖沙和贝利亚一样聪明,那苏中两国还是尽早和解为妙,但是,在莫斯科大街上还没有大量出现中国人之前,安娜与阿廖沙之间的生活平衡是不能打破的,知道吗?年轻人,阿廖沙离开苏联两年以后,安娜在政府敏感部门的安排下,不得不带着两个孩子离开莫斯科。没人知道他们去向何方,我也受到牵连,不得不离开心爱的大学教授们。唉,颜面扫地,真是叫人无法忍受,我只能隐姓埋名,挤在酸哄哄的面包作坊里,还要忍受谢苗诺夫厂长的偷偷摸摸。"

郭启茂表情理解,感慨道:"可您后来还是找到了安娜,看样子也离开了面包作坊,这让我对您的爱心和能力充满期待。"

柳芭轻轻笑出来,揶揄道:"男人都有英雄情结,漂亮的芭蕾女人投江,英雄们自然要争先恐后下水游泳。"

郭启茂深呼一口气,试探道:"柳芭女士,如果您能给我安娜女士的地址,我可以自己去送信,这样的请求可能失礼,但您就可以置身事外,请您原谅。"

柳芭淡然道:"贝利亚,这绝无可能,但我原谅您的失礼,在两国之间还没有达成平衡之前,我不想踏上跷跷板,这是历史的经验。对两个现实的家庭来说,无谓的旧情复燃,除了伤感以外,剩下的只有无奈。您不觉得是这样吗?我这一生,阅人无数,就是见不得这样的残忍,请您理解。"

郭启茂无言以对,叹服道:"柳芭女士,谢谢您的周全考虑。我受人之托,也看到了希望,却又无能为力,只有望洋兴叹,希望您能留下这封信。生活有很多无奈,更有很多也许,看将来吧。"

柳芭赞赏道:"贝利亚,如果年轻二十岁,我会爱上你的,就像当年我瞬间爱上阿廖沙一样。当然了,有安娜在,只能是精神上的。信我可以留下,请您转告阿廖沙,安娜的生活平静如水,在继父的庇护下,两个孩子都出色完成了最好的大学教育,娜塔莎成为一名政府公务员,女儿卓娅已经两岁了,至于那个可爱的小伙子,噢,上帝呀,我们的小伊万,你真正是地球人结晶出来的科学天才,将来的成就,不会在你的亲生父亲之下。"

郭启茂深受感动,起身施礼道:"柳芭女士,您这番苦心孤诣,阿廖沙会铭心刻骨的,我代表他们一家向您表示衷心的感谢。今天冒昧打扰,深感不安,倍感欣慰,我会再来看您的。"

柳芭送出门,竟有些依依不舍,感慨道:"二十多年没喝茅台酒了,就是今天的苏联部长们,也没有这份幸福。还记得阿廖沙给我讲的那个杜康先生,人生寂寞呀,贝利亚,欢迎再来。"

万木萧萧,深秋落叶。
朔风劲吹,隆冬大雪。

莫斯科3200公里之外,新西伯利亚,圣亚历山大涅夫斯基大教堂,广场空旷,伊人独行……

天堂一曲《天鹅之死》,怀中一幅沧桑遗像,这样的缘起缘落,人生不能再有第二次……

雪堆缓坡,曹梅拎着小木爬犁,跟着小曹忆登上坡顶,小曹忆坐扶爬犁,曹梅拍拍女儿肩膀,轻轻推向坡顶边缘,小曹忆冲坡下兴奋地挥一下手,坐稳抓牢,爬犁顺坡滑下,坡底缓冲滑道,蔡鹤临半蹲雪地,张开双臂……

【熟悉的夏日公园里,安娜和娜塔莎一左一右,中间牵手一岁多的小男孩儿。母与子踏着草坪向前奔跑,小男孩儿笑得阳光灿烂,娜塔莎似乎笑着喊出什么,安娜躬身迈步,侧看小男孩儿,绒起的发缘晕光虚幻,圣母一般……

娜塔莎渐行渐远画外音:"爸——爸——"】

沪上春色,风和日丽,市井里弄,任家门面。连响爆竹震人脚步,大红囍字招揽孩童。一群年轻人忙里忙外,国英、国强伴着几个邻里老人,笑发喜糖,任玉芹、任姥爷门前张望,白师傅、丁师傅、丁师母说笑在旁……

一辆崭新的桑塔纳轿车缓缓驶进里弄,后面跟着喜笑颜开的人群,车门打开,新郎立国先下来,林峰、利贤伴着新娘利民随后下来,人群涌动围观,笑声四起……

双方家长握手寒暄,新郎新娘笑领祝福,利民人面桃花,含羞改口:"姥爷,妈。"

立国面红耳赤,憨笑改口:"……爸,妈。"

双方家长喜不自禁,各塞红包,利民随手递给立国红包,立国展示一下,红包入兜,伴娘拉一下新娘,耳语嬉笑,宾朋起哄叫好……

年轻人闹入任家,双方家长谈笑跟进。墙边溜过一位五十六七岁的瘦弱眼镜男人,悄悄拉过人群边缘的白师傅,仓促塞过一只厚实红包,低头谢道:"老人家,劳烦您把贺礼交给新郎,拜托了。"

白师傅连忙招呼道:"哎,这位师傅,别走啊,总得报个名号,吃块喜糖啊,哎,哎——好家伙,这么沉,得有个千八百元的,谁呀这是……这么多钱,哎哟,不会是立国他父亲吧?"

南方田野,列车疾驰。

硬卧车厢里,林峰伴着利贤,国强伴着白师傅,四人手持茶杯,坐在下铺说笑。白师傅手指点动,回忆道:"……就是嘛,当时我奇怪得很嘞,百衡怎么坐没坐相,站没站相,也不至于天天水土不服吧?"

利贤笑弯了腰,摆手道:"哎呀妈呀,百衡也太有意思了,他可从来没跟我们说过,这东北屁股上还生过上海冻疮,回去逗逗国兰。"

白师傅体谅道:"过去那些年,东北人来到上海,冻疮是一定要生的嘞。百衡进厂没有多久,一下子就迷上了技术革新,每天趴在设计图纸上不肯下来,屁股一撅就是好半天,单裤又湿又寒,冻疮咬在屁股上,很不容易痊愈的嘞。"

国强感触道:"这冻疮要是缠上了你,弄不好可是年年犯呢。师傅,我姐夫是怎么治好的?我也学一招儿。"

利贤好奇道:"有这么厉害?那还真得注意保暖。"

白师傅佩服道:"要说百衡真是有办法,自己搞了一个小小的电热风扇,每天睡觉以前,翻开高中课本,侧躺在单人床上,至少十分钟,电热风就把屁股吹得干干的,结果还没有熬到春天,冻疮全部愈合,一块黑斑也没有留下的嘞。"

连过道里的人都跟着笑出来,利贤理解道:"所以呀,白师傅,百衡办事,您是一百个放心。"

林峰凑趣道:"在学校,凡事有百衡在,我们也是一百个放心。"

白师傅认真道:"这一次,我不请自来,就是要为全厂职工讨一颗定心丸。当初悔不该同意百衡离开江南厂,有他在,工厂不会搞成这个样子的。国强三年前的预言,今天不幸言中,现在厂房、设备就要租借到期,人家压价续租,下半年,大家真的是要背着一半喇叭工资,回家讨生活的嘞。"

众人感叹理解,国强提示道:"师傅,到大学以后,您可不能当着我姐的面儿开后悔药,姐夫是老丁家的福星,您得说,百衡这颗福星在老丁家高照了三十年,现在厂里想借回上海照一照。"

白师傅连连称是,利贤谨慎道:"国强,Lida 程控电话交换机这个事儿,我就是话赶话,随口那么一说,你们要是格外认真,事情可就大了,直接关系到百衡将来的工作归宿,大学里稳稳当当几十年,一下子又给弄到风口浪尖儿上,就算百衡想当这个好汉,我心里也不踏实,国兰更不会答应。"

林峰思量道:"就个人方面来说,风险确实不小,百衡在滨江上了两套 Lida

系统,一套是学校的1200门,一套是车辆厂的500门,使用中出现过故障诊断问题,好在及时解决了。大学的技术支持力量还是比较强的,蔡校长就此做了一篇好文章,发表在校刊上,认为这是产学结合的典型事件,可以考虑以资金、技术、人才、场地作为资本,开展多方合作,共同创立数字程控电话交换机的民族品牌。因为文章涉及外资比例的敏感话题,所以直接引发了学校与南方沿海城市合作项目的资本议题。"

国强兴奋道:"师傅,还是您老人家拿得准,刚才车下听着,就是个天方夜谭,权当是陪您老去看看徒弟,现在车上说着说着,还真是叫人动心。不过,做市场可没那么容易,日本造儿别说在中国,就是在西方发达国家,那也是高歌猛进,加上欧美产品围追堵截,没有特殊的金刚钻儿,咱做不了这瓷器活儿。"

林峰赞同道:"国强说到了咱们的疼处,与列强争食,肯定是难上加难,但是别忘了,最大的市场毕竟是在咱们中国自己的土地上,白师傅要找的,就是打开这个市场的中国金刚钻儿。"

利贤务实道:"事情越说越大了,还是要为国兰和百衡设身处地着想,刘婷、刘欣都有出息了,国兰很满足现在的安稳日子,我看百衡能给Lida公司做个技术顾问就挺好,有机会,国兰还可以跟着百衡到香港开开眼界。"

白师傅高兴道:"事情都是由小做大的,老师们说的,句句都在道理上,要不怎么说,这知识分子就是工人阶级的一部分呢,困难面前,理解万岁呀……"

校园夏夜,生活新区。

刘百衡家卧室,床头微灯,丁国兰和刘百衡和衣而卧,依偎说话。丁国兰手抚刘百衡的后颈,轻轻捏拿,略显疲倦道:"也真是的,刘欣好不容易扶进大学校门,这还不到一年,你又蹦出来折腾,供俩大学生,还要孝敬爹娘,这手头儿是紧了点儿,可也不至于再跑到上海生冻疮啊,我可是心疼你呀。"

刘百衡感慨道:"树活一张皮,人活一张脸,白师傅都七十了,为了下一代,还千里迢迢跑来看得起我,接着就跟来一群厂领导、局领导,我一个做徒弟的,只能顺水推舟。至于上不上船,如何上船,那是很有讲究的,万一上去了,也是代表校方,否则连个退路都没有,弄不好给你背一堆喇叭回来。"

丁国兰感念道:"我还真挺留恋那堆喇叭的。哎,我说,你可不是真动心了吧?我怎么觉着心里不踏实呀,这又是香港,又是上海的,咱就是学校一小老百姓,你可千万把持住呀。"

刘百衡思量道："三方合作，各得其所，Lida 公司提供主体技术，唱的是主角，江南厂提供基本生产条件，占的是辐射全国市场的上海地利，学校为此成立一个通信技术研究所，先聚拢一批兼职骨干，其实玩儿的是空手道。蔡校长比较狠，坚持把交换机系列产品研发这块好肉咬在嘴里，争取以此为生长点，办一个产学结合的技术实体，从长远看，我们会唱成主角。"

丁国兰拎耳道："哎哎哎，我可不管这些，你这个当大官儿的迷，是不是又惦记着那个研究所长的位置呀？"

刘百衡顺过拎耳手背，撩在胡楂上揉贴，坦白道："不是我惦记着研究所长，是各方都惦记着我。跟你交个底吧，前一段时间上的那两套 Lida 系统，利德额外给我四千人民币服务费，我给立国他们四个汇去一千，交给雷达专业三千。"

丁国兰翻身急道："等等，原本谢你的四千块钱，就这么扔进了大锅饭？行啊，刘大面子，给何主任长这么大个脸，怎么没见搬个奖杯回家呀？口口声声叫我当家的，你这……哪怕是先叫当家的数数，漏个……三百五百也行啊。"

刘百衡平和道："我是在教研室当众上交的三千块钱，文芳直瞪我，坚持给你漏了五百。国强一直困难，又给咱爸咱妈养老，我就代表你，把这五百寄到上海去了，这个结果，比你自己漏个三百五百好看一些。其实交钱我也心疼，可这钱是利德通过利贤给我的，兄弟姐妹面前，咱不能失了气节。"

丁国兰搂过刘百衡亲一口，刘百衡抹一把，丁国兰再亲一口，刘百衡翻身按住，坏笑道："全能挑战赛是不是？小心生儿子！"

丁国兰撒娇道："你以为我不敢哪？三十踏浪，四十冲浪，五十正在浪尖儿上！"

两人轻声笑闹，刘百衡嘘指道："有动静，好像咱爸喝水呢。"

果然传来水杯合上盖子的碰瓷声，两人略显无奈，兴致减退下来。楼道里传来脚步声，对门暗锁一响，隐约传来杏芬、顺子的招呼声，刘百衡轻声道："顺子哥下夜班儿，够辛苦的。后勤服务这块，秦副校长胆子够大，分包套上责任，活儿是多快好省。"

丁国兰感叹道："学校变化太大了，杏芬都成了好邻居，百年不遇的经济大潮涨上来，眼看着水涨船高，一个个都成了弄潮儿，咱倒成了船锚，沉底儿了。"

刘百衡沉吟片刻，起身下地，丁国兰惊讶道："这才躺下一个小时，您老就——上下水？得，还没下海滩遛遛，自个儿先湿了下半截。"

刘百衡浑身一震,龙吟一声,背对丁国兰,收腹吸气,展臂含胸,绷臀梗颈,再收臂荡腿,慢回身,呈健美硬汉状,绷住笑容,丁国兰床上笑翻,打个滚儿,伸臂做出拥抱状。刘百衡卸架摆手道:"好饭不怕晚,你等着!谁说穿鞋的不怕光脚的,我得去问问顺子哥,当年他怎么就从山上跑进了城里。"

丁国兰咕咚下地,俯身摸摸床下,转眼手上一瓶北大仓酒,拿腔兴奋道:"杜丘先生,我是你的同谋!"

刘百衡单臂搂住丁国兰,略皱眉,看天棚,丁国兰仰脸温柔道:"杜丘先生,完了吗?"

刘百衡搂紧一下,意味深长道:"真由美小姐,哪有个完哪。"

屋外传来刘母的探询声:"折腾什么呢,百衡,怎么老起夜呀……"

旭日东升,校园绿意,主楼办公区,校办会议室,刘百衡手抚文件图表,侃侃而谈,利德表情沉稳,跟香港助手轻声交流一下,助手领会记下,蔡鹤临、秦副校长、国强、袁处长、童台长等人静坐聆听,不时有人记下什么,会议秘书全神贯注,平稳速记……

夜阑人静,俄式专家小楼,李国荣、蔡鹤临家,窗帘垂挂,灯光柔和。

楼上小卧室里,魏如莲端详熟睡的小曹忆,轻轻半盖踢开的棉被,悄悄下楼回到客厅。李国荣坐靠在沙发上,笑看电视屏幕,随口道:"又踹被了吧?明天更热,该换薄被了。"

魏如莲坐到李国荣身边,轻声道:"明天换。"

厨房里,曹梅关火,给稀面条撒上一撮葱花,抬手看表,抱怨道:"这都十点了,还不回来,大姐,病人不听话,你真得好好教育。"

李国荣侧耳道:"刚才好像自行车响,又没动静了,我去看看。"

李国荣开门,门前灯影下,丁香树丛边,蔡鹤临蹲抚胃部,调整呼吸。听到开门动静,蔡鹤临摆手扭脸笑一下,缓缓起身。李国荣过来扶住,打量道:"看着不对呀,胃疼厉害了吧?马上去医院。"

两个女人迎出来,魏如莲摸摸蔡鹤临脸上的细汗,严肃道:"亏你还能挺得住,先缓缓,去医大二院。"

曹梅扶过蔡鹤临,紧张道:"疼成这样,可别影响心脏啊。"

蔡鹤临宽慰道:"没那么严重,也是赶巧,几个现场办公会连上了,晚上随手抓一个凉包子,下次一定注意。"

李国荣赶紧道:"进来再说。"

蔡鹤临关心道:"孩子睡了?"

曹梅气恼道:"再不睡,也成夜猫子了。鹤临,你到底行不行啊?"

蔡鹤临疲倦道:"马上喝一碗曹氏热面条,肯定行。"

蔡鹤临餐桌前落座,李国荣递上温湿毛巾,曹梅端上一汤盘热面条,蔡鹤临擦脸擦手,安逸道:"回家才享受校长待遇,掌柜的,这盘子喝起来温吞吞的,来碗滚烫的吧。"

曹梅无奈道:"大姐,你们要是不在家,他肯定自己动手,还得加辣子。"

魏如莲摆上一小碟饼干,气恼道:"对,像平常那样,再来两勺陈田辣椒,又热又辣,胃溃疡也就治好了,我看你还是待在医院里老实听话。"

蔡鹤临喝几口稀面条,咬一口饼干,舒缓道:"暖一下胃,舒服多了。大姐,曹梅,今天有点儿累,医院就免了吧,忙过这一周,我一定再去检查。"

李国荣圆场道:"鹤临,六十的人了,身上的零件儿真得注意保养,谨遵魏大医生叮嘱,这是最起码的要求,听好了,再做你的永动机,我就得向大领导打小报告,勒令你停止工作。"

蔡鹤临喝下半盘稀面条,擦嘴道:"现在停工,也就勉强及格,学校的第一个五年计划刚刚完成,下一个十年计划已经启动,再苦干几年,争取个良好,我就退下来,跟着你们转转祖国的名山大川。"

曹梅察言观色,试试盘子温度,细心道:"我们在意的就是这几年,蔡三郎,不能再拼命了,要不要加一勺热的?"

蔡鹤临推开盘子,缓口气道:"不吃了,有点儿反胃,吃片儿安眠药,踏实睡一觉就好了。"

魏如莲思量片刻,看看蔡鹤临脸色,试试额头温度,回身倒上半杯温水,连药递过来。蔡鹤临一口水送下药片,换坐到沙发上,轻松道:"不用盯着我,还是老毛病,真没大问题,说说话儿,困了就睡。"

李国荣宽慰道:"那就别紧张了,鹤临心里有数儿,换个话题吧。"

魏如莲提醒道:"对了,有个事儿还真得说说,国兰这两天让我关心一下什么Lida合作进展,我哪儿说得清啊,应该有眉目了吧?"

李国荣笑道:"一切都在酝酿之中,这样的新生事物,风险和机遇哪一个更大,必须经过各方磨合才有结论。有一点可以肯定,如果合作成功,百衡应该会唱个主角,当然了,还要看百衡自己的选择。"

蔡鹤临沉稳道:"三方合作,表面上看,纯属机缘巧合,实质上,却是偶然当中有必然。"

李国荣默契道:"我们都是来自五湖四海,为了一个共同的市场目标,走到一起来了,台湾、香港下的蛋,不仅可以拿到大陆来孵化,还要繁衍生息。"

蔡鹤临深入道:"利德正是看清了这一市场关键,经过三轮谈判,反复权衡,才终于做出了重大让步——第一,两年之内,Lida产品的技术研发工作,逐步转移到我们通信技术研究所,在技术资产评估方面,只考虑Lida累计投入资本,折成合资股份,即便如此,对我们来说,这也是一个天文数字,所以折股达到49%以后的溢价部分,以股份垫资的无息贷款方式,借给我们通信所和江南厂,确保合资公司符合政策底线,国企股份不得低于51%;第二,Lida公司积压的全部产品,以成本价无息借入合资公司,以国外同类产品平均价格75%的售价在中国大陆市场销售,迅速抢占市场,两年以后,Lida公司按销售比例回收成本资金。"

曹梅明白道:"说了半天,才听出来,原来家里藏着俩空手道高人,技术是人家的,流动资金也是现借现卖,股份还要占个大头儿,利德不会跟利贤放弃遗产一样,做个香港雷锋吧?"

魏如莲附和道:"就是呀,怎么感觉人家利德是穿着裘皮大衣进来,结果是光着膀子跟你们出去冬泳啊。"

蔡鹤临跟李国荣相视一笑,李国荣务实道:"冬泳就该光着膀子,水性再好,也不会为了显示高贵,穿着裘皮大衣下水吧?利德是个明白人,他看重的是未来十年,现在Lida产品市场滞销,公司资金链断裂,合作是唯一出路,广阔天地,大有作为。"

蔡鹤临深入道:"对利德来说,背着抱着一样沉,合资公司负的是有限责任,大家一损俱损,一荣俱荣。新兴电子行业,高风险担得住,就会有高收益,无息贷款表明利德的诚意,税收优惠体现大陆的宽容,要知道,利德一家独自拥有Lida股权,再过十年,这49%的合资股份,恐怕要演变成一个几何级数。"

魏如莲笑看曹梅,感慨道:"听懂了?老李变啦。"

曹梅跟着笑笑,感慨道:"稳准狠,三郎也变啦。"

蔡鹤临冤枉道:"其实不是我干的。"

李国荣冤枉道:"不在其位,不谋其政,更不可能是我干的。"

魏如莲调侃道:"鹤临,不会是安眠药起作用了吧?老李,没给你吃药啊,不是你们干的,难道是诸葛亮帮你们草船借箭不成?"

李国荣感慨道:"经济发展大潮之上,草船完全可以借箭,这都是解放思想的结果。"

蔡鹤临应和道:"也都是集体智慧的结晶。"

魏如莲笑道:"不如干脆官话直说,退休书记夯实基础,在位校长领导有方,真合作成了,我也在政协替你们卖个好瓜。"

李国荣跟蔡鹤临相视一笑,两人扳指,如数家珍,一唱一和:"三个臭皮匠,一个诸葛亮,出谋划策的空手道高手都在这儿了,你们看啊,有——刘百街——刘百花——刘百岁——刘百能——刘万全——刘坏水儿,对,就是这个刘坏水儿,把利德拉进松花江,一起光着膀子玩儿冬泳……"

夜阑人静,床头微灯,蔡鹤临和曹梅和衣而卧,微目依偎。曹梅轻轻揉搓蔡鹤临的胃部,蔡鹤临轻轻按住曹梅的手背,体贴道:"累了,歇会儿吧,手心热,贴着也舒服。"

曹梅喃喃道:"心思沉,病就重,每次都这样。你说过,柳芭重义气,安娜早晚会接到信的,把心放下来。下周可一定要再去做个全面检查。"

蔡鹤临爱抚道:"你呀,你呀,没有这么难为自己的,既然安娜一家生活平静,我也就心安一些,记得亦铭说过,没消息,就是好消息……"

仲夏时节,蓝天薄云,莫斯科机场,一架图154客机滑行跑道,冲天而起,发动机轰鸣声中,飞机爬高转弯,平稳飞行……

机舱内,漂亮空嫂殷勤服务,柳芭靠窗而坐,探视机翼下的山河大地,身边的俊美青年轻轻碰碰柳芭,关心道:"柳芭阿姨,喝点儿什么?"

柳芭目不转睛蜿蜒大河,随口道:"伏特加,伊万,陪我喝一杯。"

伊万转头礼貌道:"两杯伏特加,加冰,另要半杯冰块儿,谢谢。娜塔莎,你不来一杯?"

身边的娜塔莎沉静道:"旅途漫长,现在不想喝酒,苹果汁,谢谢。"

空嫂服务到位,含笑而过。柳芭举杯示意,伊万和娜塔莎跟着呷一口,柳芭知心道:"孩子们,振作一些,最好像个军人,这样阿纳托利爸爸会高兴的。他的肺部旧伤复发以后,要不是安娜妈妈悉心照顾,恐怕挺不过这最后五年,大家

第二十六集

心里都有准备,所以没有什么特别遗憾的。"

伊万还是遗憾道:"明明知道随时可能告别,却不能像小时候那样朝夕相处,真是对不起阿纳托利爸爸。最近总是想起他陪伴妈妈走在街上的背影,难为妈妈这半年一个人熬过来。"

娜塔莎伤感道:"1969年圣诞节,妈妈带着我和弟弟住进阿纳托利爸爸家里,我故意叫他阿纳托利爷爷,每次他都笑出来。半年后,他把莫斯科大学哲学系录取通知书递到我手里,半开玩笑说,真想早十年当你爷爷,这样全家人就可以坐在莫斯科大剧院里,看你跳《天鹅湖》。我叫了他阿纳托利爸爸,他居然跟妈妈说,听着不习惯,还是爷爷好听。"

伊万品酒静默,柳芭持杯沉浸,手背贴一下眼角,感怀道:"阿纳托利话不多,是个宽怀幽默的好男人,这个我知道,就是安娜喜欢的那一种,又温柔,又有劲儿,虽然没上过什么学,却腼腆得像个大学生,怎么也看不出是西伯利亚兵团的战斗英雄……"

机翼俯瞰——俄罗斯大地,森林覆盖,茫茫苍苍;俄罗斯大河,熠熠生辉,支流交错……

新西伯利亚俯瞰——低平建筑掩映树丛,空旷机场突兀草坪,图154客机平稳降落,减速滑行……

机场出口通道,娜塔莎挽着柳芭前行,伊万推着行李车跟上,三人来到出口前厅,四顾寻人。不远处有个年轻人招手喊道:"伊万!娜塔莎!"

伊万惊讶道:"谢尔盖,怎么就你一个人,妈妈呢?"

娜塔莎急步赶上去,不安道:"谢尔盖,谢谢你来接我们。妈妈怎么没来,是不是病了?"

谢尔盖拥抱一下,宽慰道:"别担心,安娜阿姨身体没有问题,她早晨来电话,突然改主意了,叫我自己来接你们,说是去年的今天,阿纳托利叔叔带她去河边木屋烤鱼,两人说好了明年再来,今天她要先去木屋准备一下,嘱咐我先接你们去光荣烈士纪念碑献花,然后再去木屋……"

三人不安互看,伊万礼貌道:"柳芭阿姨,这是谢尔盖,我童年最好的朋友。谢尔盖,这是柳芭阿姨,妈妈最好的朋友。"

谢尔盖连忙贴面问好,柳芭诧异道:"谢尔盖,电话里没听出安娜有什么不对呀,她经常这样随时改主意吗?"

谢尔盖理解道:"安娜阿姨平时看不出来,触景生情才这样。医生说不要紧,由着她慢慢释放就好了。"

柳芭感触道:"我和安娜都是孤独的天鹅,我是本来的,她是后来的,孩子们,生活终归是美好的。走吧,去买花,看看老朋友。"

新西伯利亚街景徐徐掠过,拉达轿车在老街旧巷的一家花店门前停下来,四人下车进店,很快捧花出店上车。轿车行驶中,伊万不解道:"谢尔盖,妈妈为什么不带我们去墓园,而是让我们先去光荣烈士纪念碑?"

谢尔盖手扶方向盘,解释道:"阿纳托利叔叔没有进墓园,他的骨灰埋在鄂毕河畔的一颗白桦树下,是他参加莫斯科保卫战时,跟一个生死战友约好的,战友先他埋在那儿了,我不知道在什么地方,安娜阿姨只告诉我这些……"

新西伯利亚二战胜利光荣烈士纪念碑广场,铭碑矗立,雕像深沉,散落钱币的浅圆火池中央,火种随风翻卷,池前正面,静卧一只五星钢盔……

四人献花伫立,柳芭十字祷告……

鄂毕河畔公路,拉达轿车疾驰,河面开阔,货轮低鸣,新西伯利亚铁路鄂毕河大桥映入眼帘……

岸边木舟,牵系草坡,原木小屋,掩映白桦,拉达轿车下路缓行一段,停在木屋栏外空地。

木屋围栏中央,泛起淡淡青烟,围栏开口处,就在围栏开口处,风摆衣裙,伊人憔悴,年近花甲的安娜,微霜鬓染,笑意安然。

伊万紧跑几步,抱住母亲……

娜塔莎贴面贴心,难受道:"妈妈,对不起,我们来晚了。"

安娜抚背安慰道:"不晚,孩子们,这是阿纳托利爸爸下的最后一道命令,让你们暑假回来。"

芭蕾姐妹久久拥抱,柳芭心疼道:"早该过来陪你,怎么才告诉我?"

安娜喃喃道:"为什么要早告诉你?西伯利亚的冬天,我不想再多一份悲凉。"

娜塔莎打破沉郁,招呼道:"妈妈,我们飞了五个小时,请柳芭阿姨休息一下吧。"

安娜平复道:"来吧,柳芭,鲜啤酒,酸黄瓜,解解渴。"

伊万和谢尔盖搬下行李跟进木屋,屋内自然简洁——正面大河临窗,当中木椅围桌,一侧木床书架,一侧厨具冰箱,东墙三根渔竿,西墙一杆猎枪,桌面中央,白桦木框留住黑白记忆,阿纳托利凝视窗外,鄂毕河水静静流淌……

柳芭捧起遗像,端详片刻,轻轻亲一口,额头贴一下,传给娜塔莎,伊万轻轻抬手,一起扶住阿纳托利,姐弟俩怀念良久,表情感伤……

谢尔盖摆上啤酒小吃,安娜接过遗像,摆上书架,喃喃道:"钓了半天鱼,看看书吧。"

众人桌前静坐,安娜、柳芭十字祷告,孩子们默念怀想……

安娜起杯道:"今天的团聚真是美妙,既然离开了莫斯科的喧闹,就要好好享受新西伯利亚的阳光、美酒,当然了,更要尝尝鄂毕河上的鲜美烤鱼,感谢阿纳托利。"

伊万、娜塔莎举杯示敬道:"祝福阿纳托利爸爸。"

众人痛快解渴,柳芭关心道:"安娜,这半年是怎么熬过来的? 可别让自己闲下来呀。"

安娜感触道:"不敢闲下来,不然只有伏特加陪伴,我又回到图书馆帮忙,每天早出晚归,现在情绪好多了,你们这一来,应该全好了。"

孩子们表情欣慰,柳芭若有所思,点头微笑道:"这样就好,我跟孩子们商量好了,过了这个暑假,咱们一起回莫斯科。我也该有个伴儿,咱俩可以经常去芭蕾舞团这些老地方走一走,还能凑一曲四个老天鹅。"

娜塔莎祈盼道:"妈妈,小卓娅也盼着姥姥呢,这次差点儿跟过来,明年伊万副博士研究生毕业,很可能留在莫斯科航空学院,阿纳托利爸爸已经安息,咱们一家人就在莫斯科生活吧。"

伊万殷切道:"来吧,妈妈,如果明年我继续读博士,就能以母子团聚的理由借一套公寓,到时候咱俩一起住,我要请同学们到家里来,尝尝你的拿手好菜,特别是那道干菜红烧肉。"

柳芭插言道:"说得我现在都馋了,别犹豫了,安娜,就一起回去吧。"

安娜欣慰道:"谢谢柳芭,谢谢孩子们,那就明年再说吧。"

娜塔莎开导道:"妈妈,你是不是还有顾虑呀? 与世隔绝这么多年,除了我们,没人再记得你,放宽心去莫斯科吧,肯定不会影响到我们的。"

安娜沉静道:"希望是这样。"

谢尔盖起身道:"你们慢慢说话,我去加火烤鱼。"

娜塔莎、伊万跟着起身道:"一起烤吧。妈妈,你别动,我们能行。"

安娜依然起身道:"我把东西给你们备齐,去年阿纳托利配的调料,我一直封在冰箱里,味道很特别,能烤出鱼肉的辛香来,配方是他救助过的一个德军战俘寄过来的。柳芭,再来一杯,来吧,孩子们。"

屋里静下来,柳芭慢慢品酒,注目窗外逝去的河水,屋外传来安娜一家的说笑声。柳芭低眉沉吟片刻,起身来到书架前,持杯敬一下,会心道:"当兵的,这些年跟着安娜,可是读了不少书吧?谢谢你,别这么盯着我,都老了,给女人拿个主意吧。"

目光依然凝视,心绪怅然若失,柳芭轻呼一口气,转身放下酒杯,来到床边,拎一拎旅行皮箱。

谢尔盖两手炭黑进来,脸上一抹炭痕,关心道:"要帮忙吗,柳芭阿姨?"

柳芭把皮箱提到床上,开箱笑道:"轻得很,今天不开化装舞会,我喜欢土著文化,下次帮我化成个酋长。"

谢尔盖笑看两手炭黑,随手垫块纸巾拉开冰箱门,端出一大托盘鲜鱼,出门转身道:"柳芭阿姨,您真的很漂亮,是天上飞的那一种。"

柳芭开心道:"听到了吧,阿纳托利?"

围栏中央,烤炉炭火,熏香弥漫,柳芭出来凑热闹,撩烟闻过,脱口赞道:"真有鲜鱼辛香,一直顶上脑门儿,安娜,鄂毕河畔竟有如此美味,你这不是让大家明年再来吗?"

安娜心动道:"是要常来,新西伯利亚是个叫人安静的地方,图书馆,白桦林,小木屋,对我已经足够了,真回到莫斯科,可能不会习惯。"

伊万认真道:"妈妈,如果你不想离开阿纳托利爸爸,我就不读博士了,来新西伯利亚大学当老师。"

娜塔莎在意道:"伊万,别吓唬妈妈,这里没有你的研究方向,妈妈什么都知道。你不用担心,妈妈就是想清静一段时间,你就准备跟学院借房子吧,到时候我家、你家、柳芭阿姨家,咱们三家随便住,妈妈会开心的。"

谢尔盖体谅道:"其实安娜阿姨没有不开心,只是经常沉浸在怀念里,所以就经常呆在图书馆,以书为伴。莫斯科有那么多文史类图书馆,一定会看到很多流行新书,是这样的吧,柳芭阿姨?"

第二十六集

柳芭应和，笑看安娜，安娜倒换烤鱼，感动道："谢尔盖，这么善解人意，真要好好谢谢你，今天就是烤鱼、喝酒，换个话题吧。娜塔莎，伊万，去把冰箱里的小菜摆上桌，案台上还有一盘炝土豆丝，加白醋拌一下就行。冰块儿都冻好了，伏特加在橱柜里。"

娜塔莎和伊万进木屋，摆菜上酒，伊万好奇桌面中央隆起的典雅围巾，虚着指背轻轻划一下，惊讶道："清凉滑润，娜塔莎，你看看是什么布料做的？"

娜塔莎也虚着指背试一下，赞叹道："先别动，摆的挺好看，一定是柳芭阿姨带给妈妈的稀罕礼物，布料非常特别，不像朝鲜货……应该是中国真丝，听妈妈说，是一种小动物吐出来的天然纤维织成的。"

伊万感叹道："天人合一的自然文化，以前妈妈这样评价过。娜塔莎，我最近参加同学聚会，居然尝到了一口中国白酒，一下子感觉到酒的本来味道，当时好像忽然明白了，妈妈这些年为什么一直坚持学习中文。"

谢尔盖和柳芭端着烤鱼进来，伊万和娜塔莎接过摆好，谢尔盖递过纸巾，柳芭谢过擦手，安娜端着一托盘洋葱、西葫芦一类的烤蔬菜跟进来，提示道："马铃薯烤在余火上，都想着点儿，来吧，趁热吃烤鱼。"

众人落座，安娜注意到桌中间隆起的围巾，探身仔细端详，惊异道："真丝围巾？柳芭，你不会是去了中国吧？"

柳芭笑道："不是我，是你太想去中国，地球上一样看月亮，不一定非得上月球。说来也是一段奇缘巧遇，一个中国朋友送的，知道你喜欢，就带来了，仔细看看，多好的颜色。"

安娜感触道："真是好色彩，好到有点儿不像真的，你们看，白中带粉，粉中泛黄，黄中透红，红到大紫，紫化幽蓝，世间冷暖全在里面了，简直就是一片风信子！"

柳芭侧脸遮一下，按一按眼角，爽朗道："来，为了安息，为了团聚，为了生活的诸多也许，满饮此杯！"

话入肺腑，一饮而尽，柳芭招呼道："怎么了，安娜？好像我是主人，吃鱼呀。"

娜塔莎给安娜铲过一条适中烤鱼，安娜回过神来，抱歉礼让道："对不起，走神儿了，一起吃。"

伊万满酒，众人尽情吃过一回，赞不绝口，安娜起身洗手，拉过架上毛巾，静静揩干双手，回到桌前，轻轻拉起真丝围巾，露出下面的一只红妆白色瓷瓶，伊万惊叹道："中国酒！"

安娜脸上贴住围巾，沉浸片刻，凝视道："是中国茅台酒。"

伊万禁不住好奇，探身拿起茅台酒瓶，露出压在下面的一个信封。安娜和娜塔莎神情同时一震，娜塔莎脱口惊讶道："中国信？安——娜，你——好——吗？是爸爸！"

众目赫然聚焦，娜塔莎递过信封，安娜抖住来信，屏息端详，亲一口，贴一下，伊万和娜塔莎扶住安娜坐下，柳芭表情复杂，目光扫过众人，安娜茫然道："真是给我的？"

柳芭动情道："醉人的茅台酒，传神的风信子，都是给你的。阿廖沙一直在托人找你们，莫斯科的知情人都讳莫如深，一个中国留学生偶然撞到我家里，我权衡再三，考虑到阿纳托利病重，不能让你分心，而且……很可能阿廖沙也有难言之隐，我不知道你能承受多少，所以信在我这里压了十个月，亲爱的，希望你能理解。"

芭蕾姐妹起身拥抱，柳芭抚背宽慰道："平安最重要，安娜，看信吧。"

安娜走到东墙边，从渔竿旁的工具挂袋里拿出一把小剪子，小心剪开信口，回到桌前，展开信纸，众人屏息等待……

【蔡鹤临画外音：安娜，娜塔莎，还有伊万——如果人生的约定没有改变，就该叫你蔡明轩，亲爱的，你们都好吗？安娜，记得你曾说过，国家之间的利益契约可以废除，我们一家的人生约定不会改变。然而，世事艰难，人生无常，经历过生离死别之后……】

【闪回：夏夜风雨，路灯微稀，一辆救护车疾驰校园，停在教工宿舍楼下，丁国兰跳下车，回手拎过急救箱，直奔楼上，刘百衡和司机拎提担架跟上……

救护车疾驰，副驾驶位上的刘百衡催促道："人命关天，再快！"

司机稳住方向盘，冷静道："刘副主任，不能再快了，下雨路滑，小心打横儿翻车。"

救护车内，丁国兰和林峰、何文芳和曹梅分护担架两旁，蔡鹤临仰卧担架，牙关紧咬，大汗淋漓，喃喃虚弱道："恶心，要吐。"

丁国兰和林峰帮助蔡鹤临略侧上身，何文芳垫过毛巾，曹梅紧张捏掐蔡鹤临左手虎口,颤音道:"国兰,有危险吗?"

丁国兰观察道:"要是胃穿孔,就得马上手术,蔡老师,现在感觉怎么样?"

蔡鹤临气短道:"胸口往下像火烧,后背像针扎,挺得住。"

何文芳挪开毛巾,掏出手帕给蔡鹤临擦汗,利贤庆幸道:"幸亏白天曹梅姐觉出不对,半夜又跑过来。蔡老师,我们要是不敲门,你是不是还得一个人干挺啊?这回把病彻底治好了,还是跟曹梅姐成个家吧。"

蔡鹤临喃喃感动道:"谢谢大家惦记,我就是个累赘。"

丁国兰打住道:"蔡老师,你不是什么累赘,你是应该入赘,是吧,曹梅姐?"

曹梅深情道:"但愿是这样,我大老远跑来,其实也是个累赘。"

蔡鹤临忍痛道:"曹梅,你好不容易离开风暴中心,就在避风港平静生活吧。"

丁国兰打住道:"蔡老师,先休息,病好了再说。"

林峰捏掐蔡鹤临右手虎口,细心道:"国兰,手术要输血吧?"

何文芳抢答道:"我是O型,在基地确认过两次,没问题。"

丁国兰冷静道:"忘提醒你们了,蔡老师的血型不多见,魏医生说,认识的人里面,只有曹梅姐配得上……"

教工宿舍楼,三家巷厨房,利贤灶前煮熬大米粥,马立尧坐着剥壳煮鸡蛋,利贤轻声催促道:"立尧,回去睡吧,腰可别受凉。"

马立尧体贴道:"睡不着,还是你回去吧,我熬个粥还行,蔡老师要是动手术,你们都得去医大二院轮流值班,到时候够你熬的……"

大型防空洞内,灯火通明,施工繁忙,蔡鹤临一班掘进者挥镐土坡,坡下人员装车运土,林峰快步穿行高阔甬道,近前喊道:"蔡鹤临,陈田,领导有令,另派任务,马上出洞。"

蔡鹤临、陈田持镐下坡,林峰接过镐把,坡下监工拦住道:"等等,一线工程正缺人,谁的指示?"

林峰递过一截盖章纸条,沉稳道:"刘副主任手令,马上抢运一批备战物资,马车队急需赶车工,我来替两个病号。"

监工放行,陈田面露兴奋,蔡鹤临略显迟疑,林峰推一把,蔡鹤临摆摆手,跟着陈田走过防空洞甬道,来到洞口侧面的更衣处,两人换上棉衣、棉裤,走出防空洞口。

夕阳凝脂，抬手遮望，洞口侧面不远处，辕马嘶鸣，顺子扬鞭抡个空响，陈田招手示意，两人赶步奔向马车……

马车队平房映入眼帘，马车在爷爷奶奶家院门口停下来，顺子把蔡鹤临和陈田推进院子，高兴道："都进屋吧，我卸马。"

两人缓步进院儿，蔡鹤临感觉出什么，屋门口停一下，挑帘推门。灶间里热汽升腾，杏芬快手捡出一蒸锅大枣馒头，抬头亲热道："呵，蔡老师，陈老师，抬头见喜呀，这大枣馒头就是给你们预备的。"

陈田抹手道："好嫂子，雪中送炭的白馒头，先来一个。"

蔡鹤临也抹一下手，抓过一个馒头，两人热腾腾倒手，转眼吞下半个。杏芬递过水杯，两人轮流喝水噎一下，蔡鹤临指指东屋，感激道："好吃，杏芬，我们去看看爷爷奶奶。"

东屋正面墙上，白桦木框留住黑白记忆，一个意气风发，一个笑意安详，一个沉静如水，三种目光齐聚对面墙上的大红囍字。蔡鹤临不觉愣住，陈田难掩惊讶。地当中，一桌野味家常菜，利贤满斟红星二锅头，爷爷端坐桌前等待，炕头上，奶奶盘腿左边，丁国兰抱膝右侧，两人伴住中间的大红头盖，爷爷抬手道："鹤临，该你了。"

众人期许，陈田惊喜，蔡鹤临静心良久，深躬施礼，缓步近前，抬手颤指，掀开大红头盖……】

安娜含泪茫然，柳芭静待平复，娜塔莎和伊万一起读信……

无意间，桌边的信封里露出一个淡粉小纸角，安娜拿起信封拈出，是一个自制的开口淡粉小信封，安娜展开信纸，露出一张黑白照片，安娜颤一下，手指抖住似曾相识的震撼画面——

不熟悉的夏日公园里，蔡鹤临和曹梅一左一右，中间牵手一岁多的小曹忆，一家三口踏着草坪向前奔跑，小曹忆笑得阳光灿烂，蔡鹤临似乎喊出什么，曹梅躬身迈步，侧看小曹忆，飘逸的发缘晕光虚幻……

【小曹忆画外音：安娜妈妈，蔡明慧大姐姐，蔡明轩大哥哥，不知道你们在哪里，每个人都好吗？我是曹忆，出生于1972年10月12日。爸爸说，我是偏得的,就是意外得到,或者额外恩惠的意思;妈妈说,我是必得的,因为生活是丰富多彩的,不会只有黑白两种颜色。

  其实,少年也有寂寞的时候,漫天大雪,或者风雨交加的夜晚,睡不了那么早,我就坐在楼梯口,经常能听到爸爸妈妈说起你们,还有家里照片上的那位陶爸爸,第二天早晨醒来,忽然就感觉自己长大了许多。有两次做梦,我还跑跳在你们大人中间,跑着跑着,不知不觉就飞起来,像风筝一样……}

  柳芭看信拭泪,娜塔莎泪流满面,伊万心潮起伏,姐弟俩忧心互看,关注母亲。安娜静默良久,深深吻在照片上,画十字,喃喃道:"对不起,陶先生,不该让你带照片给阿廖沙;对不起,曹女士,就这样让你失去心爱的人;祝福你,小天使,像你希望的,你已经带给我们快乐;感谢主,阿廖沙还活得好好的。愿陶亦铭先生安息天堂,愿阿廖沙一家健康……幸福,阿门……"

第二十七集

暮色深沉,秋雨缠绵,校长办公室内,蔡鹤临微目凝思,听雨窗前……

办公桌上,一只信封,汉字拙朴——鹤临,你好吗?一叠信纸——汉字当中偶尔出现俄文单词;一张彩色照片——新西伯利亚白桦林深远背景下,妻子儿女笑意安然,阿纳托利搂抱两岁多的小卓娅,一老一少,笑得阳光灿烂……

【闪回:隆冬时节,莫斯科街景,芭蕾舞训练房,一队十一二岁的苗条少女翩翩起舞,娜塔莎忘情其中。门口出现一位中年皮衣女人,含笑轻轻招呼,女教师示意继续,快步走到门口,两人低语几句。女教师验过皮衣女人的证件,表情敬畏,马上喊停,招手道:"娜塔莎,过来一下。"

娜塔莎闪出队形,盯着笑面皮衣女人,面露一丝怯意。女教师夸赞道:"娜塔莎,今天数你跳得最好,你可以休息了,现在请跟这位阿姨走,去见你妈妈。"

娜塔莎紧张道:"阿姨,我妈妈怎么了?她怎么不来接我?"

皮衣女人附身爱抚,和蔼道:"你妈妈很好,也很忙,她正在接你弟弟伊万回家的路上。阿姨开车顺路,正好带你回家,去换衣服吧。"

娜塔莎迟疑着走向更衣室,不觉回头张望,老师微笑挥手,示意放心,小伙伴们挤在门口,好奇嬉笑摆手……

正是傍晚时分,大雪漫天飞舞,莫斯科火车站出发站台,安娜提箱背包,娜塔莎提小包背书包,两人牵手一岁半的小伊万,默默前行,两个高大皮衣男人提拎皮箱、包裹跟在后面。小伊万跺脚兴奋,张望车厢,一家人踌躇上车,皮衣男人跟进车厢。

苍茫暮雪中,列车前方信号灯由红变绿,车轮铿锵,长鸣远人……

列车疾驰,卧铺车厢里,安娜一家与两个皮衣男人对坐下铺。小伊万扒在窗前,专注快速闪过的窗外景致,不时兴奋指点一下,安娜耐心指教,娜塔莎依偎安娜,努力保持若无其事的样子。年轻男人捧着一本小说,年长男人目光亲切,笑看一家人。

安娜打个冷战,娜塔莎搂紧安娜,不安道:"妈妈,你冷吧?我给你带了伏特加,就是你昨天晚上喝剩下的那半瓶,在我书包里,还有三个小酒杯,是以前你跟爸爸还有维佳叔叔用过的。"

年轻男人小说掩面,静听下文,安娜眼眶湿润,接过三只白瓷小酒盅,抬头礼让道:"天寒地冻,两位要是不介意,也请喝一杯。"

年长男人欠身道:"谢谢夫人体谅,那就来一杯。"

过道里闪过列车员,年轻男人招呼道:"等一下,列车员同志,请来一份水果奶酪。"

列车员探头打量,知趣笑道:"那就给您来一道莫斯科红葡萄,加配西伯利亚山羊奶酪。噢,可爱的小天使,你还自带了美酒,真是童话世界的极品搭配。"

年长男人笑道:"您写诗吗,列车员同志?"

列车员耸耸肩,无奈道:"人人都有童年梦想,现在奔向西伯利亚的人生列车,就是圣洁世界的一首诗。谢谢您的职业眼光,诗人必须工作了,请稍候。"

娜塔莎捧着半瓶伏特加,挨个满酒,三人谢过,互敬一下,安娜和年轻男人一饮而尽,年长男人虚饮一下,滴酒未沾,坦然道:"年纪大了,胃不好,我等一下水果奶酪。"

伊万执意拿过妈妈的空酒杯,学着妈妈跟年长男人敬一下,就要仰头。安娜轻轻按住,年长男人摸出两块糖,剥开一块,伊万张口接住,众人笑起来。娜塔莎剥糖入口,露出手腕上的红绳结,年轻男人好奇指认道:"好看,回头给我女儿也戴一个。"

娜塔莎摘下红绳结,拉伸展示一下弹性,两手撑出线条,安娜抬手翻出花样,娜塔莎换手再翻花样,年长男人夸赞道:"是中国游戏吧?技巧真不错,我来试试……"】

电话铃声骤响,蔡鹤临回神稳一下,转身接道:"喂,您好,啊,曹忆呀……"

【爸爸,你又犯规了,我查阅了你的工作安排,今天晚上不开会,妈妈把饭菜都做好啦,大家就等你回来了。下雨路滑,慢点儿骑车……】

蔡鹤临柔声道:"好孩子,爸爸想你了,现在就回家。"

秋雨淅沥,路灯晕黄,风雨夜归的自行车,慢慢消融在校园深处……

沪上二月,晨辉清冷,市井里弄,春联灯笼。不远处,偶尔响起鞭炮声,屋门口,靠墙边,刘百衡、丁国强开锁推转自行车,丁国兰、丁师傅、丁师母送出门来。

丁师母嘱咐道:"百衡啊,给我慢点儿骑,小心屁驴子,现在的上海小青年儿,大街上突突突一溜烟儿,生猛着呢。"

刘百衡笑道:"妈,假的咱不怕,屁驴子要是真敢贴上来穷得瑟,我就突突突来真的。"

丁国兰教训道:"啧,老毛病,一高兴就胡突突,挺大个董事长,还这么不懂事,别让妈担心。国强,大年初五的,早点儿结束,晚上陪咱爸多喝两盅儿,要是方便,把白师傅也请上。"

国强应道:"都放心吧,我有数儿。"

丁师傅理解道:"百衡,上海变化大,骑车是要注意安全,你们该忙就忙,全厂职工都眼巴巴指望着你们呢。"

两人蹬车离去,三人摆手回屋,丁师母嘱咐道:"国兰哪,多泡榛蘑,我看白师傅挺爱吃这口儿,国英给的晶鱼也化上,上回干烧就挺好,上海人口味儿轻,酱油少放,多放些糖……"

小巷大街,人稀车少,丁国强在前,刘百衡随后,两人骑车快行。街景后掠闪过,身后果然响起一阵紧似一阵的突突声,两只屁驴子飙住较劲,突突突突擦身飞过,刘百衡紧张一下,快蹬喊道:"国强,好好干,半年以后,咱骑上他四个蹄儿的……"

江南广播器材厂大门口,两个中年男女职工搭手摘下老牌子,挂上新名头——立德通信技术股份有限公司,白师傅稍远站立,摆手指挥调正,丁国强、刘百衡悠身下车,丁国强招呼道:"师傅,你们这么早啊。"

白师傅自顾指挥道:"不早不行啊,买卖改头换面,一会儿就上人,得让新公司员工看到新年新气象啊。哎哟,总经理也来啦。"

众人互贺新年,寒暄一番。刘百衡打量道:"师傅,您开口总经理,他闭口董事长,我听着生分,还是叫我百衡吧。牌子不错,端庄大方。"

丁国强提示道:"姐夫,怎么没见沪港合资字样啊,别是漏掉了吧?"

白师傅摆手道:"听总经理的,就强调四个字——立德通信。国强,没有规矩,不成方圆,姐夫还是回家叫,新公司里一视同仁,这样总经理工作方便。"

丁国强连忙笑应，刘百衡惊讶道："师傅，我这上场的还没愣过神儿来，您这拉拉队倒是心领神会，我干脆让贤吧。"

白师傅认真道："高徒，要是早二十年改革开放，师傅肯定给你跑龙套的嘞。还有啊，几个厂领导不满意新工作，今天罢会，到局领导家拜年告状去了。"

刘百衡无奈道："夏厂长看看就要退了，还不满意工会主席这个虚职，重提当年保送我上大学的功劳，我只能低头听着。唉，都是争的一碗干饭，其实岁数大了，下来做点儿简单工作，待遇又差不了太多，这不挺好嘛。"

国强感触道："总经理，都像你这么想，改革就没有阻力了，这才踢出头一脚，还没涉及产品和市场，企业跟学校大不一样，我替师傅说一句，全厂都改头换面跟着你走，你可千万别打退堂鼓啊。"

一辆自行车溜过来，立国摆手下车，热情拜年。白师傅关心道："立国，听你妈说，利民好像有喜啦？"

立国兴奋道："才两个月，反应挺厉害，丁阿姨领到医院看过了，医生说都正常。"

白师傅念叨正常就好，丁国强介绍道："认识一下，这位是任立国工程师，年后就要调到咱们厂，这两位都是小白师傅，老白师傅的英雄儿女，一直是厂里的生产标兵。"

立国主动握手寒暄，老白师傅纠正道："过去的英雄，现在成了狗熊，江南厂已经摘牌了，立国可是到咱们新公司走马上任。"

刘百衡笑道："老工厂，新公司，两块牌子，一个火坑，立国，你可想好了，趁着没点火，现在跳出来还不晚。"

立国爽快道："刘老师，您都可以离家舍业，我有什么不行的？姥爷说了，跟你刘叔干吧，大不了将来搭伙卖冰棍儿。"

刘百衡欣慰道："那就好，立国，咱俩都有家里的铁饭碗垫底儿，尽管放开手脚。其实话又说回来，大家走到这一步，还是因为产品前景好，实在是诱人得很。"

白师傅感叹道："这方面，我最信我高徒，历史经验要起作用的嘞。"

一群年轻男女职工说说笑笑走过来，后面跟着的一辆出租车，缓缓停在不远处，丁国强招呼道："过年好啊，开会都去老厂房。"

白师傅招呼道："里面有热茶，小心建筑材料，新年新气象，不要磕磕碰碰。"

年轻人摆手拜年，纷纷看过新牌子，兴奋推搡，闹进厂区。

利德西服革履，推开出租车门下来，众人迎上来，利德扬手道："新年快乐！恭喜发财！"

刘百衡扬手道："恭喜发财！新年快乐！"

众人握手说笑，利德看看新牌子，担心道："董事长，现在就挂公司牌子，不合适吧？我听说大陆领导很讲究，挂牌剪彩仪式要搞得很隆重才行，我们不要失礼才好。"

丁国强抢答道："对不起呀，副董事长，是我自作主张挂上去的，今天厂房改造开工，是咱们立德通信的工人兄弟自己干，过年挂上新牌子，讨个吉利，心里踏实，干活有劲儿，等见面会一散，我就遮上红布，不影响挂牌儿剪彩。"

利德诧异道："你们自己干？这可是技术规范非常严格的专业工作，你们没有注意到图纸的工艺要求吗？电子产品装配场地不是随便进出的休息室，公司筹建阶段，这样的重大事件是要经过董事会讨论决定的。"

刘百衡圆场道："对不起，利德，让你担心了。是这样，董事会程序一定要走，只不过是现场董事会。地方领导剪彩要等到正月十五以后，大家都奔着希望往前赶，不想浪费这十几二十天。两周以前，我们吃透了你的厂房改造图纸，既然里面没有结构性大改动，这其中80%的基础工作，我们就能自己干，这笔钱省下来，马上可以用在市场推介上。"

白师傅补充道："像那些搭建操作台附带布线的工作，我们都是行家里手，不仅吃透了图纸，还提出了一些修改意见，为的是操作起来得心应手，提高合理性，不要小看大上海的技术工人，我们聪明得很嘞。"

利德松口气，信任道："行家一出手，便知有没有，谢谢老人家。刘董事长做过的几套系统，已经成为 Lida 公司的销售与服务经典，希望厂房改造工程也能这样。公司员工见面会以后，我要考察一下你们的施工条件，还有技术细节。"

刘百衡赞赏道："利德，谢谢信任。大家都看到了吧，钉是钉，铆是铆，这才是做大事的科学态度。香港 Lida 不仅是技术窗口，还能提供企业内部的管理经验。说来惭愧，就这么大咧咧顶着董事长、总经理俩虚名，以后一定要改改我这痞性，请大家监督指导……"

沪上夏日,市井里弄,人流往来,晚炊气氛。立国身背旅行包,礼貌招呼邻里,按下自家门铃。房门一开,利民露出笑脸,幸福道:"回来啦,你儿子比我还急,快来摸摸。"

立国进门蹲下,爱抚利民显怀的肚腹,惊讶一句还真是,又贴耳细听,忍不住亲一口,两人深情一笑。任姥爷身后笑道:"三十出头儿才当爹,心情就是不一样。背包儿沉,先放下。"

立国放下背包,高兴道:"姥爷,家里挺好吧?"

利民笑看姥爷,跟着姥爷齐声道:"那是当然!"

任玉芹系着围裙迎出来,笑看道:"又是一大背包,利民怕是完不成任务了。"

利民撒娇道:"妈,上回大连的还没吃完,这回天津的可得全家一起吃。"

立国俯身开包,任玉芹回身进厨房,建议道:"立国,先吃饭吧,好好洗手。"

立国起身洗手,姥爷端菜上桌,利民调拌凉菜,任玉芹关火起勺,拨菜入盘,笑盈盈端出来。立国拉开冰箱,拿出两瓶啤酒。

全家落座,桌上六样家常菜——肉末黄瓜大拉皮,蒜蓉茼蒿,青菜豆腐,苦瓜煎蛋,盐水河虾,小鸡儿炖蘑菇。立国倒酒,利民体贴道:"渴了吧?跟姥爷先喝一个。"

爷俩开心一笑,碰一下,立国一饮而尽,姥爷喝一口,利民再满酒。立国起筷让一下,亲人都笑,立国马上动筷,给每人夹过一样菜,自己横扫一遍,满足道:"出门不过半个月,必想家里这几样儿,你们也吃呀。"

四人尽兴吃过一回,任玉芹提示道:"慢点儿吃,没人跟你抢。"

立国起杯道:"姥爷,再来一杯。"

姥爷又喝一口,体谅道:"这才跑外几个月,酒量见长啊,不容易。"

利民笑道:"看来你经常是酒足饭饱,酒后真言吐的怎么样?"

立国缓口气,感触道:"要说这崇洋媚外,还真不是一句空话,洋品牌的企业文化渗透进来,产品形象深入人心,我们的低价策略过于单薄,有些一厢情愿,看来不能成为市场的单一切入点。这二十天,天津跑了一大圈儿,没有接洽的关系,企业基本不信任,高校院所还算留个活口儿。"

任玉芹提醒道:"立国,百衡叔叔让你跑市场,这个我没想到,当时要是这样安排,我是不会同意你下海的,既然吃透了立德公司的系列产品,就应该继续搞研发,你要是不好意思,我就出面说说,还是踏踏实实搞技术吧。"

立国面露难色,刚要解释,利民桌底下轻轻拉一下,接话道:"妈,你说的对,我也是这么看的。不过,百衡叔叔也有难处,数字程控电话交换机在中国是个新生事物,销售与服务密不可分,营销人员不懂总体技术,恐怕寸步难行。国强叔叔就是例证,他自己也心服口服,改做装配管理。我觉得,立国负责营销与服务,应该说是公司的正确选择。"

立国实在道:"可能只选对了一半儿,我这人只管实话实说,不会王婆卖瓜,如今是开放搞活,我没有指鹿为马的忽悠本事。"

利民不以为然道:"其实我也担心这一点,问过百衡叔叔,他马上就给我讲了兄弟不差三分钱的故事。小时候,在松花江边儿,立国卖冰棍儿,见平买冰棍儿,立国老实告诉见平,剩下的是最后一根儿,有点儿化了,要买就便宜一分钱,结果不仅三分钱原价成交,两人还成了兄弟。百衡叔叔特别看重这一点,他说——这是商道。"

姥爷感怀道:"这件事儿,我一直念念不忘,也是命中注定有这缘分。一根冰棍儿,三两分钱,让我孙子结下个过命兄弟,由此考上了大学不说,还把这么好的妹妹娶到家。"

立国深沉对视,利民会心一笑,任玉芹欣慰道:"利民,不是妈夸你,母亲的心性,父亲的悟性,都在你身上了,你心里明明白白的,妈自然是放心,立国最好能尽快找到打通市场的突破口,也不枉费百衡叔叔的一片苦心。"

立国思量道:"百衡叔叔想走上层路线,立德交换机毕竟是潜力巨大的民族品牌,但是远水不解近渴,公司现金流接近枯竭,必须首先盘活库存产品。这几个月跑下来,虽然销路不畅,收获还是不小的。没有品牌效应,战线就不能拉得过长,还是应该回到原点,从高校院所切入市场,尤其是售后服务这一块,可以就地培养人才。"

姥爷欣慰道:"一说到学校,我这心里就踏实,讲道理,懂技术,看得远。来,都吃菜,立国,喝一口儿。"

众人感触一番,利民思量道:"走上层路线是对的,收缩战线也没错,一远一近,你们都说到疼处了——立国,我觉得,应该走教育系统的上层路线,我刚才闪过一个想法,是不是可以在高等院校相对集中的城市做文章?"

立国期待道:"回来的路上,我也一直琢磨这事儿,怎么才能让高校有倾向性选择呢?知识分子善于比较分析,单纯低价恐怕不行。"

利民思量道:"这就要回到百衡叔叔的上层路线策略,比如说,给教委上一套小型 Lida 交换机,免费的,接下来的高校运作再有个周全计划,你看啊,性价比,辅助教研的技术支持,管理者意向,三足支撑,产品就稳住了。"

任姥爷笑道:"好想法,我这个卖冰棍儿的都听明白了。"

利民受到亲人鼓励,自信道:"至于公司形象设计,我联想到美林家具的做法。毕业设计调研期间,我去过几个老区小学,办学条件极差,将来随着立德公司的发展,能不能建立百年大计的立德小学?这方面,我们教研室可以帮你们公司搞策划,将来再参与实施。"

立国深情注目,爱怜有加,说一声好上加好。电话铃声响起,立国按住利民,起身接话道:"喂,您好……啊,妈,是我,刚到家,都挺好,你跟爸怎么样?太爷爷太奶奶都好吧?"

【我们都好,你爸刚回山里看过,太爷爷太奶奶精神头儿挺足,眼巴巴盼着五世同堂呢。太奶奶说,从来没这么盼着过年,立国呀,利民大咧咧的,你得小心谨慎,孕期检查都要按时去做。】

立国连声应道:"一定一定,妈,我要是不在家,我妈就一起去,连姥爷都跟着,放心吧,妈。"

利民接过电话笑道:"左一个妈,右一个妈,嘴越叫越甜了。妈,我吃得香睡得好,过年一定给太爷爷太奶奶抱回个大胖小子,晚上我就给他们写信,附上我的近照。你们都放心吧,还有啊,盯着我爸点儿,他这才是副校长,留点儿本钱,别让他跟蔡伯伯学,累出一身病。"

【我哪儿管得住他呀,这不,你百衡叔叔刚从香港回来,俩人马上就去通信所开会了,说是要招兵买马,扩大专职研发队伍。不说这些了,我跟你妈说说话。】

任玉芹接过电话,高兴道:"利贤哪,你们都忙,不用老惦记,利民这孩子,心里啥都有数儿,比我们那会儿强多了。孕期检查日期早就标在挂历上,一家四口盯着呢……"

西安夏日,街掩梧桐。

第四军医大学校园,教学楼遮阴处,马军西裤衬衫,坐在台阶上,随意翻看一本《尼采诗集》。楼门口呼啦跑出一群军装男生,交叉传球,直奔篮球场,后面跟着一阵笑声,涌出一群军装女生,刘欣说笑其中。马军起身,刘欣兴奋招手,立正军礼,马军路边略迎几步,抬手一个军礼,自然立正,右脚稍息,等在侧面。众女生近前打量,调皮女生笑道:"你是小马哥哥吧?刘欣可没少说你梦话。对不起,稍息请伸左脚。"

马军撇出左脚,搔首道:"对不起,没装明白。"

众人嬉笑,刘欣轻踢一下马军右脚,心疼道:"哥,八字脚更不行,一会儿准成罗圈腿儿,快歇了吧。"

众女生笑翻,调皮女生打量马军手上,惊讶道:"《尼采诗集》,刚听说,哪儿弄的?"

马军笑道:"路过新华书店,刚买的,看了十几首,哲学诗人,很有意思。革命军人也感兴趣?"

调皮女生一把拿过诗集,逗趣道:"那帮篮球蛋子我不敢说,刘欣肯定要捧在被窝里。小马哥,加强纪律性,革命无不胜,诗集我先没收了。"

刘欣无奈道:"哥,领教了吧?这才叫秀才遇到兵,今晚弄不好我的手电筒也得借给她,咱俩还是快撤吧。"

众人传看诗集,再见离去。马军打量道:"真是女大十八变,越变越好看,这才半年没见,越发清水芙蓉了,难怪招蜂惹蝶。"

刘欣开心道:"哥,你还这么夸过谁呀?"

马军贴身道:"小点儿声,就在你身后。"

刘欣忙回头,只看到自己的影子,开心捶一拳,撒娇道:"一心不可二用,罚一顿午饭。"

马军拍拍裤兜,惬意道:"没问题,随你点。"

刘欣摸兜笑道:"那我得量体裁衣,省得你充大个儿。呵,这么多,发财啦,怎么还有半截烟头儿啊?"

马军无奈笑笑,刘欣贴身闻闻,教训道:"哥,你不是学抽烟了吧?咱们三家巷可是有巷规呀,我妈知道肯定不饶你。"

马军宽慰道:"真学坏,别说丁大妈,现在刘小妈就饶不了我。这八十块钱是两个月的研究生科研补助费,哥们见面儿,一家一半儿,拿着吧。"

刘欣不依不饶,缠人道:"别打马虎眼,到底是学抽烟了吧?"

马军笑道:"来西安一周,天天熬夜采集数据,老专家烟瘾重,就像个大烟

第二十七集

筒,还特别热情,让得学生们都不好意思,我也跟着熏一根儿,抽到半截掐灭了,他要是再让,我就续上烟头儿,这下满意了吧?"

刘欣还钱入兜,高兴道:"小马驹儿,量你也不敢。嘿嘿,我想吃秦豫肉夹馍,咱们得快点儿,下午一点半就关门,每天都排队。"

马军抬手看一下表,快步走向路边的自行车,回头道:"来吧,我借了自行车,没问题。"

刘欣紧跑几步,悠坐搂扶,美滋滋晃几下腿,关心道:"哥,四个爸妈还行吧?我爸头三脚踢得怎么样?我妈没叹气吧……"

自行车滑出校门,刘欣抬手拍一掌,马军快蹬加速,刘欣顽皮道:"驾——"

秦豫肉夹馍小店面,两人排到柜台前,刘欣顾盼道:"六个肉夹馍,两碗粉丝汤,一份凉皮儿。"

马军付钱,角落刚好空出小桌,两人端过坐下。刘欣摸出小塑料袋,拈出两块酒精棉,自嘲道:"丁氏家教,也称职业病,来,擦擦手。"

肉夹馍在手,两人互敬一下,吃得心满意足。赛程过半,两人缓下来,刘欣擦抹嘴角,释然道:"解馋了,能顶一星期,正好复习考试……哥,别这么看着我,事情都过去了,就耽误一学期,这回考试,保证让俩妈都放心。喝瓶啤酒吧,我去拿。"

马军淡然一笑,刘欣回来满酒,不安道:"哥,你没告诉我妈吧?是我提出分手的,结果对方反倒轻松了。言情小说害我不浅,现在明白了,单是好看在皮毛上,算不上什么男人。"

马军理解道:"真告诉你妈,今天就是咱们娘仨一起吃肉夹馍了。三家巷里,你最小,胆子最大,大学二年级了,搞个对象,这很正常,看你姐,十八岁就表白爱情,学习也跟着见平哥上进,你倒好,才搞了半年,就弄成一门不及格,两门将及格,说明什么?男的是混混,女的变混混,没有共同上进的关爱,只有自我满足的本能,这样的恋爱,就像头顶的电灯泡。"

刘欣脸红心跳,抬头茫然,羞愧道:"电灯泡,怎么讲?"

马军呷口酒,教训道:"弦扯蛋!"

刘欣笑得无可奈何,自醒道:"就是呀,无病我呻什么吟呢?又不是朦胧诗朗诵。哥,吃一堑,长百智,我一定静心读书,除非遇到千里——骏马。"

马军笑道:"这还差不多,期末这些天,肯定要一心一意,考试奔个优秀,保个良好,你妈这一关就算过去了,我也落个清静。"

刘欣若有所思,好奇道:"放心,哥,谨遵教诲。哎,眼看研究生就要毕业了,你这和尚也该还俗了吧?那么大个庙,就没有入大师法眼的?"

马军感触道:"庙是不小,可大师看上小姑,那就阴差阳错了。我爸情况特殊,我妈又不得不忙,这人子孝道,做儿子的还是要尽的,我得找个医生伴侣,还得跟父母朝夕相处,难吧?"

刘欣怦然心动,沉吟良久,感悟道:"你说难者不易,我说易者不难,你看着踏破铁鞋无觅处,我看着得来全不费工夫。"

马军会心道:"你是说,不妨蓦然回首,那个朝思暮想的二百五医生,竟然天天都蹲在何家那个灯火阑珊处?"

刘欣冲动道:"我的马王爷,念一句爱情咒语有那么难吗?你就睁开三只慧眼,把小妖我收了吧。"

马军呷口酒,爱意深沉,动情道:"生活需要耐心,这难与不难,全凭自在人心。其实俩妈早就嘱咐我下网兜底儿,我怕困住游往爱情孤岛的美人鱼,所以一直游在后面,只需有情人蓦然回首。"

刘欣一脸茫然,不安道:"哥,可是我什么都不会,将来能像我妈那样持家吗?就更不用说照顾人了。"

马军笑道:"一张白纸,好画最新最美的图画,学好不比学坏难。先不要想这些,学业还是第一位的,有哥给你垫底儿,尽管往高处走,半路上真跑出个白马王子,哥也会扶上一程,就是别忘了,我也姓马。"

刘欣会心笑出来,拿过酒杯,喝一大口,委屈道:"哥,我可不是牧马人,管不了一大群,你这话要是传回家,丁香又要开花了……"

下午时分,山野秋色,县城火车站,刘婷背提小包,见平背提大包,两人先后下车,停住张望一下,见平摆手,刘婷兴奋招呼道:"付伯伯!"

付场长笑容满面,摆手迎上来,热情握手道:"新郎新娘,恭喜贺喜,欢迎回家,小马,接行李。"

见平、刘婷亲热问好,小马憨厚一笑,拉过两人手中提包,四人说笑出站,走向拉达轿车,付场长细心道:"刘婷,坐前面,路上饱你眼福儿。"

北方山峦,大气磅礴,十月的山林到了红叶季节,茫茫苍苍,漫山红透。

第二十七集

拉达轿车中速行驶在盘山公路上，副驾驶位上的刘婷探身张望，兴奋道："场长待遇真不错，付伯伯，谢谢啊。"

付场长风趣道："见平大老远的把媳妇娶回山里，轿子坐不上，怎么着也得坐回轿车吧，一年前就跟见平定好了。"

见平关心道："付伯伯，没告诉太爷爷太奶奶吧？"

付场长体贴道："哪能告诉呀，知道你们要结婚，就一直惦记，这两天又眼巴巴等着利民报喜，觉少不说，饭量都见小了。"

刘婷马上回身，担心道："不会是身体有问题吧？"

付场长宽慰道："见面一看眼神儿就知道了，精神着呢，就是身子骨儿弱了一些，毕竟都九十了呀，今年上秋，没带老爷子进山打猎。"

林场在望，车速渐缓，青石岩壁赫然入目，红漆石刻大字缓缓掠过，注目礼中，历史感怀油然而生，一个心潮澎湃，一个久久回望……

红砖青瓦排房近在眼前，拉达轿车缓缓停下。林家院落，整洁有序，晚风旋着炊烟弥漫屋檐，一条成年大黄狗警惕院外动静，叫两声，疾奔过来，围着新人转几圈儿，亲热扑舔。

门帘掀动，顺子妈端碗探身出来，新人亲热招呼奶奶，顺子妈嘴里应着好孩子，一人塞过一嘴红枣、栗子，两人嚼出香甜，付场长张口逗趣道："怎么，没我的？"

顺子妈也塞过一只栗子，高兴道："恭喜新郎新娘，大枣栗子，就是要早立子，老神仙可盼着呢，东屋都收拾好了，一会儿吃饭，就贴大红囍字。"

门帘一挑，太爷爷朗声道："我说今儿怎么七碗八碟的，赶情儿是我大重孙子回来啦，天大的喜事儿，就瞒着俩老的。老太太，你慢点儿。"

新人招呼着太爷爷太奶奶，近前搂扶，刘婷左右亲两口，兴奋道："太爷爷太奶奶，见平带我回家结婚，给你们献上祝寿大礼，请受重孙儿重孙女一拜。"

新人并立，深深一躬，太爷爷太奶奶笑意安详，慢慢扶起，太奶奶摩挲两人脸庞，喃喃道："一家人，就得进一家门，像，越长越像咱林家人。"

门帘又一挑，凤琴围裙在身，亲热道："新郎新娘，这旅行结婚就是好，抬腿就走，说话就到家了。"

新人又问凤琴姐姐好，太爷爷好奇道："啥结婚？"

太奶奶明白道："旅行结婚，就是一边儿走道儿一边儿结婚，不办婚礼，只管二人世界,电视里看的。"

众人都笑,付场长看看道:"差不多了,小马,行李进屋,再去公司食堂,把我订的几样菜送来,顺便把王校长也捎过来。"

小马跟见平一起搬进行李,回身上车启车。院外不远处跑过来一群小学生,小马停车喊道:"都慢点儿,小心车。"

学生头儿停下来,喘息道:"马叔叔,吓死我们了,后山上有熊,还是棕色的。"

付场长急问道:"棕熊,在哪儿看到的?"

小学生抢答道:"就在后山口,有这么大,不对,有这么高。"

太爷爷关切道:"熊也看见你们了?有多远?颜色看清了?"

学生头儿心悸道:"也就二十米,落叶松发黄,光线挺暗,好像是棕色的,我们一跑,熊还追了一段,冬子鞋都跑丢了一只。"

付场长马上警觉起来,嘱咐道:"从明天起,放学不许进山乱跑,我们要检查山口,都回家吧。"

小学生哄然散去,小马不以为然道:"咱们这片山,我打小儿就没见过棕熊,肯定是野猪撵狍子,追乱套了。小时候就赶上一回,我明明看见的是狍子,结果倒在我爸枪口下的是野猪。"

付场长探询道:"倒也是,我也没见过棕熊,老神仙,你看呢?"

太爷爷肯定道:"咱林场这片山,也就见过黑熊跟狼,前几年,孩子们说,山口那儿看见了黑熊,我就蹲坑儿撂倒一只,结果是头孤熊,受伤离开深山的。今天孩子们可能看错了,不过,按他们比划那个头儿,像是半岁的棕熊,要是真的,那才可怕,后面跟着母熊呢。"

见平提示道:"付伯伯,太爷爷的话咱得信,上秋山货多,林子里又清爽,千万要管住孩子们。"

太爷爷告诫道:"不信不行啊,这辈子,在原始老林里,就打过一只大棕熊,还是听见撕咬声赶过去的,四枪要害,才撂倒这家伙,差两步,熊掌就搂到我身上,过后激出一头冷汗,棕熊身边,还躺着一只东北虎,三岁模样,身上都撕裂了,还没断气。"

众人大惊,刘婷惊异道:"熊吃老虎,没听说过,太吓人了。"

太奶奶打住道:"大喜的日子,别吓着新娘子。小付呀,多叫几个人,这两天去山口蹲坑儿,千万别伤着孩子们。"

顺子妈招呼道:"别在当院晾着啦,大老远回来,又是火车,又是汽车的,新娘子,快进屋歇息吧。新郎官儿,能待多少天哪?"

见平歉意道:"最近实验忙,日程排满了,就三天假,争取过年再补上……"

月明星稀,秋山沉寂,窗映红晕,新婚情浓。东屋炕上,新人依偎缠绵,你亲我吻,刘婷恍惚道:"见平,咱俩坏起来没完没了,我会不会怀孕呢?"

见平爱抚道:"利民马上就要生了,你还怕怀孕哪?"

刘婷陶然搂紧,撒娇道:"原来怕,一见到太爷爷太奶奶,忽然就羡慕利民了,见平,到时候你可得好好疼我呀。"

见平柔情似水,贴面耳语道:"等不到那时候,我现在就好好疼你……"

秋高气爽,后山墓地,林家墓园,红叶散落。墓碑前,石槽香座满把粗香,山风劲吹,火头疾明,刘婷跪地摆放点心蔬果,见平满斟四盅北大仓酒,两人沉浸良久,余酒汩汩洒入碑前厚土……

苍鹰盘旋,心绪释然,有情人依偎墓前,静思冥想……

秋阳高照,林家院落,见平、刘婷背包在身,众人送出院门,大黄狗扑跃离人,刘婷俯身爱抚。

两人搂过太爷爷太奶奶,见平安慰道:"太爷爷,太奶奶,再有三个多月就过年大团圆了,我妈这次过年回来,至少能呆半年,已经跟学校请了假。"

太爷爷认真道:"这可不行,你妈是有用之人,回头我跟你爸说。"

刘婷抚慰太奶奶,耳语道:"太奶奶,你们都好好的,明年我生个漂亮姑娘抱回来。"

太奶奶笑出泪水,刘婷帮着抹干,太奶奶安详道:"听见没有,老头子,妞妞、婷婷叫咱们龙凤呈祥呢。"

太爷爷连声说好,见平感激道:"奶奶,凤琴姐,辛苦你们了,我妈说了,等她回来,让你们好好歇歇。"

顺子妈摆手道:"说什么外道话,都放心,好好干工作。"

凤琴递过一只老旧军用水壶,太爷爷接过来,挎在见平肩上,感念道:"几代人的豪情,都在这壶酒里,好好为中国服务吧。"

见平挎正酒壶,抬手一个军礼,众人又送一程,付场长提示道:"现在公路方便了,山路没什么人走,多加小心。刘婷,别往林子深处去,里面有蛇,现在要是改主意,我马上叫车过来。"

刘婷回身道:"谢谢付伯伯,我特别想看红叶,路上注意就是。王伯伯,小心那些淘气包,别让他们真遇到熊。"

王校长感叹道:"真是细心的好姑娘,我一定注意孩子们的安全。"

秋山多彩,茫茫苍苍,送行人一程又一程,远行人且行且回望……

山风拂面,山势起伏,林中鸟儿唧唧,岩边溪水潺潺,刘婷孩子一般,舞动两手红叶,闪跳在斑斓秋色之间。林海渐入幽深,脚下石窝深浅,见平紧跑跟上,两人说笑并肩……

山势豁然开朗,水声清越相闻,刘婷抢上那块熟悉的同心大青石,大字仰天,见平就着涧溪接水喝足,再满水缸,返身登上同心石。刘婷连喝几口,享受道:"真甜!"

见平卸下行装,两人仰卧,展臂牵手,连成两个大字,一齐放眼天空——

白云飞渡,林涛翻涌,刘婷仰天吟诵:"高远啊,历史的天空,请接受大地之子的一片赤诚。"

见平一声唱和:"人法地——"

刘婷心有灵犀:"地法天——"

见平再唱:"天法道——"

刘婷再和:"道法自然——"

万木萧萧,红叶飘零,两人起身,开包野餐。刘婷摊开布包,摆上四样美食——狍肉干,腌鹅蛋,拌山菜,白馒头。见平拧开酒壶,让一下,刘婷认真道:"怀孕不能沾酒,替我喝一口。"

见平笑道:"真把我当送子观音啦,有那么神吗?"

刘婷举水缸碰一下,甜蜜道:"女人的直觉,神而又神,不信,你再试试。"

见平笑而不答,呷口酒,刘婷塞过一块肉干,调笑道:"凤琴姐说,狍子肉壮阳大补,让你多吃点儿。"

见平嚼在嘴里,会心笑道:"没羞没臊,一夜之间长大啦。小坏丫头,你已经开启了发动机,再补,我就飞起来了。"

刘婷也吃一块肉干,撒娇道:"那我跟你一起飞……"

第二十七集

海岸线俯瞰,晴空万里,山海分明,那架熟悉的苏制安24运输机轰鸣翱翔。

见平一组十人试验成员,稳坐机舱前端,专注调试仪器,记录数据波形,见平核对理论波形,指点示波器屏幕,分析道:"按下葫芦起了瓢,这样一来,载频稳定度相差不止一个量级,都保存好数据记录,准备换三号板……"

旁边专注试验的眼镜李打住道:"等等,旁瓣杂波电平问题有了明显改善,还是彻查一遍系统干扰,重做一遍实验……"

机舱骤然斜颤,身体明显失衡失重,众人低声惊呼,包所长稳住身体,示意安静,见平扶稳起身,镇定道:"都坐稳,我去看看……"

驾驶舱内,飞行员沉稳道:"安两4报告指挥中心,飞机右侧发动机自动熄火,原因不明,没有异常火焰,其他机载设备正常,请求机场做好迫降准备,我们立即返航。"

【飞行员耳麦沉稳画外音:安两4注意,机场马上启动迫降应急程序,你们立即返航,命令试验小组,立即关闭试验雷达样机,一切行动听指挥……】

旁边的机师小声命令道:"见平,飞机右侧发动机自动熄火,马上停止试验,一切行动听指挥。"

见平应声明白,回身传达命令。

飞行员跟机师默契一眼,继续沉稳道:"报告指挥中心,已经传达命令,飞机正在返航,机身略有斜颤,飞行状态平稳。"

【飞行员耳麦沉稳画外音:密切监控两侧发动机运行情况,监测电子导航系统,随时报告指挥中心。安两4特别注意,控制飞行速度,保持飞机平稳,尽可能避免迫降侧滑,保证全体人员安全。】

飞行员沉稳道:"安两4明白,随时报告两侧发动机情况,控制速度,保持平稳,避免侧滑,确保安全……"

机舱这边,机师探身宽慰道:"大家不要紧张,马上都坐到左侧来,右侧发动机熄火,飞机正在返航,飞行状态平稳。"

眼镜李颤声道:"这还算平稳?颤得我心都快蹦出来了,没见过一只翅膀扇动就能飞翔的鸟,危险系数大吗?"

机师笑道:"隔行如隔山,飞机像鸟不是鸟,不用怕,这是运输机,机舱基本空载,单侧发动机靠得住,大家收好试验用具,固定好试验设备,系好安全带,一切行动听指挥。"

难耐的起伏颠颤,包所长看看小组人员,懊悔道:"还是不能急功近利,下次一定要坚持既定原则,每次上机不得超过六人,骨干要分开上机做试验。"

眼镜李哭腔道:"所长,说句吉利话吧。"

包所长看看大家,放松道:"新郎官儿,今晚请客啊,八菜一汤,啤酒漱口,两瓶红星二锅头。"

见平配合道:"承蒙大家关照,我再加两个菜,凑个十全十美。"

眼镜李祈盼道:"真能安全落地,我贡献一瓶茅台酒,有年头儿了,是我老婆的陪嫁。"

见平笑道:"谢谢捧场,好久没热闹了,今晚一醉方休……"

机场简易指挥塔楼,警报持续,人员进出……

机场跑道开阔区域,消防车、救护车、吉普车、军用卡车呼啸聚集,开阔地草坪上,两架军用直升机旋桨待命……

机场周边上空,安24运输机对准跑道,呼啸降落,起落架触地瞬间,摩擦刺耳,青烟爆逸,飞机颠颤减速,滑向跑道尽头……

北京金秋,车水马龙。

刘婷轻巧蹬车,随行其间,晨风拂面,秀发飘然,自行车几经折转,缓缓滑入中国社会科学院苏联东欧研究所大门……

沪上秋夜,妇产医院,产房外走廊里,立国踱步产房门前,众人静坐长椅等待,利贤、任玉芹拉手互慰,国强伴着任姥爷。

走廊楼梯口,国英一手大布兜,一手水果网兜,匆匆赶过来,国强、立国连忙迎上去接过东西,国英轻声道:"还没生?送来有三个小时了吧?"

任玉芹抬手看表,确认道:"三个半小时了,医生说指标正常。"

大门一响,护士探头道:"林利民家属,产妇已经推进产房了,你们不要离开。"

立国连忙近前道:"大夫,一切正常吧?疼得厉害吗?"

护士微笑道:"我是护士,别紧张,产妇情况正常,疼也正常,耐心等待吧。"

第二十七集

　　大门关上，利贤紧张道："孩子可能稍重，我跟医生说了当年生利民的过程，医生说，产妇身体状况和医院条件今非昔比，护士会加强监护。我还是有点儿担心，生孩子的习惯会不会遗传呢？"

　　国英宽慰道："利贤姐，我姐不是说过嘛，你那是营养不良，加上过度疲劳造成的器官功能失调，利民的身体素质比你强得太多了，人家大学拿过三千米亚军，教学支边数她能熬，把心放下。怎么了，姐，手这么凉啊？"

　　任玉芹抚慰道："利贤，母女连心，你不紧张，利民就放松，咱们都坐下等。"

　　任姥爷提醒道："立国，别满地转悠了，过来陪陪你妈。"

　　立国过来坐在利贤身边，拉过手，摩挲道："妈，没事儿，凌晨一点了，你们都睡会儿，有我呢……"

　　人初之啼，沁人心脾……

　　旭日东升，雄鸡报晓，林家院落，炊烟袅袅，奶奶出门看看，缓缓张望一番，自语道："这个老头子，又跑哪儿去了，也不言语一声，这都吃早饭了。"

　　顺子妈跟出来，搀扶道："天蒙蒙亮那会儿，我听见门口儿有动静，想是老爷子出门遛遛，习惯了，也就没在意，这都俩钟头了，别是去学校等电话了吧？"

　　奶奶盘算道："没准儿，利民就这两天生，昨晚上还念叨呢。也怪我，精神头儿不行了，这两天没睡好，天亮又迷糊一觉儿，这人就没影儿了。不等了，咱俩先吃，有大黄狗跟着他，没事儿。"

　　顺子妈扶奶奶进门入东屋，奶奶盘腿坐在炕桌前，表情思量，顺子妈摆上稀粥、馒头、腌鹅蛋、小咸菜，近身宽慰道："老爷子来无踪，去无影，屋里待不住，吃完饭，叫凤琴去学校看看。嗯？不对呀，我再看看……少了仨馒头，咸鹅蛋也少一个。"

　　奶奶笑道："看看，早饭、午饭都带齐了，一准儿去学校等电话了，别看他嘴头子硬，心里比我还急。等好消息吧，凤琴那儿，安心上班，不用去学校找了，老爷子要是累了，学校休息室就有床……"

　　山坳平缓地带，美林小学校园，平房校舍红砖青瓦，小型操场细石粗沙。

　　教务室内，办公桌上，小型电影放映机徐徐转动，科普画面清晰映在白色挂布屏幕上，业务员满面笑容，探询道："价格再降5%，保修两年，怎么样，付场长？"

付场长俯身端详放映机,老练道:"十年树木,百年树人,小学校的钱,要慢慢赚嘛,再降10%,钱货两清。"

业务员面露难色,无奈道:"老场长,您不至于让我光着屁股回去交差吧?这样吧,再降6%……"

电话铃声响起,业务员殷勤递上电话,付场长接过来,礼貌道:"喂,你好,美林小学……哎哟,立国呀,怎么样……生啦!母子平安,好家伙,大胖小子,七斤六两,恭喜、恭喜呀……老神仙?都挺好,正等信儿呢,我这就报喜,你快去医院忙吧,撂了。"

业务员体谅道:"这是报喜电话呀,您快去吧,付场长,我等您。"

付场长赞赏道:"通情达理最重要,年轻人,真不错,请稍等,我找人报喜,马上回来。"

付场长出门,快步溜看走廊两侧教学组,径直走出校门,张望一下,来到操场前沿。操场上,一队小学生校服整洁,正在体育老师的口令声中开步跑,付场长招呼道:"向老师——停一下——"

向老师喊停队伍,付场长奔过来,兴奋道:"是这样啊,我刚接到上海电话,今天早晨两点,老神仙得了个重重孙子,七斤六两的大胖小子,母子都平安,你带孩子们改成越野跑,去老神仙那儿报个喜,喜糖我早就送过去了,上海大白兔,怎么样?"

孩子们欢呼雀跃,向老师一声长哨,挥手道:"全体注意,并列两队,目标老神仙家,报喜中速跑,出发——"

秋阳高照,暖意融融,院当中,奶奶扶在案板一端,慢慢摊匀野生秋木耳,不时捡出落叶残片,顺子妈捧着簸箕,在案板另一端抖落元蘑,两人慢慢挑拣,抬头念叨好天气……

童声乍现,转眼喧闹:"七斤六两!老神仙!上海电话!七斤六两!大胖小子!重重孙子!母子平安……"

奶奶扶案起身,惊喜道:"这就生啦?"

顺子妈大声兴奋道:"生个大胖小子,七斤六两!恭喜你老人家!"

向老师过来扶坐奶奶,兴奋道:"老神仙,孩子们给您道喜来啦,重重孙子,过年利民回来,您就要五世同堂啦!"

奶奶安然笑道:"好家伙,七斤六两,母子平安,好、好,孩子们,等一会儿,我去拿喜糖。"

顺子妈从屋里出来,抬手道:"喜糖在这儿呢,上海大白兔儿,谁是班长啊?过来自己分。向老师,还得麻烦你呀,回头迎迎老爷子,别再急着回来,怕他摔着。"

向老师爽快道:"没问题,老神仙在哪儿?我现在就去接。"

奶奶笑道:"就在学校,还傻等电话呢,八成是躺在休息室,睡着了。"

向老师肯定道:"不会呀,上课前,我刚从休息室出来,里面没人了,是付场长接的上海电话,叫我们来报喜,他那儿肯定也没有啊,老神仙啥时候出门的?"

奶奶愣神道:"天亮就不见了,还带了早饭、午饭。"

顺子妈感觉出什么,不安道:"你们等着,我回屋再看看。"

向老师提醒道:"不会是出门遛遛,走哪儿歇哪儿,让谁家给请进门了吧?"

奶奶不安道:"大清早儿的,怎么会呀?"

顺子妈返身出来,紧张道:"早上我就觉着屋里好像缺点儿什么,脑子一闪没在意,猎枪不见了!"

奶奶恍然大悟,拍案自责道:"瞧我这记性,昨天下午擦枪来着,说是练练眼神儿,准是进山蹲坑儿去了!"

向老师惊讶道:"学校通告说,山口有棕熊,不许进山,几个猎人连搜两天,没发现什么。"

学生班长抢答道:"真有棕熊,我们几个都看见了。"

几个淘气包纷纷附和道:"看得可清楚了,是棕色的,以前没见过。"

向老师一声长哨,果断道:"全体注意,快速跑步回学校,马上报告付场长,叫他赶快找猎人去山口,老神仙进山打熊去了!"

学生班长发一声喊,同学们争先恐后,发足狂奔,向老师嘱咐道:"老人家,都别急,我去武装部叫人,带上家伙,马上进山。"

奶奶拉住道:"孩子,可得叫他们多加小心哪,棕熊比老虎都厉害,你把信儿带到就回学校。"

向老师不甘道:"我眼神儿好,去了管用……"

顺子妈扶过奶奶,嘱咐道:"向老师,你快去吧,非要进山,你就跟住猎人,千万加小心,来不及跑就上树。老神仙跟熊有过命的交情,他要是进山,那就是心里有感觉。老神仙,神着呢……"

林场山口,付场长手提长猎刀,跟着三个壮年持枪猎人山路疾奔,向老师手提红缨枪,跟着两个手提半自动步枪的民兵赶上来,两伙汇成一股。

　　付场长急步吩咐道:"咱们一共七个人,一条直线趟林子,两两互看照应,有动静,先打手势,别往前冲,留出射击面儿,紧急情况直接开枪,然后马上退让,交替上子弹,千万要看准,别伤着老神仙,都不用担心,老神仙能听出咱们来……"

　　正午的秋阳透过缜密的落叶松针,映出林间的温润寂静,偶闻松鸟闪鸣。七人一字排开,拨闪杂枝,轻踏松针,探身前行……

　　一位猎人摆手示停,众人俯身细听,窸窸窣窣之中,两只松鼠地上争食,忽然拱手警觉,转眼树上栖身。猎人近前,蹲地查看,拈指展示道:"是馒头渣儿,都小心!"

　　众人大惊互看,向老师小声紧张道:"不对呀,大黄狗呢?"

　　付场长起身招呼道:"老神仙——听见吗——快上!"

　　众人持枪俯身,拨枝疾行——

　　不远处,地上散落羊皮袄——

　　再不远处,树下坐靠老神仙——

　　怀中一杆枪,身边一壶酒,大地之子,溘然长逝。

　　皓月当空,林家院落,棺木厚重,祭品丰盛。

　　奶奶盘膝蒲团,众人扶坐周边,顺子妈给奶奶加披一件外衣,奶奶微目安然,轻声道:"贵才呀,秋夜凉啊,那羊皮袄——"

　　身边的付场长倾身道:"奶奶,都随您的心思,早盖在身上了,利贤给买的新围脖儿,也戴上了。奶奶,秋夜真凉啊,扶您回屋吧。"

　　众人纷纷附和道:"是啊,真够凉的,快回屋吧。"

　　奶奶仰头凝望,喃喃道:"爷爷最喜欢秋末的满月,原来我还没大注意,今天这一细看,真是亮啊,像个太阳,孩子们,都看看,还真是亮啊——"

　　秋山之上,一轮满月,照耀得如同万顷玻璃一般,众人仰慕,齐声喝彩——

　　究竟是天作之合,垂首间倾心追随,大地之女,戴月西去。

第二十八集

　　校园冬雪。主楼礼堂，台上一班校领导，林峰和党委书记居中而坐，蔡鹤临挨坐林峰，台下座无虚席，熟悉的面孔散现其中，前排居中位置，利德坐在刘百衡和利贤中间。

　　林峰扶妥话筒，沉稳道："大家好！今天上午，蔡校长有些低烧不适，去医大二院做了胃镜检查，现在身体反应还比较大，所以，重新调整制定《未来十年教研发展规划》这个开场白，今天由我来完成。"

　　台下哄然关切，刘百衡代言心声，欠身举手道："列宁同志现在怎么样了？"

　　全场肃静，林峰心领神会，笑着把话筒递到蔡鹤临面前，蔡鹤临笑道："已经不咳嗽啦，谢谢大家！"

　　全场热烈鼓掌，中老年教师纷纷喊出乌拉——

　　校领导笑待安静，林峰继续道："根据国家的最新高科技发展战略方针，我们这个十年大计的调整原则是，兼容并蓄整合，自主创新立项。去年11月，国家启动了具有深远战略意义的《中国高技术研究发展规划》，简称863计划，其内容涵盖八大主题领域，以及一些优先专项，包括生物技术、航天技术、信息技术、激光技术、自动化技术、能源技术、新材料技术、海洋技术。这项高精尖发展计划的出台启动，有其复杂的时代背景，既是科技发展的水到渠成，也是改革开放的必然结果……"

　　台下议论纷纷……

　　林峰稍等片刻，继续道："80年代以来，世界科技发展突飞猛进，正在深刻改变人类生活的诸多方面。发达国家为了占得先机，继续保持它们在经济、军事等领域的强大优势，纷纷制定了相应的发展计划。1983年，美国提出了战略防御倡议，俗称星球大战计划，其核心内容是，发展最先进的全方位高科技战略武器，有效攻击敌方的外太空洲际战略导弹以及航天器……"

　　台下哄然议论……

　　林峰稍顿一下，蔡鹤临挪过话筒，补充道："请大家注意，战略防御倡议的技术意义在于，全面提升美国后发制人的太空综合打击能力，其实质反而体现了美国的全球进取战略。"

林峰稍待安静,继续道:"1985年,西欧国家发起了尤里卡计划,旨在全面提高欧洲企业在全球市场的高新技术产业竞争力,与美国不同,这个计划是民用性质的,研究项目由企业和科研机构自下而上提出,由相关国家立项,至少要有两个以上不同国别的欧洲企业参加,这样就密切了基础研究与市场的关系,其管理运行机制,应该值得我们国家好好借鉴。此外,苏联携东欧国家制定了2000年科技进步综合纲要,日本也出台了未来十年科技振兴政策。所有这些举措,都明确传递给我们一个强烈信号,那就是——一个泱泱大国,如果没有深谋远虑的高科技发展战略,没有融会贯通的高科技协作体制,没有坚实可靠的经济基础,肯定是要落后挨打的……"

校长办公室,利贤倒水沏茶,利德打量环境,默读墙上的行楷墨迹,刘百衡陪站一旁,解释道:"这还是李校长时代的经典语录,蔡校长有意保留下来。"

利德默默点头,联想道:"百衡,列宁我略知一些,刚才开会不便问,你跟蔡校长这一问一答,是什么典故?"

刘百衡笑道:"对不起,没解释,拿你当利德同志了。这是苏联电影《列宁在一九一八》的经典台词,列宁被刺杀成重伤以后,应广大民众要求,苏维埃政府每天要播报他的健康状况,这两句对白,充分体现了广大民众对革命领袖的爱戴之情。"

利德感叹道:"当年的蒋委员长也称革命领袖,在大陆却没有这样的待遇,蒋经国先生在台湾比老先生要开明很多,台湾成为亚洲四小龙,政府的经济与科技政策功不可没,大陆可以借鉴一些成功经验。不过,大陆的这个863计划,兼顾国家经济与国防技术,未来拓展空间巨大,非发家致富的四小龙可比。"

门口一响,林峰和丁国兰陪着蔡鹤临进来。众人握手寒暄,利德关切道:"蔡校长,检查结果怎么样?我可以从香港买药过来,英国的一些特效胃药很不错,美国药也能买到。"

利贤递上热茶,蔡鹤临平和道:"谢谢利德先生,医生说要会诊,没有直接回答我,可能会有大问题,我有心理准备,组织活检结果下班前可以出来,李校长心里不踏实,陪着魏大姐和曹梅,在医院等结果呢。"

众人面色沉寂,丁国兰掩饰住不安,宽慰道:"半年检查一次身体,每次重点查胃,不会有大问题,蔡校长,喝口热茶吧。林副校长,今天的开场白真精彩,深入浅出不说,还一环紧扣两环,利贤姐,我全都听明白了。"

利贤回眸一下笑眼,配合道:"身边守着个百事通,没有国兰不明白的。"

林峰附和笑道:"是啊,刘式雷达照射了三十多年,丁式回波都能成像了。国兰,这副校长听着费劲,还是叫林峰。"

刘百衡凑趣道:"哎,我说,一个大红人儿,一个小白丁儿,互相捧过头儿了啊。丁护士长,你就是把下巴颏捧到林副校长的讲台上去听,那也是隔行如隔山,你听明白的东西,林副校长二十年前早就干明白了,不用863。"

众人都笑,丁国兰气恼道:"嘿——我说刘坏水儿,当着这么多行家领导,还有台湾兼香港同胞,我这好不容易吐一大泡儿,你就不能给大伙儿分析出个合理结果,啊深水里,有一条美人鱼?非搁这儿翻江倒海穷搅和,弄出个究竟来?"

众人笑翻,利德感慨道:"好一条深水美人鱼!我姐姐就是你吐个大泡儿救上来的,谢你现金你不要,赠你股份你不收,没有工于心计的机缘善巧,就是做你的深水美人鱼,百衡兄弟,你福如东海呀!"

丁国兰听出笑脸,握拳在刘百衡胸前快捣一番,绽放成朵。走廊里脚步嘈杂,门口人群涌动,陈田挺身而进,径直过来,摸摸蔡鹤临额头,试一下自己温度,拉手道:"好,很好,比我还凉,蔡校长,大家不放心,回来看看你。"

许勤近前看看,责怪道:"好什么呀,陈夫子,你跑个半红脸,蔡校长出个一头汗,能准吗?我试试——这不还低烧嘛。"

蔡鹤临笑道:"陈田,生活是个大课堂啊,咱俩都得补课。"

丁国兰解释道:"别担心,上午验过血,没有炎症,是感冒低烧,一会儿再打一针。"

何文芳、马立尧拉住蔡鹤临,何文芳心疼道:"蔡校长,看你这一头虚汗,刚才开会就不该上台。"

马立尧告诫道:"校长,病来如山倒,病去如抽丝,我这腰应该够典型。"

马军、陈明近前问候道:"蔡伯伯,快休息吧,一会儿我们送您去打针。"

众人纷纷附和,蔡鹤临感动道:"谢谢大家关心,百衡,给我叫个车吧,国兰跟我去校医院就行了。利德,今天失陪了,公司打开了销售局面,真为你们高兴。百衡,通信所还要加强研发力量,眼光放远一些,跟林峰要优秀毕业生。林峰,这一周陪好几位香港朋友,利德请他们来一趟不容易,领他们好好参观,如果达成合作意向,你就把关签字……"

利德感慨道:"谢谢蔡校长关心,立德公司刚刚进入良性运营,投资商就盯上来了,资本都是逐利的,希望我能抛砖引玉,举一反三。"

一行人陪着蔡鹤临下楼,楼道里、楼梯上挤满了问候的教职员工。主楼门前,丁国兰陪着蔡鹤临上车坐在后座,众人挥手,凛冽的寒风中,桑塔纳轿车缓缓离去……

下午时分,公共电车站,利贤不时看看来车方向,踱步等待,一辆无轨电车缓缓停稳,曹忆、小红紧随人流下车,两人挺身正一正双肩背书包,亲热拉手上路,利贤笑看跟一段,小红回头笑道:"贤姥姥,感觉就是你,怎么又来接我们呀?"

利贤赶上来,疼爱道:"当然要来接你们呀,晚上给你们做好吃的,写完作业还有好东西看。"

曹忆不安道:"阿姨,是不是我爸爸又上医院了?"

利贤敷衍道:"你爸爸有点儿低烧,上校医院打了一针,不要紧。今天开全校大会,他们都忙,我来接你们,主要是利德舅舅给你们带了录像机,还有好多录像带,像《音乐之声》啊,《米老鼠与唐老鸭》呀,都是你们爱看的。到家我做饭,陈明哥哥放录像,他也爱看,还能当翻译,怎么样?"

两人惊讶一下,小红兴奋道:"赶紧写作业!"

曹忆发一声喊:"快跑!"

利贤紧跟喊道:"慢点儿跑,脚下有冰……"

天色微暗,俄式专家小楼,蔡鹤临、李国荣家。客厅里,电话铃声响起,何文芳从厨房过来接电话,高兴道:"退烧啦,好啊,饭做好了,马上炒菜。"

厨房里,马军点火上勺,确认道:"是丁阿姨吧?"

何文芳返身应道:"是丁阿姨,蔡校长缓过来了,精神不错。"

马军爆炒鸡蛋蒜苗,何文芳薄切大块儿榨菜,马军调成小火,拨菜入盘,随口提示道:"妈,榨菜切成细末儿,蔡伯伯吃饭快,大米粥就榨菜,怕他不怎么嚼就咽下去。"

何文芳快刀细剁,声音响亮,马军扭头看看,大勺稍加水,过来示范道:"这样,两手压刀,交替进退,借身体自然前倾之力,不累腰,声音也不大。"

何文芳开心效仿,迷恋道:"驹儿,你跟老马一样,总有意想不到的精妙,好男人,刘欣有福呀。还有啊,中国运载火箭技术研究院点名要你这个事儿,你就别再推了,你爸现在身体还行,刘欣明年夏天毕业,现在奔着航天医学研究生使劲,就是考不上,分到北京也不难,我现在抓紧学习做饭,能照顾好你爸,过几年,咱们就在北京团聚。"

马军热勺温油,体谅道:"妈,爸都跟我谈了,你知道他的心思,我真不去,他该郁闷了,也好,将来咱们就在北京团聚。至于刘欣那儿,应该顺其自然,琼瑶读多了,难免天性浪漫,容不得拘谨乏味,你可得提醒丁阿姨,别老盯着她,自由的距离产生美。"

何文芳理解道:"这个妈懂,我最近才告诉你丁阿姨,刘欣跟我叫了几年妈,你丁阿姨是又哭又笑。你刘叔叔这辈子,真就是个冤大头,我这儿跟丁阿姨刚说完,他就进门问寒问暖,没问出一句好,倒挨一顿捶。"

两人说笑感叹,马军大火炒菜,何文芳备品配合,看看就要忙完。

房门一响,蔡鹤临、丁国兰跺脚进来,丁国兰拍落蔡鹤临身上的雪花,自己也拍拍。何文芳和马军迎出来,何文芳关切道:"怎么一身雪呀,不是有车送吗?蔡校长,脸色好多了。"

蔡鹤临轻松道:"医院留住观察,我没让司机等,我俩走回来的。"

丁国兰解释道:"活动一下也好,这一天下来,蔡校长才感觉舒服一些。"

蔡鹤临顾盼道:"现在好多了,想吃东西,曹忆呢?"

马军应道:"蔡伯伯,饭菜都好了,我去盛粥晾上。曹忆让利贤阿姨接走了,利德舅舅带了录像机和动画片。"

蔡鹤临谢过,进卫生间洗手。丁国兰看看墙上挂钟,轻声惦记道:"还没回来,魏医生他们来电话没有?"

何文芳端菜上桌,看看洗手间,小声道:"一直没有,别吓唬我啊。"

菜齐了,餐桌上,四菜一汤,摆成麻将五饼形状——滑熘豆腐,白菜木耳,元蘑青菜,鸡蛋蒜苗,萝卜粉丝羊肉丸子汤,配上一小碗略稠的大米粥,一小碟榨菜末儿,一个热馒头。

蔡鹤临坐下看看,感动道:"马军,文芳,谢谢啊,一个菜就行。主力还没回来,这都凉了,来,盛饭一起吃吧。"

何文芳难为情道:"校长,实在不好意思,都是马军做的,我这个吃百家饭的,连个下手儿还没打明白。那些年,只学会了全身按摩,三家巷把我惯坏了。"

丁国兰笑眼看马军,催促道:"校长,趁热吃吧,我们不急。"

马军体贴道:"蔡伯伯,还想吃什么,我随时去做。"

蔡鹤临起筷拨入碗里一撮榨菜末儿,欠身谢道:"好孩子,美味足矣。"

何文芳提示道:"多吃青菜,蒜苗清胃肠。"

蔡鹤临端碗快吃几口,享受道:"一直烧心,就想吃口小咸菜儿。"

丁国兰命令道:"慢着,吃菜。"

蔡鹤临歉意笑笑,放慢速度,遍尝炒菜,赞不绝口,不觉兴起,筷头指点四菜一汤,扭头笑道:"马军,这四菜一汤的理论探讨怎么样了,说来听听?"

马军会心笑道:"立项准备阶段,以院所为核心的横向交流还是比较畅通的,运载火箭系列中,长征二号丙两级火箭最为成熟可靠,应该成为捆绑式大推力运载火箭的首选芯级,初步目标是发送近地轨道有效载荷。这一点已经达成共识,在此基础上,如果配以适当的上面级,完全可以发送地球中高轨道航天器,包括地球同步转移轨道卫星。"

丁国兰面露惊讶,何文芳专心听讲,蔡鹤临深思熟虑道:"大推力运载火箭技术,是迈向深空的基本前提,发展捆绑式运载火箭,最适合我们的国情,但是,这对火箭控制技术的要求更高,各级之间、星箭之间的技术协调,必须充分可靠,比如说,整流罩模型验证问题,高空风修正模拟问题,等等类似的系统关键环节,在讨论中都应该特别关注。"

马军佩服道:"蔡伯伯,说到关键处了,我已经参与高空风修正模拟研究,火箭整体评估还在反复论证。在全箭尺寸增大的情况下,研究院对此组织过多次讨论,经过初步推算,如果两级主火箭各加长 5 米,2.25 米口径的捆绑助推器定在 15 米长,起飞推力就可以达到 600 吨,如果起飞重量控制在 460 吨以内,就可以把至少 9 吨的有效载荷发送到近地轨道。"

蔡鹤临思量点头,语重心长道:"中国载人航天的梦想,也捆绑在长征二号丙上面,这是一项庞大的系统工程。马军,勇挑重担吧。"

马军兴奋道:"希望 863 计划启动以后,我们也能加入主流队伍。"

蔡鹤临欣慰道:"863 计划的战略构想,必须有全方位的研发体制做保障,我们都是参与者。"

何文芳插言道:"我们家现在是快马再加鞭,每天晚上一屋子人,林峰经常睡我家,副校长反倒成了副业。"

丁国兰接话道:"校长,菜都凉了,先吃再说,来个丸子吧。看来我下辈子

第二十八集

也装不明白了,马军,阿姨问你个生活问题,蔡校长刚才说的那四菜一汤,怎么到你这儿就成了捆绑什么火箭啊?"

马军笑道:"这是个玩笑,蔡伯伯一指点汤盆儿,我就反应过来了,咱们国家正在进行大推力火箭理论探讨,各方一致认为,在长征二号丙运载火箭的第一级上,捆绑四个液体助推火箭比较好,从火箭横截面看上去,正好四个小圆儿围住一个大圆儿,结果就成了四菜一汤。"

四人都笑,丁国兰拍手道:"早说呀,马军,要是你那二号丙还不够劲儿,咱就直接摸它个五饼。来,校长,吃豆腐。"

房门一响,门口一阵跺脚声,李国荣让着魏如莲和曹梅,三人闪身进来,互拍身上的雪花。何文芳连忙摆放拖鞋,李国荣笑道:"门外就听见了,和上二五饼了,你们不会是要陪利德他们打麻将吧?"

丁国兰明白道:"这是863航天术语,过后教你们。结果怎么样……曹梅姐,说话呀,魏医生……"

魏如莲放松道:"医院回来,先洗手,没那么严重,也是意料之中,坐下说。"

蔡鹤临沉稳道:"马军,麻烦你热一下菜。在医院折腾了一天,都饿了。"

众人围坐餐桌,曹梅摸试温度,体贴道:"退烧了,鹤临,现在感觉怎么样?"

蔡鹤临安逸道:"就是有点儿小风寒,全好了,回来胃口大开,一碗大米粥,半个馒头,菜也样样不少。等了这么长时间,是安排手术吧?"

众人关注魏如莲,何文芳递过三杯热水,魏如莲双手捂住,暖片刻,呷一口,沉稳道:"今天星期一,手术定在星期天,孙主任主刀,明天一早就住院,先做全面检查,小感冒,治两天,再养三天,如果指标正常,就马上手术。"

何文芳不解道:"这么急?现在毕竟还感冒着呀。"

蔡鹤临沉吟片刻,会心期待道:"大姐,这次——还能给我留多少?"

何文芳惊讶道:"非得手术?不能保守治疗吗?"

丁国兰面露不甘,难受道:"这还不到半年,变化竟然这么大,不应该呀。"

马军端上热菜,疑惑道:"蔡伯伯,胃溃疡有这么严重?会不会误诊呢?"

蔡鹤临摇摇头,淡然一笑,招呼道:"别围着我一个人转,要为人民服务,来来来,都动筷儿,趁热吃……文芳,马军,别紧张,还是我说出来吧,希望是……最好的情况——胃癌早期,浸润没有扩大。"

众人惊讶静默,曹梅涌出泪水,魏如莲揩一下眼角,微笑道:"鹤临,久病成医,判断基本正确,情况并不复杂,像你们经常讲到的辩证法一样,量变刚刚引起质变,我希望手术以后,你还有半个健康的胃。"

何文芳潸然泪下,失神道:"你们怎么都吓唬我呀,立尧刚好一些,蔡校长就这样,曹梅姐,咱们又得像立尧那样苦熬,你可得好好坚持呀。"

曹梅含泪点头,李国荣感慨道:"立尧是长痛,鹤临是短痛,孙主任讲,其实很多人体都带有癌细胞,关键是人体代谢平衡。鹤临属于非肿瘤体质,胃部病变是后天因素造成的,一刀切干净,会大事化小,小事化了,是这样吧,如莲?"

魏如莲起筷道:"完全正确,心性最重要,一个没有为自己活过的人,病魔也奈何不得。奇迹会发生的,作为一个医生,我对此深信不疑,来,吃饭。"

蔡鹤临笑道:"这就对了,凡事都要发个正念。来,都动筷儿,国兰,带个好头儿,再不动,我可挨个夹菜了。"

众人默默吃过一回,魏如莲关切道:"曹梅,鹤临的血型配对概率很小,医大二院虽然联系到血库备品,你也要做好充分准备,从现在起,你跟鹤临一样,都给我加强营养,安心休息……"

何文芳给曹梅盛过羊肉丸子,电话铃声响起,马军起身接道:"喂,您好,啊,是林叔叔,稍等啊,我让魏奶奶接电话……"

医大二院,外科手术室外,手术中三个大字赫然入目。走廊里,熟悉的人群静静等待,长椅上,魏如莲搂着曹忆,利贤剥好一只橘子递过去,曹忆摇头笑笑,魏如莲接过来,自己先吃一瓣,再凑到曹忆嘴边一瓣,曹忆吃进去,何文芳顺势塞过一块小点心,曹忆也吃在嘴里,丁国兰竖起大拇指,随手刮一下曹忆的鼻尖,曹忆浅笑一下……

采血室内,曹梅靠坐诊椅,安静配合,老护士面带微笑,熟练操作,殷红的鲜血导入粗大针管……

等待中,手术室大门轻轻半开,孙主任摘下口罩走出来,笑看众人,魏如莲松口气,领着丁国兰、曹梅迎上去,期待道:"孙主任,怎么样?"

孙主任高兴道:"手术非常顺利,应该说是圆满成功,情况比预想的要好,浸润没有扩大,保留了60%的胃,六十出头儿的人,生活不会有大碍。"

众人欢呼兴奋,曹梅紧紧握手,连声感谢,曹忆深深一躬,眼泪流出来,孙主任连忙俯身安慰……

众人祈盼中,手术室过道里一阵响动,丁国兰摆手提示道:"大家让开路,蔡校长马上推出来了。"

第二十八集

手术车缓缓推进走廊,众人纷纷近距离探视,蔡鹤临面色苍白,安然入睡。两个年轻军人目送校长,抬手军礼,众人跟车到电梯口,曹忆扶车轻声道:"爸爸,好好睡一觉,我们等你醒过来。"

车入电梯,母女摆手,电梯门徐徐合上,曹忆抬头,默数电梯红色数字跳闪⋯⋯

红色计时数字飞快跳闪背景中,地面大型火箭发动机试车平台,空气颤抖,烈焰轰鸣⋯⋯

红色计时数字飞快跳闪背景中,系列航天火箭喷出弧面烈焰,深空飞行⋯⋯

红色计时数字飞快跳闪背景中,地地战略导弹飞离机动发射车,烟火升腾,雷达跟踪⋯⋯

红色计时数字飞快跳闪背景中,大洋深沉,导弹潜射,海水烟火,瞬间交融⋯⋯

一组教学与科研画面——
阶梯大教室,何文芳挥洒指点模型方程组,师生表情互动⋯⋯
立德通信技术研究所,交换机装配调试工作间,利德、刘百衡、任立国一众研发人员白衣白帽,全神贯注测试曲线⋯⋯
分析测试中心,大型精密分析仪器信号闪烁,操作人员动态查看记录图表,陈田、陈明指认关键⋯⋯
激光实验室,壁灯微光,窗帘遮掩,实验人员调试激光发生复杂装置,红线激射,光路幽蓝⋯⋯
机器人研究所,实验工作台,语音控制背景中,华宇弧焊机器人自如变位,焊花点点⋯⋯
计算中心大型机房,程序员熟练操作,马立尧关注终端,马军主导研究小组讨论程序模式,利贤记录讨论关键⋯⋯
国家重点学科焊接实验室,林峰一行陪同领导参观,许勤讲解指点⋯⋯

1988年,仲夏时节,南方偏远山区,山路崎岖,村舍简陋,山坳平缓地带,映衬一栋简约大方的新建平房校舍。操场前端居中位置,毛竹旗杆扎实挺拔,五星红旗迎风飘扬，一群身穿背心短裤校服的男女小学生喧闹操场，争抢足球，扑垫排球……

校舍正门，立德小学的行楷标牌端庄醒目。走廊里，教室门口，记者专注摄像，教室里，座无虚席，掌声热烈，黑板上标题醒目——山区五所小学暑期教师培训班开学典礼。讲台上，利民摆放教学笔记，沉稳一下，微笑道："大家好，作为一名年轻的教育工作者，作为立德教育基金会执行机构的负责人，今天能够与大家一起，在第一所立德小学的教室里分享快乐，我深感荣幸。欢迎为山区的孩子们付出关爱的各位老师，欢迎来自上海的教师志愿者，欢迎教育局的领导光临指导，欢迎省市报刊和电视台的记者朋友前来追踪报导，欢迎立德通信技术股份有限公司的董事长兼总经理刘百衡先生。经过社会各界八个月的共同努力，我们建立起了一个通畅的城乡教育信息交流网络，在这个网络中，山区，以立德小学为中心；上海，以沪慧小学为依托，以华东师大为辅助……"

掌声热烈，利民礼让，盛情之下，刘百衡含笑谦恭，走上讲台……

操场上，进修教师跟小学生形成对阵双方。排球场地，利民飞身扑垫排球；足球场地，刘百衡跑跳争抢足球……

足球滚动到任家门口，接近两岁的小男孩儿迎身抱住，马上转身扔出足球，任姥爷笑蹲接住，再滚回去，任玉芹挎包出门，笑看童真，俯身迎抱道："任仲，跟奶奶去动物园吧。"

小任仲奋力滚球给任姥爷，兴奋举张双臂，扑向任玉芹，任姥爷凑上来先抱起小任仲，慈祥道："任仲啊，那动物园儿呀，可大了，动物可多了，奶奶要是抱不动了，就下地走一会儿，记住啦。"

小任仲使劲儿点头，马上挣脱下地，任玉芹搂住亲一口，疼爱道："好孩子，咱们坐大汽车去。爸，饭菜都在冰箱里，热透再吃。咱们再见吧……"

夏日傍晚，马立尧家，厨房里，何文芳忙碌晚饭，操刀在案板上连拍两根黄瓜，切段入盆，随手倒入拉皮。方厅里，马立尧伏案审读论文，何文芳端盆、拿瓶过来，小声道："立尧，你看这凉菜得放多少酱油啊？"

马立尧扭头看看，转身笑道："既然是学徒，那就干脆学个讲究，一会儿国兰保准夸你。得这样，黄瓜、拉皮儿分开拌，黄瓜用盐和蒜蓉拌，加少许味精，拉皮儿用肉帽儿拌,就是葱爆肉丁加酱油,一小勺儿的量就行。记住,上桌前,两样东西才拌在一起,好处是,黄瓜清香,拉皮酱香。"

电话铃声响起,马立尧抬手接起电话,随口道:"喂,您好。"

【立尧,我是林峰,高教部转来的莫斯科航空学院邀请函看到了吧?】

马立尧手抚论文,回应道:"刚收到,正根据会议要求修改论文摘要呢。蔡校长那儿你应该通知了吧,有什么想法吗?"

【蔡校长那儿暂时没通知,我有个想法,你看是否合适,给咱们学校的名额只有一个,要的是会议录取论文署名的第一位,这样咱们三个里面,你参加会议没有任何异议,不过这次中苏技术交流,机会实在难得,要是把蔡校长的署名调到第一位……】

马立尧打断道:"林峰,没有要是,必须这么做,这是长途旅行,我身体吃不消,这还是次要的。最重要的,蔡校长赋闲修养了一年半,身体基本康复,他去莫斯科,很有可能家庭团聚。你是怕蔡校长不同意,想等咱们生米作成熟饭,再告诉他,是这意思吧?"

【想到一块儿了,那就这么定了,就是又委屈了你。文章定稿儿以后,让文芳捎到我办公室就行。】

何文芳接过电话,提醒道:"哎,林峰,你说这件事儿……是不是先跟曹梅姐商量一下呀?也该请教李校长、魏医生他们吧?我倒不是担心什么,就是觉得情感上好一些。"

【有道理,文芳,真是想得周到。其实曹梅姐一直嘱咐我,给蔡校长留心去苏联访问学者的机会。我这就找他们商量,到时候一起面对蔡校长,他也就安心接受了。】

何文芳高兴道:"这样最好,还有啊,利贤又蹲实验室呢,学生给她打饭了,一会儿你过来吧,尝尝我的手艺,百衡不在家,国兰说交接班儿就过来。"

【行啊,我还给你带一个客人来,你的老搭档,渭南中心站的老站长,去年

才正式退下来,这次路过滨江,点名要见你,现在正参观实验室呢。】

何文芳惊喜道:"是高站长吧?早说呀你,一定带到啊。不跟你说了,我得加几个菜,擢了……喂,国兰吗?今晚有效载荷临时加大,五饼改八饼了,下班顺便带两样熟食过来……"

秋日原野,列车疾驰。

软卧车厢里,蔡李两家坐靠下铺,曹忆静静注视车窗外田舍,曹梅剥好一个茶叶蛋,魏如莲递过湿毛巾,曹忆笑笑擦手,接过来,咬一口,体贴道:"爸爸,该喝蜂蜜水了。"

李国荣随手从包里拿出一只保温壶,蔡鹤临持杯接满,喝两口,感叹道:"真要好好感谢杏芬,这椴树蜜喝下来一年半,不光是胃,浑身上下都舒服。"

魏如莲理解道:"人这辈子,经历过九死一生,才能对很多细节活出新意来。鹤临,你退下来,老李也乐得棋逢对手,学生跟我讲,现在你俩的围棋水平,应该有业余三段。再有三年,曹忆上了大学,咱们就转转名山大川,说不定还能出国看看。"

曹忆随口道:"不用再等三年,北师大二附中可以住校,我妈都联系好了。"

蔡鹤临持杯愣住,曹忆自知失言,一时茫然,李国荣慈祥道:"曹忆,没什么,大人说过,你是一个小小的历史证人,现在已经长大了,爸爸有一段深埋心底的历史情感,你和妈妈真心成全爸爸,我们都非常感动。我相信,因为你的理解,将来我们会有一个超越历史文化的和睦大家庭。"

曹忆点头感动,蔡鹤临听出深意,惊讶探询道:"怎么回事?"

曹梅深沉道:"鹤临,其实瞒住你,我们都挺有压力的,孩子问我,什么时候才能告诉爸爸,我说,上了送爸爸去莫斯科开会的火车就可以。鹤临,我们在一起已经十六年了,既然生活这么成全我和孩子,我们就得成全安娜的人生约定,安娜不容易,不能让她老年孤独。曹忆,妈妈真的要好好谢谢你。"

曹忆涌出泪水,默默搂住爸爸,蔡鹤临爱抚女儿,心绪惆怅,茫然道:"曹梅,你不会把北京的工作都定下来了吧?"

曹梅欣慰道:"我没这个本事,是再三恳求李校长帮忙定下来的,我回北航教书,还能干几年,孩子想考北师大,喜欢北师大二附中,凌云就给联系好了,跟徐征同班住校,将来解决了北京户口,报考北师大,比外省还容易一些。"

蔡鹤临惊讶道:"我怎么一点儿察觉都没有?还以为孩子到了青春期,一下子安静下来。林峰不应该呀,他了解安娜,这样做,很可能会让安娜进退两难的。"

李国荣感慨道:"鹤临,别多想,确实都是天遂人愿。事情几乎是同步进行的,林峰先向高教部打了报告,专门介绍了你们的传奇人生,不仅为安娜争取到了俄语外教名额,还获得了苏联方面的默许。"

蔡鹤临嗟叹不已,魏如莲祈盼道:"万事俱备,只欠东风,只有一样事情没有完成,最后的结果取决于安娜,她还不知道我们所做的一切。"

曹梅拉过手,深情道:"鹤临,保重身体,放下包袱,去找回安娜吧……"

莫斯科金秋,水阔桥平,车水马龙。

莫斯科红场,阳光普照,游人如织,列宁墓庄严肃穆,圣瓦西里升天大教堂巍峨壮丽,克里姆林宫金碧辉煌。

莫斯科航空学院,那座熟悉的教研大楼略显褪色,稍远处,那架熟悉的飞机模型静静燃烧在炫目的夕阳中。

阶梯大教室里,听众过半,掌声热诚,讲台上,伊万抚胸行礼,笑意从容,主持人宣布道:"谢谢各位来宾,今天的论文专题就到这里,明天上午九点会议继续进行,地点不变,祝各位来宾晚安。"

众人起立议论,有人过来握手寒暄,伊万礼让作别,众人纷纷走出教室。伊万擦净黑板上的公式图表,关闭幻灯机,收拾讲台上的讲稿图片。大教室中后排高位,蔡鹤临凝神端详,慢慢起身,伊万意识到关注,抬头对视。蔡鹤临缓步走下来,伊万看清来人,蓦然愣住,眼前赫然闪过系列新老照片,不觉茫然脱口道:"阿廖沙?"

蔡鹤临神情一震,拿起讲台上的粉笔,在黑板上写下蔡明轩三个汉字,回身期待道:"我是阿廖沙。"

伊万惊讶汉字,艰难指认道:"蔡——明——轩——"

蔡鹤临百感交集:"伊万!"

伊万激动不已:"阿廖沙爸爸!"

秋风落叶,暮霭苍凉。伊万身背旅行包,蔡鹤临手提文件包,父子并肩,默默前行……

沧桑岁月留痕，街区依稀可辨，蔡鹤临放慢脚步，面露惊讶。伊万解释道："学院能借给博士的，都是老房子，妈妈就选了过去住过的这一套。当年离开莫斯科的时候，我还不到两岁，什么也不记得了。"

蔡鹤临心头一颤，揪心道："那些年，跟着妈妈吃了不少苦吧？"

伊万感怀道："我倒没什么，就是姐姐娜塔莎失去了芭蕾梦想，好长时间不开心，是妈妈后来告诉我的。"

蔡鹤临歉疚道："都是因为我，你们才遭受流放的命运，真是对不起，希望以后能为你们做些什么。"

伊万宽慰道："妈妈说，您也是因为我们，遭受了很多苦难，您托柳芭阿姨转来的那一千卢布，妈妈收到了。其实我们不缺钱，银行里有很多存款，就是买不到什么东西，听说中国这几年变化非常大，我们都从小商贩手里买过中国日用品……"

两人转过街角，夕阳余晖中，老屋深沉，墙面斑驳，门庭秋藤，门侧秋花。横街不远处，跑来一个六岁模样的小女孩儿，手上一只呼呼转动的红纸风轮。蔡鹤临眼前蓦然闪过娜塔莎飞转风轮的童年身影，不觉停下脚步，定睛细看。小女孩儿停在前面几步远，兴奋喘息道："伊万舅舅……"

伊万疼爱道："卓娅，慢点儿跑，妈妈呢？"

卓娅充耳不闻，紧紧盯住蔡鹤临，慢慢退几步，转身跑向老屋。

门铃急按，房门半开，卓娅探身拉扯裙带，安娜围裙抹手，笑跟出来，卓娅抬手一指，安娜愣在阶前……

一步一年，一年一步，天涯咫尺，咫尺天涯……

魂牵梦绕的挚爱夫妻再一次久久对视，兴奋与疲惫交织，渴望与爱意交融，安娜重生在阿廖沙的怀抱……

不远处，娜塔莎停下来，购物袋从手中滑落，卓娅跑过去抱住妈妈，阿廖沙听到心底的呼唤，蓦然回首……

客厅典雅，似曾相识，厚重的欧式餐桌上，冷黑的冰镇鱼子酱，暖红的俄罗斯红菜汤，金黄的奶油烤鱼，斑斓的伏尔加色拉，罐焖牛肉，盐渍鳟鱼，酸黄瓜，风干肠，黑列巴，小甜饼，一瓶红酒，一瓶伏特加，配上银具红烛，色香味俱全，尽显安娜的艺术品位。

亲人开心围坐，伊万倒上红酒，卓娅点上蜡烛，好奇道："姥姥，今天为什么要用红蜡烛呀？"

安娜感触道："因为中国人高兴的时候喜欢红色呀。"

娜塔莎补充道："比如说，结婚的时候，我们喜欢白色，中国人喜欢红色。"

卓娅联想道："再比如说吃饭，我们喜欢面包鱼子酱，中国人喜欢什么呀？"

蔡鹤临笑道："中国人喜欢烤鸭卷饼，喜欢大米饭红烧肉，将来带你们去中国，可以吃到很多不一样的好东西。"

卓娅顾盼长辈，高兴道："那你就先尝尝我们的鱼子酱。"

卓娅拿过盘子，放上一片黑列巴，铺上一叶生菜，用贝壳勺把黑鱼子酱摊平在生菜上，加上少许配料，端起盘子递给蔡鹤临。蔡鹤临接过闻闻，表情陶然，尝一口，感叹道："好久没有吃了，谢谢卓娅。"

卓娅甜笑道："那你就多吃点儿，这些好吃的，我跟着安娜姥姥借了三家呢，黑鱼子酱，我也好久没有吃了。阿廖沙，你说的好久，是多长时间呢？"

蔡鹤临深沉道："好久是二十七年。"

卓娅茫然道："今年我六岁……二十七岁，那可是好久啊。"

伊万感触道："真是好久啊，比我还要好久一岁。"

安娜沉吟片刻，怀想道："娜塔莎，还能想起三十三年前，我们欢迎维佳叔叔的那句中国话吗？今天应该改一下。"

娜塔莎动情道："永远忘不了，妈妈，我知道你要改什么。"

安娜含笑起杯，众人跟随，卓娅挺举汽水，好奇等待，安娜和娜塔莎眼神默契，正调的柔和中文一字一顿，直入肺腑——

"有亲人自远方回来，不亦乐乎……"

秋月朗照，客厅沉寂，安娜放下茶杯，感慨道："这么多年体会下来，中国文化里面，确实有一种深沉的忧伤和担当的责任。唉，真是难为曹梅母女俩了，让我再好好想一想。"

娜塔莎期待道："妈妈，你对爸爸的思念，连阿纳托利爸爸都非常理解，现在阿廖沙爸爸的身体成了这个样子，无论如何，身边都要有个女人来照顾，你不是一直向往去中国吗？"

伊万附和道："妈妈，我对来自中国的真诚深表敬意，他们是不想让你和阿廖沙爸爸留下人生遗憾，所以你的犹豫我也能理解。"

蔡鹤临感动道："亲爱的，谢谢你们这样想，没能照顾你们，是我人生最大的遗憾。我的身体已经康复，完全可以照顾别人，安娜，事情到了这一步，我只想陪伴你几年，一起看看世界。其实，我们这个特殊群体，早已超越国界，亲如一家。"

安娜沉浸片刻，抬头笑出来，小卧室里传来卓娅的轻笑声，蔡鹤临小声惊讶道："还没睡？"

安娜爱怜道："做梦呢。"

蔡鹤临起身道："我去看看。"

安娜跟进去。姐弟俩对视一下，伊万小声道："你说妈妈会去中国吗？"

娜塔莎理解道："爸爸是妈妈的初恋，妈妈怎么能够舍得？她是不忍心，又放心不下爸爸，给她一段时间。"

卧室温馨，似曾相识，床头墙面上，那盏熟悉的心形小灯，微光粉红。小灯下面，映衬一张黑白大照片，两张儿童水彩画，照片中，卓娅摆出芭蕾稚形。床头木栏边，坐靠一只憨态小熊。粉红色的静谧微光下，熟睡的小卓娅身体微曲，手臂舒展，舞蹈一般……

蔡鹤临凝神良久，轻轻掖好被子，慢慢起身，安娜归鸟栖身一般，从背后轻轻搂贴上来……

秋高气爽，秋阳和煦，莫斯科街角咖啡馆，几处露天桌位散坐客人，侍者悄悄近前，殷勤微笑道："两位苏联女士，这位中国先生，请问喝点儿什么？"

柳芭挪脚轻轻搭住侍者脚面，微笑道："两杯红茶，不加奶，不放糖。可爱的先生，您可真有眼力，请问您还有什么兼职工作吗？"

侍者试着动一下脚，半开玩笑道："谢谢夸奖，请问您在政府敏感部门工作吗？"

柳芭摇摇头，侍者细心道："请问您有什么亲属在政府敏感部门工作吗？"

柳芭摇摇头，侍者放心道："那就好，对不起，公民，您的鞋踩住了我的脚。"

众人笑起来，侍者耸耸肩，静待微笑思量的蔡鹤临。安娜随口道："一杯咖啡，少加奶，不放糖。没有变吧，阿廖沙？"

蔡鹤临歉意摆一下手，笑看安娜，温情道："一如既往，谢谢。"

有人搭讪道："两位女士，围巾真漂亮，这位中国先生，还有货吗？"

蔡鹤临笑道："我是来探亲访友的，中国有很多好货，像我能来苏联一样，如果方便,希望您也能去中国看看。"

一位中年人嚷道:"去了能娶中国姑娘吗?我一口气等了三十年,没怎么喝酒。"

众人哄笑,蔡鹤临风趣道:"中苏两国政府重新签署了多方面的交流协定,包括人才交流,希望您能成为重要一员,到了中国,我们会好酒好菜款待您,小心成为中国的上门女婿。"

气氛活跃,议论时政。侍者送上红茶、咖啡,蔡鹤临主动付钱,侍者掂掂小费,小声玩笑道:"赶上我一小时工资了,希望在座的都是中国先生。"

有人开始争论起来,柳芭心血来潮,抖抖胸前的真丝围巾,抬抬手腕上的电子表,感性道:"听到了吧,阿廖沙,苏联人在空谈新思维,中国人在创造新生活,我也算跟中国结缘三十多年,你看我能去中国做点儿什么吗?"

安娜赶紧道:"阿廖沙,柳芭可是舞蹈皇后啊,样样精通,奇葩难觅,苏中文化交流,应该有舞蹈艺术家一席之地吧?"

蔡鹤临感慨道:"岂止一席之地,俄罗斯的文学艺术,影响了两代中国人,今天的中国,不仅改革经济体制,而且开放多元文化。柳芭,如果你愿意去中国做一名舞蹈教师,我想安娜就不会再犹豫了。"

芭蕾姐妹默契对视,安娜思量道:"柳芭,谢谢理解,我不再犹豫了,二十七年前,阿廖沙离开苏联,当时他安慰我说,中国有句谚语,叫做三十年河东,三十年河西。今天,两个国家都在改革,我们不妨去中国看看,这些年,我做过很多历史文化比较,很想验证一下。"

柳芭道:"听起来挺不错的,离开心爱的伏特加,离开心烦的谢苗诺夫先生,去体验一个神奇国度的沸腾生活,叫人不得不动心。也罢,教孩子们跳跳舞,还能遍尝美食,讨一份安宁,阿廖沙,你就帮我试一试吧。有个条件,至少要跟你和安娜在同一个城市。"

蔡鹤临笑道:"柳芭,请放心,中国的滨江,素有东方小巴黎的美誉,你的俄罗斯情怀,应该不会少。"

柳芭环顾一下,起杯道:"那就再见吧,先生们。真想喝一杯,阿廖沙,我带你们去那个顶级酒吧,尝尝你们过去的最爱——Beluga鱼子酱,不过,只许你喝啤酒……"

莫斯科大剧院,台上舞剧《天鹅湖》,台下观者感怀心……

旋律跳入明快,四个小天鹅翩翩起舞……

蔡鹤临身边,小卓娅心驰神往,观摩律动,一家人扭头笑看。蔡鹤临拉手娜塔莎,不觉紧紧握住,娜塔莎抚上另一只手,摩挲抚慰,蔡鹤临嘴唇微颤,热泪盈眶……

新西伯利亚,鄂毕秋水,两岸红黄,河畔公路上,拉达轿车疾驰,鄂毕河大桥徐徐掠过。副驾驶位上,蔡鹤临注目前方,安娜和柳芭后座侧望,谢尔盖手扶方向盘,探询道:"安娜阿姨,是河湾那片白桦林吗?"

安娜确认道:"是的,离小木屋不远,再有差不多五分钟,就能看见路口的小木牌,拐进去,一直往前开,看到原始白桦林,我再告诉你停在哪儿。"

小路深远,落叶铺垫,拉达轿车缓缓停在红黄斑斓的原始白桦林边,四人下车,安娜和柳芭怀抱鲜花,蔡鹤临手提小包,谢尔盖握着扫把。四人弯过漫坡,河面渐入开阔,一颗沧桑粗大的白桦树独立眼前……

长河落日,白桦萧萧,四人并立树下,肃穆良久。谢尔盖扫净树根落叶,安娜和柳芭躬身敬献鲜花,蔡鹤临单跪摆放祭品,开瓶倒满两盏白瓷酒盅,沉浸片刻,起立躬身,茅台余酒围绕白桦树根,汩汩洒落……

深秋的河风吹颤黄叶,飒飒的凉意逼入心脾。蔡鹤临静默感恩,谢尔盖喃喃祈福,安娜和柳芭十字祷告……

鄂毕河畔,排浪推平草坡,落叶舞弄木屋。围栏中央,烤炉炭火,熏香弥漫,谢尔盖挥洒调料,翻烤鲜鱼。柳芭从木屋出来,端过一篮玉米、马铃薯,调侃道:"谢尔盖,俄罗斯男人要是都像你这么能干,那些伏特加先生也就不用空谈什么改革与新思维了。"

谢尔盖笑道:"柳芭阿姨,您要是真能去中国,也看看人家的改革与新思维,拿些好东西回来,上台跟那些伏特加先生辩论一番,也弄个什么委员待遇享受。鱼烤得差不多了,玉米、马铃薯我来弄,柳芭阿姨,喊他们上岸吧。"

秋水浩荡,波光粼粼,水鸟盘旋,扁舟浮隐……

柳芭漫步草坡,岸边眺望,拢音呼唤:"阿廖沙——"

第二十九集

　　北京一月,下午时分,国际机场,一架图154客机轰鸣降落,徐徐滑行。

　　机场出口大厅,人群等待,曹忆怀抱鲜花,身边伴着曹梅、魏如莲、李国荣,四人翘首张望。徐进军装在身,凌云便装得体,两人等在不远处,指认手中图表,轻声讨论问题。

　　李国荣露出笑容,招手示意,身边三人随即招手,人流中,蔡鹤临推车,安娜并行,蔡鹤临挥挥手,高兴道:"安娜,李校长他们。"

　　安娜笑意从容,一路招手过来,曹忆近前两步,献花问候道:"安娜妈妈好。"

　　安娜接过鲜花,陶醉一下,拥抱亲吻道:"天使长大啦,真是太可爱了,谢谢。"

　　曹梅张开双臂,微笑道:"欢迎你,安娜姐姐。"

　　安娜面露欣喜,热情拥抱,亲切道:"你好,曹妹妹,今天我是又当妈妈,又当姐姐,还要当妹妹,魏姐姐,你好啊。"

　　魏如莲热情拥抱道:"欢迎安娜,中国话说得这么好,神奇呀。"

　　安娜张开双臂,深情道:"李校长,终于见面了。"

　　李国荣笑拥安娜,动情道:"安娜,见面最好,欢迎回家。"

　　蔡鹤临挨个拥抱,爱怜道:"曹忆,新学校还适应吧?"

　　曹忆幸福道:"特别喜欢,爸爸,你胖了,在苏联都吃了什么好东西呀?"

　　蔡鹤临笑看安娜,安娜慈爱道:"给你爸爸换一换口味,经常吃面包、奶酪、鱼子酱,所以就胖了一些,也给你们带了鱼子酱。"

　　曹忆自然想起了什么,转身从曹梅挎包里拿出保温杯,努力旋开杯盖,关切道:"爸爸,该喝蜂蜜水了,路上带的蜂蜜都喝完了吧?"

　　蔡鹤临接过喝几口,感动道:"喝着舒服,好孩子,想得真周到,爸爸路上带的没喝完,留给小卓娅了。"

　　安娜歉意道:"蜜蜂不是没喝完,是喝了一口,小卓娅尝了蜜蜂水,说好喝,阿廖沙就再没动过蜜蜂,对不起,是我大意了。"

蔡鹤临抱歉道:"我没说明白,是我对不起,其实胃已经养好了,没关系,回来接着喝蜜蜂。"

众人笑起来,曹忆扇动翅膀,示范笑道:"安娜妈妈,蜜蜂是这样的,爸爸,那你现在就喝完蜂——蜜——水。"

蔡鹤临连喝两口,安娜领悟道:"蜜蜂吃蜂蜜,蜜蜂吃蜂蜜,奇妙的汉语,汉语的奇妙,记住了。"

曹梅感叹道:"安娜姐,一看你就是个好老师。鹤临跟李校长一样,看别人爱吃什么,你就是做了一大盘,他们也是看着别人吃。"

安娜认真道:"曹梅,回头给我列个阿廖沙爱吃的菜谱,大家都要提醒我。"

李国荣冲不远处招招手,凌云、徐进快步近前,徐进敬军礼,凌云热情道:"安娜老师好,蔡校长好。"

魏如莲介绍道:"安娜,这是凌云,这是徐进,都是鹤临的好学生,特意来接你们,一直等在旁边,让咱们先说话。"

安娜拥抱贴脸,感动道:"谢谢凌云,谢谢徐进,我也是鹤临的好学生。"

蔡鹤临握手拥抱,关切道:"发射亚洲一号卫星的谈判进展怎么样?长征二号捆绑式运载火箭项目,已经正式启动设计了吧?"

凌云欣慰道:"亚星一号签下来了,美国休斯公司附加了很多技术验证条件,只有十四个月的研发时间,压力比较大。"

徐进高兴道:"长二捆基础论证完整可靠,已经进入全箭设计阶段。这一次,特别体验到了全方位航天系统工程的核心理念,简直就是众星捧月,工作效率和设计质量都有大幅提高。"

蔡鹤临连声说好,用俄语简要解释给安娜。徐进推车,曹忆执意抢过来。众人走出大厅,路边响起欢呼声,五六十人沿路排成一阵,纷纷鼓起掌来,丁国兰手捧鲜花,刘百衡护在一旁,两人笑容满面,迎上前来。

安娜一行惊讶,魏如莲惊喜道:"百衡,真有你的。安娜,这就是丁国兰、刘百衡夫妇,好家伙,五六十号人,都是两位校长的好学生。"

安娜接过鲜花,热情拥抱,欣喜道:"国兰、百衡,你们好,早听阿廖沙讲过你们的英雄故事,谢谢,我代表孩子们谢谢你们,这么多人,谢谢大家!"

丁国兰惊讶得合不上嘴,愣神道:"安娜老师,您不是到中国来教中文的吧?"

安娜笑道:"班门弄斧,多多指教。"

第二十九集

众人纷纷叫好,刘百衡拍手道:"得,春节礼堂团拜,我给安娜老师逗个捧哏,来一段新春大吉,就这么定了。"

安娜摇头笑道:"听不懂,汉语太丰富了。"

丁国兰打量道:"蔡校长,气色不错嘛,胖了,好!"

蔡鹤临拉手拥抱,李国荣高兴道:"百衡,今天这是什么名堂?"

刘百衡摊手笑道:"今天星期天,在京的各单位学生代表,给两位校长之家接风洗尘,由我来主持,我这也是赶上了,公司在北京有新产品推介会。"

安娜、蔡鹤临、李国荣一路跟学生握手问好,不时有军人立正敬礼,高大军人面前,蔡鹤临当胸一拳,学生挺立受住,旋即下蹲抱起蔡鹤临,旋转一圈,颠颤一下,大声宣布道:"二级火箭指标不错嘛,可以受控点火。"

众人欢笑,丁国兰撒娇道:"魏医生,我跟他们出来转一圈儿,心都散了,刘婷也天天盼着我来,我这哪还有心思回去干活儿呀?"

魏如莲笑道:"那就留下来陪刘婷,她这都怀孕三个月了,身体还有反应。见平南京、西安几个所到处跑,回来待不了几天,又得上天做实验,百衡常年不着家,我回头替你把返聘辞了,你就安心在北京照顾闺女吧。"

刘百衡连连赞同,欢声笑语中,凌云拉过刘百衡,抱歉道:"刘老师,今天的聚会,我和徐进不能参加了,情况是这样的,长征三号发射亚洲一号卫星,加上长二捆发射澳大利亚卫星,这两个会战已经全面启动,现在大家就开始连轴儿转上了,马军这帮年轻突击队员,干脆就睡在了研究室。下午王院长召集协调会,我们得马上赶回院里,晚上肯定出不来……"

北京冬夜,市街沉寂。

中国运载火箭技术研究院,研究大楼,灯火通明,人员进出。研究室内,凌云主持会议,众人交头讨论,马军翻查技术资料,抬手示意道:"核对过了,设计上没有问题。"

众人安静下来,凌云环顾道:"亚洲一号的技术条件的确是非常苛刻的,卫星没有自动起旋功能,美方要求,卫星必须起旋后脱离火箭,针对这个技术难点,院里的初步设想基本统一,就是让末级火箭整体起旋,从而带动卫星同步起旋,然后进行星箭分离,请大家对由此产生的系统影响,做进一步的技术分析。"

老专家思量道:"末级火箭整体起旋,从技术效果上看,也相当于微调变轨。这很有可能给我们带来消极的副产品,所以必须重新论证卫星的入轨精度,这需要基于火箭动特性的计算机辅助设计来完成。"

众人议论赞同,凌云鼓动道:"在座的年轻人里,有不少计算机玩儿家,你们谁来凑一凑热闹,罚这个点球?"

有年轻人举手道:"凌主任,计算机辅助设计可以边干边学,关键是分析末级火箭动特性的系统方法,没有基于系统概念的工程数学框架,我们就无从下手,问题是谁来踢这第一脚?"

马军举手笑道:"那咱们就手脚并用,我可以给出工程数学方程,编制计算程序,大家再共同把仿真模型确定下来。"

老专家赞许道:"小马,好样的,不过责任重大,担子不轻啊。"

凌云感慨道:"小马后面还有老马,这是一个纸上谈兵的神奇团队,大家可以参与其中……"

长城瑞雪,箭楼临风。

蔡鹤临伴着安娜,两人互挽,拾阶而上,后面跟着曹梅一行。

安娜遍拍箭垛,凭眺苍茫险峻,迎风呼唤道:"雄伟的,壮美的,永恒的,阿廖沙,还有什么?"

蔡鹤临并肩唱和道:"沧桑的,坚强的,伟大的。"

安娜仰天举臂,虔诚敬畏道:"上帝呀,我登上了这样的长城!"

刘百衡即时抓拍,曹梅心潮澎湃,魏如莲拉手曹梅,李国荣搂扶两人臂膀,凝望绵延巨龙,感慨万千……

巨龙万里,奔腾入海……

海岸线俯瞰,海山分明,那架熟悉的苏制安24运输机,翱翔轰鸣。

见平一组五人,稳坐机舱前端,专注调试仪器,设备信号闪烁中,数据有序记录,波形清晰稳定,见平屏息审视雷达屏幕,猛握一下拳,五人几乎同时抬头互看,眼镜李颤声道:"抓住了!弟兄们,干干净净的下视目标,抓住了!"

见平晃拳道:"这回是稳稳抓住了!"

海面上,目标直升机快速低平飞行,安24运输机大幅回旋,略高跟踪……

机舱内,见平探身驾驶舱口,沉稳道:"机长,五号实验方案圆满完成,请求启动六号方案。"

第二十九集

飞行员回看一眼,重复道:"明白,安两4报告指挥中心,五号实验方案圆满完成,实验小组请求启动六号方案,报告完毕,请指示……"

目标直升机小幅回转,快速提升,飞向山区丛林。安24运输机回旋一条更大的弧线,轰鸣爬升,两机拉开更大距离,目标直升机不见踪影,安24运输机再度盘旋爬升,跟踪在更高空……

机舱前端,五人小组紧盯雷达屏幕,眼镜李一脸热汗,雾气漫上眼镜片,见平递过手帕,眼镜李快手擦净眼镜片,两把抹干热脸,扶镜兴奋道:"看看,都看看,主波还是一尘不染,多漂亮的波动啊,简直就像老婆满床打滚儿,仔细看看,规律多稳定啊,美——呀——"

众人笑出来,见平提示道:"再检查一遍记录仪,数据千万不能丢失。"

众人各就各位,忙碌片刻,气氛轻松起来,眼睛却是不离屏幕,眼镜李期盼道:"见平,我这应该是最后一飞了吧?"

见平思量道:"放心吧,就是再多飞几次,也轮不到你了,只要样机定型,很快就换实战机种,到时候咱们想飞也上不了天。我说瓶底儿,你这六七年下来,飞了有百八十次吧?"

眼镜李认真道:"包括今天,共计一百零八次,我老婆那里都有记录。见平,你肯定不会少于二百次,包所长说,要给咱们请功呢。"

战友一感慨道:"别看这么个老掉牙的安两4,咱们都拿它当家住了。"

战友二附和道:"是啊,一下子离开,还真有些舍不得。"

战友三逗趣道:"瓶底儿,真要告别安两4,我看你得跟丢了媳妇差不多。"

见平起身道:"你们盯着,我看看下视环境。"

机师过来凑趣道:"瓶底儿,今天没见你晕机呀,心里一直惦记着晚上回家核对波形了吧?"

眼镜李笑道:"你还别说,刚才看着波形,眼前就那么几秒钟,老婆的样子生动得很嘞,这叫心想事成,十年才盼到了理想波形,今夜是要还愿的。"

众人都笑,见平贴窗喊道:"注意啦,马上进入云层区,各就各位,关注数据变化……"

崇山峻岭上空,目标直升机曲线飞行,安24运输机破云跟踪……

【安24运输机飞行员沉稳画外音:安两4报告指挥中心,实验小组圆满完成六号实验方案,实验样机全面达到脉冲多普勒机载雷达设计指标,实验小组请求立即返航,报告完毕,请指示。

　　飞行员耳麦沉稳画外音:安两四注意,指挥中心祝贺机组全体乘员,同意立即返航。机组人员注意,随时监控仪器仪表,严格控制降落速度,确保全体人员和实验样机安全……】

　　陆地飞掠,机场在望,安24运输机下探低空,平稳飞行。机腹前端,右侧起落架徐徐放下,左侧起落架不见踪影,飞机快速拉升……

　　【安24运输机飞行员沉稳画外音:安两4报告指挥中心,左侧起落架出现故障,没有按照操作指令启动放下,机师正在排查故障,飞机其他设备正常,燃料还有四分之一……】

　　飞机呼啸俯冲,陡然拉高飞升,右侧起落架依然独自吊立空中……

　　【安24运输机飞行员急切画外音:安两4报告指挥中心,手动摇柄还是卡死不动,机组人员还在继续努力,已经做出十次俯冲拉高惯性应急动作,左侧起落架还是卡在机腹舱内,燃料表刚刚响起红灯警报……

　　飞行员耳麦沉稳画外音:安两4注意,安两4注意,再重复一遍,机场已经全面做好迫降应急准备,应急措施已经全部到位。我命令,机组成员立即做好紧急迫降准备。特别命令,人员安全第一,人员安全第一,实验小组必须严格遵守迫降安全规定,不得擅自行动……】

　　机场简易指挥塔楼,警报持续,人员进出……
　　机场跑道开阔区域,消防车、救护车、吉普车、军用卡车呼啸聚集,开阔地草坪上,两架军用直升机旋桨待命……
　　机场周边上空,安24运输机盘旋两周,对准跑道,呼啸降落,独轮触地瞬间,摩擦刺耳,青烟爆逸,机身骤然倾斜,左翼轰然触地,飞机瞬间偏左方向剧烈滑冲,机腹、左翼火花激射,一段震撼折损冲击之后,机速渐缓,飞机终于停在左侧草坪……
　　浓烟滚滚,警声大作,消防车、救护车、吉普车、载人军用卡车疾驰近前,稍远处草坪上,更多战士奋勇奔向飞机……

第二十九集

　　夏日傍晚,北京解放军总医院,双人病房内,见平、眼镜李头裹绷带,手缠纱布,臂露烧痕,各卧一边,家人床边陪伴。刘婷身孕明显,坐在床头柜前,从水果网兜里掰下两只香蕉,欠身示意,眼镜李的妻子说声谢谢,连忙接过一只,剥皮喂上,思量道:"刘婷,不怕你笑话,别看我比你大,刚听完消息,还没进病房,我这人就瘫了。没承想,这才熬过一宿,看我家瓶底儿一身绷带躺床上吭叽,我这心反倒踏实了,你说怪不怪?"

　　刘婷喂上香蕉,理解道:"赵姐,遇上这种情况,其实心里都瘫了,可这人包在纱布里,跟没事儿一样逗你说话,你也就忘了害怕。往人心上说,这人要是不为自己害怕,也就临危不惧了。"

　　眼镜李感触道:"就是这么回事呀,现在总结起来,我应该有恐高症,不管坐多少次飞机,只要起飞降落,我这心都跟着飞机轮子摩擦一阵。这回可好,飞机单轮儿着地那一瞬间,我这心,咚地撞起来,疼啊!这身下护住的处理器,就跟老婆一样,毕竟在一起摸爬滚打,翻云覆雨六七年啊,哪里还顾得上什么害怕!"

　　刘婷笑出声来,赵姐连忙香蕉堵嘴,害羞抱怨道:"你个高级知识分子,就不能形容点儿别的,听着能不往那什么上想吗?"

　　见平凑趣道:"瓶底儿形容起来就是生动,吃夜宵放松的时候,弟兄们说些闲话儿,那些个小光棍儿,正是血气方刚,都闹着要提神,瓶底儿经验丰富,每次都打头阵,日久天长,我们这些已婚的,免不了轮流汇报,没办法,我这当组长的,当然要……"

　　轮到刘婷香蕉堵嘴,赵姐跟着笑出声来。丁国兰端着一盆热水进来,放到床边,起身打量道:"还是不疼,再大声说笑,护士该进来撵人了,到时候已婚也成未婚,毛儿都摸不着。见平,洗脚。"

　　见平难为情道:"妈,你快歇着吧,大白天的,不用洗脚。"

　　丁国兰轻拧热毛巾,不容置疑道:"手术后就没洗,先热敷擦擦。"

　　刘婷起身道:"妈,我来吧,见平不好意思。"

　　丁国兰拦住道:"歇着吧你,快九个月了,尽量少弯腰,我一个英雄母亲,给我英雄儿子洗脚,有什么不好意思的?见平,妈就是给你揉搓几下,断了三根肋骨,手术虽然不大,也得防患血栓,顺便活动活动末梢关节,你自己也得经常扭扭脖子。"

　　眼镜李扭脖子急道:"听清了吧,老婆,我这断了两根肋骨,也要防患血栓嘞,正好一盆热水,两块毛巾,快给我也擦擦。"

赵姐笑道:"刚自夸两句大胆书生,原形毕露了不是? 等着啊,我去打热水。"

丁国兰撩被垫上干毛巾,擦脚揉搓道:"见平啊,胆儿都大成了这样,应该差不多了,回头跟领导说说,地上消停几年吧。别看刘婷嘴硬,自打那次发动机天上熄火以后,跟我哭过好几回。小李呀,你也是的,守着这么肥的庄稼地,一铆劲就给她种上,现在都讲优生优育,好时候撂了荒,将来更累人。"

见平感动不已,纱布摩挲刘婷的脸颊和肚腹,眼镜李惊讶道:"医生就是一针见血,那我也别不好意思了。丁阿姨,我没少铆劲,可就是不出苗呀。"

丁国兰笑道:"你媳妇昨天夜里都跟我说了,你俩检查过,都没问题,我看主要在你这尿频的毛病上,就是肾虚,明天开始,阿姨给你补补羊肾糙米粥,养好了伤,翻身活动活动,就有可能立竿见影儿。"

眼镜李举臂兴奋,收住道:"真想现在就翻个身,哎哟,疼,丁阿姨,我替老家爷爷谢谢您。"

刘婷自豪道:"瓶底儿哥,你就信我妈吧,丁老中医,神!"

丁国兰不甘道:"说话怎么跟刘欣学呀,注意修辞啊,我这才有几根白头发,怎么就成了老中医?"

赵姐端盆进来,羡慕道:"丁阿姨,我要有您这本事,叫我赵老太太都成,我先替我妈谢谢您。"

丁国兰认真道:"得,这下紧箍咒套上了,小李,心静一静,一会儿阿姨给你好好把把脉。"

走廊里响起脚步声,护士在门口和蔼道:"首长,伤员需要静养,再给大家十分钟,够了吧? 请首长掌握好时间。"

首长、包所长致谢进门,勤务兵拎着烤鸭、水果跟进来,见平、眼镜李摆臂敬礼,首长还礼,众人握手问好。眼镜李盯住勤务兵,兴奋道:"烤鸭来啦,好啊,可惜不能喝酒。"

赵姐连忙遮掩道:"你个没出息的,还不快谢谢首长。"

首长亲切道:"我们是来谢英雄的,不幸当中有万幸,医生说,静养两个月,就能基本康复。好啊,家属都辛苦了。小刘,快生了吧? 注意身体啊。瓶底儿,这回你不仅看清楚了,而且完璧归赵,英雄壮举呀。"

眼镜李惊讶道:"瓶底儿,这也是首长叫的? 壮举我可不敢当,实话实说,

第二十九集

当时真没害怕,就是趴在处理器上,一下子想起老婆,眼镜湿了,裤子也潮了。"

众人都笑,赵姐气恼道:"书呆子,这也能说? 首长刚夸你是英雄。"

首长理解笑道:"正常生理反应,更加难能可贵。老包,你这个总设计师,还带得一手好兵,不简单哪。"

包所长感叹道:"要说好兵,老少人等,还是见平最有军人气魄,要不是他坚持抗命,样机也不会得到完整保全。正常飞行中,不可能做这么强烈的抗震试验,这下倒利落,剧烈震动以后,样机性能指标基本完好,下一步的战机实测,我们心里踏实不少。"

丁国兰关切道:"首长,战斗机我略知一二,也就能装一两个人,他们这些个雷达专家,想上也上不去了吧?"

首长笑道:"弟兄们,还想上去吗?"

眼镜李抢答道:"首长,我真有恐高症。"

众人又笑,见平调侃道:"瓶底儿向来言行不一,真要上天入地,他还得最后一个溜上来。那次引进机载雷达谈判,对他刺激最大,米老鼠比划一顿样机,说得天花乱坠,瓶底儿一兴奋,拍了几下机壳,听着声音不对,我强行打开一看,里面是空的。米老鼠一耸肩——国家有别,国际惯例。"

首长愤然摇头,包所长感叹道:"后来测试真样机指标,我们在一个房间,样机单独封闭在隔壁房间,这怎么测试? 米老鼠有办法,就在墙上打个洞,把导线穿过来。我们那个憋气呀,见平就差把墙踹塌了。"

见平感慨道:"十年磨一剑,弟兄们玩儿命搞出来的,称得上是一部愿为中国服务的争气雷达。"

首长带头,家属们跟着鼓起掌来,首长感慨道:"这样的争气雷达,能够一举锁住低空来犯之敌,它的技术意义,不亚于新中国的第一颗导弹。我代表中央军委,向愿为中国服务的民族英雄致敬!"

众人连忙回礼,刘婷思量道:"国际环境复杂多变,战略博弈暗流涌动,西方不亮东方亮,希望未来十年,中国能与苏联有更多的技术合作。"

首长打量道:"行啊,小刘,出口就见大智慧,在哪儿高就呀?"

刘婷谦虚道:"报告首长,我在中科院苏联东欧研究所工作,还请首长指教。"

首长赞许道:"年轻有为呀,我们向你请教才是。中苏两国都在进行改革开放,两个社会主义大国,有很多共性问题,值得我们从国家战略的角度,进行深入的研究比较,提出富有前瞻性的战略建议。小刘,等你完成了大丰收,我再请你做报告,现在不耽误英雄休息了。小曲儿,宣读中央军委嘉奖令。"

小曲立正应是,打开随身军用挎包,丁国兰绽放成朵,刘婷开心道:"妈,看你美的,又惦记奖金了吧?"

丁国兰认真道:"那当然了,左手精神文明,右手物质文明,两手都要硬。"

首长笑道:"纠正一下啊,是一手社会主义精神文明,一手社会主义物质文明,这两手都要硬。小曲儿,念……"

【夏去秋来,冬去春至。】

傍晚时分,初春山峦,西昌卫星发射中心,施工中的长二捆发射工位巨大塔台,机械运转,人员忙碌,塔架上横幅醒目——发射塔质量就是长二捆生命。

不远处,东顺一伙技术人员手拿图纸比划讨论。一辆吉普车疾驰而来,徐进停车下车,端着蒙布大盆过来,招呼道:"都过来,先吃饭,车上有菜,去拿一下。"

众人迎上来,东顺收卷图纸,打趣道:"徐主任,我们是饭来张口,衣来伸手,干脆,再拉顶帐篷来吧。"

徐进笑道:"别急,帐篷刚准备好,今晚就送来。北京研究院那边儿,家属天天送饭,人早就长在研究室了,连楼道里都是绘图板。总装厂更不用说,那些个师傅们,比咱们能熬。都听好了,一小时以后,王院长带队听汇报,现在大家抓紧吃饭……"

春末清晨,赤城霞起,北京运载火箭总装厂,南苑专用铁路线,站台上,人海旗山,锣鼓喧天,一辆深绿色的特种货车披盖严密,缓缓驶出厂房导引段,巨大的圆柱车体延续六十多米。人群中,凌云挥手,马军呐喊,众人击掌相庆……

车轮铿锵,长鸣远人,专用列车慢慢消融在万道霞光中……

1990年7月16日,西昌卫星发射中心,巨大的发射塔台上,近50米高的长征二号捆绑式运载火箭巍然矗立。

发射场一公里外山湾,观赏嘉宾翘首以待,熟悉的面孔中,女人挽成一排,男人站立身后,魏如莲惊讶道:"国兰,你这过年敢用手放二踢脚的,怎么还哆嗦上了?"

丁国兰哆嗦道:"好家伙,火箭50米高,就是《西游记》里,也没见着这么大个窜天猴儿呀,山崩地裂的,能不紧张吗?"

安娜缩肩幽默道:"国兰这么一说,我也有点儿哆嗦。"

刘百衡后面揉肩,心悸道:"当家的,幸亏没培养你按钮点火儿,要不然你这一家伙哆嗦出一串儿指令,你说是飞还是不飞?"

丁国兰后撞一下,教训道:"也不管多大个事儿,你都得先过过嘴瘾,老毛病。"

利贤感叹道:"立尧能上山替咱们哆嗦就好了。"

许勤感触道:"想起1962年春节,立尧做的那个硬纸火箭,飞了有五六十米高呢。"

蔡鹤临宽慰道:"立尧一心惦记着他那新建模型,早在电话机旁守着呢。"

李国荣感慨道:"理论家的大脑,是要活动在未来领域的,长二捆还没上天,这些个好事者,已经在畅想载人飞船了。不管我们的研发体制如何变化,不管有无相关项目,不管眼前身后的功名利禄,高校理论界的前沿思维,总是带有自觉性,甚至某种程度的自发性。"

蔡鹤临赞许道:"李校长一直把这种现象归结于文化自觉范畴,这些物我两忘的理论先行者,这么多年的所作所为,完全来自于贯穿科学精神的爱国主义创造冲动。"

陈田附和道:"我来举个例子,苏联来的那个访问学者尼科洛娃博士,带来一些苏联飞船的图片资料,非常漂亮,很有气质,陈明整天跟她泡在一起,两个年轻人,居然开始探讨太空舱的焊接技术,亏他们想得出来。"

丁国兰笑道:"陈田,听你说话几十年,永远是托儿所大门口儿的不变逻辑——讨论问题还接孩子呀,再给你纠正一次,应该是,来接孩子回家,路上顺便讨论问题。"

许勤笑道:"夫子,你刚才是想说,图片非常漂亮,尼科洛娃很有气质,对吧?"

陈田认真道:"还不够,尼科洛娃也很漂亮的。"

众人沉吟微笑,丁国兰盯住刘百衡,教训道:"不许再发挥啊,说正经的。"

刘百衡一摆手,思量道:"蔡校长,这发射塔台基座肯定是大了不少,承重范围在多少啊?"

蔡鹤临随口道:"设计容量是800吨,长二捆的起飞推力是600吨,起飞重量是460吨,这次验证发射,不仅释放载荷跟澳星一样,还搭载了一颗巴基斯坦实验卫星。"

扩音器传来提示声:各位来宾请安静,各位来宾请安静,火箭发射进入一分钟倒计时,请大家注意火箭发射场长二捆发射工位……

【倒计时沉稳画外音:10,9,8,7,6,5,4,3,2,1……】

发射塔台大片区域,火海漫卷奔涌,烟山翻滚升腾,长征二号捆绑式大推力运载火箭拔地慢起,发动机喷口烈焰炫目,高大箭体加速推升,海啸山呼中,运载火箭直破苍穹……

深空探测雷达巨型抛物面天线朝向目标跟踪方向太空……

苍穹深邃,长征二号捆绑式运载火箭拖出大弧面烈焰,深空飞行……

群鸟升空,嘉宾震惊,发射场周边山坳,工程兵涌上山坡,整条山谷中,回荡着此伏彼起的欢呼声……

冰城滨江,下班时分,少年宫欧式建筑。

练功房内,音乐舒缓,两队少女翩翩起舞,柳芭踏着芭蕾节奏,巡视纠正动作。安娜倚傍在房门口,脚尖微动,饶有兴致。柳芭示意学生们暂停,做出缩肩跨步的拘谨样子,摇指微笑道:"不,天使们,看我,是这样。"

学生们随即舒展模仿,柳芭余光注意到来人,停舞回身。安娜见柳芭停下来,不觉轻盈起舞示范,旋转舒展道:"天使们,动作要到位,夸张一些没关系,不要怕做错,要像练中国字一样,先写大字,后写小字,两组互相纠正,练习两遍。"

学生们问安娜老师好。门口响起礼貌的敲门声,少年宫中年女领导近前热情道:"安娜老师,好久不见了,是来接柳芭老师的吧?"

安娜热情回应道:"最近大学课程太忙,翻译活动也多,今天圣诞节,放我一天假,来接柳芭一起过节。"

女领导抱歉道:"柳芭老师,真是对不起,有孩子说今天是圣诞节,我这才想起来,您也应该休息呀。孩子们,今天下午自由练习,祝两位老师圣诞节快乐。"

学生齐祝老师圣诞节快乐,送上芭蕾舞蹈礼,两人回应圣诞快乐,舞蹈礼谢过,摆手再见,更衣出门。

大街旁,安娜招手远处的桑塔纳出租车,出租车路边停下,安娜拉开后车门,看到副驾驶位上有人,抱歉道:"对不起,没看见车上有客人,打扰了。"

司机回身道:"马达姆,您去哪儿?"

安娜准备关门道:"去滨江工业大学专家楼。"

女客人连忙招呼道:"那就快上来吧,咱们同路,要不师傅见人就停,反倒耽误时间。"

司机招呼道:"天冷车少,大家互相帮助,既然同路,各减五毛钱,请上车吧。"

两人连忙上车,连声感谢。出租车快速行驶,柳芭耸肩道:"在中国,很多灵活性不可思议,安娜,你的中国话借给我一半,我就能如鱼得水。"

安娜半认真道:"看来你真得找个中国丈夫了,哎,我看那个崔教授特别喜欢你。"

柳芭感慨道:"崔先生早年留学苏联,我能理解他的俄罗斯情结,可我这大半辈子,在苏联超凡脱俗,临了却要在中国入乡随俗,真要放下鲜花美酒,每天系上围裙生活在一起,双方可能都不会习惯,所以还是做个朋友好,抬腿就走,不用牵挂。"

安娜开导道:"花开花落,总要有个结果,现在苏联这么乱,连你的老家乌克兰也宣布独立了,我愿意相信未来,可眼前的生活,确实不容乐观,苏联物价飞涨,经济全面崩溃,上个月,娜塔莎和伊万排了一夜队,才把直线贬值的卢布都换成了美元……"

出租车猛然减速,女乘客惊吓道:"哎呀妈呀,吓死我了,你说这人,啊?有信号灯不走,瞪眼儿往车上凑,还成帮结伙的连上了。"

司机无奈道:"这叫法不责众,真出了事儿,我得先兜着。"

柳芭跟安娜互看一眼,耸肩无奈,安娜继续道:"我们这个年龄,根本等不起,那点儿退休金,买几个面包可以,伏特加就别想了,崔教授人挺好,又浪漫,手里的美元你也动心,还一心想跟你去莫斯科,简直就是上帝的礼物,你还是认真考虑一下吧。"

柳芭岔开话题,关心道:"我和崔先生都是单身,凡事好办,随时可能走到一起。安娜,关键是你,我太了解你了,你还想在中国住多久啊?不会就这么过下去了吧?"

安娜感触道:"孩子们受苦,我当然是要回去的,魏医生说,阿廖沙能挺过五年,就会有下一个五年。感谢上帝,第一个五年的后半程,我跟他重温了幸福时光,第二个五年,留给曹梅母女吧,然后……希望还有奇迹,阿廖沙经常怀念在新西伯利亚度过的那段时光……"

出租车慢行在校园,路过牛哥小馆儿门面,柳芭抱歉道:"先生,请停一下,就半分钟。"

车刚停稳,柳芭就开门跑进小馆儿,旋即转身出来,手上多了一瓶北大仓酒,乔姐跟出来招手示意,安娜摆手笑道:"回家还这么讲究。"

出租车在专家小楼前停下来,安娜付钱,两人下车,几个男女大学生从身边走过,纷纷摆手祝福道:"安娜老师,圣诞快乐!"

柳芭跟着摆手回应,自语道:"没有宗教节日,没有敬畏祷告,苦难过后,相安无事,真是神奇的土地,不可思议。"

安娜开门道:"柳芭,我也同样想过,也许这就是中国文化的独特力量,但是,这就够了吗?没有答案,看将来吧。"

两人进屋,蔡鹤临、魏如莲、李国荣、马立尧热情迎过来,拥抱祝福。厨房里,林峰、利贤、何文芳三人忙碌,安娜、柳芭过来问候,何文芳手摊西餐菜谱,为难道:"我这中国菜还没弄出个滋味儿,上来又摆弄西餐,做不好啊,就是给利贤、林峰打个下手。"

利贤夸赞道:"都是第一回弄西餐,文芳比我强。"

林峰笑道:"我还是三十多年前跟安娜学的,现在跟没学差不多,今天是手不到心到,安娜,柳芭,去看电视吧,我们也好随便下手。"

安娜提醒道:"柳芭,过来看看吧,百衡刚给咱们买的卫星电视接收机,能收苏联远东卫星节目,莫斯科形势糟糕得一目了然,感觉随时都可能出现最后的历史宣判。"

柳芭赶紧凑到电视机前,按下开关,屏幕上人影绰绰,杂音纷扰。魏如莲来到窗前,窗台上摆放一台北京国营811厂标牌的卫星电视直播收转机,魏如莲调整天线方向,微调信号旋钮,画面改善,重影深重。

何文芳倚住厨房门框,指教道:"魏医生,滨江接收的是苏联东方卫星的远东直播信号,天线应该对准南方赤道上空。"

魏如莲笑道："那就更晕头转向啦。"

蔡鹤临指点一下方向，感念道："往左，好，再往外一点儿，正好，今天就缺咱们的指南针大行家两口子，也不知道百衡他们转到哪儿了。"

马立尧笑道："上午才跟文芳汇报过，手提电话打过来的，说是马上去安徽新建的立德小学剪彩，国兰也跟着沾光，能上电视呢。"

柳芭兴奋道："真没想到，在滨江还能看苏联国家电视台，谢谢。"

众人纷纷注目，电视画面清晰——

莫斯科街头，群情激昂，人声鼎沸，有人比划争辩，互相推搡，电视记者面对镜头，表情激动，声音急促，有年轻人挤近镜头，探头鬼脸，转身扭腚……

蔡鹤临表情凝重，李国荣痛心道："从最近几天的苏联电视新闻看，苏联解体已成定局。朋友们，纵观世界历史，这应该是20世纪最大的地缘政治悲剧，如同第一个苏维埃政权建立产生的世纪影响一样，这个庞然大物的轰然倒塌，也会产生深远的世纪影响，值得我们长期研究总结。"

蔡鹤临用俄语简短解释，安娜、柳芭默默点头，表情凄然，魏如莲安慰道："面包会有的，牛奶会有的，一切都会有的。"

何文芳开始端菜上桌，轻声招呼道："菜齐了，都洗手吧。"

众人起身，纷纷进出卫生间，几人倒手摆放菜肴餐具，安娜关掉电视，释然道："柳芭，别想了，过节吧。"

餐桌上，切盘烧鸡，香煎猪排，黑胡椒焗牛柳，孜然羊肉，红烧五花肉马哈鱼，洋葱青椒醋拌马哈鱼子，滨江特色红肠片，伏尔加色拉，东北地三鲜，炝土豆丝，俄罗斯蔬菜汤，水果色拉，秋林大列巴，中式蛋糕点心，一瓶长城干红，一瓶长城干白，一瓶伏特加，一瓶北大仓。

众人礼让落座，林峰挨个匀上红酒，安娜、柳芭十字祷告，虔诚感谢上帝，祈福苏联人民，祝福中国人民，其他人静静感受。安娜感动道："谢谢朋友们，李校长，该您说了。"

李国荣笑道："还是鹤临先说吧。"

魏如莲、李国荣伸手示请，蔡鹤临不再推辞，沉吟一下，起杯道："有朋自远方来，不亦乐乎，柳芭，安娜，圣诞快乐！"

众人欠身碰杯，每人呷一口红酒，安娜给柳芭翻译祝酒词，林峰拿过待客专用筷子，给柳芭、安娜夹过烧鸡、牛柳，两人谢过，安娜笑道："我也是半个主人，能让柳芭吃好，大家快吃吧。"

李国荣起筷道:"今天是中西合璧,烧鸡取代火鸡,都来一块儿。"

众人说笑,尽情吃过一回。柳芭遍尝菜肴,忍不住多夹一些炝土豆丝,感念道:"三十多年前的美味,今天还是那么清爽。"

利贤给柳芭夹过地三鲜,亲切道:"舞蹈家就是不一样,喜欢清淡的。"

蔡鹤临给柳芭夹过一块红烧肉,体贴道:"中国红烧肉,也是柳芭的最爱。"

柳芭推手道:"太多了,谢谢,自己来。那我也说几句,汉语说不好,请大家多批评。"

安娜细心道:"柳芭,说俄语吧,大家都听得懂。"

柳芭微笑道:"谢谢,那我就多说几句,记得安娜是前年一月跟阿廖沙来到中国的,四月阿廖沙就帮我办好了来中国的手续,可我拖到年底才过来。一个六十多岁的人,能下决心离开自己的国家,最后的理由居然是像左邻右舍那样,为了不再担忧生活的基本问题,这是令人伤感的。离开莫斯科的时候,我已经两个月没有拿到退休金,去机场的路上,我把身上的零钱都给了路口乞丐,结果引来一群醉鬼,苏联首都莫斯科街头,居然出现了乞丐,这么多年来,我还是第一次看到……有人想陪我喝一杯吗?"

何文芳摆上小酒盅,林峰满上北大仓,柳芭起杯道:"按中国方式,我干杯,大家随意。"

安娜和男人跟着柳芭一饮而尽,柳芭把玩酒盅,回味道:"天然的好酒,出自中国,可是生活在中国这两年以来,我却没有见到苏联街头那样的醉鬼。苏联和中国都在改革,人民的生活沧海桑田,面对同样的失业困难,苏联人选择街头游行,中国人选择街头谋生。有一件事,对我触动很大,在少年宫的芭蕾天使里面,有一位最刻苦的天才少女,舞名叫莎莎……"

【闪回:滨江春色,下午时分,少年宫舞蹈练功房,少女们正在有说有笑活动身体,柳芭一身芭蕾舞装弹步进来,师生互相问好,柳芭注意道:"莎莎又没来,谁知道她怎么啦?"

小舞伴娜娜连忙从紧身衣口摸出一条折叠作业纸,弹步近前道:"柳芭老师,这是她给您的信。"

娜娜帮助柳芭逐字读信,翻译老师简要轻声解释,柳芭问道:"什么是下岗?"

娜娜解释道:"下岗就是从工作的岗位走下来。"

第二十九集

柳芭追问道:"然后呢?"

另一位小舞伴解释道:"然后就失去了工作,只能自己想办法再找工作。"

柳芭问询道:"你们谁知道莎莎住在哪里?"

娜娜抢答道:"柳芭老师,下课我领您去。"

柳芭拍手道:"谢谢,那好,现在开始上课,我先给大家示范两遍昨天的基本练习,大家都注意看我的动作细节,不要急于模仿……"

下班时分,老旧平房居民区,柳芭跟着娜娜停在一处简易的小院门口,院门开着,院当中,一位壮汉正把改成烤炉的旧油桶试放在三轮车上,一个十来岁的小女孩儿扶稳车把,回身笑盈盈道:"爸爸,以后我天天放学都能吃烤地瓜了吧?"

父亲抬头笑道:"那是当然,老天爷饿不死瞎家雀儿,你就给我好好上学,爸妈不仅能自食其力,将来还要供你上大学。"

母亲两手抹着围裙从屋里出来,看看旧油桶,闻一闻,担心道:"我说,有股子怪味儿,别是有毒吧?"

父亲拍拍旧油桶,宽慰道:"这好办,先用铁刷子清一遍,架炭火烤透,再清理干净,头一炉烤地瓜咱自家吃,以后炉子再能烤出啥玩意儿,那就是老天爷管的事儿了,咱下岗职工也他妈得活命啊。"

柳芭拍拍娜娜,娜娜悄悄进院,母亲高兴道:"莎莎,看看谁来了?"

莎莎回身笑道:"娜娜,你怎么来了?刚下舞蹈课吧?"

娜娜回手指道:"刚下课。莎莎,你看谁来了?"

柳芭含笑摆手进院,莎莎惊喜地叫出来,飞身扑向柳芭,柳芭顺势悠转,莎莎舒臂展腿,陶然一笑。父亲看呆,母亲无措道:"哎呀,莎莎,快下来,柳芭老师,您屋里坐。"

父亲憨笑道:"晚饭刚好,柳芭老师,一块儿吃吧,就是没啥好的。莎莎,抽屉里有钱,去小卖部买几根儿红肠。"

莎莎拉着柳芭往屋里走,柳芭拉住莎莎,开包拿出十块钱,回身道:"娜娜,我跟他们说话,你知道哪里有小卖部吗?"

娜娜懂事道:"我知道,拐角就是,我去买吧。"

娜娜拿钱跑去,柳芭打量烤炉,关切道:"烤地瓜,好吃,这就是你们两个人以后的工作?"

母亲解释道:"我俩就是不下岗,那点儿基本工资,也是勉强糊口,烤地瓜养不了全家,我还得去早市儿卖豆腐脑儿,白天再给人家做个家务啥的。"

父亲歉疚道:"我俩都出去找过工,没人要,在家憋了一个月,钱包空下去不行啊。看看人家南方人,修个鞋,做个裁缝也能挣钱,咱有啥不能的,就是委屈了莎莎,芭蕾舞跳出个名堂,那得多少钱哪,穷人就别做梦了。"

莎莎忍住眼泪,抬手背抹几下,冲柳芭笑出来。柳芭搂过莎莎,感触道:"我汉语说不好,听懂了意思。我也是穷人,穷人可以帮穷人,我去跟少年宫领导说,给莎莎免费学芭蕾,如果你们舍得,两年以后,我想把莎莎和娜娜带到莫斯科去,我有富人朋友,可以帮她俩成为芭蕾天使。"

父亲搓手感叹,母亲张口惊讶,莎莎紧张得搂紧柳芭,母亲茫然道:"柳芭老师,我们在少年宫的栏目里,看过您年轻时跳舞的照片,太美了,您是说,莎莎和娜娜可以成为您那样的小天鹅?"

柳芭微笑道:"是的,这是一片神奇的土地,当然要有天鹅湖,以后莎莎的营养我来管。"

父亲恍然道:"莎莎,还不快谢谢柳芭老师,这么个大中国,就你们两个小天鹅赶着了……"

夏日清晨,早市热闹,母亲忙碌摊位,热卖豆腐脑,旁边的馒头摊主凑趣道:"大姐,我看咱们俩摊儿合成一桌挺好,"

母亲笑道:"行啊,就是先把你那馒头大一号儿,你没见不少提溜豆腐脑买烧饼的?"

馄饨摊主嚷道:"老三,就按你媳妇那俩大白馒头做,保你上客儿!"

众人都笑,柳芭挎包过来,众摊主纷纷问好,柳芭摆手致意,坐在馄饨桌旁,摊主殷勤道:"柳芭老师,主食来点儿啥?"

柳芭谢道:"一个烧饼吧,馄饨不放味精,多放香菜。"

馄饨摊主一招手,烧饼哥掀开保温层,夹过一只热烧饼,柳芭谢过,环顾道:"今晚的汇报演出大家一定都去啊,莎莎可盼着呢。"

馄饨摊主握拳道:"为咱下岗职工长脸!"

众摊主纷纷应和道:"我们都去捧场!一定去!"

冬日大雪,街角人流,父亲翻烤地瓜,跺脚取暖,柳芭和安娜领着一群舞步少女,说笑近前。父亲招呼一声,挨个递上烤地瓜,天使们行芭蕾舞谢场礼,父亲笑逐颜开。安娜按人付钱,父亲摆手推辞,安娜认真道:"我不喜欢这样,拿着!有我这一买,今天早点儿收吧。"

莎莎心疼道:"爸爸,听安娜老师的吧,要不我就在这儿陪你。"

父亲连忙答应道:"千万别,我早收就是,其实下大雪,反倒不冷⋯⋯"】

陈田家,方厅里,彩色气球,圣诞气氛。全家礼让尼科洛娃落座。餐桌上,切盘烤鸭,清炖排骨,四川辣鱼,水晶小肚,黄瓜拉皮,白菜木耳,一瓶张裕干红解百纳。尼科洛娃欣赏道:"中国菜,又香又好看。"

许勤夸赞道:"尼科洛娃,你的中国话越说越好了,年轻人学语言就是快。"

陈田笑道:"都快三十了,已经不年轻了,关键是朝夕共处地学,身体语言很重要,意会了,也就言传了。"

许勤无奈耸肩,尼科洛娃笑领善意,陈明开瓶倒酒,实在道:"我们不会做西餐,这些都是你爱吃的。"

陈田举杯道:"佛缘三界邀三境,民族由来本一家。尼科洛娃博士,祝你圣诞节快乐!"

四人碰杯,各抿一口,许勤笑看尼科洛娃惊奇,夹菜待客,陈明笑道:"爸,今天是圣诞节,不是佛祖诞辰日,你这是关公战秦琼。"

陈田吃口菜,宽容道:"佛祖包罗万象,耶稣舍己救人,两个是打不起来的。凡事随缘,入乡随俗,圣诞节没有火鸡,烤鸭也是蛮不错的,来一只鸭腿。"

尼科洛娃连说好吃,陈田高兴道:"来,许勤,咱们祝年轻人幸福美满,事业有成,干一个,就是都喝了。"

尼科洛娃笑道:"陈老师,我们已经不年轻了,请原谅,你们干杯,我只能再喝一小小口。"

三人干杯,许勤责怪道:"夫子,做人不仅要厚道,还要有礼貌,睁眼说不年轻,闭眼又说年轻,你这么说话,让人听起来很不舒服。尼科洛娃,陈老师年纪大了,别跟他一般见识。"

尼科洛娃似懂非懂,陈田用俄语解释,尼科洛娃笑道:"许老师,您误解了,我没有很不舒服,是很舒服,我们确实不年轻了,是我坚持要怀孕的,所以不能多喝酒。"

陈田高兴道:"就是嘛,不年轻听起来也很舒服,这才是科学态度,怀孕不是不能多喝,而是根本就不能喝……你……你说什么,谁怀孕了?"

尼科洛娃幸福道:"就是我呀,你们未来的儿媳妇。"

许勤、陈田面面相觑,陈明尴尬道:"爸,妈,没好意思跟你们说,我们马上就办结婚手续,使馆那边都问好了,不怪尼科洛娃,是我们一起要怀孕的。"

许勤紧张道:"陈明,你们……这这……"

陈田坦然道:"慌什么,两情相悦已久,条件是充分必要的,所以一拍就合上了,时不我待,你们不必像我那样,绝食三天才尝到一口心头肉。尼科洛娃博士,就是辛苦你了,我大孙子多少天了?陈明,马上给你爷爷打电话报喜,自己解释……"

夜阑人静,李国荣、蔡鹤临家,一楼客房,柳芭辗转反侧,轻轻起身,披衣来到客厅,打开电视,马上调低音量。电视画面清晰,苏联国家电视台新闻主持人表情严峻,声音低沉,画面切换成戈尔巴乔夫的电视演讲,字幕打出 1991-12-25,18:40,苏联总统办公室。画面中,戈尔巴乔夫神色黯然,声音悲切——

"亲爱的同胞们,鉴于独立国家联合体成立后形成的局势,我停止自己作为苏联总统职务的活动,做出这一决定,是出于原则性考虑……我坚决主张各族人民的独立自主,主张共和国拥有主权,同时主张保留联盟国家,保持国家的完整性,但是,事态却是沿着另一条道路发展的,肢解和分裂国家的方针占了上风,对此我是不能同意的……我对我国人民失去了一个大国的国籍感到不安,它会给所有人带来十分沉重的后果……"

安娜悄悄从楼上下来,坐到柳芭身边,两人靠在一起,柳芭自嘲道:"早知道有今天,咱俩何必3月份回去参加全民公投呢。"

安娜哀叹道:"唉,公投并没有挽救苏联的命运,我们现在成了有家没国的人。李校长说得对,这是20世纪最大的地缘政治悲剧。"

柳芭无奈道:"现在一切为时已晚,每个苏联人除了排队买食品,又多了一样排队换国籍,弄不好还要大迁徙,唉,为了烦心事,再喝一杯吧。"

柳芭拿过半瓶伏特加,安娜取杯加冰,两人敬一下,抿一口,安娜担心道:"莫斯科是你的大本营,你不会去拿个乌克兰国籍吧?"

柳芭思量道:"基辅有很多朋友,回去也可以,那儿的工业气氛我不喜欢,加上我对两个中国孩子有承诺。看来是命中注定,随遇而安,我就跟着你继续做一个俄罗斯人吧。"

安娜惆怅道:"好好珍惜你的崔教授吧,我要回去照顾孩子们了。"

柳芭关切道:"你回去,阿廖沙怎么办？他的心情连我都看得出来,你们还是一起回莫斯科吧。"

安娜无奈道:"我要求他不要跟我去,最后他同意了。理由你们可能想不到,孩子们的生活已经陷入困境,小卓娅的芭蕾人生不能半途而废,我们需要钱,阿廖沙除了退休金,科研提成相当可观,他承认,为孩子们多挣些钱,是目前最迫切、最实际的帮助。"

柳芭添酒道:"这样最现实,那我就跟你一起回莫斯科排队,变成俄罗斯老天鹅,再飞回来结婚。现在几点？五个小时的时差,莫斯科正是圣诞大餐时间。来,上帝保佑苏联人民！"

两人交杯换盏,沉醉沙发,依偎搂靠,蒙眬睡去……

夜入深沉,电视微音,电视画面切换到克里姆林宫夜空。

字幕打出 1991-12-25,19:38,克里姆林宫。

冬夜沉寂,背景黑暗。克里姆林宫穹顶,微光苍凉,旗杆孤立。

飘扬了 69 年的苏联国旗无声滑落……

俄罗斯的白蓝红三色旗徐徐升起……

第三十集

【五年以后,1997年春。】

朝阳初现,赤城霞起。

天安门广场,大众伫立,翘首以盼,李国荣、魏如莲、曹梅、徐进肃穆前排。人群略有涌动,天安门方向,国旗护卫队踏步而来,大众肃静,铁军铿锵,国歌骤响,国旗挥荡,五星红旗冉冉飘升中,徐进庄严敬礼,众人轻轻跟唱……

长安大街,车流稀疏。奥迪轿车内,徐进开车,李国荣坐在副驾驶位上,魏如莲和曹梅坐在后排。徐进细心道:"李校长,时间还早,您看是先随意转转,还是直接去清华?"

李国荣扭头笑道:"听她们的。"

曹梅连忙道:"别呀,今天是您八十大寿,不是说好了吗?都听您的,徐进可是给您做一天专职司机呀。"

魏如莲笑道:"时间过得可真快,你们现在都成了地道的北京人,一口一个您,老李惦记着再做一回学生,那就直接去清华?"

李国荣笑道:"好啊,看看母校清华大学春天的早晨。"

曹梅附和道:"曹忆每天早晨都锻炼,十有八九会早早等在东南门。"

魏如莲联想道:"我看鹤临给曹忆的信里,父女俩讨论起了什么天体物理学。"

徐进插言道:"清华现在好像没有这个学科。"

魏如莲略微担心道:"当时北大、清华二选一,读清华物理系研究生,曹忆不会后悔了吧?老李,爱屋及乌,都是你鼓动的。"

李国荣自信道:"天体物理学科,清华今年没有,也许明年、后年会有,这就是中国效率。曹忆如果喜欢,将来清华的天体物理学科,很可能多一块基石,我们都是这么过来的。"

第三十集

　　清华大学东南门,晨光微风,人流稀疏,曹忆一身海蓝色运动服,在校门附近活动身体,不时注意大街方向。奥迪轿车缓缓停在前场边缘,众人下车,曹忆小跑近前,李国荣张开双臂,曹忆搂扶道:"李爷爷,生日快乐!魏奶奶好!徐叔叔好!妈!"

　　李国荣爱抚道:"我过生日,你更快乐。曹忆,每天都这么早起来锻炼吗?"

　　曹忆笑道:"今天早起半小时,每天慢跑20分钟,上课精神。"

　　徐进快步来到门岗,跟门卫简短说几句,回来招呼道:"李校长,上车吧,咱们在校园里转转。"

　　李国荣摆手道:"走去晗亭就行了,校园里都是人,不安全,汽车尾气更不好。"

　　魏如莲叹服道:"这个老李,举手投足都要先进性。徐进,那就找个方便地方停车,我俩体力还行。"

　　徐进开到僻静处停车,快步赶上来,众人漫步校园。清华校训八个大字清晰可见——自强不息,厚德载物。不知不觉,近春园池塘映入眼帘。

　　荷叶晨静,翠鸟闪鸣,石堤亭台,绿树远屏。一些晨读学生,或亭台散坐,或堤边踱步。李国荣在前,一行人来到亭中。画梁之上,邓小平题写的晗亭两个金色大字赫然入目,落款时间是一九八四年八月三日。众人敬仰匾额,静穆片刻,魏如莲拉手道:"老李,坐会儿吧。"

　　众人亭围落座,徐进打量亭台,点头道:"环境真不错,李校长,晗亭来过几次吧?"

　　李国荣笑道:"你以前开车送我到清华,来过一次,我和如莲两人来过一次,算上今天,三顾晗亭。"

　　魏如莲思量道:"老李,你这都八十了,吴晗先生要是还活着,该有……"

　　李国荣凝神道:"吴晗先生是1909年8月生人,今年该有八十八了。"

　　曹梅望荷沉思,曹忆拉过母亲的手,轻轻爱抚,母女会心,淡然一笑。一对儿情侣模样的同学手拿书本,互相考问着英语走进晗亭,女生大方道:"曹忆,都是家里人吧?大家好!"

　　众人问候你们好,曹梅夸赞道:"你们这样问答英语,印象深刻,而且互相补充,真是好方法。曹忆,你也应该试试。"

　　曹忆笑道:"等我找到男朋友吧。他俩马上考托福,准备申请欧美大学研究生,比翼双飞呢。"

男生谦虚道:"只是愿望,路还很长。曹忆,不打扰你们了,再见。"

两人离去,魏如莲感叹道:"现在的留学条件多好啊,这么多国家可以选择。曹忆,你爸爸和林叔叔那会儿,太不容易了。"

曹忆联想道:"现在只要是俄语过关,莫斯科大学也能去,滨江的初中同学有一个去的,来信说,学校很好,教授很穷,宿舍很旧,家具还是50年代的。"

曹梅联想道:"一点儿都不奇怪,安娜跟鹤临合写的《俄罗斯社会调查报告》初稿,他们给我寄了一份复印件,苏联解体后的俄罗斯社会状况,真是触目惊心,更不用说那些小的加盟共和国了。"

五六个学生探过身来,一位男生好奇道:"老师,您说的是苏联解体前后,俄罗斯社会的生活对比吗?"

曹梅点头道:"是的,现在的俄罗斯,继承了前苏联70%的国土面积和国家资源,加上经济基础,却仅仅包括前苏联60%的人口,而且还是素质相对比较高的,在大规模私有化的过程中,俄罗斯经济大幅倒退了几十年,民不聊生,贫富极度分化,社会丑恶泛滥,国家一盘散沙。"

众学生互看困惑,提问男生明白道:"我看过一篇文章,苏联解体,是美国人干的,从里根到布什,蓄谋已久,早都跟欧洲盟友盘算好了,还有什么星球大战计划,硬是把苏联经济拖垮了。"

李国荣客观道:"从一定意义上和一定程度上说,也可以这么理解,这是外因,但是,最根本的,外因还要通过内因起作用。每一种社会形态,在其发展完善的过程中,都会遇到重大的经济问题,市场不是万能的,否则就不会发生1929年到1939年的资本主义世界经济大萧条,而当时的苏联正在进行社会主义建设的第一个五年计划,苏联利用国家体制上的优势,从一盘散沙的相对发达的资本主义国家,大量引进技术和人才,大量进口机器设备,大量吸引高额贷款,成为那次经济危机的最大赢家,奠定了苏联高速发展的工业基础,也为日后战胜德国法西斯提供了工业保障……"

众学生惊叹:"噢,原来还有这样一段惊人的历史,苏联的体制优势很不错嘛。"

李国荣沉稳分析道:"但是,苏联的经济结构一直存在致命缺欠,民生产业总是排在次要地位,粗放式的投资拉动高增长后期,结构性崩塌在所难免。非常遗憾,在这个决定国家命运的历史关头,苏联方式的改革与新思维并没有给苏联人民带来光明前途,这是值得我们深思和借鉴的。"

一位男生插言道:"这么大的一个苏联,这么紧要的关头,却没有出现邓小平这样的人物,真是非常可惜。"

众人附和感叹,李国荣亲切道:"这位同学,你是哪个专业的?"

男生礼貌道:"工程数学。老先生,您是搞历史的吧?"

李国荣感慨道:"学工程数学的,视野居然这样开阔,心系国家命运,好!我们都是搞历史的,早年,我是清华物理系的学生,因为参加一二·九抗日救亡运动,辍学参加了革命,没有完成学业。"

更多学生围拢过来,曹梅介绍道:"李国荣爷爷曾经是滨江工业大学的校长兼党委书记,建国以后,他不仅利用业余时间补修了大学课程,还通晓俄语、英语、德语,这两年才回到北京居住。"

众学生肃然起敬,欠身致意。一位男同学请教道:"李爷爷,我是历史系的,您能从历史文化的角度比较一下中国、苏联的改革吗?"

李国荣沉吟片刻,深沉道:"既然说到历史文化,那我就跟年轻人再探讨几句。中苏这两个社会主义大国的改革结局,苏联是南辕北辙,中国是殊途同归,这里面,国家意志和道路选择固然重要,但是,如果以历史文化的眼光来审视,我们就会有一个更深层次的惊人发现,同样面对困难,甚至是灾难,曾经强悍的俄罗斯民族,他们演绎的是——悲伤、悲哀、悲戚;曾经积弱的中华民族,我们诠释的是——悲凉、悲怆、悲壮。所以,有中国特色的社会主义道路,是有其深远的历史文化内涵的。同学们,朋友们,那就为中华民族的再次崛起而读书吧。"

提问男生起身,做出抽举马刀状,激昂道:"为了列宁,前进——"

徐进喊一声好,带头鼓起掌来,李国荣起身致意,众人礼让着走出晗亭。曹忆挽住李国荣,若有所思,默默前行,李国荣关切道:"怎么啦,孩子?"

曹忆回过神来,微笑道:"没什么,想我爸爸了,今天一起过生日该多好。"

魏如莲拉手道:"爸爸才去俄罗斯一个月,你就想成这样?伊万哥哥,还有娜塔莎姐姐,他们现在总算好过一些,你安娜妈妈,身体也大不如前了,爸爸去看看他们,大家都能提提精神。"

曹梅理解道:"爸爸再去新西伯利亚还一还愿,秋天就回来了,将来恐怕也不能再来回跑,体力跟不上了。"

曹忆宽慰道:"这些我都明白,爸爸能去看安娜妈妈一家,还不是咱们劝的?就是跟李爷爷在一起,我就想爸爸。"

徐进感念道："不能说出来，一说谁都想。单是蔡老师的灿烂人生，就够刘婷写一部传奇的，去年我们还探讨过这个想法，我看……这样吧，我在北京张罗一下，学生们凑上出版基金，让刘婷把几代人都写进去。"

曹梅感动道："徐进，想法真不错，对那段燃情岁月，应该有所纪念，蔡老师回来，我给刘婷做第一手访谈，李校长、魏医生，你们都是主角，到时候也得配合我哟。"

魏如莲笑道："这可是树碑立传哪，三言两语就定下来？老李，你看这行吗？"

李国荣感慨道："历史是不能忘记的。徐进，你张罗吧，我俩还有三千块钱积蓄，都做出版基金用。"

曹梅认真道："李校长，这怎么行？这些年，你俩的工资一大半儿都帮了安娜一家，手头儿总得有个几千块钱应急呀。"

魏如莲宽慰道："我俩退休待遇好，没急可应。对了，曹梅，这几年，百衡、立国给的那六万块钱，鹤临给你和孩子留下一万应急，他不让告诉你，我替你存着呢。"

曹梅感念道："是这样啊，这个鹤临。大姐，这钱就留给你们吧。"

魏如莲笑道："我俩不用，有国兰这个干闺女，随时用个三五万都行……"

仲夏时节，南方偏远山区，山路崎岖，村舍简洁，山坳平缓地带，映衬第一所立德小学平房校舍。操场前端居中位置，毛竹旗杆扎实挺拔，五星红旗迎风飘扬，一群身穿背心、短裤校服的小学生，争抢足球、扑垫排球，喧闹操场。

不远处平缓地带，在建一栋两层楼房校舍，工人忙碌，搅拌机运转，施工场地入口侧面，展示一幅立德中学施工平面图，横幅标语粗大醒目——施工质量就是学校的生命。

众人头戴安全帽，簇拥利民、立国走出施工楼道口。立国交还手中的图纸，嘱咐道："柳工，施工监理还要加强，楼上违规一段推倒重来。书记、村长，立德公司是按工程规范支付的款项，村民想多挣几个辛苦钱可以理解，但是技术要求高的工作不能勉强，山地不平静，质量就是生命，孩子们开不起这个玩笑。"

书记、村长连忙应是，保证下不为例。利民严肃道："立德基金会的会计也提出质疑，工程前期成本费用中，招待费支出明显过高，材料费支出基本都在地区建材价格上限。工程上有句话，最大误差同时出现的概率很小，我们搞的是教育工程,县地政府都开绿灯,你们却付个最高价,还偷工减料,这样下去,不可能办好教育,尤县长、范局长,今天请你们来,就是一起开个现场会,解决实际问题,基金会决定,派驻更多专业人员监理后期工程,包括成本审计,希望县领导理解支持。"

尤县长歉疚道:"说来惭愧,十年过去,天上又掉下个金娃娃,第一所立德小学,第一所立德中学,都建在我们这个贫困县的穷山沟沟里,电视台跟踪报道这些年,好处、荣誉都有了,甚至拉动了山寨经济,立德公司带给我们的,不仅是两所学校,还有宝贵的无形资产。林会长、任经理,请你们都放心,县里会积极配合立德教育基金会,做好工程监督工作,范局长,教育局这边,也要派人常驻工地,及时沟通情况。"

县长圆滑得体,村书记见好就收,拉一下村长,村长马上热情道:"请各位领导放心,我们一定认真贯彻指示精神。辛苦一上午了,请领导们吃个便饭,阿牛,去寨子饭店,叫他们马上烧菜。"

利民拦住道:"这也是下不为例,竹筒饭就挺好,我去村民家吃,都说好了。"

村书记不甘道:"今天都准备好了,最后一次,下不为例。"

尤县长立目不悦道:"你们再这么胡搞,都别干了,教育不是请客吃饭,回头教训你们。林会长、任经理,那咱们就各去村民家看看?这样好,付费吃饭。非常感谢今天的光临指导,请——"

众人礼让,岔路散去。村长跟着利民、立国来到操场边,立国拍拍毛竹旗杆,欣赏道:"什么都更新了,就这旗杆还是毛竹的,利民,是你舍不得吧?"

村长赶紧道:"林会长发话,马上就换,正好打在工程款里。"

利民打量道:"已经换过几根了,大地长出来的,觉得亲切,这样挺好。"

足球弹跳操场边缘,任仲和几个学生追抢过来,立国当胸拦停足球,顺势一脚,凌空送出,引来一片喝彩。利民笑推一把,立国加入争抢,利民喊道:"任仲,腿伤没好,轻点儿拼抢!"

十岁的任仲脚下得球,晃过立国,一脚劲射,守门员扑球滚地,引来喝彩,立国性起,带球过人,被任仲倒地铲下,立国赞道:"行啊,儿子,再来……"

夏夜西湖,三潭印月。

游船之上,散坐利贤、刘百衡、何文芳、丁国兰、马立尧、许勤、陈田,船家轻轻摇橹，七人赏心悦目，融情美景。陈田俯身船边，侧耳细听，丁国兰笑道："夫子，美人鱼都说啥？许勤可在船上呢。"

陈田深探再听，抿嘴道："水中听月，别有一番滋味的。"

许勤耸肩道："又来了，都说水中望月，水中捞月，你是宇宙人哪，水中听月？"

马立尧赞道："朗月可见，心月可闻。陈田，宇宙人会来找你做人类代表的。"

利贤笑道："最好坐上立尧的载人飞船去约会。"

众人轻笑出来，何文芳望月道："到时候我来进行深空跟踪，陈田，你一定要给百衡带个嫦娥回来。"

刘百衡打量道："我说文芳，你这且年轻着呢，怎么就想打退堂鼓？"

丁国兰拉手道："我说文芳，在刘百花心里，你是终身导师，别想退休，我呢，就是他的终身会计，把住财政大门就行了。看立尧这身体，明年去九寨沟，一路坐上滑竿儿，应该没问题。"

马立尧笑道："我又不是人上人，滑竿儿坐着不自在，还是去西安吧，做一回秦俑，吃两碗泡馍，怎么样？"

陈田兴奋道："要的，要的，就是又让丁会计破费了，提前谢谢。"

许勤连忙打住道："夫子，还得寸进尺了你？这可是一大家子人，得花多少钱哪！"

刘百衡笑道："咱这一大家子，现在有钱了，这两年，先转转祖国大好河山，然后再出去看看西洋景。文芳，到时候，你那相控阵雷达可别拖后腿呀。"

丁国兰怂恿道："就是呀，有一大群博士里里外外忙活，差不多就行啦，你这都花甲之年了，也得走出那相控阵，除除皱，去去褶儿，别老拿自己当嫦娥。"

众人轻笑，利贤逗趣道："国兰，知道嫦娥多大岁数吗？"

丁国兰随口道："永远年轻啊，嗯，好像吃了长生不老丹，差点忘了这茬儿，什么情况？"

刘百衡同情道："嫦娥后羿的故事，连月球人都知道，就你不知道，白白做了大半辈子白衣天使，不过也是，你净在咱这校园里为人民服务了。还别说啊，一下子想起陈明小时候给咱们讲的那个嫦娥奔月，许勤，你开个头儿，一人一段儿，给丁老会计补补童话。"

丁国兰探身招人，何文芳圆场道："刘坏水儿，国兰一辈子跟着你瞎忙，晚上不是做饭,就是夜班,哪有闲工夫看童话呀。许勤,开讲吧,国兰弄明白了,正好学给我大孙子听。"

丁国兰怦然心动,拍手道:"对呀,我在大外孙子面前,早就理屈词穷了,这小子闹将起来,那是没完没了,跟他奶奶一样,许勤,快讲!"

许勤感念道:"国兰,嫦娥后羿的故事,历史上有多种版本,多少都有些贬损后羿、丑化嫦娥的意思,咱们就讲讲当年陈明的童心版本——话说尧天舜日的上古时代,天上出现了十个太阳,直烤得大地冒烟,江河枯干,庄稼无收,猛兽害人。有一位叫后羿的盖世英雄,顶住酷热,奋力登上昆仑山,运足神力,拉开神弓,一连射下九个多余的太阳。"

陈田继续道:"后羿济世救人,受到百姓爱戴,很多志士都来投师学艺,心善貌美的嫦娥姑娘,更是与他结成百年之好。那以后,后羿打猎,嫦娥持家,夫妻恩爱,时光荏苒。"

马立尧继续道:"有一天,后羿再上昆仑山访友求道,偶遇下凡散心的王母娘娘。娘娘感念后羿的救世功德,赐予后羿一粒长生不老丹,这颗仙丹,只能一人服用,谁服谁成仙。后羿回家以后,就叫嫦娥把丹收好,嘱咐嫦娥,在两种情况下,必须服用此丹,一是嫦娥有生命危险,二是后羿先嫦娥而去。"

何文芳继续道:"王母娘娘赐丹,不幸被投机恶徒蓬蒙偷看,蓬蒙趁后羿外出打猎,威逼嫦娥交出仙丹。眼看自己就要有生命危险,情急之下,嫦娥一口吞下长生不老丹,不想仙气顿生,腾空而起,竟是身不由己,直上九霄!"

刘百衡继续道:"嫦娥大惊!这这这……百衡还在人世上,我怎么能就此成了仙女!情急之下,嫦娥抓过天基相控阵雷达,这么一照,好家伙,月球环境蛮不错嘛,先打一站儿,稳住阵脚再说。这一念之差不要紧,就有了嫦娥奔月。"

众人笑得前仰后合,船家引颈停橹细听。

利贤抚胸缓口气,默契道:"后羿回到家,不见爱妻嫦娥。老婆婆哭诉嫦娥飞天,后羿怒杀恶徒蓬蒙,仰望月空,大叫三声国兰。月面骤然明亮,似有人影晃动,众人赶紧摆上国兰爱吃的酸菜炖血肠,膜拜月宫,祈福平安。从此以后,人间就有了中秋拜月的团圆节日。"

众人又笑,沉浸片刻,丁国兰仰月叹道:"英雄就该如此寂寞,陈明这孩子,从小就能把故事改编成这样,足见仁者爱人哪。"

刘百衡探视丁国兰,无措道:"当家的,哭啦?你这老中医扎人无数,怎么还经不住一个离散故事？哎哎哎，我在这儿呢，登上月球，那是咱大外孙子的事儿，我凑不上这个热闹，这辈子，就缠着你了。"

丁国兰捂一下脸，感慨道："我是给自己感动了，这辈子，没啥能耐，就生俩嫦娥，嫁的都是先人后己的前羿后羿，知足了。不知怎么着，刚才一下子想起爷爷奶奶，还有蔡老师、魏医生他们，眼泪就下来了。别看我，都看月亮。"

西湖之上，一轮满月，照耀得如同万顷玻璃一般，众人仰慕，静默良久。

手机音乐《涛声依旧》响起，刘百衡摸出爱立信手机，接话道："你好，哪位？啊，林峰啊，刚到家？我们都在三潭印月。可惜了你啊，太美啦，天上人间。都挺好，立尧没事儿，等着啊。"

利贤接过手机，高兴道："刚回来呀，吃饭了吗？立尧真挺好，我体力还行，今天就差你，自己多注意点儿，杏芬叫吃饭，你就直接过去，别推三阻四的，我们也放心，跟立尧说吧。"

马立尧接话道："哎，我说，你也得悠着点儿，加载上面级的仿真模型已经做出来了，马军没跟你联系？啊，那可能是跟凌云他们去风洞试验场了，你先喘口气儿，手头儿烂事儿肯定不会少，等我们回去再说。"

丁国兰接话道："我说林大人，副校长还是辞了吧，做你的博导就挺好，明年咱们去看秦始皇，你可不能再请假了，利贤姐跟了你这么多年，就盼着能一起出去走走看看……是吗？明年初交接班儿，跟校长和部里都谈了，那太好啦！"

众人面露期待，丁国兰转头兴奋道："好事儿，说岁数大了，让位给年轻人，到底辞工了。姐，这下高兴了吧？"

利贤笑道："都高兴。"

许勤接话道："林峰，是我，许勤，我代表夫子说两句，他一啰嗦就没完，这可是长途电话，两头儿收费呢……"

陈田一把截过电话，自顾道："陈田，都是废话，太空舱仿真方案有希望吗？啊，原来这样，那就让陈明去跑，他这个四不像，都能说到点子上。再说了，咱们的焊接变形技术独树一帜，世界领先，拿它做个药引子，准能抛玉引砖。还有啊，激光焊接实验汇报也得跟上，啊？啊，好啊，啊，啊？啊……"

许勤耸肩道："这哪里是什么夫子，整个一个疯子。"

丁国兰笑道："许勤，你进步也不小啊，肩膀再耸就成衣架了。"

刘百衡理解道："这是陈家一绝，表情加耸肩，儿媳妇尼科洛娃一看就明白啥意思，那小田娃更是厉害，耸得跟个小猫头鹰似的。"

船家跟着笑出声来,陈田对着电话耸一下肩,感触道:"林峰,我也是刚刚受到兄弟姐妹启发,有时候,扇子不动,你就得摇脑袋,生活是相对运动的,科研辩证法也是这样……"

校园晨光,生活新区,林峰家,卫生间,林峰刷牙漱口,门铃响起,林峰毛巾抹嘴,快步开门,笑问嫂子好。杏芬拎一饭兜进来,林峰连忙接过,杏芬换鞋道:"你好我们才好,知道你要去食堂,掐点儿来的,油盐儿烧饼豆腐脑儿,出门半个月,想这口儿了吧?"

林峰笑道:"连你们一起想,小红在天津音乐学院挺好,刚发了第一个月工资,让我给你们带回来五十块钱,本来说要赶到北京,跟我一起回来,教授临时找她帮忙,买的下周六车票。"

杏芬高兴道:"刚留学校工作,教授就这么看得起,忙点儿好,烧饼刚出炉的,趁热儿吃吧。"

林峰连吃几口,享受道:"好吃,顺子哥最近怎么样,还惦着回林场吗?"

杏芬剥壳煮鸡蛋,理解道:"天天小酒晕着,好着呢。小红这一工作,我俩也就没啥特别牵挂的了,上秋就回林场,也好跟凤琴团聚。就是东顺在基地,没准儿啥时候回来一趟,你说这基地山沟里,孩子教育能跟得上吗?"

林峰宽慰道:"我知道你跟顺子哥的心思,过去不想回林场,就是牵挂远在基地的孙子,老想着接到滨江来上学,其实现在基地有了规模,生活措施都跟上了,加上孩子们本来家教就好,嫂子,你就放宽心吧。"

杏芬高兴道:"东顺跟你都这么说,我俩也就彻底放心了。不过呢,要是东顺能像马军那样,跟着徐进、凌云老师他们在北京,那就更好了,东顺媳妇有这个意思,想让孩子在北京上学。"

林峰笑道:"这种可能性还真不小,东顺这样的精兵强将,真能调入运载火箭技术研究院工作,那可是如虎添翼呀。"

杏芬期盼道:"林峰,我最信你,这事儿看来有谱。那我俩就赶早回林场,岁数大了,还是得像爷爷奶奶那样,叶落归根啊。"

林峰感触道:"是啊,嫂子,想起那些年,小红跟着咱们是挺好,可凤琴和小红,娘俩都眼巴巴盼着你来我往,失去的也不少啊。"

杏芬感念道:"谁说不是呢,小红这孩子老做梦,就是想妈想的……"

电话铃声响起,林峰随手接话道:"喂,你好,啊,小唐啊,我昨天晚上回来的,有什么重要文件吗?好,都放桌上,我一会儿过去,市民政局找我?随时过去都可以……"

林峰默听情况,放下电话,表情思量,杏芬关切道:"市民政局,是不是你妈有消息了?你去年出差,也是民政局找你,利贤去的,说是有日本宪兵队的新档案,结果没查出什么线索。"

林峰惊讶道:"找我妈?利贤没说呀。"

杏芬摆手道:"还以为你知道了呢,那就我说吧,利贤要是不出门,市民政局也不会找你。这几年,中日民间来往多起来,不少离散家庭找到了亲人,利贤就去市民政局给你登了记,这次民政局说什么了?"

林峰思量道:"不是小唐接的电话,校办电话记录上写的,只说让我去市民政局看样东西。"

杏芬祈盼道:"那就是有希望啊,吃完饭快去吧,马上跟学校要个车。"

林峰起身道:"不吃了,我马上去。"

杏芬拦住道:"不吃早饭,你妈能高兴啊?这才几点哪,民政局没开门呢,快吃,我给你要车。"

林峰坐下,沉吟一下,快吃早饭,杏芬拿起电话拨通道:"喂,小车队吗?潘师傅呀,我是杏芬,林副校长现在要个车,到他家楼下,对,马上过来,他吃早饭呢,谢谢啊。"

滨江市民政局门前,奥迪轿车缓缓停下,林峰开门下车,谢过潘师傅,快步进门,老门卫从窗里探头道:"同志,过来登个记,有预约吗?"

林峰接过登记本,礼貌道:"您好,我没有预约,同事替我接的民政局电话,让我随时来看样东西。"

林峰快笔写完个人信息,老门卫接过看看,殷勤道:"啊,是林副校长,这样,您直接找叶局长就行,他刚进办公室,上二楼,左手尽头,有标牌儿。"

林峰谢过,快步上楼。局长室的门开着,中年叶局长正擦桌面,林峰门外礼貌道:"是叶局长吧,能打扰一下吗?"

叶局长一眼看出来人气度不凡,热情道:"请进吧,您是——"

林峰进门道:"我是滨江工业大学的林峰,两周前,同事替我接到民政局的电话,说是让我随时来看一样东西,进门登记的时候,门卫老同志让我直接找您。"

第三十集

叶局长连忙握手道:"是林峰教授啊,欢迎欢迎,九天揽月的火箭专家,我儿子都知道你,快请坐,我去打壶热水。"

林峰刚要客气,外面进来一位年轻女干事,问两声好,麻利摆上一壶热水,拿过两个杯子,准备倒水沏茶,林峰谢过,叶局长吩咐道:"小金,谢谢,我来吧,林教授也是来认物证的,去把那包东西拿来。"

小金会意道:"林教授,您请坐,我马上就来。"

林峰再谢,小金出门,叶局长默默倒水沏茶,林峰欲言又止。小金很快回来,手上多了一个陈旧的白棉布包和工作记录本,叶局长整理一下桌面,小金在桌上打开布包,露出一件菊花图案的椭圆形日式精美漆器。盒盖打开,一堆三四十年代的各式陈旧纽扣、盘扣摊倒在白棉布上,叶局长伸手示请,林峰感觉出什么,近前轻轻摊拨纽扣、盘扣。

纽扣的样式有很多唯一,这一颗,还要加上木质的唯一。林峰拈在指上,凑光亮处,微目凝视。纽扣应该是红褐色的,因为年久把摸,微紫中隐隐透出木纹,林峰震惊道:"是核桃木的。"

叶局长跟小金对视一下,林峰把木扣贴在手心里,继续翻拨纽扣,小金看看提示道:"林教授,一共是313颗纽扣、盘扣,我都做过统计登记,木纽扣只有一颗,而且很特别,我印象最深。"

林峰停手,拈指再看,闻在鼻息,小金关切道:"林教授,您认识这颗木纽扣?"

林峰又把木纽扣贴在手心里,喃喃道:"是我妈妈的。这些纽扣都是哪里来的?"

叶局长和小金沉吟片刻,小金轻声道:"局长,还是您说吧。"

叶局长先上来握手,另一只手也随即握上来,沉重道:"林教授,先请坐。这些纽扣是一位八十多岁的日本侵华老兵送来的,1942年10月到1943年12月,他在滨江的侵华日军731细菌部队做人体活体试验助理,当时出于一种复杂心理,每次试验前,他都偷偷从被害者身上剪下一只衣扣,现在出于一种罪恶感的煎熬,他把当年积累下来的这些纽扣送到滨江,他没有勇气面对中国人民,也不愿承受日本政府的压力,所以没有留下其他个人信息,他只希望这些纽扣能在中国得以安葬……"

【闪回画面:风疏雨稀,滨江郊区,侵华日军731细菌部队遗址,荒草坡头,

八十多岁的日本老兵面向断壁残垣,躬身谢罪,身后几步远,一位日本青年身背旅行包,默默伫立……】

　　林峰牙关紧咬,鼻息沉重,小金翻查记录本,补充道:"至今日本政府也没有承认731细菌部队的反人类罪行,从1932年到1945年,在这长达13年的时间里,日军仅在试验室内以活人做试验的惨案,就达3 000多例,其中绝大多数是中国人,还有少数俄罗斯人。抗日战争期间,日军在中国广大地区进行了惨无人道的细菌战,死伤的中国军民多达几十万人。林教授,根据您爱人提供的信息,您母亲是在1942年11月被日军抓捕的,非常不幸,时间也对上了……"

　　【闪回画面:林家木屋,温暖的秋阳撒满院落,十九岁的林凤祥坐在屋檐下,就着一块磨石细微摩擦微小物件。同龄的汪晓云悄悄进院,近前观看,林凤祥抬头笑出来,看看周围,拉过晓云的手,贴手心捂过小物件,晓云展开手指,手心贴现五只纽扣,红中透褐,木文细致,晓云拈起一只,映照秋阳……

　　林家东屋,囍字红烛,汪晓云含羞坐在炕沿,林凤祥蹲下,单跪,轻轻退下新娘红鞋,含情脉脉,新娘对视一眼,含笑低头,双脚交揉,身体微摇,新郎慢慢起身,指背摩挲新娘下颌,轻轻滑过上衣木扣,沉醉片刻,拈指解开木纹衣扣,第一颗,第二颗……

　　东屋炕上,五岁的林峰依偎在妈妈怀里,伸手去解妈妈怀中的木纹衣扣,妈妈拉下小手,含笑摇头,林峰再试,妈妈再拉下,身边的爸爸伸指轻刮林峰的脸颊,林峰不好意思,拈住一只木纹衣扣,轻轻揉搓,缓解情绪,三人笑出来。奶奶端着一木碗松子进屋,看见此情此景,笑递木碗,摆手退出……】

　　仲夏时节,松花江畔,防洪纪念塔广场,风和日丽,游人如织。江沿浅水区,马军、陈明护住身边戏水打闹的两个孩子,四岁多的男孩小马驹儿和中俄混血女孩儿小田娃互击水花,笑成天使。岸边台阶上,尼科洛娃和刘欣笑看聊天,刘欣夸赞道:"看你家小田娃,比瓷娃娃还白,天使也就这样,你跟陈明哥干脆再要一个吧。"

　　尼科洛娃幸福道:"女英雄所见略同呢,田娃爷爷催得紧,我已经怀孕三个月了,反应跟上次不一样,希望是个丘比特。刘欣,你看田娃漂亮,我看小马驹儿同样好看,你和马军也再生一个吧。"

刘欣笑道:"这个题目太难了,那就等中国深化改革吧。对了,尼科洛娃,昨天我姐从莫斯科打来电话,她还特别提到你父母,说她的莫斯科之行,通过你父母采访了很多产业工人,收获很大,她让我转达对你的谢意。"

尼科洛娃感慨道:"刘欣,我非常敬佩你姐姐,等她的论文写出来,我一定每个句子都认真理解,把论文准确翻译成俄文,通过报纸推荐给俄罗斯人民,让他们知道,三十年前是苏联老大哥,三十年后是中国老大哥。今天的俄罗斯,依然没有摆脱依靠出卖自然资源来维持经济发展的状况。中国人民告诉我们,不论社会怎样变化,国家的根本不能破坏。"

刘欣肃然起敬,佩服道:"尼科洛娃姐姐,想不到你这个焊接博士,还能有这样深沉的民族历史文化情怀,跟我姐姐很像。"

尼科洛娃感慨道:"先有本民族的,然后才会有全世界的。过去苏联告诉世界的,跟现在俄罗斯表达的,不一样。如果当年苏联能像中国这样改革,恐怕就不是我来中国,而是陈明去莫斯科大学。"

父子出水,连声兴奋,刘欣和尼科洛娃起身,拿着浴巾迎过去,小田娃裹在浴巾里,咯咯笑道:"妈妈,我饿了,有什么好吃的呀?"

小马驹儿凑趣道:"妈妈,我也饿了,吃什么好呀?"

刘欣麻利抹干小马驹儿,马军笑道:"都别急,咱们今天去牛魔王那里,吃烤肉串儿,怎么样?"

小田娃兴奋道:"我想吃烤羊肉串儿。爸爸,你给我们讲牛魔王的故事吧。"

小马驹儿拍手道:"我想听,我想听。"

尼科洛娃笑道:"我也想听。"

陈明鼓动道:"那还不快穿衣服,来,比赛,预备——齐!"

江边小吃一条街上,牛哥烧烤店生意红火,店门外小桌都满,马军提示道:"刘欣,人可不少啊,给牛哥打电话了吧?"

刘欣顾盼道:"出门前打的,牛哥说给咱们留桌。好家伙,生意真够红火的。你们外面等着,我进去看看。"

刘欣进店,很快牵手一个五岁模样的小女孩儿出来,夸赞道:"快看看,咱们的欢欢真漂亮。"

牛成随后跟出来，一身烧烤师傅打扮，亲热招呼道："哎呀，稀客，贵客，快请快请。嘀，小马驹儿，这么早就傍上洋媳妇啦，有咱中国人民的种！"

众人亲热一番，尼科洛娃礼貌贴一下脸，牛成烫一下，回头道："老板娘，盛情难却，我这真不是故意的。"

店门口的牛嫂笑道："三句话就上色儿，以前你也不是故意的，都是人家贴上来的。都玩儿饿了吧？实在对不住，今天客人多，给你们留的桌，硬是让一帮年轻人给占了。不要紧，自家后院给你们摆上了，伙计正烤着呢，孩子小，怕烫着，一会再进去。"

牛成接话道："外面凉快，咱们说会儿话，七八分钟就好。"

伙计端出冰镇格瓦斯，挨个递上，尼科洛娃惊喜格瓦斯，连声谢过，陈明笑道："嫂子，你可真细心哪，连格瓦斯都想到了，谢谢。"

牛嫂爱抚一下女儿欢欢，略显无奈道："我心要是细，就不会偏得这么个宝贝闺女了，都是你们牛哥的功劳。"

大家逗趣三个孩子，牛成讪笑道："哪壶不开提哪壶，你们可别跟我学。"

尼科洛娃认真道："牛大哥这么好，为什么不能学？"

众人都笑，牛成摇头叹道："咳，前几年透支炒股，一开始尝到两口甜头儿，就起了贪心，买卖全押上了，赔个掉底儿，借高利贷翻本儿，结果连我妈那看家的牛哥小馆儿，也让我给搭进去了，手头就剩一大哥大，还让女人卷跑了，只给我留下这么个闺女。好在你们嫂子心大心好，大人不计小人过，加上立国又帮我们一把，开上这么个小店，日子才又挺过来。"

牛嫂搂过欢欢，感激道："要不是立国回来劝我，我可没有那份包容心。立国把我俩都劝妥了，才拿出五万块钱，给我公公婆婆三万养老，给我们两万，这才有了牛哥烧烤店。今天想起来，这都是命，不过呢，想想十年后，这么一块心头肉在你面前问寒问暖，太值啦！"

欢欢依偎在牛嫂身边，仰头甜笑，尼科洛娃理解道："牛姐姐，这种事，在我们国家很平常，男男女女你来我往这么几回，还是一个爸爸，一个妈妈，孩子变成一大群。"

陈明笑道："尼科洛娃，你也是哪壶不开提哪壶。牛哥，你这烤的不是马肉吧？报纸上可是说……"

马军连忙示意陈明收住话题，吃客停嘴关注，刘欣圆场笑道："大家放心吃，马肉都在我们家呢。"

第三十集

马军冲吃客比划道:"都放心,我姓马。"

小马驹儿举手道:"我也姓马。"

众人笑出来,有人喊道:"老板娘,再来十串儿羊肉。"

有人跟道:"给我们也加十五串儿,再加五串儿牛肉。"

牛嫂笑应摆手,转身进店,田娃、马驹儿闹道:"我也要吃!我要吃牛肉的!"

欢欢拉手道:"我领你们去,就在我家后院儿。"

牛成嘱咐道:"欢欢,离烤炉远点儿,别烫着。"

欢欢甜笑一声知道了,三个孩子撒欢进店,刘欣连忙跟上,摆手道:"你们聊,我去看看。"

陈明拍一下尼科洛娃,尼科洛娃会意跟进去。牛成关切道:"最近跟见平他们有联系吗?我这儿忙不开,等猫冬儿了,带老婆孩子几家转转。"

马军随口道:"我们常见,刘婷现在莫斯科,女儿参加了夏令营,见平哥就插空蹲基地去了。利民暑假最忙,应该是在哪个立德小学检查工作,立国哥也是到处跑,有空儿全家就在路上聚聚,东顺哥最近没联系。"

陈明接话道:"我在北京开会碰上东顺哥了,他可能要调进五院,也是考虑孩子能来北京上学。"

牛成感慨道:"书中自有黄金屋,书中自有颜如玉。我儿子是这块料,陈明,现在就你是近水楼台,以后你可要多多提携这小子呀。"

陈明笑道:"小伙子数学、物理都不错,化学差点儿,我经常过问就是。"

牛嫂店门里探身道:"差不多了,进来洗手吧……"

北方山峦,大气磅礴,八月的山林到了夏末季节,莽莽苍苍,漫山墨绿。

一辆崭新的黄河牌大客车中速行驶在柏油路面的盘山公路上。车上后排散坐几家山民,中前排满坐说笑逗趣的高中生,带队老师嘱咐道:"大家都注意啊,林场不比镇上,山水之间,安全第一,去林子要至少三人一组,去大湖游泳必须事先报告。"

利贤和林峰坐在前排,离家不远了,两人心潮澎湃,注目窗外熟悉的景色。车速慢下来,一位文静女生招呼道:"师傅,能不能再慢一点,我想把跃进林场石刻大字拍照下来。"

车速更慢,缓缓停下来,路边的青石岩壁上,四个红漆苍劲刻字映入眼帘——跃进林场。女生连拍照片,利贤和林峰凝望岩壁,拉手抚握……

夏末的夕阳照在后山坡上,柔润的光芒红亮晕黄。林家墓园整修一新,六座墓碑顺坡而立,那座无字碑终于找到了主人——慈母,抗日烈士汪晓云之墓,旁边伴着革命烈士林凤祥,稍后是革命烈士路大安,并肩而立的是恩师义父钱布恩,再后是两块尚存新痕的墓碑——爷爷林又生之墓,奶奶石玉兰之墓。

墓碑前,果蔬十碟,丰富多彩,石槽中,粗香一把,燃情正浓……

晚风拂卷香魂,丝丝缕缕,弥漫散去。夕阳浓郁,红光满园,林海奔涌,碧空高远。林峰和利贤跪坐墓前,仰望苍鹰盘旋……

香尽烟消,日落西山,利贤收起摆靠在背包前的大幅彩色全家福,林峰起身,拉起利贤,两人深深一躬,静穆片刻,转身下坡,渐行渐远……

身后传来爷爷的声音——都忙去吧。

林峰愣住,利贤收步,两人茫然四顾。

坡下传来笑闹声,两个男女高中生追逐跑来,车上拍照的女生回身喘息道:"越野跑不及格啊,就这还想考军校?"

男生抱着一大束各色野花跟上来,喘息道:"你是甩手掌柜的,当然轻松,这是上坡跑,还得抱着一大捆花,碰又碰不得,你试试?"

女生纠正道:"哎,先生,注意量词用法,是一束花,不是一捆花,现在要是进考场,两分儿就没啦,将来要是写情书,准把情人的大牙笑到地上。"

男生不服道:"我这是实事求是,一捆开花的野草总可以吧?你还情人大牙,有这么形容的吗?不怕把我吓跑了?"

女生掐人,男生躲开,女生心疼道:"轻点儿!花儿都挤坏啦!"

男生不屑道:"一惊一乍的,至于吗?"

林峰和利贤笑看年轻人,双方擦肩而过,女生认真道:"当然至于啦,路伯伯是救我妈妈牺牲的,我还得拍照墓碑给我妈妈看呢……"

莫斯科大剧院,台上舞剧《天鹅湖》,台下观者感怀心……

旋律跳入明快,四个小天鹅翩翩起舞,两个俄罗斯面孔,两个中国面孔。台下前排居中坐着柳芭、刘婷、安娜一家,蔡鹤临略显清瘦,沉醉于台上卓娅的舞姿,刘婷竖起两手大拇指,柳芭笑递一眼刘婷,欣慰中国学生的回报……

第三十集

　　新西伯利亚，鄂毕秋水，两岸红黄，河畔公路上，拉达轿车疾驰，鄂毕河大桥徐徐掠过……

　　白桦萧萧，河湾开阔，漫坡下，那棵粗大的白桦树微风瑟瑟，一束红黄秋花贴靠树身，两盏白瓷酒盅对坐树根……

　　鄂毕河畔，微澜漫平草坡，秋叶掩映木屋，几只野鸭漂浮岸边，享受远行前风平浪静的安逸时光。

　　长河落日，小舟浮隐，蔡鹤临坐靠船尾，腰腿披盖米色风衣，安娜船腰摆桨，肩颈披搭真丝围巾。

　　霞光粼粼，水鸟飞掠，安娜顾盼道："这么多年，不知在河上看过多少次落日，从来没有像今天这样风平浪静。阿廖沙，你上次在船上说的那两句诗，真是太美了，可惜我没记住，太难了。"

　　蔡鹤临手抚船舷，吟诵道："落霞与孤鹜齐飞，秋水共长天一色。"

　　安娜品味道："落霞孤鹜，秋水长天，说的是我们吧？"

　　蔡鹤临应和道："诗就是写给生活的。安娜，我明年秋天还回来吧。"

　　安娜心疼道："知道你喜欢这里，这是需要体力的，还是我去中国看你吧，把卓娅也带上……怎么了，阿廖沙，不舒服吗？"

　　蔡鹤临欠身调整一下，曲身抬头，微笑道："没什么，最近心口疼，昨天梦见电影《驯火记》里的滑翔机，降落在阿纳托利的白桦树上，早晨我就想，他们已经滋润泥土，营养树身，下一个，是不是该我了？"

　　【苏联电影《驯火记》意识流动画面：苏联宇航之父科罗廖夫的化身主人公安德列的滑翔机，徐徐滑入山谷，女友娜塔莎茫然遥望天空，奔向远方……】

　　安娜感觉出异样，停桨关切道："阿廖沙，阿廖沙？怎么了，阿廖沙？阿廖沙！阿廖沙——"

　　滨江工业大学礼堂，全体起立，掌声雷动，舞台正面，横幅醒目——蔡鹤临校长追思会暨鹤临航天基金成立仪式。正面大屏幕上，蔡鹤临侧影专注，笑意安然。安娜一家和曹梅母子入场致意，部领导、校领导握手慰问，后面跟着李国荣、魏如莲、柳芭、丁国兰、刘百衡、马立尧、陈田诸多人等。

何文芳和林峰上台站立,微调一下麦架,示意旁边的小红,小红点一下头,舒缓深沉的手风琴前奏流淌出来,两人凑近麦克风,优美的伤感的俄文歌曲《阿廖沙》舒缓吟唱——

  是田野上飘降着雪花
  啊,飘降着雪花
  是田野上飘降着雪花
  还是一阵暴雨喧哗
  看城市上耸立阿廖沙
  阿廖沙,阿廖沙
  看城市上耸立阿廖沙
  那战士啊雄姿英发
  那痛苦仍压着他心房
  仍压着他心房
  那痛苦仍压着他心房
  他经受过炮火震荡
  用花岗岩雕塑他军装
  来雕塑他军装
  用花岗岩雕塑他军装
  也塑造了他形象

缅怀英灵,热泪盈眶。略微加快的手风琴间奏中,娜塔莎、伊万、曹忆上台,三人抱过何文芳和林峰,娜塔莎和伊万站立麦架前,浑厚的磁性的俄文歌曲继续吟唱——

  在沉重的黄土下长眠
  在黄土下长眠
  在沉重的黄土下长眠
  有多少个无名青年
  但从此后这位阿廖沙
  阿廖沙,阿廖沙
  他的英名天下流传
  他不能从底座上走下

从底座上走下
　　他不能从底座上走下
　　去漫游那田间、山崖
　　他不会给姑娘们送花
　　给姑娘们送花
　　他不会给姑娘们送花
　　是姑娘们献花给他
　　他沐浴着阳光和清风
　　啊阳光和清风
　　他沐浴着阳光和清风
　　在夜晚有满天繁星
　　他耸立在城市的上空
　　在城市的上空
　　他耸立在城市的上空
　　永远守卫城市安宁

　　台下众人盈泪,轻轻和声。略微放缓的手风琴间奏中,安娜和曹梅上台,抱过何文芳和林峰,抱过娜塔莎、伊万、曹忆,两人站立麦架前,优美的伤感的俄文歌曲回旋吟唱——
　　是田野上飘降着雪花
　　啊,飘降着雪花
　　是田野上飘降着雪花
　　还是一阵暴雨喧哗
　　看城市上耸立阿廖沙
　　阿廖沙,阿廖沙
　　看城市上耸立阿廖沙
　　那战士啊雄姿英发

　　一组上台捐款画面——
　　舞台上,众人鞠躬蔡鹤临影像,刘百衡展示立德通信捐赠 200 万元特制大型支票,利贤展示利家捐赠 10% 立德通信股份法律文件,众人排队上台,有序捐赠现金,刘文和西服革履,深躬蔡鹤临影像,捐赠支票……

电影开场铃声响彻滨江工业大学礼堂。
座无虚席,全场肃穆。
灯光略暗,灯光再暗,灯光全熄。
电影大屏幕上,莫斯科电影制片厂标志影像,苏联拜克努尔航天火箭发射场俯瞰,视野广袤,塔架高耸……

【影片俄语深沉画外音配上中文字幕:影片中的情节也许并不完全符合历史,也不是实况记录,但所表达的感情、思想与行为,以及那些已经成为历史的事件,都是真实的。】

序曲骤响,旋律激昂,苏联电影《驯火记》片头,20世纪60年代的苏联航天火箭耸立巨大发射塔台,专业人员操作,冷凝雾气升腾……
序曲尾音激越,光束明暗起伏映照下,礼堂前面几排座位上,徐徐映现庄重面容——80岁,70岁,60岁,50岁,40岁,30岁……
鸣响的教堂风琴中,苏联宇航之父科罗廖夫的化身主人公安德列的滑翔机,徐徐滑入山谷,女友娜塔莎茫然遥望天空,奔向远方……
鸣响的教堂风琴中,车轮铿锵,长鸣远人,蔡鹤临探身车窗外,努力挥手,初秋的苍茫暮色中,莫斯科火车站出发站台上,安娜拉扯娜塔莎,追车挥手,喊出泪水:"阿廖沙——爸爸——"
深沉的和弦叙事中,《灿烂人生》从第一幕开始回放——钱先生直视枪口,林峰托腮专注噗噗作响的水壶,两个军人互敬军礼:愿为中国服务……
恢弘的叙事高潮中,碧野黄花,车水马龙,黄河长江,万里长城,战舰长车,火箭升空……
音乐流入细微的冥想,海空辽阔,大洋深沉,林峰的白桦飞机拖着淡淡青烟,直入太平洋深处的超级航母战斗群……

激昂的回旋序曲中,三位宇航员背影坚实,脚步铿锵,正前方,一百米,中国航天火箭巍然在望——
一百米,三代人,五十年……

第三十集

　　序曲尾声激越,巨大的火箭发动机喷口,烈焰突发,空气颤抖,中国航天火箭拔地慢起,直上九霄……

(全剧终)

　　2014年8月5日,16点25分,加拿大,蒙特利尔,郑子毅 —— 一个漂泊海外的随遇而安的普通中国人值得纪念的日子。谢谢朋友们的支持与鼓励!